# 法治指数
# 评估方法与实践

田 禾 等著

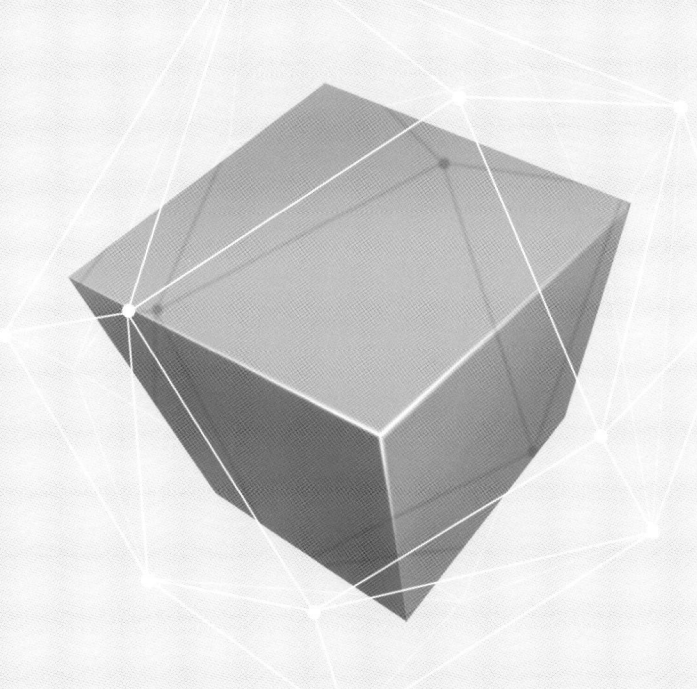

中国社会科学出版社

# 图书在版编目(CIP)数据

法治指数评估方法与实践 / 田禾等著. —北京：中国社会科学出版社，2021.10
ISBN 978-7-5203-2049-8

Ⅰ.①法… Ⅱ.①田… Ⅲ.①社会主义法治—研究—中国 Ⅳ.①D920.0

中国版本图书馆 CIP 数据核字(2021)第 204639 号

| 出 版 人 | 赵剑英 |
|---|---|
| 责任编辑 | 孙砚文　李　沫 |
| 责任校对 | 刘　健 |
| 责任印制 | 王　超 |

| 出　　版 | 中国社会科学出版社 |
|---|---|
| 社　　址 | 北京鼓楼西大街甲 158 号 |
| 邮　　编 | 100720 |
| 网　　址 | http://www.csspw.cn |
| 发 行 部 | 010-84083685 |
| 门 市 部 | 010-84029450 |
| 经　　销 | 新华书店及其他书店 |
| 印　　刷 | 北京君升印刷有限公司 |
| 装　　订 | 廊坊市广阳区广增装订厂 |
| 版　　次 | 2021 年 10 月第 1 版 |
| 印　　次 | 2021 年 10 月第 1 次印刷 |
| 开　　本 | 710×1000　1/16 |
| 印　　张 | 34.5 |
| 字　　数 | 548 千字 |
| 定　　价 | 188.00 元 |

凡购买中国社会科学出版社图书，如有质量问题请与本社营销中心联系调换
电话：010-84083683
**版权所有　侵权必究**

# 序

《法治指数评估方法与实践》是中国社会科学院法学研究所2017年创新工程项目"中国国家法治指数研究"取得的重大阶段性成果，是从法治指数的角度客观反映全面建成小康社会/法治小康的收官之作，是用法治数据成就迎接"十四五"开局、开启全面建设社会主义现代化国家新征程的开篇之作，是新时代中国特色法治指数研究的又一扛鼎之作。它的出版对于深化中国特色法治指数研究，助力全面依法治国实践，服务法治中国建设，推动中国法学走向世界，具有十分重要的学术价值、理论意义和实践价值。

"中国国家法治指数研究"创新工程是基于中国法学学科的理论发展和全面依法治国实践的现实需要，借鉴人类法治文明创造的有益成果，采用科学指标体系、实证调查分析和数据量化评估等手段，采取跨学科、跨领域、全方位、全过程、理论与实际相结合等方法，运用课题组团队合作力量所展开实施的大型社会科学研究系统工程。

"中国国家法治指数研究"创新工程坚持以中国化的马克思主义为指导，贯彻落实习近平法治思想，立足于当代中国国情和实际，对全面推进依法治国背景下我国民主法治发展取得的进步作出量化评估，对存在的短板弱项和困难挑战作出实事求是的分析和说明，向社会公开发布客观、清晰的评估数据和评估报告，充分总结、推介和宣传法治中国建设过程中所展示的"中国智慧"、形成的"中国经验"、作出的"中国贡献"，用事实和数据否定法治指数研究领域的崇洋媚外现象，匡正中国法治评估中"言必称西方"的西方中心主义，坚定中国特色社会主义法治道路、法治理论、法治体系、法治文化的"四个自信"。

"中国国家法治指数研究"创新工程实施以来，项目组每年选取若干重大问题、重点方面和重要角度（即"三重"原则），对立法、政府、司法、守法普法等领域法治建设情况进行客观量化评估，确证科学立法、法治政府、公正司法、全民普法守法等方面发展变化的新做法新成就新经验，通过法治蓝皮书和国家智库报告发布上述研究报告和评估结果。此外，项目组将实践调研发现的有关情况及时形成要报、内参以及内部报告，提交给相关部门，为领导决策提供参考。

具体来看，"中国国家法治指数"项目组的诸多成果，通过对全面依法治国和法治建设各领域的量化评估，从整体和细节上为我国当前立法、行政、司法体制改革和法治发展，提供科学、客观的可行性意见建议；通过具有前瞻性的指标和预测，促进权力运行规范化、程序化和法治化，消除有关制度性潜在性的风险，为党和国家的相关决策提供了简明、直观、全面、精确的参考依据。"中国国家法治指数"创新工程项目组所做的成果打破境外机构操纵信用评级的垄断格局，对于我国在世界上争取到国际舆论和战略性话语权，在信用评估层面保卫国家根本核心利益，具有高度战略意义。

作为阶段性重大成果，本书在空间范围上，主要包括人大立法指数、政府透明度指数、司法透明度指数、检务透明度指数、"基本解决执行难"第三方评估、前海法治指数评估等研究报告；在时间范围上，主要涵盖从2017年至2020年的最新法治实践情况和相关数据。

从上述报告可以管窥中国国家法治指数研究的四大影响力。一是国家法治指数项目组所撰写的研究报告刊登在《法治蓝皮书》上，该书以科学的评估和翔实的数据在近500种皮书中脱颖而出，连续多年荣获全国优秀皮书一等奖。《法治蓝皮书》已经成为观察中国法治的重要窗口，成为实务界与学术界沟通的重要桥梁。二是中国国家法治指数研究成果受到中办、国办、最高人民法院、最高人民检察院、司法部等领导机关的高度重视，有些成果内容进入决策机关发布的政策文件中，助推了相关领域的法治工作，成为中央机关推动法治工作的重要抓手。三是中国国家法治指数研究成果成为地方社会科学院开展课题研究的模板。例如，贵州省社会科学院借鉴研究方法和指标体系，对贵州省内的政务公开、人大立法、司法公开、警务公开开展第三方评估；河南社会科学院与项目组共建研究基地，运用项目组研发的指标体系，对河南法院的执行工作进行评估。四是中国国家法治指数研究成果往往成为媒体竞相报道的法治热点，成为每年"两会"讨论的议题。有关法治指数研究报告在微博上广泛传播，往往受到媒体的关注热捧。

**对中国国家法治指数研究，我还有"四个期待"。**一是期待中国国家法治指数研究能够长期做下去，持之以恒、久久为功，成为老字号品牌。法治问题的量化指数研究，一方面需要不断积累大量科学真实的数据，法治数据越多越充分真实，越具有客观性、连续性和可比性，就越能够说明和解释法治现实问题，预测和把握未来法治发展趋势，这样的法治指数研究价值就越高。另一方面，需要以"工匠精神"不断总结和积累经验，完善分析方法，完备指标体系，深化调查研究，把各方面工作做到最好或者极致。这都需要时间，需要实践，需要一以贯之长期努力。尽管今天这部报告在某些方面还显得稚嫩，还不够完美，但随着实践发展和时间推移，等到2035年或者到本世纪中叶我们再回过头来看，它的奠基地位、创始意义和深远影响将具有里程碑性质。

二是期待报告能够更加提升品质，真正成为"国字号"的智库成果。中国社会科学院法学研究所是党和国家的思想库智囊团，中国社会科学院实施的创新工程是哲学社会科学的"国家级工程"，本创新工程项目组实施的"法治指数研究"是"中国国家"级课题，"三个国家级"叠加，决定了中国国家法治指数研究的相关报告是项"国字号"工程，是代表国家法治研究最高水平的"国字号"成果。这个政治、理论和学术定位，要求报告要不忘初心、牢记使命，永远追求卓越，不断砥砺前行。一要在科学方法上进一步下功夫，用更加科学合理有效的调研实证比较等方法，获取第一手数据和材料，建立国家法治指数的大数据库平台，用法治数据和法律事实说话，把所有分析研究建立在大量科学数据和事实的基础上。二要在调研对象上进一步下功夫，不仅关注立法、政府和司法领域的问题，而且要把全民普法守法、法治体系建设、涉外法治建设、法治人才培养等领域，逐步纳入调研分析范畴，以求体现国家法治指数的全面性和系统性。三要在调研内容上进一步下功夫，不仅关注法治建设中公开、透明、规范、监督等问题，而且要把法治体系和法治能力建设、法治实施绩效、法治环境改善、法治文化建设、人民群众对法治满意度等内容，逐步纳入调研分析视野，以求全方位、深层次、多角度把握法治中国建设的"立体结构"。四要在战略预测研究上进一步下功夫，不仅是法治建设的"跟屁虫"，而且是法治发展的"预言家"；不仅关注全面依法治国实践中已经发生和正在发生的事实和问题，客观全面"描述"法治中国的"已然"状态，而且要关注法治国家建设的重大战略问题，在把握其基本规律的基础上，科学预测法治中国建设的发展趋势和未来走向。五要在理论学术上进一步下功夫，努力构建中国特色、中国风格、中国气派的实证法学理论体系。

三是期待中国国家法治指数的各类研究报告能够成为法治中国建设的"寒暑表"和"风向标"。许多经济学、社会学的量化指标研究，积累到一定程度、发展到一定阶段，往往会成为经济社会发展的"指示器"和风向标，例如经济领域的GDP、CPI、PPI、FDI等，社会领域的CSI、CBN、基尼系数、失业率等。中国国家法治指数研究，也应当逐步形成和具备这样的功能、达成这样的目标。在全面推进依法治国的新时代，法治GDP日渐取代经济GDP，越来越显示出其战略价值和竞争潜力，已成为中国参与国际治理集软实力、硬实力和巧实力于一身的重要体现，成为中国国内地方、部门和行业创新发展、弯道超车的保护神和助推器。因此，应当努力把中国国家法治指数的研究报告打造成为法治中国建设现实发展变化的"寒暑表"，一看便知中国法治发展的温度、力度和速度；打造成为建成法治国家、法治政府、法治社会的"风向标"，一看便知中国法治建设的走向、趋势和目标，从而更好发挥法治固根本、稳预期、利长远的保障作用。

四是期待中国国家法治指数的研究报告能够早日全面深度走向世界，让世界对法治中国建设有更加客观的了解，更加全面的认识，更加深刻的认知。法治兴则国兴，法治强则国强。中国国家法治指数的研究报告用大量事实、数据和案例，客观真实、持续不断地记录和反映法治中国建设实践进程的整体状况，既肯定成就，又指出挑战，还看到不足，既记录分析过去和当下，又描绘预测明天和未来，让各国人民能够看到法治中国日益走进世界舞台中央的铿锵步伐,能够感受到古老中华法治文明复兴发展的时代脚印,能够体味到中国做全球治理变革进程参与者、推动者、引领者的责任担当。我们不仅要让世界知道"舌尖上的中国""功夫里的中国",要让世界知道"学术中的中国""理论中的中国""哲学社会科学中的中国",还让世界知道"法治中国""平安中国""幸福中国",让中国为人类法治文明发展作出新的中国贡献。

李 林<br>
2021 年 9 月<br>
于北京沙滩北街 15 号

# 目　录

导　论 …………………………………………………………………… (1)

## 第一编　立法透明度指数

中国立法透明度指数报告（2017）………………………………… (41)
中国立法透明度指数报告（2018）………………………………… (60)
中国立法透明度指数报告（2019）………………………………… (81)

## 第二编　政府透明度指数

中国政府透明度指数报告（2016）………………………………… (101)
中国政府透明度指数报告（2017）………………………………… (138)
中国政府透明度指数报告（2018）………………………………… (169)
中国政府透明度指数报告（2019）………………………………… (195)

## 第三编　司法透明度指数

中国司法透明度指数报告（2016）………………………………… (229)
中国司法透明度指数报告（2017）………………………………… (248)
中国司法透明度指数报告（2018）………………………………… (272)
中国司法透明度指数报告（2019）………………………………… (294)

## 第四编　检务透明度指数

中国检务透明度指数报告（2016）　…………………………………………（319）
中国检务透明度指数报告（2017）　…………………………………………（335）
中国检务透明度指数报告（2018）　…………………………………………（352）
中国检务透明度指数报告（2019）　…………………………………………（368）

## 第五编　法院执行指数

湖州法院执行规范化指数报告（2019）　……………………………………（389）

## 第六编　自贸区法治指数

前海法治指数评估报告（2017）　……………………………………………（419）
前海法治指数评估报告（2018）　……………………………………………（458）
前海法治指数评估报告（2019）　……………………………………………（498）

后记　探索法学研究新路径，告诉你一个真实的中国　………………………（537）

# 导　论

"中国国家法治指数"是中国社会科学院法学研究所、国家法治指数中心的重要研究成果，汇集了研究人员们多年的心血和努力。成果主要以第三方评估的方式展现出来，大多为年度性的法治评估。这些评估有完整的法律依据、一整套评估体系和评估原则，且评估体系每年还在不断地完善之中。评估成果对推动相关领域的法治发展和进步有较大的作用，在实践中具有广泛的社会影响力。本书在导论部分分为五部分内容，第一部分介绍评估的载体——法治指数的基本理论，讨论法治指数的定义、法治指数的理论及制度依据、法治指数研究的意义。第二部分介绍域外法治指数的主要类型，并对其利弊做出评述。第三部分则讨论法治指数的研究原则、研究路径和中国社会科学院法治指数的类型，其内容一是对公权力机构信息公开的第三方评估；二是对公权力机构事务的专项评估，比如对人民法院执行规范化、营商环境的司法保障以及自贸区法治发展指数等的评估。第四部分则讨论了法治指数研究存在的张力和问题，如与传统法学研究方法的张力、与被评估机构的张力、法治指数研究本身要注意的问题以及法治指数研究人才匮乏问题。第五部分则展望了中国社会科学院法学研究所法治指数未来的方向。

这些内容有的是亟待厘清的概念问题，有的是需要说明的方法问题，最重要的还有发展的保障和方向问题。2009年以来，中国社会科学院法学研究所就开始做此类研究，迄今已历经十余年。本书汇集的报告不是中国社会科学院法学研究所法治指数研究的全部，而只是2017年至2020年发布的部分评估报告。出版本书的目的，一方面是让研究同行了解我们的研究思路和动态，另一方面也想唤起有志者的勇气，在这条艰难崎岖的道路上与我们并肩前行。

# 一　法治指数研究的基本理论

## （一）法治指数的定义

指数是用模型和指标体系评测制度运行状态的数据结果。数据是自然科学以及社会科学研究重要的辅助工具，在社会科学中，经济学是最早使用模型和指标体系的学科。广义地说，任何两个数值对比形成的相对数都可以称为指数；狭义地讲，指数是用于测定多个项目在不同场合下综合变动的一种特殊相对数。指数研究为我们看待世界提供了一种全新的方法，通过对数据的全面感知、收集、分析、共享，人们的行为和决策将受到前所未有的深远影响。人们的行为将日益基于数据分析做出，而不是像过去更多地凭借经验和直觉做出，社会将会因此发生巨大变革。

法治指数是一个令人困惑的词语。这里涉及两个词语，一个是法治；另一个是指数。法治是一个历史概念，有自己的思想渊源和理论传承。在中西方的法学家的笔下，法治的内涵各有不同。人们乐于讨论法治的思想渊源，是因为历史上无数的思想家有许多真知灼见，丰富了我们对法治理论的认识，也将法治这种地方性经验演变成具有普遍认知的知识谱系。然而，仅在认识论上分析法治的本质和功能是远远不够的，因为这遮盖了法治的光芒，使之变成枯燥无味的规则教条。规则是必需的，但法治更重要的意义在于其首先是一种社会实践，是与社会相互作用的产物。指数则是一个统计学上的概念，指用数理统计方法反映某一时期某一社会现象变动情况的相对指标。国际上一些著名的研究常用量化研究的指数方法。法治指数是指用模型和指标体系对法治发展状态进行量化评测的一种数据结果，其通过对相关数据的再造和重新解释，不仅能总结法治发展取得的成就，而且能一目了然地发现所存在的问题。法治指数的研究对象是法治，其也包含两方面的内容，一是法律规范本身；二是法律实践。从规范演进角度追踪法律制度在实践中生根发芽的状况是法治指数研究的目的，法治指数就是通过指标体系，用数字和数列探索与预测法治变化发展的状况。

法治指数有以下几个特点。一是通过数据较为准确地描述社会正义和秩序的现实状况，为定性判断做出支撑，服务于立法和决策。二是重视对法律制度运行状况的评判，而不是对条文进行规范性、字斟句酌的释义。三是严格依据法律确立评价体系和标准，法律是唯一的依据，若超越法律来制定标准，法治指数将产生歧义，难以展现法治建设的真实性。四是大数据是法治指数的基础，它使人们可以用科学的方法化解数据与社会科学的内生矛盾。大数据最早出现在2010年2月的英国《经济学人》杂志上，之后人们将其定义为"大小超出常规数据库工具获取、存储、管理和分析能力的数据集"。准确分析和应用大数据可以定义现在、预测未来，驱使人们采取正确的行动，因此大数据在法治指数研究中具有重要的作用。五是注重数据的筛选和赋值的专业性。法治指数只采用与法治相符合或相关联的数据，而不是其他数据来定义和说明法治发展状况。此外，指标的赋值也特别重要，要充分分析和研究法律中由根本性原则确定的内容，以及较为次要的内容，同时还要考虑到指标评估的时效性、阶段性，使权重能够科学地反映现状。权重的确定不仅是专家的事，而且也是具体实施部门的事，也是人民大众的事，各方应通过充分的讨论、争议和博弈，最终确定指标的比重。

法治指数的创新性突出。首先，在研究内容上，法治指数研究具有高度的开放性，涵盖了中国法治的方方面面，实现了研究的跨学科、跨领域。其次，在研究方法上，法治指数不再拘泥于传统法学研究方法，而是在传统的规范分析、解释、演绎推理的基础上，引入了数学根据，以客观统计数据为基础，以民意测验为辅助，构建一套易于理解、客观展示法治全景的国家与区域指数和指标体系，并以此作为评估法治发展状况的分析坐标。最后，对社会发布法治指数研究成果，取得社会的认同和支持，获取公众的建议和意见。通过长期持续地评估，最终形成一个权威法治数据平台。

法治指数研究在实践中存在一定争议。对传统学科而言，数学研究方法无疑具有较大的冲击力，赞同的不赞同的各执一词。不赞同的认为，社会科学的研究对象是人和社会，数据能够衡量人的感情和社会变迁吗？的确，在人的思想和感情方面，数据似乎有很大的局限性，不能准确感知个体的情感变化、对美的欣赏。在情感和美学领域这些非常个性化和主观性的领域中，数据的确无能为力，既不能说明张三为什么喜欢红色、李四却喜欢蓝色；也不能说明在人们在选择情感时，性别、形象、气质孰轻孰重。赞同的则认为，就人的行为而言，数据并非无所作为。虽然人的行为受思想和感情支配，但人是社会的主体，是社会动物，人的行动推动着社会向好的方向或者向坏的方向变迁，在这方面人的行为却是可以预判、统计和分析的。在社会科学中引入数据研究方法，是很必要的。

在法学研究中，人们常常将基本理论研究和社会研究割裂开来，并赋予基本理论研究一种庙堂之上、高大神秘的色彩，这与西方中世纪的经院哲学颇有几分相似。与自然科学的数学不可撼动的地位不同，可以说，没有任何一种社会科学的基本理论能够独立成为王冠。或许人们可以说，人文科学中的哲学是社会科学的基础，因为它回答的是人是谁、从哪里来、到哪里去这样一些根本性和本元性的问题。但说到底，哲学仍然是人的学科，不是神的学科，回答的是人的问题，而不是神的问题。哲学回答的不是上帝是否存在这类形而上或说是信仰问题，回答的是人类社会的真实问题。

数学是自然科学以及社会科学研究的重要路径。传统意义上，数学在自然科学中居于皇冠的位置，社会科学并不太重视数学的作用。一般而言，社会科学工作者不擅长用数学模式说话。数学有助于培养人的逻辑思维和推理能力，但中国教育在学生中学阶段就将其分为理科生和文科生，数学对文科生而言是辅助性的。文理分科对学生具有较大的负面影响。法学教育和研究因缺乏数学思维经常被条条框框所束缚，研究者和执行者缺乏数据思维，只见森林不见树木的现象较为普遍。法学内部的专业分割凸显了研究的"孤立主义"倾向。这种自悬高台、自我感觉良好的态度是不可取的。因为没有数学，我们无法看透哲学的深度；没有哲学，人们也无法看透数学的深度；而没有两者，人们则什么也看不透。数学和哲学提供了社会科学研究的两种方法，其相辅相成，而不是相互对立。

现有指引中国法治建设的有两种路径，一种是以顶层的设计方针策略为依据，这些设计多是宏观的指导性意见，大多是各地以配套文件的形式予以落实，一层一层向下传导，最后的成效并不尽如人意；另一种则是研究解释法律条文，揭示立法的宗旨、背景、精髓、目的及词语含义，这对法治确实有很强的指导意义,是法学学术研究必不可少的内容,对法治建设也有一定的推动作用。长期以来这两种方法占据主导位置,很难把握和穿透法律实施的真实效果、验证法律制度实施的状况。实证研究、案例研究都只是作为细枝末节难登大雅之堂,且还因缺少晦涩"学术语言"而不受待见。法治指数研究对法学研究来说,自然也不太容易被接受,直到法治指数研究成果在国内外引起强烈反响,人们才会去问,这是啥、搞什么的、为什么。

**(二) 法治指数的理论及制度依据**

信息公开法治指数研究是本书的特色。信息公开是一个国家文明的重要标志,是中国特色社会主义法治理论的必然要求,也是全面依法治国的主要路径之一。全面依法治国方略中的重要内容是规范权力,公开则可以使权力在阳光下运行,回归权力属于人民的本性。本节主要介绍信息公开指数研究的理论基础和法律依据。

从国家政治的角度来看,权力可分为立法权、行政权和司法权,这些权力在实践中都需要进行规范。比如,立法权的行使就可能存在法律法规不能完全反映人民的意志和现实的需求的情况,立法部门利益优先现象并不鲜见。行政权的行使也可能因执法体制不完善、执法不规范、选择性执法、执法权责不统一导致行政权出现异化,背离权力的本质。司法权是社会公正的最后一道防线,运行不规范的危害更大。司法不公、司法腐败将动摇国家的政治根基,使公众丧失对党和国家的基本信任。限制公权力运行失范、失衡和异化,除了完善相关的法律制度,让人民知情、参与和监督权力运行是最重要的手段。

知情权是指从官方或非官方知悉、获取各种相关信息的权利和自由。知情权是现代法治国家公民的基本政治权利之一,具有深厚的法理依据和理论基础。知情权不只是指获取官方信息的自由与权利,也包括获取官方掌握的公民自身信息的自由与权利,这些信息对公民个体的生活发展具有重大影响。我国宪法没有明文规定公民的知情权,但相关条文间接确认了公民的知情权,如宪法规定,公民有参政、议政、管理国家事务、监督、批评、建议以及申诉、控告、检举国家机关及其工作人员的权利,享有知情权是人民群众行使这一系列权利的前提。2013年11月，中国共产党十八届三中全会在《中共中央关于全面深化改革若干重大问题的决定》中提出要实现国家治理体系和治理能力现代化，标志着中国在治理国家方面的理论和思想的重要转变。国家治理，就是党领导人民依照法律规定，通过各种途径和形式，管理国家事务，管理经济和文化事业，管理社会事务。国家治理不是公权力单方面的行为，而是党领导人民群众共同的行动，是人民群众参与权的直接体现，保障人民的知情权，才能保证人民参与国家治理的行动落到实处，使公民参与社会政治生活更有保障。

监督权同样是法律赋予公民的一项基本权利，公民有权监督公共权力行使及公权力人员的行为规范状况。监督权包括公民直接行使的监督权和公民通过自己选举的国家代表机关代表行使的监督权，具体包括五项内容：批评权、建议权、申诉权、控告权、检举权。公民参与权是监督权的前提，监督权是公民参与权的保障。公民的知情权、参与权和监督权构成规范公权力的逻辑闭环结构，使之在正确的轨道上行使和运行。其中，知情权是国家文明程度的重要标志。

立法公开、阳光政府、司法透明是中国共产党在领导全国人民依法治国对权力机构提出的必然要求。中国共产党第十八届四中全会做出《中共中央关于全面推进依法治国若干重大问题的决定》（以下简称《决定》），对建设社会主义法治国家做出了总体部署，这是中国共产党的历史上史无前例的事件。《决定》将中国多年的法治实践经验进行提炼、升华并固化下来，全面体现了中国共产党的法治理念和思维，是推进依法治国的纲领性文件。《决定》分七个部分，第一部分是坚持走中国特色社会主义法治道路，建设中国特色社会主义法治体系；第二部分是完善以宪法为核心的中国特色社会主义法律体系；第三部分是深入推进依法行政，加快建设法治政府；第四部分是保证公正司法，提高司法公信力；第五部分是增强全民法治观念，推进法治社会建设；第六部分是加强法治工作队伍建设；第七部分是加强和改进党对全面依法治国的领导。

从内容上看，《决定》对信息公开做了全面要求，力度空前。首先，在立法方面，《决定》要求立法应恪守以民为本、立法为民理念，贯彻社会主义核心价值观，使每一项立法都符合宪法精神、反映人民意志、得到人民拥护，把公正、公平、公开原则贯穿立法全过程。其次，在政府法治方面，《决定》要求全面推进政务公开，坚持以公开为常态、不公开为例外原则，推进决策公开、执行公开、管理公开、服务公开、结果公开。各级政府及其工作部门应制定权力清单，并依据清单向社会全面公开政府职能、法律依据、实施主体、职责权限、管理流程、监督方式等事项。《决定》要求重点推进财政预算、公共资源配置、重大建设项目批准和实施、社会公益事业建设等领域的政府信息公开。凡涉及公民、法人或其他组织权利和义务的规范性文件，均应按照政府信息公开要求和程序予以公布。《决定》还适应信息化发展的时代需要，要求各级政府推进政务公开信息化，加强互联网政务信息数据服务平台和便民服务平台建设。

在司法制度方面，《决定》要求构建开放、动态、透明、便民的阳光司法机制，推进审判公开、检务公开、警务公开、狱务公开，依法及时公开执法、司法依据、程序、流程、结果和生效法律文书，杜绝暗箱操作。《决定》同时要求，加强法律文书释法说理，建立生效法律文书统一上网和公开查询制度。

2019年10月31日，中国共产党第十九届中央委员会第四次全体会议表决通过《中共中央关于坚持和完善中国特色社会主义制度、推进国家治理体系和治理能力现代化若干重大问题的决定》，提出要"坚持权责透明，推动用权公开，完善党务、政务、司法和各领域办事公开制度，建立权力运行可查询、可追溯的反馈机制"。

《法治社会建设实施纲要（2020—2025年）》要求，推进政府信息公开，涉及公民、法人或其他组织权利和义务的行政规范性文件、行政许可决定、行政处罚决定、行政强制决定、行政征收决定等，依法予以公开。在实践中，中国公权力信息公开已经构建了一整套制度体系和机制。政府信息公开的制度体系已初具规模。2007年制定、2008年实施的《政府信息公开条例》首次将政府信息公开制度纳入法治化轨道，规定了行政机关主动公开和依申请公开的制度，并将行政诉讼引入了政府信息公开制度。2019年4月，由于2008年《政府信息公开条例》已不能适应社会经济发展的需要，国务院对该条例进行了修订，并于2019年5月15日起施行。新条例从原来的38条增加到56条，明确了政府信息公开范围、各级政府信息公开的职责和标准,并加大了对滥用申请的规制。

在政府管理的各个方面,国务院逐步细化涉及公开的各项要求。2013年,《国务院办公厅关于进一步加强政府信息公开回应社会关切提升政府公信力的意见》提出,各地区各部门要建立健全舆情收集、研判和回应机制,密切关注重要政务相关舆情,及时敏锐捕捉外界对政府工作的疑虑、误解,甚至歪曲和谣言,加强分析研判,通过网上发布消息、组织专家解读、召开新闻发布会、接受媒体专访等形式及时予以回应,解疑释惑,澄清事实,消除谣言;回应公众关切要以事实说话,避免空洞说教,真正起到正面引导作用;有关主管部门要进一步加大网络舆情监测工作力度,重要舆情形成监测报告,及时转请相关地方和部门关注、回应。

2015年,中共中央办公厅、国务院办公厅印发《关于推行地方各级政府工作部门权力清单制度的指导意见》要求,将地方各级政府工作部门行使的各项行政职权及其依据、行使主体、运行流程、对应的责任等,以清单形式明确列示出来,向社会公布,接受社会监督。通过建立权力清单和相应责任清单制度,进一步明确地方各级政府工作部门职责权限,大力推动简政放权,加快形成边界清晰、分工合理、权责一致、运转高效、依法保障的政府职能体系和科学有效的权力监督、制约、协调机制,全面推进依法行政。

2016年中办、国办发布《关于全面推进政务公开工作的意见》,从国家治理现代化角度,提出了决策公开、过程公开、服务公开、管理公开、结果公开,特别提出了构建重大行政决策预公开制度,各级政府对在重大决策预公开过程征集到的意见建议,不采纳的应以适当方式进行反馈。

2016年,《国务院关于加快推进"互联网+政务服务"工作的指导意见》规定,各地区各部门要在政府门户网站和实体政务大厅,集中全面公开与政务服务事项相关的法律法规、政策文件、通知公告、办事指南、审查细则、常见问题、监督举报方式和网上可办理程度,以及行政审批涉及的中介服务事项清单、机构名录等信息,并实行动态调整,确保线上线下信息内容准确一致。各地方、各部门应规范和完善办事指南,列明依据条件、流程时限、收费标准、注意事项等;明确需提交材料的名称、依据、格式、份数、签名签章等要求,并提供规范表格、填写说明和示范文本。

除办事指南明确的条件外，不得自行增加办事要求。

2018年，《国务院办公厅关于加强行政规范性文件制定和监督管理工作的通知》规定，除依法需要保密的外，对涉及群众切身利益或者对公民、法人和其他组织权利义务有重大影响的行政规范性文件，要向社会公开征求意见；建立意见沟通协商反馈机制，对相对集中的意见建议不予采纳的，公布时要说明理由；行政规范性文件经审议通过或批准后，应由制定机关统一登记、统一编号、统一印发，并及时通过政府公报、政府网站、政务新媒体、报刊、广播、电视、公示栏等向社会公开发布，不得以内部文件形式印发执行，未经公布的行政规范性文件不得作为行政管理依据。

2018年，《国务院办公厅关于全面推行行政执法公示制度执法全过程记录制度重大执法决定法制审核制度的指导意见》，要求全面推行行政执法公示制度，强化事前公开、规范事中公示、加强事后公开，对行政执法规范做具体要求。

2019年国务院发布《优化营商环境条例》，将涉及企业投资、政务服务、政府监管的内容加以系统规定，并就其中的公开工作做了明确要求。2019年国务院发布实施的《重大行政决策程序暂行条例》规定，决策事项向社会公开征求意见的，决策承办单位应当通过政府网站、政务新媒体以及报刊、广播、电视等便于社会公众知晓的途径，公布决策草案及其说明等材料，明确提出意见的方式和期限；公开征求意见的期限一般不少于30日，因情况紧急等原因需要缩短期限的，公开征求意见时应当予以说明；2019中共中央办公厅、国务院办公厅印发《法治政府建设与责任落实督察工作规定》对年度报告制度做了具体规定。

为了推进法治政府建设，中共中央、国务院印发的《法治政府建设实施纲要（2015—2020年）》规定，县级以上地方各级政府每年第一季度要向同级党委、人大常委会和上一级政府报告上一年度法治政府建设情况，政府部门每年第一季度要向本级政府和上一级政府有关部门报告上一年度法治政府建设情况，报告要通过报刊、政府网站等向社会公开。

由上可见，中国政府信息公开制度从内容、机制、程序、网站管理、回应和总结方面都做了详尽的要求，形成一整套制度机制体系，且运行良好。这表明中国已经在国家治理现代化层面看待政府信息公开制度的价值，并使政府信息公开走上了一套法治化的道路。

司法公开对于促进司法公正、提升司法公信力具有重要的推动作用。司法公开是落实宪法法律原则、保障公民诉讼权利公民权利的重要内容，司法公开也是促进司法公正、保障司法廉洁、提升司法水平的重要手段，是全面推进依法治国、加快建设法治中国的必然要求。司法信息公开在制度上早有规定。《中华人民共和国宪法》第125条对司法公开有明确的要求："人民法院审理案件，除法律规定的特别情况外，一律公开进行。"《刑事诉讼法》《民事诉讼法》《行政诉讼法》也分别对司法公开做了具体规定。三大诉讼法重述了该宪法规定，规定了落实路径，对审判流程公开等内容也做了相应规定。如1979年《刑事诉讼法》规定，开庭前要向相关刑事案件被告人送达起诉书副本并告知其享有委托辩护人等权利。2018年修订的现行《刑事诉讼法》结合多年刑事司法实践，规定人民法院审判第一审案件应当公开进行，因涉及国家秘密等是由不公开审理的案件，应当当庭宣布不公开审理的理由。而且，人民法院决定开庭审判后，应当确定合议庭的组成人员，将人民检察院的起诉书副本至迟在开庭十日以前送达被告人及其辩护人；公开审判的案件，还应当在开庭三日以前先期公布案由、被告人姓名、开庭时间和地点。

民事诉讼制度关系到平等主体的纠纷解决，对公开的要求更高。1982年《民事诉讼法》除了规定人民法院审理民事案件的外，除了涉及国家秘密、个人隐私及法律另有规定的外，除了一律公开进行的外，还规定向当事人和公众公开流程信息的内容，如立案后向被告送达起诉书副本，开庭三日前通知案件当事人和其他诉讼参与人，公开审理的还要公告当事人姓名、案由和开庭时间、地点。随着法治发展，进一步保护民事诉讼案件当事人的权利成为民事诉讼制度完善进程中的重要方面，关于审判流程公开的规定也越来越细化。1991年《民事诉讼法》进一步规定，财产保全冻结当事人财产后，人民法院应当通知被冻结财产的人；人民法院对决定受理的案件，应当在受理案件通知书和应诉通知书中向当事人告知有关的诉讼权利义务，或者口头告知；合议庭组成人员确定后，应当在三日内告知当事人；一审案件宣告判决时，必须告知当事人上诉权利、上诉期限和上诉的法院。2012年修订的《民事诉讼法》还进一步规定了公众查阅生效裁判文书的内容，即除涉及国家秘密、商业秘密和个人隐私的内容外，公众可以查阅发生法律效力的判决书、裁定书。这也成为当前通过互联网公开裁判文书的直接法律依据。而行政诉讼过程中基本适用了和民事诉讼一样的公开要求。

现行《行政诉讼法》对司法公开也有明确的规定。第七条规定，人民法院审理行政案件，依法实行合议、回避、公开审判和两审终审制度。第五十四条规定，人民法院公开审理行政案件，但涉及国家秘密、个人隐私和法律另有规定的除外。涉及商业秘密的案件，当事人申请不公开审理的，可以不公开审理。第六十五条规定，人民法院应当公开发生法律效力的判决书、裁定书，供公众查阅，但涉及国家秘密、商业秘密和个人隐私的内容除外。第八十条规定，人民法院对公开审理和不公开审理的案件，一律公开宣告判决。

此外，2018年10月，经第十三届全国人民代表大会常务委员会第六次会议修订的《人民法院组织法》第七条规定，人民法院实行司法公开，法律另有规定的除外。第三十九条第三款规定，审判委员会讨论案件的决定及其理由应当在裁判文书中公开，法律规定不公开的除外。第五十八条规定，人民法院应当加强信息化建设，运用现代信息技术，促进司法公开，提高工作效率。2018年修改后的《人民检察院组织法》对检察院的司法公开提出要求。第七条明确规定"人民检察院实行司法公开，法律另有规定的除外"。第五十二条提出，人民检察院应当加强信息化建设，运用现代信息技术，促进司法公开，提高工作效率。

为了促进司法公开工作，最高人民法院出台了一系列的司法解释，对司法公开做了明确的指导性规定。1999年及之后，最高人民法院先后颁布了一系列与司法公开相关的司法文件，分别是：《最高人民法院关于严格执行公开审判制度的若干规定》（1999）、《最高人民法院关于人民法院执行公开的若干规定》（2006）、《关于加强人民法院审判公开工作的若干意见》（2007）、《关于司法公开的六项规定》（2009）、《关于人民法院接受新闻媒体舆论监督的若干规定》（2009）、《关于庭审活动录音、录像的若干规定》（2010）、《关于确定司法公开示范法院的决定》（2010）、《关于推进司法公开三大平台建设的若干意见》（2013）、《关于人民法院在互联网公布裁判文书的规定》（2013）、《关于人民法院执行流程公开的若干意见》（2014）、《最高人民法院关于减刑、假释案件审理程序的规定》（2014）、《最高人民法院关于进一步加强国家赔偿司法公开工作的若干意见》（2015）、《关于人民法院在互联网公布裁判文书的规定》（2016 年修订）、《最高人民法院关于进一步深化司法公开的意见》（2018）、《最高人民法院关于人民法院通过互联网公开审判流程信息的规定》（2018）。

1999 年以来，最高人民法院制定了五个人民法院五年改革纲要，每一个五年改革纲要都强调司法公开的作用。《人民法院第一个五年改革纲要（1999—2003）》提出，从 1999 年起至 2003 年，人民法院改革要以落实公开审判原则为主要内容。《人民法院第二个五年改革纲要（2004—2008）》提出，司法改革就是落实依法公开审判原则，采取司法公开的新措施，确定案件运转过程中相关环节的公开范围和方式，为社会全面了解法院的职能、活动提供各种渠道，提高人民法院审判工作、执行工作和其他工作的透明度。《人民法院第三个五年改革纲要（2009—2013）》提出，司法改革要加强和完善审判与执行公开制度，推进审判和执行公开制度改革，增强裁判文书的说理性，提高司法的透明度，大力推动司法民主化进程；完善庭审旁听制度，规范庭审直播和转播；完善公开听证制度；研究建立裁判文书网上发布制度和执行案件信息的网上查询制度。《人民法院第四个五年改革纲要（2014—2018）》（以下简称《四五改革纲要》）则将构建开放、动态、透明、便民的阳光司法机制作为全面深化人民法院改革的主要任务之一。《四五改革纲要》对深化司法公开工作提出了更高的要求。一是完善庭审公开制度。建立庭审公告和旁听席位信息的公示与预约制度；推进庭审全程同步录音录像；规范以图文、视频等方式直播庭审的范围和程序。二是完善审判信息数据库，方便当事人自案件受理之日起，在线获取立案信息和审判流程节点信息。三是继续加强中国裁判文书网网站建设，严格按照"以公开为原则，不公开为例外"的要求，实现四级人民法院依法应当公开的生效裁判文书统一在中国裁判文书网公布。四是整合各类执行信息，方便当事人在线了解执行工作进展，实现执行信息公开平台与各类征信平台的有效对接。《最高人民法院关于深化人民法院司法体制综合配套改革的意见——人民法院第五个五年改革纲要（2019—2023）》则提出，要进一步深化司法公开，不断完善审判流程公开、庭审活动公开、裁判文书公开、执行信息公开四大平台，全面拓展司法公开的广度和深度，健全司法公开形式，畅通当事人和律师获取司法信息渠道，构建更加开放、动态、透明、便民的阳光司法制度体系。

2015年3月，最高人民法院第一次对外公开发布《中国法院的司法公开》（白皮书），系统阐释了法院司法公开的各种举措、表现形式和预期效果。《中国法院的司法公开》（白皮书）认为，司法公开不是司法机关的选择性义务，而是其对社会公众和法律应尽的法定职责，是保障社会公众知情权、参与权、监督权的有效途径。司法公开并不是人民法院"想公开什么就公开什么"的权力，而是宪法赋予公民的民主权利。要把司法公开作为人民法院应当依法履行的义务，努力通过推进司法公开，实现"看得见的公正""可感受的高效"和"能认同的权威"。在最高人民法院的推动下，法院司法公开的规范化、制度化、信息化水平显著提升，审判流程公开、庭审活动公开、裁判文书公开、执行信息公开四大平台全面建成运行，开放、动态、透明、便民的阳光司法机制已经基本形成，在保障人民群众知情权、参与权、表达权和监督权以及提升公正司法能力方面发挥了重要作用。可以说，人民法院的司法公开是迄今为止最成功的司法改革举措之一，带有明显的中国司法制度特色，是中国特色社会主义法治道路的有机组成部分。

最高人民检察院针对检务公开也出台了许多规范性文件，如《关于在全国检察机关实行"检务公开"的决定》（1998）、《人民检察院"检务公开"具体实施办法》（1999）、《关于进一步深化人民检察院"检务公开"的意见》（2006）、《人民检察院刑事申诉案件公开审查程序规定》（2011）、《最高人民检察院关于行贿犯罪档案查询工作的规定》（2013）、《关于加强新形势下检察新闻工作的意见》（2014）、《最高人民检察院职务犯罪大要案信息发布暂行办法》（2014）、《最高人民检察院新闻发布会实施办法》（2014）、《关于进一步加强检察媒体管理的通知》（2014）、《检察政务微博管理暂行办法》（2014）、《关于全面推进检务公开工作的意见》（2015）、《最高人民检察院关于人民监督员监督工作的规定》

(2016)、《人民检察院案件流程监控工作规定（试行）》（2016）、《人民检察院刑事诉讼规则》（2019）等都提及推进检务公开工作。

最高人民检察院也发布了多个检察改革工作规划。如《2018—2022年检察改革工作规划》在多处专门要求"深化检务公开，接受社会监督"，包括"完善法律文书和案件信息公开范围，发布典型案例，公开检察建议"等。

由上可见，人民检察院也构建了检务公开的制度体系和公开机制，以规范性文件形式，对案件信息公开的范围、程序、监督保障等做出明确规定，实现了检务公开的"三个转变"，即从侧重宣传的一般事务性公开向案件信息公开转变、从司法依据和结果的静态公开向办案过程的动态公开转变、从单向宣告的公开向双向互动的公开转变。检务公开促进检务公正，提升了法律监督的能力和水平。

法律，以及人民政府、人民法院和人民检察院的一系列与信息公开有关的制度体系和运行机制为学术研究提供了分析研究的素材和对象。

**（三）法治指数研究的意义**

中国的法治建设取得了伟大进步，但仍然还存在许多不适应、不符合的问题。有的法律法规未能全面反映客观规律和人民意愿，针对性、可操作性不强，立法工作中部门化倾向、争权诿责现象较为突出；有法不依、执法不严、违法不究现象比较严重，执法体制权责脱节、多头执法、选择性执法现象仍然存在，执法司法不规范、不严格、不透明、不文明现象较为突出，群众对执法司法不公和腐败问题反应强烈；部分社会成员尊法、信法、守法、用法、依法维权意识不强，一些国家工作人员特别是领导干部依法办事观念不强、能力不足，知法犯法、以言代法、以权压法、徇私枉法现象依然存在。[①] 这些问题是全面推进依法治国的"拦路虎"，是推进全面依法治国必须直面解决的问题。《中共中央关于全面深化改革若干重大问题的决定》提出，完善发展成果考核评价体系，建立科学的法治建设指标体系和考核标准。不少学术机构对政务部门的信息公开进行了深入的

---

① 李林：《中国的法治道路》，中国社会科学出版社2016年版，第4页。

研究，形成众多的成果，推动了相关领域的发展和进步。中国社会科学院法学研究所的工作则是以指数研究形式对政府信息公开或政务公开、法院司法公开、检务公开、狱务公开等进行了第三方评估，研究成果以数据的样式展现了相关领域的进展和瓶颈。

法律的生命力在于实施，法律的权威也在于实施。法治指数评估可推进依法治国落地生根。1997年党的十五大把依法治国确立为党领导人民治国理政的基本方略，依法治国的总目标是建设社会主义法律体系，建设社会主义法治国家。具体而言，这就是在中国共产党的领导下，坚持中国特色社会主义制度，贯彻中国特色社会主义法治理论，形成完备的法律规范体系、高效的法治实施体系、严密的法治监督体系、有力的法治保障体系，形成完善的党内法规体系，坚持依法治国、依法执政、依法行政共同推进，坚持法治国家、法治政府、法治社会一体建设，实现科学立法、严格执法、公正司法、全民守法，促进国家治理体系和治理能力现代化。

实践经验也表明，法治指数评估对推进相关领域的进步和发展确有益处，可以客观科学地评价工作的成效、发现存在的问题，避免相关机构自我评价、自说自话、自我表扬、评价结果与公众感受不一致的现象，并通过评估与比较，引领发展方向，解决法治发展和深化改革动力不足的问题，重塑公权力机构的公信力。

法治指数对法学研究具有非常重要的意义。评估作为现代社会的发明，具有检视过往、解释现在以及瞻瞩未来的制度功能。作为法治理论的一场革命，法治指数一改法治理论抽象玄虚、思辨的传统形态，使法学理论与客观事实紧密结合起来，变得可测量、可感知。法治指数提升了法学研究的广度和深度，研究领域跨学科、跨领域、高度开放性，涵盖中国法治方方面面；法治指数完善了法学研究的理论和方法体系，使原本单调、晦涩的法学研究变得丰富多彩和易懂易见。

法治指数可以推动法治社会和人权保障机制的进一步完善。法治指数以客观统计数据为基础，以民意测验为辅助，构建一套易于理解、能够客观展示法治全景的国家与区域指数和指标体系，以全面反映中国法治发展的结果，肯定发展的成效，指出存在的问题，为国家的法治决策提供客观、简明、精确的参考依据，由此法治指数也可成为检验各级政府及司法机关法治绩效的重要标准，使对公权力机构的治理能力的评价更加多元化。

更为重要的是，法治指数还搭建了一个与国际对话的基础和平台，打破意识形态对话的藩篱，使国际社会更容易理解和认知中国法治发展的内容和形式。此外，法治指数不限于对本国的法治发展状况进行测量，还可以将视野投向世界，评价和比较各国的法治状况，有助于打破境外对法治评级授信的垄断地位，使国家在国、内外掌握法治话语权上更加主动。

## 二 域外法治指数评述

境外较有影响的、与法治相关的指数主要有以下几种。自由之家的《世界自由度报告》（Freedom in the world）、透明国际的"清廉指数"（Corruption Perceptions Index）、世界银行的"全球治理指数"（Worldwide Governance Indicators）、世界正义工程的"世界法治指数"（The World Justice Project）、经济学家的"全球民主指数"（Democracy Index）。

### （一）《世界自由度报告》

自由之家是一个"非政府组织"，总部设在华盛顿。从1972年起，自由之家的《世界自由度报告》（Freedom in the world）就开始分析世界各国与地区的民主与自由度，评价的基本向度是政治权利和公民自由，如选举民主、多党竞争、普遍选举权、公平投票与选举的实现状况。自由之家的评价团队由24位专业人士和一些资深顾问组成，评价数据来源非常广泛，专家意见、新闻报道、研究报告均为其数据基础，自由与否的评价由团队根据上述数据得出。2021年的报告对全球195个国家的自由程度做了评价。由于评价标准的西方意识形态色彩，中国历年都被自由之家评为不自由国家，当然，这是完全违背基本客观事实和极其荒谬的。改革开放以后，中国在法治发展及人权保障方面取得了巨大的成效。依法治国、依宪治国是当今中国的关键词。十八届三中全会的全面改革《决定》以及四中全会的依法治国《决定》更是将依法治国和人权保障作为国家建设的重要任务。此外，中国加入或签署了27个国际人权公约，除保留条款和说明之外，中国在努力按照公约行事。这些都说明中国在法治和人权方面一直在大踏步前进。

**（二）"清廉指数"**

透明国际（Transparency International）成立于1993年，是一个非政府、非营利、国际性的民间组织，总部设在德国柏林。透明国际于1995年开始测评世界各国政府的清廉状况。透明国际的"清廉指数"（Corruption Perceptions Index，CPI）的全称是"腐败印象指数"，由六部分指标构成，第六部分为反腐败与法治，包括法治、法律实施等内容。CPI衡量的是人们对腐败的主观感知印象，"清廉指数"的数据来源于一些独立机构的调查数据，是世界各观察者对各国腐败程度的主观感受。受访者通常来自第三国，调查问题与商业交易有关，如需要支付多少贿赂来签订合同之类的问题。这是一种狭义的腐败，即商业贿赂。此外调查的指向非常明确，CPI关心的是受贿者，指即受贿国家公务员的受贿行为，排除了跨国公司主动行贿获取合同的行为，使得评价结果广受争议。同时，CPI也是西方国家进入他国市场的敲门砖，凡是"榜上有名"的国家都会陷入"道德陷阱"，如果这些国家想获得外部投资，必须进行"善治"改革，这就陷入一个大的悖论，因为没有投资，改革是不可能启动的，改革不能启动，就没有所谓的发展和进步。CPI受到诟病还有方法论上的原因。一是不同国家和地区观察者的主观感受标准不统一，因而结论存疑。由于感知经验不同，谁的感知，如何感知，感知由何而来具有不确定性，CPI的调查明显失真，以致越来越成为人们戏谑的对象。其研创者也承认，CPI的确是观察者的主观感受，而不是"现实"。二是CPI每年选取的样本和采用的方法不同，数据不可以纵向比较，因此，在评估新政策的效果时由于缺乏可对比性，科学性存疑。党的十八大以来，在全国开展了大规模的反腐败运动，有效控制了腐败行为，然而自那以后，中国的廉洁指数不升反降，这与中国人民的认知和感受截然相反，违背了基本的常识。当然，"清廉指数"并非没有积极意义，其可以使人们认识到跨国的商业贿赂是一种较为普遍常见的现象，但应当注意其评价时的偏向性，避免使清廉指数误导我们的认识和行为，并或为按照西方意识形态改造他国的指挥棒。

### (三)"全球治理指数"

世界银行的"全球治理指数"(Worldwide Governance Indicators,WGI)是衡量一国政府公共治理成效方面较为权威的指标体系。1996年以来,世界银行的WGI对200个以上的国家和地区的治理状况进行了评价。WGI的评价指标体系有六个维度,分别是:话语权与问责(公民政治参与能力与言论自由);政治稳定与杜绝暴力(国内无政治暴动和恐怖主义);政府效能(公共服务质量、公务员素质、政策执行);监管质量(政府制定监管政策、促进私营部门发展的能力);法治维度(社会成员遵守法律的程度,司法机构的效率、判决的可预见性,合同的履行状况等);遏制腐败(遏制公权力谋取私利的程度)。法治是其六个维度之一,相对于其他的西方指数,WGI具有更多的合理性和科学性,对我国的发展具有一定的参考作用,但仍然应仔细分析和鉴别,吸取精华,去除不适应中国国情的内容。法治是一种社会实践,其应该是地方经验和普遍实践相融合的结果。

### (四)"世界法治指数"

世界正义工程"世界法治指数"(The World Justice Project,WJP)是美国律师协会于2008年推出的法治指数,也是世界第一个全方位的法治指数。WJP根据《世界人权宣言》及其他国际法律文件,将法治归纳为如下四方面:一是政府及其官员对法律负责;二是制定法清晰、公开、稳定、公平,保护公民人身权与财产权;三是法律制定、实施的过程应公正、有实效并便于参与;四是法律受到尊重并由有社会代表性、独立、德才兼备的律师或者官员实施。WJP设立了100多项法治变量,不仅关注理论上的法治架构,更关注现实的法治状况,如国家的制度环境状况,如法律制定、遵守、权利救济状况等。WJP的数据来源主要是普通人口抽查(GPP)和专家受访问卷(QRQ)。WJP肯定了中国在司法、消除腐败、治安方面的进步,在同等收入国家中,中国在公共安全方面排名靠前。世界正义工程在中国学界的影响力甚大,是"言必称希腊"的翻版。世界正义工程的缺陷也是显而易见的,四个方面均是对公权力机构的评价,虽然公权力机构是法律制定、实施的主体,但在今天一个多元的社会中,法治不是单向的，而是合作的；不是公权力一己之责，而是公民共建共享的。WJP的数据来源也非常可疑，人口普查理论上尚且能够自圆其说，只是在一个主权国家外国专家如何获得相关数据；专家问卷更是难以服众，都是什么"专家"？怎么遴选的"专家"？如何监督"专家"？

**（五）《全球民主指数》**

《全球民主指数》（Democracy Index，DI）是经济学人集团推出的指数，从2006年开始测评各国各地区的民主状况。2020年《全球民主指数》测评了165个国家和地区的民主现状。DI的方法主要是问卷调查，其设立了五个板块，分别是选举过程、公民自由、政府职能、政治参与、政治文化。指数下辖60多个问题，每问有2—3个选项；每项的最高分为10分，总得分为这五项指标的平均分。依据得分高低，DI将国家分为"完全民主国家""有缺陷的民主国家""民主与独裁混合体制国家"以及"独裁国家"四类。民主是个好东西，但西方的民主是否具有普适性则需要打一个大的问号。西方民主的低效、歧视、金钱操控屡见不鲜，2020年疫情中的美国大选撕裂社会，呈现在世界面前的乱象就是最好的注释。新冠肺炎疫情暴发时，武汉采取的封城措施引起了全世界的注意，西方世界众口一词认为公民的自由受到严重侵犯，时过境迁，当中国迎来胜利之时，西方世界还在隔离和封城的困境中苦苦挣扎。这大概是西方世界永远也不会懂的中国文化。

**（六）境外指数研究评述**

仅就法治而言，西方国家和非西方国家都承认其重要性，但对法治的理解有较大的差异，政治意识形态在这里起着决定性的作用。单一西方标准测量的结果是，非西方国家永远不可能是"法治国家"，而事实并非如此。西方的上述指数具有值得注意的两个特点。首先，西方意识形态是其指数的理论基础，它们都将政治权利、政治表达作为衡量法治的重要标准，具有强烈的排他性和绝对性。法治是人类的历史选择，法治的尺度是多元的，不应只是政治权利这样一种尺度。从历史演进来看，人类发明的良善社会制度并不多，法治是其中的一种。在经过长期的争斗、流血、杀戮的混乱之后，法治成为人类社会具有共识的一种社会治理方式，并被认可、流传、演进和扩大开来。作为一种社会实践，法治具有丰富的内涵，但法学家却往往乐于将其抽象成几个干枯的原则、几条乏味的教条、几路技穷的招数，并要求所有的人、民族、国家将其奉为圭臬。以西方法治理论衡量世界，一切社会，不论他们的自然、地理、文化、历史有什么区别，都必须走西方道路。法治最重要的特性——具有实践特性的地方性知识被忽略了。按照上述指数的设计导向，西方的法治才是真正的法治，西方社会是其他社会的榜样，西方的历史就是世界的历史，除了这段历史，其他地区、社会、人民都属于没有历史的人，也是没有法治的社会和人民。以中国为例，一个有着几千年历史的国家，选择法治的道路，其背后的逻辑叙述绝不仅是政治权利是否实现这样简单，它承载的内容要更复杂、更丰富、更现实。多样、共生是中国文化的核心，因为两种以上东西之间的和谐是生存的必要条件，共存（coexistence）是存在（existence）的先决条件。因此，多样或多元的生存方式是生活意义的基础。中国的政治权利更多体现在以共产党领导的多党协商制度中，体现在党的领导更替时的民主程序中，体现在人民当家做主的地位中，因而更多体现为用法治的思维和法治的手段维护中国人民含政治权利在内的各项基本权利，如发展权利、生存权利、选举权利、劳动权利、受教育权利、妇女权利、儿童权利。无论从哪方面说，中国在这些权利领域都取得了长足的进步，否则中国改革开放40年的成就，乃至回溯到中华人民共和国成立70余年的成就都是不可能取得的。从这个意义上说，西方的法治实践虽然对中国法治建设具有重要的参考价值和示范意义，但这并不意味中国需要亦步亦趋踏着西方的脚印前行。就连拥有引以自豪的法律制度的西方自己也说，中国要过上西方同样的生活，对世界是灾难性的。鉴于国情不同、文化不同、人口众多以及其他一些中国特有的因素，中国根据自身的实际情况走一条更有成效的法治道路的确具有价值和意义。中国特色的法治道路与中国特色的社会主义道路分不开，是中国特色社会主义道路不可分割的一部分，它是发源于中国大地，由中国人民选择的，与时代发展和社会进步相适应的道路。这条道路既可以努力使这个世界人口最多的国家的人民摆脱贫困、过上共同富裕的生活，也可以使人民的基本权利得到保障，而这是固执西方意识形态观念的人无论如何都不能理解的。当然，西方各国的法治经验和法治实践对中国的法治实践具有重要的参考价值和意义，中国在吸收了西方丰富的法治经验和养分后将呈螺旋式上升，具有了更广大的空间和范围，涵盖了更丰富的内容。

其次，这些指数都是以民意抽样调查的方式进行的，结果具有主观性和可操作性。以世界正义工程为例，其虽然集中关注法治问题，如法律制定、遵守、权利救济状况等，但方法仍然是民意调查。民意调查不可避免地具有主观性强的特点。民意不可违，但民意具有可操纵性，在互联网时代尤其如此。在评价人民法院的司法公正时就会遇到这样的两难问题。对于社会绝大多数人而言，法院离他非常遥远，终其一生都不会踏进法院半步。但是，如果采取主观性较强的民意调查，让其评价对司法的满意程度，由于获取信息的渠道有限，受网络间接信息的影响，给出的答案很可能是负面的。如果被访问人参与过民事诉讼，民意调查的结果可能也会出乎人们的意料。民事诉讼有胜诉就有败诉，败诉一方肯定是不满意的，胜诉一方如果没有达到预期的目标，也可能不满意，其结果是约50%的人对法院的司法肯定不满意，会对法院的司法公正提出质疑。这个是从基本面上而言的，我们并不排除确实有法官枉法裁判、法官腐败现象，2021年推行的政法干部教育整顿运动中暴露出的问题就充分说明了这一点。

最后，值得注意的是，这些指数都呈现出一种西方唱"独角戏"，而世界其他国家则处于"失语"和"半失语"状态的现象。这是因为，其他国家的不少法学研究者并未摆脱唯西方马首是瞻、仰人鼻息的观念与做法，评价标准是以西方国家价值观体系和政治模板为依据的，对一些重要领域和重要内容全盘接受西方观念，既无创新之观念，也无超越之胆量。正因如此，法学研究中的创新几乎是最少的，也是最难以推广的。学者们沉溺于对法条的热爱中，法律实施的状况是他者的事，翻翻英伦的古书、查查美利坚的案例，依规依矩，岁月静好。时间证明，照抄西方的制度行不通，辛亥革命以来，君主立宪制、议会制、多党制、总统制曾走马灯式登场，最终归于沉寂，只有中国特色社会主义或者说中国特色社会主义法治道路依然在轰轰烈烈地实践，并呈现出越来越强的生命力。

## 三　法治指数研究原则、路径和类型

本书汇集的是中国社会科学院法学研究所的指数研究成果，这些报告都是"国家法治指数研究"创新工程研究项目的研究成果。这些成果是法治指数团队若干年来采用科学指标体系、实证调查分析和数据量化评估等手段，通过合作研究形成的大型法学研究系统工程所得出的。成果大致分为两类，第一类是对信息公开的评估；第二类是对专项事务的评估。这些研究成果极大地推动了相关领域的法治进步和发展。本节将对这些报告的原则、方法、路径和内容做出简要评析。

### （一）法治指数研究原则和路径

中国社会科学院法学研究所对公权力信息公开评估建立在指数体系之上。指数评估体系的构建遵循三个基本的原则。

第一，依法性原则。依法设定指标体系中的各项指标，法律有要求的才是需要评估的内容。例如，评估政务绩效应当坚持依法原则，不可随意设置标准。政务活动的一个基本原则是法有明文授权方可为，这也是党政机关开展活动的基础和指引，对其开展评价所依据的指标体系均应有法律法规的依据来源，评估的重点是政务部门对现行法律制度和相关政策的落实情况，并对制度本身是否科学且符合国情做出判断。依法设定指标是目前最为有效的做法，但也存在不足，因为法律往往具有滞后性，对一些创新性需要鼓励的内容则难以通过指标体现出来。而且，并不是所有的法都是良法，如习近平总书记所说，"不是什么法都能治国，不是什么法都能治好国"，[①] 一些法中的法条也可能存在不符合立法价值、体现部门利益以及不符合实际的情况，依此评估反而会巩固部门利益，违背人民利益，或者有的规定几乎所有的部门都难以实现，这说明不是实施出了问题而是规定本身出了问题。指数评估可以准确地发现这些问题，并提出相应的改进建议。尽管依法评估存在这样一些问题，但这并不影响依法设定指标是评

---

[①] 习近平总书记2013年2月在第十八届中央政治局第二次集体学习时的讲话。

估体系必须遵循原则的基础性和重要性。

第二，客观性原则。评估指标的设定多采用客观观察方法，专家应当在评价指标设计上发挥应有的专业判断，即评估指标只考察法律要求的各项责任和义务是否已经履行，判断的标准是"是"或"否"。评估应将"好"与"坏"这样主观性、随意性极强的判断标准转化为客观且具备操作性的指标。如在评价政务公开、司法公开工作时，应对相关机关是否依法、准确、及时地以方便公众获取的方式公开了相关信息进行评价，做到了即是"好"，反之就是"不好"。对做到与否的原因也要做具体的分析，究竟是客观原因所致还是主观原因所致，发现问题的症结所在。指标经过"好与坏"向"有没有"的转换后，极大地压缩了评估人员的自由裁量空间，大大增强了评估指标的可重复性和可预测性。评估体系中指标设置要摒除主观性强、随意性大、含义模糊的内容。如指标不能用"便捷性""及时性""廉洁性"等评价语言，因为这些指标难以界定，易造成评估的模糊性和不确定性。

第三，循序渐进原则。法治包罗万象，即便是信息公开一个领域也存在无数选项，不可能一蹴而就。设计指标体系时，应将事关民生的重点内容优先纳入，并考察公权力机构的法律履行义务，随着年度性推进，可以逐渐扩大评估的范围和领域，最终覆盖法律所要求的全部领域。

法治指数主要以网站为评估数据的来源。法治指数的评估主体往往是第三方机构，其既不持有权力一方的立场，也处于权力相对一方的立场之外，具有显而易见的中立性。第三方评估机构既考察公权力机构的公开和服务情况，也考察权利相对人的办事便利度情形。由于第三方游离在上述双方之外，数据的获取便成为制约第三方研究的最大桎梏。例如10年前，为了评估司法公开中的开庭公告，一些大学研究人员只能到各法院门口统计开庭公告的公开情况，费事费时且难以全覆盖。很长时间以来这个问题难以得到解决，直到信息技术的普及，公权力机构官方网站纷纷建立，网站成为信息公开和与民沟通的重要平台，这个问题才不再成为学术研究的一个难题。不过，也存在公权力机构由于各种因素，如一些工作人员不习惯新的工作方式，不适应信息化时代的要求，没有将应该公开的信息在政府官网上公开，导致第三方评估机构不掌握其全面的工作情况，而在评估中给予负面的评价的情况。存在的这个问题并不是第三方评估机构的问题，而是公权力机构还需要进一步适应社会的要求，改变工作方式、提高工作效率。毕竟，第三方评估机构不可能全面知晓被评估对象的工作情况，让社会知晓公权力机构运行现状、接受社会的评价是公权力机构的责任，而非第三方评估机构的问题。第三方评估还有一种方式是接受相关部门的委托，内外合作，即除了在网站上获取客观数据外，还通过委托部门的内部系统获取数据。这种方式的优势在于，评估数据来源的深度和广度都不是外部网站观察所能比拟的，评估的精细化程度大大提高，评估结果的准确性也相应提升。

对第三方机构接受委托的评估有一些质疑的声音，认为接受委托的第三方不再是中立的第三方，如此，中国的学术机构或大学恐都不能接受公权力的委托，只有境外的非政府组织才有可能是"公正的第三方评估主体"。这种观点很难让人苟同，按照这种逻辑，中国应当拱手将评估权让给西方世界，让"清廉指数""世界正义工程"来对中国指手画脚。提出质疑的人本身可能没有做过相应的评估，凭借想象虚构出第三方评估机构与公权力机构的"不正当"关系。这种观点混淆了公权力自评和委托第三方机构评估的界限，没分清评估和考核的区别。当然，不排除有接受委托的第三方与被评估对象没有处理好双方关系的情况，但这不是否定第三方接受委托评估的理由。实际上，应当鼓励和推动公权力机构委托学术机构进行第三方评估，现实中，公权力机构购买服务是促进自身机构完善和进步的重要路径，而不是相反。

第三方评估是否中立，不在于其是否接受委托，而在于第三方评估是否建立在科学严谨的基础上。科学严谨的第三方评估具有以下几个要素。首先，评估机构本身要具有一定的学术能力和学术水平，缺乏能力和水平的机构不能真正发挥评估作用。现实中，进行第三方评估机构的资质不够，鱼龙混杂，导致评估结果的科学性不够。其次，第三方机构受委托评估时，在指标设定、测评内容和方法上必须要有自主性，不得受委托机关的干预，做到独立自主科学严谨。中国社会科学院法学研究所2013—2015年对浙江法院的阳光司法就做到了这一点，被评估的100余家浙江法院在评估中处于"盲评"状态，评估时做到了"四不"，不提前通知、不提前布置、不做动员、不告知测评科目。最后，评估的过程由第三方评估机构掌握，被评估对象处于配合地位，可以建议，仅做参考。如果上述几点能够满足，就不能说接受委托的第三方机构是被委托方的"代理人"，或与委托方是"代理关系"。

对制度运行进行有效观测是第三方评估的重要路径。强调客观性原则，不是绝对地排斥主观性调查，但主观性调查只是作为一种辅助性的方法，之所以如此，是因为主观性判断会因个体差异存在一定程度上的失真。一些评估放弃观察方法转而依赖于满意度测评，如以随机抽样的方式，询问被调查者对公权力机构的印象。这种方法的缺陷在于，一些被调查者终其一生难以接触到法院、检察院这样的机构，即便亲身经历了相关的办事过程，也会因法律知识的欠缺，难以对公权力机关是否严格依法办事做出准确的判断。结果是，一些被访者只能根据所能获取的外在信息，如媒体或口口相传，对相关事务做出主观性判断，这些判断由于缺乏客观依据，使问卷调查的结果公正性也颇为存疑。由于不是对制度运行状况进行评估，通过问卷满意度调查得出的结论既不能直观显示制度运行存在的问题，也不能直接应用于制度完善，造成人力物力的极大浪费。

**（二）法治指数研究的主要类型**

1. 公权力机构信息公开评估

（1）中国立法透明度指数报告

本书收录了中国社科院法学研究所法治指数创新工程项目组近年来对全国人大及31个省、自治区和直辖市人大常委会立法公开的评估报告，主要是对立法工作信息、立法活动信息、立法过程信息和立法优化信息的公开情况进行了测评。几年的评估发现，人大的立法公开取得明显进展，立法工作信息公开程度不断提高，立法程序和立法计划公开情况较好，立法草案公开程度有所提高等。但在法规公开、民主立法、立法总结、立法公开均衡、公众意见建议和人大常委会反馈意见的公开程度等方面仍然存在问题，对此，建议地方人大常委会仍然需要提高公开认识、转变公开理念，加强学习借鉴、统一公开标准、提高公开水平。

（2）中国政府透明度指数报告

政府信息公开和政府透明度指数研究是中国社会科学院法学研究所法治指数创新工程项目组最重要的研究成果。本书收录了2016—2019年的评估报告，连续性、渐进性的评估不仅显示出政府透明度评估的思路演进，也向社会展现出政府透明度取得的进展和存在的问题。评估对象含国务院部门、省级政府、较大的市政府、县（市、区）政府。

四年的评估内容为决策公开、管理服务公开、执行和结果公开、重点领域信息公开、政策解读与回应关切、依申请公开、法治政府建设年度报告公开等。评估显示，政务公开制度日趋完善，决策公开稳步推进，政务服务、行政执法、管理结果公开均有明显进步，在政府信息公开平台建设、规范性文件、行政审批信息、行政处罚信息、环境保护信息、棚户区改造信息、社会救助信息、教育信息公开、政府信息公开工作年度报告、依申请公开等公众需要的信息公开方面取得较大成效，但未来还需要进一步提升公开意识、进一步找准公众需求、将公开融入政务活动全流程、提升信息化保障水平。

（3）中国司法透明度指数研究

司法公开、司法透明度是中国社会科学院国家法治指数研究中心、法学研究所法治指数创新工程项目组的研究重点。本书收录了2016—2019年的司法透明度指数评估报告。2016—2018年的评估对象为最高人民法院、31家高级人民法院、49家较大市的中级人民法院。2019年，司法透明度的评估对象有所扩大，除了上述法院外，增加了3家知识产权法院、3家互联网法院、5家自贸区法院、1家金融法院。评估的路径和视角是各级法院的官方网站。五年的评估围绕审务信息公开、审判信息公开、执行信息公开、司法数据公开和司法改革信息公开等内容进行。评估发现，中国法院的司法公开程度在不断提升，在法院信息化快速推进的时代背景下，中国司法公开迈入了新阶段，司法公开已经成为全国各级法院的共识，审务信息公开范围不断扩大，审判信息公开的广度和深度进一步拓展，执行信息公开对基本解决执行难的推进产生重要影响，司法改革信息越来越开放透明。司法公开呈现集约化趋势，如裁判文书全民共享、法院庭审贴近民众、司法改革透明度有所提升、司法数据公开受到重视等。但司法公开仍然存在一些问题，如2016年，信息化与司法公开的契合度、裁判文书的反向公开、执行信息公开平台建设、数据对接，共建社会诚信体系方面还有努力空间；2017年，司法公开在细节和人性化方面仍然存在进一步提升的空间；2018年，从公众需求角度出发深化司法公开、发挥大数据公开的作用、加强法院网站的运行维护仍然是其努力的方向；2019年，司法公开常态化机制不健全、部分领域公开不理想、信息发布不规范、公开平台建设参差不齐的问题仍然很突出；总体而言，司法公开是中国法院目前成效最显著的司法改革举措之一，司法公开使法院的各项工作尽可能在阳光下运行，极大地提高了司法公信力和司法权威，在努力让人民群众在每一个案件中都感受到公平正义方面发挥了重要的作用。

（4）中国检务透明度指数研究

中国检务透明度研究同样是中国社会科学院国家法治指数研究中心、法学研究所法治指数创新工程项目组的重点研究项目。本书收录了2016—2019年的检务透明度指数评估报告。报告的评估对象为最高人民检察院、31家省（自治区、直辖市）人民检察院和49家较大的市人民检察院。评估主要内容从检务公开的公开载体、基本信息、检务指南、检察活动、统计总结、新媒体应用、公众知情参与、加强解读回应、检察法律文书、各类数据报告、新类型文书、便民设计等方面逐渐深化推进。评估显示，中国检务公开成效显著，案件信息公开与法律文书公开常态化，新媒体利用日渐娴熟，中西部一些检察机关表现突出，便民利企探索亮点多见，在便民性、友好性方面均有新进展，检务公开已成为全国各级检察院的共识。但同时，检务公开存在的问题也不能低估，部分评估对象停滞不前，文书公开去标识有待统一，网站平台不稳定、检务公开发展不均衡等问题依然严重，今后检务公开纵深发展的任务仍相当艰巨。总体而言，为适应新时代要求，检务公开需要在更高起点上谋划和推进，围绕中心工作不断提升检务公开的质量和实效，并注重发掘检务公开的新功能，以公开促进公众知情参与，加强解读回应，迈向便民、智能、高效，进而提升新时代的检察公信力。可以预期，检务公开即将迎来质的跃升，今后必将迈向全面公开透明，走向制度化和标准化。

2. 对公权力机构的专项评估

（1）人民法院执行规范化指数

2016年3月，最高人民法院提出"两年到三年基本解决执行难"的奋斗目标，经过全国法院三年的不懈努力，截至2018年底，人民法院的执行工作发生历史性变化，实现了跨越式发展。2019年是人民法院第五个五年改革纲要的开局之年，也是人民法院执行工作五年纲要的实施元年，同时还是人民法院从基本解决执行难向切实解决执行难目标过渡之年。党的十八届四中全会做出了"切实解决执行难""依法保障胜诉当事人及时实现权益"重大决策部署。"切实解决执行难"事关司法体制改革成败，更关系到全面依法治国的顺利推进。解决执行难并非一蹴而就，而是一项长期的系统工程，要巩固基本解决执行难成果，向切实解决执行难迈进。

为了深入研究切实解决执行难问题，中国社会科学院法学研究所与浙江省湖州市中级人民法院达成共识，将湖州中院作为切实解决执行难的学术研究实验田。湖州中院将标准化作为执行长效机制建设的抓手和关键，2018年9月就曾委托湖州市质量技术监督局制定发布了《执行工作流程管理规范》，这是首个地方性法院执行规范化标准。中国社会科学院法学研究所、中国社会科学院国家法治指数研究中心项目组对该指标体系进行了梳理和修正，并就该标准的落实情况进行了第三方评估。评估对象为湖州中院及其下辖的吴兴、南浔、德清、长兴、安吉5个基层法院。评估以案卷评查为主，同时采取系统数据分析和文件资料梳理等方法。评估结果显示，湖州中院在切实解决执行难方面取得一定成效，一是保全及时源头缓解执行压力；二是确保信息准确提升数据质量；三是线上查控及时保障执行效率；四是强化执行措施提高执行效果；五是部分法院重视财产申报制度；六是涉案财产处置变现规范高效；七是执行款管理规范、发放及时；八是协同执行整合湖州区域资源。湖州中院虽然在切实解决执行难方面做出显著成绩，但是也存在一些问题，如执行工作流程管理有待进一步规范等。学术机构通过对一个中级法院及下辖法院执行规范化的解剖分析，可以了解法院切实解决执行难可能面临的难题和遭遇的瓶颈，为全国法院切实解决执行难提供可资借鉴的经验。

（2）自贸区法治发展指数

前海是中国改革开放的前沿阵地。2010年，深圳经济特区建立30周年之际，国务院批复同意《前海深港现代服务业合作区总体发展规划》，使前海成为"特区中的特区"。深圳前海与中国社会科学院法学研究所开展合作，中国社会科学院法学研究所法治指数创新工程项目组自2017年以来连续对深圳前海法治示范区法治建设情况进行了系统评估。本次收录了2017、2018、2019三年的评估报告评估内容主要为从规则制定、法治政府、司法建设、法治社会、保障监督五个板块。评估结果显示，近年来前海法治示范区的法治建设情况总体良好，简政放权、信用体系建设、优化营商环境、司法改革、国际仲裁、法律查明、法律服务、司法鉴定等方面走在全国前列，受到许多地方的关注、学习和借鉴。尽管前海在建设法治示范区方面取得不俗成就，但在政务公开、执法监管、检务公开、信访工作法治化、信用体系建设等方面仍有较大改进余地。未来前海法治示范区应当继续深入推进改革创新，争当中国法治建设的"排头兵"和"试验田"。

## 四　法治指数研究存在的张力和问题

### （一）法治指数研究与传统法学研究方法存在张力

社会科学能否使用量化方法，在一些学科里已经不是问题，但是在以法理为导向的法学研究中还是一个问题，以致不理解的人难免会说东道西。在法学研究中，规范分析法、语义分析法、逻辑分析法、比较分析法最为常用，这几种方法基本上是通过语言分析法律的规则、语言、逻辑、价值问题。上述几种方法基本上可以说是室内研究方法，通过大量的文献、资料便可以得出研究的成果。这些方法的重要性在于可以总结过去的历史经验，并推演出未来发展可能的方向。现实中，这些方法也可能走偏，由于远离实际，一些研究只是对制度的背书，甚至概念晦涩、词不达意、故弄玄虚、空洞无物的现象并不鲜见。法学研究也会使用到一些实证研究方法，比如社会调查法和定量分析法。社会调查法使用问卷、个案研究、测验或实验等方法，分析、比较、总结现实问题，借以发现存在的社会问题，探索有关规律的研究方法。定量分析法则是应用数学分析社会关系发展和变化的方法。本书采用的法治指数方法则是其中一种，其作用和价值不言自明。法学研究是一个应用学科，而不是仅存于大脑之中的思辨活动，除了构建宏大叙事和发展目标外，还需要关注法律制度实际运行状况，即发现哪些法律及其制度符合中国实际和国情，运行好或比较好；哪些法律制度存在瑕疵或漏洞，需要进行修订和补充；哪些法律脱离中国实际需要废除或重立等。法治指数研究方法可以使法学研究走向社会，有效推动法治发展。

法治指数研究方法使一些人极不适应，因为这与法学研究的传统方法存在差异。在不了解、不熟悉、不会做的情况下，对法治指数持排斥态度是很自然的现象。因为，在他们的眼中这实在不是法学研究啊，除了数据和田野调查，与哈耶克、福可、博登海默、萨维尼……相去甚远，太不抽象了，太没有"学术含量"了。

但实际上，法治指数研究虽然以数据的形式出现，但其内涵却远远超过数据表面呈现出的含义。在理论指导下的法治指数，通过对数据的分析我们可以发现理论与实践的结合或者疏离度，进而判断制度的优劣好坏以及改进的方向。法治理论在法治指数中以隐性的形式彰显着存在的价值。

### （二）法治指数研究的难度与学术评价存在张力

法治指数研究在中国起步很晚，算下来也就10年左右的时间，与其他研究方法相比，连小兄弟都算不上。法治指数概念不被人理解，被戏谑是常有的事；法治指数方法也在不断完善和探索之中。指数研究加之法治指数研究以数据为基础，在数据支离破碎的背景下，研究的难度可想而知。信息化时代，数据信息共享方能促进社会的进步和发展，然而对一些掌握数据的机构而言，数据就是财富是商品，很难共享。公权力机构掌握的数据本是公共数据，应该为全民所有，全民所用，但实际上这些机构本身就是一个个信息孤岛，虽然掌握了本部门的大量数据，由于不能与其他部门共享互联，大大削减了数据的作用。再如，中国法院在信息化建设中一马当先，法院信息化赋能本机构，将业务放到线上，提升了审判执行的办案效率，方便了人民群众诉讼要求，提升了管理质效，推动了司法公开，可以说中国法院信息化走在世界最前列。但是，一花独放春未到，万紫千红才是春。以政法系统信息化为例，各自为政现状明显。在实践中，法院、公安、检察、司法行政信息共享很差，其结果是，社会治理不能做到统筹推进，法院案件越来越多，检察的监督职能发挥效果也不清楚，司法行政部门更不用提，本来就事多人杂，信息化严重拖后腿，以致监所监督在社会上频频引起舆情。信息割裂、不共享的直接后果是，社会治理的协同性和精准性差，社会矛盾纠纷此起彼伏，有关部门盲人摸象、四处救火。间接后果是法学研究难以获取真实的、全面的、可用的数据，做出有效的研究，为党和政府决策提供依据。目前，法治指数研究尚停留在单个行业和领域研究的范围内，很难对全国依法治国做出综合性的研究分析。可以说现有的依法治国的相关研究都存在数据制约的问题，这些研究依靠的或是自报材料，或是满意度调查，得出的结论自然难尽人意。

法治指数的投入大产出小。一个指数项目投入的人力和财力是传统研究不可比拟的，也是其具有巨大影响力的原因所在。由于现行评价机制更看重的不是对研究对法治的推动作用，因而指数的应有价值没有得到充分的肯定。这就需要反思，法学研究需不需要将论文写在田野上？

**（三）法治指数与被评估对象及其领导机构存在张力**

最近10年来，第三方学术机构以法治指数的形式对公权力机构进行了依法治国、依法行政、公正司法的评估，在推动公权力机构改进工作方面起到了巨大的作用。绝大多数被评估对象从一开始的不理解、不支持，转变为愿意跟学术机构沟通、交流、切磋。不少机构对照第三方机构的评估结果检查自身的工作状况，比较先进、找出差距、弥补短板，甚至于开展创新。也有一些机构认为本机构缺乏相关职能，对评估结果提出异议，与评估机构进行了有效沟通交流，增进了双方的理解，大大促进了机构工作的进步和评估工作的全面性。

不过，个别被评估对象及其领导机构对第三方学术机构应否公布评估结果存在质疑。第三方进行的法治指数研究具有的积极意义不可否认，评估结果是否应当公布则见仁见智。评估是社会监督的形式之一，评估结果不公布起不到监督的作用，不能督促相关机构改进自己的工作，没有存在的价值。一些被评估机构不能客观对待评估结果，他们既不对照先进，检查自身的问题，也不与评估机构交流，而是牢骚满腹。还有一些机构则为了取得较好的结果对评估机构进行攻关，有些评估机构也以各种形式，如寻租、发奖来获取各种利益。尽管存在这样那样的问题，领导机构在管理时不能因噎废食，对第三方评估持怀疑和拒绝态度，他们需要习惯学术机构在社会上具有话语权的现状。学术话语权不是公权力，被评估对象要去理解学术研究语言的叙述方式、内部逻辑和隐含密码，才能领会学术第三方评估的意义，对此法国著名思想家福柯早有论述。同时，这些机构应该认识到的是，拒绝学术研究和第三方评估不仅跟中央的部署和决策相违背，而且与开放的政府渐行渐远，接受学术研究和第三方评估是不可能阻挡的潮流。

### （四）法治指数研究本身存在一些值得注意的问题

1. 法治指数研究的目的要与全面深化改革、全面建设社会主义、全面从严治党、全面依法治国相一致

指数设计应当以制度完善为目标，推动各个领域，比如依规治党、依法行政、公正司法、全民守法的法治发展，看各项法律制度的落地落实的情况。第三方评估机构不是行政或司法机构，或是其他公权力机构，更多的是从观察的角度来加以检验，同时，"国家治理实践为法治建设提供了检验平台"[①]，使每一项指数能够成为衡量法治的尺度、法治发展的风向标，预测法治的走向，纠正立法的偏离度。

2. 法治指数研究需要理论和实践相结合

法治指数研究要避免只见树木不见森林的情况，与传统法学研究有机结合，双方都既见树木也见森林，将使法学研究推上一个新的台阶。法治指数关注的是某一项制度的落实情况，每个指标的选择要求具有可操作性，定性研究让位于定量研究，但这并不意味着法治指数体系是横空出世，从石头缝里蹦出来的，其同样体现了立法的意志和精髓，也融汇了程

---

[①] 蒋惠岭：《中国法治建设的逻辑支撑》，《人民论坛》2018年第12期。

序的刚性和韧性,每一个指标体系的设计都有坚实的理论逻辑基础,因为没有理论和法律制度的支撑,任何一项指数都是无依据的、都是空想的。反过来说,法学研究不能仅仅停留在理论和法律的纸面上,实践是验证这些理论和法律的标准,只有在田野上、企业里、村民中、机构内才可能发现真理所在。法治指数的研究能够发现理论和法律与实践的差异所在,并提出有价值的建议。未来的法学研究应该是定量和定性相结合,传统法学研究更多地关注实践创新,新兴法学研究则需要总结实践发展规律,形成制度和政策的依据。法学研究对法治的贡献应该既体现在定性研究上,也体现在定量上,相辅相成缺一不可。

3. 法治指数指标设计要有科学性

指标的设计和赋值既要符合法律要求,也要符合法治国情。测评指标的设置既要立足现有制度规范又要有适度的前瞻性,既要避免形式化又要避免陈义过高,使测评严重脱离实际。此外,指数体系还特别要防止被技术理性和工具理性所支配,学术内涵和人文关怀、为民、便民应是指标体系的题中之义。具体而言,法治指数指标科学性体现在以下几个方面。一是兼顾连续性与灵活性。缺乏连续性,年度纵向之间缺乏比较的可能;缺乏灵活性,指标体系则可能变得教条和僵化,进而失去测评的意义。二是兼顾地方个性与共性。共性是原则,指数测评要考虑到共性的因素。中国是统一的法治国家,法治的统一性是指数测评的基本要求。个性是特色,指数测评应当充分考虑到地区、层级和行业的特点,使法治指数的实施更有针对性和实施可能。三是兼顾公众意志与法治规律的契合度。除了充分蕴含法律的精神外,指标体系还应考虑公众的感受,使公众利益、便民思维、服务性政府成为指标的内在逻辑。四是注意赋值指标的两面性。在不同的场域中,统一指标具有不同的含义,因此在选择指标的时候,要特别重视指标背后的逻辑性。例如,反腐倡廉指标就具有两面性,案件查处数量可以作为反腐败有力的体现,但腐败案件查处数量很难孤立地反映廉洁程度,因为查处数量可以做两面性解释。

4. 评估应当做到"三个坚持"

一是坚持评估的中立性。评估机构应独立于被评估对象之外,具体体现在评估指标的设定、评估过程的推进、评估结果使用的自主性。中立性并不排除评估机构接受被评估对象的委托，接受委托更有利于获取数据，但接受委托仍然要坚守上述中立性立场。

二是坚持评估的开放性。这体现在两个方面，首先，评估机构要有开放性。评估机构在指标的设定上要广泛征求各界意见，并向社会公布，使评估对象具有可预期性和认同感。在评估结果上要对社会公布，让全社会知晓中国法治建设某个领域的进展情况，而不是关门自修。其次，被评估对象要持开放态度。作为公权力机构，是否接受社会评估是不可能以其意志为转移的，因此，欣然接受社会评估，并与评估机构沟通交流，有则改之、无则加勉才是正确的态度。2021年是中国共产党诞生100周年，中华人民共和国成立70余年，中国改革开放40余年，中国取得了让全世界瞩目的社会经济发展成就。2020年以来，新冠肺炎疫情肆虐全球，阻击疫情，保一方民众健康，中国的制度优势更是有目共睹。这充分证明了中国共产党的执政能力、中国政府的行政能力。中国的成绩是14亿人民干出来的，也是所有公权力机构努力奋斗出来的，这就足以使我们做到理论自信、制度自信、道路自信和文化自信。第三方的法治指数评估只是为中国沿着当前的道路继续前进提出建议，各级公权力机构应该展开双臂欢迎，而不是讳疾忌医、文过饰非。

三是坚持评估的建设性。法治指数评估的目的是推动中国法治的发展与进步，建设性应是其主要特征。中国取得的令世界瞩目的成就是全国人民撸起袖子加油干而取得的，各权力机构的公职人员是人民的当然组成部分，是中国建设发展的主力军，当然也是成果的获得者。法治指数评估要充分总结公权力机构在领导人民参与建设的经验，肯定发展和进步。当然，这并不是说就应当忽视存在的问题，恰恰相反，法治指数研究要善于发现问题、分析问题的原因，给出解决问题的建设性的意见和建议。毕竟，在发展的道路上，在任何一个领域破坏较易，建设很难。

**（五）交叉复合型人才缺乏制约法治指数研究的广度深度**

人才是各行各业需要重视的最紧迫的问题，信息化时代这个问题更加凸显。复合型人才匮乏与中国教育实现文理科分科教育，分科高考有密切的关系。文科生普遍缺乏数据思维，进而很难在研究中引入数据分析方法。新闻系如此、法学院如此。复合型研究人才的缺乏严重制约了法学研究的可能和视野,法学研究人员基本沿用传统模式做学理研究,一些人拒绝接受新技术、新思维,结果是不少的研究人员甚至很难用百分比这样简单的数学方法进行比较,更不用说掌握计算机技术进行建模、程序设计以满足研究的需要了。由于法学研究的共识仍然是传统方法,对新方法的不懂、不了解,新研究方法获取的成果也较难获得惯性思维的支持。尽管研究成果具有广泛的社会影响,也实实在在推动了社会的发展和进步,只不过是墙里开花墙外香。法学蹒跚而行,"将论文写在田野上"仍然是一个较为遥远的目标。

不过,不少大学已经意识到了教育的这个缺陷,正在积极地弥补。如成立数据法治研究院,培养跨学科人员,尤其是计算机技术与法学交叉人才,使沉闷的法学研究有了百花齐放的方向。在现实中,也有一些科研人员正在从传统的研究模式转向新型的研究模式,比如计算法学的出世,虽然跌跌撞撞、兜兜转转,但显然法学研究正在跳出文字演绎推理解释的既定路线,开辟理解法治的新道路。

## 五 未来中国社会科学院法治指数研发方向

中国共产党在十八届四中全会做出的《中共中央关于全面推进依法治国若干重大问题的决定》中提出,要全面推进依法治国,总目标是建设中国特色社会主义法治体系,建设社会主义法治国家。这就是在中国共产党领导下,坚持中国特色社会主义制度,贯彻中国特色社会主义法治理论,形成完备的法律规范体系、高效的法治实施体系、严密的法治监督体系、有力的法治保障体系,形成完善的党内法规体系,坚持依法治国、依法执政、依法行政共同推进,坚持法治国家、法治政府、法治社会一体建设,实现科学立法、严格执法、公正司法、全民守法,促进国家治理体系和治理能力现代化。法治国家是法治中国建设的目标,法治政府是法治中国建设的关键,法治社会是法治中国建设的基础。

法治中国的标准是什么?法治中国建设可以测量吗?其实前面的西方指数研究早已证明法治是可以测量的,测量的科学性和准确性是关键。测量可以考察我国法律体系的完备度、法律体系实施的有效性、法律监督体系的严密性、法律保障体系的有力性和党内法规体系的落地性。而法治指数在这几个方面都可以有所作为，构建一套依法治国的法治指数体系是指数研究的重要目标，其主要内容包括四个方面：立法、法治政府建设、公正司法和法治社会建设。

依法治国指标体系首先应考察法律体系的完备度情况。法律是治国之重器，良法是善治之前提。法治中国要求一切国家公权力都必须受宪法和法律的制约和监督；法律虽然不能保证人人平等，但可以做到法律面前人人平等，任何人不得凌驾于法律之上，个人的基本权利得到保障和促进。因此，立法工作情况，包含重大决策的民主性、创制性、公开性、可获取性和稳定性是指标体系的重要内容。立法的公开性是指立法草案公开、审议过程公开、结果公开。比如基本的法律和关于法定权利的信息是否以简单易懂的语言公开，是否被翻译成不同人群使用的语言公开；行政性法规和最高院的决定是否及时公开；比如有关营商环境、劳动保护、公共卫生、刑事法律法规是否足够稳定，公民和企业可以依据这些法律法规判断行为的方向。此外，公开性还涉及立法或重大决策是否征求专家学者意见、公众是否具有表达观点的机会。

在法律体系实施的有效性方面，法治政府建设情况是研究重点。良法需要实施，政府是法律实施的最重要主体。法治政府的基本标准应是政府依法行政，确保各项权力都在法治轨道上运行。具体而言，法治指数指标体系将涉及政府的开放性、服务性、守法性、执法效率以及监督水平。比如守法性会涉及政府的权力清单、被投诉率、行政复议、被诉率、撤诉率、撤销率等内容。执法效率将考察政府的具体执法内容，如食品安全执法、环境保护执法、公安执法、城管执法、权利保障等。在监督水平方面，将评估立法机关对政府行为监督和检查的状况、司法机关对政府行为进行有效检查的情况、审计部门对政府行为进行有效的监督和检查情况、政府官员被问责追责情况、政府接受媒体、社会团体、公民监督的情况等。在权利保障方面，可评估政府是否未经法定程序和合理赔偿进行财产征收，政府是否尊重公民和企业的财产权利并禁止非法没收私人财产，当财产被合法征收时政府是否提供合理的赔偿等。

公正司法的标准是，法院及其他司法机构都应严格按照实体法和程序法进行裁判，任何人都需遵从公正裁判的指引。指标体系涉及司法权规范、司法为民、司法公开、司法管理等内容。在司法权规范方面，将评估民事案件、刑事案件、行政案件、执行案件的立案、审理和执行情况；司法保障人权、司法干警的违法违纪情况。以司法保障人权为例，犯罪嫌疑人的基本权利是否得到保障，包括无罪推定，不受非法逮捕和不合理的拘留，被告是否有质证的权利以及不受虐待，并得到充分的法律援助等。在司法为民方面，将涉及司法服务及费用问题，如民众是否知晓可用的救济方式，是否能够获得和负担法律建议和代理的费用等；民事诉讼程序和做出裁判是否依法定期限进行；民事裁判是否得到有效执行；是否可获得公正有效的替代性争议解决方案等。在司法公开方面，指标体系将涉及审务公开、立案庭审公开、裁判文书公开、执行公开等内容。其中，立案庭审公开的主要内容有诉讼指南、开庭公告、庭审直播、减刑假释、案件查询系统公开。在裁判文书公开方面，则包含中国裁判文书链接、更新性、完整性、上网规范性、不公开数量、庭审笔录公开等内容。在执行信息公开方面，则涉及被执行人曝光、执行案件查询等状况。

法治社会的标准是，全民都必须在宪法和法律的范围内活动，信仰法治、遵守法治。法治社会建设是依法治国指标体系中最为复杂的组成部分，不仅内容庞杂，也非常难以操作。法治社会建设主要包括以下内容：普法状况、领导干部学法、基层民主建设、公民守法、权利保障、社会治安、市场法治、社会公平保障等。在基层民主建设方面，基层选举、基层政务公开将是考察的重点内容。在公民守法方面，包含个人守法（履行判决的情况、违法人数波动率）、公职人员违法、违纪率、单位和企业守法率、人均违法犯罪率等。在社会治安方面，则包含刑事案件发生率、群体性事件、法律意识（民众诉诸武力解决个人纠纷或寻求司法或政府救济的状况）、社区矫正实施情况。又如在社会公平保障方面，将评估社会保障覆盖率及水平、新农合普及率及水平，公民在公共服务、就业、诉讼程序和司法体系方面不因社会经济地位、性别、种族、宗教、国籍或性取向、性别认知受歧视的状况。在权利保障方面，公民是否可以自由地和公开地进行礼拜和从事宗教行为，个人隐私能否得到保护等等。

由上可见，依法治国法治指数的内容较为复杂，涉及多制度、多领域、多行业、多群体、多层面。既有横向的评估，也有纵向的评价。总体的评估目标是相关法律制度的实施情况、成效如何、存在的问题及努力的方向。

　　依法治国法治指数对全面依法治国将会起到积极的推动作用。通过依法治国法治指数我们将摸清依法治国、依法执政、依法行政和法治国家、法治政府、法治社会建设的家底，形成对全国各级政府和社会法治发展状况和水平的全面真实客观的评价，为中央相关决策、推进法治改革及其实施提供直接扎实的依据。同时，也有望在国际国内拿回法治推进的中国话语权。

　　2021 年是中国共产党建党 100 周年，当今中国已经从一个积弱积贫的国家变为一个全面实现小康，不再任由世界列强瓜分和宰割的独立、自由和强大的国家，就此而言，中国共产党的领导功不可没。当前，中国共产党正率领全国人民向新的目标迈进，这就是实现中华民族的复兴。这是一个更为艰巨的目标。从国际形势来看，外有强敌围追堵截；从国内形势来看，内有发展中不断产生的矛盾和纠纷亟待解决。中国共产党领导全国人民依法治国，建立法治中国，完善国家的治理体系、提高国家的治理水平和治理能力，将使我们国家的根基更加坚实，有助于应对外来挑战，并保证第二个一百年的目标顺利实现。

# 第一编

## 立法透明度指数

# 中国立法透明度指数报告（2017）

中国社会科学院法学研究所法治指数创新工程项目组（以下简称"项目组"）2014年以来通过对省级人大常委会门户网站的观察，对地方立法情况进行了测评。考虑到立法公开是公众参与立法、为立法献言献策的前提，是提高立法质量、实现科学立法的基础，是使法律法规真正反映最广大人民的共同意愿、真正实现立法为民的重要保障，为此，项目组对测评指标进行了调整，聚焦立法公开。

## 一 测评指标与方法

中国各级人民代表大会（以下简称"人大"）及其常委会的立法活动是社会主义法治体系的重要组成部分，对于确保宪法和法律的有效实施、维护法律权威和法制统一、实现国家治理法治化而言具有积极作用。在地方各级人大及其常委会的立法当中，省级人大及其常委会的立法一方面承接着中央立法，直接关系到国家层面的法律规范能否在各省得到有效实施；另一方面联结着设区的市和自治区的立法，对省级以下的立法具有指导和约束作用。省级人大立法可谓承上启下，作用尤为突出。根据《宪法》和《立法法》的规定，全国人大常委会是法律的制定者，其重要性不言而喻。因此，本次调研将全国人大常委会纳入测评范围。

门户网站不仅是人大常委会展示立法工作成效的有效途径，还是人大常委会向公众公布立法信息、让公众了解并参与立法的重要平台。基于此，本次调研采用网上测评的方法，通过观察人大常委会的门户网站来分析、评估立法公开的情况。

项目组用了一年多时间，在反复论证、咨询专家、预测评和调整的基础上设定了立法透明指标体系。立法透明度测评的是人大常委会立法相关信息的公开情况，其他事项如人大常委会部分变更国民经济和社会发展计划、任免本级政府负责人等信息的公开情况暂不测评。

立法透明度测评的是人大常委会立法相关信息的公开情况。根据宪法和法律的规定，人大常委会的立法职责职能包括两部分。一是制定法律和地方性法规。全国人大常委会制定和修改除应当由全国人民代表大会制定的法律以外的其他法律；在全国人民代表大会闭会期间，对全国人民代表大会制定的法律进行部分补充和修改。省级人大常委会则根据本行政区域的具体情况和实际需要，在不同宪法、法律、行政法规相抵触的前提下，制定地方性法规。二是在立法完成之后，通过立法后评估、执法检查、备案审查等机制完善和优化立法，确保法律法规得到有效实施，维护社会主义法制的尊严和统一，不断提高立法质量。首先，通过立法后评估，分析法律和地方性法规的实施效果，为今后的立法提供经验。其次，通过备案审查对地方性法规进行审查，确保其不违背上位法、具备合宪性合法性。根据《立法法》的规定，省、自治区、直辖市的人民代表大会及其常务委员会制定的地方性法规，报全国人民代表大会常务委员会和国务院备案；省级和较大的市的人民政府制定的规章、较大的市的人大及其常委会制定的地方性法规以及自治州、自治县制定的自治条例和单行条例应当报省级人大常委会备案审查。最后，人大常委会对法律法规的实施情况进行检查，提升法律法规的有效性。因此，指标体系主要围绕法律制定和法律优化两个方面，由四大板块组成，即立法工作信息（权重20%）、立法活动信息（权重30%）、立法过程信息（权重30%）、立法优化信息（权重20%），具体指标设置见表1。测评时间为2017年8月24日至10月9日。

表1　　　　　　　　　　立法公开指标体系

| 立法工作信息（20%） | 常委会领导信息（10%） |
| --- | --- |
| | 常委会机构职能信息（20%） |
| | 立法工作总结信息（30%） |
| | 本级人大代表信息（20%） |
| | 法规数据库（20%） |
| 立法活动信息（30%） | 立法程序（35%） |
| | 立法计划（45%） |
| | 立法前评估（20%） |
| 立法过程信息（30%） | 立法草案（40%） |
| | 立法征求公众意见平台（40%） |
| | 立法听证（20%） |
| 立法优化信息（20%） | 规范性文件审查程序（25%） |
| | 立法后评估（20%） |
| | 执法检查（30%） |
| | 备案审查（25%） |

## 二　测评结果

### （一）总体情况

根据4个板块的测评结果和权重分配，项目组核算并形成了32家人大常委会的总体测评结果（见表2）。

根据最终测评结果，本年度总分超过60分的省级人大常委会有7家，即全国人大常委会、上海市人大常委会、重庆市人大常委会、湖北省人大常委会、广东省人大常委会、北京市人大常委会、广西壮族自治区人大常委会，其中全国人大常委会以总分72.7分高踞榜首。

表2　　　　　　　　人大立法公开总得分情况　　　　　　　单位：分

| 人大常委会名称 | 总分（满分：100分） |
| --- | --- |
| 全国人大常委会 | 72.70 |
| 上海市人大常委会 | 68.40 |
| 重庆市人大常委会 | 65.00 |
| 湖北省人大常委会 | 64.15 |
| 广东省人大常委会 | 63.30 |
| 北京市人大常委会 | 62.35 |
| 广西壮族自治区人大常委会 | 61.65 |
| 贵州省人大常委会 | 59.10 |
| 辽宁省人大常委会 | 59.05 |
| 山东省人大常委会 | 57.50 |
| 江苏省人大常委会 | 57.05 |
| 青海省人大常委会 | 55.25 |
| 福建省人大常委会 | 55.05 |
| 海南省人大常委会 | 54.50 |
| 浙江省人大常委会 | 53.45 |
| 四川省人大常委会 | 52.65 |
| 安徽省人大常委会 | 51.95 |
| 云南省人大常委会 | 50.05 |
| 黑龙江省人大常委会 | 49.10 |
| 甘肃省人大常委会 | 48.80 |
| 内蒙古自治区人大常委会 | 48.55 |
| 陕西省人大常委会 | 48.50 |
| 江西省人大常委会 | 44.35 |
| 宁夏回族自治区人大常委会 | 42.85 |
| 河北省人大常委会 | 41.40 |
| 山西省人大常委会 | 40.10 |
| 吉林省人大常委会 | 39.30 |
| 湖南省人大常委会 | 38.95 |
| 天津市人大常委会 | 37.60 |
| 河南省人大常委会 | 33.45 |
| 新疆维吾尔自治区人大常委会 | 30.50 |
| 西藏自治区人大常委会 | 22.35 |

根据最终测评结果，本年度总分超过60分的省级人大常委会有7家，即全国人大常委会、上海市人大常委会、重庆市人大常委会、湖北省人大常委会、广东省人大常委会、北京市人大常委会、广西壮族自治区人大常委会，其中全国人大常委会以总分72.7分高居榜首。

### （二）立法公开的亮点

调研发现，人大常委会在立法公开方面已经积累了一些经验，取得了一些成绩，也形成了一些较好的工作机制。

第一，人大立法工作信息公开程度较高。全国人大常委会和31家省级人大常委会在门户网站上普遍公开了人大常委会领导信息、人大常委会机构信息、本级人大代表名单。此外，上述人大常委会网站都设立了法律法规数据库，一些数据库还按年份、法律法规涉及领域、颁布机构、是否有效等对法律法规进行分类。

第二，人大立法计划和立法总结公开情况较好。立法计划设定了每一年度的立法目标、原则、重点要求和任务分工，是人大立法的重要信息。全国人大常委会和大部分省级人大常委会的门户网站都公布了本年度的立法计划，有的人大常委会还在制定本年度立法计划的过程中发布了征求公众意见公告。此外，全国人大常委会和大部分省级人大常委会都公布了上一年度人大常委会工作报告，其中专门介绍了上一年度立法的信息，包括立法数据、重点领域和过程等信息。

第三，人大立法草案普遍公开。全国人大常委会和绝大部分省级人大常委会都在门户网站上公布了立法草案。一些人大常委会的门户网站设立了专门的栏目，集中公布立法草案信息，包括草案说明、草案审议结果。有的草案说明下还设立"发表意见"栏目，公众在阅读了草案及其说明之后可以直接在网上提出意见和建议。这为公众参与立法提供了便捷的渠道。

### （三）立法公开存在的问题

立法公开在取得一定成绩的同时，也存在一些问题。

第一，各类立法信息的公开情况不够均衡。测评结果显示，四大板块总体情况尚不均衡。在"立法工作信息"板块，平均分为58.688分，得分超过60分的省级人大常委会共计18家。在"立法活动信息"板块，平均分为55.797分，得分超过60分的省级人大常委会共计8家。在"立法过程信息"板块，平均分为41.906分，得分超过60分的省级人大常委会共计4家。在"立法优化信息"板块，平均分49.211分，得分超过60分的省级人大常委会共计12家。由此可见，4个板块的得分情况差距较大，人大常委会公开立法工作信息和立法活动信息的情况较好，而立法过程公开以及立法优化信息公开的情况仍不够理想,这两方面应成为未来立法公开工作着力的重点。

第二,各地区的立法公开工作发展不够均衡。测评结果显示,4个板块最高分和最低分的差距较大,不同人大常委会之间的差距较为明显。在"立法工作信息"板块,全国人大常委会和上海市人大常委会得分最高,为81.5分;新疆维吾尔自治区人大常委会和西藏自治区人大常委会得分最低,为24分,相差57.5分。在"立法活动信息"板块,广东省人大常委会得分最高,为100分;宁夏回族自治区常委会、湖南省人大常委会和河南省人大常委会得分最低,均为22.5分,相差77.5分。在"立法过程信息"板块,湖北省人大常委会得分最高,为70分;新疆维吾尔自治区人大常委会得分最低,为10分,相差60分。在"立法优化信息"板块,青海省人大常委会、江苏省人大常委会、重庆市人大常委会、四川省人大常委会和辽宁省人大常委会得分最高,均为72.5分;西藏自治区人大常委会得分最低,为6.25分,相差超过66分。

第三,听证和立法评估信息的公开程度有待提升。兼听则明,听证有助于确保各利益相关方充分参与立法、充分表达意见,是实现科学立法的重要保障。立法评估包括立法前评估和立法后评估,前者是在制定法律法规的过程中对草案的可行性、出台时机、可能出现的问题进行评估,后者是对法律法规实施之后的社会效果进行评估。立法评估也有助于确保科学立法,提高立法质量。而被测评的32家人大常委会门户网站提供上述信息的较少。及时且充分地公布听证和立法评估信息,推进民主立法和科学立法应当成为未来人大立法公开工作的重点。

## 三 立法工作信息

第一板块"立法工作信息"着重考察全国人大常委会和31家省级人大常委会通过门户网站公开立法工作相关信息的情况。该板块由5个子板块构成,即"常委会领导信息""常委会机构信息""立法工作总结""本级人大代表信息"和"法规数据库"。调研发现,被测评的32家人大常委会门户网站基本上都开设了"立法工作"专栏,集中发布立法信息。

## （一）常委会领导成员信息的公开程度较高

被测评的 32 家人大常委会都在门户网站上提供了常委会领导名单，其中 21 家提供了所有常委会领导成员简历，占比为 65.6%；2 家提供了部分领导成员简历，占比为 6.3%；有 9 家完全没有提供，占比为 28.1%。而且，全国人大常委会和上海市人大常委会等提供的常委会领导成员简历较为详细，公布了各个领导成员的具体工作履历。

## （二）常委会机构职能信息的公开情况较好，但常委会及其机构联系方式的公布程度有待提高

在机构职能信息公开方面，被测评的 32 家人大常委会都在门户网站上提供了机构名单，其中 26 家提供了常委会机构职能说明，占比为 81.3%；27 家提供了常委会机构的处室名单，占比为 84.4%；22 家公布了机构负责人信息，占比为 68.8%。

但是，人大常委会及其机构联系方式的公开情况较差。只有 11 家人大常委会网站提供了常委会的地址和电话等联系方式，占比为 34.4%；还有 21 家没有提供人大常委会的任何联系方式，占比为 65.6%。在常委会机构联系方式公开方面，只有 2 家人大常委会网站提供了全部信息，1 家提供了部分信息，还有 29 家没有提供相关信息，占比高达 90.6%。

## （三）上一年度立法总结的公开情况较好

被测评的 32 家人大常委会中，有 24 家的门户网站提供了上一年度的立法总结，占比达到 75%。其中，22 家的立法总结是作为人大常委会工作报告的一部分予以公开，广东省和吉林省人大常委会则公布了专门的立法总结。这些立法总结的信息较为丰富。24 家人大常委会的立法总结都提供了立法数据和立法重点领域。比如，海南省人大常委会在工作总结中指出，2016 年共审议地方性法规及法规性决定 28 件，通过和批准了 27 件。云南省人大常委会在工作报告中介绍了 2016 年立法的重点领域，即落实党中央关于加强全口径预算审查监督的要求，修订《云南

省预算审查监督条例》；落实党中央关于健全统一司法鉴定管理体制的要求，制定《云南省司法鉴定管理条例》；依据国务院《云南省居住证暂行条例》，修改《云南省流动人口服务管理条例》；落实党中央关于改革完善计划生育服务管理的重大举措，修改《云南省人口与计划生育条例》；制定《云南省边境管理条例》，促进对外开放新高地建设；修订《云南省林木种子条例》，完善保障森林云南建设的地方性法规；修订《云南省抚仙湖保护条例》，加大湖泊保护区红线管控力度；制定《云南省工会劳动法律监督条例》，维护职工合法权益。山西省人大常委会的工作报告提到，2016年常委会围绕经济发展重点领域立法，修订了《山西省安全生产条例》，制定《山西省通信设施建设与保护条例》；围绕生态文明建设和改善民生立法，制定《山西省永久性生态公益林保护条例》和《山西省汾河流域生态修复与保护条例》，修订《山西省环境保护条例》和《山西省实施〈中华人民共和国老年人权益保障法〉办法》；围绕人大制度建设立法，制定《山西省各级人民代表大会常务委员会监督司法工作办法》和《山西省各级人民代表大会常务委员会专题询问办法》。贯彻中央关于实施全面"二孩"政策的决策部署，及时修改《山西省人口与计划生育条例》。有的人大常委会对立法重点领域的介绍非常详细，除了指出立法重点外，还介绍相关立法的特点。例如，河南省人大常委会在工作报告中指出，修改后的人口与计划生育条例规定，提倡一对夫妻生育两个子女，并适当延长产假；独生子女父母年满60周岁之后，住院治疗期间给予其子女护理假。

  21家人大常委会的立法总结还提供了立法过程信息，占被测评的32家人大常委会的65.6%。福建省人大常委会在工作报告中提到，发挥常委会组成人员和人大代表在立法中的主体作用，完善公民有序参与立法机制；将14项法规委托给立法基地开展论证和起草，选择部分审议项目分解给基层立法联系点征求意见建议。北京市人大常委会工作报告指出，在修订全民健身条例过程中组织198名市人大代表通过三级代表联系平台，召开了有714名区、乡镇人大代表和350名群众代表参加的85场座谈会，区、乡镇人大代表和群众代表共提出意见建议633条，对法规的修改发挥了重要作用。

## （四）本级人大代表名单的公开情况较好，但代表联系方式的公布欠佳

被测评的 32 家省级人大常委会中有 26 家在网站上提供了本级人大代表名单，占比为 81.3%。其中西藏自治区和青海省人大常委会等 18 家人大常委会还提供了代表的职业背景信息（包括出生年月、性别、民族、籍贯、学历、党籍、现任职务和参加工作时间等）。湖南省人大常委会、湖北省人大常委会等还在门户网站上设立了"代表风采"专栏，公布代表的履职信息，增加公众对代表工作的了解。

只有 4 家人大常委会在网站上提供了本级人大代表的电话或邮箱等联系方式，占比只有 12.5%。其中，云南省人大常委会和上海市人大常委会的网站还提供了联系代表的栏目，公众可以直接通过网站给代表提出意见和建议。这为公众联系代表提供了便捷有效的渠道。但是，还有 28 家人大常委会网站没有提供本级人大代表的联系方式，占比高达 87.5%。

## （五）人大常委会网站的法律法规数据库有待完善

《立法法》第 58 条规定，法律签署公布后，及时在全国人民代表大会常务委员会公报和中国人大网以及在全国范围内发行的报纸上刊载；第 79 条规定，地方性法规、自治区的自治条例和单行条例公布后，及时在本地方人民代表大会网站刊载。据此，被测评的 32 家人大常委会在门户网站上公布法律法规是其法定职责，而通过建立专门法规数据库的形式来公开更为便捷，有助于公众迅速查找相关立法信息。调研发现，在被测评的 32 家人大常委会中，有 21 家网站设有法律法规数据库，而且数据库具备搜索检索功能，占测评人大常委会的 65.6%。有的数据库按照法律法规的颁布时间、制定机关和调整领域进行分类。有的还设立"新法速递"和"法规解读"栏目，便于公众及时深入地了解法律法规。尽管如此，法律法规数据库的建设仍需继续推进。11 家网站或者没有法规数据库，或者无法打开，占比达到 34.4%。即使是已有的 21 个法律法规数据库，明确表明有效和已失效法律法规的也只有 8 个。如此一来，公众难以区分某一法律法规是否仍然有效，也就难以准确把握法律法规的效力情况。

第一板块得分情况见表3。

表3　　　　　　　　立法工作信息板块得分情况　　　　　　单位：分

| 人大常委会名称 | 得分（满分：100分） |
| --- | --- |
| 全国人大常委会 | 81.5 |
| 上海市人大常委会 | 81.5 |
| 福建省人大常委会 | 78.5 |
| 广西壮族自治区人大常委会 | 76.5 |
| 辽宁省人大常委会 | 73.5 |
| 湖南省人大常委会 | 69.5 |
| 重庆市人大常委会 | 69.5 |
| 青海省人大常委会 | 69.5 |
| 海南省人大常委会 | 68.5 |
| 陕西省人大常委会 | 66.5 |
| 贵州省人大常委会 | 66.5 |
| 安徽省人大常委会 | 66.5 |
| 北京市人大常委会 | 65.0 |
| 湖北省人大常委会 | 64.5 |
| 河南省人大常委会 | 64.5 |
| 江苏省人大常委会 | 63.5 |
| 云南省人大常委会 | 62.5 |
| 天津市人大常委会 | 62.5 |
| 吉林省人大常委会 | 58.0 |
| 四川省人大常委会 | 56.5 |
| 广东省人大常委会 | 56.0 |
| 黑龙江省人大常委会 | 55.0 |
| 内蒙古自治区人大常委会 | 53.5 |
| 山东省人大常委会 | 48.0 |
| 山西省人大常委会 | 46.5 |
| 甘肃省人大常委会 | 45.0 |
| 河北省人大常委会 | 41.0 |
| 浙江省人大常委会 | 38.0 |
| 西藏自治区人大常委会 | 38.0 |
| 宁夏回族自治区人大常委会 | 37.0 |
| 江西省人大常委会 | 31.0 |
| 新疆维吾尔自治区人大常委会 | 24.0 |

## 四　立法活动信息

"立法活动信息"板块主要考察32家人大常委会制定法律、地方性法规的整体情况。人大立法活动涉及甚广，本次调研主要测评立法程序、立法计划和立法前评估信息三个方面的公开情况。调研发现，立法程序公开情况较好，立法计划公开情况一般，立法前评估信息公开程度非常低。

### （一）普遍公开立法程序

立法程序设定了人大及其常委会的权限，明确制定法律法规的步骤。公布立法程序有助于公众了解立法的权限、步骤和方法，有助于公众参与立法。基于此，项目组对立法程序的公开情况进行了测评。调研发现，被测评的32家人大常委会中，有28家在门户网站公布了立法程序，占比为87.5%。

### （二）立法计划有待进一步公开

立法计划明确年度立法的重点领域，确定初步审议和继续审议的法律草案，是人大常委会年度立法工作的重要指引。被测评的32家人大常委会中，有18家网站提供了立法计划，占比为56.3%；仍有14家人大常委会网站没有公布立法计划，占比达到43.8%。立法计划的公开程度还需要不断提高。

调研发现，在门户网站上发布立法计划征求公众意见或者向社会征集立法计划建议项目公告的人大常委会有14家，占被测评的32家人大常委会的43.8%。这说明一些人大常委会已经积极引入公民参与立法，而且公民参与立法的范围已经从参与法律法规的制定扩大到参与立法计划的制定。这些好的方法和机制还需要推广，不断拓宽公民参与立法的渠道和范围。

### （三）立法前评估信息的公开情况欠佳

《立法法》于2015年进行了修改，对法律的立法前评估做了明确规定。此后，一些人大常委会开始了立法前评估的实践探索。但是，在被测评的32家人大常委会中，只有3家在门户网站上公布了立法前评估信息，占比仅为9.4%；还有29家没有提供任何立法前评估信息，占比高达90.6%。而且，信息较为简单，主要是新闻报道，并没有提供有关草案可行性、出台时机、实施效果以及可能出现问题的评估信息。

第二板块得分情况见表4。

表4　　　　　　　　立法活动信息板块得分情况　　　　　　单位：分

| 人大常委会名称 | 得分（满分：100分） |
| --- | --- |
| 广东省人大常委会 | 100.0 |
| 全国人大常委会 | 84.0 |
| 上海市人大常委会 | 84.0 |
| 甘肃省人大常委会 | 80.0 |
| 海南省人大常委会 | 80.0 |
| 贵州省人大常委会 | 80.0 |
| 重庆市人大常委会 | 80.0 |
| 山东省人大常委会 | 80.0 |
| 安徽省人大常委会 | 57.5 |
| 湖北省人大常委会 | 57.5 |
| 广西壮族自治区人大常委会 | 57.5 |
| 青海省人大常委会 | 57.5 |
| 北京市人大常委会 | 57.5 |
| 福建省人大常委会 | 57.5 |
| 云南省人大常委会 | 57.5 |
| 新疆维吾尔自治区人大常委会 | 57.5 |
| 浙江省人大常委会 | 57.5 |
| 江苏省人大常委会 | 57.5 |
| 四川省人大常委会 | 57.5 |
| 内蒙古自治区人大常委会 | 57.5 |
| 辽宁省人大常委会 | 57.5 |
| 江西省人大常委会 | 57.5 |
| 天津市人大常委会 | 35.0 |
| 西藏自治区人大常委会 | 35.0 |
| 黑龙江省人大常委会 | 35.0 |
| 山西省人大常委会 | 35.0 |
| 吉林省人大常委会 | 35.0 |
| 陕西省人大常委会 | 35.0 |
| 河北省人大常委会 | 35.0 |
| 宁夏回族自治区人大常委会 | 22.5 |
| 河南省人大常委会 | 22.5 |
| 湖南省人大常委会 | 22.5 |

## 五　立法过程信息

向社会公开立法的全过程是公众参与立法过程，使法律法规充分反映公众意愿，确保立法为民的前提基础。基于此，项目组从立法草案信息、立法征求公众意见平台和听证三个方面，对立法过程的公开情况进行了测评。

## （一）立法草案普遍公开，但公开的信息有待完善

立法草案公开是立法公开的重要组成部分。在被测评的32家人大常委会中，有28家在门户网站上设立了"立法草案公开"栏目集中发布立法草案信息，比例高达87.5%。有26家在发布立法草案征求公众意见公告的同时，还提供了草案征求意见有关事项的说明，即公众提出意见的渠道和时限。21家公布了草案的审议结果公开情况，占比为65.6%。但是，只有11家提供了草案说明公开情况，占被测评的32家人大常委会的34.4%。仅1家公布了意见反馈情况，占比只有3.1%。只公布立法草案，而未提供相关信息，公众难以了解草案的立法意图、目标和争议的焦点，也就难以有效参与立法。因此，人大常委会在公开立法草案时需要提供草案说明等相关信息，以便公众全面了解草案，公布公众提出的具体意见和建议，还要对公众意见进行反馈，公开草案审议结果，以便公众及时了解所提意见建议的采纳情况以及草案的修改审议情况，进而保障公众有序参与立法，确保立法机关和社会公众的有效沟通。

## （二）立法征求公众意见平台需不断健全

在门户网站上设立立法征求公众意见平台，不仅便于集中公布征求公众意见公告和立法草案的相关信息，而且为公众对草案征求意见稿提出意见和建议提供了便利条件。为此，项目组对32家人大常委会网站设立立法征求公众意见平台的情况进行了调研。在32家人大常委会中，28家在门户网站上设立了立法征求公众意见平台，占比为87.5%。其中，山西省等人大常委会在门户网站上设立了"法规草案征集意见系统"，公众可直接进入系统对草案发表意见，提交相关资料。但是，在平台上公布公众意见的人大常委会只有3家，占比仅为9.4%。未公布公众意见的多达29家，占比高达90.6%。其中，有的平台虽然显示公众意见数量，但未公布具体内容。在平台上公布针对公众意见的反馈意见的人大常委会只有1家，31家人大常委会都没有提供反馈意见，占比为96.9%。因此，需要不断完善立法征求公众意见平台建设，提高信息的完备性和及时性，把平台构建成为公众及时了解并参与人大常委会立法过程的重要渠道。

### (三) 听证公开亟待完善

立法听证是公众参与立法的重要渠道，是提高立法质量的重要方式，也是实现立法为民的重要保障。为此，项目组对立法听证的公开情况进行了测评。被测评的 32 家人大常委会中，在门户网站上发布听证会情况的只有 4 家，占比为 12.5%；还有 28 家未提供任何有关听证的信息，占比高达 87.5%。仅 2 家公布了听证报告，占 32 家被测评人大常委会的 6.3%；其中，2 家提供了个人、机构参与听证的情况，1 家提供了人大代表参与听证的情况。还有 30 家未发布听证公告，占比为 93.8%。可见，推进听证公开应成为未来立法公开工作的重点。

对于规范听证的有序进行、保障公众有效参与听证而言，制定立法听证相关规则是一种重要的方式。实际上，许多人大常委会制定了听证规则。但在 32 家人大常委会中，只有 3 家在门户网站上公布了听证规则，占比为 9.4%；还有 29 家未提供听证规则，占比高达 90.6%。这不利于公众了解听证的程序、判断自己能否参与听证以及监督听证的过程，因此听证规则的公开亟待推进。

第三板块得分情况见表 5。

表 5　　　　　　　　立法过程信息板块得分情况　　　　　　　　单位：分

| 人大常委会名称 | 得分（满分：100 分） |
| --- | --- |
| 湖北省人大常委会 | 70 |
| 宁夏回族自治区人大常委会 | 64 |
| 山东省人大常委会 | 63 |
| 北京市人大常委会 | 62 |
| 全国人大常委会 | 59 |
| 上海市人大常委会 | 58 |
| 广西壮族自治区人大常委会 | 52 |
| 黑龙江省人大常委会 | 52 |
| 浙江省人大常委会 | 52 |
| 河北省人大常委会 | 49 |
| 安徽省人大常委会 | 46 |
| 湖南省人大常委会 | 42 |
| 福建省人大常委会 | 42 |
| 贵州省人大常委会 | 42 |
| 广东省人大常委会 | 42 |

续表

| 人大常委会名称 | 得分（满分：100分） |
| --- | --- |
| 吉林省人大常委会 | 42 |
| 江苏省人大常委会 | 42 |
| 重庆市人大常委会 | 42 |
| 陕西省人大常委会 | 42 |
| 辽宁省人大常委会 | 42 |
| 河南省人大常委会 | 36 |
| 山西省人大常委会 | 36 |
| 云南省人大常委会 | 36 |
| 海南省人大常委会 | 36 |
| 江西省人大常委会 | 33 |
| 青海省人大常委会 | 32 |
| 四川省人大常委会 | 32 |
| 内蒙古自治区人大常委会 | 32 |
| 甘肃省人大常委会 | 26 |
| 天津市人大常委会 | 17 |
| 西藏自治区人大常委会 | 10 |
| 新疆维吾尔自治区人大常委会 | 10 |

## 六 立法优化信息

除了制定法律法规，通过备案审查、立法后评估、执法检查等机制优化立法也是人大常委会的立法职责。为此，项目组对人大立法的优化情况进行了测评。该板块分为四个子板块，即"规范性文件审查程序""立法后评估信息""执法检查信息"和"备案审查信息"。

（一）规范性文件审查程序普遍公开

根据《立法法》的规定，对国务院制定的行政法规和省、自治区、直辖市的人民代表大会及其常务委员会制定的地方性法规进行备案审查是全国人大常委会的职责；对省政府制定的行政规章、设区的市和自治州的人民代表大会及其常务委员会制定的地方性法规等规范性文件进行备案审查，是省级人大常委会的重要职责。为了确立备案审查的程序、规范审查行为，许多人大常委会制定了备案审查办法。在被测评的32家人大常委会中，有26家在网站上公布了规范性文件审查程序，占比为81.3%。可见，规范性文件审查程序公开程度较高，这便于公众了解不同级别人大常委会的备案审查权限、审查的方式方法，也有助于公众有效地提出审查申请。

### （二）立法后评估公开情况欠佳

立法后评估是在法律法规实施之后对其实施效果的评估，对于不断完善立法、提高立法质量而言至关重要。但在被测评的 32 家人大常委会中，只有 3 家在网站上公布了立法后评估程序，如安徽省人大常委会；有 29 家没有提供相关程序，占比为 90.6%。仅 2 家提供了立法后评估信息，比例为 6.3%；还有 30 家没有提供评估信息，占比高达 93.8%。而且，没有一家人大常委会网站公开立法后评估报告。实际上，自 2015 年修改后的《立法法》将立法评估确立为一项法律制度之后，不少人大常委会开展了立法后评估，有的人大常委会还在立法计划中提出就某项地方性法规的实施效果进行评估。但是，立法后评估信息的公开非常有限。就此而言，提高信息公开意识，建立推进立法公开的机制极为必要。

### （三）执法检查公开情况较好

对法律法规的实施情况进行执法检查，是人大常委会提高法律法规有效性的重要方式，也是立法监督的重要内容。在被测评的 32 家人大常委会中，有 28 家网站发布了执法检查情况报道，占比为 87.5%；还有 4 家没有提供相关信息，占比为 12.5%。其中，有的人大常委会还在执法检查过程中征求公众意见，如北京市人大常委会公布了《关于公开征求对〈全民健身条例〉和〈北京市全民健身条例〉贯彻实施情况意见的通告》。

除了公布执法检查情况，一些人大常委会还提供了更为详细的信息。有 17 家公布了执法检查计划，如天津市、福建省、云南省人大常委会在工作报告的未来一年计划中具体指出对哪些地方性法规的执行情况进行检查。北京市人大常委会网站还公布了《关于向社会公开征集 2017 年监督议题建议的公告》，就未来一年应对哪些地方性法规进行执法检查公开征求公众意见。这不仅在很大程度上增强了执法检查公开的完备性，而且拓宽了公众参与立法的范围，推进了民主立法。此外，11 家还公布了执法检查报告，占32家人大常委会的34.4%。比如，海南省人大常委会执法检查组关于检查《海南省珊瑚礁和砗磲保护规定》实施情况的报告、黑龙江省人大常委会关于《黑龙江省人大常委会执法检查组关于检查〈中华人民共和国安全生产法〉和〈黑龙江省安全生产条例〉实施情况的报告》审议情况的汇报、广西壮族自治区人大常委会关于检查《广西壮族自治区乡村清洁条例》实施情况的报告。有的人大常委会还公布了年度执法检查报告，如安徽省人大常委会。

**（四）备案审查公开程度还需提高**

备案审查对于维护宪法法律的权威、确保法制统一至关重要。为有效解决立法冲突，2015年修改后的《立法法》强化了主动审查机制，规定全国人大有关的专门委员会和常委会工作机构可以对报送备案的规范性文件进行主动审查。此后，全国人大常委会不但进行被动审查，还主动出击，对报送备案的规范性文件进行审查。实际上，不仅全国人大常委会，各省级人大常委会也积极进行备案审查，通过沟通、交换意见和发函的形式解决立法冲突的问题。基于此，项目组对备案审查的公开情况进行了测评。在32家人大常委会中，有12家在网站上公布了备案审查情况报道，占比为37.5%；还有20家网站没有备案审查情况报道，占比为62.5%。有8家在网站上发布了备案审查报告，但有的备案审查报告需登录之后才能阅读，只向特定人群公开。有的人大常委会不仅提供了特定规范性文件的备案审查报告，还公布了整个年度的备案审查报告。例如，青海省人大常委会发布了《青海省人大常委会法制工作委员会关于2016年规范性文件备案审查工作情况的报告》，该报告详细介绍了对报送的规范性文件进行备案审查之后的处理意见，还附上了2016年度规范性文件备案目录。这不仅有助于公众了解备案审查的运作，使公众知晓如何通过审查建议来保护自己的权益，还有助于公众了解人大常委会的备案审查工作及其成效，提高公众对备案审查的支持和监督力度。但公布备案审查报告的人大常委会尚属少数，备案审查公开工作还需进一步推进（第四板块得分情况见表6）。

表6　　　　　　　　立法优化信息板块得分情况　　　　　　单位：分

| 人大常委会名称 | 得分（满分：100分） |
|---|---|
| 青海省人大常委会 | 72.5 |
| 江苏省人大常委会 | 72.5 |
| 重庆市人大常委会 | 72.5 |
| 四川省人大常委会 | 72.5 |
| 辽宁省人大常委会 | 72.5 |
| 广西壮族自治区人大常委会 | 67.5 |
| 北京市人大常委会 | 67.5 |
| 全国人大常委会 | 67.5 |
| 湖北省人大常委会 | 65.0 |
| 浙江省人大常委会 | 65.0 |
| 陕西省人大常委会 | 60.5 |
| 黑龙江省人大常委会 | 60.0 |
| 内蒙古自治区人大常委会 | 55.0 |
| 江西省人大常委会 | 55.0 |
| 天津市人大常委会 | 47.5 |
| 宁夏回族自治区人大常委会 | 47.5 |
| 山西省人大常委会 | 47.5 |
| 福建省人大常委会 | 47.5 |
| 云南省人大常委会 | 47.5 |
| 上海市人大常委会 | 47.5 |
| 广东省人大常委会 | 47.5 |
| 贵州省人大常委会 | 46.0 |
| 甘肃省人大常委会 | 40.0 |
| 河北省人大常委会 | 40.0 |
| 安徽省人大常委会 | 38.0 |
| 海南省人大常委会 | 30.0 |
| 湖南省人大常委会 | 28.5 |
| 新疆维吾尔自治区人大常委会 | 25.0 |
| 山东省人大常委会 | 25.0 |
| 吉林省人大常委会 | 23.0 |
| 河南省人大常委会 | 15.0 |
| 西藏自治区人大常委会 | 6.3 |

## 七　完善建议

项目组从立法工作信息、立法活动信息、立法过程信息、立法优化信息四个方面对32家人大常委会的立法公开情况进行了测评。调研发现，人大常委会在立法公开方面已经取得了一定成绩，尤其是常委会领导信息公开、常委会机构信息公开、立法工作总结公开、立法计划公开等。尽管如此，人大立法公开仍存在一定不足，还需从以下几个方面继续推进。

首先,制定立法公开规则,明确立法公开的标准。尽管修改后的《立法法》非常强调公开立法,但目前尚缺少有关立法公开的规定。哪些立法信息应当公开、哪些信息可以不公开,没有明确的标准。由于缺少规则和标准,是否公开、如何公开完全由各人大常委会自行决定。这就造成各类立法信息的公开情况不够均衡,各地的立法公开工作发展也不均衡。因此,需要制定立法公开相关规则,明确公开的原则、范围和形式,为各级人大常委会的立法公开工作提供指引。

其次,进一步推动与提高立法质量紧密相关信息的公开。立法听证是公众为立法建言献策、提高立法质量的重要方式。立法前评估对草案的可行性、出台时机和可能效果进行评判,立法后评估则对法律法规的实施效果进行评估,二者都有助于实现科学立法、提升立法质量。但这三类信息的公开程度都比较低,有的信息甚至没有一家人大常委会在网站上公布。因此,需要推进上述信息的公开,助推立法质量的提升。

再次,集中发布立法草案相关信息,推进公民有序参与立法。被测评的32家人大常委会普遍在网站上公布立法草案,并向公众征求意见。但信息发布较为分散,信息也不全面。因此,需要建立立法征求公众意见平台,集中发布所有相关信息,包括草案说明、公众意见、人大常委会对公众意见的反馈和审议结果。这便于公众全面了解立法过程,及时跟踪立法进展,有效参与立法。此外,在平台中提供公众对立法草案表达意见建议的渠道,有助于提高立法参与的便捷性,使立法公开和参与同步推进。

最后,加强立法监督信息公开。执法检查和备案审查是立法监督的重要方式,公开上述信息有助于促进立法监督的常态化和规范化。尽管执法检查公开的整体情况较好,但公开信息的完备性还需要进一步提高,尤其是执法检查报告的公开还需要加强。近年来,备案审查工作不断加强,相关信息也有所公开。但未公开备案审查信息的人大常委会不在少数,公开的程度还有待提高。备案审查报告的公开尤为必要,因为这能够让审查的依据和过程暴露在"阳光"之下,推动备案审查的标准化和规范化,完善备案审查相关制度。

# 中国立法透明度指数报告（2018）

"立善法于天下，则天下治；立善法于一国，则一国治"。十九大报告明确提出，推进科学立法、民主立法、依法立法，以良法促进发展、保障善治。良法之治的实现有赖于立法的公开透明。立法公开能够让公众了解立法的规划和计划、草案的立法目标和重点难点，有助于公众有序参与立法、有效表达意见建议，有助于立法机构知民心、顺民意、连民心、聚民力，不断提高立法质量，更好地坚持法治为了人民、依靠人民、造福人民、保护人民的目标。各级人民代表大会（以下简称"人大"）及其常委会是主要的立法机关，其所立之法是中国特色社会主义法律体系的重要组成部分。基于此，项目组在优化测评指标体系的基础上，继续对全国人大常委会以及31个省、自治区和直辖市人大常委会门户网站进行测评，分析近一年来上述人大常委会在立法公开方面取得的成绩与面临的挑战。

## 一 测评指标与方法

就测评方法而言，项目组继续依托各地人大门户网站进行测评。这是因为随着网络的不断发展，门户网站已成为公众了解和参与立法的重要平台。对人大常委会门户网站进行测评能够有效展示立法公开的情况。测评对象仍为全国人大常委会和31个省级人大常委会。测评对象与去年一致，有助于对比去年和今年的公开情况，把握立法公开的变化。

在测评指标方面，指标体系仍然围绕法律制定和法律优化两个方面，一级板块和权重保持不变，即立法工作信息（权重20%）、立法活动信息（权重30%）、立法过程信息（权重30%）、立法优化信息（权重20%）。

在保持指标体系基本不变的前提上,项目组对一些具体指标进行了调整。在第一板块中,二级指标"本级人大代表信息"增加了一个三级指标即"本级人大代表简历公开情况",对人大常委会网站是否公开本级人大代表信息进行测评;二级指标"法规数据库"增加了一个三级指标即"数据库中法规的分类情况",对法规数据库中法规有无分类进行评估。第二板块只增加一个三级指标,测评立法计划制定过程的公开情况。在第三板块中,二级指标"立法听证"下属的三个指标合并为一个指标,也就是将"公开个人参与听证的情况""公开人大代表参与听证的情况"和"公开人大代表参与听证的情况"等三个指标合并为"公开听证会参与者的情况"这一个指标。第四板块的指标没有调整。具体指标设置见表1。测评时间为2018年5月15日至7月20日。

表1　　　　　　　　　　立法公开指标体系

| | |
|---|---|
| 立法工作信息（20%） | 常委会领导信息（10%） |
| | 常委会机构职能信息（20%） |
| | 立法工作总结信息（30%） |
| | 本级人大代表信息（20%） |
| | 法规数据库（20%） |
| 立法活动信息（30%） | 立法程序（35%） |
| | 立法计划（45%） |
| | 立法前评估（20%） |
| 立法过程信息（30%） | 立法草案（40%） |
| | 立法征求公众意见平台（40%） |
| | 立法听证（20%） |
| 立法优化信息（20%） | 规范性文件审查程序（25%） |
| | 立法后评估（20%） |
| | 执法检查（30%） |
| | 备案审查（25%） |

## 二 测评结果

### (一) 总体情况

根据4个板块的测评结果和权重分配,项目组核算并形成了32家人大常委会的总体测评结果(见表2)。

表2　　　　　　　　　人大立法公开总得分情况

| 人大常委会名称 | 总分(满分:100) |
| --- | --- |
| 全国人大常委会 | 75.7 |
| 重庆市人大常委会 | 73.2 |
| 湖北省人大常委会 | 71.6 |
| 上海市人大常委会 | 70.1 |
| 浙江省人大常委会 | 69.2 |
| 广西壮族自治区人大常委会 | 69.0 |
| 北京市人大常委会 | 68.8 |
| 广东省人大常委会 | 68.7 |
| 江苏省人大常委会 | 67.5 |
| 宁夏回族自治区人大常委会 | 66.3 |
| 贵州省人大常委会 | 65.9 |
| 云南省人大常委会 | 63.4 |
| 江西省人大常委会 | 59.6 |
| 辽宁省人大常委会 | 59.3 |
| 福建省人大常委会 | 58.9 |
| 黑龙江省人大常委会 | 58.7 |
| 吉林省人大常委会 | 57.7 |
| 河北省人大常委会 | 57.4 |
| 青海省人大常委会 | 57.3 |
| 山东省人大常委会 | 56.8 |
| 四川省人大常委会 | 56.6 |

续表

| 人大常委会名称 | 总分（满分：100） |
|---|---|
| 安徽省人大常委会 | 56.4 |
| 海南省人大常委会 | 55.5 |
| 甘肃省人大常委会 | 53.8 |
| 天津市人大常委会 | 52.5 |
| 山西省人大常委会 | 52.1 |
| 陕西省人大常委会 | 50.1 |
| 湖南省人大常委会 | 47.5 |
| 内蒙古自治区人大常委会 | 46.1 |
| 新疆维吾尔自治区人大常委会 | 40.1 |
| 河南省人大常委会 | 39.6 |
| 西藏自治区人大常委会 | 36.7 |

最终测评结果显示，本年度总分超过60分的人大常委会有12家，即全国人大常委会、重庆市人大常委会、湖北省人大常委会、上海市人大常委会、浙江省人大常委会、广西壮族自治区人大常委会、北京市人大常委会、广东省人大常委会、江苏省人大常委会、宁夏回族自治区人大常委会、贵州省人大常委会、云南省人大常委会。总分超过60分的人大常委会数量比去年多5家。全国人大常委会连续两年高踞榜首，2018年的总分为75.7分，比上年高3分。

（二）立法公开的亮点

评估发现，人大常委会在立法公开工作中取得了一些成绩，近一年来在立法工作信息公开、立法程序和立法计划公开、立法草案公开等方面取得了一些进展。

第一，人大立法工作信息公开程度不断提高。与2017年相比，全国人大常委会和31家省级人大常委会在门户网站上公开人大常委会领导简历、人大常委会机构信息、本级人大代表名单的程度有所提高。而且，一些人大常委会公开的立法工作信息较为详细，例如公开了本级人大代表的简历以及法律法规分类信息。

第二，人大立法程序和立法计划公开情况较好。全国人大常委会和大部分省级人大常委会的门户网站都公布了自行制定的立法程序。这有助于公众了解本级人大常委会制定法律法规的流程，有序参与立法过程，表达自己的意愿，进而通过立法更好地保护自身的权益。被测评的人大常委会大多公布了本年度的立法计划，有的人大常委会还公开年度立法计划的制定过程，向公众征集意见。

第三，立法草案公开程度略有提高。全国人大常委会和绝大部分省级人大常委会的门户网站都设立了"立法草案公开"栏目集中发布立法草案信息。而且，与2017年相比，公布草案征求意见有关事项的说明、草案说明、意见反馈情况、审议结果的人大常委会数量都有所增加。

### （三）立法公开存在的问题

立法公开在取得一定成绩的同时，也暴露出一些问题。

第一，各类立法信息的公开情况仍不够均衡。测评结果显示，尽管与2017年相比，四个板块的平均分和总分超过60分的人大常委会数量都有所增加，但四个板块的公开情况仍不均衡，不同板块的平均分和总分超过60分的人大常委会数量仍有较大差距。在"立法工作信息"板块，平均分为70.9分，得分超过60分的省级人大常委会共计28家。在"立法活动信息"板块，平均分为61.03分，得分超过60分的省级人大常委会共计17家。在"立法过程信息"板块，平均分为50.78分，得分超过60分的省级人大常委会共计11家。在"立法优化信息"板块，平均分为55.42分，得分超过60分的省级人大常委会共计14家。由此可见，四个板块的得分仍然差距较大，人大常委会公开立法工作信息和立法活动信息的情况较好，而立法过程信息以及立法优化信息公开的情况仍不够理想。

第二，各地区的立法公开工作发展仍不够均衡。测评结果显示，4个板块最高分和最低分的差距仍然较大，不同人大常委会之间的差距依旧明显。在"立法工作信息"板块，浙江省人大常委会得分最高，为93.5分；西藏自治区人大常委会得分最低，为36分。最高分与最低分相差57.5分，与2017年持平。在"立法活动信息"板块，广东省人大常委会得分最高，为100分；湖南省人大常委会得分最低，为18分。最高分与最低分相差82分，比2017年多了4.5分。在"立法过程信息"板块，湖北省人大常委会得分最高，为84分；内蒙古自治区人大常委会得分最低，为20分。最高分与最低分相差64分，比2017年多了4分。在"立法优化信息"板块，全国人大常委会得分最高，为94分；海南省人大常委会、河南省人大常委会得分最低，均为22.5分。最高分与最低分相差71.5分，比2017年少4.25分。

第三，公众意见建议和人大常委会反馈意见的公开程度有待提升。在被测评的32家人大常委会中，只有少数人大常委会在门户网站上公开公众针对立法草案提出的意见建议以及人大常委会的反馈意见。与2017年相比，公开程度并无显著提升。

## 三 立法工作信息公开情况

第一板块"立法工作信息"主要评估32家人大常委会在门户网站上公开立法工作相关信息的情况。测评的重点与2017年一样，包括"常委会领导信息""常委会机构职能信息""立法工作总结信息""本级人大代表信息"和"法规数据库"五个方面的公开情况。调研发现，与2017年相比，2018年的公开程度明显提高。2018年的平均分比去年高12.25分，总分超过60分的人大常委会数量增加了10家。浙江省人大常委会得分最高，为93.5分，比2017年的最高分多12分（见表3）。

### （一）常委会领导成员信息的公开程度有所提高

被测评的32家人大常委会都在门户网站上提供了常委会领导名单，其中26家提供了常委会所有领导成员简历，比例为81.25%；2家提供了部分领导成员简历，所占比例为6.25%；有4家完全没有提供，比例为12.5%。2017年公开常委会所有领导成员简历的人大常委会有21家，2018年增加了5家，公开程度有所提升。而且，有的常委会如全国人大常委会和上海市人大常委会提供的常委会领导成员简历较为详细，公布了每个领导成员的具体工作履历。

### （二）人大常委会联系方式、常委会机构处室名单的公开程度有所提高但常委会机构职能信息公开程度降低

被测评的 32 家人大常委会中，有 20 家人大常委会在门户网站上公开了常委会联系方式，比例为 62.5%，其中有 10 家公开了完整信息，包括地址和邮箱。2017 年只有 11 家人大常委会网站提供了常委会联系方式，2018 年增加了 9 家。32 家人大常委会都在门户网站上提供了机构名单，其中 29 家提供了常委会机构的处室名单，比例为 90.6%，比 2017 年多了 2 家；22 家公布了机构负责人信息，比例为 68.75%，与 2017 年持平；只有 2 家公布了常委会机构联系方式，比例仅为 6.25%，也与 2017 年持平。

有 23 家人大常委会提供了常委会机构职能，比例为 71.88%；没有提供常委会机构职能的人大常委会有 9 家，比例达到 28.13%。2017 年提供常委会机构职能的人大常委会数量有 26 家，2018 年减少了 3 家。

### （三）上一年度立法总结的公开程度略有提高

被测评的 32 家人大常委会中，有 29 家的门户网站提供了上一年度的立法总结，比例达到 90.63%。其中，25 家的立法总结是作为人大常委会工作报告的一部分予以公开，云南省和天津市等 4 家人大常委会公布了专门的立法总结。2017 年有 24 家人大常委会公布了上一年度立法总结，2 家公布了专门的立法总结。与 2017 年相比，无论是将立法总结作为其工作报告的一部分公布的人大常委会数量，还是公布专门立法总结的人大常委会数量，都增加了，2018 年的公开程度有所提高。

29 家人大常委会的立法总结都提供了立法数据和立法重点领域，比 2017 年多了 5 家。例如，江苏省人大常委会在常委会工作报告中指出，常委会全年共制定、修改法规 17 件，审查、批准设区的市制定的地方性法规 38 件，为推动"强富美高"新江苏建设提供法治保障。浙江省人大常委会在工作报告中提到，出台全国首个河长制规定，明确河长的职责定位、五级河长体系设置等内容，进一步厘清河长职责与职能部门法定职责的关系；制定《浙江省学前教育条例》，明确每个乡镇应当至少设置一所公办幼儿园等内容；制定《中国（浙江）自由贸易试验区条例》，明确自

贸区管理体制，对油品全产业链、大宗商品贸易自由化等进行制度设计，突出自贸区的浙江创造；制定《浙江省房屋使用安全管理条例》，明确房屋使用安全责任人、主管部门和相关单位的责任；制定《浙江省城市景观风貌条例》，加强城市景观风貌的建设和引导，提升城市文化品位；制定《浙江省公共信用信息管理条例》，完善公共信用评价制度，引领社会诚信建设；修订《浙江省社会治安综合治理条例》，坚持和发展"枫桥经验"，把G20安保工作等好经验好做法上升为地方性法规；修订《浙江省促进科技成果转化条例》，对科技成果使用处置、收益分配和所有权制度等方面作出进一步明确，强化对科技人员的奖励和激励；还制定了无线电管理、工伤保险、公共文化服务保障、公益林和森林公园、气象灾害防御等条例，修订了《浙江省台湾同胞投资保障条例》和《浙江省实施〈中华人民共和国消费者权益保护法〉办法》，修改了《浙江省钱塘江管理条例》等30件地方性法规，废止了《浙江省核电厂辐射环境保护条例》等3件地方性法规。

28家人大常委会的立法总结提供了立法过程信息，比例为87.5%，比2017年增加7家。比如，广西壮族自治区人大常委会指出，2017年6月，自治区党委书记、自治区人大常委会主要领导带队深入部分市、县开展扶贫立法调研，专门听取基层干部群众的意见建议，使扶贫开发条例的修改针对性更强；发挥立法"智库"作用，委托立法服务基地和专家顾问论证咨询常态化；建立基层立法联系点，作为听取基层干部群众立法意见建议的"直通车"；重视发挥人大代表作用，书面征求各级人大代表对法规草案的意见13500多人次，邀请各级人大代表参加立法调研论证等活动3160多人次；开展立法协商，通过多种形式广泛征求社会各界意见建议，特别是政协委员、民主党派、人民团体等的意见建议。

除了公开上一年度立法信息，有的人大常委会还公布了近五年的立法工作总结。比如，甘肃省人大常委会工作报告指出，从2013年初至2017年底省十二届人大及其常委会先后制定、修订法规59件，批准设区的市制定的地方性法规和民族自治地方自治条例、单行条例45件。在国家层面和兄弟省份层面都没有关于公众参与立法的法律和地方性法规的情况下，甘肃省人大常委会法工委采取委托起草的方式，研究制定了《甘肃省公众参与制定地方性法规办法》，并于 2013 年 5 月提交常委会会议进行审议，条例作为国内首部引导、鼓励和规范公众参与立法活动的专门性地方性法规，通过公众参与立法制度和机制的构建，克服立法中存在的地方保护主义和部门利益法制化倾向，保证法规的科学性、合理性、公正性和完整性，有利于进一步提高立法质量。宁夏回族自治区人大常委会指出，过去五年加强重点领域立法；在经济建设方面，制定、修订自治区枸杞产业促进条例、旅游条例、农村公路条例等 29 件法规，促进经济发展方式转变，深入推进供给侧结构性改革；在政治建设方面，制定、修订实施选举法细则、自治区乡镇人民代表大会工作条例等 9 件法规，保障人民群众民主权利；对涉及国家取消、下放部分行政审批事项的自治区价格条例、审计监督条例等法规进行集中修改，依法推进行政审批制度改革和政府职能转变；在社会建设方面，制定、修订自治区公共卫生服务促进条例、清真食品管理条例、人口与计划生育条例等 15 件法规，推动社会事业发展和社会管理创新；在文化建设方面，修正自治区文化市场管理条例、岩画保护条例等 4 件法规，推动新时代文化事业健康发展；在生态文明建设方面，制定、修订自治区水资源管理条例、污染物排放管理条例、泾河水源保护区条例等 8 件法规，加大对环境、资源的保护力度，促进"两型"社会建设。

**（四）本级人大代表名单普遍公开但代表简历和联系方式的公开欠佳**

被测评的 32 家省级人大常委会都在门户网站上公开了本级人大代表名单，比 2017 年多了 6 家。其中，有 14 家提供了人大代表的简历，比例为 43.75%；只有 2 家提供了人大代表的联系方式，占被测评人大常委会的 6.25%，还有 30 家没有公布人大代表的联系方式，比例高达 93.75%。2017 年，公布人大代表简历和联系方式的人大常委会数量分别为 18 家和 4 家。由此可见，2018 年人大代表简历和联系方式的公开程度有所降低。公布人大代表简历和联系方式有助于增加公众对人大代表的了解，便于公众及时联系人大代表，有助于人大代表更好地反映公众的心声、维护公众的利益。因此，人大代表简历和联系方式的公开还需进一步加强。

### (五) 人大常委会网站的法律法规数据库不断完善

通过法律法规数据库，公众能够迅速查找相关法律法规，了解人大常委会的立法情况。在被测评的32家人大常委会中，已有26家网站设有法律法规数据库，比例为81.25%。其中，25家人大常委会的法律法规数据库还具备检索功能，比2017年多了4家。17家法律法规数据库还区分有效和失效的法律法规，比2017年多了9家。24家法律法规数据库按照法律法规的颁布时间、制定机关或者调整领域对法规进行了分类，这有助于公众了解法律法规的具体信息，便于公众查找所需法律法规。

表3　　　　　　　　　　第一板块得分情况

| 人大常委会名称 | 得分（满分：100） |
| --- | --- |
| 浙江省人大常委会 | 93.5 |
| 上海市人大常委会 | 85.5 |
| 云南省人大常委会 | 84.0 |
| 全国人大常委会 | 83.5 |
| 辽宁省人大常委会 | 81.5 |
| 重庆市人大常委会 | 81.5 |
| 青海省人大常委会 | 80.5 |
| 陕西省人大常委会 | 80.5 |
| 四川省人大常委会 | 79.5 |
| 甘肃省人大常委会 | 78.0 |
| 江苏省人大常委会 | 77.5 |
| 北京市人大常委会 | 77.0 |
| 广东省人大常委会 | 75.5 |
| 贵州省人大常委会 | 75.5 |
| 山西省人大常委会 | 75.5 |
| 安徽省人大常委会 | 75.5 |
| 天津市人大常委会 | 74.0 |
| 内蒙古自治区人大常委会 | 73.5 |

续表

| 人大常委会名称 | 得分（满分：100） |
|---|---|
| 福建省人大常委会 | 72.0 |
| 河北省人大常委会 | 68.5 |
| 宁夏回族自治区人大常委会 | 68.5 |
| 河南省人大常委会 | 67.5 |
| 湖南省人大常委会 | 65.5 |
| 海南省人大常委会 | 64.5 |
| 湖北省人大常委会 | 64.5 |
| 黑龙江省人大常委会 | 63.5 |
| 广西壮族自治区人大常委会 | 62.5 |
| 江西省人大常委会 | 61.5 |
| 吉林省人大常委会 | 59.5 |
| 山东省人大常委会 | 42.0 |
| 新疆维吾尔自治区人大常委会 | 42.0 |
| 西藏自治区人大常委会 | 36.0 |

## 四　立法活动信息公开

"立法活动信息"板块主要考察32家人大常委会制定地方性法规的整体公开情况，包括立法程序、立法计划和立法前评估信息的公开情况。立法活动信息的公开程度较2017年有所提升。本板块的平均分为61.03分，比2017年高了5.23分；总分超过60分的人大常委会为17家，比去年多了9家。广东省人大常委会连续两年名列第一，得分均为100分（见表4）。

### （一）立法程序基本公开

被测评的32家人大常委会中，有30家在门户网站公布了立法程序，比例为93.75%；只有2家没有公布立法程序，占测评人大常委会的6.25%。2017年有28家在门户网站公布立法程序，2018年比2017年多了2家，公开程度更高。

## （二）立法计划进一步公开

立法计划明确人大常委会年度立法工作的目标、任务和进度，是人大常委会立法的重要遵循，也是公众了解人大常委会立法的重要窗口。被测评的32家人大常委会中，有25家提供了立法计划，比例为78.13%，比2017年多了7家。其中，18家在制定立法计划过程中发布立法计划时征求公众意见，占被测评人大常委会的56.25%，比2017年多了4家；9家还公布了立法计划的制定过程。这说明人大常委会公布立法计划的制定过程，能够引导公民积极参与，拓宽了公民参与立法的渠道。

## （三）立法前评估信息仍需进一步公开

一些人大常委会已经开始立法前评估，有的人大常委会还制定了立法前评估的具体办法。但是，在被测评的32家人大常委会中，只有8家在门户网站上公布了立法前评估信息，比例仅为25%；还有24家没有提供任何立法前评估信息，占比高达75%。而且，公布的立法前评估信息较为简单，主要是新闻报道，只有1家提供有关草案可行性、出台时机、实施效果以及可能出现问题的评估信息。尽管与2017年相比，2018年公布立法前评估信息的人大常委会增加了5家，但比例仍然较低。

表4　　　　　　　　　　第二板块得分情况

| 人大常委会名称 | 得分（满分：100） |
| --- | --- |
| 广东省人大常委会 | 100 |
| 广西壮族自治区人大常委会 | 80 |
| 湖北省人大常委会 | 80 |
| 吉林省人大常委会 | 80 |
| 宁夏回族自治区人大常委会 | 80 |
| 上海市人大常委会 | 80 |
| 贵州省人大常委会 | 75 |
| 海南省人大常委会 | 75 |
| 全国人大常委会 | 75 |

续表

| 人大常委会名称 | 得分（满分：100） |
| --- | --- |
| 重庆市人大常委会 | 75 |
| 北京市人大常委会 | 71 |
| 甘肃省人大常委会 | 71 |
| 江苏省人大常委会 | 71 |
| 云南省人大常委会 | 71 |
| 浙江省人大常委会 | 66 |
| 江西省人大常委会 | 62 |
| 四川省人大常委会 | 62 |
| 山东省人大常委会 | 57 |
| 安徽省人大常委会 | 53 |
| 福建省人大常委会 | 53 |
| 河北省人大常委会 | 53 |
| 黑龙江省人大常委会 | 53 |
| 辽宁省人大常委会 | 53 |
| 内蒙古自治区人大常委会 | 53 |
| 青海省人大常委会 | 53 |
| 新疆维吾尔自治区人大常委会 | 53 |
| 山西省人大常委会 | 39 |
| 河南省人大常委会 | 36 |
| 陕西省人大常委会 | 35 |
| 天津市人大常委会 | 35 |
| 西藏自治区人大常委会 | 35 |
| 湖南省人大常委会 | 18 |

## 五 立法过程信息公开

"立法过程信息公开"板块主要从立法草案信息、立法征求公众意见平台和立法听证三个方面，对立法过程的公开情况进行了测评。本板块的平均分是50.78分，比去年高8.88分；总分超过60分的人大常委会有11

家，比2017年多4家。湖北省人大常委会得分最高，为84分，比2017年最高分多14分（见表5）。尽管与2017年相比，公开程度有所提高，但在四个板块中，本板块的平均分是最低的，总分超过60分的人大常委会数量也是最少的，立法过程公开工作还需不断推进。

### （一）立法草案基本公开，但公开的信息不够详细

立法草案公开是立法公开的重要部分，也是公众有效参与立法的前提和基础。调研发现，立法草案公开程度较2017年有所提升，但具体信息仍有待进一步公开。在被测评的32家人大常委会中，有29家在门户网站上设立了"立法草案公开"栏目集中发布立法草案信息，比2017年多了1家，占测评人大常委会的90.63%。其中，27家在发布立法草案征求公众意见公告的同时，提供了草案征求意见有关事项的说明，告知公众提出意见的渠道和时限。其比例为84.38%，比2017年多了1家。22家提供了草案说明，占比为68.75%，比2017年多了11家。25家公布了法律法规草案审议结果，比例为78.13%，比2017年增加了4家。但是，只有3家公布了意见反馈情况，比例仅为9.38%。虽然公布意见反馈情况的人大常委会较去年增加了2家，但比例仍然很低。可见，意见反馈情况还需加大公开力度，以便回应公众意见，推进人大常委会与公众的互动。

### （二）立法征求公众意见平台需继续完善

立法征求公众意见已成为人大常委会立法的重要环节。为集中公布立法草案信息，便于公众了解立法草案情况，许多人大常委会在门户网站上设立了立法征求公众意见平台。在被测评的32家人大常委会中，29家在门户网站上设立了立法征求公众意见平台，比例为90.63%，比2017年增加1家。但是，在平台上公布公众意见的人大常委会只有4家，比例仅为12.5%。未公布公众意见的多达28家，尽管比2017年少了1家，但占比仍然很高，达到87.5%。没有一家人大常委会在平台上公布针对公众意见的反馈意见。公布反馈意见有助于公众知晓哪些意见建议被人大常委会接受、哪些没有被接受、不接受的理由是什么，有助于构建人大常委会和公众之间的良好沟通平台。因此，需要继续推进立法征求公众意见平台的建

设，完善公开信息，把平台构建成为公众参与立法的重要渠道。

### （三）听证公开还需完善

立法听证有助于提高公众参与立法的有效性，推动立法机构听取各方意见，提升立法质量。因此，2018年项目组也对立法听证的公开情况进行了测评。测评发现，公开立法听证信息的人大常委会数量虽高于2017年，但占比仍然较低。被测评的32家人大常委会中，有8家在门户网站上公布了立法听证相关程序，比例为25%，比2017年多了5家。有9家发布了听证会情况，比2017年增加5家；还有23家未提供任何有关听证的信息，占比高达71.88%。8家公布了听证会参与者情况，占32家被测评的人大常委会的25%；还有24家未公布听证会参与者情况，比例为75%。有的人大常委会还公布了立法听证报告。如《湖北省人民代表大会法制委员会关于〈湖北省消费者权益保护条例（草案）〉立法听证的报告》不仅介绍听证的方式和参与人，还阐明听证会讨论的主要问题及相关建议。但整体而言，听证规则和听证会信息的公开比例都不高。

表5　　　　　　　　　　　第三板块得分情况

| 人大常委会名称 | 得分（满分：100） |
| --- | --- |
| 湖北省人大常委会 | 84 |
| 北京市人大常委会 | 70 |
| 河北省人大常委会 | 66 |
| 广西壮族自治区人大常委会 | 65 |
| 湖南省人大常委会 | 65 |
| 上海市人大常委会 | 65 |
| 江苏省人大常委会 | 64 |
| 重庆市人大常委会 | 62 |
| 江西省人大常委会 | 59 |
| 全国人大常委会 | 59 |
| 天津市人大常委会 | 59 |
| 浙江省人大常委会 | 59 |

续表

| 人大常委会名称 | 得分（满分：100） |
| --- | --- |
| 福建省人大常委会 | 52 |
| 广东省人大常委会 | 52 |
| 贵州省人大常委会 | 52 |
| 海南省人大常委会 | 52 |
| 黑龙江省人大常委会 | 52 |
| 宁夏回族自治区人大常委会 | 52 |
| 山东省人大常委会 | 52 |
| 四川省人大常委会 | 52 |
| 安徽省人大常委会 | 49 |
| 吉林省人大常委会 | 46 |
| 辽宁省人大常委会 | 42 |
| 山西省人大常委会 | 42 |
| 云南省人大常委会 | 42 |
| 甘肃省人大常委会 | 36 |
| 河南省人大常委会 | 36 |
| 陕西省人大常委会 | 36 |
| 青海省人大常委会 | 32 |
| 新疆维吾尔自治区人大常委会 | 26 |
| 西藏自治区人大常委会 | 25 |
| 内蒙古自治区人大常委会 | 20 |

## 六 立法优化信息公开

"立法优化信息公开"板块包括"规范性文件审查程序""立法后评估""执法检查信息"和"备案审查"四个部分。本板块的平均分为55.42分，比2017年高6.21分；总分超过60分的人大常委会有14家，比2017年多2家。全国人大常委会得分最高为94分，比2017年最高分多21.5分（见表6）。

### (一) 规范性文件审查程序基本公开

制定备案审查的法律法规,明确备案审查的权限、程序和标准,有助于提高备案审查的规范化和法治化水平。为此,许多人大常委会制定了备案审查相关规范。在被测评的 32 家人大常委会中,有 26 家在网站上公布了规范性文件审查程序,比例为 81.25%,与 2017 年持平。

### (二) 立法后评估公开程度仍较低

立法后评估是 2015 年修改后的《立法法》设立的重要制度,是不断提升立法质量的重要保障。实践中,一些人大常委会对已颁布的法律法规的实施效果进行了评估,但评估信息的公开程度并不高。在 32 家人大常委会中,只有 4 家在网站上公布了立法后评估程序,比 2017 年多 1 家;仍有 28 家没有提供相关程序,比例为 87.5%。有 9 家提供了立法后评估信息,比例为 28.13%,比 2017 年增加 7 家;还有 23 家没有提供评估信息,比例高达 71.88%。有 3 家人大常委会网站公开立法后评估报告,比例为 9.38%。与 2017 年没有一家公布评估报告比,2018 年情况有所改善,但没有公布评估报告的人大常委会仍有 29 家,比例高达 90.63%。而且,只有 1 家公布了立法后评估计划,比例仅为 3.13%;还有 31 家没有公布评估计划,占比达到 96.88%。

### (三) 执法检查公开程度较高

对法律法规的实施情况进行执法检查是人大立法监督的重要部分,也是确保法律法规有效实施的重要方式。在被测评的 32 家人大常委会中,有 31 家网站发布了执法检查情况报道,比例高达 96.88%,比 2017 年增加 3 家。其中,有 17 家公布了执法检查计划,例如福建省人大常委会工作报告明确了 2018 年将组织开展《大气污染防治法》《促进革命老区发展条例》《河道保护管理条例》等 6 部法律法规实施情况的检查;《吉林省人大常委会 2018 年监督工作计划》指出,2018 年吉林省人大常委会将对《中华人民共和国森林法》和《吉林省森林管理条例》《中华人民共和国药品管理法》和《吉林省药品监督管理条例》《吉林省农村扶贫开发条例》《全国人大常委会关于开展第七个五年法治宣传教育的决议》和《吉林省人大常委会关于深入推进法治宣传教育的决议》《中华人民共和国民族区域自治法》和《吉林省实施〈中华人民共和国民族区域自治法〉办法》的贯彻实施情况进行检查。有11家还公布了执法检查报告,占32家人大常委会的34.38%。

### (四) 备案审查公开程度还需提高

为确保设区的市的人民代表大会及其常务委员会制定的地方性法规不违背上位法,省级人大常委会对这些地方性法规进行了备案审查。基于此,项目组对32家人大常委会备案审查公开情况进行了测评。在32家人大常委会中,有19家在网站上公布了备案审查情况报道,占比为59.38%,比2017年增加7家;有13家网站没有备案审查情况报道,比例为40.63%。有5家在网站上发布了备案审查报告,比例为15.63%,比2017年少了3家;还有27家人大常委会没有提供备案审查报告,比例高达84.38%。

除了公布特定规范性文件的备案审查报告,有的人大常委会还公布了备案审查工作报告。2017年12月24日,全国人大常委会法工委向全国人大常委会作出了十二届全国人大以来暨2017年备案审查工作情况的报告。2018年的全国人大常委会工作报告在回顾过去五年的工作时特别指出,全国人大常委会"落实备案审查衔接联动机制,制定备案审查工作规程,建立全国统一的备案审查信息平台,实行有件必备、有备必审、有错必纠。这是全国人大常委会首次听取审议备案审查工作情况报告。五年来,共接受报送备案的规范性文件4778件,对188件行政法规和司法解释逐一进行主动审查,对地方性法规有重点地开展专项审查,认真研究公民、组织提出的1527件审查建议,对审查中发现的与法律相抵触或不适当的问题,督促制定机关予以纠正,保证中央令行禁止,保障宪法法律实施,维护国家法制统一"。《重庆市人大常委会备案审查工作委员会关于2017年度规范性文件备案审查工作情况的报告》介绍了规范性文件报备和审查的基本情况,阐明了加强审查工作、实现"有备必审"的具体做法,即坚持统专结合、发挥审查合力,拓宽审查渠道、推动开门审查,应邀提前介入、降低审查难度，还指出了下一步开展备案审查工作的思路。青海省人大常委会不仅公布了2017年规范性文件备案审查情况，还公开了2017年度规范性文件备案目录。辽宁省人大常委会网站公布的《辽宁省人大法制委员会关于开展规范性文件备案审查工作情况的报告》不但介绍了实施备案审查工作的方式和效果，而且讨论了当前迫切需要解决的主要问题以及具体的改进措施。

表6　　　　　　　　　　第四板块得分情况

| 人大常委会名称 | 得分（满分：100） |
| --- | --- |
| 全国人大常委会 | 94.0 |
| 重庆市人大常委会 | 79.0 |
| 青海省人大常委会 | 78.5 |
| 山东省人大常委会 | 78.5 |
| 黑龙江省人大常委会 | 72.5 |
| 辽宁省人大常委会 | 72.5 |
| 福建省人大常委会 | 65.0 |
| 广西壮族自治区人大常委会 | 65.0 |
| 宁夏回族自治区人大常委会 | 65.0 |
| 浙江省人大常委会 | 65.0 |
| 贵州省人大常委会 | 63.5 |
| 山西省人大常委会 | 63.5 |
| 陕西省人大常委会 | 63.5 |
| 云南省人大常委会 | 63.5 |
| 江苏省人大常委会 | 57.5 |
| 西藏自治区人大常委会 | 57.5 |
| 北京市人大常委会 | 55.5 |
| 江西省人大常委会 | 55.0 |
| 安徽省人大常委会 | 53.5 |
| 湖北省人大常委会 | 47.5 |
| 湖南省人大常委会 | 47.5 |

续表

| 人大常委会名称 | 得分（满分：100） |
|---|---|
| 内蒙古自治区人大常委会 | 47.5 |
| 上海市人大常委会 | 47.5 |
| 天津市人大常委会 | 47.5 |
| 广东省人大常委会 | 40 |
| 河北省人大常委会 | 40 |
| 吉林省人大常委会 | 40 |
| 新疆维吾尔自治区人大常委会 | 40 |
| 四川省人大常委会 | 32.5 |
| 甘肃省人大常委会 | 30.5 |
| 海南省人大常委会 | 22.5 |
| 河南省人大常委会 | 22.5 |

## 七 进一步推动人大立法公开的建议

通过对32家人大常委会的立法公开情况进行测评，项目组发现，整体而言人大常委会的立法公开程度有所提高，但人大立法公开仍存在一定的不足，还需从以下几方面进一步推动立法公开。

首先，加强立法计划相关信息公开。立法计划明确列明了人大常委会年度立法工作的目标、任务和进度，是人大常委会立法的重要遵循，也是公众了解人大常委会立法的重要窗口。因此，不但需要公开立法计划，还需要公布立法计划的制定过程，让公众对立法计划有更深入的了解，便于公众有效参与具体立法项目的制定过程。此外，在立法计划制定过程中向公众征求意见或者征集立法计划项目建议，不仅扩大了公众参与立法的范围，而且有助于提高立法计划的针对性，及时回应公众需求。调研发现，近两年立法计划征集公众意见公告、立法计划制定过程信息的公开程度较低，还需要进一步提高公开度。

其次，不断推进立法评估信息公开。立法评估分为立法前评估和立法后评估两类，前者主要是立法过程中对草案的可行性、出台时间、社会效果和可能出现的问题进行评估；后者主要评估法律法规的实施效果。这对于把握立法的客观规律、及时总结立法经验具有重要意义。在被测评的人大常委会当中，公开立法前评估和立法后评估信息的人大常委会仅占少数。即使公布评估信息，也多限于新闻报道，很少公布评估的具体结论。基于此，需要推动立法评估信息公开，从而促进立法质量的提高。

最后，进一步推动备案审查信息公开。2015年修改的《立法法》赋予设区的市的人大及其常委会立法权之后，设区的市的人大及其常委会制定的地方性法规迅速增加。由省级人大常委会对上述地方性法规进行备案审查是确保这些地方性法规不违背上位法、维护法制统一的重要机制。备案审查信息公开有助于公众了解备案审查工作的情况，更好地监督备案审查工作，有助于提高备案审查的规范化和法治化程度，不断完善备案审查机制。而被测评的人大常委会备案审查信息的公开程度较低，还需继续推动备案审查信息的公开。

# 中国立法透明度指数报告（2019）

随着国际形势风云起伏、国内经济社会稳步推进，地方立法工作面临着新的变化、新的挑战和新的机遇。对此，习近平总书记指出，地方人大及其常委会要按照党中央关于人大工作的要求，围绕地方党委贯彻落实党中央大政方针的决策部署，结合地方实际，创造性地做好立法工作，更好助力经济社会发展和改革攻坚任务。立法公开是做好地方立法工作的重要抓手，是提升立法质量，扩大立法参与的重要路径，甚至也是不断改进各级人大及其常委会工作的主要方面。为了进一步掌握地方立法工作的实际状况，准确把握地方立法的具体变化、改进之处以及存在的问题，进而继续推动地方立法的不断完善，中国社会科学院国家法治指数研究中心及中国社会科学院法学研究所法治指数创新工程项目组（以下简称为"项目组"）于2019年再次通过31家省级人大常委会门户网站对地方立法公开情况进行了测评估。

## 一 测评指标与方法

地方立法透明度评估的是31家省级人大常委会依法履行立法职能的情况，其指标体系的设计依据为《宪法》《立法法》《各级人民代表大会常务委员会监督法》以及其他相关法律法规。

透明度评估不简单将"好"与"坏"等主观判断带入评价体系及评价过程，而仅仅以人大常委会网站为依托，就"有""无"公开相关信息进行评价。尽管立法水平的高低无法通过网站建设的好坏进行全方位的体现，但是若网站中公开的信息数量较少，公开的信息质量不佳，那么，立法参与难以有效开展，民主立法、科学立法的目标也极易受到影响。相对于往年，本次对评估指标体系有小幅度修改，删减了部分弱相关的指标，如人大代表的相关，增加了强相关的指标，如历年立法计划公开等。

本次评估设置立法工作信息公开（权重20%）、科学立法信息公开（权重30%）、民主立法信息公开（权重30%）、立法优化信息公开（权重20%）四项一级指标（见表1）。

表1　　　　　　　　2019年度立法透明度指数评估指标体系

| 一级指标及权重 | 二级指标及权重 |
| --- | --- |
| 立法工作信息公开（20%） | 领导信息（10%） |
|  | 常委会信息（30%） |
|  | 立法工作总结（30%） |
|  | 法律法规数据库（30%） |
| 科学立法信息公开（30%） | 立法计划（60%） |
|  | 立法规划（20%） |
|  | 立法论证（20%） |
| 民主立法信息公开（30%） | 立法草案公开（40%） |
|  | 立法征求意见（40%） |
|  | 征求意见反馈（20%） |
| 立法优化信息公开（20%） | 规范性文件审查（40%） |
|  | 立法评估（40%） |
|  | 执法检查（10%） |
|  | 法规备案（10%） |

在立法工作信息公开方面，共有领导信息、常委会信息、法规数据库、立法工作总结四个二级指标。人大门户网站公开领导信息和常委会相关信息，有助于公众了解人大职能，方便群众与人大沟通交流，故设置了领导简历、机构列表、机构职能等三级指标。公开法律法规数据库既可以梳理地方立法信息，又有助于查询地方立法情况，故将法规完整性、有效性以及可检索性作为考察重点。立法工作总结是公众了解人大立法工作的

一个窗口,包括立法过程信息、立法数量信息以及立法重点领域信息等。

凡事预则立不预则废,立法计划和立法规划是推动立法科学化的重要路径,而立法全过程中的科学论证则是立法质量的重要保证,故在科学立法信息公开方面,设置了立法计划、立法规划、立法论证三个二级指标。

广泛参与立法活动不仅有利于避免立法疏漏、提高立法质量,而且还有助于法规文本的宣传,降低后期普法和执法成本。在民主立法信息公开方面设置立法草案公开、立法征求意见、征求意见反馈三个二级指标。

立法工作并未随着法规文本出台生效后终结,立法评估、执法检查能够考察法规在实践中的运行情况,为下一步修改提供依据;而规范性文件审查和法规备案则能保障法制体系和谐统一。故项目组设置规范性文件审查、立法评估、执法检查、法规备案四个二级指标。

对上述指标的评估主要依靠各省级人大常委会通过本机关门户网站及其他媒体渠道公开的信息。项目组通过在各省级人大常委会门户网站及相关媒体查询信息的方式获取测评数据。测评时间为2019年3月10日至9月30日。

## 二 评估结果

根据4个板块的测评结果和权重分配,项目组核算并形成了31家省级人大常委会的总体测评结果(见表2)。

表2  2019年度地方立法透明度指数评估结果(满分100分)

| 排名 | 评估对象 | 立法工作信息公开(20%) | 科学立法信息公开(30%) | 民主立法信息公开(30%) | 立法优化信息公开(20%) | 总分 |
| --- | --- | --- | --- | --- | --- | --- |
| 1 | 贵州省 | 78.40 | 97.00 | 80.00 | 84.00 | 85.58 |
| 2 | 广西壮族自治区 | 75.20 | 80.00 | 98.80 | 74.00 | 83.48 |
| 3 | 上海市 | 58.00 | 97.00 | 80.00 | 74.00 | 79.50 |
| 4 | 北京市 | 77.80 | 100.00 | 64.00 | 64.00 | 77.56 |
| 5 | 安徽省 | 68.66 | 88.00 | 80.00 | 62.00 | 76.53 |
| 6 | 甘肃省 | 65.20 | 97.00 | 48.00 | 74.00 | 71.34 |
| 7 | 四川省 | 65.26 | 100.00 | 64.00 | 42.00 | 70.65 |

续表

| 排名 | 评估对象 | 立法工作信息公开（20%） | 科学立法信息公开（30%） | 民主立法信息公开（30%） | 立法优化信息公开（20%） | 总分 |
| --- | --- | --- | --- | --- | --- | --- |
| 8 | 江苏省 | 75.40 | 100.00 | 48.00 | 50.00 | 69.48 |
| 9 | 内蒙古自治区 | 59.86 | 77.00 | 64.00 | 74.00 | 69.07 |
| 10 | 重庆市 | 75.40 | 100.00 | 32.80 | 50.00 | 64.92 |
| 11 | 湖北省 | 61.60 | 64.00 | 68.80 | 54.00 | 62.96 |
| 12 | 江西省 | 38.20 | 50.00 | 76.80 | 82.00 | 62.08 |
| 13 | 青海省 | 74.80 | 100.00 | 12.80 | 64.00 | 61.60 |
| 14 | 宁夏回族自治区 | 53.80 | 74.00 | 64.00 | 42.00 | 60.56 |
| 15 | 广东省 | 53.26 | 82.00 | 28.00 | 84.00 | 60.45 |
| 16 | 辽宁省 | 57.26 | 67.00 | 48.00 | 72.00 | 60.35 |
| 17 | 云南省 | 54.80 | 64.00 | 70.00 | 42.00 | 59.56 |
| 18 | 天津市 | 77.80 | 20.00 | 54.00 | 74.00 | 58.56 |
| 19 | 浙江省 | 56.20 | 80.00 | 48.00 | 42.00 | 58.04 |
| 20 | 山东省 | 62.00 | 44.00 | 64.00 | 54.00 | 55.60 |
| 21 | 吉林省 | 80.02 | 44.00 | 48.00 | 54.00 | 54.40 |
| 22 | 海南省 | 49.60 | 40.00 | 64.00 | 54.00 | 51.92 |
| 23 | 湖南省 | 80.26 | 20.00 | 44.00 | 64.00 | 48.05 |
| 24 | 黑龙江省 | 31.60 | 20.00 | 76.80 | 52.00 | 45.76 |
| 25 | 山西省 | 62.80 | 40.00 | 28.00 | 54.00 | 43.76 |
| 26 | 西藏自治区 | 42.60 | 20.00 | 34.00 | 72.00 | 39.12 |
| 27 | 河北省 | 60.40 | 20.00 | 28.00 | 54.00 | 37.28 |
| 28 | 陕西省 | 69.46 | 20.00 | 28.00 | 42.00 | 36.69 |
| 29 | 河南省 | 55.00 | 20.00 | 36.00 | 42.00 | 36.20 |
| 30 | 福建省 | 25.40 | 20.00 | 44.00 | 54.00 | 35.08 |
| 31 | 新疆维吾尔自治区 | 53.32 | 20.00 | 16.00 | 42.00 | 29.86 |

根据最终测评结果，本年度总分超过60分的省级人大常委会有16家，即贵州省人大常委会、广西壮族自治区人大常委会、上海市人大常委会、

北京市人大常委会、安徽省人大常委会、甘肃省人大常委会、四川省人大常委会、江苏省人大常委会、内蒙古自治区人大常委会、重庆市人大常委会、湖北省人大常委会、江西省人大常委会、青海省人大常委会、宁夏回族自治区人大常委会、广东省人大常委会、辽宁省人大常委会。其中贵州省人大常委会以总分85.58分高居榜首。

不难发现，本年度立法公开稳中有升，各项公开工作相对较为均衡。本年度评估指标难度有所加大，但评估对象的表现总体稳定，部分地方人大常委会成绩较为突出。从最高分看，本年度评估最高分突破80分的有两家，分别是贵州省人大常委会和广西壮族自治区人大常委会；在科学立法信息公开方面，上海市人大常委会、北京市人大常委会、四川省人大常委会、青海省人大常委会等多家评估对象分数超过90分；在民主立法信息公开方面，广西壮族自治区人大常委会评估分数超过90分。评估发现，四大板块平均分相对较为均衡，其中立法工作信息公开平均分为61.27分，科学立法信息公开平均分为60.16分，民主立法信息公开平均分为53.57分，立法优化信息公开平均分为59.42分，四大板块平均分大致分布在50—60分之间。这说明地方人大在推动立法公开过程中，能够在重视公开科学立法信息的同时不偏废民主立法信息，在宣传立法工作信息的同时展示优化立法信息，让立法公开工作紧跟经济社会发展的步伐。但也要清晰的看到，区域之间立法透明度发展还不够均衡。从分数段分布来看，评估结果较好的地区与评估较差地区之间较大，最高分为85.58分，最低分为29.86分，相差逾55分。区域差距形成的原因，一方面是由于立法透明度投入不一，另一方面则是对法律法规的贯彻落实程度不同。部分人大常委会未按照法律法规规定公开相关内容，未能有效征求公众立法意见和建议。部分人大常委会公开了大量的内容，如立法计划宣传的新闻、立法规划调研的报道，唯独不见立法计划和立法规划本身，未能直接公开法律法规所要求的内容。

## 三　评估发现的亮点

### （一）立法工作信息普遍公开

立法工作信息公开着重考察31家省级人大常委会通过门户网站公开

立法工作相关信息的情况。该板块由 4 个子板块构成，即"领导信息"、"常委会信息"、"法规数据库"、"立法工作总结"。评估发现，31 家省级人大常委会门户网站都能够打开，而且在网站建设上相比往年都有所提升。

首先，人大常委会领导信息公开要素全面。公开人大常委会领导信息，不仅能够有效增加人大机构和人员的透明度，而且还能为人民群众监督人大立法工作提供保障。评估发现，人大常委会领导信息公开要素较为全面，不仅有领导成员信息、简历信息，而且还有分工信息。有 30 家人大常委会公开了常委会领导名单，占比为 96.77%；有 24 家公开了常委会领导的简历，占比为 77.42%。大部分人大常委会提供领导成员简历较为详细，不仅有照片、年龄、学历，而且还有工作经历和工作年限等内容。但需要指出的是，人大常委会领导信息公开仍有提升空间：一方面，很少有人大常委会公开领导成员分管部门或者业务信息；另一方面，人大常委会领导信息很少与工作信息相关联。

其次，普遍公开人大常委会机构信息。人大常委会公开内设机构职能信息，有利于公众更好地了解人大的各项工作及业务，为此有的人大常委会为每一个内设机构设置独立的版面，便于公众全面的了解各个委员会的职能、下设处室以及各项分工。有的人大常委会使用图表的方式展示人大常委会各部门之间的相互关系，帮助公众了解内设机构的组织情况。有的则公开了人大常委会及相关处室的联系方式，方便群众沟通。在评估中发现，有 30 家在门户网站上提供了人大常委会内设机构列表，占比 96.77%；21 家公布了内设机构职能说明，占比 67.74%；21 家提供了内设机构的处室列表，比例为 67.74%；仅有 8 家提供了内设机构处室负责人信息，比例为 25.81%；有 7 家提供了人大常委会的联系方式，比例为 22.58%。

最后，人大常委会工作总结公开情况良好。评估发现，有 7 家人大常委会单独发布了立法工作总结，占比为 22.58%。例如，2019 年 2 月 12 日，山东省人大常委会发布了 2018 年立法工作情况报告，详细介绍了审议、批准、备案地方性法规的数量，立法的重点以及未来一年工作方向。有 24 家通过人大常委会公报的形式发布了立法工作总结，占比 77.42%。除了单独发布年度立法工作总结外，有的则是发布了五年的立法工作总结，如吉林省人大常委会将过去五年的立法工作情况进行打包汇总。在立法重点上，有25家人大常委会公开了立法重点领域信息，占比80.65%；23家人大常委公开了地方性法规备案审查信息，占比74.19%。

### （二）普遍设置征求意见专栏

设置征求意见专栏有助于公众迅速找到立法草案，能够及时了解相关信息内容，并对立法草案提出相关的意见和建议。评估发现，27家人大常委会设置了立法草案征求意见专栏，占比87.10%。余下的人大常委会有的没有在网站中征求意见，如新疆维吾尔族自治区人大常委会网站没有立法草案征求意见的相关信息；有的则是有立法草案征求意见信息，但未设置专门栏目，如重庆市人大常委会在立法动态放置了部分征求意见的信息，由于没有专门栏目，相关内容很容易被淹没。

### （三）地方立法论证普遍落地

立法要做到科学性：其一，要求保障法制体系和谐统一，下位法不得与上位法相抵触；其二，要求立法符合客观实践，达到主客观相统一；其三，要求立法能够实现或者部分实现原初的立法目的，达到一定的立法效果。各方的争鸣和论证是提高地方立法质量、推动立法科学性建设的重要路径。评估发现，31家人大常委会均注重开展立法论证以提高立法质量。在论证方式上，有的是邀请法学专家召开听证会、座谈会。例如，北京市人大常委会就《北京市机动车和非道路移动机械排放污染防治条例》邀请了法学专家进行充分论证。有的则是实地调研，就相关问题咨询实务工作者和利益相关方。例如，辽宁省人大常委会为做好《辽宁省水污染防治条例（草案）》的审议工作，先后与省政府法制办、省环保厅共同赴沈阳、大连、营口市开展调研，召集政府相关部门、人大代表、企业代表进行座谈论证。立法论证既是提高立法质量的重要手段，又是践行民主立法的主要路径，通过立法论证能够尽量吸收民意、顺应民心，减少法规生效后的普法成本，提高地方立法质效。

### （四）立法优化制度普遍建立

地方立法活动是一个制定、实施、修改、废止的循环过程，通过立法评估、法规备案审查、法规执法检查等活动,能够有效的检验地方立法质量,掌握地方性法规实施的真实情况,并为法规的修改或废止提供参考。31家人大常委会基本都建立了立法评估制度、规范性文件备案审查制度、法规备案制度等相关制度或细则。这些制度的实施可以有效避免法规、规范性文件与上位法抵触,保障法律体系内部和谐统一。

## 四 评估发现的问题

### (一)地方法规数据库建设需加强

《立法法》第79条规定,地方性法规、自治区的自治条例和单行条例公布后,应及时在本地方人民代表大会网站刊载。据此,省级人大常委会在门户网站上公布地方性法规是其法定职责,而通过建立专门法律法规数据库的形式来公开更为便捷,有助于公众迅速查找相关立法信息。被评估的31家人大常委会中有15家人大常委会网站法规信息不完整,出现了部分内容遗漏,占比为48.39%。有的法规数据库长期不更新,新法未能收录其中,有的则遗漏了个别地方性法规。

已经失效的地方性法规仍有可能成为解决一些历史遗漏问题的依据,因此,仍应向社会公开。为此,应当借鉴有些政府机关公开规范性文件的做法,将废止、撤销的规范性文件与现行有效的文件一同公开并标注有效性。但评估发现,只有甘肃省人大常委会和青海省人大常委会标注了法规的有效性,其他人大常委会法规库中均未能标注有效性。

对地方性法规进行分类有助于群众查找相关规定,有利于地方性法规整理。评估显示,仅有四川省人大常委会、江西省人大常委会等4家人大常委会对法规进行了分类,占比为12.9%。

有13家人大常委会公开地方性法规不及时,占比41.94%。例如,《内蒙古自治区饮用水水源保护条例》系2017年9月29日审议通过,而公开日期为2018年2月。人大常委会网站是法规公开的第一窗口平台,法规出台后未能及时公开,必然极大损害了公众知情权,不利于法规实施。

包括广东省人大常委会、江苏省人大常委会、江西省人大常委会在内的5家人大常委会未能在法规数据库中设置检索栏目。包括辽宁省人大常委会、四川省人大常委会在内的3家人大常委会虽然设置了检索栏目，但无法正常使用。

## （二）立法计划通过以及公开滞后

立法计划是地方未来一年的立法内容，是对区域内立法重点内容调研评估之后的选择。立法作为一种有限的权力资源，选择制定或修改哪一部地方性法规，往往关系到能否最大限度的助力经济发展、社会稳定、法治进步。评估中发现，立法计划通过日期滞后的现象比比皆是，立法计划发布日期迟于通过日期的现象时有发生（见表3）。统计发现，除了个别没有公开立法计划的评估对象外，其他被评估对象中，2月28日之前通过立法计划的仅有4家，分别是重庆市人大常委会、四川省人大常委会、安徽省人大常委会、北京市人大常委会，占比仅为12.9%。2—3月通过立法计划的有9家，余下的要么3月之后，要么没有公开。所谓计划，理应是一年之初所定的全年工作安排。若立法计划在年中甚至下半年才通过，就不能称之为立法计划，其效果必然大打折扣。评估发现，广东省人大常委会、吉林省人大常委会、山东省人大常委会、湖北省人大常委会等通过立法计划时间过晚，有的是5月份，有的是9月份，大大超出了立法计划的本意。此外，评估还发现，有的立法计划的发布日期远远晚于通过日期，个别地方甚至延迟了147天。例如，安徽省人大常委会立法计划通过日期为2018年2月12日，而发布日期为2018年7月9日。

表3　　　　　　立法计划通过日期以及发布日期统计表

| 评估对象 | 通过日期 | 发布日期 | 间隔 |
| --- | --- | --- | --- |
| 上海市 | 2018年4月23日 | 2018年4月23日 | 0 |
| 贵州市 | 2018年3月30日 | 2018年4月20日 | 21 |
| 广东省 | 2018年9月13日 | 2018年9月13日 | 0 |
| 吉林省 | 2018年5月16日 | 2018年5月16日 | 0 |
| 浙江省 | 2018年3月10日 | 2018年3月10日 | 0 |
| 江苏省 | 2018年4月2日 | 2018年4月2日 | 0 |

续表

| 评估对象 | 通过日期 | 发布日期 | 间隔 |
| --- | --- | --- | --- |
| 新疆维吾尔自治区 | — | — | — |
| 重庆市 | 2018年2月5日 | 2018年2月5日 | 0 |
| 陕西市 | — | — | — |
| 四川市 | 2018年2月26日 | 2018年2月26日 | 0 |
| 河北市 | — | — | — |
| 内蒙古自治区 | 2018年4月19日 | 2018年4月19日 | 0 |
| 辽宁市 | 2018年4月23日 | 2018年4月23日 | 0 |
| 江西市 | — | — | — |
| 山东市 | 2018年5月10日 | 2018年5月10日 | 0 |
| 湖南市 | — | — | — |
| 安徽市 | 2018年2月12日 | 2018年7月9日 | 147 |
| 天津市 | — | — | — |
| 湖北市 | 2018年5月11日 | 2018年5月11日 | 0 |
| 西藏自治区 | — | — | — |
| 广西壮族自治区 | 2018年3月30日 | 2018年3月30日 | 0 |
| 青海省 | 2018年3月12日 | 2018年3月12日 | 0 |
| 宁夏回族自治区 | 2018年5月18日 | 2018年5月18日 | 0 |
| 甘肃省 | 2018年4月13日 | 2018年4月13日 | 0 |
| 黑龙江省 | — | — | — |
| 河南省 | — | — | — |
| 山西省 | — | — | — |
| 北京市 | 2018年2月26日 | 2018年2月28日 | 2 |
| 福建省 | — | — | — |
| 云南省 | 2018年3月22日 | 2018年5月31日 | 70 |
| 海南省 | — | — | — |

## （三）立法计划完成情况有待提高

立法计划完成度并非本次透明度评估的指标，但在评估中发现，部分地区人大常委会都处于较高的水准，基本超过或接近60%。尤其是辽宁省人大常委会和云南省人大常委会立法计划完成度为100%，年初所制定的立法计划均已实现，值得关注。部分地区人大常委会立法计划完成情况不太理想，有的低于50%（见表4）。制定立法计划本身是体现协调立法资源，规划立法时间的过程，若完成率较低，则可能是由于立法任务过重，亦可能是由于年初制定任务不科学、不合理，更有可能是因为立法计划本身通过时间较晚，留给立法机关工作的时间过短，导致任务无法完成。

表4　　　　　　　　　　立法计划完成情况

| 评估对象 | 立法计划完成率 |
| --- | --- |
| 上海 | 77.78% |
| 贵州 | 10.00% |
| 广东 | 57.14% |
| 吉林 | 40.00% |
| 浙江 | 33.30% |
| 江苏 | 33.30% |
| 新疆 | — |
| 重庆 | 50.00% |
| 陕西 | — |
| 四川 | 71.42% |
| 河北 | — |
| 内蒙古 | 53.85% |
| 辽宁 | 100.00% |
| 江西 | — |
| 山东 | 80.00% |
| 湖南 | — |
| 安徽 | 67.86% |
| 天津 | — |
| 湖北 | 77.78% |
| 西藏 | — |
| 广西 | 66.67% |

续表

| 评估对象 | 立法计划完成率 |
| --- | --- |
| 青海 | 60.00% |
| 宁夏 | 66.67% |
| 甘肃 | 30.43% |
| 黑龙江 | — |
| 河南 | — |
| 山西 | — |
| 北京 | 80.00% |
| 福建 | — |
| 云南 | 100.00% |
| 海南 | — |

### (四) 立法规划公开有待强化

立法规划设定了地方人大常委会五年内的立法目标、原则和重点领域，是实现重大改革于法有据、实现立法为地方发展保驾护航的重要保障。在评估中发现，地方人大常委会制定立法规划较为积极，但是公开立法规划则相对滞后。一方面，31家被评估对象均制定了立法规划；而另一方面，仅有15家人大常委会公开了立法规划，公开率不足50%。立法规划不仅要制定和执行，而且应当以看得见的方式制定和执行，有的人大常委会公开了大量征集立法规划建议的新闻，以及邀请高校科研机构的学者、实务部门专家共同商讨立法规划的座谈会信息，但未公开立法规划本身，也未公开立法规划的执行情况。

### (五) 部分地方立法草案缺少说明

地方性法规涉及的范围较广、内容枯燥乏味，若非专业人士很难迅速理解并提出相关意见。社会公众参与立法活动积极性不高，很大程度上源于法规内容及其表述与实际生活差距较大，但其影响却真实体现在生活中的每一个细节。增加立法草案说明是加强公众参与立法的重要途径。事实上，在政务信息公开过程中，对于影响力较大的政府信息，均应当辅之以政策解读，有的甚至要制作相关的图文解释，帮助群众理解相关内容。立法的影响力比政府政策有过之而无不及，其文字穿透力远非政策能比，故立法文本更应加大说明力度。在评估过程中发现，立法草案征求意见过程中，草案说明的普及率不高，有17家人大常委会立法草案征求意见缺少草案说明，占比54.84%。这直接导致反馈意见数量较少、反馈质量不高、互动效果不好。

**（六）法规草案征求意见有待强化**

首先，征求意见期限过短。征求意见需要经过合理的期限，对此《立法法》第37条规定，法律草案征求意见一般不少于30日。① 地方人大在《立法法》的基础上纷纷制定了符合自身特点的地方立法程序规定。有的要求征求意见的时间不得少于13日，有的则规定不少于30日。在评估中发现，有11家人大常委会征求意见时间少于规定期限。例如，《福建省人民代表大会及其常务委员会立法条例》第30条规定："列入常务委员会会议议程的法规案，应当将法规草案在福建人大网或者本省的报纸上向社会公布，征求意见，但是经主任会议决定不公布的除外。征求意见的时间一般不少于三十日。"《福建省非物质文化遗产保护条例（草案）》征求意见的时间为2018年6月11日至2018年6月29日，少于法定的期限。

其次，征求意见公开有待加强。公开征求意见反馈情况，有助于提高公众参与立法活动的积极性，同时也能够强化对立法工作的监督。《立法法》第37条规定，法律草案征求意见的情况应当向社会通报。各级地方人大在遵循《立法法》的基础上，也规定了类似的内容，例如，《上海市制定地方性法规条例》第33条规定，地方性法规草案征求意见的情况应当向社会通报。但评估发现，绝大多数人大常委会未能公开征求意见情况，征求意见的数量、内容以及反馈情况不明。部分人大常委会网站设置了反馈意见的统计栏目，但栏目统计量为0。例如，青海省人大在征求意见栏目设置了参与人数和意见条数，但从结果显示来看，参与人数和意见

---

① 《立法法》第37条规定："列入常务委员会会议议程的法律案，应当在常务委员会会议后将法律草案及其起草、修改的说明等向社会公布，征求意见，但是经委员长会议决定不公布的除外。向社会公布征求意见的时间一般不少于三十日。"

条数都为0。有的设置了征求意见栏目，但栏目长期为空。福建省人大常委会在往期征求意见中设置了反馈结果栏目，但是该栏目长期为空，没有任何内容。从上述评估结果来看，内容为空或统计数据为0的，多为工作人员未及时将相关信息填报并公开所致，而不是由于草案确实没有收到任何意见。

最后，征求意见反馈公开有待常态化。对于所征求到的意见建议是否采纳，立法机关理应作出说明，尤其是对于不予采纳的意见理应在不涉及保密问题的前提下向社会阐释理由。类似的制度已经在行政机关的重大决策制定过程中形成了制度，不少行政机关已经在探索实践，其目的就是切实体现立法的民主性和科学性，充分保障公众有序参与。有的地方公开了意见的汇总情况，以及针对意见的反馈情况，但相关内容仅出现在部分条例之中，尚未全面覆盖。例如，天津市人大常委会公开了《天津市生态环境保护条例（草案）》收到的130余条意见，以及针对意见的相关反馈情况，但是其他草案却没有公开类似的内容，征求意见反馈公开尚未形成长效机制。

### （七）地方立法评估信息公开需落地

立法评估制度，既是科学立法的有效举措，也是科学立法的重要保证，对于加强立法工作，提高立法质量具有重要意义。31家人大常委会普遍制定了立法评估的相关制度，有的明确规定了立法后评估制度，例如，《山西省地方立法条例》第56条规定："省人民代表大会有关的专门委员会、常务委员会工作机构可以适时组织对有关法规或者法规中有关规定进行立法后评估。评估情况应当向常务委员会报告。"有的则规定了立法预评估制度。例如，《河南省地方立法条例》第46条规定："拟提请常务委员会会议审议通过的地方性法规案，在法制委员会提出审议结果的报告前，常务委员会法制工作委员会可以对地方性法规草案中主要制度规范的可行性、法规出台时机、法规实施的社会效果和可能出现的问题等进行评估"。无论是立法预评估还是立法后评估，都是为了提高立法质量、评价实施效果。尽管全国普遍建立了立法评估制度，但相关的评估实践却鲜见公开。被评估的31家人大常委会中，有13家未能找到2018年度的立法评估活动信息，占比为41.94%。此外，31家人大常委会均未公开立法评估报告。立法评估应当应用于实践，而非仅停留在制度层面。

### （八）人大执法检查信息公开需加强

对法规实施情况进行执法检查是人大常委会的重要监督内容，被评估的31家人大常委会均开展了执法检查活动。有的是配合全国人大开展执法检查。例如，2018年，河北省人大常委会配合全国人大常委会对《大气污染防治法》进行执法检查。有的则是针对地方性法规进行执法检查。例如，安徽省人大常委会2018年对《安徽省统计管理监督条例》进行了执法检查，发现在统计工作中仍然存在统计法治意识不强、基层统计基础相对薄弱、统计执法监督不够有力等问题，并提出了相应的建议。有的制定了执法检查的规范流程。例如，湖北省人大常委会制定《湖北省人大常委会执法检查工作规程》，规范执法检查工作，提高执法检查质量。

需要指出的是，尽管被评估的人大常委会均开展了执法检查活动，但网上公开的执法检查报告却少之又少。《各级人民代表大会常务委员会监督法》第27条第2款规定："常务委员会的执法检查报告及审议意见，人民政府、人民法院或者人民检察院对其研究处理情况的报告，向本级人民代表大会代表通报并向社会公布。"公开执法检查报告是法律规定，但评估发现，仅11家人大常委会在网上公开了执法检查报告，占比35.48%。

### （九）文件备案审查需进一步公开

根据法律规定，省级人大常委会应当对省政府制定的行政规章、设区的市和自治州的人民代表大会及其常务委员会制定的地方性法规等规范性文件进行备案审查。评估发现，31家人大常委会均制定了备案审查的相关制度，但是仅有11家人大常委会启动了备案审查相关程序且公开了备案审查报告，占比为35.48%。可见，在门户网站公布备案审查信息的人大常委会并不多，公开工作还需继续加强。

## 五 提升人大立法透明度的建议

各级人大及其常委会行使地方立法权是实施宪法法律、因地制宜促进当地经济社会发展的重要保障,也是落实中国共产党第十九次全国代表大会提出的"保证人民当家作主落实到国家政治生活和社会生活之中"要求的重要方面。扩大和深化人大立法公开工作,提升立法透明度,是切实保障人民当家作主的重要前提,是保证人民群众有序参与的重要方面,是构建共建共治共享的社会治理模式和格局的重要路径。结合本次评估发现的问题,未来提升人大立法透明度还需着力从以下方面推进。

首先,提升立法公开意识。民主立法、科学立法不是挂在嘴边的口号,立法机关也不能局限于部门工作、只做不说,只有向社会全面展示立法工作的各方面细节,才有助于取得更广大人民群众的信任、认可、参与和支持。因此,公开是立法乃至人大工作的本质要求。此外,公开不仅是将相关内容和信息展示出来,还需要考虑受众的感受。公开内容杂乱无章,相关信息放置错误、查阅文件耗时过长都是影响公众浏览人大常委会信息过程中可能产生的不良体验,克服上述弊端就要求工作人员从人民群众的角度出发,从一般受众出发,提高立法公开意识和水平,不仅让公众获取信息,而且提高信息获取的便捷度。

其次,进一步加强公开平台建设。地方人大常委会门户网站是立法信息公开的第一平台,尽管人大常委会公报、地方报纸、地方媒体都是立法公开的重要渠道,但上述方式受众面有限,影响力一般,传递速度较慢,很难适应新时代背景下的立法公开工作。同时,鉴于微博微信信息碎片化严重,不利于信息的整理汇总,也难以承担立法信息公开的重任,故应当将门户网站作为立法公开的第一平台。在门户网站建设上,应当积极参照政府、法院的有益经验。经过多年的努力,政府门户网站已成为政务服务的重要平台,公众不仅能够在网站中获取相关信息,而且已成为重要办事渠道;法院门户网站不仅是公众了解法院基本信息的窗口,而且还是了解案件办理进度、知晓办案流程、与法官进行沟通交流的重要平台。尽管人大常委会门户网站有了长足进步,但是与政府、法院相比,差距仍然比较明显。今后,各地人大常委会可以政府、法院为参照,加强公开平台建设,强化平台功能,提高立法公开质效。

再次,进一步完善立法公开制度。当前关于立法公开的相关规定散见于《立法法》《各级人民代表大会常务委员会监督法》等法律之中,相关的公开制度尚不完善，公开的时间节点有待细化，公开不力的责任有待明确。这就要求集中出台一系列立法公开的相关规定，进一步完善立法公开相关制度，保障立法公开有法可依、有规可循。

最后，建立立法公开的统一标准。目前关于立法公开的理解全国尚不统一，对于立法公开的研究仍需继续，对于立法公开的探讨仍处于起步阶段。哪些信息应当及时公开，哪些信息可以不予公开，哪些信息应当审查后公开都需研究细化。建议加强立法公开方面的理论研究，强化相关问题的探讨，统一全国立法公开的标准，并适当对人大常委会立法公开进行绩效考核，从而助力立法工作向纵深推进。

# 第二编

## 政府透明度指数

# 中国政府透明度指数报告（2016）

2016年，中国社会科学院国家法治指数研究中心、法学研究所法治指数创新工程项目组（以下简称项目组）继续对政府网站公开政府信息的情况进行调研和评估，本报告对此次调研和评估情况进行了总结分析。

## 一 评估对象、指标及方法

2016年的评估对象包括49家较大的市、100家县（市、区）的政府。最初选择49家较大的市是因为按照修订前的《立法法》，其拥有地方立法权，虽然《立法法》修订后，所有设区的市都已取得立法权，但项目组仍暂时以原49家较大的市为评估对象。此外，政务公开需要逐步提升基层的公开水平，满足公众的切实需要，因此，2016年开始，项目组将县级政府纳入评估范围。本次选取的100家县（市、区）（以下简称县级政府）来源于国家预防腐败局办公室、全国政务公开领导小组办公室2012年1月4日发布的《关于公布依托电子政务平台加强县级政府政务公开和政务服务试点单位的通知》，除东莞市大朗镇外，其他县级政府均为本次评估对象。

项目组根据《政府信息公开条例》、国务院办公厅《2016年政务公开工作要点》等的规定，设定了2016年的评估指标。

针对较大的市的评估指标包括8个部分：政府信息公开平台、规范性文件、行政审批信息、行政处罚信息、环境保护信息、棚户区改造信息、政府信息公开工作年度报告、依申请公开（见表1）。

表1　　　　　　　　政府透明度指数指标体系（较大的市）

| 一级指标及权重 | 二级指标及权重 |
| --- | --- |
| 政府信息公开平台（10%） | 政府信息公开专栏（40%） |
|  | 网站检索功能（30%） |
|  | 无障碍浏览（30%） |
| 规范性文件（15%） | 重大决策预公开（30%） |
|  | 栏目设置（20%） |
|  | 规范性文件清理信息（20%） |
|  | 规范性文件有效性标注（10%） |
|  | 规范性文件备案审查（20%） |
| 行政审批信息（15%） | 行政审批事项清单（30%） |
|  | 行政审批事项的办事指南（40%） |
|  | 行政审批结果（30%） |
| 行政处罚信息（15%） | 行政处罚事项清单（40%） |
|  | 行政处罚结果（60%） |
| 环境保护信息（15%） | 集中式生活饮用水水源水质监测信息公开（40%） |
|  | 排污费征收信息（30%） |
|  | 建设项目环评审批信息（30%） |
| 棚户区改造信息（10%） | 棚户区改造用地计划（40%） |
|  | 棚户区改造项目信息（60%） |
| 政府信息公开工作年度报告（5%） | 年度报告可获取性（30%） |
|  | 内容新颖性（30%） |
|  | 报告内容（40%） |
| 依申请公开（15%） | 信函申请渠道畅通性（30%） |
|  | 答复时效性（30%） |
|  | 答复规范性（40%） |

针对县级政府的评估指标包括8个部分：政府信息公开平台、规范性文件、行政审批信息、行政处罚信息、社会救助信息、教育信息、政府信息公开工作年度报告、依申请公开（见表2）。

表 2　　　　　　　政府透明度指数指标体系（县级政府）

| 一级指标及权重 | 二级指标及权重 |
| --- | --- |
| 政府信息公开平台（10%） | 政府信息公开专栏（60%） |
| | 网站检索功能（40%） |
| 规范性文件（15%） | 重大决策预公开（30%） |
| | 栏目设置（20%） |
| | 规范性文件清理信息（20%） |
| | 规范性文件有效性标注（10%） |
| | 规范性文件备案审查（20%） |
| 行政审批信息（15%） | 行政审批事项清单（30%） |
| | 行政审批事项的办事指南（40%） |
| | 行政审批结果（30%） |
| 行政处罚信息（15%） | 行政处罚事项清单（40%） |
| | 行政处罚结果（60%） |
| 社会救助信息（10%） | 城乡低保信息（25%） |
| | 特困人员供养信息（25%） |
| | 医疗救助信息（25%） |
| | 临时救助信息（25%） |
| 教育信息（15%） | 义务教育阶段划片信息（50%） |
| | 随迁子女入学信息（50%） |
| 政府信息公开工作年度报告（5%） | 年度报告可获取性（30%） |
| | 内容新颖性（30%） |
| | 报告内容（40%） |
| 依申请公开（15%） | 信函申请渠道畅通性（30%） |
| | 答复时效性（30%） |
| | 答复规范性（40%） |

项目组通过观察各评估对象通过本级政府门户网站及相关部门门户网站发布相关信息的情况分析其主动公开的情况，通过以信函方式发送政府信息公开申请进行验证来分析其依申请公开情况。主动公开部分的评估时

间为2016年10月17日至2016年12月31日。为慎重起见，凡是调查人员无法找到信息内容、无法打开网页的，均由其他调查人员再次进行确认，采取变更计算机及上网方式、变更上网时间等方式进行校验。

依申请公开方面，项目组从2016年11月9日起，陆续发送政府信息公开申请。本次评估，针对49家较大的市，随机选取"市司法局社区矫正工作人员所占编制比例"或"市司法局社区矫正工作人员所占编制比例以及社区矫正社会工作者的月平均工资"向司法局提出申请。针对100家试点县，则随机向地税局、财政局或司法局提出申请，申请内容分别为"2015年度未安置残疾人就业或安置残疾人就业未达到在职职工总数规定比例的用人单位（即由贵局代征残疾人就业保障金的用人单位）的数量""2015年建立和改造残疾人无障碍设施的资金投入情况"和"司法局社区矫正工作人员所占编制比例"。

## 二　评估结果的总体情况

2016年，中共中央办公厅、国务院办公厅印发了《关于全面推进政务公开工作的意见》，国务院办公厅印发了《〈关于全面推进政务公开工作的意见〉实施细则》《2016年政务公开工作要点》等，全面推进政务公开工作受到各级政府的高度重视，各级政府机关积极探索推行政决策公开、执行公开、管理公开、服务公开和结果公开。可以说，以《关于全面推进政务公开工作的意见》的发布为标志，透明政府建设又掀起了自《政府信息公开条例》颁布实施以来的新高潮。

评估发现，相较于县级政府，较大的市的政务公开情况普遍较好。如在政府信息公开平台方面，门户网站设置的政府信息公开专栏要素齐全的较大的市为83.67%，县级政府为73%；在规范性文件公开方面，75.51%较大的市设置了规范性文件栏目且对栏目内的规范性文件进行了分类，县级政府则为45%；在行政审批信息公开方面，100%较大的市发布了行政审批事项清单，县级政府则为98%；在政府信息公开工作年度报告公开方面，较大的市均发布了2015年年度报告，县级政府则为92%。

此外，通过对市县级政府的公开情况进行分析，可以发现，2016年政务公开工作呈现出主动公开水平逐步提升、依申请公开日益规范的总体特点。

第一，部分重点领域的信息公开日益细化、规范。各地普遍在权力清单、环境保护信息、棚户区改造信息、社会救助信息、教育信息等重点领域的公开方面加力，公开情况普遍较好。如北京市梳理并发布了重点领域政务公开三级清单如权力清单，列出市、区、街镇三级959条目录信息4909项内容标准，要求全部按规范公开，方便公众查询。全国各市、县级政府也普遍发布了权力清单，其中，行政审批信息方面，各地按照推进互联网+政务服务的要求，梳理并公开办事指南和办事结果。

第二，各评估对象普遍注重门户网站建设。门户网站是政务公开第一平台。做好网站建设、发布权威信息，是做好信息化时代政务公开的基本保障。评估发现，评估对象政府门户网站建设水平普遍较高，专栏要素配置较好，绝大多数网站检索功能有效，不少网站配置了针对视力障碍人士的无障碍浏览功能。

第三，政府门户网站将本地区相关信息进行集中展示，方便获取。首先，很多政府门户网站在政府信息公开专栏中设置了重点领域栏目，集中发布本地区涉及民生社会关注度高的重点部门的重点领域信息；其次，在办事公开方面，很多地方都设置了办事公开的集中平台，集中展示各部门、下辖市县的办事指南，如贵州省、兰州市等；另外，个别地方将属于不同部门的同一领域的相关信息集中展示，如在集中式生活饮用水水源水质监测信息公开方面，江苏省宿迁市环保局网站集中公开了市环保局负责的饮用水水源水质信息、市水利局负责的供水厂出水水质信息、市卫生计生委负责的用户水龙头水质信息。这些集中展示的方式方便了公众查询信息，提升了公开效果。

第四，依申请公开总体渠道畅通、答复规范。实际验证显示，几乎所有评估对象的依申请公开渠道畅通，仅一家评估对象的信函申请渠道不畅通，多数行政机关按期答复、答复内容和形式均较为规范。

2016年评估中，较大的市中排在前列的有：厦门市、广州市、成都市、合肥市、宁波市、青岛市、苏州市、济南市、杭州市、南宁市（表3）；县级政府中排在前列的有上海市浦东新区、安徽省宁国市、安徽省怀远县、天津市武清区、北京市顺义区、北京市房山区、上海市徐汇区、广东省广州市越秀区、浙江省永康市、广东省佛山市顺德区（见表4）。从县级政府排名看，前十位中，上海市、北京市、安徽省、广东省的区县政府数量较多。

表3　　　　2016年政府透明度总体评估结果（较大的市）　　　　单位：分

| 排名 | 评估对象 | 政府信息公开平台（10%） | 规范性文件（15%） | 行政审批信息（15%） | 行政处罚信息（15%） | 环境保护信息（15%） | 棚户区改造信息（10%） | 政府信息公开工作年度报告（5%） | 依申请公开（15%） | 总分（满分：100分） |
|---|---|---|---|---|---|---|---|---|---|---|
| 1 | 厦门 | 100.00 | 87.40 | 81.12 | 100.00 | 83.67 | 70.00 | 90.40 | 92.00 | 88.15 |
| 2 | 广州 | 100.00 | 74.20 | 93.52 | 88.00 | 94.00 | 60.00 | 89.72 | 100.00 | 87.94 |
| 3 | 成都 | 90.00 | 77.40 | 81.52 | 100.00 | 87.33 | 70.00 | 97.60 | 100.00 | 87.82 |
| 4 | 合肥 | 100.00 | 80.00 | 81.12 | 100.00 | 70.33 | 90.00 | 94.52 | 92.00 | 87.24 |
| 5 | 宁波 | 91.00 | 72.80 | 60.40 | 100.00 | 80.67 | 100.00 | 85.60 | 100.00 | 85.46 |
| 6 | 青岛 | 100.00 | 85.20 | 50.52 | 100.00 | 79.00 | 100.00 | 95.20 | 85.00 | 84.70 |
| 7 | 苏州 | 85.00 | 46.00 | 80.12 | 100.00 | 97.00 | 100.00 | 81.84 | 84.00 | 83.70 |
| 8 | 济南 | 91.00 | 88.80 | 56.52 | 70.00 | 87.00 | 100.00 | 67.60 | 100.00 | 82.83 |
| 9 | 杭州 | 70.00 | 66.40 | 63.12 | 100.00 | 71.67 | 100.00 | 97.60 | 100.00 | 82.06 |
| 10 | 南宁 | 73.00 | 55.00 | 75.12 | 70.00 | 86.67 | 100.00 | 92.12 | 100.00 | 79.92 |
| 11 | 福州 | 80.00 | 70.00 | 75.12 | 75.50 | 80.67 | 70.00 | 92.80 | 100.00 | 79.83 |
| 12 | 武汉 | 85.00 | 55.00 | 43.20 | 100.00 | 77.67 | 100.00 | 95.20 | 100.00 | 79.64 |
| 13 | 无锡 | 85.00 | 40.80 | 74.40 | 92.50 | 94.00 | 60.00 | 97.60 | 100.00 | 79.64 |
| 14 | 大连 | 40.00 | 66.00 | 72.00 | 100.00 | 83.67 | 70.00 | 94.00 | 100.00 | 78.95 |
| 15 | 贵阳 | 70.00 | 66.40 | 100.00 | 88.00 | 91.00 | 100.00 | 97.60 | 30.00 | 78.19 |
| 16 | 银川 | 70.00 | 80.00 | 76.32 | 85.00 | 74.00 | 60.00 | 55.60 | 100.00 | 78.08 |
| 17 | 深圳 | 85.00 | 91.00 | 77.52 | 70.00 | 94.00 | 60.00 | 91.20 | 60.00 | 77.94 |
| 18 | 兰州 | 100.00 | 35.00 | 92.80 | 62.50 | 89.00 | 60.00 | 97.60 | 60.00 | 77.81 |
| 19 | 汕头 | 58.00 | 64.00 | 89.92 | 70.00 | 97.00 | 60.00 | 79.44 | 92.00 | 77.71 |
| 20 | 长沙 | 85.00 | 66.00 | 93.52 | 88.00 | 86.67 | 100.00 | 81.84 | 30.00 | 77.22 |
| 21 | 南京 | 100.00 | 36.00 | 78.00 | 80.00 | 89.20 | 60.00 | 94.52 | 92.00 | 77.01 |

续表

| 排名 | 评估对象 | 政府信息公开平台（10%） | 规范性文件（15%） | 行政审批信息（15%） | 行政处罚信息（15%） | 环境保护信息（15%） | 棚户区改造信息（10%） | 政府信息公开工作年度报告（5%） | 依申请公开（15%） | 总分（满分：100分） |
|---|---|---|---|---|---|---|---|---|---|---|
| 22 | 鞍山 | 70.00 | 81.00 | 65.40 | 70.00 | 94.00 | 60.00 | 42.68 | 100.00 | 76.69 |
| 23 | 洛阳 | 76.00 | 36.00 | 71.52 | 100.00 | 60.87 | 100.00 | 65.20 | 100.00 | 76.12 |
| 24 | 沈阳 | 58.00 | 46.00 | 73.20 | 85.00 | 94.00 | 60.00 | 86.12 | 100.00 | 75.84 |
| 25 | 本溪 | 49.00 | 63.20 | 57.72 | 70.00 | 89.20 | 100.00 | 64.80 | 100.00 | 75.16 |
| 26 | 珠海 | 88.00 | 51.40 | 77.52 | 100.00 | 83.67 | 60.00 | 88.00 | 54.00 | 74.19 |
| 27 | 西安 | 65.00 | 65.00 | 61.32 | 70.00 | 82.00 | 60.00 | 96.92 | 100.00 | 74.09 |
| 28 | 淄博 | 70.00 | 78.00 | 72.52 | 70.00 | 94.00 | 100.00 | 100.00 | 30.00 | 73.68 |
| 29 | 徐州 | 61.00 | 32.40 | 95.20 | 100.00 | 87.00 | 100.00 | 97.60 | 30.00 | 72.67 |
| 30 | 哈尔滨 | 55.00 | 74.00 | 50.40 | 70.00 | 73.67 | 100.00 | 85.60 | 84.00 | 72.59 |
| 31 | 邯郸 | 70.00 | 74.00 | 89.92 | 70.00 | 94.00 | 60.00 | 80.12 | 30.00 | 70.69 |
| 32 | 郑州 | 76.00 | 61.00 | 82.12 | 100.00 | 47.53 | 100.00 | 76.00 | 30.00 | 69.50 |
| 33 | 吉林 | 85.00 | 42.00 | 61.80 | 70.00 | 100.00 | 100.00 | 100.00 | 30.00 | 69.07 |
| 34 | 乌鲁木齐 | 85.00 | 38.00 | 87.52 | 100.00 | 61.33 | 100.00 | 51.60 | 30.00 | 68.61 |
| 35 | 呼和浩特 | 58.00 | 57.40 | 72.00 | 58.00 | 55.33 | 100.00 | 27.00 | 100.00 | 68.56 |
| 36 | 包头 | 43.00 | 37.00 | 91.12 | 70.00 | 65.67 | 100.00 | 75.60 | 70.00 | 68.15 |
| 37 | 太原 | 70.00 | 29.00 | 89.92 | 70.00 | 94.00 | 100.00 | 78.92 | 30.00 | 67.88 |
| 38 | 长春 | 70.00 | 36.00 | 78.72 | 70.00 | 94.00 | 100.00 | 88.52 | 30.00 | 67.73 |
| 39 | 海口 | 70.00 | 60.00 | 75.12 | 70.00 | 70.33 | 100.00 | 94.52 | 30.00 | 67.54 |
| 40 | 石家庄 | 50.00 | 63.00 | 54.12 | 58.00 | 75.87 | 60.00 | 97.60 | 92.00 | 67.33 |
| 41 | 唐山 | 73.00 | 55.00 | 80.40 | 30.00 | 63.87 | 100.00 | 45.76 | 84.00 | 66.58 |
| 42 | 南昌 | 85.00 | 56.00 | 85.60 | 70.00 | 67.00 | 70.00 | 95.20 | 30.00 | 66.55 |
| 43 | 淮南 | 76.00 | 54.00 | 71.52 | 50.00 | 84.00 | 100.00 | 96.16 | 30.00 | 65.84 |
| 44 | 抚顺 | 55.00 | 41.00 | 77.52 | 70.00 | 82.00 | 100.00 | 76.60 | 30.00 | 64.41 |
| 45 | 齐齐哈尔 | 55.00 | 66.00 | 70.12 | 60.00 | 55.33 | 100.00 | 65.12 | 30.00 | 60.97 |
| 46 | 昆明 | 43.00 | 53.20 | 67.20 | 70.00 | 50.67 | 100.00 | 91.60 | 30.00 | 59.54 |
| 47 | 西宁 | 43.00 | 48.20 | 55.12 | 70.00 | 62.67 | 30.00 | 82.52 | 30.00 | 51.32 |
| 48 | 大同 | 79.00 | 36.00 | 58.60 | 28.00 | 88.00 | 30.00 | 78.40 | 30.00 | 50.91 |
| 49 | 拉萨 | 40.00 | 16.00 | 40.12 | 40.00 | 13.33 | 30.00 | 45.92 | 100.00 | 40.71 |

表 4　　　　2016 年政府透明度总体评估结果（县级政府）　　　　单位：分

| 排名 | 评估对象 | 政府信息公开平台（10%） | 规范性文件（15%） | 行政审批信息（15%） | 行政处罚信息（15%） | 社会救助信息（10%） | 教育信息（15%） | 政府信息公开工作年度报告（5%） | 依申请公开（15%） | 总分（满分：100分） |
|---|---|---|---|---|---|---|---|---|---|---|
| 1 | 上海市浦东新区 | 100.00 | 66.00 | 78.52 | 96.25 | 52.50 | 89.50 | 80.20 | 92.00 | 82.60 |
| 2 | 安徽省宁国市 | 80.00 | 81.00 | 96.40 | 80.00 | 10.00 | 100.00 | 80.20 | 100.00 | 81.62 |
| 3 | 安徽省怀远县 | 80.00 | 32.00 | 97.12 | 100.00 | 57.50 | 100.00 | 60.16 | 100.00 | 81.13 |
| 4 | 天津市武清区 | 80.00 | 30.00 | 81.40 | 100.00 | 40.00 | 81.50 | 65.20 | 100.00 | 74.20 |
| 5 | 北京市顺义区 | 62.00 | 46.00 | 87.52 | 85.00 | 57.50 | 89.50 | 82.60 | 70.00 | 72.78 |
| 6 | 北京市房山区 | 82.00 | 28.00 | 89.92 | 92.50 | 52.50 | 89.50 | 66.40 | 70.00 | 72.26 |
| 7 | 上海市徐汇区 | 80.00 | 64.00 | 85.00 | 30.00 | 52.50 | 82.00 | 76.60 | 92.00 | 71.16 |
| 8 | 广东省广州市越秀区 | 42.00 | 22.00 | 89.92 | 100.00 | 37.50 | 100.00 | 48.92 | 84.00 | 69.78 |
| 9 | 浙江省永康市 | 42.00 | 26.00 | 90.40 | 100.00 | 32.50 | 85.00 | 49.60 | 92.00 | 68.94 |
| 10 | 广东省佛山市顺德区 | 42.00 | 49.00 | 72.52 | 100.00 | 75.00 | 29.00 | 92.12 | 100.00 | 68.88 |
| 11 | 河南省沁阳市 | 80.00 | 16.00 | 89.92 | 100.00 | 37.50 | 57.00 | 76.28 | 84.00 | 67.60 |
| 12 | 山东省济南市历下区 | 82.00 | 42.00 | 83.20 | 70.00 | 20.00 | 75.00 | 50.12 | 92.00 | 67.04 |
| 13 | 山东省莱西市 | 60.00 | 31.00 | 90.40 | 62.50 | 35.00 | 81.50 | 73.52 | 92.00 | 66.79 |
| 14 | 浙江省遂昌县 | 80.00 | 34.00 | 74.80 | 100.00 | 57.50 | 89.50 | 59.20 | 30.00 | 65.96 |
| 15 | 浙江省杭州市萧山区 | 100.00 | 54.00 | 77.52 | 92.50 | 20.00 | 100.00 | 57.08 | 15.00 | 65.71 |
| 16 | 湖南省长沙县 | 60.00 | 38.60 | 77.92 | 88.00 | 75.00 | 89.50 | 64.00 | 30.00 | 65.30 |
| 17 | 江苏省邳州市 | 80.00 | 16.00 | 76.00 | 100.00 | 50.00 | 28.00 | 97.60 | 92.00 | 64.68 |
| 18 | 安徽省天长市 | 60.00 | 36.00 | 64.60 | 100.00 | 60.00 | 72.00 | 45.08 | 84.00 | 64.44 |
| 19 | 福建省晋江市 | 80.00 | 21.00 | 69.12 | 70.00 | 50.00 | 74.50 | 58.00 | 84.00 | 63.69 |
| 20 | 福建省南安市 | 60.00 | 32.00 | 93.52 | 62.50 | 27.00 | 100.00 | 62.12 | 54.00 | 63.16 |
| 21 | 辽宁省鞍山市铁东区 | 80.00 | 16.00 | 61.12 | 62.50 | 57.50 | 85.50 | 78.40 | 76.00 | 62.84 |
| 22 | 北京市东城区 | 42.00 | 22.00 | 73.72 | 100.00 | 47.50 | 39.50 | 67.60 | 100.00 | 62.61 |

续表

| 排名 | 评估对象 | 政府信息公开平台（10%） | 规范性文件（15%） | 行政审批信息（15%） | 行政处罚信息（15%） | 社会救助信息（10%） | 教育信息（15%） | 政府信息公开工作年度报告（5%） | 依申请公开（15%） | 总分（满分：100分） |
|---|---|---|---|---|---|---|---|---|---|---|
| 23 | 广西壮族自治区合浦县 | 42.00 | 38.80 | 70.00 | 70.00 | 20.00 | 100.00 | 37.44 | 84.00 | 62.49 |
| 24 | 上海市静安区 | 60.00 | 15.00 | 77.80 | 22.50 | 52.50 | 100.00 | 67.60 | 92.00 | 60.73 |
| 25 | 四川省新津县 | 60.00 | 41.00 | 73.92 | 70.00 | 20.00 | 75.00 | 85.88 | 62.00 | 60.58 |
| 26 | 浙江省温州市龙湾区 | 88.00 | 54.00 | 38.52 | 100.00 | 35.00 | 74.50 | 65.20 | 30.00 | 60.11 |
| 27 | 江苏省溧阳市 | 42.00 | 30.00 | 66.40 | 70.00 | 57.50 | 60.50 | 69.24 | 84.00 | 60.05 |
| 28 | 江西省南昌县 | 42.00 | 32.00 | 76.72 | 70.00 | 50.00 | 100.00 | 89.04 | 30.00 | 59.96 |
| 29 | 福建省上杭县 | 60.00 | 32.00 | 85.12 | 40.00 | 70.00 | 100.00 | 68.20 | 30.00 | 59.48 |
| 30 | 湖北省汉川市 | 80.00 | 37.00 | 60.40 | 70.00 | 57.50 | 17.50 | 45.08 | 100.00 | 58.74 |
| 31 | 贵州省遵义市汇川区 | 51.00 | 12.00 | 66.40 | 58.00 | 100.00 | 100.00 | 72.68 | 30.00 | 58.69 |
| 32 | 山东省博兴县 | 80.00 | 37.00 | 82.12 | 100.00 | 32.50 | 35.50 | 80.20 | 30.00 | 57.95 |
| 33 | 江苏省靖江市 | 82.00 | 32.80 | 15.00 | 70.00 | 57.50 | 57.00 | 44.40 | 100.00 | 57.39 |
| 34 | 福建省福州市台江区 | 80.00 | 10.00 | 92.32 | 58.00 | 22.50 | 100.00 | 64.52 | 30.00 | 57.02 |
| 35 | 重庆市荣昌区 | 80.00 | 32.00 | 56.52 | 58.00 | 75.00 | 7.00 | 65.12 | 100.00 | 56.78 |
| 36 | 四川省攀枝花市西区 | 100.00 | 16.00 | 67.12 | 100.00 | 10.00 | 85.00 | 12.00 | 30.00 | 56.32 |
| 37 | 湖南省平江县 | 82.00 | 17.00 | 43.92 | 70.00 | 50.00 | 50.00 | 85.60 | 76.00 | 56.02 |
| 38 | 江苏省无锡市滨湖区 | 62.00 | 12.00 | 70.00 | 70.00 | 55.00 | 24.50 | 53.20 | 100.00 | 55.84 |
| 39 | 海南省万宁市 | 100.00 | 12.00 | 59.92 | 62.50 | 50.00 | 85.00 | 66.08 | 30.00 | 55.72 |
| 40 | 湖南省隆回县 | 80.00 | 38.00 | 43.92 | 40.00 | 75.00 | 100.00 | 45.08 | 30.00 | 55.54 |
| 41 | 云南省瑞丽市 | 62.00 | 6.00 | 44.92 | 40.00 | 27.50 | 100.00 | 58.00 | 100.00 | 55.49 |
| 42 | 天津市静海区 | 100.00 | 43.00 | 64.60 | 70.00 | 40.00 | 35.00 | 91.60 | 30.00 | 54.97 |
| 43 | 广西壮族自治区桂林市临桂区 | 80.00 | 16.00 | 56.32 | 40.00 | 67.50 | 100.00 | 73.60 | 30.00 | 54.78 |

续表

| 排名 | 评估对象 | 政府信息公开平台(10%) | 规范性文件(15%) | 行政审批信息(15%) | 行政处罚信息(15%) | 社会救助信息(10%) | 教育信息(15%) | 政府信息公开工作年度报告(5%) | 依申请公开(15%) | 总分(满分：100分) |
|---|---|---|---|---|---|---|---|---|---|---|
| 44 | 广西壮族自治区北流市 | 80.00 | 16.00 | 48.52 | 70.00 | 30.00 | 100.00 | 78.68 | 30.00 | 54.61 |
| 45 | 新疆维吾尔自治区富蕴县 | 80.00 | 12.00 | 47.80 | 62.50 | 55.00 | 100.00 | 58.00 | 30.00 | 54.25 |
| 46 | 内蒙古自治区呼和浩特市新城区 | 80.00 | 54.00 | 51.60 | 70.00 | 60.00 | 35.50 | 80.20 | 30.00 | 54.18 |
| 47 | 内蒙古自治区翁牛特旗 | 62.00 | 12.00 | 52.72 | 70.00 | 20.00 | 67.50 | 36.24 | 92.00 | 54.15 |
| 48 | 山东省新泰市 | 68.00 | 22.20 | 58.72 | 40.00 | 100.00 | 67.50 | 85.60 | 30.00 | 53.84 |
| 49 | 辽宁省凤城市 | 48.00 | 12.00 | 65.92 | 70.00 | 45.00 | 100.00 | 36.00 | 30.00 | 52.79 |
| 50 | 河北省唐山市丰润区 | 32.00 | 32.00 | 53.20 | 58.00 | 67.50 | 17.50 | 88.00 | 84.00 | 51.06 |
| 51 | 天津市河西区 | 100.00 | 41.00 | 31.80 | 40.00 | 15.00 | 28.00 | 67.60 | 100.00 | 51.00 |
| 52 | 陕西省勉县 | 80.00 | 24.20 | 56.52 | 70.00 | 85.00 | 32.50 | 45.08 | 30.00 | 50.74 |
| 53 | 山西省高平市 | 80.00 | 16.00 | 52.60 | 40.00 | 42.50 | 100.00 | 51.00 | 30.00 | 50.62 |
| 54 | 江西省赣州市南康区 | 60.00 | 10.00 | 47.80 | 40.00 | 100.00 | 0.00 | 95.20 | 100.00 | 50.43 |
| 55 | 青海省西宁市城东区 | 53.00 | 32.00 | 43.72 | 40.00 | 35.00 | 100.00 | 88.00 | 30.00 | 50.06 |
| 56 | 云南省安宁市 | 30.00 | 22.00 | 74.92 | 70.00 | 37.50 | 60.00 | 88.00 | 30.00 | 49.69 |
| 57 | 贵州省贵阳市乌当区 | 80.00 | 6.00 | 52.12 | 70.00 | 20.00 | 85.00 | 54.00 | 30.00 | 49.17 |
| 58 | 湖南省桃江县 | 60.00 | 49.00 | 39.12 | 70.00 | 32.50 | 57.50 | 46.52 | 30.00 | 48.42 |
| 59 | 重庆市北碚区 | 60.00 | 29.20 | 53.92 | 70.00 | 0.00 | 75.00 | 54.16 | 30.00 | 47.43 |
| 60 | 河北省晋州市 | 50.00 | 12.00 | 35.32 | 70.00 | 42.50 | 75.00 | 96.40 | 30.00 | 47.42 |
| 61 | 河南省长葛市 | 62.00 | 12.00 | 92.80 | 70.00 | 55.00 | 0.00 | 85.60 | 30.00 | 46.70 |
| 62 | 海南省海口市美兰区 | 60.00 | 6.00 | 48.00 | 70.00 | 50.00 | 53.00 | 82.04 | 30.00 | 46.15 |

续表

| 排名 | 评估对象 | 政府信息公开平台（10%） | 规范性文件（15%） | 行政审批信息（15%） | 行政处罚信息（15%） | 社会救助信息（10%） | 教育信息（15%） | 政府信息公开工作年度报告（5%） | 依申请公开（15%） | 总分（满分：100分） |
|---|---|---|---|---|---|---|---|---|---|---|
| 63 | 湖北省建始县 | 42.00 | 12.00 | 65.80 | 92.50 | 20.00 | 50.00 | 44.20 | 30.00 | 45.96 |
| 64 | 四川省什邡市 | 60.00 | 12.00 | 43.92 | 70.00 | 37.50 | 100.00 | 0.00 | 15.00 | 45.89 |
| 65 | 广西壮族自治区龙州县 | 62.00 | 12.00 | 70.00 | 70.00 | 30.00 | 50.00 | 30.00 | 30.00 | 45.50 |
| 66 | 辽宁省庄河市 | 82.00 | 36.00 | 58.00 | 62.50 | 52.50 | 0.00 | 70.60 | 30.00 | 44.96 |
| 67 | 广东省新兴县 | 60.00 | 35.00 | 69.52 | 70.00 | 50.00 | 0.00 | 60.68 | 30.00 | 44.71 |
| 68 | 黑龙江省哈尔滨市平房区 | 71.00 | 6.00 | 29.92 | 70.00 | 42.50 | 57.00 | 81.76 | 30.00 | 44.38 |
| 69 | 四川省珙县 | 60.00 | 17.00 | 45.12 | 70.00 | 27.50 | 0.00 | 81.08 | 76.00 | 44.02 |
| 70 | 湖北省宜都市 | 60.00 | 21.00 | 64.72 | 100.00 | 20.00 | 7.00 | 48.68 | 30.00 | 43.84 |
| 71 | 海南省屯昌县 | 48.00 | 12.00 | 48.72 | 70.00 | 25.00 | 50.00 | 94.52 | 30.00 | 43.63 |
| 72 | 宁夏回族自治区盐池县 | 100.00 | 18.00 | 62.32 | 40.00 | 50.00 | 17.50 | 50.12 | 30.00 | 42.68 |
| 73 | 宁夏回族自治区平罗县 | 91.00 | 23.00 | 60.40 | 40.00 | 62.50 | 0.00 | 81.76 | 30.00 | 42.45 |
| 74 | 山西省灵丘县 | 24.00 | 12.00 | 58.00 | 58.00 | 10.00 | 67.50 | 88.00 | 30.00 | 41.63 |
| 75 | 安徽省桐城市 | 100.00 | 16.00 | 48.52 | 54.00 | 60.00 | 0.00 | 65.20 | 30.00 | 41.54 |
| 76 | 湖北省武汉市武昌区 | 73.00 | 16.00 | 59.20 | 40.00 | 50.00 | 64.00 | 44.12 | 0.00 | 41.39 |
| 77 | 江西省丰城市 | 42.00 | 17.00 | 48.52 | 70.00 | 62.50 | 25.00 | 47.04 | 30.00 | 41.38 |
| 78 | 云南省腾冲市 | 71.00 | 59.00 | 55.60 | 40.00 | 20.00 | 0.00 | 90.68 | 30.00 | 41.32 |
| 79 | 重庆市南川区 | 62.00 | 32.00 | 73.72 | 34.00 | 12.50 | 32.50 | 60.68 | 30.00 | 40.82 |
| 80 | 新疆维吾尔自治区奎屯市 | 60.00 | 12.00 | 66.12 | 70.00 | 25.00 | 0.00 | 100.00 | 30.00 | 40.22 |
| 81 | 河北省任丘市 | 42.00 | 32.00 | 87.52 | 58.00 | 12.50 | 0.00 | 72.00 | 30.00 | 40.18 |
| 82 | 黑龙江省富锦市 | 48.00 | 16.00 | 67.12 | 70.00 | 35.00 | 0.00 | 88.00 | 30.00 | 40.17 |
| 83 | 青海省格尔木市 | 32.00 | 42.00 | 57.52 | 70.00 | 37.50 | 17.50 | 0.00 | 30.00 | 39.50 |

续表

| 排名 | 评估对象 | 政府信息公开平台（10%） | 规范性文件（15%） | 行政审批信息（15%） | 行政处罚信息（15%） | 社会救助信息（10%） | 教育信息（15%） | 政府信息公开工作年度报告（5%） | 依申请公开（15%） | 总分（满分：100分） |
|---|---|---|---|---|---|---|---|---|---|---|
| 84 | 内蒙古自治区多伦县 | 42.00 | 16.00 | 59.20 | 40.00 | 65.00 | 17.50 | 64.00 | 30.00 | 38.31 |
| 85 | 云南省曲靖市麒麟区 | 50.00 | 12.00 | 81.12 | 40.00 | 50.00 | 0.00 | 66.76 | 30.00 | 37.81 |
| 86 | 吉林省公主岭市 | 42.00 | 32.00 | 30.00 | 70.00 | 62.50 | 0.00 | 60.00 | 30.00 | 37.75 |
| 87 | 甘肃省武山县 | 80.00 | 37.00 | 30.60 | 40.00 | 40.00 | 0.00 | 88.00 | 30.00 | 37.04 |
| 88 | 甘肃省华池县 | 80.00 | 12.00 | 46.80 | 40.00 | 42.50 | 0.00 | 73.00 | 30.00 | 35.22 |
| 89 | 吉林省白山市江源区 | 62.00 | 32.00 | 15.00 | 70.00 | 20.00 | 0.00 | 88.00 | 30.00 | 34.65 |
| 90 | 河北省承德市双滦区 | 0.00 | 6.00 | 57.72 | 70.00 | 75.00 | 0.00 | 48.68 | 30.00 | 34.49 |
| 91 | 吉林省敦化市 | 62.00 | 16.00 | 58.92 | 40.00 | 50.00 | 0.00 | 30.00 | 30.00 | 34.44 |
| 92 | 山西省孝义市 | 62.00 | 16.00 | 54.00 | 40.00 | 50.00 | 0.00 | 0.00 | 30.00 | 32.20 |
| 93 | 辽宁省沈阳市沈北新区 | 100.00 | 12.00 | 35.80 | 40.00 | 20.00 | 0.00 | 38.40 | 30.00 | 31.59 |
| 94 | 江西省都昌县 | 60.00 | 12.00 | 24.12 | 40.00 | 15.00 | 25.00 | 87.60 | 30.00 | 31.55 |
| 95 | 黑龙江省讷河市 | 82.00 | 32.00 | 31.12 | 30.00 | 25.00 | 0.00 | 33.96 | 30.00 | 30.87 |
| 96 | 河南省沈丘县 | 44.00 | 5.00 | 59.92 | 40.00 | 50.00 | 0.00 | 0.00 | 30.00 | 29.64 |
| 97 | 河南省义马市 | 70.00 | 12.00 | 15.00 | 70.00 | 20.00 | 0.00 | 0.00 | 30.00 | 28.05 |
| 98 | 陕西省延安市安塞区 | 62.00 | 17.00 | 23.40 | 40.00 | 27.50 | 0.00 | 50.04 | 30.00 | 28.01 |
| 99 | 西藏自治区达孜县 | 21.00 | 12.00 | 34.80 | 0.00 | 15.00 | 0.00 | 84.40 | 30.00 | 19.34 |
| 100 | 西藏自治区朗县 | 0.00 | 0.00 | 15.00 | 40.00 | 0.00 | 0.00 | 0.00 | 30.00 | 12.75 |

但评估结果也显示，政务公开仍存在一些共性问题，应当在推动政府信息公开工作中引起重视。

第一，政务公开工作的部分内容有待明确。首先，"五公开"的内容划分不明。决策公开、管理公开、服务公开、执行公开、结果公开这五种分类，或交叉或重叠，并不清晰，以致各地方在具体落实的过程中也不好操作。其次，公开标准不够明确。很多地方虽然设置了"五公开"专栏，且分类公开了这五类信息，但发布的信息多为新闻类信息，而非有实质内容的政务信息。最后，政务公开中重点领域信息的公开责任主体不明。国务院办公厅《2016年政务公开工作要点》仅明确了2016年应重点公开的政务信息，但并未明确这些信息应当由谁来公开。例如，国务院办公厅《2016年政务公开工作要点》仅笼统要求公开住房保障信息，但在《国务院办公厅关于保障性安居工程建设和管理的指导意见》（国办发〔2011〕45号）中，住房保障信息的公开责任主体是市、县政府。

第二，县级政府及其部门网站建设水平有待加强。门户网站建设水平决定了公开的效果，但评估发现，不少地方尤其是县级政府及其部门的网站建设水平不高，影响到公开质量。首先，多数县级政府网站设置游动浮标，且部分政府网站的游动浮标不可关闭，存在强制阅读之嫌。其次，个别政府部门网站建设水平较差，如内蒙古自治区翁牛特旗教育局网站只是一张图片，除了网站底部的学校链接外，其他链接均无效。再次，个别政府网站栏目设置混乱，如河南省义马市、辽宁省庄河市、山东省济南市历下区、重庆市荣昌区等政府门户网站设置栏目功能不清晰、缺乏合理规划。最后，个别政府网站的具体页面的信息呈现不正常，如，湖南省长沙县特困人员供养、临时救助申请指南的办理流程页面的信息显示错误。

第三，同类信息的发布平台过多。不少地方设置了多项公开平台，发布同类信息，造成信息发布渠道混乱，查询不便。以政府信息公开工作年度报告的发布为例，不少地方在本机关门户网站和上级政府门户网站的集中展示平台都会发布本机关的年度报告，但部分评估对象出现了两个平台发布的信息或重叠或交叉，任一平台均无完整信息的情况，信息发布混乱随意。

第四，不同平台之间发布的同类信息内容矛盾。不少地方在不同的网站平台发布同类信息，但各平台间信息不一致，容易误导公众。以行政审批事项的办事指南为例，各地政府门户网站、政务服务中心网站、相应部门的门户网站都会发布同一类行政审批事项的办事指南，但办事依据、办事流程、需提交的材料、办理地点等往往都会不一致，甚至很多地方存在线上线下发布的信息不一致的情形。

## 三 政府信息公开平台

政府门户网站是政府信息公开的第一平台。本板块评估政府网站建设情况，包括政府信息公开专栏设置情况、网站检索功能；还针对较大的市评估其网站设置网站无障碍浏览功能的情况。政府信息公开专栏主要评估公开依据栏目及其发布本机关公开依据的情况、指南栏目和指南内容的准确性、年度报告栏目、依申请公开栏目的设置情况；无障碍浏览指标包括无障碍浏览功能的配置、阅读辅助功能和语音辅助功能。

### （一）评估发现的亮点

1. 政府信息公开专栏设置普遍较为规范

首先，大多数评估对象的政府信息公开专栏要素全面。41家较大的市、73家县级政府的公开专栏都包括公开依据、公开指南、公开年度报告、依申请公开栏目，分别占83.67%和73%。

其次，部分评估对象的公开专栏集中展示了下属部门、区县的同类信息，方便查询。如广州市、青岛市、江苏省靖江市、内蒙古自治区多伦县等集中展示了政府部门及下级政府的专栏要素。部分评估对象的依申请公开栏目集中展示了与依申请公开相关的信息，如宁波市、合肥市的依申请公开栏目下并列着依申请公开流程、方式、查询、表格下载、收费标准等子栏目。

最后，个别评估对象公开了依申请公开的答复情况或依申请公开情况统计。如江西省南昌县在公开专栏下设置了依申请公开情况公示栏目，栏目中公开了南昌县政府收到的申请事项及对其的答复内容。合肥市在依申请公开栏目下设置了依申请公开统计栏目，栏目中公开了合肥市政府及其部门的申请受理量及其答复情况的统计数据。

2. 多数评估对象设置了无障碍浏览功能

评估发现，28家较大的市政府门户网站设置了无障碍浏览功能。其中，27家较大的市的网站提供了放大字体或页面的阅读辅助功能，占55.10%；26家较大的市的网站提供了页面背景与文字颜色转换的阅读辅助功能，占53.06%；22家较大的市的网站提供了语音辅助功能，占44.90%。

（二）评估发现的问题

1. 个别评估对象公开专栏设置情况不佳

首先，个别评估对象公开专栏的要素有欠缺。8家较大的市、19家县级政府的专栏中无公开依据栏目；1家较大的市、6家县级政府的专栏中无公开指南栏目；4家县级政府的专栏中无公开年度报告栏目；1家较大的市、11家县级政府的专栏中无依申请公开栏目。

其次，个别评估对象的专栏设置不规范，不便查找。如河北省建设了全省统一的政府信息公开平台，其中包括晋州市政府信息公开专栏，专栏中发布了晋州市的公开指南、公开年度报告等栏目要素，但晋州市政府网未设置政府信息公开专栏或政府信息公开平台的入口。

另外，个别评估对象的栏目要素定位不准确。如青海省格尔木市的公开依据栏目内放置的不是公开依据，全部都是与政务公开无关的条例；山西省孝义市、河南省义马市、河南省沈丘县、青海省格尔木市的公开指南栏目中混杂着非指南信息。

2. 个别评估对象公开专栏的内容公开不到位

首先，个别评估对象的公开专栏未发布本机关制发的栏目要素信息。3家较大的市、18家县级政府的公开依据栏目未发现本机关制发的有关政府信息公开工作的文件；5家县级政府的公开指南栏目未发现本机关的政府信息公开指南；1家县级政府的公开年度报告栏目未发现本机关的政府信息公开工作年度报告。

其次，个别评估对象的政府信息公开指南内容不准确。5家县级政府的政府信息公开指南与依申请公开栏目中关于申请方式的描述不一致，如黑龙江省哈尔滨市平房区、湖北省武汉市武昌区、贵州省遵义市汇川区、云南省腾冲市、宁夏回族自治区平罗县。其中，黑龙江省哈尔滨市平房区政府信息公开指南的申请方式部分显示有电子邮件申请方式,但指南中却未提供受理机构的电子邮箱,该指南未显示可进行网上在线申请,但网站已提供了网上在线申请平台。

3. 部分评估对象在网站检索功能方面仍存在不足

部分评估对象或未提供网站检索或提供的网站检索功能无效。1家较大的市、12家县级政府未提供网站检索;4家较大的市的政府、26家县级政府提供的网站检索功能无效。

4. 部分评估对象未设置无障碍浏览功能

中国残联、中央网信办联合印发的《关于加强网站无障碍服务能力建设的指导意见》提出,按照国家相关标准加强网站无障碍服务能力建设,全面促进和改善网络信息无障碍服务环境。而评估发现,21家较大的市政府门户网站未设置无障碍浏览功能,占42.86%。如哈尔滨市虽然设有无障碍浏览通道但其链接无效。在提供了无障碍浏览功能的28家较大的市中,6家仅提供了阅读辅助功能,未提供语音辅助功能;1家仅提供了语音辅助功能,未提供阅读辅助功能。

## 四 规范性文件

规范性文件是行政机关制发的对不特定多数人的权利义务产生影响的可以反复适用的文件。《2016年政务公开工作要点》《国务院关于加强法治政府建设的意见》明确规定了规范性文件公开的具体要求。本板块评估了重大决策预公开、栏目设置、规范性文件清理信息、规范性文件有效性标注、规范性文件备案审查信息的公开情况。其中,重大决策预公开包括规范性文件意见征集、对所征集意见的反馈,对较大的市还分析了规章草案意见征集的反馈情况;栏目设置包括是否设置规范性文件专门栏目、栏目内是否有分类。

### (一)评估发现的亮点

1. 部分评估对象规范性文件意见征集的发布情况较规范

首先,部分评估对象发布的规范性文件意见征集信息要素完整。规范性文件草案、意见征集渠道及征集期限是意见征集的基本要素。评估发现，32家较大的市的政府、16家县级政府公开了上述内容，分别占65.31%和16%。

其次，个别评估对象还创新了规范性文件意见征集信息的发布形式。如广州市政府设置了征集图解栏目对部分规范性文件的意见征集进行图解说明，提高了规范性文件草案的可读性，也是将政策解读关口前移的积极探索。

2. 有些评估对象注重发布反馈信息

有些评估对象发布了意见征集的反馈情况。11家较大的市、2家县级政府发布了规范性文件意见征集的总体情况，其中，深圳市总结了收集意见和建议情况，详细说明了意见的数量及不同方式收集的意见的分类数据、收集到的意见的主要观点。5家较大的市发布了对规范性文件征集到的意见的采纳与否情况。其中，苏州市针对不采纳的代表性观点逐一列明原因。

在政府规章草案征集意见的反馈方面，有些评估对象发布了其意见征集的反馈情况。有11家较大的市发布了政府规章征集到意见的总体情况，其中除1家表明未收到意见外，6家较大的市的政府发布了对意见的采纳情况，5家说明了不采纳的理由。例如，厦门市在结果反馈中详细描述了规章制定背景、意见征集的过程、征集的意见的汇总情况，并对意见采纳情况及其理由进行了详细阐述。

3. 部分评估对象发布的意见征集及反馈信息查询方便

部分评估对象将规范性文件意见征集及反馈信息关联展示，查阅方便。如广州市、深圳市、苏州市等在意见征集栏目下设民意征集和结果反馈两个子栏目，方便查找相互对应的关联信息；福州市、厦门市、无锡市、广西壮族自治区合浦县等在已发布的规范性文件意见征集信息后设结果反馈栏目，链接至相应的反馈信息。

4. 部分评估对象对规范性文件栏目进行了多种分类

按照年份、文种、部门、事项、有效性等对发布的规范性文件进行分类，有利于提高查找便利度。在设置了规范性文件栏目的49家较大的市、98家县级政府中，8家较大的市、10家县级政府对规范性文件栏目进行了两种及两种以上的分类。

5. 部分评估对象的规范性文件标注了效力状态

对规范性文件的有效性进行标注有利于明确其效力状态。评估发现有两种做法。一种是在文件列表中或具体文件页面上方标注有效性，如银川市、济南市、长沙市等；另一种是在文件制发时已规定了文件的有效期，如汕头市、重庆市新津县。评估发现，13 家较大的市、12 家县级政府已公开的规范性文件全部标注了有效性，分别占 26.53% 和 12%；21 家较大的市、23 家县级政府的部分已公开的规范性文件标注了有效性或有效期，分别占 42.86% 和 23%。

6. 部分评估对象规范性文件清理信息公开较好

《国务院关于加强法治政府建设的意见》明确要求行政机关应当发布规范性文件的清理结果。规范性文件清理分为定期清理和及时清理两种情况。评估发现，38 家较大的市的政府、33 家县级政府在近两年发布了规范性文件清理结果。其中，12 家采用及时清理的方式，59 家采用定期清理的方式，长沙市政府门户网站每月发布规范性文件效力报告。

7. 部分评估对象的规范性文件备案审查信息公开情况较好

《国务院关于加强法治政府建设的意见》明确要求定期向社会公布通过备案审查的规章和规范性文件目录。评估发现，24 家较大的市、1 家县级政府发布了规范性文件备案审查信息。其中，个别评估对象按季度发布规范性文件备案信息，如哈尔滨、洛阳市、南昌市、青岛市、济南市、淄博市、安徽省宁国市等；个别较大的市的政府按月发布了规范性文件备案信息，如南宁市、厦门市、广州市等。

(二) 评估发现的问题

1. 多数评估对象规范性文件征集意见及反馈信息公开不到位

首先，多数评估对象未公开规范性文件草案征集意见的信息。15 家较大的市、80 家县级政府未公开规范性文件草案信息，分别占 30.61% 和 80%。此外，在已公开了规范性文件草案的 34 家较大的市、20 家县级政府中，本溪市、西宁市、山东省新泰市、湖南省长沙县、重庆市北碚区、陕西省勉县未公开征集渠道；本溪市、西宁市、山东省新泰市、重庆市北碚区、陕西省勉县未公开征集期限。

其次，个别评估对象公开规范性文件草案征集意见信息不及时。如哈尔滨市的一条规范性文件草案意见征集的截止日期是2016年4月3日，而该条信息的上网时间是2016年4月5日。

最后，个别评估对象的规范性文件草案征集意见的时间过短。如武汉市于2016年10月14日在市法制办网站发布了一条规范性文件草案征集意见信息，征集截止时间是2016年10月20日，征集时间仅6天，合肥市、宁波市、济南市等也存在类似情况。

最后，多数评估对象未发布对规范性文件或规章征集意见的反馈信息。37家较大的市、98家县级政府完全未发布规范性文件意见征集的反馈信息，包括征集到意见的总体情况、意见采纳情况，分别占77.51%和98%。在剩余的12家较大的市、2家县级政府中，1家较大的市仅说明了采纳的观点，未说明征集到意见的整体情况；7家较大的市、2家县级政府仅发布了征集到意见的整体情况，未说明意见的采纳情况；除1家较大的市的政府表示全部采纳意见外，2家较大的市的政府仅说明了征集到意见的整体情况和采纳意见情况，对于不采纳的意见，仅表示已与提出意见者解释，但未公开不采纳的理由。

在对规章征集意见的反馈方面，多数评估对象未发布反馈信息。38家较大的市未完全发布其反馈信息，包括征集到意见的总体情况、意见采纳情况。在剩余的11家较大的市的政府中，4家仅发布了征集到的意见的情况，未说明意见采纳情况。

2. 少数评估对象的规范性文件栏目设置有待规范

首先，个别评估对象无专门栏目用于集中发布规范性文件，涉及2家县级政府。

其次，少数评估对象未对规范性文件栏目进行分类。在设置了规范性文件的49家较大的市、98家县级政府中，12家较大的市、55家县级政府的规范性文件栏目未做分类。

再次，个别评估对象的规范性文件栏目定位混乱。11家较大的市、15家县级政府的规范性文件栏目中放置了非规范性文件信息。如邯郸市的"规范性文件"栏目中放置着规章和地方性法规，而"政府规章"

栏目中发布有规范性文件；昆明市的"规范性文件"栏目里有地方性法规。

3. 多数评估对象规范性文件的效力标注有待加强

15家较大的市、65家县级政府未标注已公开规范性文件的有效性或有效期。个别评估对象对规范性文件有效期的理解有误，如无锡市的规范性文件的具体页面上方有基本信息栏，在"有效期"一栏上显示的是"长期公开"。

4. 多数评估对象的规范性文件清理信息公开情况较差

11家较大的市、67家县级政府未公开近两年规范性文件的清理结果。

5. 多数评估对象的规范性文件备案信息公开待加强

25家较大的市、99家县级政府未发布规范性文件备案信息。

# 五 行政审批信息

本板块包括行政审批事项清单、行政审批事项的办事指南、行政审批结果三方面内容。行政审批事项清单主要评估行政审批事项清单及其动态调整情况；行政审批事项的办事指南包括指南要素及内容的准确性；行政审批结果包括栏目内容及行政审批结果的公开情况。

## （一）评估发现的亮点

1. 评估对象普遍公开了行政审批事项清单

行政审批事项清单是权力清单的重要组成部分，在门户网站上公开事项清单有利于服务群众办事、方便监督政府。评估发现，49家较大的市、98家县级政府在政府门户网站上公开了行政审批事项清单，分别占100%和98%。

2. 绝大部分评估对象公开了行政审批事项的办事指南

49家较大的市、95家县级政府均公开了办事指南。19家较大的市政府、38家县级政府的办事指南内容完整，包括办事依据、申报条件、申报材料、审批流程、审批期限和收费标准等要素。另外，济南市在办事指南中每一项申报材料后均附有样表链接，可供下载申报材料的格式文本。

3. 部分评估对象设置了审批结果公开栏目

38家较大的市、33家县级政府设置了行政审批结果栏目,用于集中发布行政审批结果,分别占77.55%和33%。部分评估对象在政府门户网站上设置了"双公示"专栏用于发布行政审批结果,并将审批结果按照部门及区县进行分类,如唐山市、北京市东城区等。此外,个别评估对象的部门网站在发布行政审批结果时,按照具体业务事项进行分类公开,如沈阳市食药监局的行政审批结果按照食品、药品、医疗器械、GSP等进行分类。

### (二) 评估发现的问题

1. 个别评估对象的行政审批事项清单公开情况不到位

仍有2家县级政府未公开行政审批事项清单。个别评估对象的权责清单栏目内容不规范,如安徽省桐城市的权力清单和责任清单栏目内混杂着其他信息,且部分部门的权责清单页面无内容。

2. 部分评估对象未对行政审批事项清单进行动态调整

根据《民政部关于做好取消福利企业资格认定事项有关工作的通知》,福利企业资格认定事项已被取消,各评估对象应对其行政审批事项清单进行及时更新。但11家较大的市的政府、33家县级政府的行政审批事项清单中仍有福利企业的资格认定事项,分别占22.45%和33%。

3. 多数评估对象行政审批事项办事指南公开有待加强

首先,个别评估对象未公开行政审批事项的办事指南,如西藏自治区朗县、吉林省白山市江源区、吉林省公主岭市、河南省义马市、江苏省靖江市等。

其次,多数评估对象的行政审批事项办事指南内容要素不完整。行政审批事项办事指南应当包括办事依据、申报条件、申报材料、审批流程、审批期限和收费标准等要素。但5家较大的市、9家县级政府的部分行政审批事项办事指南未说明办理依据,17家较大的市、29家县级政府的部分行政审批事项办事指南未说明申报条件,4家较大的市、18家县级政府的部分行政审批事项办事指南未说明申报材料,11家较大的市、21家县级政府的部分行政审批事项办事指南未说明办理流程,3家较大的市、7

家县级政府的部分行政审批事项办事指南未说明办理期限，12 家较大的市、28 家县级政府的部分行政审批事项办事指南未说明收费标准。

最后，部分评估对象行政审批事项办事指南中申报条件不明确。根据《国务院关于加快推进"互联网+政务服务"工作的指导意见》，除办事指南明确的条件外，不得自行增加办事要求。但评估发现，25 家较大的市、45 家县级政府的行政审批事项的申报条件不明确。有的申报条件中包括"其他""相关""等"等模糊性表述，如太原市、大同市、宁波市等；有的申报条件仅表述为符合某相关文件的要求或详见某文件，如吉林市、成都市、河北省任丘市、辽宁省鞍山市铁东区、吉林省敦化市等。有的申报材料不明确。行政审批事项的申报材料清单明确具体，使社会大众"少跑腿"。但 19 家较大的市、50 家县级政府的行政审批事项的申报材料仍包括"其他""等"等模糊性表述。有的收费标准不明确。如安徽省天长市的部分审批事项的收费标准与依据一栏只提供了收费依据的文号，未提供具体的收费标准内容。

4. 部分评估对象的行政审批事项办事指南内容的准确性不佳

个别评估对象的办事指南栏目中的行政审批事项未更新。如湖南省平江县的权责清单中已没有福利企业资格认定事项，但其办事指南栏目中仍有该事项，二者提供的行政审批事项不一致。

少数评估对象多平台发布的行政审批事项办事指南的内容不一致。部分评估对象既在行政审批事项清单中发布办事指南，还在在线办事栏目或办事大厅或网上政务服务中心发布行政审批事项办事指南。但 29 家较大的市、25 家县级政府多平台发布的行政审批事项的办事指南内容不一致。

个别评估对象的个别行政审批事项办事指南内容与现行规定不一致。例如，《基础设施和公用事业特许经营管理办法》规定的基础设施和公用事业特许经营期限最长不超过 30 年，但河南省长葛市的市政公用事业特许经营项目批准的证照有效期是 30 日，很可能是笔误。

5. 部分评估对象行政审批结果公开不理想

部分评估对象未发布行政审批结果。审批结果公示是互联网政务服务的重要环节，本次评估主要观察了门户网站、行政服务中心网站以及抽查部门网站的审批结果公示情况。有 6 家较大的市未发布食品药品监督管理领域的行政审批结果，62家县级政府未公开卫生计生领域的行政审批结果。

个别评估对象发布的行政审批结果不规范。如河南省长葛市的行政许可公示栏目中发布的审批结果的标题全都一样，无法辨认具体的审批结果。

## 六 行政处罚信息

本板块指标包括评估对象发布行政处罚事项清单及涉及企业的行政处罚结果的公开情况。

### （一）评估发现的亮点

1. 评估对象普遍公开了行政处罚事项清单

47家较大的市的政府、95家县级政府公开了本级政府部门的行政处罚事项清单。其中，大连市、太原市、乌鲁木齐市、本溪市等将行政处罚事项清单按部门进行了分类，易于查找。

2. 环保领域的行政处罚结果信息公开情况较好

大多数评估对象公开了环保领域的处罚结果。46家较大的市、73家县级政府公开了环保领域的行政处罚结果。其中，45家较大的市、64家县级政府发布的处罚结果的内容要素完整，包括被处罚者的名称、违法事实、处罚依据、处罚结果。

### （二）评估发现的问题

1. 个别评估对象行政处罚事项清单公开情况不理想

2家较大的市、5家县级政府未公开行政处罚事项清单。在发布了行政处罚事项清单的47家较大的市、95家县级政府中，2家较大的市的政府、1家县级政府未提供法律依据，1家县级政府的部分处罚事项未提供法律依据。

个别评估对象的行政处罚事项清单中的法律依据不明确。7家较大的市的政府、8家县级政府公开的行政处罚事项清单中的法律依据未包括全部的法律法规名称、条款数、条款内容。如长沙市、福州市、河北省唐山市丰润区、河北省任丘市、山西省灵丘县、福建省福州市台江区等提供的法律依据无条款内容。

2. 行政处罚结果的公开有待加强

少数评估对象未公开环保领域的行政处罚结果，涉及3家较大的市、27家县级政府。个别评估对象公开的行政处罚结果要素不完整。在发布了行政处罚结果的评估对象中，2家县级政府未提供违法事实；1家县级政府的部分处罚结果未提供违法事实；1家较大的市、7家县级政府未提供处罚依据。

首先，多数评估对象未公开安全生产领域的行政处罚结果。25家较大的市、77家县级政府未公开行政处罚结果。其次，个别评估对象公开的行政处罚结果要素不完整。在公开了行政处罚结果的评估对象中，3家较大的市、1家县级政府未提供违法事实；2家较大的市的政府、1家县级政府未提供处罚依据；1家较大的市的政府、1家县级政府未提供处罚结果要素。

3. 行政处罚结果信息发布平台不统一

部分评估对象多平台公开行政处罚结果信息。各地公开行政处罚结果信息的网站有部门网站、政府门户网站、企业信用信息网等。在公开了环保领域行政处罚结果的46家较大的市中，24家较大的市仅通过市级环保部门的网站公开处罚结果；6家较大的市通过市级环保部门网站和企业信用信息网两个平台公开处罚结果，7家较大的市通过市级环保部门网站和政府门户网站两个平台公开处罚结果；9家较大的市在市级环保部门网站、政府门户网站和企业信用信息网三个平台上均公开处罚结果信息。多平台公开信息容易因渠道多元造成信息发布混乱、查询不便等问题。

## 七 环境保护信息

本板块的评估指标包括集中式生活饮用水水源水质监测信息、排污费征收情况、建设项目环评审批信息公开。《2016年政务公开工作要点》要求，自2016年起地级以上城市人民政府每季度应向社会公开饮用水水源、供水厂出水、用户水龙头水质的饮水安全状况；《关于印发〈全国集中式生活饮用水水源水质监测信息公开方案〉的通知》要求，自2016年1月起，地级及以上城市按月公开集中式生活饮用水水源水质监测信息，故将集中式生活饮用水水源水质监测信息指标分为是否按月公开饮用水水源水质监测信息、是否按季度公开供水厂出水的水质监测信息、是否按季度公开用户水龙头水质的饮水安全状况。

### （一）评估发现的亮点

1. 饮用水水源水质和供水厂出水水质监测信息公开普遍较规范

首先，相对于用户水龙头水质饮水安全状况信息公开，大多数评估对象按时公开了饮用水水源水质和供水厂出水的水质监测信息。有46家较大的市按月公开了饮用水水源水质的监测信息，40家较大的市按季度公开了供水厂出水的饮水安全状况，仅24家较大的市按季度公开了用户水龙头水质的饮水安全状况信息。

其次，相对于文件要求，大多数评估对象公开集中式生活饮用水水源水质监测信息的频率更高。在饮用水水源水质监测信息方面，1家较大的市按周公开了上述信息；在供水厂出水水质的监测信息方面，25家较大的市按月公开，1家较大的市按每月上、中、下旬公开，4家较大的市按周公开，5家较大的市按日公开；在用户水龙头水质的饮水安全状况方面，17家较大的市按月公开，1家较大的市按周公开，1家较大的市按日公开。

2. 排污费征收信息公开普遍较好

大多数评估对象公开了排污费收费标准和排污费征收情况。有42家较大的市公开了排污费收费标准，40家较大的市公开了排污费的征收情况。

3. 建设项目环境影响评价信息公开情况较好

大多数评估对象发布了2016年建设项目环评受理公告、拟审批公示、审批决定公示。有47家较大的市公开了受理情况公示，47家较大的市公开了拟审批公示，46家较大的市公开了建设项目环境影响评价审批决定。

### （二）评估发现的问题

1. 少数评估对象的集中式生活饮用水水源水质监测信息公开不到位

个别评估对象未按月公开饮用水水源水质的监测信息。1家较大的市按季度公开，2家未公开。

个别评估对象未按季度公开供水厂出水的水质监测信息。2家较大的市未定期公开，7家未公开。

多数评估对象未按季度公开用户水龙头出水的水质监测信息。4家较大的市未定期公开，21家未公开。

2. 个别评估对象未公开排污费征收情况

7家较大的市未公开排污费收费标准，9家较大的市未公开排污费的征收情况。

3. 建设项目环境影响评价信息公开仍存在不足

首先，个别评估对象未公开建设项目环评受理公示、拟审批公示和审批决定公示。2家较大的市未公开建设项目环评受理公告、2家未公开建设项目拟审批公示、3家未公开建设项目审批决定公示。

其次，个别评估对象的建设项目环评受理公示的内容要素不完整。《关于印发〈建设项目环境影响评价政府信息公开指南（试行）〉的通知》要求，建设项目环评受理情况公示应当包括项目名称、建设地点、建设单位、环评机构、受理日期、环境影响报告书、表全本、公众反馈意见的联系方式。有7家较大的市未公开建设项目环境影响报告书、表全本。

最后，个别评估对象的建设项目环评拟审批公示的内容要素不完整。《关于印发〈建设项目环境影响评价政府信息公开指南（试行）〉的通知》要求，建设项目环评拟审批公示应当包括项目名称、建设地点、建设单位、环评机构、项目概况、主要环境影响及预防或减轻不良环境影响的对策和措施、公众参与情况、建设单位或地方政府所做出的相关环境保护措施承诺文件、听证权利告知、公众反馈意见的联系方式。有3家较大的市的政府未公开主要环境影响及预防或减轻不良环境影响的对策和措施，26家较大的市未公开公众参与情况，41家较大的市未公开建设单位或地方政府所做出的相关环境保护措施承诺文件。

## 八 棚户区改造信息公开

棚户区改造是民生工程，关系人民群众切身利益，为此，《国务院关于加快棚户区改造工作的意见》（国发〔2013〕25号）、《国务院办公厅关于进一步加强棚户区改造工作的通知》（国办发〔2014〕36号）等对棚户区改造信息公开提出了明确要求。本板块的评估指标主要包括棚户区改造用地计划及项目信息。

### （一）评估发现的亮点

1. 大多数评估对象公开棚户区改造信息意识较强

31家较大的市公开了2016年棚户区改造的用地计划或者包含棚户区改造在内的保障性住房用地或国有建设用地计划，占63.27%；47家较大的市公开了2016年棚户区改造的基本项目信息，占95.92%；44家较大的市的政府公开了2016年棚户区改造基本项目的落实情况，占89.80%。

2. 部分评估对象公开了各区县的棚户区改造信息

11家较大的市在棚户区改造用地计划中公开了市本级以及各区、县的2016年棚户区改造用地计划，占22.45%。22家较大的市发布了市本级以及各区、县的2016年棚户区改造基本项目信息，占44.90%。10家较大的市发布了市本级以及各区县的2016年棚户区改造基本项目的落实进展情况，占20.41%。

3. 个别评估对象公开的棚户区改造信息较详细

长春市发布的2016年度棚户区改造用地计划内容翔实，按区域、地块名称、四至范围以及总面积对棚户区用地信息进行了详细说明；昆明市、郑州市、洛阳市、济南市等按照项目名称、坐落位置、发布机构、发布日期、实物安置套数、货币安置套数、计划开工时间等对2016年棚户区改造建设项目的基本信息进行说明；苏州市、珠海市、淮南市等在发布棚户区改造项目落实情况时，做到了按照项目名称、项目地址、项目进度、建设单位、资金来源及到位情况、计划开工套数、已开工套数、已竣工套数对建设项目的进展情况进行说明。

### （二）评估发现的问题

1. 各评估对象公开棚户区改造用地信息形式不统一

有21家较大的市通过表格的形式发布，占42.86%；仅有10家较大的市的政府的棚户区改造用地计划是通过文字与表格两种形式来进行说明，占 20.41%。

2. 部分评估对象发布棚户区改造项目信息不详细

大同市、齐齐哈尔市、淄博市、哈尔滨市以及海口市的 2016 年度棚户区改造项目基本信息通过新闻动态发布，且信息简单笼统；沈阳市的 2016 年棚户区改造建设项目信息是通过《关于 2016 年度棚户区改造项目入库备案的函》的形式发布的，这容易引起混淆；沈阳市、哈尔滨市、南京市、昆明市以及杭州市的 2016 年棚户区改造项目进展情况也是通过新闻的形式发布的。

3. 个别评估对象发布信息有误

呼和浩特市在其国土资源局公开了 2016 年棚户区建设用地计划页面无内容，与在其房屋管理局网站上公开的同类信息不一致。

# 九　社会救助信息

本板块主要评估城乡低保标准及申请指南、特困人员供养救助标准及申请指南、医疗救助标准及申请指南、临时救助标准及申请指南的公开情况。

## （一）评估发现的亮点

1. 部分评估对象发布了内容全面的社会救助申请指南

办事指南是指引社会大众申请社会救助的重要文件，关系到公众申请社会救助。有 43 家县级政府发布了城乡低保办事指南且指南要素全面；32 家县级政府发布了特困人员供养办事指南且指南要素全面；36 家县级政府发布了医疗救助办事指南且指南要素全面；37 家县级政府发布了临时救助办事指南且指南要素全面。

2. 个别评估对象建立网上统一办事平台，方便群众办理

省级政府设立政务公开平台，统一要求和管理，有利于群众更方便地进行信息查询。浙江政务服务平台公开了各市以及各县个人网上办事和行政审批事项，其中公开了城乡低保、特困人员供养、医疗救助、临时救助的申请指南以及全面的指南要素和详细的流程。

## （二）评估发现的问题

1. 多数评估对象的社会救助标准信息公开不到位

部分评估对象未公开社会救助标准。26家县级政府未公开城乡低保标准，44家县级政府未公开特困人员供养标准，23家县级政府未公开医疗救助标准，34家县级政府未公开临时救助标准。

2. 多数评估对象的社会救助申请指南信息公开有待加强

部分评估对象公开的社会救助申请指南要素不全面。47家县级政府虽然提供了城乡低保办事指南，但未包括办理依据、申报条件、申报材料、办理流程、办理期限、收费标准等全部要素；42家县级政府虽然提供了特困人员供养办事指南，但指南要素不全面；49家县级政府虽然提供了医疗救助办事指南，但指南要素不全面；44家县级政府虽然提供了临时救助办事指南，但指南要素不全面。

部分评估对象提供的社会救助的办事指南内容不准确。如其政府门户网站和同级民政局网站提供的办事指南要素不一致。北京市东城区、山东省莱西市、山东省博兴县、湖南省隆回县、广西壮族自治区桂林市临桂区、广西壮族自治区龙州县、重庆市荣昌区、四川省新津县、贵州省贵阳市乌当区、贵州省遵义市汇川区、陕西省勉县等均存在类似情况。

个别评估对象未公开社会救助的申请指南。10家县级政府未提供城乡低保的办事指南，26家县级政府未提供特困人员供养的办事指南，15家县级政府未提供医疗救助的办事指南，19家县级政府未提供临时救助的办事指南。

# 十　教育信息

教育信息关系到公民受教育权的实现。本板块主要评估公众关注度高的义务教育阶段划片工作、随迁子女入学信息的公开情况。

## （一）评估发现的亮点

1. 过半数评估对象公开了本年度义务教育划片信息

有55家县级政府公开了2016年本地区小学划片信息。其中，54家县级政府在本级政府门户网站或教育部门网站公开，1家县级政府在上级政府门户网站或教育部门网站公开。48家县级政府公开了2016年本地区中学划片信息。其中，47家县级政府在本级政府门户网站或教育部门网站公开，1家县级政府在上级政府门户网站或教育部门网站公开。

2. 少数评估对象公开了随迁子女入学信息

有35家县级政府公开了随迁子女入学信息，且包括了随迁子女入学条件、申报材料、办理流程等要素。其中32家县级政府在本级政府门户网站或教育部门网站公开了上述信息，3家县级政府在上级政府门户网站或教育部门网站公开。

### （二）评估发现的问题

1. 仍有半数左右评估对象未公开本年度义务教育划片信息

有45家县级政府未公开本年度小学划片信息，52家县级政府未公开本年度中学划片信息。如陕西省勉县教育部门网站公开了2014年的小学与初中招生划片信息，但未公开本年度的划片结果；宁夏回族自治区盐池县也只公开到2015年的义务教育招生划片信息。

2. 多数评估对象的随迁子女入学信息公开不到位

部分评估对象未公开随迁子女入学条件、申报材料、办理流程。47家县级政府未公开随迁子女入学条件，33家县级政府未公开随迁子女入学申报材料，60家县级政府未公开办理流程。

个别评估对象公开的随迁子女入学信息不明确。随迁子女入学条件和办理材料是随迁子女政策的核心，其内容明确具体有利于提高办事效率。2家县级政府虽公开了入学条件但不明确；16家县级政府虽公开了办理材料但不明确。

3. 多数评估对象教育信息的发布位置不规范

多数评估对象的教育信息发布具有随意性，没有统一集中发布的平台，也没有相应的导航服务，导致用户无法快速定位到相关信息。有的评估对象将信息公开在通知公告栏目，有的公开在办事服务栏目，有的公开在政府文件中，还有的公开在规划计划中。如青海省西宁市城东区将义务教育划片信息放置在教育部门的通知公告栏目中，湖北省宜都市将其放置在教育部门的公示公告栏目中,四川省攀枝花市西区将其发布在教育部门的文件通知栏目中;又如,北京市政府网站虽然设置了专题栏目集中发布各区县的教育信息,但该专栏位置放置隐蔽,位于网站首页第二屏便民服务的"更多"—"教育就业"—"北京义务教育入学进行时专题",且网站首页上方的"便民服务"栏目内无该专题栏目,不易查找。

## 十一 政府信息公开工作年度报告

行政机关应当于每年3月31日前发布本机关上年度的政府信息公开工作年度报告。因此,本板块的指标主要包括年度报告的可获取性、内容新颖性、年度报告内容。

### (一)评估发现的亮点

1. 评估对象普遍公开了政府信息公开工作年度报告

49家较大的市、92家县级政府发布了2015年度政府信息公开工作年度报告。

2. 政府信息公开工作年度报告的内容翔实

大多数评估对象的2015年度政府信息公开工作年度报告的内容翔实。具体体现在5个方面:第一,评估对象发布的2015年报告均有对政府主动公开信息情况的说明。第二,49家较大的市和89家县级政府在其报告中提供了政府信息公开申请总量,除15家县级政府2015年未收到申请外,48家较大的市、71家县级政府在报告中提供了依申请公开的答复数量。第三,42家较大的市和75家县级政府的报告对政府信息公开的收费情况进行了描述。第四,48家较大的市和85家县级政府的报告说明了因政府信息公开申请引起的行政复议的总数;49家较大的市和82家县级政府的报告说明了因政府信息公开申请提起行政诉讼的总量。第五,报告中均涉及过去一年中政府信息公开工作存在的主要问题,多数评估对象的年度报告中提出了对未来工作的要求。

### (二) 评估发现的问题

1. 部分评估对象发布的年度报告不全面

部分评估对象未发布 2015 年或之前年份的年度报告。按照规定，各级政府机关应当公开自 2008 年以来的历年年度报告，但有 16 家较大的市和 60 家县级政府发布在其门户网站上的年度报告不全。其中，在 8 家县级政府网站上未找到 2015 年政府信息公开工作年度报告。

2. 个别评估对象的年度报告放置混乱，不易查找

将年度报告发布在统一的平台或栏目中，且对其按照年份、部门、层级等进行分类，可使年度报告方便查找。但个别评估对象没有将历年的年度报告集中在一个统一的平台上，如拉萨市将 2008—2014 年年度报告均发布在拉萨市政府门户网站上，但其 2015 年年度报告却发布在西藏自治区政府门户网站上。个别评估对象将所有机关单位的政府信息公开工作年度报告全都放置在一个栏目里，并未对其进行分类，如广东省新兴县，山东省济南市历下区。

3. 个别评估对象的年度报告的名称不规范

个别评估对象的不同下级部门发布在集中平台上的年度报告标题相同，无法区分。如海南省海口市美兰区部分行政机关均以"2015 年政府信息公开工作年度报告"为题在区政府门户网站的集中平台发布年度报告，查询不便。

4. 部分评估对象年度报告内容的新颖性有待加强

仅就 49 家较大的市、100 家县级政府近 3 年年度报告的概述和存在的问题及改进措施部分进行比对后发现，4 家较大的市、24 家县级政府的年报重复率超过 90%。其中，在较大的市中，济南市 2015 年报告与其 2013 年报告的重复率最高，达到 96.05%；在县级政府中，广西壮族自治区桂林市临桂区 2014 年报告与其 2013 年报告、云南省腾冲市 2014 年报告与其 2013 年报告的重复率最高，达到 100%。

5. 多数年度报告对依申请公开情况的说明不详细

首先，3 家县级政府的年度报告未对 2015 年度依申请公开的情况，包括申请情况和答复情况做说明。

其次，部分评估对象的年度报告未对申请方式进行分类说明。7家较大的市和31家县级政府的年度报告未按照信函、电子、当面等申请方式对申请情况进行分类描述。

最后，8家较大的市和36家县级政府的年度报告对答复结果未进行分类说明，而仅仅是说"全部办结"或者"全部及时答复"，并未按照答复类型公开分类数据。另外，22家较大的市政府和24家县级政府的年度报告中未对不公开答复的理由做分类说明。如湖北省武汉市武昌区政府对报告中显示的6件不予公开答复的事项未按照国家秘密、商业秘密、个人隐私、其他等类别予以说明。

6. 个别年度报告中的部分数据不准确

年度报告应以全面、准确的数据展示工作成效，但个别报告中的数据不准确。例如，宁夏回族自治区盐池县2015年年度报告正文显示本年度没有复议案件，但是在附表中显示有3件复议案件。四川省新津县2015年年度报告的收费情况显示"2014年度新津县共支出政务公开经费45.36万元，其中，设施设备经费10.82万元；资料印刷经费25.36万元；业务培训经费4.28万元；其他经费4.9元"。其发生时间表述错误，且各项经费加起来与总额不符。再如，大同市政府的年度报告中记载"2015年，我市各级政府及其工作部门受理146件政府信息公开申请，已答复146件。在146件已答复件中，其中'同意公开'27件，'不予公开'0件；'非政府信息、政府信息不存在、非本机关政府信息'51件"显然答复分类的数据与146件的总量不合。

而且，个别评估对象年度报告中的表述的准确性存疑。如河北省晋州市2015年年度报告对收到申请的数量和申请行政复议、诉讼数量的表述的准确性存疑。其年度报告显示2015年晋江市未收到申请，但2015年却有5件行政复议案件发生，即使因2014年的申请引发的行政复议，也应该详细说明，避免产生误解。

# 十二 依申请公开

对依申请公开的评估涉及申请渠道的畅通性、答复的时效性、答复的规范性三项内容。

### (一) 评估发现的亮点

1. 信函申请渠道普遍畅通

149 家评估对象中,有 148 家行政机关能够成功收到申请的信函,申请渠道基本畅通,占 99.33%。仅有向湖北省武汉市武昌区地税局一家申请的信函被退回。

2. 部分行政机关答复流程、形式、内容规范清晰

部分行政机关能够严格按照法律法规的规定对申请的信息进行答复,在答复流程、形式、内容等方面做到规范、清晰。如项目组于 2016 年 11 月 12 日向沈阳市司法局提出了信函申请,沈阳市司法局于 11 月 21 日向申请人的邮箱发送了送达回证、《沈阳市司法局受理依申请公开政府信息登记回执》以及《沈阳市司法局政府信息公开告知书》,告知将会以电子邮件的方式做出答复,并于 11 月 23 日发送了《沈阳市司法局关于依申请公开政府信息的答复》和送达回证,对所申请的信息做出了正式的答复。其答复申请的整个流程比较完整,出具的每份文件也都加盖了单位印章。又如,项目组于 11 月 9 日向兰州市司法局提出了政府信息公开申请,兰州市司法局于 11 月 21 日通过邮件形式做出了正式答复,内容十分清晰。在答复的表格中,兰州市司法局详细地介绍了市级、区县级以及乡镇街道级社区矫正工作的开展情况,并按照中央政法专项编制、地方行政编制、地方事业编制等分类具体回复了社区矫正工作人员所占编制数量。

此外,部分行政机关的答复格式比较规范。如广州市司法局、济南市司法局、福州市司法局、宁波市司法局、珠海市司法局、成都市司法局、天津市武清区、河西区地税局等在具体的答复书中附上了文号,并加盖本单位的印章,比较正式。另外,济南市司法局、宁波市司法局在公开了所需信息的同时,还告知了相应的救济渠道。

部分行政机关还通过附加工作介绍、联系电话、传真等方式给申请人进一步了解相关信息提供了方便。如大连市司法局在公开所申请的信息的同时,附上了《大连市社区矫正工作相关简介》,简要介绍了社区矫正工作的总体情况和队伍建设情况,并留下了联系电话。另外,宁波市司法

局、合肥市司法局、厦门市司法局、南宁市司法局也在答复书中附上了联系方式，以便申请人进一步咨询。

### （二）评估发现的问题

#### 1. 未正式答复或超期答复

截至2017年3月1日，在148家评估对象中，有84家行政机关没有答复。其中，有19家较大的市的行政机关未答复，占38.78%；在65家县级政府的行政机关未答复，占65.66%。其中，有9家较大的市的行政机关通过电话进行口头答复，没有出具正式的答复书，占18.37%。在做出正式答复的64家行政机关中，有6家为超期答复。其中，在做出正式答复的30家较大的市的行政机关中，有2家为超期答复，占6.67%；在做出正式答复的34家县级政府中，有4家为超期答复，占11.76%。

#### 2. 答复流程矛盾、不规范

行政机关在进行答复时，应做到前后一致、规范。但有的行政机关在答复的过程中出现自身矛盾或者不规范的情况，造成答复的可信度降低。如青岛市司法局在接到信息公开申请后，先告知申请人此项信息属于涉密信息，不能公开，但后来又口头告知了相关编制信息，前后矛盾；另外，根据《政府信息公开条例》第21条的规定，对于申请内容不明确的，行政机关应当告知申请人进行更改、补充。珠海市司法局在正式的答复书中表明"申请不太明确，无法做出具体答复"，但在做出答复之前并没有告知项目组成员进行更改或者补充申请。

#### 3. 答复格式混乱

规范的答复格式一方面可以使申请人清晰地了解所获取的信息，另一方面也可以体现答复申请的规范化程度。但部分行政机关在答复时存在格式混乱的问题，如石家庄市司法局、南京市司法局、安徽省宁国市地税局、江苏省邳州市地税局等在进行邮件答复时，采用的是工作人员的个人邮箱，发件人的名称各色各样，邮件的标题并没有明确标注答复机关的名称。另外，还有一家行政机关在延期答复邮件的标题、正文和告知书中都未注明单位名称，无法判断发件人。

4. 答复内容错误、缺失

有的行政机关的答复内容存在错误。如安徽省怀远县地税局在进行邮件答复时，在邮件的标题中出现了错别字，将"残保金"写为"残暴金"，四川省新津县地税局在正式的答复书中将"印发"写为"印花"。

有的行政机关的答复所列的不公开依据和理由缺失或不成立。在做出不公开答复的 64 家行政机关中，除 25 家较大的市的行政机关、9 家县级政府的行政机关公开了所申请的信息外，其余 5 家较大的市的行政机关、25 家县级政府的行政机关中，有 4 家较大的市、6 家县级政府没有援引不公开的法律依据；11 家县级政府未告知不公开的理由。另外，四川省新津县地税局在答复书中告知的不公开理由不能成立，其答复为："税务机关应于每年 3 月底向社会公布上年本地区用人单位缴纳保障金情况。目前仍处于残疾人保障金申报期内，我局暂不能对用人单位缴纳保障金的情况进行信息公开。"但是，项目组申请公开的信息为 2015 年新津县相关保障金的情况，按照新津县地税局所引用的法律规定，其本应在 2016 年 3 月底就向社会公布该信息。

## 十三　完善建议

第一，明确政务公开的内容、主体、标准。建议自上而下逐步梳理行政机关制发的有关政务公开工作相关的指导文件，明确在相关领域文件已做出要求的信息公开的内容、公开主体、公开标准，尤其要清楚本机关在该领域的公开职责。调整相互冲突的文件要求，对文件仅做了模糊规定的领域，进一步明确公开内容、公开主体和公开标准。行政机关在制发政务公开工作相关文件时也应在划定重点公开信息的基础上，配合出台在相关领域的细化要求，细化公开内容、公开责任主体、公开标准等内容。此外，对制发的主动公开政务清单做动态调整。

第二，加强以公众为本位公开信息的理念。在信息公开内容方面，在对政府网站主动公开信息的浏览量和点击量、依申请公开统计的基础上，对统计数据进行加工汇总，进而做出公开工作的态势分析，明确公众需求的重点，从而有重点地加强主动公开工作。

第三，加强政务公开方面的立法。目前，政务公开主要是依靠政策在推动，除《政府信息公开条例》《企业信用信息公示暂行条例》等法规外，缺乏位阶较高的法律规定，公开的要求、界限尤其是不公开事项的界定都不够清晰，应不断完善立法。

第四，优化信息呈现形式，整合公开平台，加强信息间的相互链接。建议关闭上下级政府间、部门及下属单位间重复建设的信息发布平台，而是采用相互链接的形式，既保证信息发布源的单一性，也保证了信息的准确性。对于相互关联的信息，如政策文件与其草案、解读信息，政策文件与其落实信息等，加强相互链接，从而实现关联阅读。

# 中国政府透明度指数报告（2017）

2017年，中国社会科学院国家法治指数研究中心、法学研究所法治指数创新工程项目组（以下简称项目组）继续对各级政府政务公开情况进行调研和评估，本报告对此次调研和评估情况进行了总结分析。

## 一　评估对象、指标及方法

2017年的评估对象包括54家国务院部门、31家省级政府、49家较大的市政府、100家县级政府。本次选取的100家县级政府为《国务院办公厅关于印发开展基层政务公开标准化规范化试点工作方案的通知》确定的试点的区县政府。

项目组根据《政府信息公开条例》、中共中央办公厅和国务院办公厅印发的《关于全面推进政务公开工作的意见》、国务院办公厅《〈关于全面推进政务公开工作的意见〉实施细则》、国务院办公厅《2017年政务公开工作要点》等相关文件，设定了2017年的评估指标。针对国务院部门和地方各级政府的一级指标包括决策公开、管理服务公开、执行和结果公开、重点领域信息公开、政策解读与回应关切、依申请公开（见表1—表4）。

决策公开指标主要考察国务院各部门、各级政府进行重大决策预公开的情况，对国务院各部门、省级政府还考察了建议提案办理结果公开情况。管理服务公开指标主要考察有相应职权的国务院部门、各级政府公开政务服务信息、"双随机"监管信息、行政处罚信息的情况，对各级政府还考察了其公开权力清单的情况。执行和结果公开指标主要考察各级政府公开审计结果、政府工作报告的情况，国务院部门、各级政府公开法治政府建设情况年度报告的情况，较大的市政府和县级政府公开"政府信息公开工作年度报告"的情况。重点领域信息公开指标主要考察国务院部门、各级政府公开规范性文件和财政预决算的情况，还抽查了省级政府公开城市水环境质量排名、较大的市政府公开集中式生活饮用水水源水质监测信息及棚户区改造信息、县级政府教育信息的公开情况。政策解读与回应关切指标包括政策解读和回应关切两项二级指标。依申请公开指标仅考察100家县级政府信函申请的渠道畅通性和答复规范化程度。

表1　　　政府透明度指数指标体系（国务院部门）

| 一级指标 | 二级指标 |
| --- | --- |
| 决策公开（20%） | 重大决策预公开（60%） |
|  | 建议提案办理结果公开（40%） |
| 管理服务公开（25%） | 政务服务信息公开（40%） |
|  | "双随机"监管信息公开（30%） |
|  | 行政处罚信息公开（30%） |
| 执行和结果公开（10%） | 法治政府建设情况年度报告（100%） |
| 重点领域信息公开（25%） | 规范性文件公开（50%） |
|  | 财政预决算公开（50%） |
| 政策解读与回应关切（20%） | 政策解读（70%） |
|  | 回应关切（30%） |

表2　　　政府透明度指数指标体系（省级政府）

| 一级指标 | 二级指标 |
| --- | --- |
| 决策公开（20%） | 重大决策预公开（60%） |
|  | 建议提案办理结果公开（40%） |
| 管理服务公开（25%） | 权力清单公开（10%） |
|  | 政务服务信息公开（35%） |
|  | "双随机"监管信息公开（25%） |
|  | 行政处罚信息公开（30%） |

续表

| 一级指标 | 二级指标 |
| --- | --- |
| 执行和结果公开（15%） | 审计结果公开（30%） |
|  | 法治政府建设情况年度报告（30%） |
|  | 政府工作报告（40%） |
| 重点领域信息公开（20%） | 规范性文件公开（40%） |
|  | 财政预决算公开（35%） |
|  | 城市水环境质量排名（25%） |
| 政策解读与回应关切（20%） | 政策解读（70%） |
|  | 回应关切（30%） |

表3　　　　政府透明度指数指标体系（较大的市政府）

| 一级指标 | 二级指标 |
| --- | --- |
| 决策公开（15%） | 重大决策预公开（100%） |
| 管理服务公开（25%） | 权力清单公开（10%） |
|  | 政务服务信息公开（35%） |
|  | "双随机"监管信息公开（25%） |
|  | 行政处罚信息公开（30%） |
| 执行和结果公开（20%） | 审计结果公开（30%） |
|  | 法治政府建设情况年度报告（30%） |
|  | 政府工作报告（30%） |
|  | 政府信息公开工作年度报告（10%） |
| 重点领域信息公开（25%） | 规范性文件公开（25%） |
|  | 财政预决算公开（20%） |
|  | 集中式生活饮用水水源水质监测信息公开（30%） |
|  | 棚户区改造信息公开（25%） |
| 政策解读与回应关切（15%） | 政策解读（70%） |
|  | 回应关切（30%） |

表4　　　　　政府透明度指数指标体系（县级政府）

| 一级指标 | 二级指标 |
| --- | --- |
| 决策公开（10%） | 重大决策预公开（100%） |
| 管理服务公开（25%） | 权力清单公开（10%） |
| | 政务服务信息公开（35%） |
| | "双随机"监管信息公开（25%） |
| | 行政处罚信息公开（30%） |
| 执行和结果公开（20%） | 审计结果公开（30%） |
| | 法治政府建设情况年度报告（30%） |
| | 政府工作报告（30%） |
| | 政府信息公开工作年度报告（10%） |
| 重点领域信息公开（20%） | 规范性文件公开（30%） |
| | 财政预决算公开（30%） |
| | 教育领域信息公开（40%） |
| 政策解读与回应关切（15%） | 政策解读（70%） |
| | 回应关切（30%） |
| 依申请公开（10%） | 渠道畅通性（40%） |
| | 答复规范化（60%） |

项目组通过观察各评估对象门户网站及其相关部门网站发布的相关信息，分析其落实公开要求的情况。项目组从2017年9月27日起，陆续通过挂号信的方式向100家县级政府发送政府信息公开申请，申请内容为："2016年1月1日至今，本地区是否为农民工和农村留守妇女儿童提供相应的公共文化服务？如果有，申请公开此项公共文化服务总体完成情况的信息。"指标评估的时间段不尽相同，但总体上截至2017年11月10日。

## 二　评估结果的总体情况

2017年，国务院部门排在前列的有：工业和信息化部、国家质量监督检验检疫总局、商务部、交通运输部、环境保护部、国土资源部、财政部、文化部、教育部、海关总署、国家林业局（评估结果见表5）。省级政府排在前列的有贵州省、四川省、北京市、云南省、广东省、河南省、安徽省、山东省、上海市、湖北省（评估结果见表6）。较大的市排在前列的有合肥市、苏州市、广州市、成都市、郑州市、宁波市、银川市、青岛市、淄博市、深圳市（评估结果见表7）。县级政府排在前列的有上海市普陀区、安徽省宁国市、浙江省宁波市江北区、北京市西城区、上海市虹口区、上海市浦东新区、安徽省合肥市庐阳区、安徽省黄山市徽州区、安徽省灵璧县、江苏省南通市如皋市（评估结果见表8）。

表5　　　　国务院部门政府透明度指数评估结果

| 排名 | 国务院部门 | 决策公开（20%） | 管理服务公开（25%） | 执行和结果公开（10%） | 重点领域信息公开（25%） | 政策解读与回应关切（20%） | 总分（满分：100分） |
|---|---|---|---|---|---|---|---|
| 1 | 工业和信息化部 | 51.50 | 96.00 | 0.00 | 75.00 | 93.33 | 71.72 |
| 2 | 国家质量监督检验检疫总局 | 59.50 | 90.70 | 100.00 | 75.00 | 33.33 | 69.99 |
| 3 | 商务部 | 57.50 | 79.40 | 70.00 | 50.00 | 93.33 | 69.52 |
| 4 | 交通运输部 | 73.00 | 68.20 | 0.00 | 73.57 | 96.67 | 69.38 |
| 5 | 环境保护部 | 51.50 | 66.20 | 50.00 | 75.00 | 86.67 | 67.93 |
| 6 | 国土资源部 | 53.50 | 80.90 | 0.00 | 87.50 | 73.33 | 67.47 |
| 7 | 财政部 | 64.00 | 82.60 | 0.00 | 75.00 | 73.33 | 66.87 |
| 8 | 文化部 | 38.00 | 48.20 | 0.00 | 100.00 | 93.33 | 63.32 |
| 9 | 教育部 | 44.00 | 62.50 | 0.00 | 75.00 | 96.67 | 62.51 |
| 10 | 海关总署 | 44.00 | 78.29 | 0.00 | 73.57 | 78.33 | 62.43 |
| 10 | 国家林业局 | 32.00 | 56.23 | 0.00 | 98.57 | 86.67 | 62.43 |
| 12 | 民政部 | 44.00 | 94.86 | 0.00 | 50.00 | 83.33 | 61.68 |
| 13 | 人力资源和社会保障部 | 38.00 | 53.71 | 50.00 | 75.00 | 83.33 | 61.45 |
| 14 | 国家统计局 | 65.50 | 54.29 | 0.00 | 75.00 | 80.00 | 61.42 |
| 15 | 国家安全生产监督管理总局 | 43.00 | 62.50 | 0.00 | 75.00 | 90.00 | 60.98 |
| 16 | 国家食品药品监督管理总局 | 56.00 | 49.40 | 50.00 | 72.14 | 71.67 | 60.92 |
| 17 | 农业部 | 51.50 | 53.50 | 0.00 | 75.00 | 90.00 | 60.43 |

续表

| 排名 | 国务院部门 | 决策公开（20%） | 管理服务公开（25%） | 执行和结果公开（10%） | 重点领域信息公开（25%） | 政策解读与回应关切（20%） | 总分（满分：100分） |
|---|---|---|---|---|---|---|---|
| 18 | 科学技术部 | 64.00 | 36.80 | 0.00 | 73.57 | 100.00 | 60.39 |
| 19 | 国家海洋局 | 56.00 | 42.80 | 50.00 | 75.00 | 73.33 | 60.32 |
| 20 | 国家工商行政管理总局 | 51.50 | 51.50 | 0.00 | 75.00 | 83.33 | 58.59 |
| 21 | 国家发展和改革委员会 | 71.00 | 67.40 | 0.00 | 50.00 | 75.00 | 58.55 |
| 22 | 国家文物局 | 51.50 | 28.00 | 0.00 | 100.00 | 80.00 | 58.30 |
| 23 | 中国民用航空局 | 19.50 | 40.00 | 0.00 | 100.00 | 96.67 | 58.23 |
| 24 | 中国银行业监督管理委员会 | 38.00 | 66.80 | 0.00 | 75.00 | 71.67 | 57.38 |
| 25 | 国家知识产权局 | 38.00 | 54.20 | 70.00 | 50.00 | 83.33 | 57.32 |
| 26 | 国家旅游局 | 32.00 | 28.00 | 0.00 | 100.00 | 93.33 | 57.07 |
| 27 | 国家铁路局 | 38.00 | 36.80 | 0.00 | 100.00 | 75.00 | 56.80 |
| 28 | 中国气象局 | 46.00 | 54.29 | 0.00 | 75.00 | 73.33 | 56.19 |
| 29 | 国家信访局 | 4.00 | 82.00 | 0.00 | 72.14 | 73.33 | 54.00 |
| 30 | 水利部 | 44.00 | 54.80 | 0.00 | 50.00 | 90.00 | 53.00 |
| 31 | 中国证券监督管理委员会 | 24.00 | 83.60 | 0.00 | 50.00 | 73.33 | 52.87 |
| 32 | 国家能源局 | 56.00 | 42.90 | 50.00 | 50.00 | 65.00 | 52.43 |
| 33 | 公安部 | 32.00 | 72.70 | 0.00 | 50.00 | 76.67 | 52.41 |
| 34 | 审计署 | 32.00 | 36.00 | 100.00 | 50.00 | 71.67 | 52.23 |
| 35 | 国家体育总局 | 23.50 | 52.57 | 0.00 | 75.00 | 73.33 | 51.26 |
| 36 | 国家邮政局 | 38.00 | 51.80 | 0.00 | 50.00 | 90.00 | 51.05 |
| 37 | 住房和城乡建设部 | 23.50 | 77.60 | 0.00 | 50.00 | 71.67 | 50.93 |
| 38 | 国家新闻出版广电总局 | 46.00 | 50.10 | 0.00 | 50.00 | 73.33 | 48.89 |
| 39 | 国家烟草专卖局 | 40.00 | 52.10 | 0.00 | 50.00 | 76.67 | 48.86 |
| 40 | 国家税务总局 | 10.00 | 18.40 | 70.00 | 73.57 | 78.33 | 47.66 |
| 41 | 中国人民银行 | 10.00 | 76.50 | 0.00 | 50.00 | 65.00 | 46.63 |
| 42 | 外交部 | 45.50 | 74.17 | 0.00 | 73.57 | 0.00 | 46.03 |
| 43 | 国家外汇管理局 | 4.00 | 34.80 | 0.00 | 75.00 | 83.33 | 44.92 |

续表

| 排名 | 国务院部门 | 决策公开(20%) | 管理服务公开(25%) | 执行和结果公开(10%) | 重点领域信息公开(25%) | 政策解读与回应关切(20%) | 总分（满分：100分） |
|---|---|---|---|---|---|---|---|
| 44 | 国家宗教事务局 | 4.00 | 45.60 | 0.00 | 100.00 | 36.67 | 44.53 |
| 45 | 国家测绘地理信息局 | 10.00 | 52.10 | 0.00 | 50.00 | 80.00 | 43.53 |
| 46 | 国家粮食局 | 6.00 | 26.00 | 0.00 | 75.00 | 80.00 | 42.45 |
| 47 | 中国保险监督管理委员会 | 23.50 | 54.80 | 0.00 | 50.00 | 50.00 | 40.90 |
| 48 | 国家卫生和计划生育委员会 | 10.00 | 18.20 | 80.00 | 50.00 | 60.00 | 39.05 |
| 49 | 国家中医药管理局 | 17.50 | 36.57 | 0.00 | 50.00 | 68.33 | 38.81 |
| 50 | 司法部 | 0.00 | 67.00 | 0.00 | 50.00 | 43.33 | 37.92 |
| 51 | 中国地震局 | 0.00 | 26.60 | 0.00 | 50.00 | 93.33 | 37.82 |
| 52 | 国务院国有资产监督管理委员会 | 4.00 | 0.00 | 70.00 | 50.00 | 83.33 | 36.97 |
| 53 | 国家民族事务委员会 | 0.00 | 0.00 | 0.00 | 100.00 | 58.33 | 36.67 |
| 54 | 国家外国专家局 | 0.00 | 7.60 | 0.00 | 50.00 | 36.67 | 21.73 |

表6　　省级政府透明度指数评估结果

| 排名 | 省级政府 | 决策公开(20%) | 管理服务公开(25%) | 执行和结果公开(15%) | 重点领域信息公开(20%) | 政策解读与回应关切(20%) | 总分（满分：100分） |
|---|---|---|---|---|---|---|---|
| 1 | 贵州省 | 70.00 | 68.45 | 64.00 | 86.67 | 96.67 | 77.38 |
| 2 | 四川省 | 69.50 | 68.35 | 100.00 | 57.17 | 96.67 | 76.75 |
| 3 | 北京市 | 44.50 | 73.50 | 76.00 | 92.22 | 96.67 | 76.45 |
| 4 | 云南省 | 44.00 | 80.95 | 94.00 | 67.42 | 96.67 | 75.95 |
| 5 | 广东省 | 63.50 | 78.20 | 86.80 | 46.08 | 96.67 | 73.82 |
| 6 | 河南省 | 51.50 | 79.20 | 50.00 | 75.17 | 96.67 | 71.97 |
| 7 | 安徽省 | 51.00 | 61.13 | 65.00 | 85.17 | 93.33 | 70.93 |

续表

| 排名 | 省级政府 | 决策公开（20%） | 管理服务公开（25%） | 执行和结果公开（15%） | 重点领域信息公开（20%） | 政策解读与回应关切（20%） | 总分（满分：100分） |
|---|---|---|---|---|---|---|---|
| 8 | 山东省 | 19.50 | 94.30 | 85.00 | 59.33 | 93.33 | 70.76 |
| 9 | 上海市 | 38.50 | 73.40 | 79.60 | 59.33 | 96.67 | 69.19 |
| 10 | 湖北省 | 20.50 | 69.23 | 85.00 | 76.33 | 96.67 | 68.76 |
| 11 | 福建省 | 30.00 | 56.20 | 100.00 | 66.33 | 96.67 | 67.65 |
| 12 | 天津市 | 50.00 | 62.63 | 66.40 | 65.89 | 90.00 | 66.79 |
| 13 | 湖南省 | 38.00 | 70.95 | 85.00 | 47.08 | 90.00 | 65.50 |
| 14 | 黑龙江省 | 28.50 | 63.00 | 85.00 | 68.83 | 86.67 | 65.30 |
| 15 | 江苏省 | 41.50 | 82.63 | 94.60 | 22.75 | 86.67 | 65.03 |
| 16 | 广西壮族自治区 | 38.00 | 66.48 | 94.00 | 25.58 | 93.33 | 62.10 |
| 17 | 陕西省 | 6.00 | 65.23 | 85.00 | 61.17 | 96.67 | 61.82 |
| 18 | 海南省 | 21.00 | 71.20 | 68.00 | 46.00 | 96.67 | 60.73 |
| 19 | 甘肃省 | 10.00 | 49.78 | 70.00 | 82.17 | 96.67 | 60.71 |
| 20 | 浙江省 | 20.50 | 48.90 | 79.60 | 65.83 | 93.33 | 60.10 |
| 21 | 重庆市 | 12.00 | 66.05 | 44.00 | 81.33 | 90.00 | 59.78 |
| 22 | 宁夏回族自治区 | 6.00 | 57.43 | 74.60 | 73.33 | 90.00 | 59.41 |
| 23 | 山西省 | 24.00 | 76.18 | 52.40 | 51.25 | 86.67 | 59.29 |
| 24 | 河北省 | 34.50 | 44.30 | 94.60 | 54.83 | 80.00 | 59.13 |
| 25 | 江西省 | 6.00 | 49.25 | 88.00 | 61.83 | 86.67 | 56.41 |
| 26 | 内蒙古自治区 | 25.50 | 54.33 | 58.60 | 57.50 | 86.67 | 56.30 |
| 27 | 辽宁省 | 26.00 | 46.45 | 73.60 | 41.50 | 78.33 | 51.82 |
| 28 | 青海省 | 14.50 | 54.80 | 82.60 | 39.17 | 73.33 | 51.49 |
| 29 | 吉林省 | 19.50 | 55.38 | 50.00 | 1.75 | 93.33 | 44.26 |
| 30 | 新疆维吾尔自治区 | 4.00 | 44.18 | 52.00 | 31.00 | 83.33 | 42.51 |
| 31 | 西藏自治区 | 10.00 | 45.00 | 55.00 | 41.50 | 35.00 | 36.80 |

表7　　　　　　　较大的市政府透明度指数评估结果

| 排名 | 较大的市 | 决策公开（15%） | 管理服务公开（25%） | 执行和结果公开（20%） | 重点领域信息公开（25%） | 政策解读与回应关切（15%） | 总分（满分：100分） |
| --- | --- | --- | --- | --- | --- | --- | --- |
| 1 | 合肥 | 42.50 | 69.53 | 97.85 | 97.92 | 100.00 | 82.81 |
| 2 | 苏州 | 54.50 | 82.55 | 82.29 | 89.58 | 96.67 | 82.17 |
| 3 | 广州 | 92.50 | 66.55 | 87.47 | 74.92 | 100.00 | 81.74 |
| 4 | 成都 | 47.50 | 76.43 | 91.51 | 78.68 | 100.00 | 79.20 |
| 5 | 郑州 | 42.50 | 88.95 | 67.54 | 87.01 | 96.67 | 78.37 |
| 6 | 宁波 | 75.00 | 61.25 | 76.51 | 89.10 | 93.33 | 78.14 |
| 7 | 银川 | 72.50 | 84.58 | 68.00 | 74.92 | 90.00 | 77.85 |
| 8 | 青岛 | 32.50 | 88.70 | 74.68 | 84.58 | 96.67 | 77.63 |
| 9 | 淄博 | 44.50 | 87.20 | 72.07 | 79.33 | 90.00 | 76.22 |
| 10 | 深圳 | 82.00 | 60.90 | 91.71 | 60.39 | 96.67 | 75.46 |
| 11 | 沈阳 | 47.50 | 75.45 | 85.81 | 76.92 | 86.67 | 75.38 |
| 12 | 福州 | 47.50 | 90.65 | 62.59 | 71.17 | 100.00 | 75.10 |
| 13 | 厦门 | 67.50 | 68.00 | 86.88 | 67.10 | 90.00 | 74.78 |
| 14 | 汕头 | 47.50 | 74.48 | 82.07 | 64.10 | 93.33 | 72.18 |
| 15 | 贵阳 | 37.50 | 89.90 | 57.28 | 69.10 | 100.00 | 71.83 |
| 16 | 长沙 | 20.00 | 69.18 | 90.63 | 77.35 | 93.33 | 71.76 |
| 17 | 抚顺 | 32.50 | 91.68 | 53.72 | 78.68 | 90.00 | 71.71 |
| 18 | 西安 | 32.50 | 88.95 | 62.76 | 62.33 | 100.00 | 70.25 |
| 19 | 南京 | 32.50 | 65.18 | 72.40 | 78.68 | 93.33 | 69.32 |
| 20 | 邯郸 | 44.50 | 78.23 | 64.77 | 61.10 | 93.33 | 68.46 |
| 21 | 武汉 | 52.50 | 74.00 | 80.34 | 50.00 | 90.00 | 68.44 |
| 22 | 大连 | 0.00 | 78.58 | 85.24 | 72.43 | 90.00 | 68.30 |
| 23 | 哈尔滨 | 32.50 | 67.30 | 84.20 | 62.00 | 90.00 | 67.54 |
| 24 | 杭州 | 42.50 | 63.00 | 75.46 | 67.35 | 86.67 | 67.05 |
| 25 | 本溪 | 32.50 | 75.43 | 89.72 | 46.25 | 90.00 | 66.74 |

续表

| 排名 | 较大的市 | 决策公开（15%） | 管理服务公开（25%） | 执行和结果公开（20%） | 重点领域信息公开（25%） | 政策解读与回应关切（15%） | 总分（满分：100分） |
|---|---|---|---|---|---|---|---|
| 26 | 徐州 | 57.50 | 77.05 | 61.48 | 55.76 | 83.33 | 66.62 |
| 27 | 海口 | 32.50 | 88.25 | 83.87 | 44.58 | 76.67 | 66.36 |
| 28 | 济南 | 42.50 | 74.30 | 77.17 | 51.33 | 86.67 | 66.22 |
| 29 | 南昌 | 32.50 | 81.45 | 60.01 | 63.33 | 83.33 | 65.57 |
| 30 | 珠海 | 40.00 | 72.35 | 76.29 | 49.10 | 86.67 | 64.62 |
| 31 | 吉林 | 32.50 | 59.95 | 64.00 | 75.00 | 86.67 | 64.41 |
| 32 | 无锡 | 47.50 | 66.95 | 62.31 | 53.10 | 96.67 | 64.10 |
| 33 | 兰州 | 32.50 | 70.20 | 61.00 | 61.25 | 93.33 | 63.94 |
| 34 | 南宁 | 32.50 | 72.90 | 65.03 | 55.42 | 90.00 | 63.46 |
| 35 | 太原 | 32.50 | 63.23 | 67.79 | 64.10 | 86.67 | 63.26 |
| 36 | 淮南 | 42.50 | 48.80 | 67.21 | 72.67 | 80.00 | 62.18 |
| 37 | 唐山 | 32.50 | 79.88 | 66.22 | 48.92 | 73.33 | 61.32 |
| 38 | 齐齐哈尔 | 32.50 | 87.73 | 36.91 | 59.10 | 80.00 | 60.96 |
| 39 | 洛阳 | 32.50 | 72.50 | 87.61 | 55.76 | 36.67 | 59.96 |
| 40 | 鞍山 | 20.00 | 77.73 | 53.35 | 42.68 | 90.00 | 57.27 |
| 41 | 昆明 | 32.50 | 72.73 | 47.14 | 67.43 | 43.33 | 55.84 |
| 42 | 呼和浩特 | 42.50 | 57.28 | 6.33 | 79.92 | 86.67 | 54.94 |
| 43 | 长春 | 42.50 | 67.35 | 37.17 | 43.67 | 86.67 | 54.56 |
| 44 | 西宁 | 32.50 | 70.38 | 68.04 | 55.67 | 18.33 | 52.74 |
| 45 | 包头 | 0.00 | 62.83 | 36.50 | 68.92 | 73.33 | 51.24 |
| 46 | 乌鲁木齐 | 0.00 | 54.85 | 21.48 | 77.77 | 86.67 | 50.45 |
| 47 | 大同 | 10.00 | 86.03 | 21.96 | 43.00 | 76.67 | 49.65 |
| 48 | 石家庄 | 0.00 | 59.85 | 33.51 | 28.25 | 80.00 | 40.73 |
| 49 | 拉萨 | 0.00 | 59.50 | 19.56 | 22.58 | 40.00 | 30.43 |

表8　　　　　　　　　　县级政府透明度指数评估结果

| 排名 | 省份 | 县级政府 | 决策公开（10%） | 管理服务公开（25%） | 执行和结果公开（20%） | 重点领域信息公开（20%） | 政策解读与回应关切（15%） | 依申请公开（10%） | 总分（满分：100） |
|---|---|---|---|---|---|---|---|---|---|
| 1 | 上海市 | 普陀区 | 80.00 | 70.38 | 100.00 | 61.14 | 100.00 | 100.00 | 82.82 |
| 2 | 安徽省 | 宣城市宁国市 | 32.50 | 72.90 | 55.77 | 74.71 | 100.00 | 100.00 | 72.57 |
| 3 | 浙江省 | 宁波市江北区 | 50.00 | 86.55 | 54.17 | 58.14 | 71.67 | 100.00 | 69.85 |
| 4 | 北京市 | 西城区 | 32.50 | 65.88 | 62.01 | 62.36 | 100.00 | 100.00 | 69.59 |
| 5 | 上海市 | 虹口区 | 57.50 | 55.60 | 63.51 | 63.14 | 90.00 | 100.00 | 68.48 |
| 6 | 上海市 | 浦东新区 | 32.50 | 69.50 | 92.47 | 66.14 | 36.67 | 100.00 | 67.85 |
| 7 | 安徽省 | 合肥市庐阳区 | 47.50 | 70.40 | 67.11 | 72.00 | 61.67 | 80.00 | 67.42 |
| 8 | 安徽省 | 黄山市徽州区 | 62.50 | 53.93 | 49.61 | 75.36 | 83.33 | 100.00 | 67.23 |
| 9 | 安徽省 | 宿州市灵璧县 | 62.50 | 54.95 | 86.41 | 29.50 | 93.33 | 100.00 | 67.17 |
| 10 | 江苏省 | 南通市如皋市 | 32.50 | 82.75 | 57.76 | 42.14 | 83.33 | 100.00 | 66.42 |
| 11 | 北京市 | 东城区 | 32.50 | 62.55 | 74.41 | 45.50 | 96.67 | 90.00 | 66.37 |
| 12 | 江苏省 | 南京市建邺区 | 20.00 | 70.63 | 81.61 | 66.00 | 33.33 | 100.00 | 64.18 |
| 13 | 安徽省 | 滁州市定远县 | 62.50 | 41.85 | 50.11 | 72.07 | 86.67 | 100.00 | 64.15 |
| 14 | 安徽省 | 六安市金寨县 | 72.50 | 64.28 | 81.85 | 37.50 | 75.00 | 40.00 | 62.44 |
| 15 | 江苏省 | 宿迁市沭阳县 | 0.00 | 70.90 | 74.11 | 33.50 | 75.00 | 100.00 | 60.50 |
| 16 | 北京市 | 海淀区 | 10.00 | 63.08 | 71.47 | 54.00 | 96.67 | 40.00 | 60.36 |
| 17 | 浙江省 | 金华市义乌市 | 0.00 | 57.90 | 89.34 | 54.50 | 58.33 | 70.00 | 58.99 |
| 18 | 广东省 | 深圳市罗湖区 | 47.50 | 51.40 | 81.28 | 43.50 | 48.33 | 90.00 | 58.81 |
| 19 | 浙江省 | 衢州市江山市 | 32.50 | 58.25 | 60.51 | 60.50 | 65.00 | 70.00 | 58.76 |
| 20 | 浙江省 | 嘉兴市嘉善县 | 32.50 | 57.45 | 59.84 | 40.14 | 61.67 | 100.00 | 56.86 |
| 21 | 北京市 | 昌平区 | 62.50 | 38.53 | 37.68 | 50.00 | 81.67 | 100.00 | 55.67 |
| 22 | 广东省 | 肇庆市高要区 | 32.50 | 49.90 | 69.10 | 58.00 | 33.33 | 90.00 | 55.14 |
| 23 | 北京市 | 朝阳区 | 32.50 | 52.45 | 22.80 | 62.00 | 78.33 | 100.00 | 55.07 |
| 24 | 安徽省 | 铜陵市义安区 | 62.50 | 50.33 | 36.40 | 43.36 | 86.67 | 70.00 | 54.78 |
| 25 | 浙江省 | 温州市瓯海区 | 0.00 | 57.73 | 53.37 | 50.36 | 61.67 | 100.00 | 54.43 |
| 26 | 上海市 | 徐汇区 | 32.50 | 44.65 | 41.19 | 50.14 | 96.67 | 70.00 | 54.18 |

续表

| 排名 | 省份 | 县级政府 | 决策公开（10%） | 管理服务公开（25%） | 执行和结果公开（20%） | 重点领域信息公开（20%） | 政策解读与回应关切（15%） | 依申请公开（10%） | 总分（满分：100） |
|---|---|---|---|---|---|---|---|---|---|
| 27 | 安徽省 | 亳州市蒙城县 | 10.00 | 48.20 | 38.08 | 60.00 | 75.00 | 100.00 | 53.92 |
| 28 | 宁夏回族自治区 | 银川市贺兰县 | 32.50 | 38.53 | 61.40 | 47.50 | 61.67 | 100.00 | 53.91 |
| 29 | 上海市 | 金山区 | 40.00 | 52.08 | 34.00 | 67.14 | 40.00 | 100.00 | 53.25 |
| 30 | 宁夏回族自治区 | 石嘴山市平罗县 | 0.00 | 51.78 | 86.17 | 31.36 | 58.33 | 80.00 | 53.20 |
| 31 | 宁夏回族自治区 | 吴忠市青铜峡市 | 7.50 | 69.03 | 52.44 | 13.50 | 76.67 | 100.00 | 52.69 |
| 32 | 河南省 | 汝州市 | 20.00 | 61.63 | 48.24 | 33.50 | 58.33 | 100.00 | 52.50 |
| 33 | 广东省 | 梅州市平远县 | 10.00 | 48.45 | 68.53 | 45.50 | 36.67 | 100.00 | 51.42 |
| 34 | 广东省 | 佛山市禅城区 | 84.50 | 38.83 | 44.76 | 43.50 | 36.67 | 100.00 | 51.31 |
| 35 | 河南省 | 长垣县 | 32.50 | 76.58 | 38.37 | 27.50 | 36.67 | 100.00 | 51.07 |
| 36 | 湖南省 | 常德市武陵区 | 10.00 | 45.23 | 70.00 | 45.36 | 36.67 | 100.00 | 50.88 |
| 37 | 广东省 | 惠州市博罗县 | 32.50 | 41.15 | 48.76 | 39.14 | 61.67 | 100.00 | 50.37 |
| 38 | 浙江省 | 台州市临海市 | 0.00 | 72.20 | 50.17 | 37.14 | 33.33 | 90.00 | 49.51 |
| 39 | 广东省 | 云浮市新兴县 | 20.00 | 36.90 | 62.37 | 46.50 | 61.67 | 70.00 | 49.25 |
| 40 | 云南省 | 保山市腾冲市 | 22.50 | 50.95 | 59.60 | 25.50 | 47.50 | 100.00 | 49.13 |
| 41 | 河南省 | 济源市 | 10.00 | 68.88 | 48.29 | 41.50 | 58.33 | 40.00 | 48.93 |
| 42 | 湖南省 | 郴州市资兴市 | 27.50 | 36.35 | 53.10 | 54.00 | 36.67 | 100.00 | 48.76 |
| 43 | 贵州省 | 遵义市播州区 | 0.00 | 46.93 | 38.41 | 67.50 | 36.67 | 100.00 | 48.41 |
| 44 | 四川省 | 成都市新津县 | 20.00 | 51.53 | 50.15 | 35.50 | 61.67 | 70.00 | 48.26 |
| 45 | 江苏省 | 常州市天宁区 | 0.00 | 45.45 | 34.12 | 26.50 | 93.33 | 100.00 | 47.49 |
| 46 | 浙江省 | 杭州市拱墅区 | 32.50 | 63.50 | 35.96 | 32.14 | 36.67 | 90.00 | 47.25 |
| 47 | 陕西省 | 西安市未央区 | 25.00 | 47.08 | 21.88 | 39.50 | 90.00 | 70.00 | 47.04 |
| 48 | 湖南省 | 长沙市浏阳市 | 10.00 | 31.85 | 62.04 | 58.00 | 65.00 | 40.00 | 46.72 |
| 49 | 贵州省 | 六盘水市六枝特区 | 60.00 | 57.25 | 38.68 | 43.50 | 36.67 | 40.00 | 46.25 |
| 50 | 四川省 | 绵阳市盐亭县 | 32.50 | 36.80 | 74.05 | 44.14 | 36.67 | 40.00 | 45.59 |

续表

| 排名 | 省份 | 县级政府 | 决策公开（10%） | 管理服务公开（25%） | 执行和结果公开（20%） | 重点领域信息公开（20%） | 政策解读与回应关切（15%） | 依申请公开（10%） | 总分（满分：100） |
| --- | --- | --- | --- | --- | --- | --- | --- | --- | --- |
| 51 | 江苏省 | 苏州工业园区 | 10.00 | 49.58 | 27.33 | 27.50 | 80.00 | 90.00 | 45.36 |
| 52 | 贵州省 | 黔西南布依族苗族自治州兴义市 | 20.00 | 56.25 | 23.53 | 38.14 | 43.33 | 100.00 | 44.90 |
| 53 | 黑龙江省 | 齐齐哈尔市龙沙区 | 0.00 | 57.30 | 38.87 | 40.00 | 30.00 | 100.00 | 44.60 |
| 54 | 贵州省 | 黔西南布依族苗族自治州贞丰县 | 20.00 | 45.75 | 38.07 | 46.36 | 68.33 | 40.00 | 44.57 |
| 55 | 陕西省 | 榆林市靖边县 | 32.50 | 29.03 | 56.71 | 40.14 | 36.67 | 90.00 | 44.38 |
| 56 | 江苏省 | 无锡市滨湖区 | 20.00 | 54.43 | 38.21 | 37.50 | 30.00 | 90.00 | 44.25 |
| 57 | 黑龙江省 | 大庆市杜尔伯特蒙古族自治县 | 0.00 | 54.43 | 30.67 | 39.36 | 46.67 | 90.00 | 43.61 |
| 58 | 云南省 | 红河哈尼族彝族自治州开远市 | 0.00 | 48.95 | 39.20 | 17.00 | 61.67 | 100.00 | 42.73 |
| 59 | 贵州省 | 贵阳市南明区 | 0.00 | 25.30 | 7.68 | 62.50 | 81.67 | 100.00 | 42.61 |
| 60 | 云南省 | 楚雄彝族自治州楚雄市 | 32.50 | 49.45 | 38.34 | 28.50 | 30.00 | 90.00 | 42.48 |
| 61 | 内蒙古自治区 | 呼和浩特市新城区 | 0.00 | 53.50 | 38.53 | 58.14 | 36.67 | 40.00 | 42.21 |
| 62 | 内蒙古自治区 | 包头稀土高新区 | 0.00 | 49.50 | 19.86 | 56.50 | 68.33 | 40.00 | 41.90 |
| 63 | 内蒙古自治区 | 兴安盟乌兰浩特市 | 0.00 | 56.95 | 37.16 | 50.00 | 36.67 | 40.00 | 41.17 |
| 64 | 云南省 | 红河哈尼族彝族自治州弥勒市 | 0.00 | 29.38 | 36.96 | 45.50 | 61.67 | 80.00 | 41.09 |
| 65 | 贵州省 | 遵义市凤冈县 | 20.00 | 38.53 | 38.68 | 38.07 | 33.33 | 90.00 | 40.98 |
| 66 | 广东省 | 广州市海珠区 | 44.50 | 37.30 | 55.67 | 36.50 | 3.33 | 80.00 | 40.71 |
| 67 | 四川省 | 达州市万源市 | 52.50 | 42.63 | 22.07 | 22.50 | 43.33 | 90.00 | 40.32 |
| 68 | 云南省 | 楚雄彝族自治州姚安县 | 0.00 | 52.90 | 50.53 | 6.50 | 36.67 | 100.00 | 40.13 |
| 69 | 河南省 | 郑州市上街区 | 0.00 | 34.75 | 60.33 | 34.14 | 51.67 | 40.00 | 39.33 |
| 70 | 黑龙江省 | 牡丹江市东宁市 | 0.00 | 61.85 | 37.77 | 21.50 | 20.00 | 90.00 | 39.32 |

续表

| 排名 | 省份 | 县级政府 | 决策公开（10%） | 管理服务公开（25%） | 执行和结果公开（20%） | 重点领域信息公开（20%） | 政策解读与回应关切（15%） | 依申请公开（10%） | 总分（满分：100） |
|---|---|---|---|---|---|---|---|---|---|
| 71 | 河南省 | 安阳市汤阴县 | 0.00 | 41.18 | 38.34 | 9.50 | 61.67 | 100.00 | 39.11 |
| 72 | 江苏省 | 徐州市新沂市 | 10.00 | 51.78 | 24.51 | 27.50 | 36.67 | 90.00 | 38.84 |
| 73 | 湖南省 | 株洲市株洲县 | 0.00 | 29.60 | 45.09 | 40.14 | 33.33 | 90.00 | 38.45 |
| 74 | 黑龙江省 | 佳木斯市汤原县 | 0.00 | 26.75 | 53.53 | 36.14 | 65.00 | 40.00 | 38.37 |
| 75 | 四川省 | 德阳市什邡市 | 0.00 | 48.80 | 30.00 | 35.50 | 18.33 | 100.00 | 38.05 |
| 76 | 云南省 | 昭通市绥江县 | 0.00 | 37.20 | 49.59 | 25.50 | 64.17 | 40.00 | 37.94 |
| 77 | 四川省 | 攀枝花市西区 | 0.00 | 52.50 | 68.25 | 9.50 | 33.33 | 40.00 | 37.68 |
| 78 | 陕西省 | 渭南市华州区 | 10.00 | 28.50 | 22.44 | 41.00 | 51.67 | 90.00 | 37.56 |
| 79 | 湖南省 | 岳阳市平江县 | 0.00 | 37.80 | 20.04 | 46.36 | 33.33 | 90.00 | 36.73 |
| 80 | 陕西省 | 咸阳市彬县 | 0.00 | 42.68 | 22.80 | 11.50 | 51.67 | 100.00 | 35.28 |
| 81 | 湖南省 | 永州市蓝山县 | 10.00 | 29.18 | 15.67 | 46.14 | 36.67 | 90.00 | 35.16 |
| 82 | 黑龙江省 | 哈尔滨市道里区 | 0.00 | 35.63 | 30.00 | 53.50 | 33.33 | 40.00 | 34.61 |
| 83 | 内蒙古自治区 | 赤峰市克什克腾旗 | 7.50 | 26.93 | 68.37 | 3.50 | 30.00 | 80.00 | 34.36 |
| 84 | 四川省 | 凉山彝族自治州西昌市 | 0.00 | 25.48 | 53.94 | 38.14 | 36.67 | 40.00 | 34.29 |
| 85 | 陕西省 | 安康市紫阳县 | 32.50 | 23.65 | 38.53 | 12.50 | 30.00 | 100.00 | 33.87 |
| 86 | 四川省 | 泸州市合江县 | 17.50 | 41.20 | 21.88 | 15.50 | 33.33 | 90.00 | 33.53 |
| 87 | 黑龙江省 | 鸡西市密山市 | 0.00 | 36.20 | 37.28 | 29.50 | 6.67 | 90.00 | 32.41 |
| 88 | 河南省 | 信阳市潢川县 | 20.00 | 17.88 | 21.28 | 28.14 | 36.67 | 100.00 | 31.85 |
| 89 | 宁夏回族自治区 | 中卫市海原县 | 0.00 | 34.03 | 23.17 | 18.50 | 30.00 | 100.00 | 31.34 |
| 90 | 陕西省 | 延安市安塞区 | 32.50 | 56.68 | 8.53 | 14.14 | 30.00 | 40.00 | 30.45 |
| 91 | 内蒙古自治区 | 乌海市海勃湾区 | 0.00 | 48.85 | 30.00 | 17.50 | 30.00 | 40.00 | 30.21 |
| 92 | 黑龙江省 | 绥化市肇东市 | 7.50 | 31.65 | 52.51 | 23.50 | 15.00 | 40.00 | 30.11 |
| 93 | 湖南省 | 衡阳市衡阳县 | 20.00 | 29.20 | 7.38 | 23.00 | 30.00 | 100.00 | 29.88 |
| 94 | 河南省 | 开封市祥符区 | 0.00 | 27.63 | 22.54 | 1.50 | 58.33 | 90.00 | 29.46 |

续表

| 排名 | 省份 | 县级政府 | 决策公开（10%） | 管理服务公开（25%） | 执行和结果公开（20%） | 重点领域信息公开（20%） | 政策解读与回应关切（15%） | 依申请公开（10%） | 总分（满分：100） |
|---|---|---|---|---|---|---|---|---|---|
| 95 | 四川省 | 广元市青川县 | 7.50 | 23.43 | 7.81 | 19.50 | 46.67 | 100.00 | 29.07 |
| 96 | 内蒙古自治区 | 锡林郭勒盟镶黄旗 | 0.00 | 31.93 | 38.01 | 20.50 | 30.00 | 40.00 | 28.18 |
| 97 | 内蒙古自治区 | 通辽市开鲁县 | 0.00 | 50.43 | 6.12 | 17.50 | 36.67 | 40.00 | 26.83 |
| 98 | 陕西省 | 宝鸡市岐山县 | 0.00 | 16.08 | 22.00 | 11.50 | 36.67 | 100.00 | 26.22 |
| 99 | 宁夏回族自治区 | 固原市彭阳县 | 0.00 | 57.08 | 10.00 | 1.50 | 33.33 | 40.00 | 25.57 |
| 100 | 河南省 | 洛阳市洛龙区 | 7.50 | 11.00 | 20.88 | 39.50 | 36.67 | 40.00 | 25.08 |

## 三 评估发现的亮点

2017年是全面深入推进政务公开工作的第二年。以中共中央办公厅、国务院办公厅印发《关于全面推进政务公开工作的意见》为标志，国务院相继出台了一系列推动政务公开的文件，其所传达出的信号也越来越清晰，即各级政府和部门应全面推进决策、执行、管理、服务和结果全过程、全流程公开；发挥信息发布、政策解读、回应关切三位一体、相辅相成的作用；全面扩大公众参与，使社会大众全面深入参与政府治理的各个环节。评估发现，2017年全国政务公开工作成效显著。

### （一）对本领域本地区政务公开工作指导成效明显

政务公开工作需要相应的操作规范和标准，各级政府政务公开工作的开展离不开上级政府的指导。评估发现，各地方、各部门多年来通过制发相关文件、统一公开平台等方式明确了本系统本地区政务公开的标准，规范了公开平台的建设，提升了相关领域相关地区的公开水平。

在环境保护领域，环境保护部制发了《关于印发〈建设项目环境影响评价政府信息公开指南（试行）〉的通知》（环办〔2013〕103号），对环境影响评价文件审批、建设项目竣工环境保护验收和建设项目环境影响评价资质审批信息的公开做了明确规定，尤其是明确了上述事项的内容要素。评估发现，31家省级政府全都公开了环保领域的行政审批结果，公开率达到100%。

在食品药品安全领域，国家食品药品监督管理总局先后制发了《食品生产经营日常监督检查管理办法》《食品安全抽样检验管理办法》《食品药品监管总局关于做好食品安全抽检及信息发布工作的意见》《关于印发药品质量监督抽验管理规定的通知》《药品质量抽查检验管理规定》等文件，对食品监督抽检信息和药品监督抽验信息的公开内容、公开时间、公开方式等做了明确规定。评估发现，国家食品药品监督管理总局、31家省级政府食药监部门、47家较大的市政府食药监部门、59家县级政府食药监部门公开了2017年本部门做出的随机抽查结果，公开率较高。

在保障性安居工程领域，住房和城乡建设部先后制发了《关于公开城镇保障性安居工程建设信息的通知》《关于做好2012年住房保障信息公开工作的通知》《住房城乡建设部关于做好2013年城镇保障性安居工程工作的通知》等文件，对公开主体、公开内容要素、公开时间等做了详细规定。本次评估发现，22家较大的市政府公开了2017年棚户区改造用地计划，35家较大的市政府门户网站或住建部门网站公开了2017年棚户区改造年度建设计划，34家较大的市政府门户网站或住建部门网站公开了2017年棚户区改造项目进展情况，分别占比44.90%、71.43%、69.39%，公开程度相对较高。

在政务服务平台建设方面，部分省级政府建设了全省统一的政务服务办事平台，集中公开从省到市再到县乡的政务服务信息，统一了政务服务事项办事指南的内容要素和编排方式，如贵州省、湖南省、广东省等，方便管理，也方便公众和企业办事。

## （二）重大决策预公开水平明显提升

对涉及群众切身利益、社会关注度高的重大决策事项进行预公开，广泛吸纳社会大众的意见建议。一方面，有利于提高决策的科学性、民主性和公信力，减少决策执行的摩擦力；另一方面，有利于扩大公众参与，形成良性的政民关系。因此,《关于全面推进政务公开工作的意见》要求,实行重大决策预公开制度,涉及群众切身利益、需要社会广泛知晓的重要改革方案、重大政策措施、重点工程项目,除依法应当保密的外,在决策前应向社会公布决策草案、决策依据,通过听证座谈、调查研究、咨询协商、媒体沟通等方式广泛听取公众意见,以适当方式公布意见收集和采纳情况。2017年,各地方、各部门重大决策预公开进展显著。

第一,通过制定目录清单的方式明确重大决策事项的范围。国务院办公厅等发布的相关文件虽然要求推进重大决策预公开,但对重大决策事项的范围仅笼统表述为"涉及群众切身利益、需要社会广泛知晓的重要改革方案、重大政策措施、重点工程项目",各级政府部门在具体操作中无所适从。为此,有些地方政府在年初拟定并公开重大决策事项目录,细化重大决策事项、承办部门、决策时间及公众参与方式,不失为一种创新。评估发现,6家较大的市政府、2家县级政府网站公开了2017年度重大决策事项目录,分别是广州市、邯郸市、苏州市、武汉市、深圳市、淄博市、广东省广州市海珠区、广东省佛山市禅城区。广州市在政府门户网站"法规公文——市政府办公厅文件"栏目公开了广州市人民政府2017年度重大行政决策事项目录和听证事项目录。

第二,积极反馈重大决策预公开征集的意见。在重大决策预公开阶段,不仅要征求社会大众的意见建议,还要对征集的意见进行反馈,说明征集意见的总体情况、采纳情况和不采纳的理由,这既是对社会公众的尊重,也是政民良性互动的必然要求。评估发现,1家国务院部门、4家省级政府、6家较大的市政府、10家县级政府门户网站或其政府法制办网站公开了完整的意见反馈信息,包括征集到的意见的总体情况、意见采纳情况和不采纳的理由。例如,四川省在门户网站《征集结果反馈》栏目下公开反馈情况,以文字描述的形式对上述内容做出说明;上海市普陀区制作了意见征集反馈情况表格,表格内容详细,包含了意见来源、反馈内容、采纳与否和采纳与否的理由四项信息。

## (三)行政审批结果公开精细化,方便查找

公开行政审批结果的普遍做法是在政府门户网站设置双公示专栏,集

中公开行政审批结果,按照政府部门对其进行分类,或是将其公开在企业信用信息网站上。评估发现,有的评估对象在此基础上按照行政审批事项的种类、时间、申请人等对其进行了更精细的分类。例如,成都市安全生产监督管理局在其门户网站的《安全生产许可公示》栏目下将行政审批结果分为危险化学品经营许可、危险化学品生产许可、危险化学品安全使用许可、烟花爆竹经营(批发)许可、非煤矿山企业安全生产许可、危险化学品建设项目、建设项目职业卫生项目审批许可、隐患整改方案审查情况、非煤矿山建设项目安全设施设计审查许可、金属冶炼建设项目安全设施设计审查许可、非药品类易制毒化学品二类经营备案证明、非药品类易制毒化学品生产二类备案证明、非药品类易制毒化学品生产三类备案证明等13类,并在每一类中对其进行更加细致的分类。又如,贵州省在网上办事大厅的行政审批结果页面设置了检索功能,可以按照受理部门、时间区间、申请人等关键词对公开的行政审批结果进行高级筛选;国家发展和改革委员会的行政审批结果可以按照办结时间、事项类型等进行高级筛选,提高了查找和分析利用的便利度。

### (四) 部分行政执法领域信息公开程度较高

推行行政执法公示制度,是规范市场执法秩序的重要举措,是打造透明政府和公信政府的重要路径,是促进简政放权、实现放管结合、切实转变政府职能的有效手段。评估发现,行政处罚事项清单、部分领域的行政处罚结果和随机抽查结果公开程度较高。

第一,普遍公开行政处罚事项清单。评估发现,31家省级政府、48家较大的市政府、100家县级政府门户网站集中公开了各部门的行政处罚事项清单,占比分别为100%、97.96%、100%。

第二,环保领域和食品药品安全领域行政处罚结果公开情况较好。在环境保护领域,41家较大的市政府环保部门公开了2017年本部门做出的行政处罚信息,占比83.67%。在食品药品安全领域,42家较大的市政府食药监部门、74家县级政府食药监部门公开了2017年本部门做出的行政处罚信息,分别占比85.71%、74%。

第三,食药监领域随机抽查结果公开程度相对较高。评估发现,多数评估对象公开了 2017 年食药监领域的随机抽查结果。国家食品药品监督管理总局、31 家省级政府食药监部门、47 家较大的市政府食药监部门、59 家县级政府食药监部门公开了 2017 年本部门做出的随机抽查结果，公开程度较高。

### （五）部分领域的执行和结果公开相对规范

真实准确地公开政府的重大决策部署的落实情况，有助于加强对政策落实情况的社会监督，增强政府透明度，提升政府公信力，打造法治政府、责任政府。评估发现，各级政府和部门的执行与结果公开情况较好。

第一，部分评估对象定期公开工作总结和部署情况，工作连贯性强。在工作部署方面，18 家省级政府、27 家较大的市政府、35 家县级政府门户网站公开 2017 年政府工作任务的分解分工情况，明确了工作事项和责任部门，有利于下一步工作的顺利开展。例如，天津市、抚顺市、江苏省常州市天宁区等将公开的 2017 年工作任务分解情况用表格表示，内容清晰。在工作总结方面，2 家省级政府、7 家较大的市政府、14 家县级政府门户网站分阶段公开了 2017 年工作的落实情况，并且，部分评估对象按月度公开本月政府工作落实情况及下月工作计划，如湖南省株洲市株洲县、安徽省黄山市徽州区等。这既体现了政府工作的连贯性，也便于公众及时了解相关工作进度，加强对政府工作的监督。

第二，法治政府建设情况年度报告的内容相对规范且重点突出。多数报告均按照《法治政府建设实施纲要（2015—2020 年）》的要求，从政府职能的履行、制度体系的完善、决策水平的提升以及决策、执法、监督、矛盾化解、人员素质提高等几个主要方面详细列明了上一年度法治政府建设工作的情况，涵盖法治政府建设的各个方面，并且结合当地实践对相关问题做出具体说明。不少行政机关的年度报告还着重强调了法治政府建设中对重点领域（如珠海市）、领导责任（如唐山市）以及保障措施（如济南市）的安排，使得报告内容更为全面。不少国务院部门在法治政府建设过程中创新性地结合了本部门工作性质及特点，做出了非常切合实际的尝试。例如，交通运输部强调了加快推进交通运输立法，构建综合交通运输法规科目，公开得非常规范。这一方面说明，各部门对本部门预决算公开工作非常重视；另一方面也说明，财政部对国务院部门预决算公开的指导较好，成效明显。

第三，集中式生活饮用水水源水质监测信息公开情况较好。评估发现，41家较大的市政府按月公开水源水质监测信息，42家较大的市政府按季度公开供水厂出水水质监测信息，42家较大的市政府按季度公开用户水龙头水质监测信息。有的评估对象公开集中式生活饮用水水源水质监测信息的频率比法定要求更高。

## （六）部分重点领域信息公开情况较好

第一，国务院部门预决算公开十分规范。评估发现，53家国务院部门公开了本部门2017年预算说明及表格、2016年决算说明及表格。部门预决算说明中都包括本单位职责、机构设置情况、预决算收支增减变化、机关运行经费安排和政府采购情况等内容；部门预决算表格中的一般公共预算支出表均细化到功能分类的项级科目，一般公共预算基本支出表也都细化到经济分类的款级科目，公开得非常规范。这一方面说明，各部门对本部门预决算公开工作非常重视；另一方面也说明，财政部对国务院部门预决算公开的指导较好，成效明显。

第二，集中式生活饮用水水源水质监测信息公开情况较好。评估发现，41家较大的市政府按月公开水源水质监测信息，42家较大的市政府按季度公开供水厂出水水质监测信息，42家较大的市政府按季度公开用户水龙水水质监测信息。有的评估对象公开集中式生活饮用水水源水质监测信息的频率比法定要求更高。同2016年相比，2017年有的评估对象在集中式生活饮用水水源水质监测信息公开方面进步显著，如乌鲁木齐市水务局、齐齐哈尔市住房和城乡建设局2016年未公开供水厂出水水质信息，2017年按要求进行了公开。

## （七）政策解读与回应关切总体较好

行政机关及时通过政府网站发布政策解读信息，加强答疑解惑，主动回应公众关切，是提升政府公信力、社会凝聚力，稳定市场预期，保障社会公众知情权、参与权、监督权和切身利益的重要举措。评估发现，行政机关进行政策解读的总体情况较好，网站互动平台建设水平较高。

第一，主要负责人带头宣讲政策，权威性高。主要负责人通过参加新闻发布会、接受访谈等方式带头宣讲、解读政策，发出权威声音，有助于政策措施的宣传，是最具有公信力的解读方式之一。47家国务院部门、30家省级政府、45家较大的市政府、18家县级政府门户网站公布了主要负责人对政策进行解读的信息。

第二，政策解读形式新颖，可读性强。通过图表图解、音频视频等方式，将纯文字形式的政策，通俗易懂地展现出来，便于公众了解政策内容，提高政策本身的亲和力、可接受度。评估发现，多数国务院部门网站所发布的政策解读形式新颖，以图解的方式将政策文件的主旨简洁生动地展现出来，而不是对政策原文的生搬硬套，如教育部图解《中小学校领导人员管理暂行办法》，以清晰的结构和文字展现各种条件与要求，简洁明了，清晰易懂。

第三，初步尝试将政策解读贯穿于政策制定、政策发布和政策执行落实全过程。将政策解读关口前移，在决策阶段就开展决策草案解读，有利于提升公众参与的针对性，提高决策公开的质量和效果，还有利于提升后期政策解读的效果。评估发现，10家国务院部门、3家省级政府、3家较大的市政府和5家县级政府对决策草案进行了解读或说明。有的评估对象将决策草案说明在民意征集栏目中与决策草案同时发布，或在专门板块中呈现，如上海市普陀区；或以附件形式呈现并可下载，如珠海市、上海市金山区。加强对政策执行和落实情况的解读，有利于提升政府工作成效的可接受度和传播效果。评估发现，部分评估对象在网站上发布了对审计报告的解读信息，如福建省、浙江省、深圳市等。浙江省审计厅网站以问答的形式针对审计工作报告的特点、财政总体收支情况、重大政策措施贯彻落实跟踪审计情况、民生领域审计的具体情况、揭示的重大违纪违法问题线索等做了详细的解答，提高了审计报告的亲和力。有的评估对象对政府工作报告的内容进行了解读，说明了政府工作落实情况的主要亮点，如山东省等。

第四，普遍设置网站互动平台并回应公众意见建议。在回应重大舆情问题之外，在门户网站开设政民互动平台，回应公众个人关切，也是提升政府公信力、构建良性政民关系的重要内容。评估发现，51家国务院部门、30家省级政府、48家较大的市政府、97家县级政府门户网站设置了在线互动平台，如领导信箱、留言板、在线咨询等；41家国务院部门、30家省级政府、49家较大的市政府、95家县级政府门户网站公开了反馈信息。

## 四 评估发现的问题

2017年，政务公开工作虽然取得了上述成就，但仍有一些共性问题需要解决。

### （一）部分领域政务公开标准有待明确

第一，重大决策事项的范围界定不明确。中共中央办公厅、国务院办公厅《关于全面推进政务公开工作的意见》、国务院办公厅《〈关于全面推进政务公开工作的意见〉实施细则》、国务院办公厅《2016年政务公开工作要点》等文件都要求推进重大决策预公开，但对于重大决策事项的范围仅笼统表述为"涉及群众切身利益、需要社会广泛知晓的重要改革方案、重大政策措施、重点工程项目"，下级政府及部门在具体操作中无所适从，还有可能出现推卸责任的现象。

第二，随机抽查结果和查处情况的公开方式不明确。虽然《国务院办公厅关于推广随机抽查规范事中事后监管的通知》明确要求加强抽查结果运用、抽查情况及查处结果要及时向社会公布，接受社会监督，国务院办公厅也将其写入了《2016年政务公开工作要点》《2017年政务公开工作要点》中，但随机抽查只是行政监管、检查的一种方式，随机抽查结果是否需要与其他类型的检查结果区分放置，或做明确标注，并无明确要求。此外，经随机抽查发现问题后所做出的查处结果的种类多种多样，如通报、处罚等，单从通报和处罚信息的内容中也无法区分哪些是针对随机抽查发现的问题对象的查处。并且，查处情况和抽查结果之间具有关联性，二者是否需要关联发布，也无明确指示。

### （二）决策预公开亟待加强

第一，多数评估对象未进行重大决策预公开。中共中央办公厅、国务院办公厅《关于全面推进政务公开工作的意见》明确要求，积极实行重大决策预公开，扩大公众参与，对社会关注度高的决策事项，除依法应当保密的外，在决策前应向社会公开相关信息，并及时反馈意见采纳情况。但评估发现，29家国务院部门网站和13家省级政府、8家较大的市政府、56家县级政府门户网站或其法制办网站未公开2017年重大决策草案征集意见的信息；52家国务院部门、24家省级政府、36家较大的市政府、87家县级政府未在门户网站或其法制办网站公开2017年对重大决策草案征集到意见的反馈情况。

第二，对重大决策草案征集意见的反馈内容不详细，过于敷衍。评估结果显示，2家省级政府、7家较大的市政府、2家县级政府仅公开了征集意见的总体情况，未公开意见采纳情况；其中，1家省级政府、4家较大的市政府甚至仅公开了征集的意见的数量，未对涉及的主要观点做说明，过于简略。1家国务院部门、1家省级政府、1家县级政府仅公开了征集到意见的总体情况和采纳情况，未对不采纳的理由做说明，降低了决策的说服力和公信力。

**（三）政务服务信息公开不细致，有待改进**

第一，政务服务事项办事指南的内容不全面。《关于加快推进"互联网+政务服务"工作的指导意见》规定，规范和完善办事指南，列明依据条件、申请材料、流程时限、收费标准、注意事项等信息。但评估发现，部分评估对象公开的政务服务事项办事指南内容未能包括办理依据、申报条件、申报材料、办理地点、办理流程、办理时限、收费标准等核心要素。22家国务院部门、18家省级政府、21家较大的市政府、63家县级政府公开的部分政务服务事项的办事指南中未包括上述全部要素。中国证券监督管理委员会直接将法律法规条文罗列上去作为部分政务服务事项的申报条件。安徽省黄山市徽州区的办理时限写的是"办理时间周一至周五"。

第二，政务服务事项办事指南的内容不明确。政务服务事项办事指南是群众和企业办事的说明书，内容应当明确，给予清晰的指引。但评估发现，部分评估对象的政务服务事项办事指南中的办理依据、申报条件、申报材料、办理地点等都含有模糊性表述，容易让群众和企业看不明白。40

家国务院部门、14家省级政府、30家较大的市政府、70家县级政府的部分政务服务事项的办理依据只有法律法规名称和条款数,或者只有法律法规名称,没有具体的条款内容。35家国务院部门、12家省级政府、24家较大的市政府、67家县级政府的部分政务服务事项的申报条件中含有"其他""等"表述。37家国务院部门、8家省级政府、11家较大的市政府、38家县级政府的部分政务服务事项的申报材料中含有"其他""等"表述。10家国务院部门、9家省级政府、18家较大的市政府、36家县级政府的部分政务服务事项的办理地点不明确。

第三,政务服务事项办事指南的内容不准确。政务服务事项办事指南的内容应当准确,以免误导群众。但目前,政务服务事项办事指南的公开平台多元,如政府门户网站的在线办事栏目、政务服务中心网站、部门网站等,很容易发生多平台间发布的信息不一致的现象。评估发现,1家省级政府、2家较大的市政府、32家县级政府多平台发布的同一政务服务事项的办事指南的内容不一致,主要体现在办理依据的法律法规名称、条款数不一致、申报材料不一致、办理期限不一致、面向对象不一致等。多平台公布的内容一致的办事指南中也存在一个内容详细、一个内容简略的情况。

### (四)行政执法信息公开仍有提升空间

第一,"双随机"监管信息公开程度低。《国务院办公厅关于推广随机抽查规范事中事后监管的通知》《国务院办公厅关于印发2017年政务公开工作要点的通知》明确要求,制定并公布随机抽查事项清单,明确抽查依据、抽查主体、抽查内容、抽查方式等,要加强抽查结果的运用,向社会公开随机抽查结果和查处情况。但评估发现,20家国务院部门未公开本部门随机抽查事项清单,20家省级政府、24家较大的市政府、79家县级政府门户网站未公开本级政府各部门随机抽查事项清单。其中,有的政府门户网站仅公开了部分部门的随机抽查事项清单。另外,国务院部门的随机抽查结果公开程度低。37家国务院部门网站未公开2017年本部门的随机抽查结果。安监领域的随机抽查结果公开程度也不高,28家省级政府安监部门、38家较大的市政府的安监部门、87家县级政府安监部门的部门网站、政府门户网站或企业信用信息网未公开本部门2017年做出的随机抽查结果。

第二,行政处罚结果公开程度仍不理想。公开行政处罚结果,既是对行政机关行使行政处罚权的监督,也是在发挥政府信息对市场主体的规范和服务作用。但评估发现,34家国务院部门未公开2017年本部门做出的行政处罚结果,当然不排除某些部门在2017年未做出过行政处罚决定;16家省级政府质监部门、16家省级政府工商部门、19家省级政府知识产权管理部门、63家县级政府城市管理综合行政执法部门、71家县级政府安监部门未公开2017年本部门做出的行政处罚结果,公开率低。同时,这也反映了不同部门行政处罚结果的公开程度参差不齐。

**(五) 部分政府运行的结果类信息公开仍不到位**

第一,审计结果公开情况不佳。国务院办公厅《2016年政务公开工作要点》《2017年政务公开工作要点》和《国务院关于加强审计工作的意见》都要求,深化审计结果公开,做好党中央、国务院重大政策措施落实情况跟踪审计结果公开,尤其要加大问题典型和整改典型公开力度,促进政策落地生根。但评估发现,6家省级政府、25家较大的市政府、83家县级政府的审计部门未公开2016年本级预算执行审计报告;11家省级政府、30家较大的市政府、79家县级政府的审计部门未公开单独的专项审计报告,其中,部分评估对象在本级预算执行审计报告中对专项审计结果进行了描述,但未公开单独的专项审计报告。

第二,法治政府建设情况年度报告公开程度不高。根据《法治政府建设实施纲要(2015—2020年)》,县级以上地方各级政府及其部门每年第一季度要向相关单位报告上一年度法治政府建设情况,报告要通过报刊、政府网站等向社会公开。但评估发现,42家国务院部门网站和7家省级政府、14家较大的市政府、66家县级政府门户网站或其法制办网站未公开2016年度法治政府建设情况年度报告。

第三,政府工作报告内容有欠缺,影响政府公信力。政府工作报告一般包括当年工作总结和下一年工作安排两部分。每一年各级政府都会在政府工作报告中对下一年要完成的事项做出承诺,下一年,各级政府也应在政府工作报告中对上一年承诺事项做出回应,告知承诺事项的完成情况,这是责任政府建设的重要表现。但评估发现,个别评估对象2016年政府工作报告未对上一年工作报告提及的个别承诺事项做出回应,如山西省2016年度政府工作报告未完全回应积极稳妥推进新型城镇化事项;甚至有的评估对象的2016年度政府工作报告中无当年工作总结部分,未对上一年度的工作安排做出回应,如北京市朝阳区2016年度政府工作报告中只对过去五年或四年的工作进行了回顾,而没有对2015年的具体工作进行总结回应,云南省保山市腾冲市2016年度政府工作报告也存在同样的问题。

### (六)重点领域信息公开仍有短板

第一,规范性文件的清理、备案信息公开和有效性标注情况欠佳。规范性文件,俗称"红头文件",是指行政机关做出的对不特定多数人的权利义务产生影响、可以反复适用的文件的总称。评估主要对规章以下规范性文件进行考察。规范性文件是行政机关依法行政的依据,也是社会大众依法活动的准则,与社会大众切身利益密切相关,因此,规范性文件的制发、备案、清理等信息应当公开,便于民众知晓。《国务院关于加强法治政府建设的意见》(国发〔2010〕33号)明确规定,加强备案工作信息化建设,备案监督机构要定期向社会公布通过备案审查的规章和规范性文件目录;加强对行政法规、规章和规范性文件的清理,建立规章和规范性文件定期清理制度,对规章一般每隔五年、规范性文件一般每隔两年清理一次,清理结果要向社会公布;探索建立规范性文件有效期制度。国务院办公厅《2017年政务公开工作要点》也要求,要及时公开政策性文件的废止、失效等情况,并在政府网站已发布的原文件上做出明确标注。但评估发现,14家省级政府、40家较大的市政府、92家县级政府门户网站或其法制办网站未公开2017年规范性文件备案审查信息。25家国务院部门、15家省级政府、22家较大的市政府、61家县级政府门户网站或其法制办网站未公开近三年规范性文件清理结果。41家国务院部门、15家省级政府、33家较大的市政府、77家县级政府未在门户网站或其法制办网站规范性文件栏目或目录中设置效力一栏,或在具体规范性文件页面上方显示有效性，或在文件末尾规定有效期。

第二，部分地方政府预决算公开不规范。财政部《关于印发〈地方预决算公开操作规程〉的通知》对各级政府应公开的政府预决算说明与表格的内容提出了最基本的要求。但评估发现，仍有 1 家省级政府、6 家县级政府门户网站或财政部门网站只公开了各部门预决算信息，未公开本级政府预决算信息。在预算表格公开方面，19 家省级政府、25 家较大的市政府、72 家县级政府未能公开全部 6 张表格（一般公共预算收入表、一般公共预算支出表、一般公共预算本级支出表、一般公共预算本级基本支出表、一般公共预算税收返还和转移支付表、政府一般债务限额和余额情况表）。其中 7 家省级政府、4 家较大的市政府、17 家县级政府未公开任何 2017 年政府预算表格。

第三，义务教育阶段信息公开程度较低。国务院办公厅《2017 年政务公开工作要点》要求，推进义务教育招生入学政策公开，县级政府要公开义务教育招生范围、招生条件、学校情况、招生结果等信息。但评估发现，49 家县级政府未公开本地区小学招生范围，57 家县级政府未公开本地区中学招生范围。其中，北京市东城区开设了义务教育招生工作系统，但该系统中的信息未向社会大众开放。虽然不排除有些地方可能会在实体公告栏、宣传栏、学校门口等张贴公告告知义务教育划片结果的情况，但这已经不能满足信息化时代人们对于随时随地查看信息的需求，所以，仍需完善公开方式，将政府信息"应上网尽上网"。在招生条件公开方面，44 家县级政府未公开幼升小或小升初普通学生招生入学条件，37 家县级政府未公开幼升小或小升初随迁子女招生入学条件。在学校情况公开方面，34 家县级政府未公开学校情况。在招生结果公开方面，仅 4 家县级政府公开了 2017 年义务教育招生结果，其余均未公开。

### （七）政策解读发布水平有待提升

政策解读与政策文件同步发布、关联阅读程度低。国务院办公厅《2017 年政务公开工作要点》规定，各地区各部门要按照"谁起草、谁解读"的原则，做到政策性文件与解读方案、解读材料同步组织、同步审签、同步部署。《国务院办公厅印发〈关于全面推进政务公开工作的意见〉

实施细则的通知》规定，文件公布时，相关解读材料应与文件同步在政府网站和媒体发布。政策解读与政策文件同步发布，可以提高政策解读的时效性，政策解读与政策文件可关联阅读，极大方便了公众查找和理解政策文件。但评估发现，29家国务院部门、29家省级政府、18家较大的市政府、23家县级政府的政策解读信息的上网时间与政策文件的上网时间间隔超过3个工作日。甚至有的评估对象先发布政策解读，数日之后才发布政策文件，如浙江省、广东省深圳市罗湖区、浙江省宁波市江北区等。32家国务院部门、11家省级政府、30家较大的市政府、37家县级政府门户网站没有在政策解读项下设置可导向该解读所对应政策文件的链接，甚至存在有政策解读却找不到对应政策文件的情形。

**（八）依申请公开仍存法律风险**

依申请公开是政府信息公开制度的重要方面，但评估发现，部分评估对象仍有未按期答复申请、答复不规范的问题。第一，仍有评估对象答复不及时。29家县级政府未在法定期限内答复申请。第二，答复格式不规范。18家县级政府出具的答复书未盖有公章，或未明示做出答复的机关。其中，大多数基层政府答复依申请公开信息时所使用的邮箱为个人邮箱，而非官方办公邮箱，一些所用私人邮箱的不恰当昵称也会影响政府信息公开的规范化程度。经统计，答复申请的邮箱域名为gov的仅有上海市与北京市两个直辖市的区县政府。第三，答复内容不规范。行政机关做出对申请人不利的答复时，应援引法律依据、说明理由、明示救济渠道。但在做出不利答复的16家县级政府中，2家县级政府未告知法律依据，9家县级政府未说明理由，10家县级政府未告知救济渠道。其中，2家县级政府完全未告知法律依据、理由和救济渠道，如上海市徐汇区的答复内容仅是"您的来信收悉，经审查，来信内容属于咨询"。第四，答复不严谨。例如，四川省成都市新津县政府提供的答复信息中包括一份规范性文件的草稿，该草稿上标注的公开属性是不予公开，但新津县政府却将其提供给了项目组。

**（九）政务公开平台建设有待加强**

政府门户网站是政务公开第一平台，其建设的好坏直接影响政务公开的效果。但评估发现，仍有政府和部门的网站栏目设置不规范，存在多平台并存且不互通的现象。

第一，政府门户网站栏目设置不规范。在政府门户网站上为同类信息设置专门栏目，集中且分类公开相关信息，既方便行政机关对政府信息的管理，也方便社会大众查找信息。但评估发现，很多评估对象门户网站的栏目设置不精细。国务院办公厅《2017年政务公开工作要点》《财政部关于印发〈地方预决算公开操作规程〉的通知》都明确要求，自2017年起，地方各级财政部门应当在本级政府或财政部门门户网站上设立预决算公开统一平台（或专栏），将政府预决算、部门预决算在平台（或专栏）上集中公开。对在统一平台公开政府预决算、部门预决算，应当编制目录，对公开内容进行分类、分级，方便公众查阅和监督。但大多数评估对象的财政预决算专栏未分类分级，如江西省政府门户网站虽然设置了"财政预决算"栏目，但栏目下无子栏目，所有的部门预决算信息、省财政总收入完成情况及其他说明等都混乱堆放在这一个栏目内，造成查找不便。

第二，多平台并存且不互通。目前，在部分领域，发布政府信息的平台有多个。例如，行政处罚信息可以发布在部门网站、政府门户网站的双公示专栏、企业信用信息网上，但多个平台上发布的同一部门的行政处罚信息或交叉重叠或各不相同，没有一个网站上有完整的信息，甚至有的平台长时间不更新，群众甚至不知道这些信息平台的存在。究其原因，在于多个公开平台由不同的部门分别管理，且多个平台间没有较好的协调同步机制。信用信息平台本身就有至少两套系统，一个是国家工商行政管理总局下的国家企业信用信息公示系统，一个是工业和信息化部下的信用中国系统，除此之外，各部门按照国家发展和改革委员会的要求在门户网站设置双公示专栏，而3家主管部门尚未建立良好的协调沟通和行政处罚信息的同步发布机制，既不利于公开标准的统一，也容易导致信息发布分散化，还浪费了行政资源，得不偿失。又如，行政审批事项的办事指南既在部门网站公开，又在政府门户网站的在线办事平台公开，还在政务服务中心的网站上公开，多平台发布的行政审批事项办事指南并非来自同一信息源，且互不链接，信息的准确性很难保障。

## 五　发展展望

党的十九大报告指出,转变政府职能,深化简政放权,创新监管方式,增强政府公信力和执行力,建设人民满意的服务型政府。全面深化政务公开在其中发挥着不可或缺的作用,使政府权力运行更加规范有序,令广大人民群众能参与、可监督,并真正享受到深化改革的红利。

第一,树立对政务公开的正确认识。政务公开工作人员正确积极的公开意识是做好政务公开工作的关键。在推进政务公开过程中必须不断适应形势变化,明确为什么公开、为谁公开、公开什么等问题。因此,政务公开培训应常抓不懈,注重加强对政务公开形势的宣讲,让政务公开工作人员明白,政务公开不仅仅是行政机关单向性的主动公开信息和被动的依申请公开信息,更是要充分发挥信息的管理和服务作用,推动简政放权、放管结合、转变政府职能的重要手段,也是让社会大众参与到政府决策和社会治理过程中来,构建良好的政民关系,打造共建、共治、共享的社会治理格局的重要环节。

第二,理顺公开工作机制,加强部门间的协同合作。政务公开不能仅仅依靠公开部门自身的努力,政府部门间就公开工作明确职责分工,协同合作是政务公开和谐统一的重要保障。因此,建议充分理顺工作机制,加强政务公开牵头部门间的协同合作。充分发挥政务公开领导小组的统筹协调作用,尤其要协调各部门对同一公开事项的标准,避免因多头管理造成的对外公开不统一、不一致、不同步等现象。同时,充分发挥政府法制办的"参谋"作用,以保证对外公开信息的质量,并防范可能存在的风险。

第三,注重总结和推广经验。根据国务院办公厅印发的《开展基层政务公开标准化规范化试点工作方案》,全国各地都在开展基层政务公开标准化规范化试点工作,试点工作将在2018年收官。应当以此为契机,全面总结政务公开工作经验,在一定领域的公开工作中形成细化且具备操作性的工作机制和公开标准。

第四,注重处理好公开与不公开的关系。政务公开既要依法逐步扩大公开范围,满足公众知情需求,也要注意公开限度。应当吸取2017年安徽省部分政府网站泄露个人信息的教训,注重公开方式方法,避免不当公开引发对当事人及行政管理秩序的消极影响。

第五,以大公开理念推动政务公开工作。应当按照公开、解读、回应一体化的理念推动公开工作,公开信息应当根据社会形势、舆情状况做好舆情及社会风险评估,并应当配合解读工作等,确保公开信息的准确、全面,消除被误解、误读、误判的风险。对于形成的舆情及其他社会关切,建立快速反应机制,做出内容妥当的回应。

第六,加强政府网站的信息化建设。众所周知,政府网站是政府信息公开的第一平台,其建设的好坏直接影响政务公开的效果,但政府网站上信息的对外展示依托网站和信息的后台管理,后者显然更为重要。因此,应进一步加强政府网站的信息化建设,建设完善的后台管理系统,依据制定好的主动公开目录设定内容要素,使行政机关履职过程中的每个环节都可以在后台管理系统中留痕,可经过内部保密审查程序后自动推送到互联网。同时,加强网站栏目设置的规范化建设,提升网站使用的友好性。

# 中国政府透明度指数报告（2018）

2018年，中国社会科学院国家法治指数研究中心、法学研究所法治指数创新工程项目组（以下简称项目组）继续对各级政府政务公开情况进行调研和评估，本报告对此次调研和评估情况进行了总结分析。

## 一 评估对象、指标及方法

2018年的评估对象包括机构改革后对外有行政管理权限的49家国务院部门、31家省级政府、49家较大的市政府、100家县级政府。本次选取的县级政府评估对象与2017年不同。2017年选择的县级政府为《国务院办公厅关于印发开展基层政务公开标准化规范化试点工作方案的通知》确定的100家开展试点工作的区县政府。该试点区县政府仅覆盖了部分省份，因此，为提升在全国的覆盖面，2018年项目组在所有试点省份抽取部分试点县级政府，在非试点省份按照GDP排名抽取部分县级政府作为评估对象。

项目组根据《政府信息公开条例》、中共中央办公厅和国务院办公厅印发的《关于全面推进政务公开工作的意见》、国务院办公厅《〈关于全面推进政务公开工作的意见〉实施细则》、国务院办公厅《2018年政务公开工作要点》等相关文件，设定了2018年的评估指标。针对国务院部门和地方各级政府的一级指标包括决策公开、管理服务公开、执行和结果公开、政策解读与回应关切、依申请公开（见表1—表4）。

决策公开指标主要考察国务院各部门、各级政府进行重大决策预公开以及公开规范性文件的情况。管理服务公开指标主要考察有相应职权的国务院部门和各级政府公开权力清单、政务服务信息、"双随机"监管信息、行政处罚信息的情况，对县级政府还评估了其公开义务教育管理信息的情况。其中，对国务院部门公开的"双随机"监管信息情况不计入本次评估得分。执行和结果公开指标主要考察公开法治政府建设情况年度报告和建议提案办理结果的公开情况，对省级政府和较大的市政府还考察了其审计报告的公开情况。政策解读与回应关切指标包括政策解读和回应关切两项二级指标。依申请公开指标仅考察31个省级政府卫生行政部门和100个县级政府教育行政部门在线申请和信函申请渠道的畅通性和答复规范化程度。

表1  中国政府透明度指数评估指标体系（国务院部门）

| 一级指标 | 二级指标 |
| --- | --- |
| 决策公开（35%） | 重大决策预公开（60%） |
| | 规范性文件公开（40%） |
| 管理服务公开（20%） | 权力清单公开（30%） |
| | 政务服务信息公开（40%） |
| | 行政处罚信息公开（30%） |
| 执行和结果公开（25%） | 法治政府建设情况年度报告（60%） |
| | 建议提案办理结果公开（40%） |
| 政策解读与回应关切（20%） | 政策解读（70%） |
| | 回应关切（30%） |

表2  中国政府透明度指数评估指标体系（省级政府）

| 一级指标 | 二级指标 |
| --- | --- |
| 决策公开（20%） | 重大决策预公开（60%） |
| | 规范性文件公开（40%） |
| 管理服务公开（25%） | 权力清单公开（10%） |
| | 政务服务信息公开（35%） |
| | "双随机"监管信息公开（25%） |
| | 行政处罚信息公开（30%） |

续表

| 一级指标 | 二级指标 |
| --- | --- |
| 执行和结果公开（25%） | 审计结果公开（35%） |
|  | 法治政府建设情况年度报告（35%） |
|  | 建议提案办理结果公开（30%） |
| 政策解读与回应关切（20%） | 政策解读（70%） |
|  | 回应关切（30%） |
| 依申请公开（10%） | 渠道畅通性（40%） |
|  | 答复规范化（60%） |

表3 　中国政府透明度指数评估指标体系（较大的市政府）

| 一级指标 | 二级指标 |
| --- | --- |
| 决策公开（25%） | 重大决策预公开（60%） |
|  | 规范性文件公开（40%） |
| 管理服务公开（35%） | 权力清单公开（10%） |
|  | 政务服务信息公开（35%） |
|  | "双随机"监管信息公开（25%） |
|  | 行政处罚信息公开（30%） |
| 执行和结果公开（20%） | 审计结果公开（35%） |
|  | 法治政府建设情况年度报告（35%） |
|  | 建议提案办理结果（30%） |
| 政策解读与回应关切（20%） | 政策解读（70%） |
|  | 回应关切（30%） |

表4 　中国政府透明度指数评估指标体系（县级政府）

| 一级指标 | 二级指标 |
| --- | --- |
| 决策公开（20%） | 重大决策预公开（60%） |
|  | 规范性文件（40%） |

续表

| 一级指标 | 二级指标 |
| --- | --- |
| 管理服务公开（30%） | 权力清单公开（10%） |
|  | 政务服务信息公开（20%） |
|  | "双随机"监管信息公开（20%） |
|  | 行政处罚信息公开（25%） |
|  | 义务教育信息公开（25%） |
| 执行和结果公开（25%） | 法治政府建设情况年度报告（60%） |
|  | 建议提案办理结果（40%） |
| 政策解读与回应关切（15%） | 政策解读（70%） |
|  | 回应关切（30%） |
| 依申请公开（10%） | 渠道畅通性（40%） |
|  | 答复规范化（60%） |

项目组通过观察各评估对象门户网站及其相关部门网站发布的相关信息，分析其落实公开要求的情况。项目组从2018年7月31日至11月20日，陆续通过在线申请（在线平台或者电子邮件）和信函申请（邮寄挂号信）的方式，对31个省级政府卫生行政部门和100个县级政府教育行政部门进行了依申请公开情况的评估。对于省级卫生行政部门申请公开"载有截至2017年12月底，全省医院中儿科数量的统计报表或报告"；对100个县级教育行政部门申请公开"本地批准的招收外来人口子弟的小学信息，包括本地批准的招收外来人口子弟的小学学校名称、地址和招生规模"。指标评估的时间段不尽相同，但总体上截至2018年12月31日。

## 二 评估结果的总体情况

2018年，国务院部门排在前列的有国家税务总局、教育部、商务部、交通运输部、科学技术部、中国证券监督管理委员会、国家知识产权局、司法部、人力资源和社会保障部、生态环境部（评估结果见表5）。省级政府排在前列的有安徽省、北京市、上海市、贵州省、四川省、山东省、宁夏回族自治区、天津市、云南省、海南省（评估结果见表6）。较大的市排在前列的有深圳市、青岛市、苏州市、成都市、宁波市、合肥市、广州市、福州市、淄博市、银川市（评估结果见表7）。县级政府排在前列的有：北京市西城区、上海市普陀区、浙江省宁波市江北区、广东省佛山市禅城区、上海市虹口区、北京市东城区、山东省威海市荣成市、浙江省金华市义乌市、山东省烟台市龙口市、贵州省六盘水市六枝特区（评估结果见表8）。

表5　　　中国政府透明度指数评估结果（国务院部门）

| 排名 | 国务院部门 | 决策公开（35%） | 管理服务公开（20%） | 执行和结果公开（25%） | 政策解读与回应关切（20%） | 总分（满分：100分） |
|---|---|---|---|---|---|---|
| 1 | 国家税务总局 | 86.40 | 66.00 | 64.00 | 91.60 | 77.76 |
| 2 | 教育部 | 64.00 | 38.96 | 88.00 | 91.60 | 70.51 |
| 3 | 商务部 | 64.00 | 67.75 | 52.00 | 100.00 | 68.95 |
| 4 | 交通运输部 | 68.80 | 42.16 | 64.00 | 97.90 | 68.09 |
| 5 | 科学技术部 | 40.00 | 60.70 | 100.00 | 84.60 | 68.06 |
| 6 | 中国证券监督管理委员会 | 86.40 | 67.75 | 64.00 | 34.90 | 66.77 |
| 7 | 国家知识产权局 | 54.40 | 41.16 | 82.00 | 87.40 | 65.25 |
| 8 | 司法部 | 54.40 | 70.00 | 64.00 | 76.90 | 64.42 |
| 9 | 人力资源和社会保障部 | 54.40 | 26.16 | 82.00 | 97.90 | 64.35 |
| 10 | 生态环境部 | 54.40 | 70.00 | 46.00 | 90.90 | 62.72 |
| 11 | 工业和信息化部 | 54.40 | 42.16 | 76.00 | 76.90 | 61.85 |
| 12 | 外交部 | 54.40 | 20.16 | 76.00 | 93.70 | 60.81 |
| 13 | 海关总署 | 64.00 | 69.00 | 28.00 | 84.60 | 60.12 |
| 14 | 自然资源部 | 64.00 | 45.96 | 46.00 | 82.50 | 59.59 |
| 15 | 中国民用航空局 | 54.40 | 30.96 | 76.00 | 75.50 | 59.33 |
| 16 | 国家林业和草原局 | 54.40 | 74.95 | 28.00 | 85.30 | 58.09 |
| 17 | 财政部 | 54.40 | 47.00 | 46.00 | 86.70 | 57.28 |
| 18 | 国家统计局 | 40.00 | 47.00 | 70.00 | 80.40 | 56.98 |
| 19 | 国家中医药管理局 | 54.40 | 42.96 | 64.00 | 64.30 | 56.49 |
| 20 | 国家广播电视总局 | 25.60 | 40.16 | 88.00 | 85.30 | 56.05 |

续表

| 排名 | 国务院部门 | 决策公开（35%） | 管理服务公开（20%） | 执行和结果公开（25%） | 政策解读与回应关切（20%） | 总分（满分：100分） |
|---|---|---|---|---|---|---|
| 21 | 国家药品监督管理局 | 54.40 | 61.20 | 28.00 | 86.00 | 55.48 |
| 22 | 中国气象局 | 54.40 | 42.16 | 40.00 | 87.40 | 54.95 |
| 23 | 住房和城乡建设部 | 40.00 | 42.16 | 58.00 | 89.50 | 54.83 |
| 24 | 民政部 | 54.40 | 42.16 | 28.00 | 100.00 | 54.47 |
| 25 | 水利部 | 54.40 | 41.16 | 28.00 | 93.70 | 53.01 |
| 26 | 国家卫生健康委 | 54.40 | 41.16 | 40.00 | 76.90 | 52.65 |
| 27 | 国家体育总局 | 40.00 | 41.16 | 64.00 | 64.30 | 51.09 |
| 28 | 农业农村部 | 54.40 | 42.16 | 70.00 | 30.00 | 50.97 |
| 29 | 应急管理部 | 54.40 | 2.16 | 64.00 | 76.90 | 50.85 |
| 30 | 国家发展和改革委员会 | 54.40 | 42.16 | 28.00 | 72.70 | 49.01 |
| 31 | 文化和旅游部 | 40.00 | 42.16 | 28.00 | 97.90 | 49.01 |
| 32 | 国家能源局 | 54.40 | 29.36 | 28.00 | 85.30 | 48.97 |
| 33 | 国家文物局 | 54.40 | 25.16 | 28.00 | 89.50 | 48.97 |
| 34 | 国家铁路局 | 40.00 | 62.95 | 28.00 | 74.80 | 48.55 |
| 35 | 国家信访局 | 54.40 | 41.16 | 40.00 | 51.00 | 47.47 |
| 36 | 审计署 | 14.40 | 2.16 | 88.00 | 87.40 | 44.95 |
| 37 | 国家粮食和物资储备局 | 54.40 | 29.36 | 28.00 | 64.30 | 44.77 |
| 38 | 国家市场监督管理总局 | 40.00 | 63.54 | 28.00 | 45.87 | 42.88 |
| 39 | 国家邮政局 | 40.00 | 52.95 | 31.00 | 51.70 | 42.68 |
| 40 | 中国银行保险监督管理委员会 | 40.00 | 59.75 | 28.00 | 44.35 | 41.82 |
| 41 | 中国人民银行 | 54.40 | 55.87 | 28.00 | 9.00 | 39.01 |
| 42 | 公安部 | 40.00 | 36.36 | 0.00 | 72.00 | 35.67 |
| 43 | 国务院国有资产监督管理委员会 | 16.80 | 12.56 | 46.00 | 76.90 | 35.27 |
| 44 | 国家国际发展合作署 | 52.00 | 2.16 | 60.00 | 0.00 | 33.63 |
| 45 | 国家外汇管理局 | 0.00 | 27.76 | 28.00 | 90.90 | 30.73 |
| 46 | 国家烟草专卖局 | 0.00 | 29.36 | 40.00 | 63.60 | 28.59 |
| 47 | 国家民族委员会 | 0.00 | 9.12 | 64.00 | 51.70 | 28.16 |
| 48 | 国家移民管理局 | 0.00 | 14.16 | 60.00 | 51.00 | 28.03 |
| 49 | 国家医疗保障局 | 0.00 | 2.16 | 60.00 | 0.00 | 15.43 |

表6　　　　　　　中国政府透明度指数评估结果（省级政府）

| 排名 | 省级政府 | 决策公开（20%） | 管理服务公开（25%） | 执行和结果公开（25%） | 政策解读与回应关切（20%） | 依申请公开（10%） | 总分（满分：100分） |
|---|---|---|---|---|---|---|---|
| 1 | 安徽省 | 88.56 | 64.16 | 77.00 | 100.00 | 97.50 | 82.75 |
| 2 | 北京市 | 92.64 | 78.00 | 60.63 | 83.90 | 100.00 | 79.96 |
| 3 | 上海市 | 63.76 | 71.42 | 86.00 | 86.00 | 100.00 | 79.31 |
| 4 | 贵州省 | 83.68 | 75.10 | 72.63 | 86.00 | 87.50 | 79.05 |
| 5 | 四川省 | 64.80 | 81.19 | 65.63 | 95.80 | 96.00 | 78.42 |
| 6 | 山东省 | 61.60 | 81.48 | 73.50 | 83.90 | 100.00 | 77.84 |
| 7 | 宁夏回族自治区 | 76.00 | 79.89 | 69.13 | 77.60 | 95.00 | 77.47 |
| 8 | 天津市 | 64.80 | 85.63 | 74.13 | 73.40 | 96.00 | 77.18 |
| 9 | 云南省 | 47.68 | 83.96 | 78.13 | 83.90 | 87.50 | 75.59 |
| 10 | 海南省 | 63.76 | 61.83 | 69.13 | 100.00 | 97.50 | 75.24 |
| 11 | 河北省 | 63.76 | 69.48 | 72.63 | 86.00 | 97.50 | 75.23 |
| 12 | 广东省 | 82.56 | 70.83 | 54.63 | 86.00 | 100.00 | 75.08 |
| 13 | 江西省 | 63.76 | 82.25 | 69.63 | 73.40 | 95.00 | 74.90 |
| 14 | 黑龙江省 | 69.76 | 67.90 | 86.63 | 87.40 | 27.50 | 72.81 |
| 15 | 江苏省 | 53.44 | 76.81 | 69.13 | 77.60 | 100.00 | 72.69 |
| 16 | 重庆市 | 63.76 | 60.46 | 69.13 | 85.30 | 96.00 | 71.81 |
| 17 | 辽宁省 | 82.56 | 65.93 | 51.63 | 75.50 | 97.50 | 70.75 |
| 18 | 福建省 | 41.68 | 74.23 | 52.50 | 100.00 | 95.00 | 69.52 |
| 19 | 吉林省 | 41.92 | 71.89 | 82.13 | 97.90 | 26.00 | 69.07 |
| 20 | 内蒙古自治区 | 71.68 | 68.32 | 65.00 | 87.40 | 30.00 | 68.15 |
| 21 | 浙江省 | 31.20 | 82.00 | 74.13 | 74.80 | 76.00 | 67.83 |
| 22 | 山西省 | 45.76 | 62.50 | 53.38 | 91.60 | 97.50 | 66.19 |
| 23 | 河南省 | 81.76 | 72.77 | 21.00 | 77.60 | 100.00 | 65.31 |
| 24 | 甘肃省 | 84.96 | 62.23 | 38.50 | 100.00 | 27.50 | 64.93 |
| 25 | 青海省 | 58.00 | 50.44 | 59.00 | 86.00 | 81.00 | 64.26 |
| 26 | 湖北省 | 45.12 | 60.73 | 68.00 | 77.60 | 67.50 | 63.48 |
| 27 | 湖南省 | 52.00 | 56.64 | 56.00 | 77.60 | 67.50 | 60.83 |

续表

| 排名 | 省级政府 | 决策公开（20%） | 管理服务公开（25%） | 执行和结果公开（25%） | 政策解读与回应关切（20%） | 依申请公开（10%） | 总分（满分：100分） |
|---|---|---|---|---|---|---|---|
| 28 | 新疆维吾尔自治区 | 26.56 | 54.89 | 63.63 | 72.70 | 96.00 | 59.08 |
| 29 | 陕西省 | 38.88 | 66.65 | 83.13 | 50.30 | 27.50 | 58.03 |
| 30 | 广西壮族自治区 | 45.12 | 75.10 | 44.00 | 77.60 | 20.00 | 56.32 |
| 31 | 西藏自治区 | 17.76 | 53.27 | 54.63 | 55.90 | 26.00 | 44.31 |

表7　中国政府透明度指数评估结果（较大的市政府）

| 排名 | 较大的市 | 决策公开（25%） | 管理服务公开（35%） | 执行和结果公开（20%） | 政策解读与回应关切（20%） | 总分（满分：100分） |
|---|---|---|---|---|---|---|
| 1 | 深圳市 | 84.40 | 81.55 | 86.63 | 95.80 | 86.13 |
| 2 | 青岛市 | 95.44 | 84.73 | 83.13 | 79.70 | 86.08 |
| 3 | 苏州市 | 87.44 | 81.33 | 87.50 | 86.00 | 85.03 |
| 4 | 成都市 | 75.76 | 78.79 | 83.13 | 86.00 | 80.34 |
| 5 | 宁波市 | 84.40 | 73.50 | 86.63 | 79.70 | 80.09 |
| 6 | 合肥市 | 81.28 | 82.92 | 59.50 | 93.70 | 79.98 |
| 7 | 广州市 | 75.76 | 73.22 | 91.00 | 86.00 | 79.97 |
| 8 | 福州市 | 70.48 | 78.79 | 77.00 | 95.80 | 79.76 |
| 9 | 淄博市 | 70.48 | 79.29 | 87.50 | 83.90 | 79.65 |
| 10 | 银川市 | 83.20 | 71.13 | 83.13 | 86.00 | 79.52 |
| 11 | 厦门市 | 79.84 | 68.16 | 91.00 | 87.40 | 79.50 |
| 12 | 淮南市 | 68.48 | 78.24 | 77.00 | 95.80 | 79.06 |
| 13 | 大连市 | 68.48 | 82.83 | 87.50 | 76.90 | 78.99 |
| 14 | 武汉市 | 61.52 | 76.90 | 82.25 | 97.90 | 78.32 |
| 15 | 济南市 | 78.40 | 74.96 | 78.00 | 83.90 | 78.22 |
| 16 | 海口市 | 64.64 | 74.10 | 78.75 | 100.00 | 77.85 |
| 17 | 贵阳市 | 83.20 | 65.57 | 87.50 | 77.60 | 76.77 |
| 18 | 哈尔滨市 | 56.00 | 80.65 | 71.13 | 100.00 | 76.45 |
| 19 | 郑州市 | 59.52 | 79.00 | 74.13 | 83.90 | 74.14 |

续表

| 排名 | 较大的市 | 决策公开（25%） | 管理服务公开（35%） | 执行和结果公开（20%） | 政策解读与回应关切（20%） | 总分（满分：100分） |
| --- | --- | --- | --- | --- | --- | --- |
| 20 | 洛阳市 | 52.00 | 83.96 | 73.00 | 76.90 | 72.37 |
| 21 | 杭州市 | 40.00 | 74.36 | 92.13 | 83.90 | 71.23 |
| 22 | 珠海市 | 67.20 | 81.04 | 47.00 | 81.10 | 70.78 |
| 23 | 抚顺市 | 58.88 | 61.75 | 82.25 | 86.70 | 70.12 |
| 24 | 沈阳市 | 50.88 | 66.65 | 87.50 | 81.80 | 69.91 |
| 25 | 汕头市 | 48.64 | 57.11 | 82.13 | 100.00 | 68.57 |
| 26 | 西安市 | 60.00 | 71.24 | 52.50 | 86.00 | 67.63 |
| 27 | 无锡市 | 48.00 | 72.04 | 55.13 | 95.80 | 67.40 |
| 28 | 昆明市 | 67.12 | 81.33 | 46.38 | 64.30 | 67.38 |
| 29 | 南宁市 | 51.52 | 80.55 | 59.50 | 71.30 | 67.23 |
| 30 | 南京市 | 42.88 | 78.83 | 68.63 | 75.50 | 67.14 |
| 31 | 徐州市 | 47.52 | 87.46 | 44.63 | 78.30 | 67.08 |
| 32 | 长春市 | 40.00 | 65.48 | 83.13 | 86.00 | 66.74 |
| 33 | 邯郸市 | 71.44 | 36.90 | 78.75 | 97.90 | 66.11 |
| 34 | 南昌市 | 60.64 | 65.16 | 52.50 | 77.60 | 63.99 |
| 35 | 唐山市 | 40.64 | 67.97 | 74.38 | 75.50 | 63.93 |
| 36 | 长沙市 | 39.84 | 69.01 | 51.63 | 91.60 | 62.76 |
| 37 | 齐齐哈尔市 | 68.48 | 77.74 | 10.88 | 72.70 | 61.04 |
| 38 | 西宁市 | 60.00 | 47.75 | 69.13 | 76.90 | 60.92 |
| 39 | 石家庄市 | 36.16 | 53.50 | 92.13 | 70.60 | 60.31 |
| 40 | 呼和浩特市 | 42.88 | 65.06 | 21.00 | 95.80 | 56.85 |
| 41 | 吉林市 | 44.16 | 66.98 | 24.00 | 64.30 | 52.14 |
| 42 | 乌鲁木齐市 | 33.12 | 59.63 | 35.00 | 77.60 | 51.67 |
| 43 | 兰州市 | 63.36 | 43.16 | 37.38 | 64.30 | 51.28 |
| 44 | 本溪市 | 46.24 | 42.84 | 38.50 | 79.70 | 50.19 |
| 45 | 太原市 | 19.84 | 79.58 | 15.50 | 71.30 | 50.17 |
| 46 | 大同市 | 12.48 | 46.06 | 69.00 | 64.30 | 45.90 |
| 47 | 拉萨市 | 1.44 | 73.50 | 25.50 | 68.50 | 44.89 |
| 48 | 鞍山市 | 24.48 | 50.44 | 38.50 | 64.30 | 44.33 |
| 49 | 包头市 | 40.00 | 53.94 | 6.50 | 64.30 | 43.04 |

表8　　　　中国政府透明度指数评估结果（县级政府）

| 排名 | 县级政府 | 决策公开（20%） | 管理服务公开（30%） | 执行和结果公开（25%） | 政策解读与回应关切（15%） | 依申请公开（10%） | 总分（满分：100分） |
|---|---|---|---|---|---|---|---|
| 1 | 北京市西城区 | 75.80 | 72.71 | 94.00 | 92.60 | 97.50 | 84.11 |
| 2 | 上海市普陀区 | 72.24 | 77.97 | 88.00 | 100.00 | 90.00 | 83.84 |
| 5 | 浙江省宁波市江北区 | 72.24 | 64.18 | 100.00 | 77.60 | 95.00 | 79.84 |
| 4 | 广东省佛山市禅城区 | 70.80 | 68.46 | 88.00 | 86.00 | 100.00 | 79.60 |
| 6 | 上海市虹口区 | 56.64 | 61.71 | 100.00 | 89.50 | 95.00 | 77.76 |
| 7 | 北京市东城区 | 58.88 | 70.63 | 88.00 | 81.80 | 97.50 | 76.99 |
| 3 | 山东省威海市荣成市 | 66.88 | 68.16 | 76.00 | 93.70 | 97.50 | 76.63 |
| 8 | 浙江省金华市义乌市 | 78.80 | 41.89 | 100.00 | 74.80 | 80.00 | 72.55 |
| 9 | 山东省烟台市龙口市 | 46.48 | 56.44 | 88.00 | 97.20 | 95.00 | 72.31 |
| 10 | 贵州省六盘水市六枝特区 | 64.32 | 41.19 | 100.00 | 79.70 | 77.50 | 69.93 |
| 11 | 广东省深圳市罗湖区 | 65.20 | 70.63 | 64.00 | 75.50 | 80.00 | 69.56 |
| 12 | 浙江省杭州市拱墅区 | 72.24 | 59.71 | 88.00 | 86.00 | 10.00 | 68.26 |
| 13 | 上海市浦东新区 | 52.48 | 64.18 | 76.00 | 75.50 | 80.00 | 68.08 |
| 14 | 浙江省温州市瓯海区 | 79.44 | 46.30 | 61.00 | 86.00 | 100.00 | 67.93 |
| 15 | 安徽省六安市金寨县 | 80.96 | 66.19 | 28.00 | 100.00 | 85.00 | 66.55 |
| 16 | 安徽省黄山市徽州区 | 76.88 | 69.32 | 28.00 | 91.60 | 95.00 | 66.41 |
| 17 | 北京市海淀区 | 48.00 | 77.34 | 39.00 | 95.80 | 92.50 | 66.17 |
| 18 | 广东省惠州市博罗县 | 40.88 | 49.70 | 88.00 | 83.90 | 73.50 | 65.02 |
| 19 | 宁夏回族自治区银川市贺兰县 | 43.20 | 77.00 | 40.00 | 83.90 | 81.00 | 62.43 |
| 20 | 黑龙江省哈尔滨市道里区 | 16.00 | 48.98 | 88.00 | 83.90 | 95.00 | 61.98 |
| 21 | 安徽省宿州市灵璧县 | 64.64 | 63.75 | 40.00 | 100.00 | 30.00 | 60.05 |
| 22 | 贵州省遵义市播州区 | 27.84 | 43.19 | 88.00 | 78.30 | 75.00 | 59.77 |
| 23 | 四川省眉山市仁寿县 | 32.00 | 53.75 | 88.00 | 76.90 | 36.00 | 59.66 |
| 24 | 上海市徐汇区 | 66.88 | 46.18 | 34.00 | 93.70 | 97.50 | 59.53 |
| 25 | 北京市朝阳区 | 44.00 | 79.00 | 6.00 | 100.00 | 97.50 | 58.75 |

续表

| 排名 | 县级政府 | 决策公开（20%） | 管理服务公开（30%） | 执行和结果公开（25%） | 政策解读与回应关切（15%） | 依申请公开（10%） | 总分（满分：100 分） |
|---|---|---|---|---|---|---|---|
| 26 | 广西壮族自治区贵港市桂平市 | 35.52 | 57.88 | 88.00 | 72.70 | 6.00 | 57.97 |
| 27 | 甘肃省酒泉市肃州区 | 40.00 | 56.55 | 82.00 | 73.40 | 10.00 | 57.47 |
| 28 | 安徽省合肥市庐阳区 | 50.88 | 51.22 | 28.00 | 97.90 | 97.50 | 56.98 |
| 29 | 河南省洛阳市洛龙区 | 15.84 | 35.43 | 88.00 | 87.40 | 75.00 | 56.41 |
| 30 | 内蒙古自治区呼和浩特市新城区 | 36.00 | 44.50 | 88.00 | 66.40 | 20.00 | 54.51 |
| 31 | 山东省济南市历下区 | 52.48 | 60.50 | 31.00 | 70.60 | 75.00 | 54.49 |
| 32 | 江苏省南京市建邺区 | 38.88 | 60.02 | 64.00 | 32.10 | 71.00 | 53.70 |
| 33 | 贵州省贵阳市南明区 | 44.00 | 51.60 | 34.00 | 86.70 | 77.50 | 53.54 |
| 34 | 辽宁省大连市瓦房店市 | 32.16 | 44.86 | 88.00 | 30.00 | 71.00 | 53.49 |
| 35 | 福建省福州市鼓楼区 | 48.00 | 61.83 | 12.00 | 83.90 | 97.50 | 53.49 |
| 36 | 云南省昆明市五华区 | 40.00 | 64.75 | 28.00 | 74.10 | 77.50 | 53.29 |
| 37 | 天津市滨海新区 | 24.00 | 54.76 | 40.00 | 81.80 | 95.00 | 53.00 |
| 38 | 吉林省松原市前郭尔罗斯蒙古族自治县 | 36.48 | 43.26 | 28.00 | 93.70 | 97.50 | 51.08 |
| 39 | 宁夏回族自治区吴忠市青铜峡市 | 40.00 | 44.80 | 64.00 | 83.90 | 10.00 | 51.03 |
| 40 | 黑龙江省牡丹江市东宁市 | 12.00 | 35.05 | 88.00 | 81.80 | 36.00 | 50.79 |
| 41 | 天津市南开区 | 12.48 | 54.20 | 40.00 | 76.90 | 96.00 | 49.89 |
| 42 | 福建省泉州市晋江市 | 36.00 | 55.83 | 36.00 | 32.10 | 95.00 | 47.27 |
| 43 | 四川省成都市龙泉驿区 | 44.00 | 59.78 | 0.00 | 76.90 | 86.00 | 46.87 |
| 44 | 云南省楚雄彝族自治州楚雄市 | 36.00 | 55.77 | 22.00 | 75.50 | 55.00 | 46.26 |
| 45 | 广东省广州市海珠区 | 52.88 | 45.25 | 28.00 | 83.90 | 20.00 | 45.74 |
| 46 | 广西壮族自治区玉林市博白县 | 59.60 | 47.88 | 13.00 | 76.90 | 27.50 | 43.82 |

续表

| 排名 | 县级政府 | 决策公开（20%） | 管理服务公开（30%） | 执行和结果公开（25%） | 政策解读与回应关切（15%） | 依申请公开（10%） | 总分（满分：100分） |
|---|---|---|---|---|---|---|---|
| 47 | 贵州省黔西南布依族苗族自治州贞丰县 | 56.64 | 42.08 | 28.00 | 61.50 | 30.00 | 43.18 |
| 48 | 天津市武清区 | 44.64 | 52.41 | 0.00 | 64.30 | 86.00 | 42.89 |
| 49 | 河北省唐山市丰润区 | 23.20 | 55.35 | 64.00 | 30.00 | 6.00 | 42.35 |
| 50 | 海南省定安县 | 46.24 | 15.26 | 58.00 | 34.90 | 85.00 | 42.06 |
| 51 | 宁夏回族自治区固原市彭阳县 | 50.48 | 41.18 | 28.00 | 76.90 | 10.00 | 41.98 |
| 52 | 江苏省徐州市新沂市 | 36.00 | 50.94 | 10.00 | 72.70 | 50.00 | 40.89 |
| 53 | 福建省泉州市石狮市 | 12.00 | 51.74 | 6.00 | 77.60 | 95.00 | 40.56 |
| 54 | 湖北省武汉市江岸区 | 48.00 | 52.03 | 0.00 | 37.00 | 95.00 | 40.26 |
| 55 | 江苏省苏州工业园区 | 27.60 | 50.10 | 0.00 | 79.70 | 76.00 | 40.11 |
| 56 | 广西壮族自治区百色市平果县 | 36.00 | 40.94 | 28.00 | 86.70 | 6.00 | 40.09 |
| 57 | 吉林省长春市农安县 | 0.00 | 43.79 | 70.00 | 34.90 | 40.00 | 39.87 |
| 58 | 湖南省长沙市浏阳市 | 43.20 | 47.05 | 4.00 | 86.00 | 27.50 | 39.41 |
| 59 | 云南省保山市腾冲市 | 24.00 | 30.00 | 28.00 | 72.70 | 75.00 | 39.21 |
| 60 | 四川省绵阳市涪城区 | 24.00 | 46.43 | 34.00 | 61.50 | 26.00 | 39.05 |
| 61 | 陕西省咸阳市彬州市 | 23.84 | 31.19 | 28.00 | 75.50 | 65.00 | 38.95 |
| 62 | 山西省太原市万柏林区 | 8.00 | 71.15 | 24.00 | 59.40 | 6.00 | 38.45 |
| 63 | 河南省郑州市上街区 | 29.76 | 45.05 | 3.00 | 73.40 | 71.00 | 38.33 |
| 64 | 甘肃省天水市甘谷县 | 38.88 | 37.71 | 16.00 | 84.60 | 20.00 | 37.78 |
| 65 | 湖南省衡阳市衡阳县 | 45.76 | 17.38 | 7.00 | 85.30 | 85.00 | 37.41 |
| 66 | 江苏省宿迁市沭阳县 | 15.84 | 44.71 | 4.00 | 76.90 | 75.00 | 36.62 |
| 67 | 海南省乐东县 | 21.60 | 40.15 | 10.00 | 64.30 | 75.00 | 36.01 |
| 68 | 海南省海口市美兰区 | 12.00 | 41.69 | 60.00 | 30.00 | 16.00 | 36.01 |
| 69 | 重庆市渝中区 | 8.00 | 38.44 | 64.00 | 34.90 | 16.00 | 35.97 |
| 70 | 青海省西宁市城东区 | 0.00 | 27.06 | 60.00 | 34.90 | 75.00 | 35.85 |
| 71 | 河北省唐山市迁安市 | 3.84 | 51.71 | 54.00 | 32.10 | 6.00 | 35.19 |

续表

| 排名 | 县级政府 | 决策公开（20%） | 管理服务公开（30%） | 执行和结果公开（25%） | 政策解读与回应关切（15%） | 依申请公开（10%） | 总分（满分：100分） |
|---|---|---|---|---|---|---|---|
| 72 | 黑龙江省齐齐哈尔市龙沙区 | 40.00 | 39.98 | 6.00 | 69.90 | 30.00 | 34.98 |
| 73 | 陕西省延安市安塞区 | 20.48 | 35.86 | 4.00 | 75.50 | 77.50 | 34.93 |
| 74 | 辽宁省葫芦岛市建昌县 | 12.00 | 23.62 | 28.00 | 72.70 | 75.00 | 34.89 |
| 75 | 湖北省宜昌市宜都市 | 8.00 | 46.24 | 16.00 | 34.90 | 95.00 | 34.21 |
| 76 | 河北省石家庄市长安区 | 44.16 | 63.90 | 0.00 | 30.00 | 6.00 | 33.10 |
| 77 | 重庆市奉节县 | 16.00 | 45.00 | 40.00 | 34.90 | 10.00 | 32.94 |
| 78 | 山西省吕梁市孝义市 | 10.08 | 39.44 | 24.00 | 34.90 | 75.00 | 32.58 |
| 79 | 四川省资阳市安岳县 | 32.64 | 45.88 | 0.00 | 64.30 | 26.00 | 32.54 |
| 80 | 陕西省西安市未央区 | 27.84 | 36.13 | 16.00 | 70.60 | 10.00 | 32.00 |
| 81 | 河南省开封市祥符区 | 13.44 | 33.97 | 0.00 | 73.40 | 81.00 | 31.99 |
| 82 | 内蒙古自治区鄂尔多斯市准格尔旗 | 24.00 | 44.32 | 6.00 | 71.30 | 7.50 | 31.04 |
| 83 | 湖北省荆州市监利县 | 0.00 | 33.69 | 60.00 | 34.90 | 6.00 | 30.94 |
| 84 | 辽宁省沈阳市铁西区 | 0.00 | 35.13 | 28.00 | 34.90 | 72.50 | 30.02 |
| 85 | 内蒙古自治区包头稀土高新区 | 18.96 | 47.56 | 0.00 | 61.50 | 17.50 | 29.04 |
| 86 | 湖南省株洲市渌口区 | 12.00 | 41.32 | 10.00 | 34.90 | 56.00 | 28.13 |
| 87 | 江西省南昌市南昌县 | 13.44 | 24.50 | 10.00 | 34.90 | 95.00 | 27.27 |
| 88 | 山西省吕梁市柳林县 | 1.44 | 43.69 | 0.00 | 85.30 | 6.00 | 26.79 |
| 89 | 河南省安阳市汤阴县 | 10.08 | 44.30 | 0.00 | 68.50 | 6.00 | 26.18 |
| 90 | 新疆维吾尔自治区乌鲁木齐市天山区 | 12.00 | 21.71 | 4.00 | 87.40 | 26.00 | 25.62 |
| 91 | 新疆维吾尔自治区巴音郭楞州库尔勒市 | 16.00 | 18.55 | 24.00 | 61.50 | 6.00 | 24.59 |
| 92 | 吉林省延边州朝鲜族自治州延吉市 | 1.44 | 54.83 | 6.00 | 34.90 | 10.00 | 24.47 |
| 93 | 内蒙古自治区通辽市科尔沁区 | 1.44 | 35.74 | 28.00 | 32.10 | 10.00 | 23.82 |

续表

| 排名 | 县级政府 | 决策公开（20%） | 管理服务公开（30%） | 执行和结果公开（25%） | 政策解读与回应关切（15%） | 依申请公开（10%） | 总分（满分：100分） |
|---|---|---|---|---|---|---|---|
| 94 | 甘肃省兰州市永登县 | 32.16 | 35.30 | 0.00 | 30.00 | 6.00 | 22.12 |
| 95 | 重庆市万州区 | 0.00 | 44.56 | 4.00 | 34.90 | 7.50 | 20.35 |
| 96 | 江西省鹰潭市贵溪市 | 13.44 | 31.93 | 0.00 | 32.10 | 30.00 | 20.08 |
| 97 | 江西省上饶市鄱阳县 | 1.44 | 35.55 | 0.00 | 32.10 | 6.00 | 16.37 |
| 98 | 西藏自治区拉萨市堆龙德庆区 | 0.00 | 22.71 | 0.00 | 0.00 | 27.50 | 9.56 |
| 99 | 西藏自治区日喀则市南木林县 | 0.00 | 13.33 | 0.00 | 0.00 | 6.00 | 4.60 |
| 100 | 青海省海西蒙古族藏族自治州德令哈市 | 0.00 | 8.00 | 0.00 | 0.00 | 7.50 | 3.15 |

## 三 评估发现的亮点

2018年是《政府信息公开条例》实施10周年，是政务公开步入法治化轨道的关键一年，全国政务公开工作不断深化。评估显示，多个领域的政务公开亮点纷呈。

### （一）拓宽公开领域、细化公开规定

2018年，政务公开领域进一步拓宽，政务公开规定继续细化。继2017年底发布《国务院办公厅关于推进重大建设项目批准和实施领域政府信息公开的意见》《国务院办公厅关于推进公共资源配置领域政府信息公开的意见》、细化重大建设项目批准和实施领域以及公共资源配置领域的公开要求后，2018年，国务院办公厅又发布了一系列规定，如《国务院办公厅关于推进社会公益事业建设领域政府信息公开的意见》《国务院办公厅关于做好政府公报工作的通知》《国务院办公厅关于全面推行行政规范性文件合法性审核机制的指导意见》《国务院办公厅关于加强行政规范性文件制定和监督管理工作的通知》《国务院办公厅关于全面推行行政执法公示制度执法全过程记录制度重大执法决定法制审核制度的指导意见》

《国务院办公厅关于聚焦企业关切进一步推动优化营商环境政策落实的通知》等。一些特定领域的公开工作也有所细化，如财政部印发《地方政府债务信息公开办法（试行）》，明确了地方政府债务的信息公开要求。

### （二）重大决策预公开情况多有进步

推动重大决策预公开是在重大决策制定环节有序引入公众参与的重要方面，是落实中国共产党十八大、十九大确定的国家治理体系和治理能力现代化的重要举措，是实现共建、共治、共享的重要路径。评估发现，2018 年重大决策事项目录公开程度有所提升。有 9 家较大的市政府、16 家县区级政府网站公开了 2018 年度重大决策事项目录，2017 年分别为 6 家和 2 家。部分地区和部门的意见征集渠道丰富，便于公众参与，海关总署、上海市、安徽省、陕西省、云南省、福建省、广州市、石家庄市、长春市、大同市等政府门户网站意见征集渠道丰富，同时提供了在线反馈、电子邮件、电话传真、信函等形式。不少评估对象重视对决策草案的解读，有 29 家国务院部门、23 家省级政府、20 家较大的市政府及 10 家县级政府公开了对决策草案的解读或说明。不少区县政府还在网站设置专门栏目集中公开对征集到意见建议的采纳情况，如北京市西城区、上海市普陀区、山东省荣成市等。

### （三）规范性文件清理信息公开改善明显

《国务院关于加强法治政府建设的意见》明确要求，加强对行政法规、规章和规范性文件的清理，建立规章和规范性文件定期清理制度，对规范性文件一般每隔两年清理一次，清理结果要向社会公布。评估发现，有 39 家国务院部门、27 家省级政府、46 家市级政府及 68 家县级政府或其法制部门发布了规范性文件清理信息，明显好于 2017 年的 17 家、10 家、12 家和 43 家。

### （四）政务服务信息公开趋于细化

公开政务服务信息是落实"放管服"改革的基础性工作。评估发现，各评估对象公开的政务服务信息细致化程度明显较好。首先，政务服务办事指南公开更加细致。部分评估对象在严格按照政务服务事项办事指南的内容要素进行公开的基础上，添加了更加详细和人性化的信息，如浙江省网上办事大厅的政务服务指南，不仅有申请材料名称和格式文本，还明确了材料来源（申请材料提供方）、申请材料形式、材料详细要求；福建省和广东省的政务服务事项指南不仅有明确的办事地点，而且有交通指引，方便群众和企业办事。其次，行政审批结果公开精细化，方便查找。有的评估对象按照行政审批事项的种类、时间等对审批结果进行了精细化分类。例如，北京市环保局将行政审批结果细分为10个子项，并可以限定条件进行筛选。

### （五）"双随机、一公开"落实较好

在市场监管领域全面推行"双随机、一公开"监管是对市场监管理念和方式的重大创新，是将公开融入监管工作的重要方面。评估显示，不少评估对象设置专门栏目集中展示并公开"双随机"相关信息，方便公众查找。市场监管领域随机抽查结果公开程度相对较高，26家省级政府市场监督管理（工商）部门、37家较大的市政府市场监督管理（工商）部门、67家县级政府市场监督管理（工商）部门公开了2018年本部门的随机抽查结果。不少评估对象随机抽查结果详尽，便于查阅。例如，海关总署公布了"双随机、一公开"统计表，按市分类公开稽查办结数、随机抽查情况（包括随机选取作业数、随机选取作业占比、随机选取有效率），公布了2017年的海关行政检查随机抽查事项清单，并对之前失效的清单做了标注。部分评估对象汇总了随机抽查清单，如海口市政府门户网站设置了单独的"双随机公示"栏目，集中发布了各部门的随机抽查事项清单及抽查结果，清单要素齐全，抽查结果将抽查事项、抽查对象、抽查时间、执法人员、检查结果一并展示，有利于了解随机抽查的整体脉络。

### （六）法治政府建设年度报告公开有所改善

《法治政府建设实施纲要（2015—2020年）》要求，政府部门每年第一季度要向本级政府和上一级政府有关部门报告上一年度法治政府建设情况，报告要通过报刊、政府网站等向社会公开。评估显示，国务院部门法

治政府建设年度报告的公开比例明显提升。随着国务院各部门对法治政府建设工作越来越重视，越来越多的部门制作并对外公开了法治政府建设年度报告。2018年度共有27家国务院部门网站公开了本部门法治政府建设年度报告，比2017年的12家有了明显提升。部分市、县政府的报告公开时效性较强。有31家较大的市政府、31家县级政府能按时甚至提前落实文件要求。此外，法治政府建设情况年度报告内容更加规范。多数报告能够涵盖政府职能的履行、制度体系的完善、决策水平的提升，以及决策、执法、监督、化解矛盾、提高人员素质等法治政府建设的各个方面，详细列明了上一年度法治政府建设工作的情况，并注重结合当地实践对相关问题做具体说明。不少评估对象均分析了本级政府在法治政府建设或依法行政工作方面存在的主要问题，并提出了详细的改进措施和明确的努力方向。

**（七）政策解读信息发布更加规范、便民**

首先，有42家国务院部门、31家省级政府、49家较大的市政府、91家县级政府均在门户网站设置了政策解读专门栏目。不少地方开设了政策解读专题页面，集中展示了省政府文件解读、省级部门文件解读及各地市政策解读信息，方便群众集中查阅。例如，北京市在"打赢蓝天保卫战""优化营商环境""防控金融风险"等多个专题中分别针对性地设置了政策解读、图解、视频解读等栏目进行专题解读；广东省佛山市禅城区在政策解读专题中设置了视频解读、政策图解、部门解读及专家、媒体解读等形式，并且每种形式信息发布都超过了20条。在便民功能设置方面，贵州省专门开设了政策解读搜索功能，便于群众直接搜索查阅。其次，政策解读的内容完整规范。在2018年度发布了政策解读信息的评估对象中，几乎全部准确阐明了政策的出台背景、主要依据、对象范围、重点内容、特色亮点等要义。最后，解读形式更加多样化，动图解读、H5页面解读、视频解读、动画解读等多种形式纷纷涌现。多媒体的解读形式更符合移动互联网时代的传播规律，公众的阅读体验感更强，更便于理解和阅读。例如，上海市政府网站发布图解《上海市第七轮环保三年行动计划》，创新性地使用Flash动图的形式，让政策图解"动"起来。

## （八）网站互动平台成为回应关切的重要渠道

习近平总书记指出，对广大网民，要多一些包容和耐心，做到六个"及时"，即对建设性意见要及时吸纳，对困难要及时帮助，对不了解情况的要及时宣介，对模糊认识要及时廓清，对怨气怨言要及时化解，对错误看法要及时引导和纠正。本次评估发现，绝大多数评估对象门户网站都设置了在线政民互动平台，公众可在平台上提出咨询、建议，为公众咨询问题、建言献策提供切实可靠的平台。46家国务院部门、31家省级政府、49家较大的市政府、97家县级政府门户网站均设置了在线政民互动平台，互动平台的设置已成普遍现象。评估对象普遍公开了公众提出的问题及回应情况。评估发现，2018年，35家国务院部门、30家省级政府、49家较大的市政府、97家县级政府门户网站都对民众互动平台上提交的问题进行了回应。这将公众监督落到实处，倒逼政府提高反馈质量，也可方便关注类似问题的公众。同时，多数评估对象对公众在网站互动平台上提交的问题进行了及时有效的回应，如贵州省遵义市播州区，对书记信箱的许多问题都做到了当天回复。为提升回应质量，部分评估对象在来信回复信息后放置满意度评价调查问卷，提供公众对回复问题的反馈监督渠道。

## （九）不少地方依申请公开渠道畅通、便民性较好

评估发现，省级部门的依申请公开渠道畅通性较好。对省级政府部门卫生行政部门提出申请后发现，23个省级卫生行政部门允许在线提交申请，且渠道畅通；未开通在线渠道的8个省级卫生行政部门的信函申请渠道也均畅通。不少评估对象注重提升依申请公开的便民性。对县级政府教育部门提出申请的结果显示，不少评估对象较为注重依申请公开方面的便民性。有的评估对象在申请人进行依申请公开之后及时设置专栏主动公开相关信息，并通过短信的方式告知相应的链接和网址，如山东省荣成市教育部门。有的评估对象在网站公开了群众提交的依申请公开的具体问题，如合肥市庐阳区教育部门，便于其他需要此类信息的群众查找。有的教育行政部门网站平台对于成功提交申请或者已做出答复的情况会短信提示。

## 四 评估发现的问题

### (一) 重大决策预公开仍有改进空间

第一,栏目信息发布混乱。部分评估对象有意见征集栏目,但栏目下无2018年度相关内容,或将2018年度相关信息置于栏目外。例如,文化和旅游部、山西省太原市意见征集栏目仅有一些无关的公示公告信息;昆明市五华区将草案的征求意见稿放置在通知公告中,难以查找。

第二,部分重大决策意见征集未明确征集意见的期限,涉及1家省级政府、3家较大的市、4家县级政府,如甘肃省政府的部分意见征集公告仅列有截止日期,而公告上网日期晚于截止日期。

第三,部分评估对象未公开重大决策草案征集意见信息。有10家国务院部门、3家省级政府、5家较大的市政府、38家县级政府未公开2018年重大决策草案征集意见信息。

第四,对征集意见的反馈情况公开质量不高。有44家国务院部门、14家省级政府、21家较大的市政府、70家县级政府未在门户网站公开2018年对重大决策草案征集意见的反馈情况。部分公开上述信息的评估对象缺少对意见征集情况的整体描述,未公开征集到的意见数量或主要观点。5家有意见反馈信息的国务院部门中,有1家仅公开了收集到的反馈意见数量;17家有意见反馈信息的省级政府中,有8家仅公开了收集到的反馈意见数量、1家仅公开了收集到的主要观点;28家公开意见反馈信息的较大的市政府中,有11家仅公开了收集到的反馈意见数量、5家仅公开了收集到的主要观点;30家公开意见反馈信息的县级政府中,有19家仅公开了收集到的反馈意见数量、2家仅公开了收集到的主要观点。

第五,意见采纳情况公开不理想。5家公开意见反馈信息的国务院部门中,有2家未公开意见采纳情况;17家公开意见反馈信息的省级政府中,有1家未公开意见采纳情况;28家公开意见反馈信息的较大的市政府中,有3家未公开意见采纳情况;30家公开意见反馈信息的县级政府中,有1家未公开意见采纳情况。例如,广州市政府的公众参与情况栏目仅有采纳数量,未列出采纳哪些、不采纳哪些意见及原因说明。

### (二) 部分规范性文件备案、清理信息未公开

《国务院办公厅关于加强行政规范性文件制定和监督管理工作的通知》要求，强化规范性文件的备案与监督，做到有件必备、有备必审、有错必纠。而评估发现，有13家省级政府、23家较大的市政府、88家县级政府门户网站或其法制部门网站未公开2018年规范性文件备案审查信息。此外，部分地区未公开近三年规范性文件清理结果。有10家国务院部门、4家省级政府、3家较大的市政府和32家县级政府门户网站或其法制部门网站未公开近三年规范性文件清理结果。另外，多数评估对象未对已公开的规范性文件标注有效性或有效期，有39家国务院部门、15家省级政府、33家较大的市政府和56家县级政府未在规范性文件栏目或目录中设置子栏目集中公开失效文件，或在具体规范性文件页面上显示有效性，或在文件末尾规定有效期。

### (三) 权力清单公布完整度、更新及时性不佳

首先，部分地区权力清单公布不完整。多数评估对象未公开清单编制发布的时间；部分单位权力清单中未包含完整的"9+X"类权力事项，如拉萨市专题集中展示了各部门2018年版权力清单，但仅公布行政许可、行政处罚、行政奖励三类权力；部分单位将权力清单设置为查询事项，只有登录才能查询，如河北省邯郸市政府网站首页权力清单栏目、政务公开网权责清单栏目专题及检索出的相关信息均需要登录账户才可查看，未登录无法查看；部分单位权力清单以附件形式发布，附件下载后为乱码，如四川省仁寿县2017年7月14日公开的《仁寿县县级权力清单（2017年本）》。

其次，权力清单动态调整不及时。2017年新修订并实施的《文物保护法》（2017年修正）第20条规定了县级以上文物行政部门对建设工程选址不能避开文物保护单位而实施原址保护措施的行政审批权。但评估发现，有4家省级政府、16家较大的市政府、42家县级政府的民政部门的权力清单中没有上述事项。

最后，国务院部门公开权力清单情况不理想。仅有3家被评估的国务院部门公开了权力清单，分别是国家林业和草原局、国家税务总局、国家

药品监督管理局。其中，仅国家税务总局的权力清单更新到2018年。国家药品监督管理局最新的权力清单为2016年发布的。国家林业和草原局发布的权力清单无法确认是哪一年的且权力清单中只有行政许可一种权力事项。国家自然资源部的权力清单栏目中仅公开了行政审批清单。

**（四）政务服务办事指南不全面、内容不一致**

首先，政务服务事项办事指南的公开程度较低。抽查的企业印制发票审批、辐射安全许可证、慈善组织登记三项审批服务指南的公开程度均不理想。有14家省级政府、38家较大的市政府、83家县级政府无企业印制发票审批服务指南；2家省级政府、14家较大的市政府、80家县级政府无辐射安全许可服务指南；25家省级政府、38家较大的市政府、85家县级政府无慈善组织登记服务指南。

其次，政务服务事项办事指南的内容不全面。评估发现，部分评估对象提供的政务服务事项办事指南内容未能包括办理依据、申报条件、申报材料、办理地点、办理流程、办理时限、收费标准等核心要素。例如，淮南市辐射安全许可证指南的办理依据仅列出了法律法规名称，无条款数。

再次，多平台发布的政务服务事项办事指南内容不一致。评估发现，10家省级政府、11家较大的市政府、3家县级政府多平台发布的同一政务服务事项的办事指南内容不一致，主要体现在办理依据的法律法规名称及其条款数不一致、申报材料不一致、办理期限不一致、面向对象不一致等。有的多平台公布的办事指南中存在一个内容详细、一个内容简略的情况。多平台发布同一信息，由于数据不同源，发布标准不统一，信息发生变化后多平台不能同步更改，不仅造成大量信息重复录入，浪费行政资源，而且使得办事企业、群众面对不同的办事指南无所适从，或者对照错误陈旧的服务指南准备，造成表格应用错误、材料准备疏漏、找错办事地址、反复跑腿等问题，增加办事的时间成本，降低群众办事的满意度。

最后，部分地区行政审批结果公开混乱。评估发现，仍有部分评估对象未公开行政审批结果。例如，49家国务院部门中有20家未设置集中发布审批结果的栏目，15家国务院部门未对审批结果进行分类发布，23家国务院部门网站未公开2018年本部门的行政审批结果。又如，31家省级政府环保部门网站、本级政府门户网站、政务服务中心网站中有 12 家未对审批结果进行分类发布；多平台单独公开审批结果的省级政府均存在审批结果发布混乱的问题，审批结果信息发布不一致、不对应。

**（五）部分"双随机"信息未公开、内容不全面**

首先，随机抽查事项清单公开程度低。有 16 家国务院部门未公布本部门随机抽查事项清单，其中，参与评估的新成立的国务院部门中，只有文化和旅游部及自然资源部公开了随机抽查事项清单，且清单公开时间分别为 2017 年、2016 年。7 家省级政府、6 家较大的市政府、52 家县级政府门户网站未公开本级政府各部门随机抽查事项清单。其中，部分政府门户网站仅公开了部分部门的随机抽查事项清单。其次，随机抽查事项清单内容不全。评估抽查了各地工商行政管理领域的"双随机"信息公开情况，结果发现，1 家省级政府、4 家县级政府的随机抽查事项清单中未包括抽查依据，5 家省级政府、1 家较大的市政府、7 家县级政府的随机抽查事项清单中未包括抽查主体，3 家省级政府、3 家较大的市政府、8 家县级政府的随机抽查事项清单中未包括抽查内容，11 家省级政府、19 家较大的市政府、14 家县级政府的随机抽查事项清单中未包括抽查方式。最后，随机抽查结果和查处情况公开程度低。以环境保护领域为例，21 家省级政府、18 家较大的市政府、62 家县级政府的环保部门网站、政府门户网站或企业信用信息网未公开本部门 2018 年的随机抽查结果，20 省级政府、18 家较大的市政府、77 家县级政府的环保部门网站、政府门户网站或企业信用信息网未公开本部门 2018 年的查处情况。

**（六）法治政府建设年度报告发布尚未常态化**

有 22 家国务院部门网站、7 家省级政府、12 家较大的市政府、63 家县级政府门户网站或其法制部门网站未公开 2017 年度法治政府建设情况年度报告。部分已公开法治政府建设情况年报的评估对象发布报告不及时。按照《法治政府建设实施纲要（2015—2020 年）》的要求，各级政府及其部门应每年第一季度制作完成报告并对外公开。但在 2018 年 3 月 31 日前通过网站公开法治政府建设情况年度报告的，仅有 12 家国务院部门、

7家省级政府、31家较大的市政府、31家县级政府。甚至有个别地区的报告在下半年才公布，如浙江省温州市瓯海区2017年法治政府建设情况报告2018年3月20日形成，但7月16日才公布。

### （七）部分行政处罚事项与结果公开不及时

首先，行政处罚事项清单内容有所欠缺。有2家省级政府、2家较大的市政府、14家县级政府公开的行政处罚事项清单中未包括部分行政处罚事项的法律依据，部分处罚依据不明确，未完整包括法律法规名称、条款数和条款内容，公开形式过于简单。其次，部分领域行政处罚结果公开程度低。34家国务院部门未公开2018年本部门的行政处罚结果，5家省级环境保护部门、12家省级市场监督管理部门未公开2018年本部门的行政处罚结果，12家较大的市政府市场监督管理部门未公开2018年本部门的行政处罚结果，24家县级政府环境保护部门、38家县级市场监督管理部门未公开2018年本部门的行政处罚结果。最后，未常态化公开行政处罚结果。例如，国家文物局网站虽然设置了行政处罚专栏，但专栏中没有正式的行政处罚信息，只有通知或通报，且最近更新信息时间为2017年1月；西藏自治区环境保护厅公布的行政处罚结果只更新到2013年，且发布的信息也很少；河北省邯郸市环境保护局的行政处罚结果只更新到2017年；江苏省苏州工业园区管委会门户网站没有公布2018年环保部门的行政处罚信息。

### （八）地方政府审计结果公开不全面不及时

本次对审计结果的评估包括公开"2017/2016年本级预算执行审计报告及其发现问题""2017年度专项审计报告""2017/2016年度审计发现问题整改情况报告""审计信息网站公布情况"4项内容。评估结果发现，有8家省级政府、29家较大的市政府、75家县级政府未全部公开上述内容，而且普遍存在本级审计信息公开量较少的现象。很多地方政府转发了国家审计署的审计报告，而关于本级转发的审计报告却较少，如安徽省、天津市。此外，不少评估对象发布审计信息滞后。以陕西省为例，其公布的"2018年第2号审计结果"内容是2014年度的专项审计报告。截至2018年10月20

日，河南省采集数据最近的审计报告为 2016 年的。有 25 家较大的市政府、77 家县级政府未公布"2017 年度本级预算执行审计报告"。

**（九）建议提案办理结果公开程度仍不高**

第一，部分评估对象未公开 2018 年建议提案办理复文，其中多数县、区对建议提案结果公开程度较低。有 9 家国务院部门、8 家省级政府、13 家较大的市政府和 49 家县级政府未公开 2018 年人大代表建议的办理复文，10 家国务院部门、11 家省级政府、13 家较大的市、46 家县级政府未公开 2018 年政协提案的办理复文。虽然可能存在有的部门 2018 年度未收到建议提案或不是建议提案的主办单位，又或者有的建议提案的办理结果因为涉密或敏感等不宜公开的情况，但一级政府一年中无一件办理复文公开也比较罕见。第二，部分评估对象公开 2018 年建议提案办理复文不规范。有 3 家国务院部门、1 家省级政府、2 家县级政府存在仅公开 2018 年全国人大代表建议的办理复文摘要或者公开部分全文、部分摘要的情况。第三，多数评估对象未公开本单位 2018 年办理建议提案的总体情况。42 家国务院部门、23 家省级政府、43 家地级市政府、77 家县级政府未公开 2018 年度本单位办理全国人大建议的总体情况，41 家国务院部门、24 家省级政府、42 家较大的市政府、82 家县级政府未公开 2018 年度本单位办理全国政协提案的总体情况。

**（十）政策解读信息发布质量仍有待提升**

首先，政策解读信息发布混乱。有 3 家国务院部门、1 家省级政府、2 家较大的市政府和 16 家县级政府政策解读栏目内发布了与政策解读无关的信息。其次，本级政策解读发布情况有待加强。多数评估对象在政策解读栏目大量转发上级政府政策解读信息，有的县级政府政策解读栏目本年度发布信息几十条，但本级政策解读信息仅几条，甚至无本级解读信息。最后，政策解读信息发布不及时、时效性不强。有 21 家国务院部门、15 家省级政府、25 家较大的市政府、38 家县级政府首次解读信息的网上发布时间与政策文件的网上发布时间间隔超过 3 个工作日。

### （十一）部分县区义务教育信息公开程度较低

部分县级政府或其教育行政部门公开义务教育招生入学政策以及义务教育招生划片范围、招生计划、招生条件、学校情况、招生结果等信息的情况不理想。有 40 家县级政府未公开本级政府 2018 年义务教育阶段入学工作的文件；43 家县级政府未公开义务教育入学政策咨询电话；40 家县级政府未公开本地区小学招生范围，42 家县级政府未公开本地区中学招生范围；74 家县级政府未向社会公众公开 2018 年本地区小学招生人数，66 家县级政府未公开 2018 年本地区中学招生人数；35 家县级政府未公开幼升小或小升初普通学生招生入学条件，31 家县级政府未公开幼升小或小升初随迁子女招生入学条件；84 家县级政府未公开公办或民办的普通中小学招生简章。

### （十二）部分地方政府依申请公开仍存短板

本次评估抽取了省级政府部门和县级政府部门进行依申请公开的验证，发现存在以下问题。首先，在线申请渠道存在运行不稳定或友好性不佳的问题。例如，陕西省卫生行政部门的在线平台总是显示验证码错误；黑龙江省卫生行政部门的在线平台在提交申请后未提示查询码，打电话咨询对方得知其平台一年来一直运行不稳定，工作人员建议重新提交申请；浙江省卫生行政部门在网页申请时需要很烦琐的注册手续，给申请带来诸多不便。县级政府教育部门中此问题更为突出，有 35 家平台存在上述现象。其次，回复不及时。项目组通过网络平台和信函申请方式对 100 个县的教育部门提交申请，但截至评估结束未收到答复的有 45 家，另有 6 家县级教育部门超出法定答复期限做出回复。最后，答复不规范。部分县级政府教育部门出具的答复书没有盖公章，或未明示做出答复的机关。不少评估对象做出不予公开等不利于申请人的答复时未列明救济渠道，涉及 3 家省级政府部门。

## 五 未来展望

《关于全面推进政务公开工作的意见》提出，到 2020 年，政务公开工作总体迈上新台阶，公开制度化、标准化、信息化水平显著提升，用政府更加公开透明赢得人民群众的更多理解、信任和支持。2019年是实现全面推进政务公开工作目标的关键一年，应进一步巩固此前政务公开工作的成效，推广各地、各部门、各领域政务公开工作经验，提升政务公开工作的总体水平。

首先，坚持公开促参与、公开促管理的理念。公开不是目的，而是手段，是为了有效促进公众有序参与，实现共建、共治、共享的目标；公开不只是晒出政府的行为和结果，关键是要借助公开推动政府权力运行规范化。因此，应当在治理体系和治理能力现代化视角下审视公开工作，把公开作为做好基层治理的重要抓手。

其次，切实推进政务公开标准化，避免公开水平受到人为影响。实现政务公开标准化才能有效改变不同地区、不同级别的行政机关公开水平差异大以及不同人负责公开工作影响公开效果等问题。为此，还需要加强政府信息源头管理，从信息制作产生环节规范属性认定、扩大公开范围；进一步梳理好公开清单、明晰家底责任，通过编制目录加强管理；切实做好政府信息的动态调整，根据社会形势、群众需求、法律法规修改等及时调整公开范围，逐步扩大主动公开范围；确立标准、明确方式方法，编制明晰的公开流程、操作规程，确保新人上手快、任何人一个样。

再次，借力信息化，提升公开效果。应借信息化固化公开流程，在政府管理的各个环节深度运用信息化手段，实现在线服务、在线管理、在线办公，用信息"铁笼"管好信息产生、属性认定、数据归集、自动导出、前台展示等各个环节。不断强化用户思维、提高展示水平，公开什么、如何公开、网站如何设计，均应从公众的需求出发，而不是从自己工作的便利出发。

最后，提升政务公开与政府管理业务活动直接的黏合度。政务公开不是游离于政府管理的孤立业务，而是遍及政务公开的全业务和全流程。为此，要改变"就公开说公开"的狭隘认识，将公开内嵌于政府管理和服务的各个环节，使其成为政府活动必不可少的内容。

# 中国政府透明度指数报告（2019）

2019年，中国社会科学院国家法治指数研究中心、法学研究所法治指数创新工程项目组（以下简称项目组）继续对各级政府政务公开情况进行调研和评估，本报告对此次调研和评估情况进行了总结分析。

## 一　评估对象、指标及方法

2019年的评估对象包括49家2018年机构改革后对外有行政管理权限的国务院部门、31家省级政府（不包括港澳台地区）、49家较大的市政府、125家县（市、区）政府。本次选取的县（市、区）政府包括2018年从基层政务公开试点县（市、区）政府中抽取的对象、在非试点省份按照GDP排名抽取的部分县（市、区）政府，以及2019年新增加的省会城市、自治区首府和直辖市人民政府所在地的区级政府。

项目组根据《政府信息公开条例》、中共中央办公厅和国务院办公厅印发的《关于全面推进政务公开工作的意见》、国务院办公厅《〈关于全面推进政务公开工作的意见〉实施细则》、国务院办公厅《2019年政务公开工作要点》等，优化指标设置，形成了2019年评估指标体系。一级指标包括决策公开、管理服务公开、执行和结果公开、政务公开平台建设、依申请公开（见表1—表4）。评估截至2019年12月31日。

决策公开指标主要考察国务院各部门、各级政府推进重大决策预公开、规范性文件公开以及政策解读的情况。

管理服务公开指标主要考察有相应职权的国务院部门、各级政府公开权力清单、政务服务信息、行政执法信息的情况；对县（市、区）政府还评估了其公开义务教育管理信息的情况。

表1　　　　中国政府透明度指数指标体系（国务院部门）

| 一级指标 | 二级指标 |
| --- | --- |
| 决策公开（35%） | 重大决策预公开（40%） |
| 决策公开（35%） | 规范性文件公开（30%） |
| 决策公开（35%） | 政策解读（30%） |
| 管理服务公开（20%） | 权力清单公开（30%） |
| 管理服务公开（20%） | 政务服务信息公开（40%） |
| 管理服务公开（20%） | 行政执法信息公开（30%） |
| 执行和结果公开（25%） | 法治政府建设情况年度报告（60%） |
| 执行和结果公开（25%） | 建议提案办理结果公开（40%） |
| 政务公开平台建设（20%） | 网站建设（40%） |
| 政务公开平台建设（20%） | 政务新媒体（30%） |
| 政务公开平台建设（20%） | 网站互动交流（30%） |

表2　　　　中国政府透明度指数指标体系（省级政府）

| 一级指标 | 二级指标 |
| --- | --- |
| 决策公开（35%） | 重大决策预公开（40%） |
| 决策公开（35%） | 规范性文件公开（30%） |
| 决策公开（35%） | 政策解读（30%） |
| 管理服务公开（20%） | 权力清单公开（30%） |
| 管理服务公开（20%） | 政务服务信息公开（40%） |
| 管理服务公开（20%） | 行政执法信息公开（30%） |
| 执行和结果公开（25%） | 法治政府建设情况年度报告（20%） |
| 执行和结果公开（25%） | 建议提案办理结果公开（20%） |
| 执行和结果公开（25%） | 审计结果公开（30%） |
| 执行和结果公开（25%） | 地方政府债务信息（30%） |
| 政务公开平台建设（20%） | 网站建设（30%） |
| 政务公开平台建设（20%） | 政务新媒体（20%） |
| 政务公开平台建设（20%） | 政府公报（30%） |
| 政务公开平台建设（20%） | 网站互动交流（20%） |

表3　　中国政府透明度指数指标体系（较大的市政府）

| 一级指标 | 二级指标 |
| --- | --- |
| 决策公开（35%） | 重大决策预公开（40%） |
|  | 规范性文件公开（30%） |
|  | 政策解读（30%） |
| 管理服务公开（20%） | 权力清单公开（30%） |
|  | 政务服务信息公开（40%） |
|  | 行政执法信息公开（30%） |
| 执行和结果公开（25%） | 法治政府建设情况年度报告（20%） |
|  | 建议提案办理结果公开（20%） |
|  | 审计结果公开（30%） |
|  | 地方政府债务信息（30%） |
| 政务公开平台建设（20%） | 网站建设（30%） |
|  | 政务新媒体（20%） |
|  | 政府公报（30%） |
|  | 网站互动交流（20%） |

表4　　中国政府透明度指数指标体系［县（市、区）政府］

| 一级指标 | 二级指标 |
| --- | --- |
| 决策公开（30%） | 重大决策预公开（40%） |
|  | 规范性文件公开（30%） |
|  | 政策解读（30%） |
| 管理服务公开（20%） | 权力清单公开（30%） |
|  | 政务服务信息公开（40%） |
|  | 行政执法信息公开（30%） |
| 执行和结果公开（20%） | 法治政府建设情况年度报告（20%） |
|  | 建议提案办理结果公开（20%） |
|  | 审计结果公开（20%） |
|  | 地方政府债务信息（20%） |
|  | 义务教育信息公开（20%） |

续表

| 一级指标 | 二级指标 |
| --- | --- |
| 政务公开平台建设（20%） | 网站建设（30%） |
|  | 政务新媒体（20%） |
|  | 政府公报（30%） |
|  | 网站互动交流（20%） |
| 依申请公开（10%） | 渠道畅通性（40%） |
|  | 答复规范化（60%） |

执行和结果公开指标主要考察公开法治政府建设情况年度报告和建议提案办理结果的情况；对省级政府、较大的市和县（市、区）政府还考察了其公开审计报告、地方政府债务信息等情况。

政务公开平台建设评估各对象网站建设（包括栏目设置和检索功能）、政务新媒体、网站互动交流情况。其中，政府公报不适用于国务院部门。

依申请公开指标仅涉及125家县（市、区）政府，评估申请渠道的畅通性和答复规范化程度。项目组从2019年8月27日至12月20日，采取在线申请优先、信函申请辅助的方式进行了验证。

## 二 评估结果的总体情况

2019年，国务院部门排在前列的有交通运输部、海关总署、国家发展和改革委员会、国家市场监督管理总局、工业和信息化部、民政部、国家税务总局、司法部、水利部、商务部（评估结果见表5）。省级政府排在前列的有北京市、上海市、广东省、贵州省、四川省、山东省、安徽省、江苏省、宁夏回族自治区、天津市（评估结果见表6）。较大的市政府排在前列的有厦门市、广州市、深圳市、成都市、青岛市、宁波市、银川市、合肥市、淄博市、苏州市（评估结果见表7）。县（市、区）政府排在前列的有上海市普陀、浙江省宁波市江北区、北京市西城区、山东省威海市荣成市、广东省深圳市罗湖区、上海市虹口区、浙江省温州市瓯海区、山东省济南市历下区、广东省广州市越秀区、上海市浦东新区（评估结果见表8)。

表5  中国政府透明度指数评估结果（国务院部门）

| 排名 | 评估对象 | 决策公开（35%） | 管理服务公开（20%） | 执行和结果公开（25%） | 政务公开平台建设（20%） | 总分（满分：100分） |
|---|---|---|---|---|---|---|
| 1 | 交通运输部 | 76.2 | 58.75 | 88 | 93 | 79.02 |
| 2 | 海关总署 | 68 | 34.1 | 82 | 100 | 71.12 |
| 3 | 国家发展和改革委员会 | 72.6 | 38.2 | 70 | 100 | 70.55 |
| 4 | 国家市场监督管理总局 | 66.8 | 47.2 | 64 | 93 | 67.42 |
| 5 | 工业和信息化部 | 56.4 | 53.5 | 76 | 88 | 67.04 |
| 6 | 民政部 | 57.6 | 51.4 | 70 | 95 | 66.94 |
| 7 | 国家税务总局 | 55.8 | 65.6 | 58 | 93 | 65.75 |
| 8 | 司法部 | 52 | 40 | 73 | 93 | 63.05 |
| 9 | 水利部 | 50.6 | 58 | 52 | 95 | 61.31 |
| 10 | 商务部 | 50 | 43.4 | 64 | 93 | 60.78 |
| 11 | 自然资源部 | 50.6 | 39.5 | 64 | 95 | 60.61 |
| 12 | 人力资源和社会保障部 | 56.4 | 34.4 | 58 | 93 | 59.72 |
| 13 | 国家外汇管理局 | 82.8 | 40 | 16 | 88 | 58.58 |
| 14 | 教育部 | 47 | 50.5 | 52 | 95 | 58.55 |
| 15 | 外交部 | 48.2 | 30.2 | 64 | 86 | 56.11 |
| 16 | 国家林业和草原局 | 53.4 | 66.5 | 16 | 100 | 55.99 |
| 17 | 中国证券监督管理委员会 | 47 | 65.6 | 52 | 78 | 58.17 |
| 18 | 国家知识产权局 | 30.6 | 47.6 | 64 | 93 | 54.83 |
| 19 | 中国民用航空局 | 48.8 | 36.25 | 52 | 81 | 53.53 |
| 20 | 财政部 | 40.4 | 35.9 | 52 | 95 | 53.32 |
| 21 | 国家广播电视总局 | 37.4 | 41.2 | 64 | 78 | 52.93 |
| 22 | 农业农村部 | 49.4 | 43.7 | 64 | 53 | 52.63 |
| 23 | 中国气象局 | 58.6 | 32 | 28 | 93 | 52.51 |
| 24 | 国家药品监督管理局 | 33.2 | 67.6 | 28 | 93 | 50.74 |
| 25 | 国家卫生健康委员会 | 44.8 | 45.55 | 28 | 88 | 49.39 |

续表

| 排名 | 评估对象 | 决策公开（35%） | 管理服务公开（20%） | 执行和结果公开（25%） | 政务公开平台建设（20%） | 总分（满分：100分） |
| --- | --- | --- | --- | --- | --- | --- |
| 26 | 国家体育总局 | 58.8 | 32 | 52 | 47 | 49.38 |
| 27 | 科学技术部 | 44 | 40.7 | 28 | 93 | 49.14 |
| 28 | 国家统计局 | 35 | 39.8 | 40 | 93 | 48.81 |
| 29 | 审计署 | 30 | 0 | 76 | 93 | 48.1 |
| 30 | 住房和城乡建设部 | 51.8 | 38.2 | 46 | 53 | 47.87 |
| 31 | 文化和旅游部 | 38.6 | 39.5 | 28 | 95 | 47.41 |
| 32 | 国家粮食和物资储备局 | 30.6 | 44.8 | 28 | 100 | 46.67 |
| 33 | 生态环境部 | 36.6 | 32 | 34 | 93 | 46.31 |
| 34 | 应急管理部 | 58.2 | 30.2 | 4 | 86 | 44.61 |
| 35 | 公安部 | 40.4 | 37.6 | 36 | 68 | 44.26 |
| 36 | 中国银行保险监督管理委员会（中国保险监督管理委员会） | 48.2 | 47.6 | 28 | 53 | 43.99 |
| 37 | 国家铁路局 | 19.8 | 72.1 | 28 | 73 | 42.95 |
| 38 | 国家文物局 | 30.6 | 32.9 | 28 | 93 | 42.89 |
| 39 | 国家烟草专卖局 | 34.8 | 41 | 34 | 68 | 42.48 |
| 40 | 国务院国有资产监督管理委员会 | 31.8 | 18.75 | 28 | 88 | 39.48 |
| 41 | 国家能源局 | 24.6 | 32.2 | 28 | 86 | 39.25 |
| 42 | 国家医疗保障局 | 45 | 8 | 28 | 68 | 37.95 |
| 43 | 国家信访局 | 25.8 | 0 | 40 | 93 | 37.63 |
| 44 | 国家邮政局 | 17.4 | 30.8 | 24 | 72 | 32.65 |
| 45 | 国家移民管理局 | 34.2 | 22.4 | 0 | 78 | 32.05 |
| 46 | 国家民族事务委员会 | 16.2 | 0 | 28 | 93 | 31.27 |
| 47 | 中国人民银行 | 14 | 45.7 | 4 | 65 | 28.04 |
| 48 | 国家中医药管理局 | 21.6 | 0 | 10 | 73 | 24.66 |
| 49 | 国家国际发展合作署 | 0 | 0 | 0 | 63 | 12.6 |

表6　　　　　中国政府透明度指数评估结果（省级政府）

| 排名 | 评估对象 | 决策公开（35%） | 管理服务公开（20%） | 执行和结果公开（25%） | 政务公开平台建设（20%） | 总分（满分：100分） |
|---|---|---|---|---|---|---|
| 1 | 北京市 | 78.2 | 71 | 75.5 | 100 | 80.45 |
| 2 | 上海市 | 76.8 | 72 | 75 | 100 | 80.03 |
| 3 | 广东省 | 80.6 | 55 | 72.2 | 100 | 77.26 |
| 4 | 贵州省 | 63.6 | 92 | 51 | 100 | 73.41 |
| 5 | 四川省 | 62.5 | 66 | 67 | 95 | 70.83 |
| 6 | 山东省 | 60.5 | 57.4 | 72 | 100 | 70.66 |
| 7 | 安徽省 | 60 | 70 | 70.2 | 90 | 70.55 |
| 8 | 江苏省 | 63.2 | 82 | 63.5 | 80 | 70.40 |
| 9 | 宁夏回族自治区 | 65 | 69 | 62.5 | 91 | 70.38 |
| 10 | 天津市 | 50.8 | 74 | 75 | 95 | 70.33 |
| 11 | 海南省 | 63.2 | 61 | 62.7 | 100 | 70.00 |
| 12 | 河南省 | 68.4 | 57 | 57 | 100 | 69.59 |
| 13 | 河北省 | 52 | 66 | 67 | 100 | 68.15 |
| 14 | 江西省 | 40.8 | 90.8 | 62.7 | 100 | 68.12 |
| 15 | 湖北省 | 45 | 75 | 69 | 100 | 68.00 |
| 16 | 浙江省 | 43.8 | 69 | 76.2 | 96 | 67.38 |
| 17 | 湖南省 | 56 | 41 | 76.5 | 90 | 64.93 |
| 18 | 广西壮族自治区 | 57.2 | 57 | 56.5 | 95 | 64.55 |
| 19 | 云南省 | 43.4 | 69 | 63.2 | 95 | 63.79 |
| 20 | 陕西省 | 44.4 | 66 | 64 | 95 | 63.74 |
| 21 | 甘肃省 | 43.2 | 70 | 59.4 | 95 | 62.97 |
| 22 | 青海省 | 56.6 | 34.4 | 62.3 | 100 | 62.27 |
| 23 | 吉林省 | 43.4 | 58 | 64.2 | 96 | 62.04 |
| 24 | 福建省 | 60.8 | 49 | 46.7 | 96 | 61.96 |
| 25 | 辽宁省 | 56.8 | 45 | 70.2 | 67 | 59.83 |
| 26 | 内蒙古自治区 | 45.2 | 66 | 49 | 91 | 59.47 |
| 27 | 重庆市 | 42 | 57 | 56.9 | 90 | 58.33 |
| 28 | 黑龙江省 | 52.2 | 41 | 50.7 | 90 | 57.15 |
| 29 | 山西省 | 40.2 | 45 | 57 | 96 | 56.52 |
| 30 | 新疆维吾尔自治区 | 35.4 | 49 | 52.5 | 90 | 53.32 |
| 31 | 西藏自治区 | 4.2 | 61 | 46.2 | 66 | 38.42 |

表7　中国政府透明度指数评估结果（较大的市政府）

| 排名 | 评估对象 | 决策公开（35%） | 管理服务公开（20%） | 执行和结果公开（25%） | 政务公开平台建设（20%） | 总分（满分：100分） |
| --- | --- | --- | --- | --- | --- | --- |
| 1 | 厦门市 | 88.40 | 80.80 | 63.20 | 93.00 | 81.50 |
| 2 | 广州市 | 80.80 | 77.24 | 63.7 | 88.00 | 77.25 |
| 3 | 深圳市 | 72.60 | 73.84 | 73.00 | 93.00 | 77.03 |
| 4 | 成都市 | 68.00 | 73.80 | 73.00 | 100.00 | 76.81 |
| 5 | 青岛市 | 77.00 | 57.64 | 77.00 | 95.00 | 76.73 |
| 6 | 宁波市 | 68.00 | 73.50 | 76.50 | 93.00 | 76.23 |
| 7 | 银川市 | 78.80 | 75.30 | 71.20 | 78.00 | 76.04 |
| 8 | 合肥市 | 61.80 | 57.64 | 90.00 | 100.00 | 75.66 |
| 9 | 淄博市 | 79.60 | 70.56 | 60.00 | 93.00 | 75.57 |
| 10 | 苏州市 | 72.50 | 75.48 | 63.20 | 93.00 | 74.87 |
| 11 | 淮南市 | 70.20 | 62.32 | 76.20 | 93.00 | 74.68 |
| 12 | 大连市 | 77.82 | 65.38 | 61.00 | 95.00 | 74.56 |
| 13 | 贵阳市 | 69.20 | 91.22 | 48.50 | 95.00 | 73.59 |
| 14 | 武汉市 | 72.6 | 69.32 | 62.00 | 94.00 | 73.57 |
| 15 | 珠海市 | 70.80 | 73.80 | 55.50 | 100.00 | 73.42 |
| 16 | 南宁市 | 70.80 | 65.38 | 69.00 | 90.00 | 73.11 |
| 17 | 杭州市 | 61.40 | 71.76 | 63.20 | 100.00 | 71.64 |
| 18 | 福州市 | 70.20 | 58.60 | 60.00 | 95.00 | 70.29 |
| 19 | 海口市 | 72.20 | 55.56 | 62.00 | 88.00 | 69.48 |
| 20 | 济南市 | 77.60 | 58.96 | 40.20 | 93.00 | 67.60 |
| 21 | 昆明市 | 68.60 | 55.72 | 59.00 | 86.00 | 67.10 |
| 22 | 南昌市 | 58.20 | 58.30 | 59.20 | 100.00 | 66.83 |
| 23 | 南京市 | 53.60 | 74.56 | 66.20 | 83.00 | 66.82 |
| 24 | 无锡市 | 51.86 | 63.88 | 63.10 | 100.00 | 66.70 |
| 25 | 哈尔滨市 | 68.60 | 45.24 | 51.20 | 100.00 | 65.86 |

续表

| 排名 | 评估对象 | 决策公开（35%） | 管理服务公开（20%） | 执行和结果公开（25%） | 政务公开平台建设（20%） | 总分（满分：100分） |
|---|---|---|---|---|---|---|
| 26 | 呼和浩特市 | 74.60 | 49.30 | 45.00 | 93.00 | 65.82 |
| 27 | 汕头市 | 54.20 | 62.32 | 57.50 | 100.00 | 65.81 |
| 28 | 郑州市 | 56.60 | 62.80 | 57.50 | 69.00 | 60.55 |
| 29 | 西安市 | 32.40 | 59.40 | 64.00 | 100.00 | 59.22 |
| 30 | 邯郸市 | 49.20 | 62.00 | 43.50 | 93.00 | 59.10 |
| 31 | 石家庄市 | 45.40 | 68.40 | 46.00 | 81.00 | 57.27 |
| 32 | 抚顺市 | 46.40 | 53.80 | 62.00 | 71.00 | 56.70 |
| 33 | 徐州市 | 49.40 | 75.28 | 29.70 | 83.00 | 56.37 |
| 34 | 沈阳市 | 42.00 | 62.50 | 42.20 | 93.00 | 56.35 |
| 35 | 长春市 | 54.60 | 57.04 | 59.00 | 54.00 | 56.07 |
| 36 | 长沙市 | 40.20 | 57.64 | 57.20 | 80.00 | 55.90 |
| 37 | 兰州市 | 38.40 | 63.44 | 35.00 | 86.00 | 52.08 |
| 38 | 本溪市 | 49.20 | 53.40 | 39.50 | 68.00 | 51.38 |
| 39 | 乌鲁木齐市 | 27.00 | 66.80 | 39.00 | 93.00 | 51.16 |
| 40 | 太原市 | 27.00 | 59.20 | 48.00 | 88.00 | 50.89 |
| 41 | 洛阳市 | 27.00 | 59.34 | 63.20 | 62.00 | 49.52 |
| 42 | 吉林市 | 35.00 | 40.00 | 47.00 | 86.00 | 49.20 |
| 43 | 唐山市 | 21.00 | 70.52 | 39.50 | 83.00 | 47.93 |
| 44 | 包头市 | 27.60 | 47.56 | 35.00 | 95.00 | 46.92 |
| 45 | 齐齐哈尔市 | 31.80 | 50.88 | 27.00 | 93.00 | 46.66 |
| 46 | 西宁市 | 42.00 | 36.20 | 41.00 | 72.00 | 46.59 |
| 46 | 拉萨市 | 21.00 | 52.44 | 39.00 | 95.00 | 46.59 |
| 48 | 鞍山市 | 46.40 | 34.02 | 30.50 | 78.00 | 46.27 |
| 49 | 大同市 | 15.00 | 39.56 | 42.00 | 95.00 | 42.66 |

表8  中国政府透明度指数评估结果［县（市、区）政府］

| 排名 | 评估对象 | 决策公开（30%） | 管理服务公开（20%） | 执行和结果公开（20%） | 政务公开平台建设（20%） | 依申请公开（10%） | 总分（满分：100分） |
|---|---|---|---|---|---|---|---|
| 1 | 上海市普陀区 | 72.6 | 58.6 | 62.8 | 86 | 100 | 73.26 |
| 2 | 浙江省宁波市江北区 | 72.6 | 58.24 | 64.52 | 88 | 86 | 72.53 |
| 3 | 北京市西城区 | 63.2 | 62.08 | 61.5 | 90 | 100 | 71.68 |
| 4 | 山东省威海市荣成市 | 73.8 | 72.3 | 40 | 85 | 96 | 71.20 |
| 5 | 广东省深圳市罗湖区 | 68.6 | 55.96 | 62 | 88 | 90 | 70.77 |
| 6 | 上海市虹口区 | 59.2 | 60.28 | 69.04 | 93 | 80 | 70.22 |
| 7 | 浙江省温州市瓯海区 | 54.8 | 55.84 | 67.6 | 95 | 96 | 69.73 |
| 8 | 山东省济南市历下区 | 67.8 | 58.3 | 48 | 88 | 100 | 69.20 |
| 9 | 广东省广州市越秀区 | 65 | 52.12 | 58.44 | 88 | 95 | 68.71 |
| 10 | 上海市浦东新区 | 67.4 | 48.52 | 60.24 | 88 | 90 | 68.57 |
| 11 | 安徽省合肥市庐阳区 | 75.8 | 51.88 | 52.44 | 80 | 86 | 68.20 |
| 12 | 山东省烟台市龙口市 | 59 | 59.56 | 58.44 | 86 | 96 | 68.10 |
| 13 | 广东省佛山市禅城区 | 71.6 | 62.32 | 21.94 | 95 | 100 | 67.33 |
| 14 | 上海市黄浦区 | 57 | 57.04 | 57.8 | 83 | 100 | 66.67 |
| 15 | 安徽省宿州市灵璧县 | 67.4 | 46.24 | 56.8 | 78 | 96 | 66.03 |
| 16 | 安徽省六安市裕安区 | 65 | 64.6 | 54.72 | 95 | 27.5 | 65.11 |
| 17 | 上海市徐汇区 | 43.2 | 55.96 | 61.6 | 93 | 100 | 65.07 |
| 18 | 北京市东城区 | 40.6 | 64.66 | 48.16 | 100 | 100 | 64.74 |
| 19 | 北京市海淀区 | 52.8 | 64.96 | 38.48 | 90 | 97.5 | 64.28 |
| 20 | 安徽省合肥市蜀山区 | 60.8 | 53.56 | 54.52 | 80 | 83 | 64.16 |
| 21 | 安徽省六安市金寨县 | 76.4 | 55.24 | 54.8 | 80 | 30 | 63.93 |
| 22 | 广西壮族自治区贵港市桂平市 | 47 | 54.52 | 62.08 | 93 | 73 | 63.32 |
| 23 | 浙江省金华市义乌市 | 63.8 | 64.48 | 38.8 | 67 | 90 | 62.20 |
| 24 | 四川省成都市武侯区 | 47.6 | 58.5 | 27.74 | 100 | 100 | 61.53 |
| 25 | 北京市朝阳区 | 48.2 | 66.28 | 23.4 | 95 | 100 | 61.40 |
| 26 | 湖南省长沙市浏阳市 | 37.2 | 61.36 | 46.2 | 100 | 86 | 61.27 |

续表

| 排名 | 评估对象 | 决策公开（30%） | 管理服务公开（20%） | 执行和结果公开（20%） | 政务公开平台建设（20%） | 依申请公开（10%） | 总分（满分：100分） |
|---|---|---|---|---|---|---|---|
| 26 | 宁夏回族自治区银川市贺兰县 | 37.2 | 67.56 | 40 | 93 | 100 | 61.27 |
| 28 | 湖南省长沙市岳麓区 | 40.4 | 47.56 | 53.44 | 100 | 86 | 60.92 |
| 29 | 宁夏回族自治区固原市彭阳县 | 42.6 | 54.96 | 49.44 | 93 | 86 | 60.86 |
| 30 | 贵州省贵阳市观山湖区 | 42 | 61.96 | 41.2 | 100 | 76 | 60.83 |
| 30 | 浙江省杭州市拱墅区 | 72.8 | 48.52 | 13.44 | 85 | 96 | 60.83 |
| 32 | 内蒙古自治区呼和浩特市新城区 | 42.2 | 50.56 | 51.5 | 93 | 83 | 59.97 |
| 33 | 广东省惠州市博罗县 | 38.6 | 60.16 | 50 | 88 | 86 | 59.81 |
| 34 | 河北省石家庄市长安区 | 53 | 62.58 | 20.44 | 93 | 86 | 59.70 |
| 35 | 天津市滨海新区 | 20.4 | 78.24 | 51.3 | 90 | 90 | 59.03 |
| 36 | 陕西省西安未央区 | 37.2 | 47.56 | 52.8 | 93 | 90 | 58.83 |
| 37 | 北京市通州区 | 36.4 | 67.36 | 39 | 83 | 97.5 | 58.54 |
| 37 | 广西壮族自治区玉林市博白县 | 50.6 | 54.76 | 32.52 | 93 | 73 | 58.54 |
| 39 | 浙江省杭州市江干区 | 46.8 | 49.24 | 46.6 | 76 | 100 | 58.41 |
| 40 | 贵州省六盘水市六枝特区 | 46 | 69.56 | 21.4 | 86 | 86 | 57.79 |
| 41 | 安徽省黄山市徽州区 | 42.6 | 39.28 | 51.8 | 95 | 73.5 | 57.31 |
| 42 | 福建省泉州市石狮市 | 45.8 | 53.56 | 29 | 88 | 86 | 56.45 |
| 43 | 贵州省黔西南州贞丰县 | 46 | 51.4 | 29.92 | 93 | 73 | 55.96 |
| 44 | 江苏省宿迁市沭阳县 | 48.6 | 45.16 | 20.44 | 93 | 96 | 55.90 |
| 45 | 云南省楚雄州楚雄市 | 46.8 | 57 | 36 | 88 | 56 | 55.84 |
| 46 | 云南省昆明市五华区 | 30 | 47.16 | 58.6 | 88 | 76 | 55.35 |
| 47 | 江苏省南京市玄武区 | 17.8 | 68.28 | 50.44 | 88 | 82 | 54.88 |
| 48 | 四川省眉山市仁寿县 | 61.2 | 44.2 | 35.6 | 54 | 86 | 53.72 |
| 49 | 福建省福州市鼓楼区 | 36 | 54.76 | 55.9 | 58 | 90 | 53.53 |
| 50 | 广东省广州市海珠区 | 31.2 | 51.4 | 38 | 88 | 86 | 53.44 |
| 51 | 贵州省遵义市播州区 | 36.6 | 41.8 | 38.92 | 93 | 76 | 53.32 |

续表

| 排名 | 评估对象 | 决策公开（30%） | 管理服务公开（20%） | 执行和结果公开（20%） | 政务公开平台建设（20%） | 依申请公开（10%） | 总分（满分：100分） |
|---|---|---|---|---|---|---|---|
| 52 | 江西省南昌市东湖区 | 26.4 | 58.3 | 30.92 | 93 | 83 | 52.66 |
| 52 | 广西壮族自治区百色市平果县 | 32.6 | 55.96 | 32.44 | 88 | 76 | 52.66 |
| 54 | 广西壮族自治区南宁市青秀区 | 20.4 | 65.64 | 62.4 | 93 | 20 | 52.33 |
| 55 | 湖北省宜昌市宜都市 | 31.8 | 50.92 | 35.92 | 85 | 83 | 52.21 |
| 56 | 湖北省武汉市江岸区 | 37.6 | 53.5 | 31.44 | 73 | 90 | 51.87 |
| 57 | 河北省唐山市丰润区 | 22.2 | 69.66 | 24.6 | 93 | 76 | 51.71 |
| 58 | 河北省唐山市迁安市 | 28.2 | 67.32 | 28.6 | 71 | 96 | 51.44 |
| 59 | 四川省成都市龙泉驿区 | 23.4 | 57.96 | 26.4 | 95 | 80 | 50.89 |
| 60 | 贵州省贵阳市南明区 | 28.2 | 47.52 | 45.6 | 86 | 66 | 50.88 |
| 61 | 天津市河西区 | 21.6 | 59.92 | 30 | 85 | 90 | 50.46 |
| 62 | 宁夏回族自治区银川市金凤区 | 34.2 | 51.6 | 39.92 | 61 | 90 | 49.76 |
| 63 | 辽宁省沈阳市铁西区 | 38.4 | 50.44 | 31.6 | 68 | 82 | 49.73 |
| 64 | 黑龙江省哈尔滨市松北区 | 49.4 | 43.72 | 22.44 | 93 | 27.5 | 49.40 |
| 65 | 黑龙江省哈尔滨市道里区 | 29.8 | 40.96 | 35.92 | 93 | 63 | 49.22 |
| 66 | 陕西省延安市安塞区 | 30.4 | 40 | 24 | 93 | 85 | 49.02 |
| 67 | 江苏省南京市建邺区 | 15 | 63 | 34.92 | 88 | 72 | 48.88 |
| 68 | 河南省安阳市汤阴县 | 31.4 | 47.56 | 12.6 | 93 | 87.5 | 48.80 |
| 69 | 海南省乐东县 | 29 | 38.56 | 45 | 88 | 56 | 48.61 |
| 70 | 天津市武清区 | 22.2 | 54.16 | 34.44 | 76 | 87.5 | 48.33 |
| 71 | 黑龙江省齐齐哈尔市龙沙区 | 49.2 | 21.6 | 43 | 61 | 83 | 48.18 |
| 72 | 河南省郑州市中原区 | 18 | 49 | 33.96 | 93 | 67.5 | 47.34 |
| 73 | 云南省昆明市呈贡区 | 27.6 | 62.76 | 34.6 | 54 | 83 | 46.85 |
| 74 | 湖南省衡阳市衡阳县 | 38.4 | 50.2 | 16 | 68 | 83 | 46.66 |

续表

| 排名 | 评估对象 | 决策公开（30%） | 管理服务公开（20%） | 执行和结果公开（20%） | 政务公开平台建设（20%） | 依申请公开（10%） | 总分（满分：100分） |
|---|---|---|---|---|---|---|---|
| 75 | 河南省郑州市上街区 | 31.2 | 49 | 33.32 | 61 | 86 | 46.62 |
| 76 | 江苏省徐州市新沂市 | 20.4 | 51.4 | 23 | 88 | 80 | 46.60 |
| 77 | 江西省南昌市南昌县 | 28.8 | 58.3 | 23 | 93 | 30 | 46.50 |
| 78 | 江苏省苏州工业园区 | 25.6 | 40 | 20.92 | 93 | 76 | 46.06 |
| 79 | 宁夏回族自治区吴忠市青铜峡市 | 34.2 | 54.48 | 33.44 | 76 | 30 | 46.04 |
| 80 | 辽宁省沈阳市浑南区 | 15.6 | 36.4 | 32.16 | 93 | 86 | 45.59 |
| 81 | 吉林省长春市农安县 | 27 | 29.44 | 33 | 86 | 76 | 45.39 |
| 82 | 吉林省松原市前郭县 | 42.8 | 46 | 2.96 | 68 | 86 | 44.83 |
| 83 | 辽宁省大连市瓦房店市 | 32.4 | 63.94 | 26 | 40 | 90 | 44.71 |
| 84 | 陕西省咸阳市彬州市 | 8.4 | 56.56 | 41.52 | 75 | 73 | 44.44 |
| 85 | 内蒙古自治区鄂尔多斯市准格尔旗 | 2.4 | 52.12 | 25 | 93 | 96 | 44.34 |
| 86 | 山西省吕梁市孝义市 | 24 | 47.56 | 14 | 83 | 82 | 44.31 |
| 87 | 甘肃省酒泉市肃州区 | 24 | 20.32 | 32.2 | 95 | 76 | 44.30 |
| 88 | 天津市南开区 | 17.4 | 62.32 | 50.56 | 66 | 30 | 44.00 |
| 89 | 黑龙江省牡丹江市东宁市 | 39.8 | 41.14 | 31.3 | 68 | 30 | 43.03 |
| 90 | 内蒙古自治区包头市稀土高新区 | 11.4 | 49.54 | 20 | 88 | 80.5 | 42.98 |
| 91 | 海南省海口市美兰区 | 21 | 47.56 | 27.44 | 68 | 80 | 42.90 |
| 92 | 福建省泉州市晋江市 | 17.2 | 68.12 | 23.5 | 53 | 83 | 42.38 |
| 93 | 湖北省荆州市监利县 | 18.8 | 47.56 | 16 | 71 | 97.5 | 42.30 |
| 94 | 湖南省株洲市渌口区 | 18 | 60.4 | 21 | 88 | 30 | 42.28 |
| 95 | 新疆维吾尔自治区巴音郭楞州库尔勒市 | 14.4 | 65.74 | 19.44 | 76 | 42 | 40.76 |
| 96 | 重庆市渝中区 | 12 | 49.96 | 19.26 | 76 | 80 | 40.64 |
| 97 | 海南省海口市秀英区 | 6.6 | 50.92 | 46 | 61 | 70 | 40.56 |
| 98 | 青海省西宁市城东区 | 26.4 | 41.44 | 26.8 | 76 | 30 | 39.77 |

续表

| 排名 | 评估对象 | 决策公开（30%） | 管理服务公开（20%） | 执行和结果公开（20%） | 政务公开平台建设（20%） | 依申请公开（10%） | 总分（满分：100分） |
|---|---|---|---|---|---|---|---|
| 99 | 云南省保山市腾冲市 | 27 | 59.64 | 14.48 | 69 | 30 | 39.72 |
| 100 | 重庆市奉节县 | 12 | 48.52 | 24.3 | 88 | 30 | 38.76 |
| 100 | 江西省鹰潭市贵溪市 | 19 | 49.3 | 13 | 88 | 30 | 38.76 |
| 102 | 四川省绵阳市涪城区 | 13.2 | 51.4 | 29.6 | 61 | 57.5 | 38.11 |
| 103 | 四川省资阳市安岳县 | 10.2 | 52.12 | 23.6 | 66 | 63 | 37.70 |
| 104 | 新疆维吾尔自治区乌鲁木齐市天山区 | 8.4 | 47.56 | 2 | 86 | 79 | 37.53 |
| 105 | 辽宁省葫芦岛市建昌县 | 13.2 | 59.86 | 28.6 | 68 | 16 | 36.85 |
| 106 | 江西省上饶市鄱阳县 | 15 | 47.98 | 13 | 86 | 26 | 36.50 |
| 107 | 河南省洛阳市洛龙区 | 6.4 | 41.8 | 30 | 86 | 30 | 36.48 |
| 108 | 海南省定安县 | 6 | 26.32 | 36.6 | 93 | 30 | 35.98 |
| 109 | 青海省西宁市城中区 | 38.6 | 47.2 | 44 | 0 | 60 | 35.82 |
| 110 | 吉林省长春市南关区 | 4.2 | 46.56 | 41.96 | 69 | 30 | 35.76 |
| 111 | 山西省吕梁市柳林县 | 17.4 | 55.56 | 22.5 | 61 | 26 | 35.63 |
| 112 | 河南省开封市祥符区 | 12 | 55.12 | 0 | 86 | 30 | 34.82 |
| 113 | 甘肃省天水市甘谷县 | 23.6 | 45.12 | 8 | 68 | 30 | 34.30 |
| 114 | 山西省太原市万柏林区 | 2.4 | 62.74 | 30.96 | 61 | 26 | 34.26 |
| 115 | 新疆维吾尔自治区乌鲁木齐市水磨沟区 | 9 | 51.6 | 13 | 71 | 30 | 32.82 |
| 116 | 山西省太原市杏花岭区 | 2.4 | 53.2 | 8 | 61 | 76 | 32.76 |
| 117 | 内蒙古自治区通辽市科尔沁区 | 4.2 | 36.4 | 2.6 | 95 | 30 | 31.06 |
| 118 | 吉林省延边州延吉市 | 21.4 | 41.92 | 19 | 46 | 26 | 30.40 |
| 119 | 青海省海西州德令哈市 | 2.4 | 51.64 | 11 | 66 | 30 | 29.45 |
| 120 | 甘肃省兰州市城关区 | 0 | 49.96 | 18.44 | 64 | 26 | 29.08 |
| 121 | 西藏自治区拉萨市城关区 | 4.2 | 50.8 | 20 | 56 | 16 | 28.22 |
| 122 | 重庆市万州区 | 0 | 55 | 17.08 | 63 | 10 | 28.02 |

续表

| 排名 | 评估对象 | 决策公开（30%） | 管理服务公开（20%） | 执行和结果公开（20%） | 政务公开平台建设（20%） | 依申请公开（10%） | 总分（满分：100分） |
|---|---|---|---|---|---|---|---|
| 123 | 甘肃省兰州市永登县 | 16.2 | 34.72 | 21.44 | 54 | 10 | 27.89 |
| 124 | 西藏自治区拉萨市堆龙德庆区 | 4.2 | 32.8 | 20 | 46 | 26 | 23.62 |
| 125 | 西藏自治区日喀则南木林县 | 0 | 20.8 | 1.44 | 50 | 6 | 15.05 |

## 三　评估发现的亮点

2019年，实施10年有余的《政府信息公开条例》修订并实施，政务公开制度继续完善，公开范围继续扩展，公开要求继续细化。

### （一）完善政务公开规定，细化政务公开要求

2019年实施的修订后的《政府信息公开条例》从落实"以公开为常态、以不公开为例外"原则入手，扩大了主动公开的范围，取消了关于依申请公开"三需要"的表述，细化和完善了依申请公开流程，同时，加大了条例各项制度的落实保障力度。

国务院主管部门发布文件，细化关于政务公开的有关要求。《国务院办公厅政府信息与政务公开办公室关于政府信息公开工作年度报告有关事项的通知》根据《政府信息公开条例》要求，发布了政府信息公开工作年度报告的统一格式。《国务院办公厅政府信息与政务公开办公室关于规范政府信息公开平台有关事项的通知》对加强政府网站建设提出了明确要求和指引。

### （二）以政务公开为手段，助力提升治理水平

政务公开在国家治理中的作用日益凸显，政务公开在政府管理众多领域中受到更多关注。《优化营商环境条例》要求，各级人民政府及其部门打造公开透明的政务环境，提升政府管理规范化程度和企业经营的可预期性。《重大行政决策程序暂行条例》明确将重大行政决策预公开上升为法

定要求，以推进公众有序参与重大行政决策。中共中央办公厅、国务院办公厅印发的《法治政府建设与责任落实督察工作规定》将公开本机关法治政府建设年度报告作为督促各级政府及其部门加强法治政府建设的重要方面。《国务院关于加强和规范事中事后监管的指导意见》提出，全面推进政府监管规则、标准、过程、结果等依法公开，给市场主体以稳定预期。《国务院关于在市场监管领域全面推行部门联合"双随机、一公开"监管的意见》强调，要进一步发挥公开在市场监管领域的重要作用。《国务院办公厅关于加快推进社会信用体系建设　构建以信用为基础的新型监管机制的指导意见》明确将政务公开作为完善事中事后监管、支持和保障联合惩戒的重要手段。

### （三）稳步推进决策公开，有序参与规范用权

重大行政决策预公开有不少亮点。首先，设置专门栏目集中公开重大行政决策预公开信息。有 32 家国务院部门、31 家省级政府、38 家较大的市政府以及 60 家县（市、区）政府门户网站设置了意见征集专门栏目，集中发布重大决策预公开草案及征集公众意见的情况。部分评估对象利用网站栏目设置等，集约化公开意见征集的草案、反馈意见等，方便公众参与及查看反馈意见，涉及 6 家国务院部门、10 家省级政府、25 家较大的市政府及 23 家县（市、区）政府。其次，部分评估对象对重大决策草案进行解读，具体有 3 家国务院部门、1 家省级政府、2 家较大的市政府、1 家县（市、区）政府。

注重规范性文件清理信息、备案信息等。首先，不少评估对象发布了规范性文件清理结果。有 31 家国务院部门、26 家省级政府、42 家较大的市政府、68 家县（市、区）政府门户网站或其政府法制部门网站发布了近 3 年本部门规范性文件清理信息。其中，公开了 2019 年规范性文件清理信息的有 16 家国务院部门、21 家省级政府、28 家较大的市政府、38 家县（市、区）政府。其次，不少评估对象对公开的规范性文件标注了有效性，具体有 12 家国务院部门、14 家省级政府、26 家较大的市政府、50 家县（市、区）政府。最后，部分评估对象定期公开规范性文件备案信息，具体有 8 家省级政府、11 家较大的市政府、10 家县（市、区）政府。

政策解读方面，解读内容要素较为完整。有44家国务院部门、29家省级政府、49家较大的市以及95家县（市、区）政府在发布的政策解读内容中列出了解读的背景以及解读的核心内容。解读形式多样化。不少评估对象还使用图解、视频解读以及H5解读等多种方式发布解读内容。评估发现，使用除文字解读外的其他方式解读文件的，有37家国务院部门、30家省级政府、41家较大的市以及68家县（市、区）政府，绝大多数部门已经实现了用多种方式对政策进行解读。例如，湖南省人民政府的解读就涵盖了多种方式，还将政策解读的内容放置在专门网页中。

**（四）细化政务服务信息，便利信息查询获取**

首先，政务服务事项目录的公开情况较好。43家国务院部门和被评估的所有的省、市、县（市、区）三级政府均公开了政务服务事项目录，国务院部门的公开率由上一年的84%提高到87.76%，省级、较大的市及县（市、区）三级政府则由上一年的74.19%、51.02%、57.00%全部提升到100%。

其次，多数评估对象集中展示了"全生命周期"办事服务事项。有26家省级政府、42家较大的市政府、125家县（市、区）政府能够集成展示市场主体（企业）"全生命周期"办事服务事项，占比分别为83.87%、85.71%、100%；有21家省级政府、35家较大的市政府、124家县（市、区）政府能够集成展示个人"全生命周期"办事服务事项，占比分别为67.74%、71.43%、99.20%。部分对象对"全生命周期"办事服务事项的归类科学、清晰，便于快速锁定所办事项，如北京市、宁夏回族自治区等。

再次，部分评估对象办事指南公开要素更细化、更便民。例如，国家林业草原局、国家统计局、国家文物局、国家知识产权局、生态环境部、湖北省、贵州省、吉林省长春市、贵州省贵阳市、河北省唐山市等单位不仅有明确的办事地点，而且有交通指引，提供了乘车路线或地图导航链接；国家粮食和物资储备局、国家能源局、国家外汇管理局、国家药品监督管理局、国家广播电视总局、国家移民管理局、国家发展和改革委员会、人力资源和社会保障部、民政部等单位提供了常见问题解答、常见错误示例等功能，便于群众办事时参考阅读，集中解答群众办事疑惑，减少申请材料错误导致无法办理的情况，提升服务效能。

最后，部分对象梳理并公开了确需保留的证明事项。有 7 家国务院部门、10 家省级政府、19 家较大的市政府、21 家县（市、区）政府梳理并公开了确需保留的证明事项清单，各级政府已陆续开展了相关清理工作，并公开了确需保留的证明事项清单。

**（五）加大执法信息公开，规范行政执法行为**

部分评估对象行政执法平台公开情况较好。例如，广东省建设了覆盖省、市、县（区）、镇四级行政执法信息的行政执法信息公示平台，公示信息范围覆盖行政处罚、行政强制、行政检查、行政征收征用、行政许可等各类行政执法行为，平台中分为"行政执法信息事前公开"和"行政执法信息事后公开"两个子栏目。

"双随机、一公开"是实践中逐步摸索的行之有效的新型监管模式。评估发现，34 家国务院部门、31 家省级政府、49 家较大的市政府、125 家县（市、区）政府中有 96 家政府门户网站集中设置了"双随机"专栏，集中发布"双随机、一公开"信息。部分省、市、县政府在门户网站发布随机抽查事项清单的部门数量较多，公开情况较好。例如，贵州省 39 个部门发布了随机抽查事项清单，四川省 38 个部门发布了随机抽查事项清单，湖北省武汉市 41 个部门发布了随机抽查事项清单，内蒙古自治区呼和浩特市 40 个部门发布了随机抽查事项清单，山东省烟台市龙口市 27 个部门发布了随机抽查事项清单，浙江省金华市义乌市 43 个部门发布了随机抽查事项清单。

首先，各级政府行政处罚事项清单公开情况较好。31 家省级政府、47 家较大的市政府、116 家县（市、区）政府网站集中公开了各部门的行政处罚事项目录，公开比例分别达到 100%、95.92% 和 92.80%。其中 27 家省级政府、31 家较大的市政府、63 家县（市、区）政府单独公开了各部门的行政处罚事项目录，更方便公众浏览和查询。绝大多数评估对象公开的行政处罚事项清单依据明确。在公开行政处罚事项清单的政府中，有 29 家省级政府、46 家较大的市政府、102 家县（市、区）政府的行政处罚事项清单依据明确，占比分别达到93.55%、97.88%、81.60%。其次，各级政府市场监督管理部门行政处罚结果公开较好。28家省级政府、43家较大的市政府、105家县（市、区）政府公开了2019年度处罚结果，公开率分别达到90.32%、87.76%和84.00%。最后，部分评估对象设置专门栏目集中公开行政处罚结果。例如，国家统计局、国家税务总局、生态环境部、交通运输部、民政部、国家知识产权局、国家市场监督管理总局等将处罚结果公开在门户网站相应栏目。其中，国家统计局设置《行政处罚信息公示》栏目集中公开了该部门的行政处罚信息，每条信息以被处罚者名称命名，以表格形式列出处罚的重点内容，公开要素全面、清楚、明晰。

### （六）盘点年度工作成效，推进法治政府建设

编制和发布法治政府建设年度报告是监督法治政府建设情况的手段。首先，省级、较大市政府发布法治政府建设年度报告情况较好。分别有31家省级政府、43家较大的市政府发布了2018年度法治政府建设年度报告，公开率达到100%、87.76%。其次，部分评估对象设置了法治政府信息公开专栏。为便于集中展示历年年度报告，方便公众查询，有必要在门户网站设置专门栏目。有3家国务院部门、3家省级政府、5家较大的市政府、5家县（市、区）政府在本级政府门户网站上设置了专栏，1家省级政府、4家较大的市政府在本级政府司法行政部门网站设置专栏，如湖北省政府门户网站在"信息公开目录"栏目下设置了"法治政府建设"专栏，安徽省政府门户网站在"省政府信息公开目录"下设置了"法治政府"专栏。江苏省司法厅网站则在"依法治省"栏目下设置"法治政府"子栏目，集中发布省本级及各地市历年的年度报告。最后，部分评估对象年度报告内容全面、翔实。部分评估对象的年度报告内容紧扣《法治政府建设实施纲要（2015—2020年）》所列的法治政府建设各项任务，逐一分类描述上一年度的法治政府建设所开展的工作、取得的成效。有7家国务院部门、20家省级政府、31家较大的市政府、36家县（市、区）政府发布的年度报告披露了2018年法治政府建设存在的问题，19家国务院部门、23家省级政府、36家较大的市政府、36家县（市、区）政府发布的年度报告披露

了2019年法治政府建设的重点与方向。例如，司法部公开的2018年法治政府建设年度报告中，先用多项数据描述了2018年部门的九大工作成效，根据现实基础总结了司法部推进法治政府建设面临的困难和挑战。类似的报告方式内容翔实度、可信度较高，也反映了相关单位的法治政府建设实效。

### （七）深化审计结果公开，监督政策落实情况

有27家省级政府设置了专门栏目集中发布审计信息。省级政府审计结果报告公开情况较好。30家省级政府公开了2018年度本级预算执行情况和其他财政收支审计结果公告，公开率达到96.77%；24家省级政府公开了2019年专项审计报告，公开率达到77.42%。部分单位审计信息公开较为全面。公开2018年本级财政审计报告的30家省级政府、31家较大的市政府、21家县（市、区）政府中，98.78%的审计报告包含了基本情况和审计发现的主要问题，92.68%包含了审计意见建议，62.20%包含了问题整改情况。公开2019年专项审计报告的24家省级政府、17家较大的市政府、22家县（市、区）政府中，98.41%的审计报告包含了基本情况，100%包含了审计发现的主要问题，个别政府发布的2019年专项审计报告中还包括了审计的意见建议和问题的整改情况，如四川、北京、湖北等省市。

### （八）落实债务信息公开，增强政府债务透明度

评估发现，部分评估对象政府债务集中公开情况良好。除内蒙古自治区等3家政府未公开2018年本级政府债务信息和山西省太原市万柏林区等6家县（市、区）政府2018年无政府债务外，剩余196家政府中有97家的政府债务信息做到了集中发布，占比接近50%，方便公众查找。同时，债务限额、债务余额、债务结构信息公开率较高。除2018年无政府债务发生的6家评估对象外，175家地方政府公开了债务限额，总体占比达87.94%，其中省级政府、较大的市政府和县（市、区）政府分别为28家、47家和100家，占比分别达到90.32%、95.92%和84.03%；公开了债务余额的评估对象共180家，总体占比90.45%，其中省级政府、较大

的市政府和县（市、区）政府分别为 30 家、48 家和 103 家，占比分别达到 96.77%、97.96% 和 86.55%；公开了债务种类的评估对象共 179 家，总体占比 89.95%，其中省级政府、较大的市政府和县（市、区）政府分别为 30 家、48 家和 101 家，占比分别达到 96.77%、97.96% 和 84.87%。

### （九）开展教育信息公开，保障受教育者权利

125 家评估对象中，有 91 家公开了本地 2019 年义务教育阶段入学工作文件（如招生工作实施方案），占 72.80%；有 73 家公开了本地义务教育阶段入学政策咨询电话，占 58.40%；有 69 家公开了小学招生范围，占 55.20%；65 家公开了初中招生范围，占 52.00%；有 90 家公开了普通学生入学条件，占 72.00%；88 家公开了随迁子女入学条件，占 70.40%。部分县（市、区）集中展示行政管辖区范围内所有县（市、区）的义务教育信息。例如，广州市教育局义务教育学校招生报名系统"招生政策"栏目公布了广州市各个区的招生政策；"快速通道"栏目提供了公办小学、民办小学、民办初中的报名入口。合肥市教育局提供市区 2019 年义务教育阶段招生入学报名信息登记系统入口，集中公开合肥市各区义务教育政策、政策解读等信息；"中小学教育"栏目公开了小学、初中、高中学校基本情况一览表；合肥市教育云平台的"市民服务系统"的《小学初中报名》栏目集中公开合肥市各区义务教育政策、政策解读等。

### （十）加强政务平台建设，提升政务公开效果

47 家国务院部门（占 95.92%）、27 家省级政府（占 87.10%）、47 家较大的市政府（占 95.92%）和 109 家县（市、区）政府（占 87.2%）网站栏目设置规范，按照《政府网站发展指引》要求设置机构职能、负责人信息、政策文件、解读回应、工作动态、互动交流类栏目，栏目设置全面。

网站配置检索功能可为方便查询信息提供必备要件。评估发现，所有国务院部门、省级政府及较大的市和 122 家县（市、区）政府网站均设有检索功能。占比分别为 100%、100%、100% 和 97.60%。46 家国务院部门、29 家省级政府、47 家较大的市政府和 121 家县（市、区）政府网站

搜索功能可用，占比分别为93.88%、93.55%、95.92%和96.80%。

政府公报也是重要的公开平台。30家省级政府（占96.77%）、42家较大的市政府（占85.71%）和67家县（市、区）政府（占53.60%）在其门户网站开设了政府公报栏目，省级政府、较大的市政府网站政府公报栏目开通率较高。29家省级政府（占93.55%）、42家较大的市政府（占85.71%）和58家县（市、区）政府（占46.40%）逐年发布电子版政府公报。有的政府网站在新媒体平台关联了专门的政府公报栏目，便于公众获取相关信息，如云南省、贵州省、宁波市。

网站互动平台是了解民意、解决困难、回应关切的重要平台。评估发现，有48家国务院部门（占97.96%）、全部省级政府、全部较大的市政府和124家被评估的县（市、区）政府门户网站开设了互动平台。实际问询检测发现，234家评估对象（占92.13%）网站能够及时答复公众提出的问题，部分评估对象还通过电话、短信等途径，在3个工作日内对公众诉求进行答复反馈。

政务新媒体是移动互联网政务公开的重要平台。评估显示，42家国务院部门（占85.71%）、所有省级政府、47家较大的市政府（占95.92%）和106家县（市、区）政府（占84.8%）开设了政务新媒体。42家国务院部门（占85.71%）、所有省级政府、46家较大的市政府（占93.88%）和97家县（市、区）政府（占77.60%）的政务新媒体更新情况不低于一周一次。41家国务院部门（占83.67%）、所有省级政府、42家较大的市政府（占85.71%）和82家县（市、区）政府（占65.60%）的政务新媒体信息与政府网站同步发布。

### （十一）依申请公开渠道普遍畅通、答复较规范

评估发现，县（市、区）政府的依申请公开渠道畅通性较好。93家可以通过电子方式申请的县（市、区）政府和其余32家通过信函申请的县（市、区）政府的申请渠道均畅通。不少评估对象不仅答复内容规范，而且注意提升答复便民性。例如，北京市通州区人民政府不仅出具了完整规范的答复告知书，而且提供了北京市地方标准《公共厕所建设规范》及当地公厕的台账；宁夏回族自治区固原市彭阳县人民政府协调县住建局、

文广局,汇总了相关文件和数据,本级政府及相关部门均提供了答复书,公开了有关信息。

## 四 评估发现的问题

### (一)决策与规范性文件公开仍存短板

重大决策预公开情况总体提升空间仍较大。首先,重大行政决策事项目录主动公开程度有待提高。仅有1家省级政府、12家较大的市政府、12家县(市、区)政府门户网站公开了2019年度重大行政决策事项目录。其中,仅有3家较大的市政府和1家县(市、区)政府的重大决策事项目录要素完整,列明了决策事项、承办部门、决策时间及是否听证的信息。其次,部分评估对象未明确意见征集期限或意见征集期限较短。有8家县(市、区)政府未明确征集意见的期限。部分评估对象征集期限较短。例如,公安部、山东省个别决策草案的意见征集期限仅5个自然日,广西壮族自治区南宁市有的决策草案的意见征集期限仅4个自然日。最后,对所征集意见的整体反馈情况公开质量有待提高。有26家国务院部门、7家省级政府、12家较大的市政府和31家县(市、区)政府未公开意见征集的整体情况。

规范性文件公开情况短板较多。首先,规范性文件清理信息公开情况不理想。18家国务院部门、5家省级政府、7家较大的市政府、57家县(市、区)政府未发布规范性文件清理结果信息。其次,规范性文件备案审查信息公开情况不佳。23家省级政府、38家较大的市政府、113家县(市、区)政府未发布2019年规范性文件备案审查信息。最后,基层政府规范性文件公开情况较为薄弱。数据显示,4级政府机关中,县(市、区)政府规范性文件的公开情况最不理想,值得关注。

政策解读质量有待提升。首先,政策解读与被解读的政策未能同步发布。28家国务院部门、23家省级政府、24家较大的市政府和62家县(市、区)政府存在此类问题。其次,主要负责人解读情况不佳。有11家国务院部门、11家省级政府、28家较大的市政府以及120家县(市、区)政府2019年存在无主要负责人解读相关政策的情况。

## （二）政府权力清单调整更新情况不佳

各级政府需及时根据法律法规修订、职能调整等开展权责清单动态调整工作。2019年，项目组根据政府部门新成立或名称变化的情况，重点考察了各级政府的医疗保障局、退役军人事务局、卫生健康委员会、应急管理局、生态环境局的权力清单事项调整情况。评估发现，有54%的评估对象仅调整了部分部门的权力清单，15%的评估对象相关部门权力清单均未做出调整，另有5家地方政府的相关部门未发布权力清单。

部分地区既在政府门户网站又在政府服务网发布权力清单，存在权力清单调整情况在各平台内容不一致的现象。例如，甘肃省在政府门户网站"政府工作部门权责清单"专栏中仅调整了生态环境局、卫生健康委、应急管理局的权力清单，但在甘肃政务服务网中相关部门权力清单均已调整；河南省洛阳市在门户网站"洛阳市市级行政权责清单"专栏中仅调整了卫生健康委、生态环境局的权力清单，而在河南政务服务网的"行政权力"栏目中则调整了卫生健康委、生态环境局、应急管理局、退役军人事务局权力清单事项。

## （三）政务服务事项信息公开仍存死角

本次评估抽查了慈善机构设立登记（不含慈善机构认定）办事指南，以此考察各省、市、县政府政务服务指南公开情况及公开质量。评估发现，仅有7家省级政府、10家较大的市政府、7家县（市、区）政府公开了慈善机构设立登记事项的办理指南。这说明，目前各地政府梳理发布的政务服务事项目录仍不够精确，在线政务服务不能覆盖全部办事事项。在公开了慈善机构设立登记事项办理指南的24家评估对象中，有1家未公开办事依据，10家申报条件不够明确，存在"其他条件"等模糊性兜底条件，1家存在兜底性材料要求，8家未提供空白表格或者格式文本，12家未提供样表或填报说明、填写参照文本，2家未提供办理地点或地点描述不明确，服务指南公开质量有待提升。

此外，确需保留的证明事项清单公开率较低。本次评估发现，各类评估对象确需保留的证明事项公开率均未超过50%，参与评估的国务院部门、省级政府、较大的市政府、县（市、区）政府公开率仅为39.13%、32.26%、38.78%、16.80%。部分单位已经公开的确需保留的证明事项清单，还存在清单更新不及时、发布不规范的问题，如国家铁路局、中国人民银行等11家国务院部门只发布了2018年或2019年确需保留的证明事项清单征求意见稿，征求意见后定稿正式确定的清单仍未发布；重庆、广西仅公开了全市（自治区）范围内村（社区）证明事项保留清单；河北省、河北省石家庄市、河南省郑州市、山东省济南市等地仅公开了2018年甚至2017年的清单，未公开2019年度最新的清理结果；山东省淄博市只公开了住房和城乡建设局的保留证明事项目录清单，四川省成都市仅公开了2017年市卫计委的保留证明事项目录清单，这些单位未能全面梳理并集中公开本地所有部门的证明事项目录清单，不利于集中清理、集中查阅、集中监管。

### （四）执法信息公开工作仍待规范加强

大多数政府部门行政执法平台建设情况不佳。评估发现，29家省级政府、43家较大的市政府和117家县（市、区）政府未按国务院文件要求设置符合规范的行政执法平台统一公示执法信息，占比高达93.55%、87.76%和93.60%。其中部分省份已有全省统一的双随机监管平台或双公示平台，但与《国务院办公厅关于全面推行行政执法公示制度执法全过程记录制度重大执法决定法制审核制度的指导意见》中的最新公示要求还有一定差距。例如，江西省建设运行的江西省行政执法服务网，能够将全省各单位的"双随机、一公开"信息集中在平台展示，但不能覆盖其他的行政执法类信息，仍有改进和提升的空间。

"双随机、一公开"仍存在不少问题。首先，随机抽查事项清单内容不全。评估发现，部分评估对象公开的随机抽查事项清单未完全覆盖抽查依据、抽查主体、抽查内容、抽查方式等要素。在公开了随机抽查事项清单的22家国务院部门中，有2家的随机抽查事项清单中未包含抽查依据，6家未包含抽查主体，1家未包含抽查内容，7家未包含抽查方式。在所有已公开环保部门随机抽查事项清单的省、市、县三级评估对象中，有1家省级政府、1家较大的市政府、7家县（市、区）政府的随机抽查事项清单中未包含抽查依据，有2家省级政府、9家县（市、区）政府未包含抽查主体，有2家省级政府、3家县（市、区）政府的随机抽查事项清单中未包含抽查内容，有7家省级政府、9家较大的市政府、18家县（市、区）政府的随机抽查事项清单中未包含抽查方式。其次，2019年随机抽查结果和查处情况公开不佳。25家国务院部门未在门户网站、信用中国或国家企业信用信息公示系统发布本部门2019年随机抽查结果和查处情况，28家省级政府、29家较大的市政府、75家县（市、区）政府未在政府门户网站、生态环境部门网站、信用中国或国家企业信用信息公示系统发布2019年生态环境部门做出的抽查结果和查处情况。

**行政处罚信息公开仍有欠缺。**部分单位行政处罚结果内容要素不完整。评估发现，部分评估对象公开的2019年行政处罚结果中缺少被处罚机构代码、主要违法事实、处罚依据、处罚结果等要素，部分单位处罚结果公开不及时。在公开2019年行政处罚结果的28家省级政府、43家较大的市政府、105家县（市、区）政府中，有6家县（市、区）政府未公开被处罚者信息，11家省级政府、15家较大的市政府、8家县（市、区）政府公开的被处罚者信息未列明其机构代码；有1家县（市、区）政府未公开主要违法事实；有2家较大的市政府、4家县（市、区）政府未公开处罚依据；有1家较大的市政府、8家县（市、区）政府未公开处罚结果；有4家省级政府、15家较大的市政府、54家县（市、区）政府未自做出行政决定之日起7个工作日内上网公开行政处罚信息，另有1家省级政府、2家较大的市政府、9家县（市、区）政府无法判读其行政处罚信息上网日期。

部分单位全年行政处罚结果公开数量较少。例如，甘肃省市场监督管理部门2019年仅发布了4条处罚信息；贵州省2019年仅发布了1条处罚信息；北京市2019年仅发布了2条处罚信息。部分评估对象则未常态化公开行政处罚结果。例如，四川省市场监督管理局处罚信息长期不更新，网站相关栏目最新公布的行政处罚信息都是2019年2月的信息，信息滞后半年以上；河北省市场监督管理部门2019年仅在10月发布了处罚信息；重庆市奉节县2019年2月之后也未再公开行政处罚信息。

### （五）法治政府建设年度报告仍需加强

首先，国务院部门、县（市、区）政府发布法治政府建设年度报告情况不理想。有26家国务院部门、77家县（市、区）政府未在其门户网站或其政府法制部门网站公开2018年度法治政府建设年度报告，其中个别评估对象发布了年度报告，但报告网页打不开，无法考察内容。其次，部分评估对象报告发布不及时。按照《法治政府建设实施纲要（2015—2020年）》要求，各级政府及其部门应在每年4月1日前发布报告，但仅有5家国务院部门、4家省级政府、28家较大的市政府、34家县（市、区）政府在2019年4月1日前对外发布了本地方的法治政府建设情况报告。最后，部分评估对象报告内容不够全面。在发布了2018年度法治政府建设情况报告的评估对象中，有19家国务院部门、11家省级政府、12家较大的市政府、12家县（市、区）政府未披露2018年法治政府建设存在的问题。个别评估对象虽披露了2018年法治政府建设存在的问题，但不够细致。有7家国务院部门、8家省级政府、7家较大的市政府、12家县（市、区）政府未公开披露2019年法治政府建设的重点与方向，个别评估对象虽披露了工作计划，但不够细致。

### （六）地方审计信息公开不全面不及时

首先，审计计划信息公开率较低。有23家省级政府、35家较大的市政府、92家县（市、区）政府均未公开2019年度财政审计计划和专项审计计划，占比分别达到74.19%、71.43%和73.60%。其次，部分地方政府审计信息公开程度有待提升。1家省级政府、18家较大的市政府、104家县（市、区）政府的审计机关未公开2018年本级预算执行情况和其他财政收支审计结果公告，占比分别为3.23%、36.73%和83.20%，比较而言，县（市、区）政府审计结果公开情况最差。再次，部分评估对象未公开单独的专项审计报告。7家省级政府、32家较大的市政府、103家县（市、区）政府的审计机关未单独公开2019年专项审计结果报告。省级政府、较大的市政府、县（市、区）政府的审计机关公开2019年专项审计报告的比例分别为77.42%、34.69%和17.6%，公开率随着政府层级的降低而相应降低。最后，重大政策措施落实情况跟踪审计报告公开情况不佳。有 26 家省级政府、47 家较大的市政府和 118 家县（市、区）政府未公开重大政策措施落实情况跟踪审计结果，占比分别达到 83.87%、95.92% 和 94.40%。

### （七）建议提案办理结果公开仍不理想

首先，部分国务院部门建议提案办理信息公开不全面。例如，6 家国务院部门未发布 2019 年人大代表建议和政协委员提案办理的总体情况、办理复文全文等信息；5 家国务院部门只公开了 2019 年人大代表建议办理复文全文，未公开 2019 年政协委员提案办理复文全文，也未公开本单位 2019 年度人大代表建议和政协委员提案办理的总体情况。其次，县（市、区）政府建议提案办理复文信息公开比例不高。有 71 家县（市、区）政府未公开 2019 年人大代表建议办理复文全文或摘要信息，占 56.80%。有 67 家县（市、区）政府未公开 2019 年政协委员提案办理复文全文或摘要信息，占 53.60%。最后，建议提案办理总体情况公开不佳。有 46 家国务院部门、22 家省级政府、41 家较大的市政府和 111 家县（市、区）政府，未公开本单位 2019 年度人大代表建议和政协委员提案办理总体情况信息，占比分别高达 93.88%、70.97%、83.67% 和 88.80%。

### （八）地方政府债务信息公开仍需加强

政府债务的债务率、偿债率和债务期限结构信息公开率较低。除 2018 年无政府债务发生的 6 家评估对象外，共有 175 家评估对象未公开 2018 年度的债务率，总体占比高达 87.94%，其中省级政府、较大的市政府和县（市、区）政府分别为 21 家、42 家和 112 家，占比分别为 67.75%、85.71% 和 94.12%；有 196 家评估对象未公开 2018 度政府债务的偿债率，总体占比 98.49%，其中省级政府、较大的市政府和县（市、区）政府分别为 30 家、49 家和 117 家，占比分别为 96.77%、100% 和 98.32%；有 153 家评估对象未公开债务期限机构，总体占比 76.88%，其中省级政府、较大的市政府和县（市、区）政府分别为 21 家、33 家和 99 家，占比分别为 67.74%、67.35% 和 83.19%。政府债务资金使用情况公开有待加强。

除 6 家没有发生政府债务的评估对象外，共有 84 家单位未公开 2018 年本级政府债务具体使用情况信息，总体占比 42.21%，其中有 13 家省级政府、10 家较大的市政府和 61 家县（市、区）政府，分别占比 41.94%、20.41% 和 51.26%。

**（九）基层义务教育信息公开仍存不足**

部分政府部门义务教育信息公开程度较低。例如，河南省汤阴县、河南省开封市祥符区、黑龙江省东宁市、辽宁省沈阳市浑南区、山西省孝义市和四川省仁寿县等县（市、区）门户网站未公开本地 2019 年义务教育阶段入学工作文件（年度招生工作方案），未公开本县（市、区）义务教育阶段入学政策咨询电话、2019 年每所小学的招生范围（学区划分情况）、2019 年每所小学的计划招生人数、2019 年每所初中的招生范围（学区划分情况）、2019 年每所初中的计划招生人数、2019 年随迁子女入学条件、2019 年小学招生结果和区域内学校情况等信息。而且，普遍未通过网站公开 2019 年义务教育招生结果。有 117 家县（市、区）政府及其教育部门未公开 2019 年小学招生结果，有 118 家未公开 2019 年初中招生结果。学校自身公开方面，学校基本情况和学校招生简章信息公开比例较低。项目组分别从每个被评估的县（市、区）随机抽查 1 所公办小学，考察是否公开了学校基本情况和学校招生简章公开信息。结果显示，通过网站公开了学校简介，并能够完整覆盖办学性质、办学地点、办学规模、办学基本条件、联系方式等要素信息的评估对象仅有 10 家；仅有 4 家学校公开了学校招生简章。

**（十）政务公开平台建设水平仍待提升**

在所有评估对象中，有 23 家网站存在栏目设置重叠的情况，占 9.06%，主要集中在通知公告、政策法规等。

精准（高级）检索可用性不强。有 18.37%（9 家）的国务院部门、16.13%（5 家）的省级政府、22.45%（11 家）的较大的市政府、36.00%（45 家）的县（市、区）政府网站无精准（高级）检索功能，且在线搜索可用性较差。有 71.43%（35 家）的国务院部门、48.39%（15

家）的省级政府、57.14%（28家）的较大的市政府以及76.00%（95家）的县（市、区）政府都无法搜索在线服务入口。

县（市、区）政府网站政府公报栏目开通率低。评估发现，57家未在其门户网站开设政府公报栏目，占比45.6%。过半县（市、区）政府未逐年发布电子版政府公报，涉及66家县（市、区），占比52.8%。

部分评估对象网站互动平台不可用。16.33%（8家）的国务院部门、9.68%（3家）的省级政府、4.08%（2家）的较大的市政府和5.60%（7家）的县（市、区）政府网站互动平台不可用，表现为未及时回应公众诉求，公众留言回复时间超出5个工作日。

新媒体方面仍然存在未开设新媒体、信息发布不规范的问题。评估发现，有14.29%（7家）的国务院部门、4.08%（2家）的较大的市政府和14.40%（18家）的县（市、区）政府未开设政务新媒体。有18.37%（9家）的国务院部门、3.23%（1家）的省级政府、10.20%（5家）的较大的市政府和23.2%（29家）的县（市、区）政府网站未提供本级政府的新媒体二维码入口或链接入口；有40.82%（20家）的国务院部门、29.03%（9家）的省级政府、36.73%（18家）的较大的市政府和59.2%（74家）的县（市、区）政府新媒体未提供本级政府网站二维码入口或链接入口。仅有65.6%（82家）的县（市、区）政府政务新媒体将信息发布在对应的政府网站上，县（市、区）政府信息发布不同步情况较为普遍。

### （十一）部分地方依申请公开仍存在短板

首先，部分评估对象在线申请不顺畅。一是系统无法提交。例如，南京市玄武区政府在线申请平台在不同时间段多次显示提交失败；葫芦岛市建昌县的在线申请平台要求填写的校验码始终无法显示；广西壮族自治区百色市平果县政府网站无法上传身份证照片，申请人手机无法收到验证码。二是存在非必需的强制填写事项。例如，广西壮族自治区玉林市博白县政府、贵州省贵阳市南明区政府等要求必须填写固定电话号码、传真号码或工作单位等信息。三是申请平台注册程序复杂，如辽宁省大连市瓦房店市。

其次，部分评估对象未答复、超期答复、答复内容不规范。部分评估对象未答复或超期答复。截至评估结束，项目组未收到答复的涉及32家县（市、区）政府，占25.6%，有13家县（市、区）政府未在法定期限内答复申请，占10.4%。部分评估对象没有出具正式的答复告知书，涉及9家评估对象。部分评估对象未在答复中告知救济渠道。在已回复的93家县（市、区）政府中，仅有22家评估对象完全列明了所有的复议机关和诉讼法院的具体名称，占23.66%。同时，在做出不利于当事人的回复中，有5家评估对象完全未告知救济渠道；有3家县（市、区）政府在做出不利于当事人的回复中虽然告知了向法院诉讼或者有复议的权利，但没有说明具体向哪个评估对象寻求救济。

## 五　展望

《中共中央关于坚持和完善中国特色社会主义制度　推进国家治理体系和治理能力现代化若干重大问题的决定》提出，坚持权责透明，推动用权公开，完善党务、政务、司法和各领域办事公开制度，建立权力运行可查询、可追溯的反馈机制。公开透明作为国家治理体系和治理能力现代化的重要路径之一，作为实现共建、共治、共享目标的重要手段之一，必将日益发挥不可替代的作用。2020年上半年举国抗击新型冠状病毒疫情的经验也充分表明，更快、更全、更准、更有效地公开信息、回应关切，是提升执行力、稳定民心、掌握话语权的关键所在。回顾2019年，中国政务公开既有亮点，也有不足之处，表明政务公开工作与切实满足群众需求、全面落实党中央和国务院部署要求仍有一定差距。究其原因，既有公开制度尚有规定不完善、不细致，操作性不足等问题，也有各级政府领导干部、工作人员公开意识仍待提升的问题，还有公开方式方法不准确、信息化保障水平存在差距等问题。2020年，全面深入推进政务公开工作，还需要从以下几个方面入手。

首先，准确全面地把握新时期政务公开的地位与作用。应将政务公开作为实现国家治理体系和治理能力现代化的重要路径，将其定位为实现共建、共治、共享治理格局的重要方式，借助公开实现公众有序参与，实现政民良性互动；应将政务公开作为优化营商环境，打造法治政府、服务型政府、廉洁政府的重要保障；应将政务公开作为简政放权，创新监管手段的重要方面。各级政府应当在充分认识上述定位与作用的基础上，提升对政务公开的认识，谋划政务公开工作。

其次，紧紧抓住公众知悉了解政务信息的关切点。2019年12月18日召开的国务院常务会议对全面推进基层政务公开标准化规范化工作做出部署，其出发点和落脚点都是基层政务与群众利益息息相关。做好政务公开工作的关键点恰恰是要紧紧抓住基层群众知悉政务活动的关切点，以需求为导向，不断扩展公开范围、优化公开方式形式，提高政务公开的实际效果。

再次，将公开工作紧密融入政府权力运行的各个环节。《中共中央关于坚持和完善中国特色社会主义制度　推进国家治理体系和治理能力现代化若干重大问题的决定》提出建立权力运行可查询、可追溯的反馈机制，其核心就是要将公开紧密融入政府权力运行的各个环节，避免就公开说公开，将公开作为政务活动的有机组成部分和必备环节，政务活动开展之前、开展过程中、完结的同时实时产生政务信息、实时展示给公众，防止公开与政务活动脱节。

复次，运用新科技，提升政务公开的信息化、智能化水平。新时代的政务公开必须依托互联网和移动互联网，因此，在用好传统的线下公开方式、满足群众信息需求的同时，还需要用好新科技，提升政务公开信息化与智能化水平，实现政务信息同步生成、自动归集、定向智能推送，提高政务公开的针对性和信息到达率。

最后，总结推广各地方各部门政务公开的先进经验。各地各级政府机关在日常工作中结合本地方本单位实际摸索出不少政务公开的有益经验，应加大总结分析力度，优化提升现有工作成效，总结推广先进经验，实现政务公开创新探索由点到面的发展。

# 第三编

## 司法透明度指数

# 中国司法透明度指数报告（2016）

为了准确呈现和评价2016年中国司法公开成效，中国社会科学院国家法治指数研究中心及法学研究所法治指数创新工程项目组（以下简称项目组）继续以法院网站为视角对最高人民法院、31家高级人民法院（以下简称某某高院）和49家中级人民法院（以下简称某某中院）共计81家法院的司法透明度进行评估。这是继2011年之后开展的第六次司法透明度指数年度评估，评估期限为2016年10月15日至12月15日。

## 一 中国司法透明度指标体系

2016年，中国司法透明度指数评估的指标体系包括"审务公开""审判公开""执行公开"和"数据公开"4个一级指标（见表1）。

"审务公开"主要是指与审判执行相关的司法行政事务的公开，包括"平台建设""法院概况"（法院地址、交通图示、联系方式、管辖范围、下辖法院、内设部门、机构职能、投诉渠道等）、"人员信息"（法院领导姓名、学习工作简历、职务及分管事项；审判人员的姓名、学历及法官等级；书记员姓名）、"法院规范性文件"以及"司法改革透明度"等的公开，其中"法院概况"信息的网上公开已成常态，因此不再作为评估项目。鉴于当下所进行的新一轮司法改革事关全体人民的利益，关乎中国法治建设全局，因此从2015年开始，项目组将司法改革信息的透明度纳入评估指标，并且从2016年开始作为"审务公开"的一部分计入分值。

审判是法院最为核心的业务，因此是评估的重点。"审判公开"包括审前公开、庭审公开和审后公开。其中，审前公开主要是指庭审准备活动的公开，如诉讼指南公开和开庭公告公开；庭审公开包括公众旁听和庭审视频公开；审后公开主要是指减刑假释公开和裁判文书的公开。为防止裁判文书不上网审批流于形式，倒逼文书公开，项目组于2014年、2015年连续评估了法院是否公开了不上网裁判文书的数量、案号和理由，并且2016年裁判文书上网新规定也吸纳了文书反向公开的建议。因此，2016年"文书公开"指标仅保留"反向公开"评估，即是否公开不上网文书的数量、案号、理由等。

"执行公开"是最高人民法院从2013年开始推广的三大公开平台之一，在人民法院积极实现"基本解决执行难"目标的过程中，"执行公开"显得更为重要，可以通过公开挤压执行权的自由裁量空间，提升执行行为的规范性。"执行公开"包括执行指南的公开、执行曝光、执行惩戒信息的公开、执行举报等。2016年，项目组在"执行公开"指标中新增加了"终本案件公开"指标。所谓"终本案件"是指以终结本次执行程序结案的案件，之所以强调该类案件的信息公开，是因为司法实践中，不少法院为了提高执结率往往会将不应该终本的案件按照终本处理，因此，有必要借助公开加以监督，规范终本程序的适用。由于终本案件的公开和执行惩戒信息的公开均属于引导性指标，因此赋予其较低的权重。

"数据公开"指标分财务数据和司法业务数据两大类，前者包括预决算、"三公"经费和涉案款物数据的公开，后者指法院的年度工作报告、年报、白皮书或专题报告、案件统计数据等信息的公开。在大数据时代，所谓"得数据者得未来"，项目组在中国司法透明度指数报告（2015）中曾经提出应建立民享的司法大数据，以此为导向，项目组在2016年的评估中进一步提升了"数据公开"指标的权重。

表1　　　　　　　　中国司法透明度指标体系（2016）

| 一级指标 | 二级指标 |
| --- | --- |
| 审务公开（20%） | 平台建设（30%） |
|  | 人员信息（40%） |
|  | 规范性文件（20%） |
|  | 司法改革透明度（10%） |
| 审判公开（30%） | 诉讼指南（25%） |
|  | 开庭公告（20%） |
|  | 旁听（5%） |
|  | 庭审直播（40%） |
|  | 减刑、假释（5%） |
|  | 裁判文书反向公开（5%） |
| 执行公开（20%）* | 执行指南（30%） |
|  | 执行曝光（40%） |
|  | 拒执制裁（5%） |
|  | 执行举报（20%） |
|  | 终本案件公开（5%） |
| 数据公开（30%） | 财务数据（40%） |
|  | 司法业务数据（60%） |

注：* 由于执行信息公开不适用于最高人民法院，因此，最高人民法院的审务公开、审判公开和数据公开的权重分别为30%、40%和30%。

## 二　中国司法透明度指数排行榜

2016年，81家法院司法透明度指数的平均分为57.6分，基本与2015年持平，其中30家法院得分在60分以上，及格率为37.04%。排名前20的法院依次为广州中院、宁波中院、吉林高院、南京中院、长春中院、吉林中院、上海高院、浙江高院、湖南高院、杭州中院、北京高院、海口中院、徐州中院、厦门中院、成都中院、深圳中院、重庆高院、海南高院、合肥中院、最高人民法院（中国司法透明度指数评估结果见表2）。

表2　　　　　　　　　　中国司法透明度指数评估结果

| 排名 | 评估对象 | 审务公开（20%） | 审判公开（30%） | 数据公开（30%） | 执行公开（20%） | 总分（满分：100分） |
| --- | --- | --- | --- | --- | --- | --- |
| 1 | 广州中院 | 98.00 | 78.00 | 99.40 | 95.00 | 91.82 |
| 2 | 宁波中院 | 86.00 | 74.50 | 87.40 | 87.00 | 83.17 |
| 3 | 吉林高院 | 83.10 | 83.90 | 79.20 | 87.00 | 82.95 |
| 4 | 南京中院 | 78.20 | 75.00 | 89.20 | 87.00 | 82.30 |
| 5 | 长春中院 | 68.00 | 84.90 | 85.60 | 82.00 | 81.15 |
| 6 | 吉林中院 | 88.00 | 82.40 | 56.80 | 95.00 | 78.36 |
| 7 | 上海高院 | 61.70 | 86.50 | 75.40 | 82.00 | 77.31 |
| 8 | 浙江高院 | 55.15 | 76.00 | 85.60 | 82.00 | 75.91 |
| 9 | 湖南高院 | 59.90 | 75.00 | 77.60 | 90.00 | 75.76 |
| 10 | 杭州中院 | 78.80 | 77.00 | 68.20 | 82.00 | 75.72 |
| 11 | 北京高院 | 61.60 | 76.00 | 66.80 | 95.00 | 74.16 |
| 12 | 海口中院 | 80.40 | 70.50 | 70.40 | 69.00 | 72.15 |
| 13 | 徐州中院 | 67.00 | 73.00 | 78.40 | 66.00 | 72.02 |
| 14 | 厦门中院 | 61.20 | 73.00 | 78.40 | 70.00 | 71.66 |
| 15 | 成都中院 | 82.40 | 75.00 | 61.20 | 66.00 | 70.54 |
| 16 | 深圳中院 | 68.80 | 63.00 | 79.20 | 62.00 | 68.82 |
| 17 | 重庆高院 | 62.20 | 73.00 | 51.60 | 82.00 | 66.22 |
| 18 | 海南高院 | 61.15 | 58.00 | 86.40 | 50.00 | 65.55 |
| 19 | 合肥中院 | 72.20 | 67.00 | 60.40 | 62.00 | 65.06 |
| 20 | 最高人民法院 | 69.00 | 65.00 | 59.40 | — | 64.52 |
| 21 | 淄博中院 | 68.20 | 73.00 | 51.40 | 66.00 | 64.16 |
| 22 | 江苏高院 | 62.70 | 73.00 | 78.20 | 30.00 | 63.90 |
| 23 | 石家庄中院 | 49.00 | 61.00 | 60.40 | 87.00 | 63.62 |
| 24 | 广西高院 | 70.20 | 63.00 | 42.00 | 90.00 | 63.54 |
| 25 | 山东高院 | 54.20 | 58.00 | 74.40 | 62.00 | 62.96 |
| 26 | 兰州中院 | 64.40 | 63.00 | 66.20 | 50.00 | 61.64 |
| 27 | 济南中院 | 70.20 | 69.00 | 55.40 | 50.00 | 61.36 |

续表

| 排名 | 评估对象 | 审务公开（20%） | 审判公开（30%） | 数据公开（30%） | 执行公开（20%） | 总分（满分：100分） |
|---|---|---|---|---|---|---|
| 28 | 黑龙江高院 | 62.90 | 75.50 | 55.80 | 46.00 | 61.17 |
| 29 | 西宁中院 | 49.00 | 60.00 | 74.80 | 50.00 | 60.24 |
| 30 | 福建高院 | 47.25 | 67.00 | 71.40 | 46.00 | 60.17 |
| 31 | 哈尔滨中院 | 56.20 | 63.00 | 54.60 | 62.00 | 58.92 |
| 32 | 陕西高院 | 60.55 | 67.50 | 54.60 | 50.00 | 58.74 |
| 33 | 甘肃高院 | 64.20 | 60.00 | 48.20 | 66.00 | 58.50 |
| 34 | 珠海中院 | 45.00 | 73.00 | 71.80 | 30.00 | 58.44 |
| 35 | 河北高院 | 64.20 | 61.40 | 49.00 | 62.00 | 58.36 |
| 36 | 湖北高院 | 68.25 | 22.00 | 63.40 | 93.00 | 57.87 |
| 37 | 大连中院 | 51.80 | 67.00 | 49.80 | 62.00 | 57.80 |
| 38 | 青海高院 | 62.20 | 57.00 | 59.60 | 50.00 | 57.42 |
| 39 | 广东高院 | 53.10 | 64.00 | 70.20 | 30.00 | 56.88 |
| 40 | 四川高院 | 54.85 | 63.00 | 58.00 | 46.00 | 56.47 |
| 41 | 汕头中院 | 58.20 | 50.00 | 79.20 | 30.00 | 56.40 |
| 42 | 青岛中院 | 47.00 | 63.00 | 50.80 | 62.00 | 55.94 |
| 43 | 安徽高院 | 62.20 | 67.00 | 35.80 | 62.00 | 55.68 |
| 44 | 南昌中院 | 43.00 | 66.50 | 69.40 | 30.00 | 55.37 |
| 45 | 云南高院 | 70.20 | 70.00 | 35.60 | 48.00 | 55.32 |
| 46 | 天津高院 | 60.25 | 66.00 | 57.60 | 30.00 | 55.13 |
| 47 | 太原中院 | 74.20 | 60.00 | 53.80 | 30.00 | 54.98 |
| 48 | 江西高院 | 52.50 | 73.00 | 52.40 | 30.00 | 54.12 |
| 49 | 郑州中院 | 70.20 | 57.00 | 52.20 | 30.00 | 52.80 |
| 50 | 无锡中院 | 55.00 | 57.00 | 48.60 | 50.00 | 52.68 |
| 51 | 内蒙古高院 | 59.10 | 35.00 | 78.40 | 30.00 | 51.84 |
| 52 | 辽宁高院 | 55.00 | 57.00 | 48.20 | 46.00 | 51.76 |
| 53 | 贵阳中院 | 31.00 | 67.00 | 45.40 | 58.00 | 51.52 |

续表

| 排名 | 评估对象 | 审务公开（20%） | 审判公开（30%） | 数据公开（30%） | 执行公开（20%） | 总分（满分：100分） |
|---|---|---|---|---|---|---|
| 54 | 沈阳中院 | 55.00 | 52.00 | 62.40 | 30.00 | 51.32 |
| 54 | 淮南中院 | 68.20 | 73.00 | 32.60 | 30.00 | 51.32 |
| 56 | 河南高院 | 48.60 | 57.00 | 48.20 | 46.00 | 50.48 |
| 57 | 洛阳中院 | 65.40 | 67.00 | 36.60 | 30.00 | 50.16 |
| 58 | 南宁中院 | 62.20 | 63.00 | 31.80 | 46.00 | 50.08 |
| 58 | 武汉中院 | 54.60 | 64.00 | 23.20 | 65.00 | 50.08 |
| 60 | 苏州中院 | 64.20 | 67.00 | 35.80 | 30.00 | 49.68 |
| 61 | 长沙中院 | 68.20 | 60.00 | 34.20 | 38.00 | 49.50 |
| 62 | 昆明中院 | 62.20 | 73.00 | 16.20 | 50.00 | 49.20 |
| 63 | 山西高院 | 46.60 | 59.50 | 52.20 | 30.00 | 48.83 |
| 64 | 本溪中院 | 49.00 | 60.00 | 47.40 | 30.00 | 48.02 |
| 65 | 包头中院 | 48.80 | 67.00 | 36.60 | 30.00 | 46.84 |
| 66 | 西安中院 | 50.20 | 35.00 | 53.80 | 50.00 | 46.68 |
| 67 | 乌鲁木齐中院 | 49.00 | 64.50 | 35.80 | 30.00 | 45.89 |
| 68 | 唐山中院 | 56.20 | 69.50 | 0.60 | 66.00 | 45.47 |
| 69 | 大同中院 | 57.40 | 73.00 | 18.60 | 30.00 | 44.96 |
| 70 | 邯郸中院 | 40.20 | 67.00 | 34.60 | 30.00 | 44.52 |
| 71 | 新疆高院 | 56.00 | 40.00 | 50.40 | 30.00 | 44.32 |
| 72 | 呼和浩特中院 | 43.00 | 67.00 | 31.80 | 30.00 | 44.24 |
| 73 | 西藏高院 | 52.20 | 67.00 | 0.60 | 66.00 | 43.92 |
| 74 | 鞍山中院 | 47.00 | 57.00 | 35.80 | 30.00 | 43.24 |
| 75 | 贵州高院 | 47.00 | 39.00 | 49.80 | 30.00 | 42.04 |
| 76 | 福州中院 | 37.00 | 60.00 | 31.80 | 30.00 | 40.94 |
| 77 | 齐齐哈尔中院 | 68.20 | 65.00 | 0.60 | 30.00 | 39.32 |
| 78 | 抚顺中院 | 37.00 | 28.00 | 47.40 | 46.00 | 39.22 |
| 79 | 拉萨中院 | 47.60 | 67.00 | 0.60 | 30.00 | 35.80 |
| 80 | 银川中院 | 37.00 | 60.00 | 0.60 | 49.00 | 35.38 |
| 81 | 宁夏高院 | 31.00 | 53.00 | 4.60 | 49.00 | 33.28 |

经过连续六年的司法透明度指数评估，项目组发现部分法院能够保持传统的司法公开先发优势，在评估结果排名中稳居前列。例如，广州中院、宁波中院、成都中院、北京高院、浙江高院、深圳中院、海口中院、杭州中院、上海高院、湖南高院、南京中院等法院连续三年（2014年、2015年、2016年）排名进入前二十。其中，广州中院、宁波中院、浙江高院、杭州中院、南京中院、海口中院、上海高院等7家法院连续四年（2013年、2014年、2015年、2016年）排名进入前十五。

自从2013年最高人民法院提出建设三大公开平台以来，尤其是2016年第四大公开平台——中国庭审公开网开通以来，中国司法透明度的格局有所变化，个别传统上司法公开不具有优势的法院表现出较强的后发优势。例如，吉林高院、吉林中院、最高人民法院连续两年跻身前二十，长春中院和合肥中院首次进入了前二十，其中长春中院跻身五强。

## 三 法院信息化3.0时代司法公开新态势

信息化在司法公开中扮演了极为重要的角色，目前互联网及其应用已成为司法透明的主要推动力量，全面塑造了司法公开，扩展了司法公开的深度与广度。2015年7月，最高人民法院在人民法院信息化2.0版的基础上提出2017年年底建成人民法院信息化3.0版的目标，加快建设"智慧法院"。"透明便民"是人民法院信息化3.0版的重要特征之一，而阳光法院与网络法院、智能法院一起构成智慧法院的三个维度。法院信息化3.0版背景下的时代，阳光法院建设呈现以下新态势。

### （一）集约化是司法公开走向成熟的标志

过去几年，中国的司法公开处于大发展阶段，密集出台了制度文件，搭建了多重公开平台，公开的信息内容也日益丰富，然而在迈向法院信息化3.0版时代的进程中，中国的司法公开从形式到内容都应该进行整合，集约化是司法公开走向成熟的标志。调研发现，2016年中国法院司法公开集约化初见端倪。

1. 平台整合互联

《中国司法透明度指数报告（2015）》曾指出，在最高人民法院的推动下，不少地方的法院在政务网站之外开通司法公开平台、网上诉讼服务中心，还有的法院其政务网站与人民法院网地方频道并存，而后者栏目陈旧，信息更新不及时，"僵尸化"趋势明显。2016年，项目组调研发现，不少法院开始整合网站平台的政务、公开、服务功能，并在政务网站上建立与全国统一的专项平台的链接。调研结果显示，35家法院的网站具有唯一性，占评估对象的43.21%。2016年项目组考察了法院网站与"全国减刑、假释、暂予监外执行信息网"建立链接的情况，结果显示，有14家法院提供了"全国减刑、假释、暂予监外执行信息网"链接，比2015年的7家增加了一倍，其中有4家法院能够直接显示"全国减刑、假释、暂予监外执行信息网"的本院页面。还有的法院在全国统一的专项平台建成之后即将其后续公开的信息转移到统一的平台进行集中公开。例如，点击南宁市中级人民法院的"执行信息查询"栏目，会出现提示信息，告知公众"2015年7月20日之前数据请在阳光司法网中查询""2015年7月20日之后数据请在执行信息公开网进行查询"，较好地处理了法院网站与全国专项平台之间的关系。江西高院在其官方网站之外建立审判综合服务平台，分设"网上诉讼服务中心""审判流程信息公开平台""裁判文书公开平台"（直接链接到中国裁判文书网江西高院的网页）、"执行信息公开平台"（链接到中国执行信息公开网）、"庭审公开"（直接链接至江西庭审公开网）、"投诉咨询"等栏目，集公开、服务、互动等功能于一体，如果再能与其政务网站整合就更能显示其集约化特色。

2. 首页分类优化

为了方便公众查阅目标信息，对信息进行分类管理和公开尤为重要。调研发现，一些法院开始尝试对网站的首页进行优化，改变传统的首页凸显新闻图片的做法，在首页仅显示几个分类栏目。例如，广东高院、广州中院、宁波中院、深圳中院等均对网站首页进行了整合，栏目设置简洁明了，但是不足的是，有的法院仅仅是在保留原有首页的基础上在外面加了个封皮，还应该进一步整合栏目与内容。

3. 内容有机组合

法院公开的司法信息之间往往有一定的关联性，为了便于公众知晓信息的全貌和脉络，有的法院对相关信息进行组合公开。例如，齐齐哈尔中院设置涉诉访案件公开平台，不仅公开了信访方面的法律法规，还公开了本院关于信访案件的复查情况。兰州中院在庭审直播下面附有该案件的裁判文书链接，方便公众完整掌握案件的过程信息和结果信息。宁夏高院进行了整合，集中打造网上执行局。

**（二）裁判文书成为全民共享的司法盛宴**

裁判文书作为重要的司法"产品"，记载了当事人信息、案件事实和理由、审判人员意见等案件审理的全部要素，借助公开不仅可以成为真实鲜活的普法素材，还是法学研究的第一手资料。2016 年裁判文书上网成为司法公开的典范，制度进一步完善，平台功能进一步强大，还借助移动互联技术成为公民的掌上资源。

1. 制度不断完善

为规范裁判文书上网公开，最高人民法院不断制定和完善相关制度文件。2007 年 6 月 4 日发布的《最高人民法院关于加强人民法院审判公开工作的若干意见》，明确规定各高级人民法院根据本辖区内的情况制定通过出版物、局域网、互联网等方式公布生效裁判文书的具体办法。2009 年 12 月 8 日印发的《最高人民法院关于司法公开的六项规定》首次明确了各级人民法院在互联网公布裁判文书的范围。2010 年 11 月 21 日出台的《最高人民法院关于人民法院在互联网公布裁判文书的规定》（法发〔2010〕48 号）是首个专门规定裁判文书上网的制度文件。2013 年 11 月，最高人民法院重新制定了《最高人民法院关于人民法院在互联网公布裁判文书的规定》，将裁判文书从生效到公开的期限由 30 日缩短为 7 日，体现了司法公开及时性原则；将裁判文书由"可以"上网改为"应当"上网，并规定了"不上网审批制"。2016 年 8 月 31 日，最高人民法院发布新修订的《最高人民法院关于人民法院在互联网公布裁判文书的规定》（法释〔2016〕19 号），进一步扩大裁判文书上网的范围，如调解书"为保护国家利益、社会公共利益、他人合法权益确有必要公开的"可以公开，对于不在互联网公布的裁判文书,应当公布案号、审理法院、裁判日期及不公开理由,但公布上述信息可能泄露国家秘密的除外。

2. 平台功能日益强大

为整合优势资源、发挥裁判文书上网公布的数据库功能和整体效益,最高人民法院决定设立中国裁判文书网,该网于 2013 年 6 月 28 日正式开通。由于在检索、下载方面存在诸多不便,因此 2013 年开通的中国裁判文书网并未充分发挥统一平台进行集中公开的作用,很多法院还是选择在地方平台上进行公开。为了提高裁判文书的利用率,2015 年 12 月,最高人民法院以公众使用为导向对中国裁判文书网进行了改版。改版后的中国裁判文书网的功能更加强大、方便,公众通过互联网可方便、及时地查看全国各级法院的生效裁判文书。首先,中国裁判文书网提供了快速检索联想、分裂引导树、一键分享、手机扫码阅读等功能,为公众提供全网智能化检索服务,以使用户体验达到最佳。其次,中国裁判文书网增加了蒙语、藏语、维语、朝鲜语和哈萨克语 5 种民族语言裁判文书的公开功能,更好地满足各民族群众对裁判文书的多样化需求。另外,中国裁判文书网还在首页醒目位置实时显示当日新增裁判文书数量、访问总量等相关数据。

目前,中国裁判文书网覆盖 200 多个国家和地区,成为全球最大的裁判文书网。截至 2015 年 6 月底,裁判文书公开工作实现了全国法院全覆盖、案件类型全覆盖和办案法官全覆盖。截至 2016 年 12 月 31 日,中国裁判文书网已公布裁判文书超过 2550 万份,累计访问量超过 47.2 亿人次。为了进一步方便裁判文书的应用,2016 年 8 月 30 日中国裁判文书网手机客户端(APP)正式上线,成为人民法院司法公开、司法便民的又一项重要举措。

### (三)庭审公开让更多人见证司法正义

庭审公开是司法公开最为实质的部分,包括线下公开与线上公开两种形式。线下公开是指公民可以亲自到庭审现场进行旁听,近距离观察和感受法庭审判;线上公开是指法院将庭审视频上传至互联网,公民可以随时随地远程观看。2016 年评估发现,法院益发重视对公民旁听权的保障,并通过政商协作打造庭审公开网络平台,让法院庭审走入百姓的日常生活。

1. 保障公民旁听权，实现"现场正义"

庭审是法院的主要活动，司法公开最初主要指庭审公开，即允许案件相关人士以及社会公众进行旁听，即使因为法定原因不适合公开审理的案件，也要公开宣判。旁听庭审对于公民具有非常深刻的法治教育和宣传意义，在"七五"普法阶段，旁听庭审有望成为重要的普法方式。

2016年4月，最高人民法院公布了修改后的《中华人民共和国人民法院法庭规则》，明确公民对公开的庭审活动，可以自由旁听。为了提升旁听服务的便民性，项目组主要从旁听规则的公开和旁听预约两个方面进行评估。尽管2016年《中华人民共和国人民法院法庭规则》仍规定，"进入法庭的人员应当出示有效身份证件"，但是项目组认为必须携带身份证方能旁听是在增加旁听门槛，理论上在空间允许的范围内成年公民只要通过安检即可旁听公开审理的案件。2016年调研发现，16家法院公开了旁听规则，其中浙江高院、北京高院、广州中院、南昌中院、济南中院5家法院在其公开的旁听规则中未出现携带身份证件的要求。石家庄中院、邯郸中院、唐山中院公开每个审判庭的旁听席位数，宁波中院在开庭公告中公开旁听席位数。由于法庭旁听席位有限，为了确保公民能够如愿参加旁听，法院应提供电话或网络的旁听预约服务。2016年评估发现，提供旁听预约服务的法院由2014年的4家提升到11家，其中海南高院、广州中院、成都中院、汕头中院、南京中院、济南中院、海口中院7家法院提供的旁听预约服务操作简单、便民。以济南中院为例，其有关保障旁听权的做法值得推广。早在2014年，济南中院即制定了《庭审旁听办法（试行）》，明确凡在本院公开开庭审理的案件，一律允许公民自由旁听。为进一步方便公众参与，济南中院专门设立旁听庭审登记处，登记处设有显示屏播放近期公开庭审公告，公告中详细载明了案号、案由、当事人、开庭时间、开庭地点、法庭旁听席位、预约数及尚余席位，方便旁听人员获取相关信息。为了使公民足不出户就可以预约旁听庭审，"让旁听庭审成为市民的一种生活方式"，济南中院设定了网上预约、电话预约、现场预约三种方式，并在网站上公开了详细的预约指南、旁听规则。

2. 借助信息化平台，实现"可视正义"

受时空限制，公民到法院旁听庭审还有诸多不便，而借助互联网进行庭审视频播放则可进一步拉近公民与法院的距离。2016 年，最高人民法院将网上庭审公开作为推动司法公开的重要方面。自 2016 年 7 月 1 日起，最高人民法院所有公开开庭的案件全部实行网上直播，实现了最高人民法院庭审直播的常态化。为顺应新形势的发展，2016 年 9 月，最高人民法院与新浪网合作推出"中国庭审公开网"，借助商业网站的技术与经验，提升庭审公开的效果。在"中国庭审公开网"之前，也曾出现全国统一的庭审直播平台，但是由于流量和技术的限制，公开的庭审视频的数量非常有限。新推出的中国庭审公开网全面覆盖四级法院，将海量的庭审直播过程全方位、深层次地展示在新媒体平台下，使公众可以迅速、便捷地了解庭审全过程，降低了旁听的门槛，从而提高庭审效率，减轻法院的管理保障成本。

### （四）"基本解决执行难"目标导向下的阳光执行

2016 年，最高人民法院在十二届全国人大四次会议上庄严承诺"用两年到三年时间基本解决执行难问题"。执行信息公开平台作为四大平台之一，除了继续肩负阳光执行的使命之外，还承载了破解执行难的重任。2016 年法院的执行公开表现为强化执行重要环节和重点案件的公开透明。为了规范执行案款的管理，最高人民法院于 2016 年 11 月 21 日起建立"执行案款领取公告查询"网页，并与中国执行信息公开网建立链接，由各执行法院将联系不上当事人的案款信息予以公告。

1. 对网络司法拍卖进行顶层制度设计

司法拍卖是对被执行人的财产进行处置变现的首选方式，是执行过程中最容易发生权力寻租、滋生腐败的环节。阳光是最好的防腐剂，电子商务的发展，为司法拍卖提供更为开放的模式，越来越多的地方法院将司法拍卖搬到电子商务平台，挤压权力寻租空间，推行阳光拍卖。2014 年，《人民法院第四个五年改革纲要（2014—2018）》提出要"加大司法拍卖方式改革力度，重点推行网络司法拍卖模式"。2016 年，最高人民法院对司法网拍进行顶层设计，出台了《最高人民法院关于人民法院网络司法拍卖若干问题的规定》，明确人民法院进行财产拍卖时以网络司法拍卖为原则。为进一步规范司法网拍，最高人民法院还出台了《最高人民法院关于建立和管理网络服务提供者名单库的办法》，并委托第三方评估机构对自愿报名的网络服务提供者进行评审，最终由最高人民法院司法拍卖网络服务提供者名单库评审委员会投票建立了网络司法拍卖平台名单库。

2. 终本案件公开倒逼结案规范化

终结本次执行程序是指人民法院在案件执行过程中，对于确实无财产可供执行的案件暂时终结本次执行程序，等待被执行人有财产可供执行时，再行恢复执行。实践中，终结本次执行程序往往被滥用，法官为了提高结案率，在未穷尽执行措施的情况下或者将不属于无财产可供执行的案件进行终本结案。为了规范终本案件的管理，2016年最高人民法院出台了《关于严格规范终结本次执行程序的规定（试行）》，严格规定了终本的实质要件和程序要件，并要求对终本案件定期筛查，畅通恢复执行渠道。

要强化对终本案件的监督管理，公开是关键，法院对哪些案件进行了终本，以及一定时期内的终本案件数量应该向社会公开，接受社会的监督。为此，项目组专门设计了终本案件公开指标，要求法院通过网站将终本案件数据和个案进行公开，其中公开的个案信息包括案号、被执行人、立案日期、结案日期、终本裁定书、举报线索等。评估发现，北京市高级人民法院在网站上公开了终本案件的数量以及每个终本案件的案号、被执行人、立案日期、结案日期、终本裁定书以及举报线索。终本案件的公开透明，方便公众监督该类案件，倒逼法院严格遵守《最高人民法院关于严格规范终结本次执行程序的规定（试行）》明确的逐项要件进行规范结案。

3. 公开执行惩戒措施，营造诚信氛围

2013年，最高人民法院建立了公布失信被执行人名单制度，不少地方法院在网站上设置执行曝光栏目，公开老赖名单和限制高消费、限制出境、限制招投标的信息。公布失信和惩戒信息，会对当事人形成一定的舆论压力，也有利于营造诚信的社会氛围。

2015年，为了督促法院依法对失信被执行人采取罚款、拘留甚至追究刑事责任，项目组设计了执行制裁措施公开指标。调研发现，2015年仅个别法院公开了执行制裁措施信息，如石家庄中院公开了被罚款人名单、涉嫌拒不履行判决裁定罪名单。2016年，公开罚款或拘留等信息的法院增加至 11 家，有 7 家法院公开了追究拒执罪的相关数据，其中吉林高院、广州中院、宁波中院、石家庄中院、吉林中院、南京中院等 6 家法院进行了双重公开。另外，上海市高级人民法院还对被执行人进行网上追逃。兰州中院在向社会公开了执行案件详细信息的同时，还公开了征信名单。

**（五）司法改革透明度有所提升**

《中国司法透明度指数报告（2015）》指出，司法改革系关乎全社会的重大改革，在推进过程中应保持公开透明。2016 年评估结果显示，中国司法改革的透明度有所提升。

1. 设置了"司法改革"栏目

高级人民法院作为中央司法改革在地方的落实者和统筹推动者，应在网站上设置"司法改革"栏目，集中公开司法改革的相关进程和动向。评估结果显示，31 家高级人民法院中有 10 家（广东高院、云南高院、四川高院、甘肃高院、吉林高院、江西高院、海南高院、黑龙江高院、北京高院、天津高院）在网站上设置了"司法改革"栏目，其中以北京高院最为典型。该院在其网站上的"司法改革看北京"网页中设置了"司改要闻""直播司改""法院干警说司改""社会各界说司改""司改瞭望"以及"司改答疑"等栏目，其中，"司改要闻"栏目发布了北京市三级法院的司法改革动态；《直播司改》栏目发布了北京司法改革的新闻报道视频；"司改瞭望"栏目则着眼全国，对全国各省市的司法改革进行专题报道；"司法答疑"栏目对司法改革中的一系列问题进行集中解答。

2. 立案登记制落实得较好

立案登记制是 2015 年国家推出的重大便民司法改革措施。为检验法院对立案登记制的落实情况，项目组考察了法院关于立案登记制度文件的公开和立案登记数据的公开两个方面。评估结果显示，81 家地方法院中，有 45 家公开本院或最高人民法院关于立案登记制规定，占 56.25%，其中江西省高级人民法院不仅公开了最高人民法院关于人民法院立案登记制的文件和《江西省高级人民法院立案登记制实施暂行办法》，还进一步公开了江西省高级人民法院一审案件登记立案流程图。广州市中级人民法院按月份公开了两级法院的立案登记数，包括材料接受的数据和当场登记立案的数据。

### (六) 大数据背景下司法数据公开有所加强

广义上，法院所有信息均属于司法数据，狭义上，司法数据主要指数字信息。狭义司法数据包括两类，一类是司法行政类数据，如法院的财务数据；另一类是司法业务数据，如法院的案件统计数据和数据分析报告。2015 年，中国法院的司法数据公开尚处于初级阶段，到了 2016 年，法院益发重视司法数据的公开。

1. 法院普遍公开财务信息

财务数据是法院司法行政信息的重要内容，2016 年评估结果显示，财务数据公开更加普遍并且集中度有所加强。81 家法院中，有 67 家法院公开了预决算信息，占评估对象的 82.72%，其中有 48 家法院将预决算信息放在专门的栏目里予以集中公开，而不是混放在新闻报道中。个别法院还拓展了财务数据公开的范围，如海南省高级人民法院公开了《2015 年省高院本级整体支出绩效情况报告及省高院本级 2015 年绩效自评报告》《海南省高级人民法院关于 2015 年度本级预算执行和其他财政收支审计工作报告披露问题整改结果的反馈》；长春中院公开了 2016 年诉讼费和罚金的数额。

2. 公开年度工作报告的比例有所提升

法院会在每年召开的同级人民代表大会上向人大代表作年度工作报告，接受人民代表大会的审议和监督。年报是法院对本年度工作的全面总结，与向人民代表大会汇报的年度工作报告相比，内容更丰富、形式更多样。评估结果显示，2016 年有 47 家法院公开了年报，由 2015 年的 46.91% 上升到 58.02%。2015 年只有珠海中院公开了年报，2016 年广州中院、海口中院也公开了年报，其中广州市中院公开了 2013 年至 2015 年三年的年报。

3. 专题报告或白皮书的公开提升明显

专题报告或白皮书是法院对自身掌握的案件信息进行深度的数据挖掘的成果，如行政诉讼白皮书、劳动案件专题报告、知识产权司法保护状况等，这类信息的公开对于学术研究和政府决策均有重要的参考价值。评估结果显示，2016年专题报告或白皮书的公开率提升明显，从2015年的22家法院增加到38家，公开率由2015年的27.16%上升至46.91%。广州市中级人民法院还公开了2016年司法建议发出及反馈情况统计表。

另外，2016年11月22日，最高人民法院数字图书馆上线，是人民法院做出的又一重大贡献，显示人民法院在网络强国战略、国家大数据战略背景下主动向社会共享数据资源的决心和情怀。

## 四 未来阳光法院的提升空间

随着法院信息化3.0版的建立和不断完善，为了适应智慧法院建设的要求，阳光法院建设还将有很大的提升空间。

### （一）司法公开的纵深发展有赖于法院信息化的深度应用

信息化为司法公开提供了平台，拓展了司法公开的广度与深度，而信息化本身存在的问题也会制约司法公开的纵深发展。

首先，案件办理的信息化程度不高。受制于"案多人少"的客观现实，有些地方的法官在办理案件时无法进行精细化操作，法官未能将案件信息全面及时地录入系统，有些案件还停留在线下办理的状态。以执行案件为例，90%左右的执行实施类案件在基层，而执行案件也比较烦琐，除了网络查控财产线索之外，还要外出执行，有些基层法院的法官很难有时间和精力将所有的执行信息都准确无误地录入节点管理系统，而案件节点信息录入的不完整、不准确，将会直接影响对外公开的质量。其次，多系统办案造成数据割据。尽管最高人民法院在全国四级法院推广统一的案件管理系统，但是多系统办案的现实客观存在，有的法院有自己的办案系统或省级办案平台，审判管理系统与执行办案平台不衔接，即使案件全部在系统内流转，但是由于办案平台的不统一，造成数据割据，为后续的司法公开设置了障碍。最后，办案系统与司法公开平台的对接不畅。尽管有些地方的法院实现了公开信息由办案系统向公开平台的自动摆渡，但是对于大多数法院而言，仍然主要靠人工将信息上传到司法公开平台，造成司法公开工作的烦琐，不仅加重司法人员的工作负担，还导致司法信息上传的不准确、不规范，进而影响公开效果。

司法公开的纵深发展除了取决于法院司法公开的主动性和决心，还受制于法院办案过程信息化程度。例如，信息流程公开透明的前提是案件要在系统中全程流转且处处留痕，否则无法做到流程信息公开的全面性、准确性。要推动司法公开的纵深发展，前提是要提升法院办案系统和管理平台的友好性，实现信息系统的案件全覆盖、法官全覆盖。

### （二）裁判文书反向公开规定亟待落实

裁判文书作为司法判决的最终呈现，为了实现裁判文书的社会共享，最高人民法院明确要求裁判文书以上网为原则、以不上网为例外，对于不上网的裁判文书要进行审批。为了防止不上网审批流于形式，倒逼裁判文书上网率的提高，中国司法透明度指数评估从2014年开始尝试推动法院公开不上网裁判文书的数量、案号和理由。2015年，广州中院、吉林高院和海口中院公开了不上网文书的有关信息。2016年8月30日，最高人民法院发布新修订的《最高人民法院关于人民法院在互联网公布裁判文书的规定》（法释〔2016〕19号），规定了裁判文书的反向公开，即不在互联网公布的裁判文书，应当公布案号、审理法院、裁判日期及不公开理由，但公布上述信息可能泄露国家秘密的除外。2016年，项目组继续考察裁判文书的反向公开，然而调研发现仅少数法院落实了最高人民法院关于裁判文书反向公开的规定。例如，广州中院、吉林高院、长春中院、吉林中院、海口中院等5家法院在文书公开平台上设置了不上网文书公示栏目，公开了不上网的文书数量、案号和理由。除了上述5家法院之外，整体而言，最高人民法院关于裁判文书反向公开的规定落实情况不佳。

### （三）执行信息公开平台有待完善

"中国执行信息公开网"提供了公示和查询两方面的功能，其中公示功能存在缺陷，有待进一步改进和完善。

1. 配备检索统计功能，提高公示页面的友好性

"中国执行信息公开网"对失信被执行人名单的公示仅限于以滚动的方式公开被执行人的姓名（名称）、证件号码，至于公开的总体情况公众

无从知晓。未来，应以公众为导向提升公开平台的友好性，例如，分页公示失信被执行人名单，提供检索统计功能，既方便公众知晓公开的数量，又方便公众查找到具体的目标信息。

2. 强化对失信的公职人员和单位的公示

"中国执行信息公开网"将失信被执行人分为自然人和法人（或其他组织）两类，未对有特殊身份的失信被执行人进行标识。相对于普通当事人，公职人员和公法人更应该履行法律文件所规定的义务，为了加强对公职人员进行监督，作为失信被执行人的公职人员，应将失信情况通知其所在单位。长期以来，不履行法院判决确定的支付、赔偿等义务责任的党政机关和公职人员，都是各地法院执行工作的难点。从 2012 年 3 月起，各地法院在全国范围内开展对党政机关执行人民法院生效判决的专项积案清理工作，重点治理"官员失信"现象。中央全面深化改革领导小组第二十九次会议强调，要加大对各级政府和公务员失信行为惩处力度，将危害群众利益、损害市场公平交易等政务失信行为作为治理重点。中央办公厅、国务院办公厅在《关于加快推进失信被执行人信用监督、警示和惩戒机制建设的意见》中明确，在职公务员或事业单位工作人员被确定为失信被执行人的，失信情况应作为其评先、评优、晋职晋级的参考。因此，为了强化对公职人员和公权力的监督，"中国执行信息公开网"应对失信被执行人做进一步分类，将公职人员和党政机关作为失信被执行人的情况单列。

（四）强化数据对接，共建社会诚信体系

破解执行难有赖于社会诚信体系的完善，而执行信息本身又是社会征信体系的重要组成部分。目前，社会诚信体系建设主要存在的问题是征信平台多元，执行信息与征信数据对接不佳。

首先，征信平台多元。目前，在全国层面涉及信用信息查询的平台有"信用中国""中国执行信息公开网""中国人民银行征信中心""全国企业信用信息公示系统""中国职业信用管理平台"等。"信用中国"所公开的失信被执行人名单仅限于法人作为失信被执行人的名单，并且截至 2016 年 11 月 19 日也仅提供了 50 个失信被执行人名单（每页 10 个，共 5 页）。"中国人民银行征信中心"提供的是个人信用信息服务平台，且仅限于银行信用。"全国企业信用信息公示系统"提供全国企业、农民专业合作社、个体工商户等市场主体信用信息的填报、公示和查询服务。"中国职业信用管理平台"是国家人力资源和社会保障部全国人才流动中心推出的专业致力于"职业信用"的服务平台。多重分散的信用平台不利于建立完善的征信体系。未来，应打破行业分界，建立自然人和企业共同适用的信用公示平台。

其次，信息不对接。在互联网思维的引导下，执行数据应该实现最大程度共享，然而实践中信息壁垒、数据鸿沟现象仍不同程度地存在。执行领域中的信息不对接表现在三个方面：第一，不同地域、不同层级的法院的执行数据共享存在困难；第二，以网络执行查控和联合惩戒为主要内容的执行联动机制存在法院系统与其他部门之间的信息没有完全对接的情况；第三，社会信用信息与被执行人名单信息之间未能做到无缝对接，如"中国人民银行征信中心"未与最高人民法院的失信被执行人名单联网。

数据不对接现象的背后存在多种原因：有些是客观原因，有的部门的数据的确较为敏感，在保密技术无法保证的情况下不能轻易共享、开放；有些是主观原因，在部门主政者传统保守意识观念的主导下不愿意向其他部门共享数据。除了上述两个方面的原因之外，技术层面的因素也是不可回避的，有的是因为部门的信息本身的数字化程度不高，未跟得上大数据时代的步伐，如房产信息本身在其系统内还未实现全国联网；还有些是因为系统未按照统一的技术标准开发，导致系统无法对接。党的十八届三中全会提出"建立全社会房产、信用等基础数据统一平台，推进部门信息共享"。《国民经济和社会发展第十三个五年规划纲要》也强调"加快建设国家政府数据统一开放平台，推动政府信息系统和公共数据互联开放共享"。技术层面的信息不对接问题将会随着信息化的推进与不断完善而有所改观。未来，完善的社会诚信体系建设必然要求征信信息统一归集，建立统一的集约化的社会信用平台。

# 中国司法透明度指数报告（2017）

2017年是本轮司法体制改革的决战之年，也是全面深化司法体制综合配套改革的开启之年。党的十九大报告提出，要深化司法体制综合配套改革，全面落实司法责任制，这一任务的完成离不开不断追求公平正义的改革，更离不开公开、透明的司法环境。2017年11月1日，最高人民法院在第十二届全国人民代表大会常务委员会第三十次会议上所做的《最高人民法院关于人民法院全面深化司法改革情况的报告》指出，司法公开理念不断强化、司法公开平台已经构建、司法公开广度和深度进一步拓展，司法公开成为法院深化司法改革的重要组成部分。2017年4月20日，最高人民法院印发的《最高人民法院关于加快建设智慧法院的意见》指出，阳光化是建设智慧法院的三个重要维度之一。为准确呈现和评价2017年中国司法公开成效，中国社会科学院国家法治指数研究中心、法学研究所法治指数创新工程项目组（以下简称项目组）继续以法院网站为视角对最高人民法院、31家高级人民法院（以下简称某某高院）和49家中级人民法院（以下简称某某中院）共计81家法院的司法透明度进行评估。这是2011年之后开展的第七次评估，评估时段为2017年9月15日至11月30日。

## 一　评估指标体系

指标体系每年都会根据中国司法的进展变化和年度特点进行优化、调整。2017年中国司法透明度指数评估的指标体系加大了对司法公开深度和广度的考察，对公开细节的深层次分析，并重点评估了司法公开体现改革成果和服务当事人的水平。

调整后，2017年中国司法透明度指数评估的指标体系包括"审务公开""审判公开""执行公开""数据公开"和"司法改革"5个一级指标（见表1）。

"审务公开"主要是指与审判执行相关的司法行政事务的公开，包括"平台建设""人员信息""规范性文件"以及"任职回避信息"等内容。由于在门户网站上公开地址、交通图示、联系方式、管辖范围、下辖法院、内设部门、机构职能、投诉渠道等概况信息已成法院公开的常态，因此"法院概况"不再作为本次评估的内容。平台建设评估的重点是从法院门户网站的有效性和友好性两个方面进行评估；人员信息则从法院领导姓名、学习工作简历、职务及分管事项，审判人员的姓名、学历及法官等级、书记员姓名三个方面进行评估；另外，2017年度新增任职回避信息指标，旨在考察法官任职回避的落实和公开情况，便于群众监督。

表1　　　　中国司法透明度指标体系（2017）

| 一级指标 | 二级指标 |
| --- | --- |
| 审务公开（20%） | 平台建设（40%） |
|  | 人员信息（30%） |
|  | 规范性文件（20%） |
|  | 任职回避信息（10%） |
| 审判公开（30%） | 诉讼指南（20%） |
|  | 审判流程（30%） |
|  | 庭审公开（30%） |
|  | 减刑、假释信息（10%） |
|  | 司法文书（10%） |
| 执行公开（20%）* | 执行指南（40%） |
|  | 执行曝光（20%） |
|  | 执行惩戒（10%） |
|  | 终本案件信息（10%） |
|  | 执行举报（20%） |

续表

| 一级指标 | 二级指标 |
| --- | --- |
| 数据公开（20%） | 财务数据（50%） |
| | 工作报告（35%） |
| | 司法业务数据（15%） |
| 司法改革（10%）** | 司法改革专栏（20%） |
| | 司法改革方案（20%） |
| | 立案登记制（20%） |
| | 案外干预记录（20%） |
| | 员额制（10%） |
| | 领导干部办案情况（10%） |

注：* 由于执行公开不适用于最高人民法院，因此，最高人民法院的审务公开、审判公开和数据公开和司法改革公开的权重分别为30%、30%、30%和10%。

** 司法改革专栏、司法改革方案和员额制不适用于中级法院，因此，中级法院立案登记制、案外干预记录和领导干部办案情况的权重分别为70%、20%和10%。

  审判公开仍然是本次评估的重点。"审判公开"包括诉讼指南公开、庭审公开、审判流程和审后公开，其中，诉讼指南是庭前对当事人提供诉讼服务的重要工作，也是准备起诉的当事人浏览法院网站的主要目的之一，该指标评估诉讼指南公开信息的准确性、便捷性和全面性；庭审公开除了公众旁听、庭审视频公开和庭审文字直播之外，新增院庭长审理案件的庭审直播指标；审后公开主要是指减刑、假释公开、裁判文书公开和司法建议的公开情况。自从2013年11月最高人民法院颁布司法解释部署全国法院裁判文书上网公开以来，裁判文书上网公开逐渐成为各级人民法院的共识，但是裁判文书公开的全面性和规范性仍有待加强。《最高人民法院关于人民法院在互联网公布裁判文书的规定》明确要求，"不在互联网公布的裁判文书，应当公布案号、审理法院、裁判日期及不公开理由"。因此，2017年司法文书公开指标重点对裁判文书的反向公开情况加以评估，即是否公开不上网文书的数量、案号、理由等。2017年度还新增三级指标"司法建议公开"，评估法院是否公开了司法建议的对象、主要内容等。

2017年是最高人民法院宣布用两年到三年时间基本解决执行难的关键一年，执行公开对于规范执行行为、提高执行工作质效至关重要。"执行公开"包括执行指南的公开、终本案件信息公开、执行曝光、执行惩戒公开、执行举报等。2017年，项目组在前一年增设"终本案件信息"指标的基础上增加了该指标的权重。由于在司法实践中不少法院为提高结案率往往会将不应当终本的案件按照终本处理，2016年10月29日最高人民法院颁布了《关于严格规范终结本次执行程序的规定（试行）》，不仅明确了终本案件的适用条件，还要求终本裁定书在互联网上公开。政府机关、公职人员、人大代表、政协委员应当作为遵纪守法的楷模，自动履行法院判决义务。为此，2017年，项目组增加了对曝光上述特殊主体不履行生效判决情况的考察，引导法院将上述特殊主体不主动履行法院判决的情况予以公开。

"数据公开"指标分财务数据和司法业务数据两大类，前者包括预决算、"三公"经费和涉案款物数据的公开，后者指法院的年度工作报告、年报、白皮书或专题报告、案件统计数据等信息的公开。2017年项目组对同类预决算数据予以合并、简化，同时在司法业务数据原有指标基础上增加了三级指标破产案件公开，引导法院更加全面、细致地公开司法业务数据。

2017年，司法改革各项措施在全国各级法院全面铺开、落地，"责任""落实""督导"成为司法体制改革的关键词。从2015年起，项目组开始将"司法改革信息公开"纳入评估指标，但未设置权重，不计入分值；2016年将其作为"审务公开"的一部分计入分值。2017年，司法改革信息作为司法透明度的一级指标，增加了权重和分值。司法改革信息公开共设置司法改革专栏、司法改革方案、员额制、立案登记制、案外干预记录和领导干部办案情况6个二级指标，其中前三项（司法改革专栏、司法改革方案、员额制）仅评估最高人民法院和各高级人民法院。

## 二　总体结果

2017年，被评估的80家法院司法透明度指数的平均分为56.2分，基本与前两年持平，其中80分以上的有4家，60—80分的有18家，50—60

分的有33家，50分以下的有26家。排名前二十的法院依次为广州中院、长春中院、宁波中院、吉林高院、吉林中院、北京高院、海口中院、浙江高院、南京中院、上海高院、成都中院、杭州中院、最高人民法院、江苏高院、海南高院、湖南高院、深圳中院、黑龙江高院、徐州中院和湖北高院（评估结果见表2）。

表2　中国司法透明度指数评估结果排名评估对象审务公开

| 排名 | 评估对象 | 审务公开（20%） | 审判公开（30%） | 数据公开（20%） | 执行公开（20%） | 司法改革（10%） | 总分（满分：100分） |
| --- | --- | --- | --- | --- | --- | --- | --- |
| 1 | 广州中院 | 100.00 | 83.50 | 98.13 | 95.00 | 90.00 | 92.68 |
| 2 | 长春中院 | 78.00 | 88.00 | 63.75 | 92.00 | 100.00 | 83.15 |
| 3 | 宁波中院 | 94.00 | 75.50 | 82.50 | 82.00 | 70.00 | 81.35 |
| 4 | 吉林高院 | 83.00 | 87.50 | 70.63 | 74.00 | 93.00 | 81.08 |
| 5 | 吉林中院 | 90.00 | 88.00 | 45.00 | 83.00 | 95.00 | 79.50 |
| 6 | 北京高院 | 67.00 | 81.00 | 83.75 | 79.00 | 70.00 | 77.25 |
| 7 | 海口中院 | 81.00 | 84.50 | 69.38 | 84.00 | 45.50 | 76.78 |
| 8 | 浙江高院 | 80.00 | 64.50 | 83.75 | 83.00 | 67.00 | 75.40 |
| 9 | 南京中院 | 75.00 | 80.50 | 63.75 | 80.00 | 35.00 | 71.40 |
| 10 | 上海高院 | 55.00 | 85.00 | 61.25 | 74.00 | 72.00 | 70.75 |
| 11 | 成都中院 | 70.50 | 72.00 | 57.50 | 74.00 | 85.00 | 70.50 |
| 12 | 杭州中院 | 65.00 | 72.00 | 64.38 | 83.00 | 59.50 | 70.03 |
| 13 | 最高人民法院 | 76.00 | 66.00 | 65.63 | — | 70.00 | 69.29 |
| 14 | 江苏高院 | 62.00 | 78.00 | 86.88 | 60.00 | 23.00 | 67.48 |
| 15 | 海南高院 | 62.00 | 64.50 | 79.38 | 52.00 | 90.00 | 67.03 |
| 16 | 湖南高院 | 66.00 | 69.00 | 75.63 | 62.00 | 46.00 | 66.03 |
| 17 | 深圳中院 | 60.00 | 73.50 | 63.75 | 44.00 | 70.00 | 62.60 |
| 18 | 黑龙江高院 | 74.00 | 70.50 | 64.38 | 32.00 | 70.00 | 62.23 |
| 19 | 徐州中院 | 58.00 | 72.00 | 63.75 | 56.00 | 45.50 | 61.70 |
| 20 | 湖北高院 | 55.00 | 69.00 | 51.88 | 74.00 | 47.00 | 61.58 |
| 21 | 兰州中院 | 69.00 | 67.50 | 48.75 | 52.00 | 70.00 | 61.20 |

续表

| 排名 | 评估对象 | 审务公开(20%) | 审判公开(30%) | 数据公开(20%) | 执行公开(20%) | 司法改革(10%) | 总分(满分:100分) |
|---|---|---|---|---|---|---|---|
| 22 | 厦门中院 | 70.00 | 67.50 | 63.75 | 44.00 | 49.00 | 60.70 |
| 23 | 江西高院 | 74.00 | 66.00 | 51.88 | 52.00 | 46.00 | 59.98 |
| 24 | 重庆高院 | 74.00 | 52.50 | 61.25 | 76.00 | 19.00 | 59.90 |
| 25 | 青海高院 | 71.00 | 73.50 | 58.13 | 52.00 | 16.00 | 59.88 |
| 26 | 太原中院 | 86.50 | 54.00 | 70.00 | 32.00 | 59.50 | 59.85 |
| 27 | 淮南中院 | 72.50 | 64.50 | 41.25 | 52.00 | 70.00 | 59.50 |
| 28 | 合肥中院 | 74.00 | 69.00 | 61.25 | 41.00 | 35.00 | 59.45 |
| 29 | 广西高院 | 66.00 | 70.50 | 48.13 | 60.00 | 33.00 | 59.28 |
| 30 | 四川高院 | 68.00 | 64.50 | 34.38 | 77.00 | 39.00 | 59.13 |
| 31 | 内蒙古高院 | 67.00 | 72.00 | 71.88 | 36.00 | 24.00 | 58.98 |
| 32 | 石家庄中院 | 73.50 | 72.00 | 41.25 | 54.00 | 35.00 | 58.85 |
| 33 | 陕西高院 | 66.50 | 67.50 | 60.63 | 52.00 | 26.00 | 58.68 |
| 34 | 淄博中院 | 71.00 | 64.50 | 46.25 | 56.00 | 45.50 | 58.55 |
| 35 | 济南中院 | 58.00 | 67.50 | 56.25 | 52.00 | 45.50 | 58.05 |
| 36 | 本溪中院 | 67.00 | 69.50 | 45.00 | 44.00 | 59.50 | 58.00 |
| 37 | 安徽高院 | 71.00 | 73.50 | 46.88 | 50.00 | 17.00 | 57.33 |
| 38 | 邯郸中院 | 65.00 | 75.00 | 46.25 | 40.00 | 35.00 | 56.25 |
| 39 | 珠海中院 | 50.00 | 72.00 | 65.00 | 32.00 | 45.50 | 55.55 |
| 40 | 福建高院 | 45.00 | 66.00 | 67.50 | 44.00 | 43.00 | 55.40 |
| 41 | 郑州中院 | 83.00 | 58.50 | 55.63 | 32.00 | 35.00 | 55.18 |
| 42 | 武汉中院 | 64.00 | 72.00 | 25.63 | 53.00 | 49.00 | 55.03 |
| 43 | 广东高院 | 67.00 | 58.50 | 70.00 | 32.00 | 36.00 | 54.95 |
| 44 | 山东高院 | 74.00 | 63.00 | 56.88 | 40.00 | 16.00 | 54.68 |
| 45 | 无锡中院 | 61.50 | 60.00 | 44.38 | 60.00 | 35.00 | 54.68 |
| 46 | 河北高院 | 61.00 | 70.50 | 47.50 | 48.00 | 19.00 | 54.35 |
| 47 | 辽宁高院 | 69.00 | 61.50 | 48.13 | 48.00 | 16.00 | 53.08 |
| 48 | 甘肃高院 | 43.00 | 66.00 | 36.88 | 68.00 | 36.00 | 52.98 |

续表

| 排名 | 评估对象 | 审务公开（20%） | 审判公开（30%） | 数据公开（20%） | 执行公开（20%） | 司法改革（10%） | 总分（满分：100分） |
| --- | --- | --- | --- | --- | --- | --- | --- |
| 49 | 云南高院 | 61.00 | 67.50 | 41.88 | 42.00 | 36.00 | 52.83 |
| 50 | 天津高院 | 50.00 | 57.00 | 71.88 | 32.00 | 44.00 | 52.28 |
| 51 | 汕头中院 | 54.00 | 61.50 | 61.25 | 32.00 | 35.00 | 51.40 |
| 52 | 西宁中院 | 52.00 | 67.50 | 33.75 | 52.00 | 35.00 | 51.30 |
| 53 | 大连中院 | 73.00 | 49.50 | 33.75 | 40.00 | 70.00 | 51.20 |
| 54 | 西安中院 | 52.00 | 57.00 | 48.75 | 52.00 | 35.00 | 51.15 |
| 55 | 哈尔滨中院 | 39.00 | 67.50 | 56.25 | 40.00 | 35.00 | 50.80 |
| 56 | 长沙中院 | 67.50 | 52.50 | 33.75 | 34.00 | 70.00 | 49.80 |
| 57 | 苏州中院 | 68.00 | 58.50 | 42.50 | 32.00 | 35.00 | 49.55 |
| 58 | 沈阳中院 | 49.00 | 57.00 | 62.50 | 32.00 | 35.00 | 49.30 |
| 59 | 新疆高院 | 54.00 | 61.50 | 48.13 | 32.00 | 35.00 | 48.78 |
| 60 | 青岛中院 | 43.00 | 64.50 | 31.25 | 44.00 | 45.50 | 47.55 |
| 61 | 抚顺中院 | 60.00 | 45.00 | 45.00 | 44.00 | 35.00 | 46.80 |
| 62 | 大同中院 | 64.00 | 67.50 | 1.25 | 32.00 | 70.00 | 46.70 |
| 63 | 南昌中院 | 44.50 | 58.50 | 51.25 | 32.00 | 35.00 | 46.60 |
| 64 | 山西高院 | 67.00 | 63.00 | 60.63 | — | 19.00 | 46.33 |
| 65 | 鞍山中院 | 63.00 | 52.50 | 38.75 | 32.00 | 35.00 | 46.00 |
| 66 | 南宁中院 | 41.00 | 66.00 | 35.00 | 36.00 | 35.00 | 45.70 |
| 67 | 宁夏高院 | 39.00 | 60.00 | 41.25 | 49.00 | 17.00 | 45.55 |
| 68 | 洛阳中院 | 54.00 | 63.00 | 33.75 | 16.00 | 56.00 | 45.25 |
| 69 | 贵州高院 | 60.00 | 70.50 | 50.00 | — | 19.00 | 45.05 |
| 70 | 包头中院 | 47.00 | 48.00 | 46.25 | 32.00 | 56.00 | 45.05 |
| 71 | 河南高院 | 24.50 | 60.00 | 52.50 | 40.00 | 36.00 | 45.00 |
| 72 | 唐山中院 | 49.50 | 60.00 | 1.25 | 60.00 | 45.50 | 44.70 |
| 73 | 昆明中院 | 71.00 | 63.00 | 8.13 | 32.00 | 35.00 | 44.63 |
| 74 | 拉萨中院 | 51.00 | 72.00 | 1.25 | 36.00 | 49.00 | 44.15 |
| 75 | 福州中院 | 60.00 | 46.50 | 41.25 | 32.00 | 35.00 | 44.10 |

续表

| 排名 | 评估对象 | 审务公开（20%） | 审判公开（30%） | 数据公开（20%） | 执行公开（20%） | 司法改革（10%） | 总分（满分：100分） |
|---|---|---|---|---|---|---|---|
| 76 | 齐齐哈尔中院 | 75.50 | 64.50 | 8.75 | 0.00 | 59.50 | 42.15 |
| 77 | 乌鲁木齐中院 | 28.00 | 69.00 | 13.75 | 32.00 | 35.00 | 38.95 |
| 78 | 西藏高院 | 51.00 | 58.00 | — | 44.00 | 20.00 | 38.40 |
| 79 | 银川中院 | 49.00 | 52.50 | 1.25 | 41.00 | 35.00 | 37.50 |
| 80 | 呼和浩特中院 | 50.00 | 39.00 | 33.75 | 16.00 | 35.00 | 35.15 |
| 81 | 贵阳中院 | 40.00 | 48.00 | 31.25 | 1.00 | 45.50 | 33.40 |

经过连续七年的司法透明度指数评估，法院司法透明度整体有所提升，但是随着评估更加侧重公开的效果和公开的广度、深度，不同法院透明度的差距仍然不小。部分法院始终重视司法公开工作，不断创新深化公开内容，在评估结果排名中稳居前列。例如，广州中院、宁波中院、成都中院、北京高院、浙江高院、深圳中院、海口中院、杭州中院、上海高院、湖南高院、南京中院11家法院连续四年（2014年、2015年、2016年、2017年）排名进入前二十，其中广州中院、宁波中院、吉林高院、浙江高院4家法院连续三年（2014年、2015年、2016年）排名进入前十。广州中院已经连续三年在司法透明度测评中拔得头筹，并且评估得分呈现不断上升趋势。当然，也有一些原来传统上司法公开不具有优势的法院借助最高人民法院建设四大公开平台的契机，急起直追，排名不断提升。近三年来，透明度排名持续提升的法院包括长春中院、吉林中院、海南高院、黑龙江高院、兰州中院、江西高院、青海高院、本溪中院、辽宁高院等，其中三年排名累计提升20名以上的法院包括长春中院、黑龙江高院、兰州中院、江西高院、青海高院和本溪中院等。

## 三 发现的亮点

随着司法改革的推进和深入以及最高人民法院司法公开平台的建设完善，司法公开已经成为全国各级法院的共识。2017年，有的法院为提升司法公开水平，向司法公开领先的法院调研学习，有的法院则由专人负责研究对比司法公开做得好的法院网站，从中找出经验做法，提升自身公开水平。总体上，司法公开领域呈现各法院你追我赶、司法透明度水准不断提高的局面，司法公开迈上新台阶。

**（一）审务透明度稳中有升**

1. 法院网站不断优化

评估显示，被评估法院普遍设立了门户网站，而且这些门户网站具有识别度高、寻找便捷等特点，门户网站无法打开、网站内容点击无效的现象明显减少。门户网站不唯一的法院从2016年的16家减少到10家，网站唯一性显著提高。与此同时，网站的友好性不断提升。一是网站检索功能愈加完备。提供网站检索功能，有助于当事人便捷、迅速地获取所需的司法公开信息、评估的81家法院网站中，有76家网站具备检索功能，占93.8%，其中62家具有综合检索功能，较2016年提高4.9个百分点。二是网站的栏目设置更加合理。一些法院设置了审判公开、审务公开、审判流程公开、执行信息公开等一级栏目，以便当事人能够迅速找到相应的信息。有的法院在门户网站中区分了司法服务区、司法公开区、司法政务区三个板块，在司法服务区还针对不同对象设置了当事人服务、公众服务和律师服务专区。

2. 司法人员信息公之于众

评估显示，法院对司法人员的信息公开呈现更加开放的态势。2017年，评估的81家法院中公开院长、副院长等院领导姓名的从2016年的59家增加到66家，占81.5%，14家法院公开了院领导的分管范围，27家公开了院领导的学历，23家公开了院领导的工作经历，分别占17.3%、33.3%和28.4%。其中，广州中院、长春中院、吉林中院、宁波中院、本溪中院公开了以上所有信息。公开法官姓名的法院从2016年的54家增长到58家，公开法官任职时间或者法官级别的从2016年的40家增长到44家，6家公开了法官的学历或者工作简历，其中广州中院、长春中院、吉林中院、宁波中院、成都中院、杭州中院公开了以上所有信息。公开书记员（法官助理）姓名等相关信息的法院从2016年的10家增加到11家。

另外，山东高院、黑龙江高院、天津高院、广州中院、长春中院、宁波中院、本溪中院、吉林中院、西宁中院9家法院公开了所有院级领导的分管范围、学历和工作经历等事项，10家法院公开了法官的学历和工作经历。吉林高院、长春中院等还公开了办公室、审判管理办公室、信访局等司法辅助部门的职责、负责人姓名等相关信息。

3. 审务公开内容不断丰富

评估显示，审务公开的信息内容日益多样化。早在2011年，最高人民法院就颁布了《关于对配偶子女从事律师职业的法院领导干部和审判执行岗位法官实行任职回避的规定（试行）》，规定人民法院领导干部和审判、执行岗位法官的配偶、子女在其任职法院辖区内从事律师职业的，应当实行任职回避。任职回避体现了对法官的中立要求，只有法院公布了法官任职回避的情况，才便于人民群众监督，否则该文件可能成为一纸空文。评估显示，海南高院、广州中院和宁波中院3家法院将法官任职回避情况予以公示，海南高院不仅公布了法官配偶子女，还公布了其他近亲属，如兄弟姐妹、岳父、妹夫等从事律师职业的情况，公布的内容十分详尽，包括法官姓名、所在部门、职务、与本人关系，亲属所在的律师事务所、从事工作；此外，还主动公布了海南三级法院离任人员从事律师职业情况统计表等。

另外，评估的81家法院中，公布本院规范性文件的法院62家，其中设专栏发布本院规范性文件的法院达到53家，分别比上一个年度提高6.2个和9.9个百分点。

**（二）审判公开纵深推进**

1. 诉讼指南公开完备

诉讼指南是法院提供诉讼服务的首要工作，也是司法公开的基本要求。评估的81家法院，100%都设置了诉讼指南栏目，集中发布诉讼指南信息，体现出对诉讼指南的高度重视。评估显示，诉讼指南公开具有以下特征。一是栏目分类清晰明确，便于查找。此次评估中，54家法院的诉讼指南栏目按照指南类别、诉讼类型等标准进行分类，占66.7%；有的是按照诉讼类型公布了民事诉讼指南、刑事诉讼指南、行政诉讼指南等，如江苏高院、武汉中院、深圳中院等；有的按照指南类别分类，如安徽法院诉讼服务网在"诉讼指南"栏目下分设"诉讼流程""诉讼费用标准""诉讼风险提示""权利义务告知书"等子栏目；徐州中院在"诉讼指南"栏目中分类公布了诉讼风险提示、诉讼费用收费标准等信息。二是诉讼指南发布内容较为全面。81家法院公布了诉讼风险提示的有76家，占93.8%；公开了诉讼流程的有52家，占64.2%；公开法律文书样本的有72家，占88.9%；公布了诉讼费用标准的有77家，占95.1%；告知当事人权利义务的有48家，占59.3%。三是创新便于当事人诉讼的做法。一些法院网站栏目设置比较有新意。例如，武汉中院司法公开网上服务平台，"诉讼工具"栏目中设有立案审理期限计算工具、延迟履行利息计算工具等；南京中院的网站设有"12368服务热线""倾听专区""代表委员信箱""法官工作邮箱""院长信箱"等栏目；厦门中院提供的风险提示书为中英文版本，方便涉外当事人查阅信息。

2. 流程公开呈现实质化

当事人是司法公开的主要对象，案件的审理进程则是当事人关心的主要事项之一。近年来，最高人民法院将审判流程公开作为司法公开的重要内容。2017年，项目组增加了审判流程查询和电子阅卷查阅等评估项目，评估显示，法院审判流程公开总体情况良好。在81家法院中，当事人可以登录门户网站查询案件流程信息的有68家，占84.0%。查询案件流程的栏目，一般设置在网站的当事人服务区或诉讼服务网站中，当事人通过获取的账号密码即可登录查看案件流程信息。安徽高院等还对查询方法进行了简要说明，便于公众正确使用该系统。另外，评估显示法院开庭公告公布比较及时。81家法院中，只有2家没有公布开庭公告，而通过网络及时公布开庭公告的有45家，占55.6%；设置开庭公告检索功能的法院从2016年的16家增至27家，占33.3%。

3. 庭审视频直播水平继续提升

庭审视频直播的公开体现在最高人民法院的平台建设和地方法院自主公开两方面。从庭审直播平台来看，自2016年9月最高人民法院推出中国庭审公开网以来，庭审公开已经成为法院审判公开的常态工作。目前，中国庭审公开网不仅可以连接全国32家高级人民法院，通过高级人民法院还可以进一步连接其下辖的中级人民法院和基层人民法院，实现全国法院全覆盖。截至2017年12月，全国各级法院通过中国庭审公开网直播庭审58万余次，观看量达到44亿人次。在中国庭审公开网上，不仅可以观看庭审直播，还能够实现庭审回放、热点视频直播排行，通过案号、案件名称等关键词还可以实现庭审直播检索等诸多功能。此外，在"庭审预告"栏目中，注册用户还可以订阅预告中公布的庭审直播。在"庭审直播"栏目中，公众能够通过网站了解庭审基本信息，发表意见、收藏、分享，对庭审直播视频的清晰度和流畅度进行评价。在"数据公开"栏目中，公众还可以看到接入中国庭审公开网的各级法院数量、各法院累计直播的庭审数量等内容。

从地方法院庭审直播公开来看，庭审直播视频的频次、范围、更新速度等都有不同程度提升。各地的庭审直播也有不少亮点和创新做法。陕西高院庭审直播网的庭审视频在民事、刑事、行政案件分类的基础上，又对一审、二审、再审视频进行了分类。江西法院审判综合服务平台非常直观，以地图形式标明各地市庭审视频的直播和回顾，省去检索这一环节，方便了查阅人。黑龙江高院的庭审直播内容比较丰富，除了直播预告、正在直播外，又将案件分为民事案件、刑事案件、行政案件、执行案件、审监案件和其他分类公布，还可以通过标题、案件类型、法院、庭审日期等对庭审直播进行检索查询。

4. 数据公开呈现跨越式发展

2017年，项目组对法院司法统计数据透明度连续第七年进行评估。在评估之初的2011年和2012年，司法统计数据的公开情况十分不理想，法院普遍将其作为审判内部信息不予公开。2017年，司法统计数据的公开已经成为大多数法院的共识，一些法院司法统计数据的公开数据量大、形式新颖，有的法院还提供了司法统计报告供公众参考，司法数据公开的进展集中体现在以下方面。

一是最高人民法院上线了司法大数据服务网，该网集合了专题深度研究、司法知识服务、涉诉信息服务、类案智能推送、智能诉讼评估、司法自主统计等功能。在"专题深度研究"栏目中，展示了关于知识产权侵权、离婚纠纷、危险驾驶罪、信用卡诈骗等专题的司法大数据报告；在司法自主统计中，公众如果有相关司法统计数据要查询，可以向最高人民法院提交要求公开的申请。

二是工作报告公开越来越普遍。2017 年，公开工作报告的法院从 2016 年的 38 家提升到 53 家，占 65.4%，其中 26 家法院在网站上设置专门栏目，对工作报告进行集中公开。值得一提的还有《最高人民法院公报》（以下简称《公报》）在最高人民法院门户网站上实现了免费公开，公众可以通过按照期数和关键词等检索 6 个月前的《公报》内容全文。

三是部分法院司法统计数据公开越来越全面。例如，南京中院、珠海中院等开设了专门的司法统计数据栏目，还有的法院司法统计公开内容不断拓展，在原有的各类案件情况统计基础上，开通了实时的司法统计信息公开功能。例如，长春中院、吉林中院在"审判动态"栏目下，不仅按季度公布审判态势分析报告，而且公开了实时审判数据、司法统计分析报告。宁波中院不仅公布了全院的收结案数据、法官人均结案数，还可以由当事人自定义案由、法院和时间段来查询相关审判数据。

四是部分法院公开司法建议。司法建议是人民法院在审判执行中为预防纠纷和犯罪发生，针对案件所涉单位和部门在制度上、工作中存在的问题而提出的健全制度、规范管理、填补漏洞的建议。司法建议是法律赋予人民法院的重要职责，是人民法院加强和创新社会管理，坚持能动司法、服务大局、司法为民的重要途径。司法建议作为法院参与社会治理的一部分，其建议对象、建议内容、回复情况等应当予以公开。评估显示，上海高院、广州中院、长春中院、宁波中院、本溪中院、吉林中院、南京中院等 7 家法院在网站上公开了 2017 年度司法建议书或者司法建议发送情况。

### （三）阳光执行助力"基本解决执行难"

2017 年是解决最高人民法院庄严承诺用两年到三年时间基本解决执行难问题的关键一年。向当事人公开执行相关信息能够满足当事人的知情权，也有助于将执行工作置于阳光之下，减少暗箱操作和权力寻租，同时加强执行的威慑力。

#### 1. 搭建平台曝光失信

为提升执行透明度，强化对执行工作的监督，最高人民法院在《人民法院第四个五年改革纲要（2014—2018）》中提出，"完善执行信息公开平台"，包括"整合各类执行信息，推动实现全国法院在同一平台统一公开执行信息，方便当事人在线了解执行工作进展"。中国执行信息公开网向当事人和社会公众公开与执行案件有关的各类信息。案件当事人可以凭证件号码和密码从平台获取执行立案、执行人员、执行程序变更、执行措施、执行财产处置、执行裁决、执行结案、执行款项分配、暂缓执行、中止执行、终结执行等信息。公众也可以在该网站上查询司法拍卖等信息。为加强执行案款管理，切实维护当事人合法权益，最高人民法院于2016年11月在中国执行信息公开网上开设"执行案款领取公告查询"栏目，由各执行法院将联系不上当事人的案款信息予以公告。

2. 执行指南更加完备

执行信息公开首先体现在对当事人执行信息的告知，执行指南公开则是执行信息告知的基础。评估显示，2017年，评估法院执行指南的公开和告知比例进一步提升，执行指南内容比较完备。81家法院中，公布执行指南的76家，占93.8%，其中68家执行指南内容全面，既有权利义务告知，又包括"执行须知"等，占84.0%，浙江高院、宁波中院、青岛中院等执行指南有专门分类，并且公开内容较为丰富。此外，被评估法院公开执行流程图的19家，比2016年增加9家，提升11.1个百分点。例如，青岛中院公开的内容包括执行案件立案标准、执行案件启动程序、执行收费标准、执行费缓减免条件及程序、强制执行工作流程、执行案件启动程序等。南京中院执行指南公开内容非常丰富，主要包括执行流程、执行管辖、执行期间、申请执行所需材料、执行依据、执行申请书格式等。

3. 执行举报渠道公开成为共识

执行举报渠道的公开，有助于法院及时了解执行线索，执行案件当事人等及时向法院提供执行线索，充分保障其诉讼权益。评估显示，81家法院中，有36家公布了执行举报渠道，占44.4%，公开比例比上年提升12.4个百分点，其中提供独立的执行举报专栏的法院有18家，占22.2%。81家法院中，江西高院、浙江高院、宁波中院、石家庄中院、吉林中院、杭州中院、济南中院、唐山中院8家法院的执行举报栏目易查找，执行举报方式简洁明了，尤其是浙江高院和杭州中院，网站建设简明大方,执行信息公开全面、易查找。

4. 加大曝光力度,强化执行威慑力

党的十八届四中全会明确要求,"加快建立失信被执行人信用监督、威慑和惩戒法律制度"。被执行人以各种手段逃避、规避执行甚至抗拒执行是造成执行难的直接原因,要基本解决执行难,除了提升法院查人找物能力、规范法院执行行为之外,还必须对被执行人进行失信惩戒,对情节恶劣的还要依法追究相应的法律责任。

2017年,公开罚款或拘留等信息的法院增加至13家,有7家法院公开了追究拒执罪的相关数据,吉林高院、云南高院、广州中院、宁波中院、石家庄中院、吉林中院、南京中院7家法院进行了双重公开。2017年公开限制高消费名单的法院增加至36家,公开限制出境人员名单的法院增至29家,25家法院进行了限制高消费和限制出境名单的双重公开,分别占44.4%、35.8%和30.9%。有10家法院公布了执行悬赏信息,其中湖北高院、湖南高院、北京高院、广州中院、长春中院、合肥中院、南京中院、海口中院8家法院既公开了限高、限制出境名单,又公布了执行悬赏名单,公开内容丰富,其中广州中院公布了特殊主体失信被执行人名单,将不履行法定义务的学校、医院等事业单位及其法定代表人名单予以公布,该法院还尝试在"头条号"公布未履行被执行人的姓名、身份证等基本信息,扩大影响,督促被执行人主动履行执行义务。

### (四)以看得见的方式推动司法改革

党的十八大报告提出"要进一步深化司法体制改革",但是司法体制改革不是政法机关、人民法院的内部事务,司法改革必然对司法权的运行产生影响,必然会对当事人的权益产生重要影响,这项关乎全社会的重大改革,在推进过程中不能闭门造车,应保持公开透明。为此,项目组从2015年开始对法院司法改革的透明度进行测评,2017年评估结果显示,中国司法改革的透明度逐年提升。

1. 司法改革栏目内容日趋丰富

中央提出的司法改革政策,需要各地加以落实、推进,并提供具体方案。各高级法院正是地方法院司法改革政策的落实者和统筹推动者,各地司法改革措施是否透明也主要看高级法院能否设立司法公开栏目、是否提出公开司法改革举措和方案。评估结果显示，最高人民法院率先垂范，在审判业务板块中设置了"司法改革"栏目，在该栏目里集中展示司法改革的最新成果和重大事件。31家高级法院中有14家在网站上设置了司法改革栏目，比2016年增加4家。司法改革栏目公开的内容也更加丰富，如吉林高院在"司法改革"栏目中分设了上级司法改革政策文件、本级司法改革方案、本级司法改革情况、立案登记制、法官员额制、院领导办案、案外干预记录、律师权益保护等内容。还有一些中级人民法院也设置了"司法改革"栏目，主动公开司法改革的相关内容。例如，广州中院的"司法改革"栏目内容涵盖了司法改革的动态、文件，不仅有中央及上级的司法改革文件，还公开了本院制定的一些文件或实施细则，2017年开始不定期发布"广州法院信息司法改革专刊"，截至7月已经发布了53期。"司法改革"栏目下设置了"司法改革动态""司法改革要闻""直播司法改革""上级司法改革政策文件""本级司法改革总体方案""司法责任制改革""法院员额制改革""审判辅助人员管理改革""立案登记制改革""工作机制改革""律师权益保护"等11个子栏目。

在司法改革方案的公开方面，北京高院、陕西高院、黑龙江高院等12家法院公开了中央司法改革方案。吉林高院、浙江高院、海南高院、湖北高院、湖南高院、上海高院等10家法院公开了本级司法改革方案。公开司法改革方案表明法院勇于接受社会监督，值得称赞。

2. 法官员额及配套措施公开逐步精细化

员额制是整个司法责任制改革的基石，通过员额制改革选出优秀人才进行办案并对案件负责。员额制的规定、遴选程序对社会公开有助于加强全社会对法院司法改革进程的监督。2017年，项目组对高级法院门户网站是否公开员额制的相关规定、遴选委员会的组成以及遴选程序进行考察。评估发现，浙江高院、黑龙江高院、北京高院3家高级法院公开了员额制的规定和遴选程序，浙江高院、黑龙江高院公开了进入员额的法官数量和名单。广州中院还主动公布了未入额但在过渡期内从事办案工作的法官信息，以便公众监督。

入额的领导干部办案情况是司法员额制能否起到实效、司法改革能否真正革除司法行政化弊端的关键。《最高人民法院关于加强各级人民法院院庭长办理案件工作的意见（试行）》规定，法院院庭长办案应达到一定的比例，同时规定各级人民法院院庭长办案任务完成情况应当公开接受监督。"各高级人民法院审判管理部门负责每年度辖区各法院院庭长办案量的测算核定，逐月通报辖区各级人民法院院长、副院长、审判委员会专职委员、其他入额院领导的办案任务完成情况，包括办案数量、案件类型、审判程序、参与方式、开庭数量、审判质量等。"为此，项目组对各法院2017年是否公开领导干部办案规定、办案情况进行了评估。评估显示，有2家法院公开了领导干部办案规定，为广州中院和吉林中院；此外，吉林高院按季度公开领导办案情况分析报告，在报告中详细公开了领导干部占法官员额的比例、案件的收结案情况、人均办案数量、办案类型、办理"重点案件"情况以及各级法院办案任务完成情况，还在报告中公开了法院每名入额领导干部办案的数量。此外，该报告还直接对领导干部办案情况进行分析和评议："从全省法院院领导承办案件的范畴看，多数案件仍旧集中在简单类型的案件上，'重点案件'仅有1255件，占院领导受理案件总数的11.36%，'精英审判'的作用没有得到充分发挥"，这种公开的态度和方式十分值得称赞。①

## 四 存在的问题

2017年，法院的司法公开工作在深度和广度上进一步推进，但在公开的细节和人性化方面仍然存在进一步提升的空间。

### （一）裁判文书公开仍有完善空间

一方面，随着《最高人民法院关于人民法院在互联网公布裁判文书的规定》的颁布实施和中国裁判文书网的不断升级改版，裁判文书公开平台功能不断强大，区分了不同地区、不同类型案件，实现了文书根据案由、案号、当事人、法院、案件类型、审判人员、律师、法律依据和全文的高

---

① 《全省法院2017年第三季度院领导办案情况分析报告》，载吉林省高级人民法院司法公开网 http://www.jlsfy.gov.cn/yldbafx/154304.jhtml，最后访问日期：2017年12月16日。

级检索。中国裁判文书网公布文书数量愈加庞大，截至 2017 年 12 月 31 日，中国裁判文书网公开的裁判文书超过 4100 万份，这个数字还在以每天数万份的速度增长，网站访问量突破 125 亿次，用户覆盖 210 多个国家和地区，已经成为全球最大且最受瞩目的裁判文书公开资源库。但与此同时，裁判文书的公开仍然存在一些问题，主要体现在反向公开仍然没有受到多数法院重视，司法解释明确规定不在互联网公布的裁判文书，应当公布案号、审理法院、裁判日期及不公开理由，但公布上述信息可能泄露国家秘密的除外。评估显示，2017 年，在文书公开平台上设置了不上网文书公示栏目，公开了不上网的文书数量、案号和理由的仅有吉林高院、上海高院、广州中院、南京中院、长春中院、吉林中院、海口中院 7 家法院，仅比 2016 年增加 2 家，占评估法院的 8.6%，裁判文书反向公开的规定落实情况仍然不佳。此外，中国裁判文书网集合了全国各地的裁判文书，备受公众瞩目，但是在登录该网站查询裁判文书时，每操作一次都会弹出对话框"当前网站访问量大，请输入验证码后继续访问 wenshu.court.gov.cn"，虽然如此设置是出于技术上的考虑，但严重影响公众获取信息的顺畅性，使得一个开放平台的友好性大为削弱，得不偿失。

### （二）关键信息公开情况不尽如人意

2017 年，新增的一些评估指标针对的是司法权力运行、司法改革的关键信息，但是评估显示，这些信息的公开情况不尽如人意。例如，对司法建议书、院庭长办案和特殊主体被执行人公开等关键信息的评估发现，仅有上海高院、宁波中院等 7 家法院对司法建议书的信息进行了公开，吉林高院、长春中院、吉林中院 3 家法院对院庭长办案的数量和类型进行了公开，而对特殊主体被执行人公开的法院只有 1 家。

严格执行案件终本程序[①]是规范执行行为、解决执行难的重要举措。

---

① 终结本次执行程序是指人民法院在案件执行过程中，对于确实无财产可供执行的案件暂时终结本次执行程序，等待被执行人有财产可供执行时，再行恢复执行。实践中，终结本次执行程序往往被滥用，法官为了提高结案率，在未穷尽执行措施的情况下或者将不属于无财产可供执行的案件进行终本结案。见中国社会科学院法学研究所法治指数创新工程项目组：《中国司法透明度指数报告（2016）——以法院网站公开为视角》，载李林、田禾主编：《法治蓝皮书：中国法治发展报告 No.15（2017）》，社会科学文献出版社 2017 年版。

2017年，项目组根据《最高人民法院关于严格规范终结本次执行程序的规定（试行）》的要求，评估了各法院公开终本案件的情况。评估显示，81家法院中，公开终本案件信息的仅12家，其中只有吉林高院、安徽高院、浙江高院、北京高院、上海高院、成都中院、杭州中院等7家法院公布的案件终本信息齐全，包含了案号、被执行人、立案日期、结案日期、终本裁定书、举报线索等内容。

**（三）信息公开半遮半掩现象仍然存在**

部分人民法院的门户网站友好性欠佳，一些平台信息公开不充分的现象仍然存在。一是信息查阅不方便。例如，有的法院虽然公开了财务信息、工作报告或者法官名录、机构名录信息，但当事人无法直接从网页打开，而是需要下载到本地计算机，计算机只有安装了相应的软件才能打开浏览。二是信息公开过程烦琐、不便。以中国执行信息网终本案件信息公开为例，网页名为"全国法院终结本次执行程序案件公开与查询"，但是网页只是滚动播放终本案件信息，无法搜索各法院的终本案件列表，也没有公开全国法院的终本案件数量。此外，该网站滚动播放的终本案件只显示案号、法院和日期三类信息，无法查阅详细信息。在点击案号后，提示要输入验证码，而输入验证码后，又要求输入被执行人姓名，在不知道被执行人姓名时，滚动播放的终本案件信息无法查看。即便公众通过检索找到的终本案件，也只显示终本案件的案号、被执行人姓名/名称、身份证号码/组织机构代码、执行法院、立案时间、终本日期、执行标的、未履行金额等简单事项，没有公开终本理由和终本裁定书等更受关注的执行终本信息。

**（四）各地司法公开呈现"马太效应"**

全国各地法院的司法公开程度参差不齐，各地法院司法透明度呈现两极分化，一些司法透明度较高的法院，对司法公开工作高度重视，不断完善网站建设，公开内容不断丰富、公开形式不断创新，基本实现了应公开尽公开。评估发现，沿海地区部分法院保持司法公开的传统优势，对司法公开工作高度重视。例如，宁波地区的海曙区人民法院、江北区人民法院和慈溪市人民法院在门户网站开设了裁判文书反向公开栏目，定期公开裁判文书不公开的理由、案号、审理法院和裁判日期等信息。部分地区法院的司法公开呈现快速进步态势，司法公开工作曾经相对滞后的东北某些地区，随着领导的重视和网站的改版进步显著。例如，吉林省近年来司法公开工作取得长足进步，不仅被评估的法院，全省法院的司法公开工作都迈上了一个新台阶。

有些法院则始终对司法公开不够重视，网站建设落后、检索不便、公开内容少、运行速度慢甚至无法打开的现象依然存在；还有的法院，特别是中西部地区基层法院信息化基础薄弱，软硬件设施达不到司法公开平台建设的要求；也有一些东部经济发达地区的高级法院对司法公开工作不重视，没有借鉴周边甚至本省中级人民法院司法公开的经验，门户网站信息公开滞后，排名停滞不前。评估显示，各地法院的司法公开水平呈现强者越强、弱者越弱的"马太效应"。2017年评估的81家法院中，司法透明度不足40分的5家，其中得分最低的法院仅33.40分，不仅比2016年的最低分36.10分降低了2.70分，而且与2017年度透明度得分最高的法院得分92.68分相差将近60分，差距越发明显。透明度评估中，得分最低的10家法院平均分只有40.3分；2017年度排名榜尾的15家法院中有7家已经连续三年排名倒数，司法公开工作停滞不前。

**（五）司法公开需求导向不突出**

1. 公开内容与公众需求不完全匹配

一些网站定位不准确，大量版面用来报道法院的新闻动态、法院的工作部署、法院领导的工作日程等。例如，某高院门户网站在显著位置设立了"法院要闻""领导动态""院史陈列"等栏目，有些法院门户网站中法官的文体活动、抒情诗文等占据了较大篇幅。法院网站主要用来宣传法院的各项工作，反映法官日常工作、生活的做法，与当事人的需求相去甚远，与司法公开的初衷和目的不相符合。

2. 网站界面设计不尽合理

一些网站首页设置公开栏目不合理，网页显示的内容杂乱无章，当事人无法及时发现所需信息。例如，9家法院没有设置专门的法院规范性文件发布栏目，规范性文件分散在网站各处，给当事人查找这些文件造成极大不便；19家法院虽然公布了本院的工作报告，但是没有设置相应栏目，而是将工作报告放在"新闻动态"或者"法院动态"等栏目中；将财务信息公开混杂在"法院新闻"栏目或者尚没有公开财务信息的法院有37家，占评估法院的45.7%。浮动窗口，特别是无法关闭的浮动窗口影响公众浏览网页、查找信息的体验，评估显示，仍然有12家法院的网站中存在浮动窗口，其中3家的浮动窗口无法关闭。

3. 检索不方便、信息更新不及时现象时有发生

评估发现，有的法院检索功能过于简单，部分网页检索无法显示或者显示内容不准确；有些法院虽然设置了很多公开栏目，但是有些栏目点击后无法链接；有的法院发布内容和所在栏目名称不符，如"规章制度"栏目下面发布一些法院的新闻动态；有的栏目甚至出现信息空白、开"天窗"的现象，只有标题没有正文或者内容（个别法院信息公开空白现象比较严重，有近半数的栏目打开后没有任何实质内容）；有的法院发布的开庭公告将本级法院和下级法院的开庭公告混在一起，公众需要逐条浏览查询所需要的开庭信息；还有的法院司法公开没有形成常态化，公开内容更新不及时，甚至存在突击公开现象，同一时期上传一批新的文件内容，此后一年半载甚至三五年都没有更新内容。

（六）司法信息的整合度有待提升

《中国司法透明度指数报告》连续多年对人民法院司法公开平台过于分散提出改进的意见和建议。评估显示，2017年，人民法院平台分散情况有所改善，门户网站唯一并能够有效打开的法院从2016年的65家增加到71家，但是平台多、司法信息分散的问题尚未得到根本解决。

有的法院在法院门户网站、专门的司法公开网、诉讼服务网或司法信息网之外还开设了庭审直播网或者执行工作的专项平台。81家法院中，将诉讼服务、司法公开、法院门户网站集合在一个平台的法院只有13家。平台林立造成司法信息分散、重复、矛盾，一些公开渠道信息陈旧、更新不及时。例如，某高级法院门户网站和司法信息网两个网站都有执行曝光信息，但是限制出境、限制高消费、失信被执行人等执行信息只在司法信

息网更新，门户网站上的信息只更新到 2014 年 7 月。信息的双重和多重发布无形中增加了当事人检索的难度和成本。

近年来，最高人民法院大力推进司法公开平台建设，开设了大量专门的公开平台，仅在最高人民法院网首页展示的公开平台就有审判流程信息公开、庭审直播公开、裁判文书公开、执行信息公开、诉讼服务网、全国企业破产重整案件信息网、司法案例网、全国法院诉讼活动通知查询网、中国司法大数据服务网、减刑假释、暂予监外执行信息网等十余个网站，有些公开平台下又设立了诸多次级平台。这些网站和平台的大量建设的确有助于提高司法公开的覆盖面，但是，最高人民法院对各平台的整合并不重视，各公开平台之间互联互通不足，进入子平台后往往无法返回上级平台，也无法进入其他公开平台，当事人需要在不同网站检索相关信息时极为不便，更为关键的是，多个平台之间的数据无法连通。例如，全国过半数省份直接使用了最高人民法院的执行案件流程信息管理系统，但该系统内的执行案件裁判文书仍然需要返回各地法院后，从各地法院上传到裁判文书网。

**（七）庭审直播收费值得商榷**

评估发现，各地法院在向中国庭审公开网上传庭审直播视频时，遭遇有偿服务问题，即地方法院需要向中国庭审公开网的平台建设企业缴纳价格不菲的平台使用费和基础设施租赁费。作为全国性司法公开平台，此种做法值得商榷。一是加重了地方法院司法公开的负担。中国庭审公开网作为最高人民法院指定的庭审直播网站，涉及面广，全国 3000 余家法院都要与平台建设方签订合同、缴费，增加了地方法院司法公开的成本。二是一定程度上阻碍了庭审直播的推广和公开。由于各地法院上传直播视频的数量、效率等与其支付第三方费用多少相关，这一做法导致各地庭审直播公开工作受制于其付费能力，经济不发达地区、付费能力不强的法院司法公开工作受到限制。三是由于平台建设者垄断了庭审直播视频公开的渠道，最高人民法院根据平台公开的情况对各地法院公开进行考核时，平台建设者从某种意义上成为庭审直播工作好坏的决定者，这样的考核结果很可能有失公允。

## 五　完善建议与发展展望

2016年11月5日，最高人民法院《关于深化司法公开、促进司法公正情况的报告》提出，深化司法公开、促进司法公正是人民法院的长期任务。党的十九大报告提出，进一步推进司法改革，深化司法体制综合配套改革为司法改革和司法公开提出更明确的方向与要求。

### （一）借助信息化手段优化平台建设

建设法院信息化3.0版不仅对司法公开提出了更高的要求，也为司法公开提供了平台，拓展了司法公开的广度与深度。但是，信息化本身存在的问题也会制约司法公开的纵深发展。因此，应当加快提升信息化水平，改善优化当前法院网站出现的搜索栏目设置无效、多平台数据发布不一致、案件流程信息不准确不全面、裁判文书一键上网功能不健全等司法公开工作中亟待解决的问题，让法院信息化充分有效地服务司法公开，促进法院网站和司法公开平台优化，运用信息化技术促进司法透明度的提升，用信息化手段保障当事人和公众的知情权。

### （二）从公众需求角度出发深化司法公开

努力让人民群众在每一个司法案件中感受到公平正义的目标，对司法公开提出了更高的要求。今后，应当不断拓展司法公开的广度和深度，以当事人和公众为导向，努力满足群众多元司法需求。部分法院需要转变司法理念，面向社会公众公开法院司法信息。以社会公众的切身利益为出发点，多征求社会公众的意见和建议，社会大众对司法公开监督的同时也能够促进法院司法公开工作，真正做到司法为民、司法便民。

### （三）进一步规范公开的体制机制

由于缺乏明确的制度规范，司法公开过程中一定程度上存在内容和形式不统一、不规范、随意性大等问题，应当加强司法公开的规范化和强制力。近年来，最高人民法院通过制定司法解释对裁判文书上网、终本案件公开等提出了明确要求,今后应逐步对司法流程、审务信息、执行制裁信息等的公开制定规则,进一步细化司法公开的标准和范围,严格履行宪法法律规定的公开审判职责,切实保障当事人依法参与审判活动、知悉审判工作信息的权利。同时应注意严格执行法律规定的公开范围,既依法公开相关信息,又严守国家秘密和审判工作秘密。

### (四) 提升司法大数据公开应用水平

2017年12月8日,中共中央政治局就实施国家大数据战略进行了第二次集体学习,习近平总书记强调,大数据发展日新月异,我们应该审时度势、精心谋划、超前布局、力争主动,深入了解大数据发展现状和趋势及其对经济社会发展的影响,分析我国大数据发展取得的成绩和存在的问题,推动实施国家大数据战略。在司法领域,开放共享服务是中国智慧法院建设的重要理念,也是实现司法公正、满足群众诉求、助力司法改革和司法管理的重要手段,还是法学学术发展的重要养料。从数据中得出研究结果是当前法学进步最为重要的方式之一,也是今后发展的重要方向。大数据可以帮助学术界从理论探索转向实证分析,学术界得出的结论也就更加科学、更有依据、更符合实践需求。但是目前数据获取难度非常高,拥有大量司法数据的法院,特别是最高人民法院,应当以更加开放的胸怀开放裁判文书、指导性案例等司法信息,不应为公众浏览和下载相关资料、文书设置验证码等障碍。同时,应当依托不久前上线的中国司法大数据服务网,加强对司法信息资源的研究利用,更好地服务法官办案、服务人民群众、服务经济社会发展。

### (五) 加强法院网站运维

司法公开不仅需要技术投入,也需要人力资源投入。以网站司法信息公开为例,法院内部的司法信息每时每刻都在发生变化,如果没有专门的网站维护力量和人员,必然导致司法信息更新不及时,甚至司法信息发布错误。因此,加强司法公开工作,还应配备专门的网络技术人员以及了解司法工作业务的专业人员进行日常运营维护,司法信息不仅应当公开,还应当以正确的方式有效地公开,及时对发布的信息进行检查和调整可保证司法信息发布的规范性。

# 中国司法透明度指数报告（2018）

2018年是人民法院深化司法体制综合配套改革的开局之年。加强司法公开是落实宪法法律原则、保障人民群众参与司法的重大举措，是深化司法体制综合配套改革、健全司法权力运行机制的重要内容，是推进全面依法治国、建设社会主义法治国家的必然要求。2018年3月，最高人民法院在第十三届全国人民代表大会第一次会议上所做的工作报告中提及"公开"18次，在肯定司法公开取得重大进展的同时，对司法公开提出进一步的要求，强调人民法院要"主动公开司法信息，让司法公正看得见、能评价、受监督"。

为呈现和评价2018年中国司法公开成效，中国社会科学院国家法治指数研究中心、中国社会科学院法学研究所法治指数创新工程项目组（以下简称项目组）继续以法院网站公开为视角对最高人民法院、31家高级人民法院（以下简称某某高院）和49家原较大的市中级人民法院（以下简称某某中院）——共计81家法院的司法透明度进行评估。这是2011年以来项目组开展的第8次评估，评估时段为2018年9月15日至11月30日。

## 一 评估指标体系

中国司法透明度指数评估指标体系每年都会根据中国司法的进展变化和年度特点进行优化、调整。2018年中国司法透明度指数评估的指标体系加强了对司法公开实效的考察，评估重点放在了执行公开和司法改革公开。

调整后，2018年中国司法透明度指数评估的指标体系包括"审务公开""审判公开""执行公开""数据公开""司法改革公开"5个一级指标（见表1）。

表1　　中国司法透明度指数评估指标体系（2018）

| 一级指标 | 二级指标 |
| --- | --- |
| 审务公开（20%） | 平台建设（40%） |
| | 人员信息（30%） |
| | 规范性文件（20%） |
| | 任职回避信息（10%） |
| 审判公开（30%） | 诉讼指南（20%） |
| | 审判流程（30%） |
| | 庭审公开（30%） |
| | 减刑假释信息（5%） |
| | 司法文书（15%） |
| 执行公开（20%）* | 执行指南（15%） |
| | 执行查询（15%） |
| | 执行曝光（30%） |
| | 执行惩戒（15%） |
| | 终本案件信息（10%） |
| | 执行举报（15%） |
| 数据公开（20%） | 财务数据（40%） |
| | 工作报告（30%） |
| | 司法业务数据（30%） |
| 司法改革公开（10%） | 司法改革专栏（20%） |
| | 司法改革方案**（20%） |
| | 立案登记制（20%） |
| | 员额制改革（20%） |
| | 领导干部办案（20%） |

注：*由于执行公开不适用于最高人民法院，因此，最高人民法院的审务公开、审判公开和数据公开和司法改革公开的权重分别为30%、30%、30%和10%。

**司法改革方案不适用于中级法院，因此，中级法院司法改革专栏、立案登记制、员额制改革和领导干部办案情况的权重分别为30%、30%、20%和20%。

审务公开主要是指与审判执行相关的司法行政事务的公开，包括平台建设、人员信息、规范性文件以及任职回避信息等内容。由于在门户网站上公开地址、交通图示、联系方式、管辖范围、下辖法院、内设部门、机构职能、投诉渠道等概况信息已成法院公开的常态，因此本年度不再将其作为评估内容。平台建设评估的重点是法院门户网站的有效性和友好性两个方面，本年度将法院网站无障碍功能增加为法院网站友好性的评估内容之一；人员信息除了评估法院领导姓名、学习工作简历、职务及分管事项，审判人员的姓名、学历及法官等级两方面公开情况外，本年度新增了司法辅助人员——法官助理和书记员信息公开的评估内容；本年度继续评估法院审判人员回避情况，旨在考察法官任职回避工作的落实和公开情况。

审判公开包括诉讼指南、审判流程、庭审公开、减刑假释信息和司法文书公开等内容。其中，诉讼指南公开评估法院门户网站公开的诉讼指南信息的准确性、便捷性和全面性；庭审公开除了公众旁听规则、旁听预约、庭审视频直播之外，还特别强调能否公开庭审文字直播。这一直播方式比庭审视频直播更有利于当事人快速、便捷地了解庭审全过程；减刑假释信息公开则强调评估法院门户网站能否提供"全国减刑、假释、暂予监外执行信息网"链接，并便于当事人直接浏览评估法院的相关信息；司法文书公开评估的重点仍然是裁判文书的反向公开情况，即是否在互联网公开了不上网文书的数量、案号、裁判日期及不公开理由等。

执行公开仍然是本年度评估的重点。2018年是最高人民法院宣布用两年到三年基本解决执行难的决胜之年，执行公开对于规范执行行为、提高执行工作质效、提升当事人的满意度都至关重要。执行公开包括执行查询、终本案件信息、执行曝光、执行惩戒、执行举报等。2018年，项目组调整了执行公开指标，增加了执行查询这一指标；在执行曝光这一指标中，增加了失信被执行人公开和执行曝光查询两个评估项目；在执行惩戒中增加执行惩戒查询这一评估项目，引导法院主动公开执行信息，并为当事人及时准确查询执行信息提供便利。

数据公开指标包括财务数据、工作报告和司法业务数据等内容。财务数据包括法院预决算、"三公"经费和涉案款物数据的公开；工作报告指法院的年度工作报告、年报、白皮书、司法建议书或专题报告；司法业务数据则包括案件统计数据等信息的公开。本年度项目组加大了对工作报告公开和财务公开专栏评估的权重，对同类的预决算数据进一步予以合并、简化，增加司法建议书发布数量统计是否公开等评估项目，同时新增了对年报和白皮书公开及时性的评估，引导法院及时、有效公开司法数据。

近年来，项目组十分重视法院司法改革信息的公开。从2015年起，项目组持续将司法改革信息公开纳入评估内容。2016年，项目组将其作为"审务公开"的二级指标计入分值。2017年，将司法改革信息作为司法透明度的一级指标，增加了权重和分值。2018年，司法改革公开共设置司法改革专栏、司法改革方案、员额制改革、立案登记制和领导干部办案五个二级指标，其中司法改革方案仅评估最高人民法院和各高级法院。在2017年的基础上，项目组根据司法改革新情况对该指标进行了调整，在司法改革栏目下增加司法体制综合配套改革方面的评估，在司法改革方案中增加了对法官入额、退出员额的规定、标准以及法官保障机制等的评估，员额制改革中增加对员额法官办案数量等内容的评估。

## 二 总体结果

2018年，被评估的81家法院司法透明度指数的平均分为56.58分，与前两年基本持平，其中80分以上6家，比2017年增加2家，60—80分（含60分）的有19家法院，比2017增加1家，50—60分的有31家，50分以下25家。排名前20位的法院依次为广州中院、海口中院、浙江高院、南京中院、宁波中院、吉林高院、长春中院、成都中院、吉林中院、四川高院、江苏高院、上海高院、北京高院、杭州中院、合肥中院、湖北高院、徐州中院、深圳中院、最高人民法院、湖南高院（见表2）。

经过连续八年的司法透明度指数评估，评估对象司法透明度不断提升，特别是司法公开先进法院得分不断攀升，法院分差缩小，竞争日趋激烈，总分提高5分排名就可能提升20多名。但是评估也发现，个别法院常年不关注司法公开工作，网页公开内容少、信息滞后，排名长期靠后，法院之间透明度的差距持续拉大。部分法院始终注重司法公开工作，不断

表2　　　　　　　　　　中国司法透明度指数评估结果（2018）

| 排名 | 法院 | 审务公开 | 审判公开 | 执行公开 | 数据公开 | 司法改革公开 | 总分（满分：100分） |
|---|---|---|---|---|---|---|---|
| 1 | 广州中院 | 96.00 | 100.00 | 81.50 | 96.00 | 70.00 | 91.70 |
| 2 | 海口中院 | 78.00 | 95.00 | 88.00 | 93.60 | 95.00 | 89.92 |
| 3 | 浙江高院 | 90.00 | 90.50 | 85.50 | 84.60 | 57.00 | 84.87 |
| 4 | 南京中院 | 90.00 | 83.00 | 80.00 | 89.00 | 75.00 | 84.20 |
| 5 | 宁波中院 | 85.00 | 74.00 | 87.00 | 95.20 | 70.00 | 82.64 |
| 6 | 吉林高院 | 78.00 | 93.50 | 81.50 | 74.00 | 74.00 | 82.15 |
| 7 | 长春中院 | 83.00 | 91.50 | 64.00 | 72.20 | 68.00 | 78.09 |
| 8 | 成都中院 | 85.00 | 76.00 | 79.00 | 69.60 | 75.00 | 77.02 |
| 9 | 吉林中院 | 86.50 | 79.00 | 60.00 | 79.00 | 80.00 | 76.80 |
| 10 | 四川高院 | 85.00 | 68.00 | 81.50 | 75.00 | 66.00 | 75.30 |
| 11 | 江苏高院 | 62.00 | 67.00 | 75.00 | 84.00 | 38.00 | 68.10 |
| 12 | 上海高院 | 51.00 | 79.00 | 76.00 | 57.60 | 67.00 | 67.32 |
| 13 | 北京高院 | 63.00 | 62.00 | 76.00 | 76.00 | 57.00 | 67.30 |
| 14 | 杭州中院 | 58.00 | 64.00 | 83.00 | 74.00 | 38.00 | 66.00 |
| 15 | 合肥中院 | 70.00 | 59.00 | 69.00 | 72.00 | 45.00 | 64.40 |
| 16 | 湖北高院 | 59.00 | 69.00 | 68.00 | 69.00 | 42.00 | 64.10 |
| 17 | 徐州中院 | 61.00 | 79.50 | 49.50 | 69.00 | 40.00 | 63.75 |
| 18 | 深圳中院 | 57.00 | 60.00 | 64.50 | 76.00 | 60.00 | 63.50 |
| 18 | 最高人民法院 | 82.00 | 54.00 | — | 54.00 | 65.00 | 63.50 |
| 20 | 湖南高院 | 68.00 | 66.50 | 55.50 | 74.00 | 38.00 | 63.25 |
| 21 | 天津高院 | 72.00 | 70.50 | 52.00 | 53.00 | 57.00 | 62.25 |
| 22 | 海南高院 | 53.00 | 49.00 | 56.50 | 92.00 | 67.00 | 61.70 |
| 23 | 黑龙江高院 | 71.00 | 64.50 | 39.00 | 70.00 | 59.00 | 61.25 |
| 24 | 厦门中院 | 60.00 | 58.00 | 65.00 | 72.00 | 40.00 | 60.80 |
| 25 | 江西高院 | 72.00 | 59.00 | 62.50 | 53.00 | 48.00 | 60.00 |
| 26 | 安徽高院 | 59.00 | 60.00 | 78.00 | 55.00 | 25.00 | 58.90 |
| 27 | 河北高院 | 57.00 | 63.50 | 63.00 | 55.00 | 36.00 | 57.65 |

续表

| 排名 | 法院 | 审务公开 | 审判公开 | 执行公开 | 数据公开 | 司法改革公开 | 总分（满分：100分） |
|---|---|---|---|---|---|---|---|
| 28 | 广西高院 | 64.00 | 59.00 | 56.00 | 60.00 | 38.00 | 57.50 |
| 29 | 石家庄中院 | 60.00 | 64.50 | 55.00 | 52.00 | 40.00 | 56.75 |
| 30 | 福建高院 | 63.00 | 47.00 | 30.00 | 98.00 | 40.00 | 56.30 |
| 31 | 大连中院 | 56.00 | 70.00 | 43.00 | 50.00 | 45.00 | 55.30 |
| 32 | 重庆高院 | 73.00 | 56.00 | 55.00 | 51.00 | 25.00 | 55.10 |
| 33 | 汕头中院 | 54.00 | 45.00 | 52.50 | 73.60 | 53.00 | 54.82 |
| 34 | 青海高院 | 67.00 | 54.50 | 52.50 | 58.00 | 28.00 | 54.65 |
| 35 | 河南高院 | 43.50 | 62.00 | 52.50 | 62.60 | 43.00 | 54.62 |
| 36 | 辽宁高院 | 54.00 | 46.00 | 71.00 | 62.00 | 33.00 | 54.50 |
| 37 | 广东高院 | 59.00 | 61.50 | 35.00 | 67.00 | 38.00 | 54.45 |
| 38 | 淮南中院 | 69.00 | 59.00 | 49.50 | 45.00 | 40.00 | 54.40 |
| 39 | 甘肃高院 | 52.00 | 61.50 | 60.50 | 40.00 | 51.00 | 54.05 |
| 40 | 陕西高院 | 60.50 | 57.00 | 45.00 | 62.00 | 33.00 | 53.90 |
| 41 | 南昌中院 | 54.00 | 59.00 | 52.00 | 53.00 | 43.00 | 53.80 |
| 41 | 珠海中院 | 53.00 | 53.00 | 54.00 | 66.00 | 33.00 | 53.80 |
| 43 | 沈阳中院 | 68.00 | 54.00 | 43.00 | 54.00 | 45.00 | 53.70 |
| 44 | 云南高院 | 52.00 | 54.00 | 61.50 | 50.60 | 43.00 | 53.32 |
| 45 | 西安中院 | 47.50 | 62.00 | 45.00 | 61.00 | 40.00 | 53.30 |
| 46 | 本溪中院 | 60.00 | 54.00 | 52.00 | 47.60 | 50.00 | 53.12 |
| 47 | 西宁中院 | 37.00 | 51.50 | 62.00 | 68.00 | 40.00 | 52.85 |
| 48 | 唐山中院 | 60.00 | 53.50 | 53.50 | 55.00 | 30.00 | 52.75 |
| 49 | 宁夏高院 | 60.00 | 59.00 | 36.00 | 60.00 | 38.00 | 52.70 |
| 50 | 长沙中院 | 58.00 | 66.50 | 36.50 | 50.00 | 38.00 | 52.65 |
| 51 | 济南中院 | 55.00 | 47.00 | 71.00 | 48.00 | 25.00 | 51.40 |
| 52 | 邯郸中院 | 59.00 | 63.00 | 38.50 | 47.00 | 30.00 | 50.80 |
| 53 | 昆明中院 | 64.00 | 49.50 | 34.50 | 66.00 | 30.00 | 50.75 |
| 54 | 郑州中院 | 71.00 | 56.50 | 30.00 | 52.00 | 30.00 | 50.55 |

续表

| 排名 | 法院 | 审务公开 | 审判公开 | 执行公开 | 数据公开 | 司法改革公开 | 总分（满分：100分） |
|---|---|---|---|---|---|---|---|
| 55 | 青岛中院 | 55.00 | 39.50 | 56.00 | 69.00 | 25.00 | 50.35 |
| 56 | 兰州中院 | 61.00 | 51.00 | 47.50 | 46.00 | 40.00 | 50.20 |
| 57 | 包头中院 | 42.00 | 66.50 | 30.00 | 55.00 | 45.00 | 49.85 |
| 58 | 贵州高院 | 59.00 | 65.00 | 24.50 | 47.00 | 41.00 | 49.70 |
| 58 | 太原中院 | 51.00 | 53.00 | 30.00 | 63.00 | 50.00 | 49.70 |
| 58 | 苏州中院 | 48.00 | 51.00 | 44.00 | 55.00 | 50.00 | 49.70 |
| 61 | 山东高院 | 47.00 | 63.00 | 40.50 | 52.00 | 28.00 | 49.60 |
| 62 | 乌鲁木齐中院 | 51.00 | 65.00 | 30.00 | 55.00 | 25.00 | 49.20 |
| 63 | 淄博中院 | 49.00 | 38.00 | 67.00 | 56.00 | 25.00 | 48.30 |
| 64 | 大同中院 | 72.00 | 54.00 | 30.00 | 35.00 | 45.00 | 48.10 |
| 64 | 新疆高院 | 50.00 | 51.00 | 30.00 | 65.00 | 38.00 | 48.10 |
| 64 | 无锡中院 | 56.00 | 41.00 | 54.00 | 54.00 | 30.00 | 48.10 |
| 67 | 哈尔滨中院 | 41.00 | 57.00 | 38.50 | 62.00 | 25.00 | 47.90 |
| 68 | 银川中院 | 47.00 | 59.00 | 30.00 | 60.00 | 25.00 | 47.60 |
| 69 | 内蒙古高院 | 65.00 | 34.00 | 30.00 | 69.00 | 41.00 | 47.10 |
| 70 | 贵阳中院 | 39.00 | 43.00 | 40.00 | 70.00 | 35.00 | 46.20 |
| 71 | 武汉中院 | 62.00 | 56.00 | 52.50 | 17.00 | 30.00 | 46.10 |
| 72 | 齐齐哈尔中院 | 72.00 | 49.50 | 2.50 | 61.00 | 38.00 | 45.75 |
| 73 | 呼和浩特中院 | 51.00 | 64.00 | 15.00 | 45.00 | 25.00 | 43.90 |
| 74 | 南宁中院 | 40.00 | 46.00 | 34.50 | 60.00 | 30.00 | 43.70 |
| 75 | 山西高院 | 42.00 | 57.00 | 0.00 | 69.00 | 36.00 | 42.90 |
| 76 | 西藏高院 | 47.00 | 30.00 | 41.00 | 60.00 | 33.00 | 41.90 |
| 77 | 抚顺中院 | 58.00 | 35.50 | 41.00 | 41.00 | 25.00 | 41.15 |
| 78 | 鞍山中院 | 65.00 | 22.00 | 30.00 | 60.00 | 25.00 | 40.10 |
| 79 | 洛阳中院 | 54.00 | 37.50 | 17.50 | 46.00 | 50.00 | 39.75 |
| 80 | 福州中院 | 38.00 | 31.00 | 36.50 | 47.00 | 25.00 | 36.10 |
| 81 | 拉萨中院 | 69.00 | 35.00 | 30.00 | 6.00 | 25.00 | 34.00 |

创新深化公开内容，在评估结果排名中稳居前列。例如，广州中院、海口中院、浙江高院、南京中院、宁波中院、吉林高院、长春中院、成都中院、吉林中院、上海高院、北京高院、杭州中院、最高人民法院、徐州中院、深圳中院、湖南高院16家法院连续三年（2016年、2017年、2018年）排名进入前20位，其中，广州中院、浙江高院、南京中院、宁波中院、吉林高院、长春中院、吉林中院7家法院连续三年（2016年、2017年、2018年）排名进入前10位。2018年，也有一些法院开始重视司法公开工作，吸纳先进法院的公开经验，对门户网站进行了改版，司法公开工作开展得有声有色，排名不断提升。其中，近3年来司法透明度指数排名持续提升的法院包括四川高院、海口中院、湖北高院、天津高院、西安中院、宁夏高院等，特别是四川高院从2016年的第40名、2017年的第30名一举进入前10名，宁夏高院从2016年的排名垫底晋升到2018年的40余名，湖北高院、天津高院和西安中院的排名累计提升也都超过了20名。

从指标的五个板块看，数据公开平均得分最高，为61.3分；其后依次为：审务公开60.9分，审判公开58.7分，执行公开50.9分，司法改革公开得分最低，仅为45.8分（见图1）。

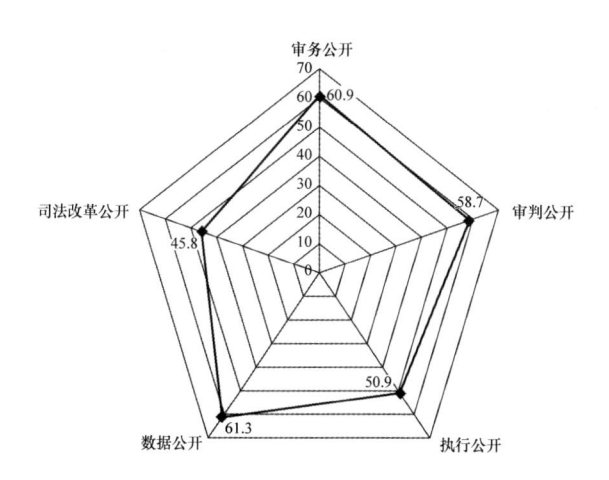

**图1 中国司法透明度指数各个板块得分**

## 三 发现的亮点

随着司法改革的推进和深入以及最高人民法院司法公开平台的建设完善，司法公开已经成为全国各级各地法院的共识。2018年，最高人民法院首次委托第三方机构——中国社会科学院法学研究所对全国司法公开情况进行了评估。在地方法院层面，有的地区整体实现了跨越式发展，全省（自治区、直辖市）法院统一部署司法公开工作，使得司法透明度走在全国前列，有的法院不断尝试公开新形式和新内容。总体而言，全国法院司法公开工作亮点纷呈，部分领域实现了大踏步前进，司法公开迈上新台阶。

### （一）加强公开的顶层设计

2018年，最高人民法院出台了多部关于推进司法公开、规范司法公开工作的规范性文件。11月20日，《最高人民法院关于进一步深化司法公开的意见》把司法公开提升到加强对权力运行的制约，保障人民群众知情权、参与权、表达权和监督权，弘扬社会主义核心价值观，促进增强全民法治意识的高度。该意见不仅确立了主动公开、依法公开、及时公开、全面公开以及实质公开的原则，明确了司法公开的九大范围和内容，还对司法公开的程序、平台载体建设管理及组织保障提出了进一步要求。该意见既是最高人民法院关于司法公开方面的纲领性文件，也是有关司法公开具体操作的实施要求。

2月12日，《最高人民法院关于人民法院通过互联网公开审判流程信息的规定》出台，成为首个提出法院审判流程公开应当通过互联网公开的规定。该规定要求审判流程公开应当依法、规范、及时、便民，并要求自2018年9月1日起，全国法院的审判流程信息应当统一在中国审判流程信息公开网公开。

### （二）加强统一公开平台建设

党的十八大以来，最高人民法院大力推进人民法院的司法公开工作，先后建成裁判文书、审判流程、执行信息和庭审公开四大司法公开平台。中国裁判文书网已经成为全球最大的裁判文书网站，截至 2018 年 12 月 31 日，网站共公布全国各级法院生效裁判文书近 6000 万篇，访问量超过 212 亿次，搜索功能逐步改善，访客来自全球 210 多个国家和地区。中国裁判文书网公布的文书不仅涉及刑事、民事、行政、执行和赔偿五大类案件，还公布了蒙古语、藏语、维吾尔语、朝鲜语及哈萨克语五种少数民族语言的裁判文书，公布文书类型广泛，语言多样。

中国庭审直播网开设了"庭审直播""庭审预告""直播回顾""庭审录播""重大案件""热点排行""法院导航""数据公开"等栏目，满足当事人和公众对观看庭审视频不同层次的需求。截至 2018 年 12 月 31 日，该网站已经公开了 230 余万件案件的庭审直播和录像，网站累计访问 139 亿余次。

向当事人公开执行相关信息有助于实现当事人的知情权，也有助于将执行工作展现在阳光之下，减少暗箱操作和权力寻租，同时加强执行的威慑力。中国执行信息公开网开通以来，上网信息不断丰富，目前，该网能够查询全国法院执行案件信息、被执行人信息、限制消费信息、终本案件信息、执行法律文书、公告、执行指南等信息，并将失信被执行人、限制高消费人、执行公开信息在主页滚动播出，增强了执行公开的威慑力。截至 2018 年 12 月 31 日，中国执行信息公开网累计公布执行案件 3598 万余件、被执行人信息 5189 万余条、失信被执行人信息 1288 万余条。

审判流程信息公开网是最高人民法院近年来着力打造的司法公开统一平台。目前，该网已经实现对全国各级法院的完全覆盖，当事人通过该网能够联系最高人民法院法官、签收文书、查询全国法院范围内案件的流程进展信息等。此外，社会公众还能够通过该网查询全国大部分法院的机构设置、公开指南、法官名录、开庭公开、名册信息、诉讼指南等信息，提出意见建议，成为司法公开的又一亮点和名片。

最高人民法院和高级人民法院建设公开平台的做法有助于统一审判执行信息的公开标准，也方便公众和当事人由统一网站、统一入口查询法院相关信息，避免在各法院网站平台查询过程中可能遇到的网站信息不好查找等问题，实现了上一个网站查遍全国、全省（自治区、直辖市）法院信息的目标，提升了司法公开集约化水平，大幅提高了公众查找信息的效率。

### （三）司法公开形式不断创新

近年来，随着新媒体的蓬勃发展，司法公开的形式也不断突破、创新，传统的门户网站仍然是司法公开的主要形式。此外，各地法院还积极探索创新司法公开形式，并将其与传统网站公开结合，形成全方位、立体式的公开形式。例如，上海高院、郑州中院、福州中院、厦门中院等在门户网站首页展示了官方微博、微信、手机客户端的二维码及链接，便于浏览者通过扫码方式关注其微博、微信，拓宽公众获取司法公开信息的渠道。浙江法院在全国先行先试，开发微信小程序"浙江移动微法院"，利用微信的强大用户群，拓展小程序使用群体，将司法公开从门户网站延伸到当事人手机端，让当事人在办案全流程同步公开中看得见、感受得到公平正义，大大减少了因信息不对称、公开不够、沟通不畅所产生的信访问题、不信任问题，也使得司法公开更贴近人民群众，更受当事人欢迎。甘肃高院设置了新媒体矩阵专栏，公开了全省各级法院官方微博、微信二维码。福建石狮法院执行信息公开网不仅可以查询执行案件、失信名单、限高、限制出境、拘留、扣押、财产处置、法律文书、执行法官等全部执行内容，还把这些内容完全复制到石狮法院的微信公众号中，当事人在手机端就可以轻松查询、获取这些信息。此外，随着对外交流的日益频繁，一些法院也主动将人民法院的诉讼服务信息通过多语种进行公开。例如，北京审判信息网将最高人民法院指导文件、立案公开文件、破产公开文件和诉讼服务公开文件都翻译成英文，通过中英文双语形式对外公开。厦门中院也提供民事、行政案件立案指南的中英文双语版本，方便涉外当事人查阅信息。

### （四）裁判文书公开成效显著

自从2013年11月最高人民法院颁布司法解释部署全国法院裁判文书上网公开以来，裁判文书上网公开逐渐成为各级人民法院的共识。2018年，裁判文书公开取得新进展。一是裁判文书反向公开工作逐步受到重视，81家受评估法院中，有18家公布了不上网文书的数量、案号和理由，比2017年增加了11家。18家法院中高级法院6家，中级法院12家，相比去年的2家和5家都有显著提升。二是大部分法院在门户网站公布了裁判文书工作相关规章制度，《最高人民法院关于人民法院在互联网公布裁判文书的规定》第13条规定，高级、中级人民法院监督指导辖区法院在互联网公布裁判文书的工作。裁判文书公开工作相关制度是法院组织、指导在互联网公布裁判文书的重要手段，可以保障裁判文书公开工作的有序进行，有助于促进裁判文书公开工作的规范有序发展。三是披露裁判文书上网公开情况分析报告。部分被评估法院定期对辖区法院公开裁判文书的情况进行分析，并在网站公开分析结果，以供社会监督。如吉林省辖区内，高级法院、长春中院、吉林中院按照季度公开裁判文书上网情况分析报告，内容涉及辖区中级法院和基层法院的上网情况、民族语言裁判文书上网情况、裁判文书撤回修改情况等，并对此后的裁判文书上网提出明确要求。发布这些分析报告让当地裁判文书公开情况更加透明，也对辖区法院形成了一定的压力和动力。四是裁判文书公开成果不断显现。以"裁判文书"为关键词查询中国知网的论文，2012年前均不足50篇，2013年裁判文书大规模上网后开始稳步增长，其中2013年63篇，2014年89篇，2015年之后每年稳定在100篇以上。以裁判文书为研究对象论文数量的增长，从一个侧面反映了裁判文书公开促进了法学研究。此外，2018年在热点案件，如滴滴顺风车司机杀人案、昆山"龙哥"反杀案发生后，都有学者从中国裁判文书网搜寻相关案例来进行分析。

**（五）信息公开方式更加人性化**

司法信息不但要公开而且要以当事人容易看见的方式公开。评估发现，2018年全国法院网站建设越来越能够体现以人为本、体现当事人的需求导向。一是便于当事人参与诉讼。诉讼费用是每位诉讼参与人都会考虑的诉讼成本，如果法院网站仅仅罗列诉讼费用缴纳办法等规定，面对复杂的计算方法，当事人仍然可能无法正确计算出诉讼费。因此，有的法院直接在门户网站上提供了诉讼费的计算公式，如浙江法院公开网、武汉中院司法公开网上服务平台等提供了诉讼费计算器，只要当事人输入案件类型和起诉金额，就能够一键马上计算诉讼费用。此外，网站还提供了迟延履行金、利息利率计算等小程序，方便当事人计算核查。二是网站提供更多实用的信息。有的法院根据司法实践的需要主动公开一些当事人需要的实用信息，如宁波中院主动在网站公开大要案信息、司法鉴定文书和司法拍卖公告，海口中院在网站首页为诉讼参与人提供网上事项申请、联系法官通道、网上信访通道，并主动收集当事人对法官的评价意见。三是为特殊当事人提供便利。2018 年，项目组在网站友好性指标中增加了对无障碍功能的评估，81 家法院中，有 56 家有辅助视力障碍者浏览网页的字体放大或者语音播放功能，占 69.14%，其中 2 家兼有上述两项功能，大大便利了视力障碍者获取司法信息。此外，杭州中院在其网站主页上为浏览者提供了视力保护颜色供选择，真正做到以人为本，是一个值得点赞的创新做法。新疆法院诉讼服务网分别公开汉语、维吾尔语和哈萨克语三种语言的裁判文书。四是公开形式更加贴近民众。财务信息公开是司法公开的重要组成部门，但是财务信息专业性强、数据繁多、分类复杂，普通民众很难理解，更难以监督。四川高院预决算信息公开辅以图表形式，更加形象，也贴近百姓，做到真正的全面公开和实质公开。宁波中院将全市各法院收结案数通过柱状图形式予以公开，公众还可以根据需求自定义查询区间。

### （六）主动公开意识不断增强

评估发现，2018 年全国法院的主动公开意识不断增强。一是主动扩大人员公开的范围。评估发现，一些法院除了公开法院领导、法官、司法辅助人员的信息外，还主动扩大公开范围，将当事人关注的审判委员会委员、廉政监督员、职能部门领导及干部、人民陪审员以及鉴定机构的名册等信息向公众公开。例如，北京高院在审判信息网不仅主动公开了全市各级法院人民陪审员姓名、性别、所在单位等详细资料，还公开了全市法院特邀调解员组织和特邀调解员名册，鉴定、评估、拍卖入选机构名册，信用担保公司名册等相关信息。广东高院公开了内设职能机构的主要负责人、各专业审判委员会组成人员以及全省各法院新闻发言人及其联系方式。二是主动公开司法改革相关信息，包括司法改革相关政策、最新做法、改革成果等。例如，吉林中院主动公开司法改革最新进展，将审判团队建设、成立专业审判合议庭的情况予以公开，并撰写《司法责任制改革落实整改情况报告》总结吉林中院司法责任制情况，并向社会公开。海口中院在"司法改革"栏目下设置"司法体制综合配套改革"子栏目，公示院内案件扁平化管理、院庭长行使审判监督权的情况。南京中院每年及时更新员额法官名单，并主动公布离职法官名单，法官遴选委员会名单等。吉林高院、广州中院等主动公开律师权益保障相关信息。三是主动公开审判执行相关信息。不少法院还主动公开了民众关心的审判执行工作信息。北京审判信息网定期主动公示每个评估、拍卖案件摇号随机确定的结果，公示案件的破产管理人以及全市每家法院的在执实施案件数量、终本案件的数量、案号、终本裁定书等详细信息。南京中院、长春中院等法院在数据公开栏目中主动对审判态势进行分析，对收结案数量变化提供分析和预测，为司法决策提供帮助。四是提供信息公开申请和投诉功能。例如，广州中院借鉴政府信息公开的做法，主动提供司法信息公开申请指南、申请表，并出台了关于办理司法信息公开申请的实施办法。

## 四 存在的问题

### （一）裁判文书公开细节仍需完善

虽然《最高人民法院关于人民法院在互联网公布裁判文书的规定》颁布实施后全国法院都充分认识到裁判文书公开工作的重要性，并且随着中国裁判文书网的不断升级改版，裁判文书公开工作已经取得了长足进步。但是，裁判文书公开与公众的需求和该规定的要求还有一定差距，主要体现在以下几个方面。

第一，中国裁判文书网仍有待完善之处。中国裁判文书网虽然已经实现了根据案由、案号、当事人、法院、案件类型、审判人员、律师、法律依据和全文等事项进行高级检索的功能，但是仍然不够人性化，仍然存在检索结果不准确、检索人为设置障碍、检索完一个内容后需要清除原来检索条件才能重新检索等不足。例如，项目组输入中级人民法院、刑事裁判文书两个检索条件后，网站却显示"无符合条件的数据"。在项目组连续进行三次检索后，网站就要求输入验证码后才能继续浏览网页。特别是网站运行缓慢、网站响应时间过长已经到了令人难以忍受的地步。网站建设的不足导致裁判文书网的强大数据库和功能无法充分发挥作用。第二，裁判文书公开事项不符合法律要求。有的法院上传的裁判文书只是一个固定模板，没有任何内容。例如，发布于2016年10月11日的（2016）豫1681民初2555号民事裁判文书，只有原被告信息是比较完整的，原告诉称、被告辩称、法院审理查明、本院认为以及判决结果部分均以省略号代替，裁判文书公开只有形式，没有内容。而这一现象在裁判文书网中并不鲜见。又如，《最高人民法院关于人民法院在互联网公布裁判文书规定》第17条第2款规定，"中国裁判文书网根据案件适用不同审判程序的案号，实现裁判文书的相互关联"。但是，目前，中国裁判文书网上的大部分文书尚未实现不同审判程序案件之间的关联，给公众寻找关联案件、搜索相关信息带来不便。第三，裁判反向公开有待进一步提升。评估显示，2018年，公开不上网的文书数量、案号和理由的仅有天津高院、吉林高院、青海高院、大连中院、成都中院、西安中院、徐州中院等18家法院，占评估法院的22.2%，裁判文书反向公开规定的落实情况仍然不佳。此外，评估还发现，有些法院不上网的理由不清晰，模糊地表述为"其他"；有的法院不上网理由比较牵强，如裁判文书不上网信息项显示，文书不上网的原因是系统上网失败、网站通不过；有的法院公开的裁判文书内容与法律要求不符。

### （二）网站友好性有待进一步提升

法院门户网站的友好性直接反映网站建设者是否贯彻用户思维，是否把公众、当事人作为司法公开的对象，是否把门户网站作为司法公开的重要窗口。评估发现，各地法院网站的友好性仍不尽如人意，有些方面甚至出现倒退现象。一是网站浮动窗口增加。2018年，全国法院门户网站有浮动窗口的明显增加，内容包括党建工作、法院宣传工作、十佳干警评选等法院内部工作、近期法院重点工作（如打黑除恶、基本解决执行难工作）、网站栏目介绍等。评估发现，有浮动窗口的法院29家，占全部法院的35.8%，比2017年增加18家，增加幅度超过160%，29家有浮动窗口的法院中，浮动窗口在网页两侧不影响公众浏览网页的10家，其余19家法院的浮动窗口可以关闭的11家，无法关闭的8家，分别比2017年增加2

家和5家，有一家法院主页上的浮动窗口甚至多达4个，严重影响网站浏览的体验性。二是人为设置浏览障碍。除了中国裁判文书网外，一些地方法院的裁判文书栏目也设置了浏览障碍，只要连续搜索三次以上就要求输入验证码，这一做法虽然可以避免一些公司利用爬虫技术抓取法院裁判文书，但更会对普通公众正常搜索、浏览、下载裁判文书带来很大不便，导致网站体验差，得不偿失。三是信息外挂链接无法直接浏览。一些法院的信息没有在网站上直接公开，而是将信息文件以外挂形式放在网页中，当事人必须将文件下载到本地计算机，且计算机只有安装了相应的软件才能打开、浏览，给信息公开制造了障碍。

### （三）执行公开仍有提升空间

近年来，中央对于解决执行难工作高度重视。2016年6月，十八届中央全面深化改革领导小组第二十五次会议审议通过《关于加快推进失信被执行人信用监督、警示和惩戒机制建设的意见》，明确提出"进一步提高人民法院执行工作能力""维护司法权威"，依靠党的坚强领导，基本解决执行难工作大格局基本形成。全国人大常委会、全国政协调研组多次在全国调研执行难问题，摸清法院执行工作存在的问题和困难。"基本解决执行难"已经不仅是全国法院系统全面深化改革的主要任务，也是地方各级政法部门的头等大事之一。执行公开对于提高执行工作威慑力、规范执行行为都意义重大。但是评估发现，全国法院执行公开情况仍然不容乐观。执行指南、执行查询、终本案件信息、执行曝光、执行惩戒、执行举报这六项二级指标中只有执行指南和执行举报这两项得分率超过50%，其余几项指标法院公开少、内容不全现象比较普遍。一是执行流程的公开率不高。在对法院执行流程公开的评估中发现，80家法院[①]中仅有19家公开了执行流程或者执行流程图，占23.75%，对于普通当事人了解执行过程造成不利影响。二是终本信息仍不透明。"终本"是"终结本次执行程序"的简称，是指人民法院在案件执行过程中，对于确实无财产可供执行的案件暂时终结本次执行程序，等待被执行人有财产可供执行时，再行恢复执

---

① 由于执行公开不适用于最高人民法院，因此，对执行公开的评估为80家法院。

行。由于在实践中终本程序往往被滥用，法官为提高结案率，在未穷尽执行措施的情况下或者将不属于无财产可供执行的案件进行终本结案[①]。公开终本信息有助于增强法院自身终本程序案件的规范性，便于申请执行人和社会公众的监督。评估发现，全国法院公开终本完整信息，包括终本案件的案号、被执行人、立案日期、结案日期、终本裁定书、终本案件数量、举报线索的，仅甘肃高院、浙江高院、北京高院、成都中院、杭州中院、南京中院、海口中院等 11 家，还有 3 家公开了部分信息，共占 17.50%，虽然公开法院比 2017 年明显增加，但与民众需求相比还有较大差距。三是执行惩戒信息公开不足。自 2015 年开始，指标体系增加了"执行惩戒"信息公开，以便于社会监督，倒逼法院提升执行惩戒措施的适用力度，同时也能够营造"逃避执行必受惩戒"的氛围[②]。连续四年的评估发现，各级法院"执行惩戒"信息公开情况仍然不容乐观。2018 年，公开被采取罚款、拘留等制裁措施案件信息的法院 14 家，占 17.50%，公开被追究刑事责任的执行案件信息的只有 7 家，占 8.75%，提供途径可以查询执行惩戒情况的只有 5 家，占 6.25%。四是执行曝光仍需进一步提升。评估发现，2018 年，公开失信被执行人名单的法院 47 家，占 58.75%，公开限制高消费人员名单的法院 35 家，占 43.75%，公开限制出境人员名单的法院 30 家，占 37.50%，公开执行悬赏的法院 21 家，占 26.25%，公开特殊主体被执行人名单的法院 10 家，占 12.50%，提供执行曝光查询功能的法院只有 13 家，占 16.25%。公开上述内容的法院中还有部分信息更新缓慢，近半年甚至三五年都没有更新过，执行曝光力度有进一步提升的空间。

**（四）司法改革信息公开步履维艰**

司法体制改革是党的十八大以来法院乃至整个政法系统工作的重点之

---

[①] 中国社会科学院法学研究所法治指数创新工程项目组：《中国司法透明度指数报告（2016）——以法院网站公开为视角》，载李林、田禾主编《中国法治发展报告 No.15（2017）》，社会科学文献出版社 2017 年版。

[②] 中国社会科学院法学研究所法治指数创新工程项目组：《中国司法透明度指数报告（2015）——以法院网站公开为视角》，载李林、田禾主编《中国法治发展报告 No.14（2016）》，社会科学文献出版社 2016 年版。

一，公开改革进程、内容、成效有助于凝聚社会共识。评估发现，虽然各地法院司法改革信息公开的意识逐渐增强，设置司法改革专栏的法院越来越多，但整体上司法改革公开信息少，特别是关键信息公开不足。第一，司法改革专栏建设不力，更新不及时现象比较普遍。评估发现，虽然本轮司法体制改革轰轰烈烈进行了多年，但是相当一部分司法改革信息仍然未予公开。81家法院中，设置了司法改革专栏、公开了司法体制配套改革情况的只有35家，占43.21%；其中及时更新的只有18家，占22.22%，可见大部分法院仍未意识到司法改革公开的重要性。在司法改革方案的公开方面①，公布了中央司法体制改革方案或者本级司法改革实施细则的法院共8家，占25%，公开了法官保障机制及其实施细则的法院则只有最高人民法院、江苏高院和海南高院3家，占9.38%。第二，员额制改革措施未公开到位。司法员额制改革是本轮司法改革的重要任务之一，也是影响司法体制改革成败的关键，是法院内外都十分关注的问题。评估发现，员额制改革实施过程、遴选标准及完成情况等公开程度不高。在31家高院及最高人民法院中，公布法官入额规定及遴选标准的仅9家，占28.13%；公开法官遴选程序的6家，占18.75%；公开法官遴选委员会组成人员的2家，占6.25%；没有一家法院公开有关法官退出员额的相关规定。81家被评估法院中，公布本院法官入额数量及名单的只有四川高院、湖南高院、广州中院、合肥中院、武汉中院等26家，占32.10%，公布入额法官办案数量的只有3家，公开员额法官退出情况和法官保障的实际案例的只有2家，分别仅占3.70%、2.47%和2.47%。员额制改革的公开工作仍然任重而道远。第三，领导干部办案情况不公开不透明。2017年4月10日发布的《最高人民法院关于加强各级人民法院院庭长办理案件工作的意见（试行）》不仅要求进入法官员额的院长、副院长、审判委员会专职委员、庭长、副庭长应当办理案件，明确了院庭长办案的案件数量、类型，而且要求各院审判管理部门负责本院庭长、副庭长办案量的测算核定和定期通报。评估发现，公开院庭长办案规定及数量的法院仍然偏少。其中公开院庭长办案规定的法院只有最高人民法院、吉林高院、广州中院、宁波中

---

① 这一指标仅评估最高人民法院及各高级人民法院，共32家。

院、吉林中院、成都中院、海口中院等7家，占8.64%；公开院庭长办案数量的11家，占13.58%；公开院庭长办案类型的只有5家，占6.17%。

**（五）各地法院公开水平参差不齐**

2017年司法透明度评估发现，各地司法公开呈现"马太效应"。2018年评估发现，各地法院司法公开水平参差不齐的情况并未明显改观，甚至存在两极分化愈演愈烈的可能性，前十名和后十名法院的分差持续拉大。先进法院的司法公开工作越来越扎实。例如，广州中院根据司法公开的最新进展情况和上一年度的司法透明度报告，专门撰写了司法透明度指数评估自评整改台账，列明司法公开现状、自评情况、责任部门、学习借鉴法院。近年来，深圳中院司法透明度排名靠前，但他们不满足于现状，继续扩大司法公开范围，不断完善门户网站，使司法公开工作持续提升。

相反，部分法院对司法公开工作不够重视，网站管理松懈，司法公开工作停滞不前，体现在以下方面。一是门户网站时断时续。评估发现，个别法院的门户网站在评估的两个月期间时断时续，有时候可以正常浏览，有时又无法查看，严重影响公众上网体验。有的法院网站维护升级期间大量信息空缺，且维护升级时间较长，反而影响了司法公开的效果。二是内容更新迟滞。做好司法公开必须持之以恒，有的法院司法公开有一阵风的倾向，所有信息都在同一时间上网，此后半年甚至若干年都没有变化。评估发现，有的法院执行公开工作2012年之后就没有更新过，有的法院概况和机构设置十多年没有更新，有的法院公布的工作报告是6年前的旧报告，还有的法院历任院长介绍还停留在2007年，更多的法院在介绍一些审务信息时没有上网日期，因此无从判断信息是否已经过期。在对行政诉讼指南的评估中发现，只有13家公开且更新了行政诉讼指南，占16.05%。三是公开信息错误或者不完整。与不公开和公开更新不及时相比，内容错误容易造成对公众更大的误导。例如，某法院的审判信息网中提示当事人可供选择的非诉讼纠纷解决方式为两种：当事人执行和解、社会团体性质的人民调解组织调解。实际上，非诉讼纠纷解决方式至少还有仲裁和行政调解等其他方式。另外，虽然法律规定社会团体可以设立人民调解委员会，但是"社会团体性质的人民调解组织"这样的表述也不够准确和严谨。

# 五 完善建议与展望

2018年,全国法院在推动司法公开方面取得了很大进步,但同时也存在不少亟待改进之处。总体而言,各级法院需要落实《最高人民法院关于进一步深化司法公开的意见》的要求,进一步深化司法公开,不断拓展司法公开的广度和深度,健全完善司法公开制度和体系,优化升级司法公开平台载体,大幅提升司法公开精细化、规范化、信息化水平,推进建设更加开放、动态、透明、便民的阳光司法机制,形成全面深化司法公开新格局,促进实现审判体系和审判能力现代化。

## (一)理念上重视司法公开工作

《最高人民法院关于进一步深化司法公开的意见》把司法公开作为实现审判体系和审判能力现代化,促进新时代人民法院工作实现新发展的重要抓手,对司法公开工作提出了很高要求。推动司法公开不是权宜之计,不是形象工程,而是服务党和国家大局、服务经济社会发展、服务广大人民群众切实利益,实现让人民群众在每一个司法案件中感受到公平正义的民心工程。因此,首先需要各级法院在理念上高度重视司法公开工作。一是需要法院领导高度重视。院领导尤其是"一把手"重视司法公开的法院,司法透明度评估排名往往比较靠前,司法公开是一项系统工程,只有领导重视,才能形成合力,持之以恒、不断深化司法公开。二是要把司法公开与司法体制配套改革相结合。应当树立推动司法公开是深化司法体制配套改革基础工作的意识,在司法体制配套改革过程中推进司法公开工作,通过司法公开促进司法体制改革进一步深化。

## (二)尽快细化司法公开的标准

与政务公开相比,司法公开一定程度上存在内容和形式不统一、不规范、随意性大等问题。司法公开过程中,各地法院重视程度不一,造成各地司法公开水平参差不齐。先进的地方,网站中司法公开内容应有尽有;落后的地方,网站还没有彻底解决好能不能正常打开、信息更新是否及时等初级问题。一些地方的法院网站停留在宣传院领导工作部署、宣传法院文化建设、法官个人情怀等内容的层次。究其原因，虽然最高人民法院高度重视司法公开工作，近年来出台了不少规范性文件明确司法公开的原则和要求，但是由于缺乏配套的实施细则，司法公开缺乏统一性和强制性，对哪些内容可以公开、哪些内容必须公开、司法公开的范围、公开的重点领域以及不应公开的领域等均不明确。以庭审直播为例，一方面，大量的庭审直播浏览量极低；另一方面，有些社会关注的案件没有进入庭审直播。因此，建议最高人民法院尽快研究出台有关司法强制公开的规范性文件，统一公开标准和公开渠道，并将司法公开状况纳入考核范围。

### （三）妥善处理统一平台公开与创新公开的关系

2018 年，从最高人民法院开始，逐步建立统一公开平台，在一个平台上公开所有法院的信息。与此同时，一些高级法院也积极打造自己的司法公开平台，在统一平台上将全省（自治区、直辖市）三级法院的全部信息统一公开，统一公开标准和公开通道。统一平台有助于统一公开标准，可以更加开放、透明、便民，可以充分利用大数据，进行专项分析，为司法决策服务。但是，公开平台建设存在如何处理好与各级法院自身平台建设的关系等问题。因此，建议通过宣传、培训统一各级法院对集中公开重要性的认识，以在统一平台按照规定发布信息为司法公开的基本要求，以各分院自行发布个性化内容为补充。在集中统一平台发布司法公开信息的同时，也应鼓励各级法院自行创新发布形式和发布内容。

### （四）明确专门部门负责司法公开工作

目前司法公开中存在的门户网站维护不到位、关键信息公开不足、各地法院门户网站从栏目到内容都缺乏统一性、公开平台林立等问题，与人民法院工作繁多、司法公开没有专门的主管部门有一定的关系。最高人民法院除了四大公开平台外，还有全国企业破产重整案件信息网、中国司法案例网、中国司法大数据服务网，这些网站没有统一的主管部门。地方法院有的司法公开主管部门也各不相同，有的是审判管理办公室，有的是新闻办公室，有的则是院办公室。司法公开作为一项日常工作，需要对信息发布进行定期清理和维护，缺乏统一部门造成统一政令缺乏。因此，建议法院内部确定司法公开统一的主管部门，由这个统一部门负责司法公开工作，并设专人维护门户网站，保证信息发布的准确性和及时性。

**（五）通过信息化手段拓展司法公开渠道**

身处信息化时代，信息化的不断发展不仅倒逼法院需要公开更多审判信息，智慧法院3.0版的建成也为司法公开提供了强大的技术支持。近年来，各地法院尝试各种贴近民众的方式，通过微博、微信、APP、微信小程序等多种途径扩宽司法公开渠道，取得了良好的效果。建议各级法院继续利用好信息化工具，通过短信、微信、电话语音系统、电子邮箱、客户端等媒介辅助公开，拓展司法服务能力，不断拓宽当事人获得审判信息的渠道。当然，在运用各种新媒体平台的时候，也要注意保护当事人的信息安全，在保障当事人和公众知情权的同时，确保其隐私权、信息自主权不受侵害。另外，在不断拓展司法公开新渠道的同时，要明确门户网站为司法公开的基础平台，促进网站与"两微一端"等新媒体的良性互动。

# 中国司法透明度指数报告（2019）

十九届四中全会提出，要健全保证宪法全面实施的体制机制，加强对法律实施的监督，坚持和完善共建共治共享的社会治理制度。实现"共建共治共享"目标，必然要充分保障人民群众的知情权参与权。深化法院司法公开，有助于人民群众最大限度地了解司法权力运行情况，有效消除猜疑，切实提升司法公信力。

为推进法院司法公开工作，中国社会科学院国家法治指数研究中心及法学研究所法治指数创新工程项目组（以下简称项目组）2019年继续开展司法透明度指数评估，本报告对评估结果做简要分析。

## 一　评估背景

2018年末以来，最高人民法院陆续发布了多个文件，对司法公开提出进一步的要求和安排。2018年11月发布的《最高人民法院关于进一步深化司法公开的意见》从多个方面较为系统地对深化司法公开提出了要求。《最高人民法院关于深化人民法院司法体制综合配套改革的意见——人民法院第五个五年改革纲要（2019—2023）》提出，不断完善审判流程公开、庭审活动公开、裁判文书公开、执行信息公开四大平台，全面拓展司法公开的广度和深度，健全司法公开形式，畅通当事人和律师获取司法信息渠道，构建更加开放、动态、透明、便民的阳光司法制度体系。《最高人民法院关于深化执行改革　健全解决执行难长效机制的意见——人民法院执行工作纲要（2019—2023）》提出，健全开放、动态、透明、便民的阳光执行制度体系。《最高人民法院关于建设一站式多元解纷机制一站式诉讼服务中心的意见》提出，加强诉讼服务规范化、标准化建设，全面梳理服务项目清单，逐项制定标准化工作规程和一次性办理服务指南，并向社会公开。《最高人民法院关于进一步全面落实司法责任制的实施意见》规定，除法律规定不应当公开的情形外，审判委员会讨论案件的决定及其理由应当在裁判文书中公开。上述文件的出台细化了公开要求，为全面深化司法公开提供了制度支撑。

## 二　评估概况

### （一）评估对象

2019年共抽取了全国94家法院作为评估对象，具体包括：①最高人民法院；②各省、自治区、直辖市高级人民法院以及新疆维吾尔自治区高级人民法院生产建设兵团分院（共32家法院）；③较大的市①的中级人民法院（共49家法院）；④北京、上海、广州3家知识产权法院；⑤北京、杭州、广州3家互联网法院；⑥广东自由贸易区南沙片区人民法院、深圳前海合作区人民法院、珠海横琴新区人民法院、四川天府新区成都片区人民法院、重庆自由贸易试验区人民法院（共5家法院）；⑦上海金融法院。2019年评估首次加入了新疆维吾尔自治区高级人民法院生产建设兵团分院以及12家专门性法院。

### （二）评估指标

按照评估所遵循的依法设定评估指标、客观评价、用户导向、反映现状与引领发展的原则，项目组在往年评估指标的基础上，依据《刑事诉讼法》《民事诉讼法》《行政诉讼法》和最高人民法院有关司法解释，结合司法体制改革推进进程，设定了2019年度评估指标。

评估涉及审务信息公开、审判信息公开、执行信息公开、司法数据公开和司法改革信息公开5项一级指标，涵盖32项二级指标。审务信息公开评估了人员信息、名册信息、任职回避、法院文件公开、代表建议/委

---

① 此处沿用《立法法》2015年修订前所规定的49家较大的市的范围与概念。

员提案办理结果的公开情况以及公开平台建设情况，审判信息公开涉及诉讼指南、审判流程信息公开、庭审公开、裁判文书公开、重大案件信息公开、减刑假释案件信息公开、破产案件信息公开与司法建议公开，执行信息公开包括案件查询、执行惩戒信息公开、执行曝光、终本案件、司法拍卖、执行举报信息公开，司法数据公开涉及财务数据、工作报告、司法业务数据和司法实证分析报告公开，司法改革信息公开涉及专门栏目、司法改革方案、重大改革任务进展、员额制改革、立案登记、新型审判监督机制改革、律师权益保障、案外人干预记录的公开（见表1）。其中，诉讼指南、旁听、减刑假释案件信息公开、破产案件信息公开、执行惩戒信息公开等不适用于最高人民法院，因此，后文统计各类信息的公开程度时，以不含最高人民法院的93家法院为基准进行分析。此外，表1中部分指标权重为0，本次评估仅作考察，今后将逐步加大评估力度，计入指数得分。

表1　　　　　　　　2019年司法透明度指数评估指标体系

| 一级指标 | 二级指标 | 三级指标 |
| --- | --- | --- |
| 审务信息公开（20%） | 人员信息（40%） | 领导信息（40%） |
| | | 审判人员信息（35%） |
| | | 执行人员信息（15%） |
| | | 司法辅助人员信息（10%） |
| | 名册信息（20%） | 调解名册（50%） |
| | | 机构名册（50%） |
| | 任职回避（10%） | 任职回避名册（100%） |
| | 法院文件公开（10%） | |
| | 代表建议、委员提案办理结果（0） | 专门栏目设置 |
| | | 代表建议、委员提案办理结果（简版、全文） |
| | 公开平台建设（20%） | 门户网站（70%） |
| | | 微平台（30%） |

续表

| 一级指标 | 二级指标 | 三级指标 |
| --- | --- | --- |
| 审判信息公开（30%） | 诉讼指南（20%） | 便利度（10%） |
| | | 完整性（70%） |
| | | 通俗性（20%） |
| | 审判流程信息公开（15%） | 中国审判流程信息公开网链接配置（50%） |
| | | 本地法院流程查询平台入口（50%） |
| | 庭审公开（20%） | 旁听（60%） |
| | | 庭审公开（40%） |
| | 裁判文书公开（20%） | 中国裁判文书网链接（40%） |
| | | 本院裁判文书上网公开信息（0） |
| | | 不上网裁判文书信息项（60%） |
| | 重大案件信息公开（10%） | 本院审理的重大案件信息（100%） |
| | 减刑假释案件信息公开（15%） | 立案公示（25%） |
| | | 开庭公告（25%） |
| | | 文书公开（25%） |
| | | 结果公开（25%） |
| | 破产案件信息公开（0） | 破产公告 |
| | | 破产案件统计 |
| | 司法建议公开（0） | 专门栏目设置 |
| | | 司法建议信息 |
| | | 司法建议内容 |
| 执行信息公开（20%） | 案件查询（10%） | 执行案件查询平台链接（100%） |
| | 执行惩戒信息公开（25%） | 罚款（35%） |
| | | 拘留（35%） |
| | | 限制出境（30%） |
| | | 打击拒执罪（0） |
| | 执行曝光（25%） | 失信被执行人（100%） |
| | | 特殊主体失信信息（0） |
| | 终本案件（25%） | 终本案件清单（40%） |
| | | 终本裁定书（60%） |
| | 司法拍卖（0） | 拍卖公告 |
| | | 拍卖网站链接 |
| | 执行举报（15%） | 举报渠道（40%） |
| | | 悬赏公告（60%） |

续表

| 一级指标 | 二级指标 | 三级指标 |
|---|---|---|
| 司法数据公开（15%） | 财务数据（30%） | 本院预决算（60%） |
| | | "三公"经费（40%） |
| | | 涉案款物数据（0） |
| | | 诉讼费收退费（0） |
| | 工作报告（30%） | 工作报告（35%） |
| | | 年度报告（35%） |
| | | 司法白皮书（30%） |
| | 司法业务数据（20%） | 司法统计数据（60%） |
| | | 收结案动态数据（40%） |
| | 司法实证分析报告（20%） | 司法大数据分析报告（50%） |
| | | 司法调研分析报告（50%） |
| 司法改革信息公开（15%） | 专门栏目（10%） | |
| | 司法改革方案（30%） | 司法改革总体方案（100%） |
| | | 入额遴选方案（0%） |
| | | 员额退出方案（0%） |
| | | 职业保障方案（0%） |
| | 重大改革任务进展（30%） | 改革任务进展动态（100%） |
| | 员额制改革（0） | 员额法官办理数量 |
| | | 院庭长办案数据 |
| | 立案登记（30%） | 立案登记配套制度（50%） |
| | | 立案登记动态数据（50%） |
| | 新型审判监督机制改革（0） | 权责清单 |
| | | 审判管理监督权力配套规定 |
| | 律师权益保障（0） | 实施机制 |
| | | 反馈渠道 |
| | 案外人干预记录（0） | |

## （三）评估方法

项目组通过各评估对象司法公开平台采集司法公开信息。数据采集的平台涉及各评估对象门户网站、司法公开网站、诉讼服务网、中国审判流程信息公开网以及各评估对象的微博微信等微平台。数据采集时间为2019年10月8日至2019年12月31日。即便在移动互联时代，门户网站仍然是司法公开的第一平台，因此，评估涉及的各类信息优先通过各评估对象门户网站、司法公开平台、诉讼服务网等查询，并首次比对了上述平台与中国审判流程信息公开网公开信息的一致性。考虑到微博微信等微平台作用日显重要，首次对其设置情况进行了评估。

## 三 评估的总体结果

2019年评估中，排名居前的法院有广州中院、南京中院、吉林中院、吉林高院、长春中院、海口中院、宁波中院、成都中院、山东高院、浙江高院。在高级法院中排名居前的有吉林高院、山东高院、浙江高院、北京高院、广东高院、广西高院、江苏高院、四川高院、上海高院、海南高院。中级法院中排名靠前的有广州中院、南京中院、吉林中院、长春中院、海口中院、宁波中院、成都中院、徐州中院、深圳中院、珠海中院（见表2）。

表2　　　　　　2019年司法透明度指数评估结果

| 排名 | 法院 | 审务信息公开（20%） | 审判信息公开（30%） | 执行信息公开（20%） | 司法数据公开（15%） | 司法改革信息公开（15%） | 总分（满分：100分） |
|---|---|---|---|---|---|---|---|
| 1 | 广州中院 | 100.00 | 94.60 | 80.50 | 100.00 | 85.00 | 92.23 |
| 2 | 南京中院 | 86.50 | 79.60 | 85.00 | 79.50 | 100.00 | 85.11 |
| 3 | 吉林中院 | 86.04 | 77.15 | 75.50 | 89.50 | 85.00 | 81.63 |
| 4 | 吉林高院 | 73.24 | 82.00 | 77.00 | 90.00 | 85.00 | 80.90 |
| 5 | 长春中院 | 83.50 | 64.45 | 73.00 | 84.25 | 85.00 | 76.02 |
| 6 | 海口中院 | 59.70 | 79.40 | 63.50 | 81.00 | 100.00 | 75.61 |
| 7 | 宁波中院 | 87.60 | 77.15 | 85.00 | 60.50 | 55.00 | 74.99 |

续表

| 排名 | 法院 | 审务信息公开（20%） | 审判信息公开（30%） | 执行信息公开（20%） | 司法数据公开（15%） | 司法改革信息公开（15%） | 总分（满分：100分） |
|---|---|---|---|---|---|---|---|
| 8 | 成都中院 | 82.40 | 69.60 | 64.00 | 66.25 | 85.00 | 72.85 |
| 9 | 山东高院 | 88.40 | 70.00 | 36.50 | 89.50 | 85.00 | 72.16 |
| 10 | 浙江高院 | 70.94 | 71.50 | 63.50 | 84.25 | 65.00 | 70.73 |
| 11 | 徐州中院 | 75.40 | 72.35 | 64.00 | 69.25 | 65.00 | 69.72 |
| 12 | 广东自由贸易区南沙片区法院 | 83.40 | 70.00 | 68.00 | 86.25 | 35.00 | 69.47 |
| 13 | 深圳中院 | 76.84 | 72.55 | 26.00 | 79.50 | 95.00 | 68.51 |
| 14 | 北京高院 | 68.92 | 63.50 | 69.50 | 74.50 | 65.00 | 67.66 |
| 15 | 最高法院 | 75.00（30%） | 60.00（30%） | — | 65.00（20%） | 70.00（20%） | 67.50 |
| 15 | 广州互联网法院 | 87.60 | 40.80 | 74.50 | 67.25 | 85.00 | 67.50 |
| 17 | 广东高院 | 79.94 | 65.75 | 68.50 | 81.50 | 35.00 | 66.89 |
| 18 | 广西高院 | 66.66 | 73.10 | 55.50 | 80.50 | 35.00 | 63.69 |
| 19 | 珠海中院 | 57.96 | 59.70 | 68.50 | 62.50 | 65.00 | 62.33 |
| 20 | 江苏高院 | 54.80 | 62.60 | 65.00 | 72.50 | 45.00 | 60.37 |
| 21 | 四川高院 | 73.60 | 52.10 | 35.50 | 57.25 | 95.00 | 60.29 |
| 22 | 上海高院 | 75.24 | 54.70 | 52.50 | 69.50 | 50.00 | 59.88 |
| 23 | 海南高院 | 47.52 | 49.70 | 45.50 | 79.50 | 95.00 | 59.69 |
| 24 | 河北高院 | 62.34 | 72.40 | 65.00 | 50.50 | 25.00 | 58.51 |
| 25 | 淄博中院 | 80.60 | 56.60 | 20.00 | 70.50 | 65.00 | 57.43 |
| 26 | 汕头中院 | 83.06 | 61.00 | 45.00 | 50.50 | 35.00 | 56.74 |
| 27 | 太原中院 | 60.16 | 61.80 | 55.50 | 40.00 | 55.00 | 55.92 |
| 28 | 杭州中院 | 78.36 | 41.90 | 58.00 | 82.50 | 20.00 | 55.22 |
| 29 | 辽宁高院 | 55.94 | 56.50 | 77.00 | 50.00 | 25.00 | 54.79 |
| 30 | 深圳前海合作区法院 | 43.26 | 58.10 | 51.00 | 71.00 | 50.00 | 54.43 |
| 31 | 厦门中院 | 70.36 | 74.50 | 32.50 | 50.50 | 25.00 | 54.25 |
| 32 | 贵阳中院 | 64.70 | 48.90 | 60.00 | 67.25 | 20.00 | 52.70 |
| 33 | 济南中院 | 69.40 | 67.40 | 34.50 | 50.50 | 25.00 | 52.33 |

续表

| 排名 | 法院 | 审务信息公开（20%） | 审判信息公开（30%） | 执行信息公开（20%） | 司法数据公开（15%） | 司法改革信息公开（15%） | 总分（满分：100分） |
|---|---|---|---|---|---|---|---|
| 34 | 新疆高院 | 43.40 | 47.80 | 47.50 | 53.25 | 65.00 | 50.26 |
| 35 | 天津高院 | 57.80 | 61.80 | 44.50 | 40.00 | 35.00 | 50.25 |
| 36 | 江西高院 | 66.46 | 63.30 | 26.00 | 59.00 | 25.00 | 50.08 |
| 37 | 沈阳中院 | 57.04 | 52.25 | 45.00 | 60.50 | 25.00 | 48.91 |
| 38 | 福建高院 | 52.04 | 51.90 | 16.00 | 76.25 | 55.00 | 48.87 |
| 39 | 唐山中院 | 62.30 | 49.90 | 57.50 | 40.00 | 25.00 | 48.68 |
| 40 | 淮南中院 | 60.70 | 55.50 | 49.50 | 40.00 | 25.00 | 48.44 |
| 41 | 乌鲁木齐中院 | 57.70 | 45.50 | 22.50 | 58.25 | 65.00 | 48.18 |
| 42 | 珠海横琴新区法院 | 62.00 | 51.90 | 35.00 | 59.00 | 25.00 | 47.57 |
| 43 | 兰州中院 | 66.76 | 51.60 | 55.50 | 40.00 | 10.00 | 47.43 |
| 44 | 黑龙江高院 | 50.96 | 38.40 | 77.00 | 40.00 | 25.00 | 46.86 |
| 45 | 安徽高院 | 71.66 | 48.20 | 52.50 | 40.00 | 10.00 | 46.79 |
| 46 | 齐齐哈尔中院 | 51.20 | 53.90 | 45.00 | 40.00 | 35.00 | 46.66 |
| 47 | 云南高院 | 56.44 | 64.75 | 24.50 | 38.50 | 35.00 | 46.64 |
| 48 | 内蒙古高院 | 53.46 | 46.60 | 58.00 | 40.00 | 25.00 | 46.02 |
| 48 | 河南高院 | 45.40 | 54.80 | 24.50 | 69.00 | 35.00 | 46.02 |
| 50 | 湖北高院 | 49.74 | 53.65 | 54.50 | 34.00 | 25.00 | 45.79 |
| 51 | 湖南高院 | 69.96 | 49.70 | 20.00 | 55.25 | 25.00 | 44.94 |
| 52 | 西宁中院 | 46.40 | 42.90 | 58.50 | 46.25 | 25.00 | 44.54 |
| 53 | 青岛中院 | 37.70 | 37.20 | 61.00 | 54.25 | 35.00 | 44.29 |
| 54 | 重庆高院 | 69.16 | 54.30 | 37.00 | 20.00 | 25.00 | 44.27 |
| 55 | 邯郸中院 | 39.14 | 61.40 | 35.00 | 46.25 | 25.00 | 43.94 |
| 56 | 石家庄中院 | 44.26 | 45.30 | 57.00 | 40.00 | 25.00 | 43.59 |
| 57 | 贵州高院 | 45.44 | 53.80 | 57.00 | 20.50 | 25.00 | 43.45 |
| 58 | 合肥中院 | 64.00 | 51.75 | 24.50 | 55.25 | 10.00 | 43.01 |
| 59 | 大同中院 | 62.40 | 33.80 | 30.50 | 40.00 | 55.00 | 42.97 |
| 60 | 大连中院 | 28.76 | 34.30 | 63.00 | 40.00 | 55.00 | 42.89 |

续表

| 排名 | 法院 | 审务信息公开（20%） | 审判信息公开（30%） | 执行信息公开（20%） | 司法数据公开（15%） | 司法改革信息公开（15%） | 总分（满分：100分） |
|---|---|---|---|---|---|---|---|
| 61 | 包头中院 | 55.26 | 43.05 | 41.00 | 40.00 | 25.00 | 41.92 |
| 62 | 苏州中院 | 40.20 | 50.00 | 45.00 | 40.00 | 25.00 | 41.79 |
| 63 | 上海金融法院 | 59.20 | 56.80 | 41.00 | 20.00 | 10.00 | 41.58 |
| 64 | 南昌中院 | 37.00 | 58.10 | 10.00 | 55.25 | 40.00 | 41.12 |
| 65 | 青海高院 | 37.40 | 42.10 | 49.50 | 53.25 | 20.00 | 41.00 |
| 66 | 宁夏高院 | 36.40 | 63.60 | 20.00 | 40.00 | 25.00 | 40.11 |
| 67 | 西藏高院 | 54.90 | 49.00 | 57.00 | 10.00 | 10.00 | 40.08 |
| 68 | 陕西高院 | 38.40 | 49.65 | 26.00 | 60.50 | 20.00 | 39.85 |
| 69 | 呼和浩特中院 | 40.00 | 63.10 | 20.00 | 49.00 | 10.00 | 39.78 |
| 70 | 北京互联网法院 | 33.00 | 55.30 | 10.00 | 49.00 | 35.00 | 37.79 |
| 71 | 鞍山中院 | 48.54 | 53.40 | 14.50 | 45.25 | 10.00 | 36.92 |
| 72 | 福州中院 | 25.10 | 54.70 | 28.50 | 40.00 | 25.00 | 36.88 |
| 73 | 广州知识产权法院 | 50.02 | 38.70 | 10.00 | 52.00 | 35.00 | 36.66 |
| 74 | 长沙中院 | 43.00 | 48.80 | 51.00 | 10.00 | 10.00 | 36.44 |
| 75 | 上海知识产权法院 | 45.66 | 41.90 | 20.00 | 59.00 | 10.00 | 36.05 |
| 75 | 本溪中院 | 51.80 | 34.30 | 39.50 | 40.00 | 10.00 | 36.05 |
| 77 | 洛阳中院 | 41.84 | 41.40 | 10.00 | 77.25 | 10.00 | 35.88 |
| 78 | 南宁中院 | 34.20 | 39.00 | 35.00 | 58.00 | 10.00 | 35.74 |
| 79 | 郑州中院 | 44.60 | 41.55 | 10.00 | 40.00 | 40.00 | 35.39 |
| 80 | 抚顺中院 | 38.20 | 25.50 | 58.50 | 40.00 | 10.00 | 34.49 |
| 81 | 重庆两江新区（自贸区）法院 | 38.50 | 40.40 | 45.00 | 10.00 | 25.00 | 34.07 |
| 82 | 银川中院 | 15.80 | 53.70 | 22.50 | 40.00 | 25.00 | 33.52 |
| 83 | 拉萨中院 | 45.24 | 32.90 | 14.50 | 50.00 | 25.00 | 33.07 |
| 84 | 甘肃高院 | 56.00 | 27.20 | 10.00 | 40.00 | 35.00 | 32.61 |
| 85 | 无锡中院 | 41.20 | 22.00 | 35.00 | 40.00 | 25.00 | 31.59 |
| 86 | 西安中院 | 28.80 | 36.80 | 20.00 | 45.25 | 25.00 | 31.34 |

续表

| 排名 | 法院 | 审务信息公开（20%） | 审判信息公开（30%） | 执行信息公开（20%） | 司法数据公开（15%） | 司法改革信息公开（15%） | 总分（满分：100分） |
|---|---|---|---|---|---|---|---|
| 87 | 武汉中院 | 50.00 | 24.75 | 42.50 | 10.00 | 25.00 | 31.18 |
| 88 | 杭州互联网法院 | 50.44 | 38.00 | 16.00 | 20.00 | 20.00 | 30.69 |
| 89 | 昆明中院 | 54.26 | 32.30 | 35.00 | 10.00 | 10.00 | 30.54 |
| 90 | 山西高院 | 28.20 | 37.30 | 16.00 | 40.00 | 25.00 | 29.78 |
| 91 | 成都天府新区（自贸区）法院 | 58.40 | 34.90 | 10.00 | 10.00 | 10.00 | 27.15 |
| 92 | 北京知识产权法院 | 53.56 | 20.00 | 10.00 | 41.00 | 10.00 | 26.36 |
| 93 | 哈尔滨中院 | 20.90 | 33.90 | 14.50 | 40.00 | 20.00 | 26.25 |
| 94 | 新疆生产建设兵团法院 | 21.20 | 34.30 | 24.50 | 10.00 | 10.00 | 22.43 |

2019年司法透明度指数评估结果呈现如下特点。

**（一）评估对象司法公开差距仍较大**

2019年司法透明度指数评估结果显示，各被评估法院无论是总体情况还是各板块情况，相互间差距仍然较大。本次评估最高分92.23分，最低分22.43分，平均分49.10分，60分以上的法院仅21家，有58家法院得分在平均分以下。评估涉及的五大板块中，各法院的公开得分差距也较大。审务信息公开方面，最高分为满分，最低分为15.8分；审判信息公开板块最高分为94.6分，最低分为20分；执行信息公开板块最高分85分，最低分仅10分；司法数据公开最高分100分，最低分仅10分；司法改革信息公开板块最高分100分，最低分仅10分。这表明，不少法院司法公开工作仍较为滞后。

**（二）不同领域司法公开差距较大**

就评估的五大领域横向比较看，审务信息公开总体较好，司法改革信息公开总体较差，执行信息公开短板仍然突出。审务信息公开方面，平均分56.37分，60分以上的法院有37家；审判信息公开板块平均分为52.51

分,60分以上的法院有29家;执行信息公开平均分42.85分,60分以上的法院有23家;司法数据公开平均分51.95分,60分以上的法院有31家;司法改革信息公开平均分37.66分,60分以上的法院有20家。虽然经历了两年到三年基本解决执行难,但执行信息公开情况总体仍不理想,这表明构建解决执行难长效机制仍有巨大的空间。而司法改革信息公开方面,即便剔除高级、中级及其他专门性法院在司法改革方面的地位作用差异,公开情况仍然不尽理想。

### (三) 部分法院评估结果与当地经济发展情况不符

以高级法院和中级法院的司法公开情况看,部分法院的评估结果与其所在地的经济发展水平存在一定甚至较明显的脱节现象。福建高院、河南高院、湖北高院、湖南高院、陕西高院、山西高院在高级法院中排名依次为第16、21、22、23、29、31位,而其所在省份2018年国内生产总值(GDP)排名则依次为第10、5、7、8、15、22位(见表3)。中级法院中此现象更加突出,如青岛中院、合肥中院、大连中院、苏州中院、福州中院、长沙中院、洛阳中院、郑州中院、无锡中院、西安中院、武汉中院、昆明中院、哈尔滨中院本次在中级法院中的排名依次为第25、28、30、32、36、37、39、41、45、46、47、48、49位,而其所在城市2018年国内生产总值(GDP)在49家较大的市中排名依次为第8、16、17、3、14、10、28、12、9、13、5、25、21位(见表4)。这一现象在一定程度上表明,个别法院的司法公开工作远远没有跟上当地经济社会发展的步伐,其在参与当地社会治理、提升优化营商环境中发挥的作用更值得进一步关注。

表3 高级法院司法透明度评估结果与所在省份2018年国内生产总值排名对比

| 法院 | 司法透明度排名(高级法院) | 所在省份2018年国内生产总值排名 |
| --- | --- | --- |
| 福建高院 | 16 | 10 |
| 河南高院 | 21 | 5 |
| 湖北高院 | 22 | 7 |
| 湖南高院 | 23 | 8 |
| 陕西高院 | 29 | 15 |
| 山西高院 | 31 | 22 |

表4　　　　　　中级法院司法透明度评估结果与所在
城市2018年国内生产总值排名对比

| 法院 | 司法透明度排名（较大的市） | 所在城市2018年国内生产总值排名 |
| --- | --- | --- |
| 青岛中院 | 25 | 8 |
| 合肥中院 | 28 | 16 |
| 大连中院 | 30 | 17 |
| 苏州中院 | 32 | 3 |
| 福州中院 | 36 | 14 |
| 长沙中院 | 37 | 10 |
| 洛阳中院 | 39 | 28 |
| 郑州中院 | 41 | 12 |
| 无锡中院 | 45 | 9 |
| 西安中院 | 46 | 13 |
| 武汉中院 | 47 | 5 |
| 昆明中院 | 48 | 25 |
| 哈尔滨中院 | 49 | 21 |

（四）个别法院司法公开工作起伏较大

相比2018年度，个别法院的本次评估结果进步显著。比如，山东高院由2018年的第61名跃居第9名，广东高院从第37名跃居第17名，珠海中院由第41名跃居第19名，淄博中院由第63名跃居第25名。但也有不少法院下滑明显，如甘肃高院、陕西高院、昆明中院、西安中院、无锡中院、银川中院、郑州中院、本溪中院、长沙中院、哈尔滨中院等。个别法院则长期在最后方阵原地踏步，如山西高院、武汉中院等。这表明，2019年，虽然部分法院迎难赶上且成效明显，但司法公开仍然存在动力压力不足的问题，以致部分法院工作松懈，部分法院则对司法公开无动于衷、进步迟缓。

（五）专门性法院司法公开工作有待加强

本次评估的专门性法院涉及自贸区、知识产权、互联网、金融领域，其司法水平本应更高，司法公开本应更规范，但实际情况并不理想。首先，自贸区法院司法公开与预期差距较大。5家自贸区法院最高排名为第12名，仅一家得分超过60分，最低仅27.15分。这显然难与自贸区以公开透明提升服务水平、优化营商环境的要求相匹配。其次，互联网法院司法公开不够理想。互联网法院强调依托互联网技术，实现司法案件全流程在线办理，其同样应在依托互联网开展司法公开方面引领时代新潮，但评估结果显示，三家互联网法院总体情况一般。尤其是在审务信息公开、审判信息公开等司法核心业务公开方面并没有显露应有的优势，且个别法院的执行信息公开、司法数据公开较差。最后，知识产权法院总体排名不理想。3家知识产权法院均在70名以外，得分均低于40分，审判执行信息的公开不太理想。这说明，专门性法院不仅要强调某些方面不同于传统法院的特长、优势，更应在规范司法公开、落实司法为民方面做好表率。

### （六）司法公开涉及的信息范围不断扩展

随着司法公开的深入推进，在最高人民法院各项文件要求下，各级法院司法公开范围有了明显扩展。这主要表现为，相对于法院日常工作涉及的审务信息、审判执行信息，很多以前法院较少关注的信息逐步被纳入司法公开范围。评估显示，共有40家法院设置了司法改革的专门栏目，其中有38家法院是原有评估对象，18家法院在网站上提供了司法改革总体方案，且均为原有评估对象，明显好于2018年评估结果。有7家法院已经开始公开2019年发出的司法建议。有9家法院公开了代表建议、委员提案办理结果的全文，4家法院公开了代表建议、委员提案办理结果的摘要。这表明，在《最高人民法院关于进一步深化司法公开的意见》等文件推动下，公开范围涉及的信息有所扩展，这正是深化司法改革的需要，也是回应社会关切的必然。

## 四 各板块评估结果

### （一）审务信息公开

审务信息涉及法院基本情况，公开这类信息有助于一般公众和诉讼当事人了解法院概况，方便其参与诉讼活动。但总体来看，审务信息公开情况并不理想，信息公开不全面、信息更新不及时、网站建设水平不高等现象普遍存在。

1. 人员信息公开不全面、公开标准不一

公开人员信息是对法院进行监督的前提。但评估显示，多数法院公开人员信息不全面、标准不统一。仅有 9 家法院公开了院领导的全部信息，包括院领导姓名、职务、法官等级、学习工作简历、分管事项，占 9.6%；有 16 家法院公开了业务部门领导信息，包括姓名、职务、法官等级、学习工作简历，占 17.0%；有 15 家法院公开了行政部门领导信息，包括姓名、职务、学习工作简历，占 16.0%；有 18 家法院公开了员额法官信息，包括姓名、学习工作简历、法官等级，占 19.1%；有 11 家法院公开了执行法官信息，包括姓名、学习工作简历、法官等级，占 11.7%；有 16 家法院公开了法官助理、书记员名册，占 17.0%；有 10 家法院公开了司法警察名册，占 10.6%。其中，仅广州中院、长春中院、南京中院 3 家法院公开了指标内全部的人员信息，仅占 3.2%。有 17 家法院网站上未公开任何人员信息，占 18.1%。除最高人民法院外，没有一家法院能够做到本院开通的法院门户网站、司法公开网、诉讼服务网上公开的人员信息与中国审判流程信息网内容一致。

尤为关键的是，法院人员信息公开标准差异较大。有些法院公开的人员信息十分详尽，如成都中院公开了领导人员的姓名、性别、民族、出生日期、籍贯、学习工作经历、职务、分管事项；但部分法院公开得则过于简单，如浙江高院、鞍山中院、大连中院等 18 家法院仅公布了领导人员的姓名和职务。其次，人员分类不统一。如吉林中院公开的人员信息分类较细，包括院领导、审判委员会组成人员、法官、法官助理、书记员、人民陪审员、行政部门负责人、司法辅助人员、文员、法院人员等 10 大类，对法院人员还依据不同岗位进行了二次分类。而更多的法院对人员分类较为粗略，如太原中院和杭州中院只公开了"法官目录"文件，其中包含院领导、审判委员会委员、员额法官、执行局等不同职位的人员。

人员信息普遍更新不及时。不少法院门户网站公开人员信息的时间为 2018 年、2017 年，甚至更早，如云南高院诉讼服务网上法官名录的公开日期为2014年6月26日。有些法院在人员信息更新方面做出了良好示范，如宁波市中级人民法院，将人员信息按照时间顺序在同一栏目下更新，便于公众对比了解人员变化情况。

2. 各类名册信息公开仍不到位

公开名册信息有助于公众了解调解、鉴定、评估等机构和人员的可靠性。但仅有6家法院在网站公开了特邀调解组织名册、特邀调解员名册和鉴定机构名册、评估机构名册、破产管理人名册，占6.4%，且这6家法院公开在门户网站的名册信息与中国审判流程信息网公开的信息并不完全一致；有28家网站完全未公开任何名册信息，占29.8%。

3. 法官任职回避信息公开仍未推开

为避免法官与直系亲属进行法律"勾兑"，损害司法公信力，建立完善的任职回避制度势在必行，《法官法》亦有明确规定。但评估发现，仅有7家法院公开了此信息，占7.4%，而且公开位置不一、查询不便。

4. 建议提案办理结果公开仍处于起步阶段

公开人大代表建议和政协委员提案的办理结果，是回应代表委员及公众关切、提升司法公信力的重要方面。此做法早已成为各级政府政务公开的标准动作，但在司法公开领域还处于起步阶段。仅有11家法院设置了专门栏目，占11.7%，其中有7家法院公开了2019年度的办理回复全文，另外4家法院虽设专栏却无相关内容。有2家法院虽未设专栏，但公开了2019年度的办理回复全文；有4家法院虽未设专栏，但公开了2019年度办理结果摘要，只是公布位置较为随意。有77家法院既未设置专门栏目也未公开2019年度办理回复全文或办理结果摘要，占81.9%。

5. 司法公开平台建设水平亟待提升

互联网是当前司法公开的重要渠道，法院门户网站是司法信息公开的第一平台，新媒体也随着移动互联时代的到来显得日益重要。评估显示，有83家法院网站配有检索功能，另有11家法院网站的检索功能无效，占88.3%；有12家法院网站显示有多语言功能，占12.8%；其中有3家法院网站设置了无障碍功能，占3.2%。同时在整个网站平台中，有45家法院网站设置了浮动窗口，其中36家法院网站的浮动窗口不妨碍浏览，有9家法院网站的浮动窗口明显影响信息浏览，占38.3%。有73家法院网站提供了微平台入口，占 77.7%；有 78 家法院能够及时进行信息更新，占 83.0%。有相当一部分法院网站打开网页的缓冲时间很长、相对不稳定，如西宁中院、武汉中院等。

### （二）审判信息公开

审判是法院的主要职责之一，公开法院审判信息有助于保障当事人诉讼权利，方便一般公众了解和监督法院权力运行。但评估显示，各级法院仍然存在诉讼指南公开质量不高、案件信息公开不全面的问题。

1. 诉讼指南公开质量不高

诉讼指南是诉讼参与人能否顺利参加诉讼的指引。虽然本次评估中有 90 家法院公开了诉讼指南，占 95.7%，但公开质量仍待提升。只有 64 家法院在诉讼指南下划分了子栏目，占 68.1%。而诉讼指南中案件类型、级别管辖、风险提示和文书样式信息公开全部正确的只有 4 家法院，仅占 4.3%。有 20 家法院公布了所有案件类型的流程图且不存在照搬法条情况，占比仅为 21.3%。

虽然很多法院公开了诉讼指南，但绝大多数仍给人敷衍了事之感。有的法院网站栏目设置不合理，诉讼指南栏目位置隐蔽，难以查找。绝大多数法院网站只公布部分案件类型（如仅有民事案件）或者是部分级别管辖案件（如仅有一审案件）的指南。部分法院公开的是 5 年之前的诉讼指南，部分内容早已与现行法律法规、司法解释不符，如包头中院的诉讼指南均为 2014 年发布的，无锡中院的诉讼指南是 2010 年发布的。

2. 旁听信息公开仍不到位

仅有 19 家法院提供了旁听规则，而支持旁听预约的法院只有 12 家，占比分别为 20.2% 与 12.8%。

3. 文书公开远未达到要求

在裁判文书公开方面，有 85 家法院提供了裁判文书网的链接，占比 90.4%。既未公开上网文书统计数据，又未公开文书、公开分析报告的有 64 家法院，占比 68.1%，仅有 1 家法院（吉林高院）两项均按月发布，占比低至 1.1%。有 74 家法院完全未公开不上网裁判文书信息项，公开率为 21.3%，仅吉林高院、广东高院、广州中院、大连中院、南京中院、海口中院与汕头中院 7 家法院公开较为全面规范。

4. 重大案件信息公开仍不理想

重大案件信息公开方面,有 59 家法院以各种形式公开了重大案件信息,只有 5 家法院公布了重大案件的裁判文书。很多法院以新闻报道的形式公开了一些常见案件,而公众关注并需要主动回应社会关切的一些案件却公开不理想。

5. 减刑假释信息公开不细致

在减刑假释信息公开方面,虽然最高人民法院开设了减刑假释信息公开平台,但各法院在自己网站同步公开也有助于方便公众查询。评估显示,仅有 22 家法院在本院网站公开了减刑假释案件信息,占比 23.4%。但大多公布的是立案信息与结果信息,而公布了减刑假释案件的立案、开庭、文书与结果信息的仅有宁夏高院和广州中院。

6. 普遍未公开破产案件信息

破产案件信息公开还极不理想。仅广州中院、深圳中院与南京中院公开了有关破产案件的所有信息（破产案件受理公告、宣告公告、终结公告以及破产案件统计）,占 3.2%。

7. 司法建议普遍未能公开

有 9 家法院公开了司法建议相关信息,占比 9.6%。其中有 7 家法院公开了 2019 年司法建议信息,7 家法院公开了司法建议对象,5 家法院公开了司法建议内容。

### (三) 执行信息公开

执行是兑现司法裁判的关键环节,公开执行信息,既是满足执行案件当事人知悉案件进展的需要,也是社会监督执行工作的需要,更是凝聚社会共识、实现全社会综合治理执行难的需要。但评估显示,执行信息公开仍有不少短板。

1. 个别法院未通过本院网站公开执行信息

大部分法院将执行信息公开纳入门户网站,将其作为司法公开的重要内容,但是仍有个别网站未公开执行信息。例如,石家庄中院、抚顺中院网站以新闻动态发布为主,绝大部分与司法透明度相关的信息均未公开,包括执行信息。部分法院执行信息公开不全面。汕头中院的"执行信息""裁判文书"仅能查询且需要输入案号或当事人,并未直接公开。

2. 执行惩戒信息公开仍不理想

仅有 8 家法院公开了执行罚款案件信息,占 8.5%;仅 9 家法院公开了执行拘留案件信息,占 9.6%;仅 21 家法院公开了执行限制出境案件信息,占 22.3%;仅 5 家法院公开了执行打击拒执罪案件信息,占 5.3%。执行曝光指标方面,53 家法院公开了失信被执行人信息,占 56.4%;仅有 6 家法院公开了特殊主体失信信息,占 6.4%。

3. 终本案件信息公开仍不到位

公开终本案件信息有助于倒逼执行案件规范管理。但总共仅有 30 家法院公开了终本案件清单,占比 31.9%。其中有 11 家法院持续更新公开终本案件清单,19 家法院发布了终本案件清单但发布不规律;20 家法院公开了终本裁定书,占比 21.3%,但是只有 7 家法院公布了近 3 个月的终本裁定书。

### (四) 司法数据公开

司法数据是丰富的宝藏。随着大数据技术的进步,数据公开与使用的重要性愈加凸显。人民法院第四个五年改革纲要即强调"深化司法统计改革",第五个五年改革纲要则进一步强调,完善司法大数据管理和应用机制。向社会公开司法数据,不仅使公众了解法院、监督法院,更能增强公众的信任感;不仅是法院对自己成果的展示,对其他各级法院也有重要的参考价值。2018 年 11 月印发的《最高人民法院关于进一步深化司法公开的意见》明确提出,要加大司法数据公开力度。评估显示,部分司法数据公开相对较好,但总体上公开仍不理想,尤其是司法统计数据的公开较为薄弱。

1. 财务信息公开尚不全面

预决算数据与"三公"经费数据公开情况良好。78 家法院同时公开了预决算数据和"三公"经费数据,占 83%,其余法院公开不全面。涉案款物数据和诉讼费收退费财务数据的公开则较差,仅有 4 家法院公开 2019 年本院涉案款物信息,占 4.3%;6 家法院公布了 2019 年诉讼费收退费信息，占 6.4%。

2. 年度报告公开仍不理想

公开工作报告等法院年度报告，有助于全面展示法院工作。但大多数法院仍不够重视工作报告、司法业务数据、司法实证分析报告的公开工作，大量数据没有公布。仅有 31 家法院公开了 2019 年工作报告，占 33%；42 家法院公开了 2019 年之前的历年报告，占 44.7%；4 家法院公开了 2018 年年度报告，占 4.3%；24 家法院公开了 2019 年司法白皮书，占 25.5%。

3. 司法统计数据公开仍是短板

有 30 家法院公开了本院司法统计数据，占 31.9%；18 家法院公开了本院实时收结案数据，占 19.1%。有 12 家法院公开了本院司法大数据报告，占 12.8%；38 家法院公开了司法调研分析报告，占 40.4%。司法大数据研究报告、审判执行理论研究、司法案例研究成果的数据信息均为《最高人民法院关于进一步深化司法公开的意见》要求法院应当公布的内容，各级法院对以上信息的公布率均没有超过 50%。

4. 司法数据更新不及时

部分法院还存在数据更新不及时的情况，如南宁中院的实时收结案数据和上海高院的司法大数据报告在 2017 年后即未做更新。此外，西安中院与哈尔滨中院的司法调研报告、福建高院的司法统计数据和江苏高院的司法统计数据也都存在信息发布不及时的问题。既然过去相关司法数据能够公开，说明法院有能力开展此方面的公开工作，近年的更新不及时，则只能说明有关法院对此不重视、公开机制不健全。

## （五）司法改革信息公开

将司法改革方案和改革任务进展动态展现在社会公众面前，让公众感受到司法改革的步伐，增强社会公众的参与感，从而共同推动司法改革实践，进一步推动司法公正，提高国家司法文明水平。评估显示，有 40 家法院设置了司法改革的专门栏目。一些法院在改革的专门栏目下设置了其他子栏目，如山东高院还设置了改革动态、政策文件等子栏目，进一步扩大了司法改革的公开范围，同时也进一步加强了对司法改革这一任务的宣传推广。公开方案的内容较为详细。法院对具体方案的描述介绍较为详细，山东高院在公开员额制改革相关情况的同时还公开了具体的面试工作流程、备案公告、遴选名单等，将司法改革透明化，让公众也能了解到人员遴选全过程，也能够参与其中。

但对于司法改革信息公开，法院总体的重视程度还不够。有40家法院设有司法改革的专门栏目，占42.6%；有18家法院公布了司法改革总体方案，占19.1%；有7家法院公布了入额遴选方案、员额退出方案，占7.4%；有6家法院公布了职业保障方案，占6.4%；同时有24家法院公布了改革任务进展动态，占25.5%。有5家法院公布了个人办案数量，占5.3%；有6家法院公布了法官办案汇总数据，占6.4%；有10家法院公布了院庭长办案数据，占10.6%。立案登记方面，有66家法院公布了相应的配套制度，占70.2%；有2家法院公布了立案登记动态数据，仅占总数的2.1%。在新型审判监督机制改革中，4家法院公布了权责清单，有7家法院公布了审判管理监督权力配套规定，分别占4.3%、7.4%。律师权益保障指标方面，有10家法院公布了实施机制，有5家法院公布了反馈渠道，分别占10.6%和5.3%。有8家法院公布了案外人干预记录，占8.5%。

此外，还有部分法院的司法改革栏目功能定位不准确。有一些法院将司法改革栏目放在其他相关业务的栏目下，给查询带来不便。例如，齐齐哈尔中院将司法改革信息发布在"审判业务"栏目中，这说明网站设计者对司法改革的定位和内容不够清晰。公开的相关方案文件不正式。有的法院公布的司法改革相关文件不是正式版本。例如，成都中院公开的员额退出方案是非正式文件，仅仅是研究方案，并没有将施行方案加以公布。

## 五 存在问题及原因分析

从评估结果看，当前司法公开存在的问题大体归因于如下几个方面。

### （一）司法公开仍缺乏常态化机制

迟到的正义不是正义，迟到的信息公开也将使效果大打折扣。信息公开最大的价值在于其时效性,及时公开全面准确的司法信息,是阳光司法的必然要求。但目前有不少法院司法公开效果不佳,主要是尚未形成常态化机制,应公开的未公开、该公开的公开不及时,并没有做到伴随信息产生同步公开,甚至出现了不少突击公开的现象。

### (二) 对司法公开仍然重视不够

部分法院司法公开水平与当地经济发展程度不匹配的现象恰恰说明,有关法院对司法公开工作重视不够。只要认识到司法公开的重要性,重视司法公开工作,哪怕是经济不够发达的地区,也可以把公开工作做得十分规范;相反地,即便是处于经济发达地区,也可能在司法公开方面无所作为。因此,在全面深化司法体制改革、提升司法公信力的背景下,不断提升各级法院对司法公开的重视程度仍然十分必要。

### (三) 司法公开的理念认识不科学

个别法院用户导向出现偏差,仍然存在以领导关注点为导向的错误认识,公开什么、在哪里公开都以能否满足领导需求为准,而不是以满足公众和当事人需求为出发点与落脚点。个别法院对于自身的公开责任理解有误,认为信息发在上级法院或者其他机关平台上就算完成了公开任务,但忽视了本单位网站平台才是司法公开的第一平台,给公众查询信息带来了诸多不便。

### (四) 司法公开的信息化保障不到位

现代的司法公开必须依托不断发展的法院信息化。但实践证明,很多法院不但存在网站平台建设水平滞后、网站栏目设置不合理、网站不好用等问题,更严重的是,大量信息仍然依靠人工上传,既增加了工作量、增加了信息数据出错的概率,也导致不同平台的相同信息来源不一、内容不同,公开效果大打折扣。

## 六 展望

《中共中央关于坚持和完善中国特色社会主义制度 推进国家治理体

系和治理能力现代化若干重大问题的决定》提出，坚持权责透明，推动用权公开，完善党务、政务、司法和各领域办事公开制度，建立权力运行可查询、可追溯的反馈机制。完善司法公开是落实司法为民要求、规范司法权力运行、提升司法公信力的必然要求，也是实现国家治理体系和治理能力现代化的重要路径。未来，深化司法公开工作还需要着力从如下方面推进。

第一，细化公开标准。2018年11月发布的《最高人民法院关于进一步深化司法公开的意见》在原有司法公开有关文件的基础上，系统规定了应当公开的事项，在此基础上，还需要进一步明确和细化各类信息的公开标准。例如，需要明确法院领导、审判人员、行政人员等司法审判相关人员的信息应公开到何种程度。建议参考政务公开清单管理模式，编制司法公开清单，明确公开要素、公开方式、公开主体、公开时限等。对于诉讼指南等信息，建议由上级法院编制统一的模板，避免各级法院各自编写导致内容样式不一。

第二，重视司法公开的供给侧改革。司法公开应当充分体现用户导向，公开什么、如何公开必须站在广大社会公众和案件当事人角度，充分满足其获取司法信息的需求。因此，各级法院既要做好司法公开的"规定动作"，把法律及司法解释、司法文件要求公开的信息公开出来、公开到位，更要加大对用户需求的调研，及时根据需求扩展公开内容、优化公开方式。

第三，强化司法公开的常态化机制。应探索建立健全司法公开常态化机制。通过司法公开向社会展示最新、最准、最权威的信息，因此，司法公开不是突击完成任务，也不是为了应付检查与评估。随着智慧法院建设的快速推进，可公开的信息应当实时推送至互联网，向社会公众和案件当事人展示。唯有建立常态化机制，才能切实满足公众和当事人的信息需求，也才能及时回应社会对人民法院工作的关切。

第四，加强司法平台建设。信息化时代的司法公开必须依托互联网，建好网站平台和新媒体平台。为此，一方面，要确保法院网站的整合，确保一个网站统一对外承担公开和办事功能；另一方面，要加强和规范网站栏目设置和各项功能配置。建议参照国务院出台的《政府网站发展指引》，由最高人民法院出台全国法院网站建设规范或者指引，明确基本栏目的名称及配置要求、加强网站智能检索功能配置，配置多语言、无障碍功能。例如，执行信息公开方面，所有法院网站均应设置执行信息专栏，栏目中应当包含案件查询、执行惩戒、执行曝光、终本案件、司法拍卖、执行举报，且子栏目也应细化到公开终本裁定书、公开举报渠道这样的程度。法院微平台建设方面，应参考政务新媒体管理规范，强化内容管理和功能配置，加强内容更新及与门户网站信息发布的实时联动。

第五，加强司法公开各项要求落实情况的评估督查。如若只发布文件、提出要求，不跟踪落实情况，无问责追责，则文件迟早会被束之高阁。因此，上级法院应当加大对司法公开各项要求落实情况的评估、督查，以正向激励和追责问责相结合的方式，加大各项要求的落实力度，确保司法公开工作稳步推进，不因法院领导注意力的变化而受影响。

# 第四编

## 检务透明度指数

# 中国检务透明度指数报告（2016）

近年来，中国司法改革逐步进入深水区。检务公开作为检察改革的重要组成部分与关键抓手，受到各级检察机关和社会各界越来越多的关注，近年来也发生了深刻变化，取得显著进步。这在自2012年度开始的中国检务透明度测评中得到充分体现。为观察检务公开的年度性新发展并予以客观评价，2016年中国社会科学院国家法治指数研究中心及法学研究所法治指数创新工程项目组（以下简称项目组）对检务透明度进行第五次年度测评。

## 一 测评对象、指标及方法

在测评对象上，虽然《立法法》修改后赋予所有设区的市立法权，但考虑到历年测评的延续性和稳定性，仍然为最高人民检察院、31家省（自治区、直辖市）人民检察院和49家较大的市的人民检察院。

在测评指标方面，项目组根据检察机关在检务公开方面的新要求、新进展与存在问题，结合法律法规的出台修订和国家相关政策，对测评指标板块设计进行调整、优化，对具体指标进行了一些微调、增删。其主要变化体现在以下几个方面。

一是指标板块有所调整、简化，分为4个板块：基本信息、检务指南、检察活动和统计总结。

二是在测评指标方面，鉴于人民检察院案件信息公开网已经实现按照各省级单位全面公开各类检务法律文书，加之省级检察机关直接制作起诉书、量刑建议书、检察建议书、检察意见书的情形并不多见，据此对文书公开指标进行调整，省级检察院改为测评各类法律文书公开和不公开的数据统计情况，较大的市的检察院则继续测评各类法律文书的公开情况。

三是在测评渠道方面，项目组依然坚持以检察院官方网站作为测评主渠道，同时辅以电话验证，对于微博、微信等通过手机 APP 进行测评验证。但是，对于微博、微信载体上所提供的内容，则暂未进行内容的实质测评。

检务透明度测评指标体系见表1。

表1　　　　　　　　　　检务透明度测评指标体系

| 一级指标及权重 | 二级指标及权重 |
| --- | --- |
| 基本信息（20%） | 网站设置（20%） |
| | 微平台及客户端（20%） |
| | 机构设置（30%） |
| | 人员信息（30%） |
| 检务指南（30%） | 工作流程（20%） |
| | 检务须知（30%） |
| | 新闻发布会（20%） |
| | 网上咨询（30%） |
| 检察活动（30%） | 法律文书（30%） |
| | 刑事申诉公开审查（30%） |
| | 重大案件查办情况（20%） |
| | 职务犯罪（20%） |
| 统计总结（20%） | 工作报告（40%） |
| | 预决算（30%） |
| | "三公"经费（30%） |

项目组自 2016 年 11 月 5 日到 2016 年 12 月 15 日，对全国检务公开情况进行测评和复查。为慎重起见，凡是测评人员无法打开网址、未找到测评内容的，均由其他测评人员进行复查，通过变换计算机、浏览器、查询时间等方式进行复查和验证。

## 二 2016年检务公开工作总体情况

2016年,国家高度重视检务公开工作,检务公开已成为检察工作、检察改革的重要组成部分,检务公开发展成效明显。

第一,检务公开相关制度规范建设纵深迈进。法律、司法文件对于检务公开的推进,具有制度支撑的功能。2016年,检务公开相关的制度建设成效斐然,突出表现在两大方面。一是人民监督员信息的公开走向有据可依。最高人民检察院、司法部于2016年7月印发的《人民监督员选任管理办法》第13条第2款规定:"司法行政机关、人民检察院应当公开人民监督员的姓名和联系方式,畅通群众向人民监督员反映情况的渠道。"二是案件信息公开制度化强力推进。案件信息公开已成为检察院案件流程管理监控的有机组成部分。最高人民检察院发布的《人民检察院案件流程监控工作规定(试行)》第15条[1]要求,在案件信息公开方面,重点监督、审查的内容包括:是否存在应当公开的案件信息被标记为不公开或者未及时办理公开事项的情形,是否存在不应当公开的案件信息却公开的情形,对拟公开的案件信息、法律文书是否依照规定进行格式处理等。由此,案件信息公开成为案件流程监控中要重点解决的问题。

第二,检务机关重视程度显著增强。从最高人民检察院到地方各级人民检察院,检务公开从以往的无人问津,一跃成为工作总结、专项报告的重要"关键词"。最高人民检察院在向全国人民代表大会常务委员会所作的专项工作报告中,将深化司法公开作为重点内容多次提及,并明确提出稳步推进职务犯罪立案信息、逮捕信息、侦查终结信息等"八项公开",通过检察机关官方网站向社会公开法律文书,四级检察院实现官方微博、微信和新闻客户端全覆盖,及时发布社会关注案件的审查逮捕程序性信息[2]。

一些地方检察院的工作报告中将检务公开的成效、相关名次作为重要

---

[1] 参见最高人民检察院《关于印发〈人民检察院案件流程监控工作规定(试行)〉的通知》(2016年7月14日最高人民检察院第十二届检察委员会第五十三次会议通过)。
[2] 参见《最高人民检察院关于加强侦查监督、维护司法公正情况的报告——2016年11月5日在第十二届全国人民代表大会常务委员会第二十四次会议上》,中国人大网,http://www.npc.gov.cn/npc/xinwen/2016-11/05/content_2001151.htm,最后访问日期:2017年1月19日。

内容。比如，四川省人民检察院工作报告中强调其案件信息发布量居全国各省级院第一，公开法律文书居全国检察机关第二，四川检察机关在全国居第三、在西部首个实现"两微一端"全覆盖[①]。广西壮族自治区人民检察院的工作报告也专章总结"深化检务公开制度改革"，彰显检务公开的成效[②]。

第三，检务公开渠道日益丰富。除通过传统的发放宣传材料、街头宣传、公开栏、电子信息屏进行公开之外，门户网站和集中公开平台日益成为检务公开的主渠道。门户网站和集中公开平台不仅作为检务信息主动公开的主渠道，也通过账号登录的方式，为当事人、代理人、办事群众提供告知、查询等信息公开服务。近年来，微博、微信、客户端的"两微一端"逐步成为检务公开的重要阵地。一个值得关注的现象是，微博、微信公开得到普及。测评结果显示，所有省级检察院均已开通了微博和微信公众账号；所有较大的市的检察院，也均开通了微博和微信公众账号。换言之，即便未找到或无法打开官方网站的检察院，也开通了微博、微信。

第四，检察法律文书公开成效显著。起诉书的公开日益普及，45个较大的市的检察院在信息公开网或自身官方网站公开了本院制作发出的起诉书，占比91.84%。其中值得一提的是，即便未发现或无法打开官方网站的检察院，也均在信息公开网上公开了本院的起诉书。另外，江苏省人民检察院等开始探索对检察文书的公开进行分类统计，对年度性的法律文书、重要案件信息、案件程序性信息的数量进行公开。显然，起诉书公开已逐步走向常规化。

随着起诉书公开的常规化，各地检察机关逐步探索其他各个类型法律文书的"脱敏"，公开探索取得丰富成效。比如，山西省平顺县人民检察院、湖北省广水市人民检察院等在人民检察院案件信息公开网上公开了"刑事抗诉书"。浙江省人民检察院在官方网站上公开了一些刑事申诉复查决定书，银川市人民检察院则在官方网站上公开了一些不支持监督申请决

---

[①] 《2016年四川省人民检察院工作报告》，http://www.sc.jcy.gov.cn/ygjw/gzbg/201606/t20160617_1809481.shtml，最后访问日期：2017年1月17日。

[②] 参见《广西壮族自治区人民检察院2016年工作报告》，http://www.gx.jcy.gov.cn/ygjw/jcgzbg/201603/t20160307_1761102.shtml，最后访问日期：2017年1月18日。

定书。虽然尚未常态化,其探索仍值得肯定。在这些地方先行探索的带动下,最高人民检察院积极进行顶层设计。其"法律文书公开"栏目现已有所分类,已有起诉书、抗诉书、不起诉决定书、刑事申诉复查决定书、其他法律文书等细目[①]。

2016年检务透明度评估排名前10的依次为江苏省、最高人民检察院、深圳市、安徽省、湖南省、苏州市、广州市、河北省、广东省和吉林省(见表2)。

表2　　2016年检务透明度总体评估结果

| 排名 | 评估对象 | 基本信息(20%) | 检务指南(30%) | 检察活动(30%) | 统计总结(20%) | 总分(满分:100分) |
|---|---|---|---|---|---|---|
| 1 | 江苏省 | 60 | 78 | 70 | 79 | 72.2 |
| 2 | 最高人民检察院 | 57 | 64 | 60 | 100 | 68.6 |
| 3 | 深圳市 | 49 | 74.5 | 50 | 100 | 67.15 |
| 4 | 安徽省 | 52 | 71 | 50 | 100 | 66.7 |
| 5 | 湖南省 | 70 | 58 | 50 | 100 | 66.4 |
| 6 | 苏州市 | 55 | 68.5 | 34.5 | 75 | 56.9 |
| 7 | 广州市 | 49 | 73 | 34.5 | 72 | 56.45 |
| 8 | 河北省 | 60 | 54 | 25 | 100 | 55.7 |
| 9 | 广东省 | 55 | 56 | 25 | 100 | 55.3 |
| 10 | 吉林省 | 52 | 51 | 30 | 100 | 54.7 |
| 11 | 内蒙古自治区 | 70 | 48 | 15 | 100 | 52.9 |
| 12 | 天津市 | 52 | 70 | 30 | 60 | 52.4 |
| 13 | 陕西省 | 50 | 53 | 50 | 57 | 52.3 |
| 13 | 武汉市 | 59 | 64 | 47 | 36 | 52.3 |
| 15 | 无锡市 | 45 | 54.5 | 36 | 78 | 51.75 |

---

① 项目组也注意到,人民检察院案件信息公开网虽然进行了法律文书的分类,其上线并不算早。最早的抗诉书、刑事申诉复查决定书、不起诉决定书系统显示时间均为2016年12月19日。这也从侧面表明此类检察法律文书公开上网系非常新近的作为。

续表

| 排名 | 评估对象 | 基本信息（20%） | 检务指南（30%） | 检察活动（30%） | 统计总结（20%） | 总分（满分：100分） |
|---|---|---|---|---|---|---|
| 16 | 洛阳市 | 55 | 67.5 | 24.5 | 64 | 51.4 |
|  | 云南省 | 47 | 42 | 50 | 72 | 51.4 |
| 18 | 贵州市 | 52 | 42 | 50 | 66 | 51.2 |
| 19 | 石家庄市 | 49 | 47.5 | 48.5 | 62 | 51 |
| 20 | 浙江省 | 55 | 52 | 30 | 75 | 50.6 |
| 21 | 沈阳市 | 60 | 40.5 | 37 | 75 | 50.25 |
| 22 | 广西壮族自治区 | 60 | 41 | 25 | 91 | 50 |
|  | 珠海市 | 50 | 59 | 44 | 45.5 | 50 |
| 24 | 湖北省 | 62 | 45 | 20 | 90 | 49.9 |
|  | 山东省 | 52 | 61 | 30 | 61 | 49.9 |
| 26 | 包头市 | 60 | 37.5 | 36 | 76 | 49.25 |
| 27 | 北京市 | 55 | 66 | 15 | 66 | 48.5 |
| 28 | 江西省 | 50 | 36 | 25 | 100 | 48.3 |
| 29 | 长沙市 | 70 | 42 | 28.5 | 65 | 48.15 |
| 30 | 重庆市 | 44 | 56 | 15 | 90 | 48.1 |
| 31 | 汕头市 | 54 | 23.5 | 33 | 100 | 47.75 |
| 32 | 宁波市 | 54 | 46.5 | 30.5 | 69 | 47.7 |
| 33 | 南昌市 | 49 | 51 | 33 | 60 | 47 |
| 34 | 河南省 | 49 | 37 | 30 | 82 | 46.3 |
| 35 | 厦门市 | 55 | 32 | 30.5 | 76 | 44.95 |
| 36 | 四川省 | 52 | 37 | 10 | 100 | 44.5 |
| 37 | 呼和浩特市 | 49 | 29.5 | 38 | 70 | 44.05 |
| 38 | 黑龙江省 | 47 | 29 | 50 | 51 | 43.3 |
|  | 大连市 | 54 | 34 | 37 | 56 | 43.3 |
| 40 | 成都市 | 50 | 57.5 | 38 | 22 | 43.05 |
| 41 | 南京市 | 40 | 66.5 | 36 | 15 | 41.75 |
| 42 | 上海市 | 51 | 44 | 20 | 60 | 41.4 |

续表

| 排名 | 评估对象 | 基本信息（20%） | 检务指南（30%） | 检察活动（30%） | 统计总结（20%） | 总分（满分：100分） |
|---|---|---|---|---|---|---|
| 43 | 济南市 | 43 | 48 | 34.5 | 40 | 41.35 |
| 44 | 甘肃省 | 52 | 27 | 25 | 76 | 41.2 |
| 45 | 杭州市 | 50 | 23 | 34.5 | 67 | 40.65 |
| 45 | 大同市 | 54 | 52.5 | 21 | 39 | 40.65 |
| 47 | 福建省 | 52 | 44 | 30 | 40 | 40.6 |
| 47 | 长春市 | 44 | 39 | 33 | 51 | 40.6 |
| 49 | 徐州市 | 39 | 64.5 | 34.5 | 15 | 40.5 |
| 50 | 西安市 | 51 | 50.5 | 38 | 15 | 39.75 |
| 51 | 郑州市 | 49 | 51.5 | 38 | 15 | 39.65 |
| 52 | 宁夏回族自治区 | 55 | 35 | 25 | 52 | 39.4 |
| 53 | 南宁市 | 45 | 26 | 30.5 | 66 | 39.15 |
| 54 | 兰州市 | 49 | 37 | 22 | 58 | 39.1 |
| 55 | 贵阳市 | 49 | 10 | 20 | 100 | 38.8 |
| 56 | 山西省 | 52 | 32 | 25 | 56 | 38.7 |
| 57 | 邯郸市 | 50 | 40.5 | 42 | 5 | 35.75 |
| 58 | 合肥市 | 50 | 7.5 | 36 | 52 | 33.45 |
| 59 | 银川市 | 44 | 33 | 33 | 24 | 33.4 |
| 60 | 昆明市 | 49 | 37.5 | 34.5 | 9 | 33.2 |
| 61 | 唐山市 | 34 | 51.5 | 36 | 0 | 33.05 |
| 62 | 吉林市 | 49 | 12 | 28.5 | 51 | 32.15 |
| 63 | 辽宁省 | 50 | 25 | 20 | 40 | 31.5 |
| 64 | 淄博市 | 34 | 27 | 22.5 | 49 | 31.45 |
| 65 | 福州市 | 44 | 14 | 26.5 | 48 | 30.55 |
| 66 | 海南省 | 50 | 21 | 20 | 40 | 30.3 |
| 67 | 太原市 | 34 | 29.5 | 16 | 48 | 30.05 |
| 68 | 淮南市 | 50 | 5 | 34 | 40 | 29.7 |
| 69 | 乌鲁木齐市 | 34 | 33 | 32 | 10 | 28.3 |

续表

| 排名 | 评估对象 | 基本信息（20%） | 检务指南（30%） | 检察活动（30%） | 统计总结（20%） | 总分（满分：100分） |
|---|---|---|---|---|---|---|
| 70 | 海口市 | 34 | 33 | 32.5 | 0 | 26.45 |
| 71 | 青海省 | 47 | 18 | 0 | 40 | 22.8 |
| 72 | 本溪市 | 34 | 22 | 28.5 | 0 | 21.95 |
| 73 | 抚顺市 | 34 | 0 | 10.5 | 30 | 15.95 |
| 74 | 青岛市 | 38 | 21 | 2.5 | 5 | 15.65 |
| 75 | 新疆维吾尔自治区 | 34 | 0 | 25 | 0 | 14.3 |
| 76 | 鞍山市 | 39 | 16 | 2.5 | 0 | 13.35 |
| 77 | 西藏自治区 | 20 | — | — | — | 4 |
| 78 | 哈尔滨市 | 20 | — | — | — | 4 |
| 79 | 西宁市 | 20 | — | — | — | 4 |
| 80 | 拉萨市 | 20 | — | — | — | 4 |
| 81 | 齐齐哈尔市 | 20 | — | — | — | 4 |

## 三 评估发现的亮点

评估结果显示，2016年度是中国检务公开丰收的年度，其中既有已有做法的巩固和普及，也有新类型公开的创新探索。

第一，网站建设有新发展。未建有或未能发现门户网站的检察机关数量进一步减少。在测评期间，项目组未查询到西藏自治区人民检察院的网站，其他30家省级检察院的官方网站均可打开；在较大的市层级，尚有哈尔滨、西宁、拉萨、齐齐哈尔四地检察院的网站未被发现或无法打开[①]。与往年相比，本溪市等检察院向前迈进了宝贵一步，虽然其官方网站在板块设置、具体内容等方面存在种种问题，甚至网站自身尚未公示完成备案手续，但官方网站的上线本身就值得嘉许。

---

① 虽然项目组在测评、复查等过程中未能找到西宁市人民检察院的官方网站。而青海省人民检察院的门户网站首页底端提供了"西宁市人民检察院"的链接，但点击后仍然为省检察院的门户网站首页。

第二，集中公开初显神威。与法院的网上公开相比，检察院网上公开起步较晚，但也因此没有历史包袱。与法院各类公开平台先后建设且不无交叉重叠形成鲜明对比的是，检务信息的集中公开秉承统一规划、统一实施，建设全国统一的案件信息公开系统。人民检察院案件信息公开网（www.ajxxgk.jcy.cn）将各地各级检察院的案件程序性信息查询、辩护与代理预约申请、重要案件信息、法律文书公开整合在统一平台上，予以集中公开；并提供了各省、自治区、直辖市检察院的入口，点击后还有下一级检察院的相关链接和信息[①]。

在集中公开方面，一些省级检察院的探索也值得一提。北京市检察院的微博、微信链接，提供了本院和下设4个分院以及所有区检察院链接、二维码，既一目了然，也便于使用者基于自身条件选择查阅信息的方式。

第三，新闻发布会公开有所推进。最高人民检察院的新闻发布会方面，其网站提供了"文字实录""图片直播"，直观展现了发布会的内容。为便于公众快速知晓发布会主要内容，网站还设置"直播摘要"栏目。为便于留存，网站设有"往期直播"栏目，检察院举办的历次新闻发布会均一目了然。广州市检察院的新闻发布会，还提供了视频直播。

第四，公开内容日益全面多样。在机构职能的公开方面，以四川省人民检察院为代表的一些检察院，不仅公开了内设机构的工作职责、负责人信息，还公开了负责人的基本分工情况和照片。以往对人大代表、政协委员的信息告知，往往需要登录才能查阅，即仅向具有代表、委员资格的特定主体公开。近年来，一些检察机关探索将不涉密的内容向社会各界主动公开。其中，意见建议办理结果公开上网非常瞩目。最高人民检察院设置了"全国人大代表全国政协委员联络专网"（http://www.12309.gov.cn/11zw/yw/index.html），其中有"意见建议办理"专栏，集中公开对人大代表建议的答复情况。北京市人民检察院还在官方网站上公开了"北京检察志"，自清末的1905年至1995年底，跨度达90年的北京市检察工作创建、发展的历史和各项统计结果，可以PDF格式查阅并直接下载。

---

[①] 但也需要注意，在起诉书公开得到普及的当下，且在信息公开网集中公开成为"规定动作"的背景下，截至测评结束，仍有洛阳市、青岛市等检察院在自身门户网站、信息公开网未公开任何起诉书。

第五，公开实效性日益增强。其中重要路径是以公开提升服务效能。比如，北京市检察院网站设置了专门的"服务互动"板块，其中设置了给当事人使用的在线举报、在线申诉功能，给律师使用的检察机关律师接待平台，以及向社会提供查询服务的行贿犯罪档案查询等专业服务功能，分门别类，将检务公开与检察服务有机结合起来。

第六，一些欠发达地区亮点突出。综合五年测评结果发现，检务公开并非与经济社会发展完全呈正相关关系。事实上，一些经济欠发达地区的检察机关，无论总体还是特定领域的表现都不无可圈可点之处。比如，省级检察院同时公开2015年、2016两年"三公"经费情况的，有20家省级检察院和15家较大的市的检察院，分别占比64.52%和30.61%。其中既有无锡市、深圳市等这样的发达地区检察院，也有青海省、贵阳市这样的中西部地区检察院。值得一提的是，甘肃省人民检察院的预决算和"三公"经费公开，不但内容完整丰富，而且在该信息形成第一时间即及时公开上网。《甘肃省人民检察院关于2016年部门预算及"三公"经费预算》在2016年2月下旬即公开上网，且说明了增减情况、支出去向和理由。官方网站同一栏目公开的《甘肃省人民检察院关于2015年度省级部门决算公开的说明》也明确了2015年度"三公"经费的预算总额，实际支出情况、增减数额和百分比变化幅度。

## 四 值得关注的问题

在肯定检务公开在2016年取得巨大成效的同时，检务公开的推进也暴露出一些问题。

第一，检务公开的各个领域发展不均衡，检务指南与服务性信息较为滞后。与法律文书公开、重要案件信息发布、程序性信息查询告知全面普及形成鲜明对比的是，不少检察院的机构设置信息绝大部分不完整，权利义务须知、流程指南存在严重缺漏。虽然所有省级检察院均提供了部分的机构设置信息，但同时提供了本检察院内部的机构设置、职能和内设机构联系电话的，仅有1家省级检察院和2家较大的市检察院，占比分别仅为3.23%和4.08%。检务指南的公开，本应为各级检察机关的规定动作，但从实施效果看，依然任重而道远。各类案件和申诉须知、办理流程的公开也同样处于起步阶段。提供刑事不起诉案件公开审查流程的，只有6家省级检察院和6家较大的市的检察院，占比分别仅为19.35%和12.24%。完整列明犯罪嫌疑人、被害人、证人及其他诉讼参与人的权利义务的，分别有9家省级检察院和9家较大的市的检察院，占比分别为29.03%、18.37%。提供了现行有效的国家刑事赔偿须知的，有8家省级检察院和10家较大的市的检察院，占比分别为25.81%、20.41%。本院刑事申诉的联系方式，为许多当事人和普通民众所关心，但测评结果显示，仅有6家省级检察院和9家较大的市的检察院提供，占比分别为19.35%、18.37%。与之相类似，仅有4家省级检察院和7家较大的市的检察院提供民事申诉的联系方式，占比分别为12.90%、14.29%。截至测评结束，仍有3家省级检察院和19家较大的市的检察院未提供搜索引擎或者有搜索引擎但经验证无效，占比分别为9.68%、38.78%。网站站内检索功能的缺失，给民众快速查询检务信息带来严重障碍。

在这一背景下，公众要联系上检察院的特定业务机构，要获取当地检察院业务的办理流程，仍非易事。如前所述，一些被测评的检察院仍未建有官方网站，或者官方网站无法发现，但全部开通了微博、微信公众账号。发展至今，四级检察院已实现了官方微博、微信和新闻客户端的全覆盖[1]。这一方面表明在检务公开方式上，由于"微公开"的发展潮流和最高人民检察院等的安排部署，"两微"的公开出现跨越式发展；另一方面也表明网站建设、指南公开、特定业务的联系方式公开尚未受到应有的重视。

第二，多种公开方式渠道未形成合力，便民效果有待提升。比如，有的检察院的民事、行政申诉公开方面，其网站提供了在线平台，但并未提供联系电话。对于使用者而言，则必须通过网站获取相关信息，却无法通过电话进行联系确认。再如，网站与微博、微信之间缺乏必要关联。虽然所有被测评检察院均开通了微博和微信公众号，但也暴露出一些问题。比如，有3家省级检察院和3家较大的市的检察院官方网站并未提供指向微

---

[1] 《最高人民检察院关于加强侦查监督、维护司法公正情况的报告——2016年11月5日在第十二届全国人民代表大会常务委员会第二十四次会议上》。

博的链接或二维码,或者提供的链接有误,或者无法登录,占比分别为9.68%和6.12%。

第三,网站内容更新迟滞,原地踏步现象严重。测评年度结果的横向比较发现,从2012年测评起就发现的一些检察院的缺陷问题,到2016年依然原样存在。一些检察院网站内容缺乏必要更新,一张面目示人。直到测评结束报告撰写接近尾声的2017年初,有的检察院"检察新闻"板块的第一条仍然是"2016年最高检工作报告全文"。有的检察院虽然有名为先进的"3D"网站,但分辨率多年不变,现在看起来已相当模糊。有的检察院提供的法律法规查询和办案流程,在2010年以后就不再更新,诸如修订后的《刑事诉讼法》《民事诉讼法》等重要法律、司法解释并未展现出来。有的检察院虽然公开,但公开滞后现象应引起重视。一些检察院并非不公开,但往往在特定事项发生相当长的时间之后才予以公开,导致公开的效果不尽如人意。比如,本应年初就公开的预算、决算、"三公"经费等信息,江西省等检察院却迟至当年11月中下旬才公开。这种数月乃至数年缺乏必要更新的情况,或者迟延数月公开的做法,有其深层次原因。"非不能也,实不为也。"背后体现的是这些检察院对检务公开、网站更新工作重视程度不够的问题。

平台"僵尸化"现象严重,应引起注意。内蒙古自治区检察院网站的"网上服务厅"板块内容较为齐整,并专门设置了"检察官答疑"栏目。但截至测评结束,其留言和回复都非常陈旧,最新的信息也是一两年之前的,且总共也不过聊聊数条记录而已。有的检察院网站对于公众于2014年在其领导信箱公开提出的问题,至今依然无人回复。这导致公众来信的积极性受到严重挫伤。不少检察机关费心费力建设的"网上接待平台",更是无人问津。究其根源,回馈互动较少,民众积极性受到挫伤后,更是形成恶性循环。另外,个别检察院官方网站存在间歇性无法打开的问题①,也影响到公众使用。

这从一个侧面表明,检察院官方网站的使用度并不高,无论是检察院自身、当事人、律师还是普通公众,均未将检察院门户网站作为获取信

---

① 比如,在第二次复查时,陕西检察网(www.sn.jcy.gov.cn/)的通知公告等多个栏目无法打开,导致复查无法顺利进行。

息、提供服务、流程进行的重要渠道。网站冷冷清清的结果还带来恶性循环，检察院方面更新网站内容、提供全面信息的动力由此更加不足，并使访问量和使用率进一步下降。

第四，宣传报道式公开占据较大比重，公开权威性和效果不佳。以检务公开一直走在前列的最高人民检察院为例，其《"十三五"时期检察工作发展规划纲要》系非常重要的纲领性文件，但其官方网站上充斥着类似"一图读懂"、新闻报告、亮点说明、领导讲话等内容，唯独无法看到纲要原文。这种公开解读、公开新闻却不公开文件本身的做法，存在舍本逐末之嫌。

一些检察院公开了检察机关向同级人大所做的年度工作报告，但美中不足的是仅有"摘要"版，部分信息被无声无息隐去。不少检察院举行了新闻发布会，但既无文字实录，更无视频留存，仅有内容有限的新闻报道。新闻发布会的公开局限于参加到场的个别人士，公开效果未得到充分发挥。

特别值得指出的是，一些检察院的"重要案件信息"公开方面，公开内容过于简略，要素严重缺失，无法满足公众的知情需求。比如，在日期上，往往表述为"日前"。虽然网页上有信息的发布时间，但立案侦查时间、基本案情均告知阙如。某些地方检察院甚至对当事人的姓名进行隐名处理，且重要案件信息的公开缺乏后续跟进，重要案件是孤岛、静态公开的状态，是否"重要"无法判断。强烈的模板化情况也值得注意。如"检察机关在审查起诉阶段依法告知了被告人×××享有的诉讼权利，并讯问了被告人×××，听取了其委托的辩护人的意见"等表述成为标配，并未让公众获取多少有价值的信息。

影响公开效果的还表现为：一些检察院官方网站栏目看上去内容齐全，但点击进入发现，既有"文不对题"的现象，公开内容与栏目名称不相符，也有"开天窗"内容空白的问题，或直接空白，或表述为"暂无信息"。

## 五 建议与展望

在检务公开已取得成效的基础上，今后应从国家权力透明运行和公众、当事人的知情权等权益保障出发，进一步推进检务公开向纵深发展。

第一，法律文书公开走向全面无死角。一方面，检察法律文书公开有必要借鉴法院裁判文书公开的做法，在理念上落实以公开为原则、不公开为例外。在具体规则层面建立"反向审批原则"，即检察法律文书不公开、不上网的，才需要审批。人民群众提交的意见建议和咨询问题及答复，除因涉及国家秘密、个人隐私、办案需要以及当事人不同意公开等例外，也应当通过网站予以公开。

量刑建议书、检察建议书、检察意见书、抗诉书等文书，应本着顶层设计、试点先行、小步快走的模式，走向全面公开。检务活动的公开，对于接受社会监督、保障民众知情权有重要意义。但一些本应公开的检务活动尚未能普遍公开。比如，刑事申诉公开审查作为本应"公开"实施的机制，在官方网站却难觅其踪。29家省级检察院和43家较大的市的检察院未在官方网站公开刑事申诉公开审查的案例材料。显然，刑事申诉公开审查的材料、案件过程和结果公开，依然有很长一段路要走。

检务法律文书的公开与未公开的统计情况公开，既是推进文书公开的重要抓手，也是检务公开统计数据公开的重要内容。本年度第一次将文书公开的统计情况纳入测评范围。但测评结果显示，所有被测评的省级人民检察院和较大的市的检察院，均未公开不公开上网法律文书的类型、数量、理由的统计情况。这与法院的文书统计公开形成鲜明对比。在此也有必要借鉴裁判文书统计公开的经验，将法律公开的统计结果作为重要内容，公开各类检察法律文书的公开情况和未公开法律文书的统计情况。

第二，检务活动公开更加注重方便公众查询。已经公开的内容应当更立体并便于查询，重要案件信息公开内容应提供更丰富的信息。既然命名为"重要案件信息"，一则必然经过筛选，二则理应受到当地群众的一定关注。因此，其公开要素应更加齐全，具备完整的立案侦查时间、批捕时间等信息，对当事人身份、案情重要性有所介绍说明。在第一时间公开重要案件信息之后，事后案情有所进展，后续信息也应当有所公开。在此，还应考虑建立关联，形成立案、批捕、一审、二审、执行全流程的公开链条。接下来，实现网站标题要素全面化并建立链接。不少检察机关法律文书公开的标题为"起诉书（自然人犯罪案件适用）（公开版）"，并未显示被告人、案由等信息，不便于一般公众查阅知情。在此，建议借鉴法院判决书公开的做法，公开法律文书的标题明确标明当事人名称、案由和文书类型等基本要素，在此基础上，进一步提供关联文书。这对于检察法律文书公开尤其重要，检察法律文书往往具有阶段性，之前、之后都会有包括检察院、法院等司法机关的其他法律文书。对此，应考虑建立链接关联，打通检务公开、裁判文书公开、警务公开、狱务公开，形成司法公开的完整链条。

在持续性方面，鉴于许多检察院对公开已有许多有益探索，一方面有必要将其创新上升到全国层面予以普及；另一方面还应通过制度机制建设予以常态化，避免半途而废。检务公开的推进"如逆水行舟，不进则退"。一旦停下未持续进行，必然意味着新近信息未能及时公开，甚至根本未公开。因此，检务公开的顶层设计应将公开持续性作为重要制度构建因素，推进实施的常态化。

第三，完善集中平台公开机制。现在，许多检察院官方网站的"检务公开""法律文书公开"等类似栏目，均提供链接直接进入最高人民检察院建立的"人民检察院案件信息公开网"。其集中公开效果卓著，也便利公众查询。在此仍需注意，一是在各个检察院门户网站提供链接转向集中平台的基础上，是否可考虑提供集中平台转向各个检察院网站的链接。比如，公众在集中平台查阅特定检察院重要案件信息、案件程序性信息时，可直接点击网页链接进入该检察院的官方网站。这样，将使官方网站与集中平台实现真正双向的无缝对接，进而提供更好的用户体验。二是集中平台与官方网站应妥善分工。集中平台运行常态化之后，由于其公开信息、提供服务与官方网站存在交叉重叠，被测评对象的检察机关应有不同应对。目前，湖南、安徽等检察院仍在官方网站提供重大案件办理进度公开、终结性法律文书公开或类似功能的栏目，依然公开相关信息；有的检察院则干脆取消原来栏目和内容，直接提供链接到集中平台对应自身内容的栏目。未来，为便于查询使用，考虑到用户在特定检察院网站查询文书、案件进展的语境与该院有关，所提供到集中平台的链接，也应当增强对象内容的关联性，首先定位于自身内容的栏目。

第四，公开更加注重高效便民，以提升效果。检务公开的推进有必要充分考虑需求导向，无论在内容上还是方式上都应考虑相对方的偏好、观念和习惯。比如，公众与检察院联系的重要方式是部门机构的办公电话，但许多检察院虽然在机构设置、部门职能、领导人员信息方面公开用力甚巨，却唯独没有公开联系电话，公开效果大打折扣。再如，现在许多检察院的官方网站提供了微博、微信的入口，但仅提供二维码，只能用手机扫描进入。对此，微信和客户端仅提供二维码，尚属合理；微博仅有二维码，用户无法直接点击鼠标进入网页版。既然浏览者已经打开了计算机浏览网站，显然再附加网页链接，直接点击进入网页版能给使用者提供更多便利。必须明确，公开作为检察机关的职责，其效果是衡量工作成效的关键指标。有必要基于用户导向，以高效便民的标准优化重塑公开内容、公开方式。

# 中国检务透明度指数报告（2017）

2017年，中国社会科学院法学研究所法治指数创新工程项目组（以下简称项目组）连续第6年对检务透明度情况进行评估。

## 一 评估对象、指标及方法

在以往五年评估基础上，根据中央文件精神和预先摸底的情况，2017年度评估指标与上年保持一致，仅对二级以下的指标进行了增删，并相应微调权重。

2017年检务透明度的评估对象与2016年保持一致，仍包括最高人民检察院，31家省（自治区、直辖市）人民检察院以及49家较大的市人民检察院。

评估内容仍然分为4个板块：基本信息、检务指南、检察活动和统计总结。各板块权重分别为20%、30%、30%、20%（见表1）。

2017年，项目组对具体指标进行了微调。2017年6月27日，第十二届全国人民代表大会常务委员会第二十八次会议通过了《关于修改〈中华人民共和国民事诉讼法〉和〈中华人民共和国行政诉讼法〉的决定》，并于2017年7月1日起施行。由此，民事公益诉讼、行政公益诉讼成为各级检察院的重要职责。鉴于此，2017年度评估将公益诉讼相关的内容纳入检务指南、检务活动中进行评估。2017年11月，第十二届全国人民代表大会常务委员会第三十次会议通过了《全国人民代表大会常务委员会关于在全国各地推开国家监察体制改革试点工作的决定》。《监察法（草案）》也向社会公开征求意见。县级以上地方各级人民政府的监察厅（局）、预防腐败局和人民检察院查处贪污贿赂、失职渎职以及预防职务犯罪等部门的相关职能，将整合至监察委员会。基于此，在检务指南、检察活动方面，将自侦案件、职务犯罪预防等方面的相关内容予以删减整合，或降低权重。

表1　　　　　　　　检务透明度测评指标体系及权重（2017）

| 一级指标 | 二级指标 |
| --- | --- |
| 基本信息（20%） | 网站设置（20%） |
| | 微平台（20%） |
| | 机构设置（30%） |
| | 人员信息（30%） |
| 检务指南（30%） | 工作流程（20%） |
| | 检务须知（30%） |
| | 新闻发布会（20%） |
| | 网上咨询（30%） |
| 检察活动（30%） | 法律文书（40%） |
| | 刑事申诉公开审查（30%） |
| | 重大案件查办情况（30%） |
| 统计总结（20%） | 工作报告（40%） |
| | 预决算（30%） |
| | "三公"经费（30%） |

在评估数据获取渠道方面，项目组继续以门户网站为主要渠道，同时辅以电话验证，对于微博、微信进行辅助验证。无门户网站或在评估期间无法打开的有6家检察院：省级人民检察院有新疆维吾尔自治区、西藏自治区2家，市级人民检察院有本溪市、青岛市、西宁市、拉萨市4家。广东省广州市①、深圳市②、河南省洛阳市③等较大的市

---

① 广州市人民检察院的门户网站（http://wsjcy.qyw.gov.cn/）首页显示使用了三维技术，需要安装Silverlight插件。虽然在往年评估中表现不稳定，但也能经常打开甚至取得不错成绩。但在2017年度评估期间，项目组多位成员安装插件后，使用了搜狗、360和IE等多种浏览器，均不能打开进入。在复查期间，网站能够打开，仍予评估、复查。

② 深圳市人民检察院的门户网站（http://www.shenzhen.jcy.gov.cn/）在评估期间、复查期间均显示"网站改版中，敬请期待！"，仅有"行贿档案查询""2016年度预决算公开""2017年度预决算公开"三条内容。在复查临近结束时，网站能够打开，仍予评估测评、复查。

③ 洛阳市人民检察院的门户网站（http://www.luoyang.jcy.gov.cn/）在评估和复查期间，长期显示"该页面因服务不稳定可能无法正常访问！"但也时而表现正常。项目组坚持每天观测，最终完成评估、复查。

人民检察院的门户网站，在评估、复查期间均曾经数日甚至较长时期无法打开。

评估自2017年8月10日正式开始，完成于2017年11月15日。在复查结束后，新上线的内容和新发现的成效创新，在报告中会有提及，但并不计算在评估结果分值之内。

## 二 总体评估结果

评估结果显示，2017年检务透明度稳步提升。总体上，经过多年制度建设和实践完善，检务公开效果显著，不断向司法办案延伸，在满足公众知情权利、便利公众和当事人办事、倒逼检务活动规范等方面，取得积极成效。2017年检务透明度评估结果显示，排名前10的依次为江苏省人民检察院、最高人民检察院、南京市人民检察院、苏州市人民检察院、上海市人民检察院、山东省人民检察院、徐州市人民检察院、湖北省人民检察院、安徽省人民检察院和广东省人民检察院；在省级人民检察院层面，排名前5的依次为：江苏省人民检察院、上海市人民检察院、山东省人民检察院、湖北省人民检察院和安徽省人民检察院；在较大的市人民检察院层面，排名前5的依次为：南京市人民检察院、苏州市人民检察院、徐州市人民检察院、南昌市人民检察院和汕头市人民检察院（见表2）。

就地区维度看，经济较为发达地区检察院的检务公开相对较好。比如，江苏省的评估对象，在2017年度表现较为突出。但也存在例外。不少相对欠发达地区评估对象的部分板块表现可圈可点。以统计总结指标为例，广西壮族自治区、河南省、内蒙古自治区、辽宁省、黑龙江省、沈阳市等地均斩获佳绩。也有些发达地区表现不尽如人意。这显然与对检务公开工作的重视程度和制度建设差异有关。检务公开未做好的，"非不能也，实不为也"。另外，就层级维度观察，一般而言较高级别的检察机关更为重视检务公开工作；而较低级别的检察机关，往往差别相对较大。

表2　　　　　　　　检务透明度2017年度总体测评结果

| 排名 | 检察院 | 总分（满分：100分） | 基本信息 | 检务指南 | 检察活动 | 统计总结 |
|---|---|---|---|---|---|---|
| 1 | 江苏省 | 72.10 | 86.50 | 86.00 | 30.00 | 100.00 |
| 2 | 最高人民检查院 | 71.78 | 87.00 | 84.60 | 30.00 | 100.00 |
| 3 | 南京市 | 71.05 | 83.50 | 74.50 | 40.00 | 100.00 |
| 4 | 苏州市 | 64.58 | 73.50 | 55.60 | 44.00 | 100.00 |
| 5 | 上海市 | 64.40 | 69.00 | 72.00 | 30.00 | 100.00 |
| 6 | 山东省 | 62.78 | 57.00 | 74.60 | 30.00 | 100.00 |
| 7 | 徐州市 | 62.65 | 73.50 | 59.50 | 42.00 | 87.50 |
| 8 | 湖北省 | 62.18 | 84.00 | 54.60 | 30.00 | 100.00 |
| 9 | 安徽省 | 61.98 | 87.00 | 68.60 | 30.00 | 75.00 |
| 10 | 广东省 | 61.58 | 79.50 | 55.60 | 30.00 | 100.00 |
| 11 | 湖南省 | 61.00 | 94.00 | 44.00 | 30.00 | 100.00 |
| 12 | 南昌市 | 59.00 | 69.00 | 44.00 | 40.00 | 100.00 |
| 13 | 汕头市 | 58.58 | 72.00 | 42.60 | 38.00 | 100.00 |
| 14 | 广州市 | 58.08 | 73.50 | 56.60 | 38.00 | 75.00 |
| 15 | 吉林省 | 57.18 | 69.00 | 64.60 | 30.00 | 75.00 |
| 16 | 广西壮族自治区 | 57.08 | 69.00 | 47.60 | 30.00 | 100.00 |
| 17 | 辽宁省 | 56.78 | 72.00 | 44.60 | 30.00 | 100.00 |
| 18 | 天津市 | 56.18 | 69.00 | 44.00 | 30.00 | 100.00 |
| 19 | 内蒙古自治区 | 55.58 | 84.00 | 32.60 | 30.00 | 100.00 |
| 20 | 北京市 | 54.78 | 69.00 | 56.60 | 30.00 | 75.00 |
| 21 | 四川省 | 53.00 | 69.00 | 34.00 | 30.00 | 100.00 |
| 22 | 深圳市 | 52.98 | 68.50 | 38.60 | 34.00 | 87.50 |
| 23 | 郑州市 | 52.58 | 73.50 | 46.60 | 38.00 | 62.50 |
| 24 | 长沙市 | 51.48 | 52.00 | 46.60 | 32.00 | 87.50 |
| 25 | 河北省 | 50.68 | 69.00 | 59.60 | 30.00 | 50.00 |
| 26 | 浙江省 | 49.98 | 72.00 | 38.60 | 30.00 | 75.00 |
| 27 | 石家庄市 | 49.88 | 69.00 | 39.60 | 34.00 | 70.00 |
| 28 | 河南省 | 49.28 | 66.00 | 23.60 | 30.00 | 100.00 |

续表

| 排名 | 检察院 | 总分（满分：100分） | 基本信息 | 检务指南 | 检察活动 | 统计总结 |
|---|---|---|---|---|---|---|
| 29 | 武汉市 | 49.10 | 69.00 | 31.00 | 40.00 | 70.00 |
| 30 | 黑龙江省 | 48.98 | 60.00 | 26.60 | 30.00 | 100.00 |
| 31 | 武汉市 | 48.58 | 87.00 | 52.60 | 38.00 | 20.00 |
| 32 | 无锡市 | 48.20 | 47.00 | 30.00 | 46.00 | 80.00 |
| 33 | 山西省 | 48.18 | 79.50 | 27.60 | 30.00 | 75.00 |
| 34 | 重庆市 | 47.58 | 62.00 | 50.60 | 0.00 | 100.00 |
| 35 | 宁波市 | 46.88 | 72.00 | 15.60 | 36.00 | 85.00 |
| 36 | 珠海市 | 46.50 | 45.00 | 49.00 | 36.00 | 60.00 |
| 37 | 沈阳市 | 46.45 | 64.00 | 11.50 | 34.00 | 100.00 |
| 38 | 江西省 | 46.08 | 57.00 | 35.60 | 30.00 | 75.00 |
| 39 | 济南市 | 44.83 | 63.00 | 42.10 | 32.00 | 50.00 |
| 40 | 云南省 | 44.58 | 57.00 | 30.00 | 30.00 | 75.00 |
| 41 | 呼和浩特市 | 44.08 | 66.00 | 12.60 | 42.00 | 72.50 |
| 42 | 成都市 | 43.28 | 54.00 | 46.60 | 40.00 | 32.50 |
| 43 | 南宁市 | 42.48 | 79.00 | 18.60 | 32.00 | 57.50 |
| 44 | 大同市 | 41.98 | 69.00 | 56.60 | 4.00 | 50.00 |
| 45 | 昆明市 | 41.43 | 39.00 | 51.10 | 36.00 | 37.50 |
| 46 | 海南省 | 41.38 | 57.00 | 36.60 | 30.00 | 50.00 |
| 47 | 贵州市 | 41.20 | 69.00 | 28.00 | 30.00 | 50.00 |
| 48 | 淄博市 | 40.98 | 44.00 | 23.60 | 32.00 | 77.50 |
| 49 | 兰州市 | 39.98 | 39.00 | 24.60 | 36.00 | 70.00 |
| 50 | 厦门市 | 39.70 | 79.50 | 32.00 | 4.00 | 65.00 |
| 51 | 杭州市 | 39.48 | 32.00 | 17.60 | 36.00 | 85.00 |
| 52 | 陕西省 | 39.28 | 57.00 | 29.60 | 30.00 | 50.00 |
| 53 | 大连市 | 38.48 | 72.00 | 28.60 | 30.00 | 32.50 |
| 54 | 福建省 | 37.78 | 69.00 | 16.60 | 30.00 | 50.00 |
| 55 | 甘肃省 | 35.68 | 42.00 | 27.60 | 30.00 | 50.00 |
| 56 | 福州市 | 34.78 | 24.00 | 25.60 | 36.00 | 57.50 |

续表

| 排名 | 检察院 | 总分（满分：100 分） | 基本信息 | 检务指南 | 检察活动 | 统计总结 |
| --- | --- | --- | --- | --- | --- | --- |
| 57 | 贵阳市 | 34.58 | 42.00 | 11.60 | 34.00 | 62.50 |
| 58 | 西安市 | 33.68 | 54.50 | 38.60 | 4.00 | 50.00 |
| 59 | 哈尔滨市 | 31.98 | 50.00 | 18.60 | 38.00 | 25.00 |
| 60 | 乌鲁木齐市 | 30.40 | 47.00 | 7.00 | 38.00 | 37.50 |
| 61 | 唐山市 | 30.10 | 41.00 | 27.00 | 46.00 | 0.00 |
| 62 | 淮南市 | 29.28 | 42.00 | 8.60 | 36.00 | 37.50 |
| 63 | 邯郸市 | 28.68 | 60.00 | 21.60 | 34.00 | 0.00 |
| 64 | 宁夏回族自治区 | 28.48 | 54.00 | 20.60 | 30.00 | 12.50 |
| 65 | 吉林市 | 27.28 | 51.00 | 5.60 | 38.00 | 20.00 |
| 66 | 太原市 | 26.00 | 14.00 | 6.00 | 38.00 | 50.00 |
| 67 | 洛阳市 | 25.58 | 69.00 | 18.60 | 4.00 | 25.00 |
| 68 | 海口市 | 24.68 | 24.00 | 23.60 | 6.00 | 55.00 |
| 69 | 长春市 | 23.20 | 54.00 | 20.00 | 8.00 | 20.00 |
| 70 | 银川市 | 21.60 | 21.00 | 24.00 | 34.00 | 0.00 |
| 71 | 青海市 | 18.70 | 50.00 | 4.00 | 0.00 | 37.50 |
| 72 | 合肥市 | 18.60 | 30.00 | 11.00 | 6.00 | 37.50 |
| 73 | 齐齐哈尔市 | 17.78 | 30.00 | 22.60 | 0.00 | 25.00 |
| 74 | 抚顺市 | 16.78 | 14.00 | 5.60 | 6.00 | 52.50 |
| 75 | 鞍山市 | 9.18 | 17.00 | 12.60 | 0.00 | 10.00 |
| 76 | 新疆维吾尔自治区 | — | — | — | — | — |
| 77 | 西宁市 | — | — | — | — | — |
| 78 | 西藏自治区 | — | — | — | — | — |
| 79 | 青岛市 | — | — | — | — | — |
| 80 | 拉萨市 | — | — | — | — | — |
| 81 | 本溪市 | — | — | — | — | — |

注：本文测评得分及百分比数据，均保留至小数点后两位。

## 三 成效与经验总结

评估结果显示,2017年度中国检务公开表现平稳,既有中央政策、最高人民检察院文件的继续落实,已有创新探索的推广,也有新类型、新形态的"自选动作",总体上实施平稳,检察机关日渐走向开放。

### (一) 检务公开成为改革重点

2017年,最高人民检察院向全国人民代表大会常务委员会所作的《最高人民检察院关于人民检察院全面深化司法改革情况的报告》用较大篇幅报告"构建阳光司法机制"的内容,表明全国检察院实现了案件信息公开系统全覆盖,电子卷宗系统全覆盖,全程视频接访全覆盖,微博、微信、新闻客户端全覆盖,新闻发言人全覆盖,检察开放日活动全覆盖等。[①] 在地方,检务公开成为各地检察院工作报告的重要内容。一些检察院还公开了检务公开的专项报告。比如,江西省九江市人民检察院就全市检察机关推进公开工作的主要做法、存在不足和今后打算进行了系统报告。[②]

这表明,检务公开作为检察改革的重要内容,受到最高人民检察院和地方各级人民检察院的普遍重视。与此同时,最高人民检察院下发《关于进一步加强检察机关门户网站建设的意见》等制度文件,利用信息化推进检务公开,特别是检务公开与网上办案、检务公开与网上办事的有机结合,形成良性互动。

### (二) 多种渠道初步形成合力

借助新媒体开展检务公开值得关注。在被评估检察机关全面开通微博、微信的基础上,其他公开平台也浮出水面。比如,越来越多的检察院在"今日头条"开通了检察头条号,成为检务公开的新阵地。与此同时,

---

[①] 参见《最高人民检察院关于人民检察院全面深化司法改革情况的报告——2017年11月1日在第十二届全国人民代表大会常务委员会第三十次会议上》,http://www.spp.gov.cn/zdgz/201711/t20171102_204013.shtml,最后访问日期:2017年12月24日。

[②] 参见《九江市人民检察院关于推进司法公开工作情况的报告》,http://www.jxjjrd.gov.cn/dyxc/201705/t20170526_1729652.htm,最后访问日期:2017年12月23日。

新媒体的公开、服务等功能日益丰富。比如，内蒙古自治区包头市人民检察院的微信公众号（包头检察，微信号为 bt. jcy）整合多项检务公开和互动栏目，可实现网上举报、网上申诉、案件信息公开、行贿犯罪档案查询等功能。这为公众获得检务信息甚至在线办事提供了便捷的新渠道。

网站与微博、微信等新平台的对接情况良好。在检察机关微博、微信走向全覆盖的背景下，越来越多的检察机关注重传统门户网站公开与新媒体公开在形式、内容上的衔接。在自身门户网站上提供微博链接或二维码且可以登录的，有 28 家省级检察院和 30 家较大的市人民检察院，分别占 90.32% 和 61.22%；在自身门户网站上提供微信二维码且可以手机扫描登录的，有 27 家省级检察院和 28 家较大的市人民检察院，分别占 87.10% 和 57.14%。由此，既有集中又有分工的多元化、多层次检察信息公开格局初步形成。检务公开的传播力、引导力、影响力、公信力都明显提升。

### （三）信息获取便利度有所增强

搜索功能逐渐成为检察院网站标配。网站的搜索引擎对于公众快速获取检察信息具有重要作用。评估结果显示，有 25 家省级检察院和 29 家较大的市人民检察院有经验证有效的检索功能，分别占 80.65% 和 59.18%；其中，具有高级检索功能的，有 6 家省级检察院和 13 家较大的市人民检察院，分别占 19.35% 和 26.53%。

集中统一公开值得瞩目。一方面，全国统一的检务公开平台开通以来，功能日渐丰富，集中公开效果明显。自 2014 年人民检察院案件信息公开网（http://www.ajxxgk.jcy.gov.cn）投入运行以来，经过三年多时间运行，集中公开的内容日趋丰富完善，更新也较为及时。在法律文书公开方面，该集中公开平台进行了类型化处理，现分为起诉书、抗诉书、不起诉决定书、刑事申诉复查决定书、其他法律文书等；[1] 在重要案件信息方面，则区分为职务犯罪案件、热点刑事案件、典型案例和其他案件等。2017 年度评估中的另一个重要发现是，行贿犯罪档案查询的平台走向集

---

[1] 在此需要指出的是，截至 2017 年度评估结束，在案件信息公开网上虽然有分类，但不少项下空白的情况并非少见。在框架搭建基本告一段落的背景下，地方检察机关更应积极主动，尽快往里填充内容，并走向制度化、常态化。

中。最高人民检察院网站首页提供了"行贿犯罪档案查询"图标,点击进入后,既有查询的工作简介、工作须知和工作流程,也有相关的法律法规、信息发布以及工作动态和行业动态,而且还设置了"查询导航"栏目,现已整合接入四川省、湖南省、广东省、内蒙古自治区、山东省等多地的行贿犯罪档案查询链接,点击即可进入当地的查询平台或专门网页。另一方面,地方性的相对集中公开也成为许多检察机关的通行做法。其典型如黑龙江省人民检察院,该院在门户网站首页设置了"全省检察微博群""全省检察微信群""全省检察新闻客户端群"的链接,既充实了检务公开的内容,形成矩阵集群效应,也给社会各方查询利用带来一定便利。再如,青海省人民检察院将省内三级检察机关的部门预算支出予以集中公开,汇总到一张表格中,既便于浏览对比,也有利于社会监督。①

新闻发布会公开日渐普及。评估门户网站显示,2017年1月1日起召开过新闻发布会的,有17家省级人民检察院和15家较大的市人民检察院,分别占54.84%和30.61%。有图文、视频方式,公开内容全面完整的,为2家和3家,分别占6.45%和6.12%。其中,山东省将新闻发布会的视频完整地放在门户网站上,②此种视频公开具有强烈的直观性、现场性,原汁原味地保留了发布会的内容和细节,将成为今后检务活动公开的重要方向之一。

浮动窗口可开可关。网站有浮动窗口,可以起到提醒作用;但如无法关闭则妨碍浏览而受到"嫌弃"。评估显示,网站有浮动窗口而可以关闭的,省级检察院共有9家,较大的市人民检察院则共有5家,分别占29.03%和1.20%;而有浮动窗口但无法关闭的,省级检察院为0家,较大的市人民检察院也仅有3家。这表明,在浮动窗口的应用上,各级检察院既发挥其吸引受众注意力的效果,也不致妨碍公众正常浏览获取信息,这种情况正逐步成为主流。

---

① 参见《全省检察机关2016年部门预算编制说明》之附件"2016年全省检察机关预算公开表.XLS",http://www.qh.jcy.gov.cn/jwgk/308.jhtml,最后访问日期:2017年12月25日。
② 比如,《2017年山东检察机关未成年人检察工作新闻发布会》,http://www.sdjcy.gov.cn/html/2017/xwfb_0808/15775.html,最后访问日期:2017年12月22日。

### （四）法律文书公开丰富化

截至评估结束，通过自身门户网站或信息公开网公开本检察院制作的起诉书的，已有 38 家较大的市人民检察院，占 77.55%。在起诉书日渐普及的基础上，其他法律文书的公开也走向常态化。通过自身门户网站或信息公开网公开抗诉书的，有 10 家较大的市人民检察院，占 20.41%；通过自身门户网站或信息公开网公开刑事申诉复查决定书的，有 27 家较大的市人民检察院，占 55.10%。① 另外，北京市人民检察院将被害人权利义务告知的公开予以常态化。② 显然，在不涉密的前提下，这种将各类检务文书不断主动公开上网的做法值得关注、推广。

### （五）检务公开功能有延伸

有些检察院依托检务公开，在线办事功能得到强化。行贿犯罪档案查询提供查询指南或查询平台链接、联系方式的，有 20 家省级人民检察院和 30 家较大的市人民检察院，分别占 64.52% 与 61.22%。其中，在评估期间，深圳市人民检察院虽然网站改版主体内容无法打开，但仍存续的"行贿犯罪档案查询"栏目，不仅提供了全市检察机关的办公地址、咨询电话，行贿犯罪档案查询的申请所需材料、申请方式和操作提示、结果领取方式和异议复核申请，而且可以点击"行贿犯罪档案查询入口"登录"深圳市行贿犯罪档案查询申请"系统，或直接登录"深圳市行贿犯罪档案查询申请系统"，在线提交申请进行网上查询。有的检察院致力于通过检务公开提升企业、公众的法治思维，推进全民守法。非公经济是国家改革创新、经济增长、增加就业的重要引擎，非公企业面临各类法律风险不容低估。对此，江苏省无锡市人民检察院公开了《非公企业常见法律问题防范指南》，③ 从生产经营、合同管理、劳动用工、知识产权、违法犯罪等

---

① 需要指出的是，评估结束后项目组发现，在信息公开网集中公开这种法律文书的检察机关仍在增加中。

② 参见其网站的"公示公告"栏目，http://www.bjjc.gov.cn/bjoweb/gsgg/index.jhtml，最后访问日期：2017 年 12 月 9 日。

③ 《非公企业常见法律问题防范指南》，http://www.wuxi.jcy.gov.cn/doc/2017/10/13/1540908.shtml，最后访问日期：2017 年 12 月 14 日。

方面,明晰企业自身和相关主体的权利义务,以期提升企业的依法经营、依法维权能力。上海市人民检察院的微信公众号提供法律问答功能,便于使用者快速获得所需资讯和指引。

### (六) 报告统计公开成就斐然

19家省级检察院和14家较大的市级检察院公布了关于2016年度本院工作情况的工作报告,分别占61.29%和28.57%(其中明确注明"摘要"或类似表述的均为4家)。21家省级检察院和16家较大的市级检察院公布了关于2015年度本院工作情况的工作报告,分别占67.74%和32.65%。在预决算公开方面,26家省级检察院和19家较大的市级检察院同时公开了2016年度的预决算和2017年度的预算,分别占83.87%与38.78%。其中,一些检察院采用Excel表格的形式,将预决算予以深度、系统公开,值得赞许。值得一提的是,有的检察院借鉴政府、法院数据公开的经验,探索检务数据公开。比如,江苏省人民检察院公布了全省检察机关司法办案主要数据。① 上海市人民检察院每年发布《上海金融检察白皮书》,系统分析金融犯罪案件。此类数据公开将为大数据应用打下基础,应予关注并适时推广。

### (七) 信息无障碍值得瞩目

据推算,中国有超过8502万名残疾人,其中视力残疾有1263万人。② 由此,加强检察机关门户网站的信息无障碍建设,对于消除数字鸿沟,更好满足残疾人等特殊群体的知情权利、参与权利,共享社会公平正义有积极作用,是现代社会文明的重要标志。近年来,一些检察机关注重门户网站的无障碍建设和改造,值得关注和推广。海南省人民检察院的网页自带语音提示系统,便于盲人、弱视群体使用获取信息,在信息无障碍方面迈出了坚实一步。广东省人民检察院的"阳光检务网",更是在无障碍方面

---

① 《2017年1月至9月江苏检察机关司法办案主要数据公开(附表)》,http://www.jsjc.gov.cn/xinwenfabu_34003/201711/t20171108_186775.shtml,最后访问日期:2017年12月25日。
② 参见《2010年末全国残疾人总数及各类、不同残疾等级人数》,中国残疾人联合会门户网站,http://www.cdpf.org.cn/sjzx/cjrgk/201206/t20120626_387581.shtml,最后访问日期:2017年12月24日。

前进一大步,在网站首页和各页面提供"大字幕""老人""读屏""盲人"等辅助功能,而且均直接设置对应的快捷键便于使用,为身体机能存在障碍的群体获取检务信息提供巨大便利。

## 四　存在问题与不足

检务公开经过多年发展,其成效固然值得梳理总结,但存在的问题同样值得关注,特别是多年延续下来的老问题以及各地广泛出现的带有一定普遍性的问题,尤其应予重视,个别领域的停滞乃至倒退更需警惕。

第一,部分检察院在检务公开工作方面不作为现象突出。门户网站建设仍未普及。在微博、微信已实现全覆盖的背景下,仍有多家检察院或无网站或网站无法打开,当地对网站建设的不重视可见一斑。其中,青海省西宁市人民检察院连续两年网站无法打开。[①] 一些检察院网站缺乏必要维护。项目组评估中发现,辽宁省鞍山市、河北省邯郸市等多地检察院门户网站比较简陋,信息量不大。门户网站栏目空白的现象仍不同程度存在。比如,陕西省西安市人民检察院的院领导介绍在2016年度和2017年度评估连续两年显示为空白。

第二,公开持续性不够。检务公开如逆水行舟,不进则退。大量检务活动、活动结果需要持续跟进公开,或按照特定周期予以公开。以预决算和"三公"经费的公开为例,本应按年度持续公开。评估发现,在强力督促下,这些内容公开一度普及,但近年来,此类信息的公开却出现停滞甚至倒退的现象。河北省、吉林省长春市等地检察院,虽然之前年份公开过预决算和"三公"经费,却没有2016年和2017年的内容。甘肃省人民检察院的"法律文书""工作报告"等栏目,其内容也仅更新到2014年。甘肃省兰州市人民检察院的"法律咨询"栏目,其最新上网日期显示为"2012年4年1日"。吉林省吉林市人民检察院的"通知公告"栏目,最新内容为2016年9月上网的《2015年度吉林市人民检察院部门决算》,之

---

[①] 2017年虽然在青海省人民检察院(http://www.qh.jcy.gov.cn/)的首页上提供了西宁市人民检察院的链接,但点击后仍为青海省人民检察院的网站首页。

后再无更新。① 吉林省、湖北省、北京市等地人民检察院的工作报告公开，也暴露出类似问题。浙江省杭州市人民检察院公开的立案标准、权利义务、须知指南，甚至仍为2005年上传的，② 内容显然过时。

第三，检察院基本情况的公开仍较为滞后。①机构设置方面的公开尚未跟上。反映本机关的机构设置、职能情况，是检务公开中最基本的内容，但时至2017年仍表现不佳。评估显示，提供关于部门设置、职能分工、联系电话的完整信息的，仅有3家省级人民检察院和5家较大的市人民检察院，分别占9.68%和10.20%。②人员公开尚未取得实质性突破。与法院的法官信息公开全面化形成鲜明对比，检察官信息的公开尚未普及。完整提供本院领导姓名、职务、职责分工、教育背景和工作经历等方面信息的，仅有4家省级人民检察院和1家较大的市人民检察院，分别占12.90%和2.04%。其中，内蒙古自治区人民检察院做得比较到位。提供了检察官姓名、任职时间、教育背景的部分或全部信息的，则为8家省级人民检察院和10家较大的市人民检察院，分别占25.81%和20.41%。③其中，江苏省人民检察院公布了机构设置的负责人和人员，对于入额的员额检察官，还予以特殊注明。

第四，指南须知的公开远未满足需求。指南类的公开依然任重而道远。指南须知作为检务公开的"规定动作"，理应优先推进，普遍展开，但评估结果却不尽如人意。①检务指南板块得分远低于平均水准。对评估结果略加统计即可发现，检务指南板块超过60分的，仅有江苏省人民检察院、最高人民检察院、上海市人民检察院、山东省人民检察院、南京市人民检察院、安徽省人民检察院和吉林省人民检察院寥寥数家，远低于总得分情况。②仍有较多检察院尚未全面公开指南须知。比如，在门户网站未公开刑事申诉相关指南的，有11家省级人民检察院和31家较大的市人民检察院，分别占35.48%和63.27%。未公开民事行政申诉须知的，有

---

① "首页">通知公告，http://www.jilin.jcy.gov.cn/tzgg/，最后访问日期：2017年12月14日。
② http://www.hzjcy.gov.cn/website/directorycontent.aspx?sel=786，最后访问日期：2017年12月14日。
③ 在此需要说明的是，检察机关公布全部检察官的姓名、任职时间信息的，尚未发现。故评估中放宽标准，凡是公布部分检察官上述信息的，均计算在内。即便如此，评估结果依然不容乐观。

15家省级人民检察院和32家较大的市人民检察院,分别占48.39%和65.31%。未公开监所检察须知的,则有26家省级人民检察院和44家较大的市人民检察院,分别占83.87%和89.80%。③指南更新性不够问题突出。办事指南、权责清单随着法律、政策的出台修订而及时修订完善,是便利当事人和社会公众了解公权力运行方式、明晰自身权利义务的基本要求。在政务公开领域,已经普遍建立起政府机关权责清单的动态调整机制。但反观检察院,检务指南的动态更新远未普及。随着《关于修改〈中华人民共和国民事诉讼法〉和〈中华人民共和国行政诉讼法〉的决定》于2017年7月1日起施行,民事公益诉讼、行政公益诉讼成为各级检察院的重要职责。最高人民检察院就"全面实施检察机关提起公益诉讼制度,依法保护国家利益和社会公共利益不受侵犯"主题召开新闻发布会,之前最高人民检察院也制定下发了《关于深入开展公益诉讼试点工作有关问题的意见》,但各地检务公开中公益诉讼方面的内容并不尽如人意。评估结果显示,仅有5家省级人民检察院和3家较大的市人民检察院依据2017年修改后的法律列明了最新的公益诉讼指南,分别占16.13%和6.12%。在此值得注意的一个现象是,有些检察院出现新闻报道和事迹宣传及时更新但指南须知却不能跟上的情况。仍以公益诉讼为例,虽然不少检察院在新闻宣传中提到重视和推进公益诉讼工作,但在法律依据、检务指南中却付之阙如,大多未能及时更新上网。连及时公开和更新都未做到,其实施效果堪忧。显然,这对于新出台法律制度的实施和功能发挥,客观上不无消极影响。

第五,检务公开友好性有待提升。以检务指南的公开为例,许多评估对象虽然有所公开,但友好性严重缺失,不便于获取、理解和应用。其表现包括,一是缺乏必要类型化。大多简单罗列上去,或者没有按照检察业务进行必要的归类、梳理,或者虽有分类,但栏目设置内容摆放有待改进。比如,江苏省无锡市人民检察院虽然公开了《被害人网上告知诉讼权利义务的通告》,但却置于"特别关注"栏目内,与其他新闻宣传混在一起。再如,甘肃省兰州市人民检察院的"法律咨询"栏目,① 虽冠以"咨询"之名,但内容却纷繁复杂,既有司法解释文件,也有新闻报道、典型

---

① "甘肃省兰州市人民检察院〉〉法律咨询〉〉频道首页",http://www.lzsrmjcy.gov.cn/html/list_1240.html,最后访问日期:2017年12月14日。

案例，其定位含混不清。二是缺乏完整性。比如，吉林省人民检察院的"法律法规查询"栏目，下设司法解释和规章制度两个板块，① 但全国人大及其常委会制定的法律、国务院制定的行政法规，却无处寻觅，其内容严重不完整。三是缺乏可读性。不少检察机关的指南须知，直接照搬法条文件，虽然严谨性上并无问题，却令一般公众费解。四是缺乏互动性。通过网上平台咨询获取信息，是政府政务公开、法院司法公开的重要渠道，也有利于形成互动，增强公开的需求本位。建立有效网上咨询平台的，有10家省级人民检察院和19家较大的市人民检察院，分别占32.26%和38.78%。五是缺乏统一性。在对外门户网站上，仍有2家省级人民检察院、1家较大的市人民检察院设有两个甚至更多门户网站，且未标明孰新孰旧。在此应明确，门户网站作为首要、权威的在线公开平台，应当具有唯一性。在新媒体公开方面，多个平台不同步、不一致问题也已显现。比如，安徽省人民检察院提供了两个微博平台，但其新浪微博（https://weibo.com/anhuijiancha）更新及时，而腾讯微博（http://e.t.qq.com/anhuijiancha）则更新相对滞后。

第六，公开平台稳定性问题凸显。2017年度，在评估过程中，包括青海省、浙江省杭州市、河南省洛阳市、广东省广州市等人民检察院，门户网站都一度出现页面打不开、网站暂时失效等问题。这可能与有的领导关注重心过度偏向"两微一端"等新型公开方式，而相对忽视了门户网站建设，或忽视了网站建设的兼容性、安全性有一定关系。

第七，检务公开发展严重不均衡。①内容上存在失衡。比如，山西省太原市、河北省唐山市等地人民检察院，检务公开的重点仍然在于新闻、宣传类信息，而对于民众更为关切的办事、权利义务须知公开，重视程度相对不足。②公开的文书类型存在失衡。量刑建议书、检察建议、检察意见等检察法律文书的公开有待引起重视。究其根源，重业务轻公开的现象仍广泛存在。项目组对一些检察院的调研也表明，基层检察院的重心往往放在公诉、侦查监督、批捕等业务方面，检务公开往往未受到足够重视，这与制度化、常态化要求的差距还相当大。

---

① 参见"首页〉〉阳光检务〉〉便民服务〉〉法律法规查询"，http://www.jl.jcy.gov.cn/ygjw/bmfw/flfgcx/，最后访问日期：2017年12月14日。

## 五 展望建议

长期以来,检察院作为"神秘感"较强的国家机关,许多公众往往不识其真面目。在立法公开、政务公开、司法公开、警务公开普遍推行的当下,检察院较为神秘的体验感依然挥之不去。为适应权利保障的需要,针对评估发现的问题,检务公开的纵深推进,应立足需求本位,强化互动回应,不断拓展功能,注重从以下方面加以完善。

公开内容全面化。①指南公开应当加强。在中央统一部署和最高人民检察院的强力推进下,检察法律文书、重大案件查办等检察活动的公开,取得成效之著前所未有。但也应注意的是,检务指南须知类的公开却相对较为滞后。展望未来,应注重检务公开的全面、均衡推进。在全面依法治国背景下,特别是随着司法改革和国家监察体制改革的推进,《人民检察院组织法》《检察官法》等一系列法律的修订将提上日程。有必要未雨绸缪,在法律修订出台之际尽快进行相关检察机关职能、指南须知、办事流程等方面的修订更新,并在法律生效之际及时公开上网。②在不违反国家法律法规关于保密要求的前提下,量刑建议书、检察建议、检察意见等检察法律文书的常规化公开有待积极探索,并建立制度。③文书统计和数据的公开应当成为着力重点。在大数据应用走向纵深的背景下,在检察文书公开走向普遍化和常态化的当下,相关统计公开应尽快起步、发展,以更好地服务司法改革,服务企业公民需要。

各层级各渠道形成合力。①应注重检察院门户网站作为公开第一平台的功能发挥。应当清醒地认识到,新媒体平台公开固然有便于获知、传播力强等优势,但门户网站的基本性、重要性也不容低估。首先应确保门户网站 7 天 24 小时随时随地顺利打开。各级检察院应提升对网站建设重要性的认识。要明确门户网站建设管理的主体责任,加强与网信、工信、公安、保密等机关协作,加强技术设施建设,健全日常监测机制,及时发现与解决自身和下级检察院门户网站中存在的突出问题,着力确保公开平台载体的稳定性。②重要、正式的检务信息应多渠道公开。有必要凸显门户网站公开的权威性、正式性等优势,发挥好门户网站的定向定调功能;与此同时，在微博微信做好转载和宣传解读，做好分众化、对象化的传播。由此，多种公开平台形成合力，实现公开效果、传播力和影响力的最大化。③不同层级检察机关应有所分工侧重。比如，一般层面的法律法规和司法文件、办事指南，可由省级人民检察院统一公开；设区的市和区县人民检察院，则负责公开检务信息中富有当地特色和特殊性的内容，如基于检察改革带来的特别性机构设置、办事地点和联系方式等。这样，既有利于确保法律监督的统一实施，也有利于民众快速获得地方性、个性化的检务信息。再如，重大案件信息的公开，则除最高人民检察院的集中平台公开外，检察院还应公开在自家网站，以凸显地方特色、本土需求的定位。山东省人民检察院设置"权威发布"栏目，并在标题上明确标注"打虎""拍蝇"，既增强了生动性、可读性，与"人民检察院案件信息公开网"上的"重要案件信息"公开在功能上有所区分，也提升了对违法犯罪的震慑效果。

将检务公开嵌入工作流程。连续多年评估显示，一些在检务公开方面起步较早、成效突出的检察机关，近年来却后继乏力。其背后原因在于，检务公开费时费力，如仅靠领导一时重视则难免遭遇人走茶凉问题。在检务工作之外的检务公开，难免被检察机关的领导、业务机关认为增加工作量，加剧了人少案多困境。其出路在于，借鉴政府政务公开和法院司法公开的成功经验，将检务公开嵌入检务活动日常流程。以民事行政申诉为例，相关法律文书是否上网公开，应作为办理的必备环节；如拟不公开的，工作人员应提交有关机构领导审批。由此，既有利于落实"以公开为常态、不公开为例外"的理念，也有利于实现检务公开的制度化和常态化。

加强信息无障碍服务能力建设。按照《残疾人保障法》《无障碍环境建设条例》的要求，检察机关应带头加强网站无障碍服务能力建设，对门户网站、微博、微信、客户端等进行无障碍改造，形成网络信息无障碍服务环境，以方便残疾人、老年人等特殊群体便捷、快速获取检察信息。

# 中国检务透明度指数报告（2018）

2018年，中国社会科学院法学研究所法治指数创新工程项目组连续第7年对全国检务透明度进行评估。

## 一 评估概述

基于以往6年检务透明度评估实践，2018年度评估指标与2017年度保持连续性，对三级、四级指标细项进行了增删，并相应调整了权重。

评估对象也与2013年以来保持一致，为最高人民检察院、31家省（自治区、直辖市）人民检察院和49家较大的市人民检察院。在评估对象之外，其他检察院在检务公开方面的探索做法，报告也会涉及，但不计算分数、不排名次。

首先，指标板块仍分为基本信息、检务指南、检察活动和统计总结4个板块（见表1）。

表1　　　　**中国检务透明度指数评估指标体系（2018）**

| | |
|---|---|
| 1. 基本信息（20%） | 1.1 网站设置（20%） |
| | 1.2 微平台客户端（30%） |
| | 1.3 机构设置（20%） |
| | 1.4 人员信息（30%） |
| 2. 检务指南（30%） | 2.1 工作流程（8%） |
| | 2.2 权利义务须知（60%） |
| | 2.3 网上咨询平台（8%） |
| | 2.4 公益诉讼（16%） |
| | 2.5 新闻发布会（8%） |

续表

| 3. 检察活动（30%） | 3.1 法律文书（70%） |
| --- | --- |
| | 3.2 申诉审查（20%） |
| | 3.3 重要案件信息（10%） |
| 4. 统计总结（20%） | 4.1 检察报告（40%） |
| | 4.2 财政信息（40%） |
| | 4.3 文书统计（20%） |

其次，关于具体评估指标和评估方式，考虑到人民检察院案件信息公开网公开检察法律文书日渐常态化，从以往以检察机关门户网站为主，转而以案件信息公开网为主、门户网站为补充。

最后，关于具体评估指标和权重，根据相关法律的修改完善、2017年度检务公开的发展情况以及预评估摸底情况，予以适当调整。对于检察院普遍做到的起诉书公开、重要案件信息公开，适度调低其权重，而更加关注其他类型文书的公开；鉴于工作报告公开日渐成为规定动作，引入对公开专项报告、白皮书等情况的评估；适度增加文书公开统计情况的权重。

在法律层面，2018年修订了《宪法》《人民检察院组织法》《刑事诉讼法》，通过了《监察法》，加之《检察官法》正在修改过程中，相关法律的修改完善，给检务公开带来新的机遇和挑战。特别是2018年10月26日全国人大常委会通过关于修改《刑事诉讼法》的决定，完善了检察意见、量刑建议、认罪认罚等制度机制，这成为衡量检务公开特别是检务指南公开的重要指标。

在司法解释层面，2018年2月，最高人民法院、最高人民检察院联合出台的《最高人民法院、最高人民检察院关于检察公益诉讼案件适用法律若干问题的解释》第13条明确规定，对于检察机关拟提起民事公益诉讼的，应当依法公告；公告期满后，法律规定的机关和有关组织不起诉的，检察院可提起诉讼。此种诉前公告程序，也对检务公开提出了新要求。

在数据获取渠道方面，项目组仍以门户网站为主，辅以微博、微信等方式。评估时间为2018年10月15日至12月1日。在评估结束后，对于新上线的内容和做法探索，报告会有所提及，但不计入分数。

## 二 总体情况

2018年，最高人民检察院和地方检察机关高度重视检务公开工作，检务公开日渐成为各级检察机关的共识。一个具有里程碑意义的事件是，2018年7月最高人民检察院出台《全国检察机关智慧检务行动指南（2018—2020年）》，明确了检察信息化的发展方向，提出要遵循科学化、智能化、人性化的原则来推进检察工作。这将给检务公开提供更加稳定、先进的技术支撑，为检务公开的新方式、新成效提供更多可能。比如，检察知识库、案例库、文书库的建立健全，为检察信息获得提供更多便利。

2018年度，最高人民检察院在多个检察文件中提到检务公开。2018年6月《最高人民检察院关于充分发挥检察职能为打好"三大攻坚战"提供司法保障的意见》提出，要让"司法办案成为生动的普法课堂"，"精心选择和及时发布社会关注度高、法律适用准、政策把握好、办案效果佳的金融、扶贫、环保领域典型案例，充分利用报刊、广播、电视和门户网站、微信、微博、新闻客户端等平台，宣传解读有关'三大攻坚战'的方针政策和相关法律法规"。《最高人民检察院关于充分发挥职能作用营造保护企业家合法权益的法治环境支持企业家创新创业的通知》提出，要"充分利用媒体宣传平台，及时报道检察机关工作部署、举措、进展和成效，剖析侵害产权案例，总结宣传依法有效保护产权的好做法、好经验、好案例"。由此，这些领域的法律文书、重大案件、典型案例，成为检务公开的新增长点。

2018年6月，12309检察服务中心实体大厅正式启动。12309检察服务中心由网上平台（网址为：www.12309.gov.cn/）和实体大厅组成，公众可通过门户网站、服务热线、移动终端等方式获取各级检察机关的"一站式服务"。《最高人民检察院关于人民检察院加强对民事诉讼和执行活动法律监督工作情况的报告》专门提及"继续深化司法公开"，作为提升检察工作社会认知度和影响力的重要举措[①]。

---

① 参见最高人民检察院检察长张军《最高人民检察院关于人民检察院加强对民事诉讼和执行活动法律监督工作情况的报告》，2018年10月24日在第十三届全国人民代表大会常务委员会第六次会议上。

2018年度，31家省级人民检察院、49家较大的市人民检察院均开通了门户网站，且均能打开[①]。这与评估之初的2012年度相比，乃至跟2017年度相比，均可算质的飞跃。但也应指出，在评估复查期间，仍有浙江省宁波市等数个较大的市人民检察院曾数日或较长时间无法打开。

表2　　　中国检务透明度指数评估结果（2018）

| 排名 | 检察院 | 总分（满分：100分） | 基本信息 | 检务指南 | 检察活动 | 统计总结 |
|---|---|---|---|---|---|---|
| 1 | 安徽省 | 78.80 | 100.00 | 76.00 | 60.00 | 90.00 |
| 2 | 江苏省 | 78.00 | 100.00 | 70.00 | 60.00 | 95.00 |
| 3 | 长沙市 | 76.60 | 79.00 | 70.00 | 86.00 | 70.00 |
| 4 | 最高人民检查院 | 70.60 | 65.00 | 72.00 | 60.00 | 90.00 |
| 5 | 江西省 | 69.80 | 97.00 | 48.00 | 60.00 | 90.00 |
| 6 | 湖南省 | 68.50 | 65.00 | 65.00 | 60.00 | 90.00 |
| 7 | 广东省 | 68.00 | 87.00 | 62.00 | 60.00 | 70.00 |
| 8 | 包头市 | 67.20 | 87.00 | 54.00 | 52.00 | 90.00 |
| 9 | 河北省 | 66.90 | 77.00 | 65.00 | 80.00 | 40.00 |
| 10 | 天津市 | 66.10 | 77.00 | 49.00 | 60.00 | 90.00 |
| 11 | 厦门市 | 65.70 | 65.00 | 65.00 | 64.00 | 70.00 |
| 11 | 唐山市 | 65.70 | 66.00 | 57.00 | 78.00 | 60.00 |
| 13 | 合肥市 | 65.40 | 82.00 | 56.00 | 64.00 | 65.00 |
| 14 | 长春市 | 64.10 | 77.00 | 45.00 | 64.00 | 80.00 |
| 15 | 汕头市 | 63.90 | 62.00 | 69.00 | 56.00 | 70.00 |
| 16 | 南京市 | 63.60 | 90.00 | 50.00 | 42.00 | 90.00 |
| 17 | 福建省 | 63.30 | 77.00 | 53.00 | 60.00 | 70.00 |
| 17 | 浙江省 | 63.30 | 75.00 | 41.00 | 60.00 | 90.00 |
| 19 | 山西省 | 63.10 | 42.00 | 59.0 | 80.00 | 65.00 |
| 20 | 无锡市 | 62.90 | 75.00 | 49.00 | 64.00 | 70.00 |

① 其中，陕西省人民检察院在评估时有旧版网站（网址为：www.sn.jcy.gov.cn：8084/），标注了"旧版"。

续表

| 排名 | 检察院 | 总分（满分：100分） | 基本信息 | 检务指南 | 检察活动 | 统计总结 |
|---|---|---|---|---|---|---|
| 21 | 内蒙古自治区 | 62.10 | 62.00 | 59.00 | 60.00 | 70.00 |
| 22 | 成都市 | 62.00 | 80.00 | 58.00 | 52.00 | 65.00 |
| 23 | 北京市 | 61.90 | 77.00 | 67.00 | 40.00 | 72.00 |
| 24 | 大同市 | 61.70 | 52.00 | 59.00 | 52.00 | 90.00 |
| 25 | 新疆维吾尔自治区 | 61.50 | 77.00 | 67.00 | 40.00 | 70.00 |
| 26 | 杭州市 | 61.10 | 82.00 | 47.00 | 42.00 | 90.00 |
| 27 | 海南省 | 61.00 | 97.00 | 42.00 | 50.00 | 70.00 |
| 28 | 河南省 | 60.90 | 74.00 | 47.00 | 60.00 | 70.00 |
| 29 | 哈尔滨市 | 60.70 | 67.00 | 57.00 | 54.00 | 70.00 |
| 30 | 宁夏回族自治区 | 60.50 | 54.00 | 59.00 | 60.00 | 70.00 |
| 31 | 呼和浩特市 | 60.40 | 67.00 | 46.00 | 54.00 | 85.00 |
| 32 | 徐州市 | 60.10 | 65.00 | 45.00 | 52.00 | 90.00 |
| 33 | 吉林省 | 59.40 | 67.00 | 52.00 | 60.00 | 62.00 |
| 34 | 上海市 | 59.20 | 77.00 | 68.00 | 30.00 | 72.00 |
| 35 | 重庆市 | 58.70 | 61.00 | 55.00 | 60.00 | 60.00 |
| 36 | 湖北省 | 58.40 | 67.00 | 42.00 | 60.00 | 72.00 |
| 37 | 石家庄市 | 58.10 | 72.00 | 37.00 | 64.00 | 67.00 |
| 38 | 山东省 | 57.90 | 62.00 | 45.00 | 60.00 | 70.00 |
| 39 | 吉林市 | 57.50 | 62.00 | 45.00 | 52.00 | 80.00 |
| 39 | 兰州市 | 57.50 | 57.00 | 43.00 | 64.00 | 70.00 |
| 39 | 广州市 | 57.50 | 72.00 | 45.00 | 52.00 | 70.00 |
| 42 | 郑州市 | 56.40 | 65.00 | 46.00 | 52.00 | 70.00 |
| 43 | 淮南市 | 56.30 | 77.00 | 41.00 | 52.00 | 65.00 |
| 44 | 南昌市 | 55.70 | 72.00 | 47.00 | 64.00 | 40.00 |
| 45 | 洛阳市 | 55.50 | 57.00 | 45.00 | 52.00 | 75.00 |
| 46 | 深圳市 | 55.20 | 39.00 | 44.00 | 64.00 | 75.00 |
| 47 | 大连市 | 54.90 | 62.00 | 43.00 | 52.00 | 70.00 |
| 48 | 广西壮族自治区 | 54.20 | 67.00 | 36.00 | 60.00 | 60.00 |

续表

| 排名 | 检察院 | 总分（满分：100分） | 基本信息 | 检务指南 | 检察活动 | 统计总结 |
| --- | --- | --- | --- | --- | --- | --- |
| 49 | 苏州市 | 53.70 | 75.00 | 17.00 | 52.00 | 90.00 |
| 50 | 邯郸市 | 53.60 | 77.00 | 32.00 | 42.00 | 80.00 |
| 51 | 贵阳市 | 53.50 | 72.00 | 35.00 | 52.00 | 65.00 |
| 52 | 四川省 | 53.40 | 67.00 | 50.00 | 60.00 | 35.00 |
| 53 | 海口市 | 53.00 | 54.00 | 40.00 | 54.00 | 70.00 |
| 54 | 辽宁省 | 52.60 | 65.00 | 32.00 | 60.00 | 60.00 |
| 54 | 珠海市 | 52.60 | 57.00 | 32.00 | 52.00 | 80.00 |
| 56 | 陕西省 | 52.30 | 52.00 | 13.00 | 80.00 | 70.00 |
| 57 | 黑龙江省 | 51.90 | 48.00 | 41.00 | 60.00 | 60.00 |
| 58 | 宁波市 | 51.40 | 54.00 | 42.00 | 52.00 | 62.00 |
| 59 | 甘肃省 | 51.20 | 57.00 | 36.00 | 60.00 | 55.00 |
| 60 | 本溪市 | 51.00 | 69.00 | 32.00 | 52.00 | 60.00 |
| 61 | 银川市 | 50.90 | 69.00 | 45.00 | 52.00 | 40.00 |
| 62 | 济南市 | 50.40 | 61.00 | 42.00 | 52.00 | 50.00 |
| 63 | 沈阳市 | 50.30 | 67.00 | 21.00 | 62.00 | 60.00 |
| 64 | 福州市 | 49.90 | 67.00 | 23.00 | 52.00 | 70.00 |
| 65 | 西安市 | 49.80 | 52.00 | 46.00 | 52.00 | 50.00 |
| 66 | 淄博市 | 47.90 | 54.00 | 35.00 | 42.00 | 70.00 |
| 67 | 齐齐哈尔市 | 46.20 | 47.00 | 22.00 | 54.00 | 70.00 |
| 68 | 太原市 | 45.80 | 22.00 | 36.00 | 64.00 | 57.00 |
| 69 | 贵州市 | 44.90 | 67.00 | 45.00 | 20.00 | 60.00 |
| 70 | 南宁市 | 44.20 | 42.00 | 34.00 | 42.00 | 65.00 |
| 71 | 抚顺市 | 43.70 | 39.00 | 21.00 | 64.00 | 52.00 |
| 72 | 鞍山市 | 43.20 | 65.00 | 22.00 | 52.00 | 40.00 |
| 73 | 云南省 | 39.10 | 64.00 | 21.00 | 60.00 | 10.00 |
| 74 | 青海省 | 38.30 | 32.00 | 13.00 | 60.00 | 50.00 |
| 75 | 武汉市 | 37.00 | 57.00 | 30.00 | 42.00 | 20.00 |
| 76 | 青岛市 | 35.90 | 44.00 | 25.00 | 52.00 | 20.00 |

续表

| 排名 | 检察院 | 总分（满分：100分） | 基本信息 | 检务指南 | 检察活动 | 统计总结 |
|---|---|---|---|---|---|---|
| 77 | 西藏自治区 | 35.40 | 62.00 | 30.00 | 30.00 | 25.00 |
| 78 | 乌鲁木齐市 | 34.10 | 37.00 | 17.00 | 52.00 | 30.00 |
| 79 | 昆明市 | 29.90 | 26.00 | 17.00 | 52.00 | 20.00 |
| 80 | 拉萨市 | 24.40 | 47.00 | 18.00 | 32.00 | 0.00 |
| 81 | 西宁市 | 18.10 | 14.00 | 9.00 | 42.00 | 0.00 |

2018年度全国的检务透明度评估，排名前10的依次为安徽省、江苏市、长沙市、最高人民检察院、江西省、湖南省、广东省、包头市、河北省、天津市。在省级人民检察院层面，排名前5的依次为：安徽省、江苏省、江西省、湖南省、广东省。在较大的市人民检察院层面，排名前5的依次为：长沙市、包头市、厦门市、唐山市、合肥市。

总体来说，省级人民检察院的网站公开情况比地市级检察院稍好，内容更加丰富，页面设计相对精美也更加友好。有的检察机关网站可定制性较强，界面相对友好。比如，湖北省人民检察院官网设置了无障碍阅读模式，可以自己设置字体大小颜色等，非常便民。有一些网站积极响应检察院职能的转变，设置了公益诉讼专栏，还有一些网站设置了以案释法栏目，用真实的案例辅以视频或动漫形式进行普法宣传；大部分网站设置了与12309检务中心的链接等。

## 三　成效与创新

评估结果显示，2018年度中国检务公开有所作为，既有中央要求"规定动作"的继续加大力度贯彻落实，也有地方"自选动作"的创新探索，检察系统开放度日益深化。

### （一）基本信息公开进步显著

在机构信息公开方面，7家省级人民检察院和12家较大的市人民检察院提供了部门设置、部门职能和联系电话等完整信息，分别占比22.58%

和 24.49%；有 23 家省级人民检察院和 30 家较大的市人民检察院提供了部分信息，占比达到 74.19% 和 61.22%。究其原因，大部分被评估检察院提供部门信息是不完整的，往往缺失部门联系电话，这与其观念认识存在密切关联。一旦突破认识"瓶颈"，部门信息完整公开会迅速普遍化。

人员信息公开同样成效突出。在检察院领导信息公开方面，提供本院领导姓名、职务、管理范围、教育背景、工作经历的全部或部分信息的，有 29 家省级人民检察院和 42 家较大的市人民检察院，分别占比 93.55% 和 85.71%；提供本院检察官姓名、任职时间、身份的部分或全部信息的，有 10 家省级人民检察院和 28 家较大的市人民检察院，分别占比 32.26% 和 57.14%。一些检察院的做法更是让人眼前一亮。比如，江苏省人民检察院将机构设置、人员信息置于一处公开，内容包括部门职责、人员姓名及其级别、入额情况、部门联系电话等。再如，海口市人民检察院在"检务公开"栏目设置了"院领导简介""检察官信息"两个子栏目，完整公开了院领导的姓名、性别、出生年月、籍贯、学历、参加工作时间、现任职务、级别和分管职责等信息；后者公开了普通检察官的基本信息。另外，海口市人民检察院还在"机构设置"栏目公开了检察院内部各部门负责人的姓名、职务和级别等信息。河南省人民检察院则分门别类公开了院领导信息、检察委员会委员、员额检察官、人民监督员、特约检察员等人员信息。最高人民检察院还公开了法律实习生人选。

## （二）案件公开走向常态化

自 2014 年案件信息公开系统（www.ajxxgk.jcy.gov.cn/）上线运行后，案件流程、办案结果、法律文书、办事渠道等案件信息均在该平台上统一公开，目前已是检务公开的重要窗口平台，满足了一般群众、当事人及其代理人、辩护人知情权、监督权和诉讼权等的行使。

重要案件信息公开普遍化。有 30 家省级人民检察院和 48 家较大的市人民检察院，通过门户网站或案件信息公开网公开了重要案件信息，占比分别达到 96.77% 和 97.96%。今后趋势已从重要案件信息是否公开、有无公开，发展为是否常态化公开以及公开效果如何。

法律文书公开日渐成为规定动作。从起诉书公开起步，一方面，公开起诉书的检察机关逐步普及；另一方面，不起诉决定书、刑事申诉复查决定书等检察文书公开也日渐增多。刑事申诉复查决定书的公开方面，已有27家省级人民检察院和37家较大的市人民检察院，通过自身门户网站或案件信息公开网公布了刑事申诉复查决定书，占比分别87.10%和75.51%。显然，刑事申诉复查决定书的公开，已从过去的个别检察机关所为，逐步走向广泛化和常态化。究其原因，一方面，最高人民检察院在人民检察院案件信息公开网公开了聂树斌一案的检察意见书，公开了林某某案的刑事申诉复查决定书。最高人民检察院的做法对各级检察机关法律文书的公开起到良好示范作用。另一方面，案件信息公开网在"法律文书公开"栏目将起诉书之外的抗诉书、不起诉决定书、刑事申诉复查决定书单独设置类型，这对推动公开起了重要作用①。

**（三）新媒体公开成效显著**

2018年度评估结果显示，所有被评估对象不仅实现了官方微博、微信公众号和客户端的全覆盖，而且在新媒体与传统门户网站的无缝对接方面，取得巨大进展。官方网站首页提供链接，且可以直接点击或扫描登录的官方微博，有30家省级人民检察院和42家较大的市人民检察院，分别占比96.77%和85.71%；官方网站首页提供链接，可以直接扫描查看信息的微信公众号，有27家省级人民检察院和40家较大的市人民检察院，分别占比87.10%和81.63%。评估结果还显示，微博的更新度和微信公众号的功能拓展都有了质的飞跃。项目组以2018年10月26日修改通过的《人民检察院组织法》进行验证，发现到2018年10月底，29家省级人民检察院和42家较大的市人民检察院的官方微博有相关法条、解读或新闻报道，分别占比93.55%和85.71%。有28家省级人民检察院和22家较大的市人民检察院的微信公众号已可进行咨询，分别占比90.32%和44.90%；有17家省级人民检察院和20家较大的市人民检察院，人民群众还可通过微信公众号办理部分检察业务，占比也达到了54.84%和40.82%。

---

① 但也应看到，案件信息公开网在"法律文书公开"栏目设置了"其他法律文书"子栏目，但评估组发现，截至评估结束，多数评估对象的"其他法律文书"内容仍为空白。

## （四）数据报告公开有力有效

2018年，检察院工作报告的公开成效突出、可圈可点。网站设置了工作报告或类似栏目并有对应内容的，有29家省级人民检察院和37家较大的市人民检察院，分别占比93.55%和75.51%；提供了2017年检察工作报告相关内容的，有28家省级人民检察院和38家较大的市人民检察院，分别占比90.32%和77.55%。另外，自2017年起，江苏省人民检察院在门户网站逐期公开《江苏省人民检察院公告》，内容涉及制度规范、重要文献、参考案例和任免事项等。由此，检务公开的严肃性、权威性大大增强。

江苏省人民检察院、江苏省徐州市人民检察院等均设置了专门的"办案数据公开"栏目[①]，其内容包括"主要办案数据公开"，并按季度予以公开，还有年度性的"纪检监察检察公开数据"，在数据公开方面迈出了宝贵一步。

2018年5月，广东省检察院发布《广东未成年人检察工作白皮书》，通过一系列统计数据显示未成年人犯罪情况变化、保护未成年人权益的情况等。2018年12月，湖南省举行"检察公益诉讼白皮书"发布会，发布了《湖南检察公益诉讼白皮书》，对湖南全省检察机关公益诉讼线索收集、立案、检察建议、公益诉讼、法院判决、发挥效果等进行数据统计分析。这对于检察机关公益诉讼的纵深推进具有积极意义。

财政预算公开走向普及。在评估结束前公开本院2018年度预算的，有28家省级人民检察院和40家较大的市人民检察院，分别占比90.32%和81.63%；在评估结束前公开本院2018年度决算的，有27家省级人民检察院和40家较大的市人民检察院，分别占比87.10%和81.63%。公布2018年度"三公"经费的，也同样有27家省级人民检察院和40家较大的市人民检察院。发展至今，公开预决算和"三公"经费已成为大多数检察院的常态动作，未公开的则成为例外少数。

---

① http：//xz.jsjc.gov.cn/jianwu/baxiang/，最近访问日期：2018年12月26日。

### （五）部分中西部省份表现抢眼

一般而言，沿海经济发达城市检务公开程度比经济欠发达地区、边疆地区高很多，如青海省西宁市人民检察院官网空无一物，检察院官网成为摆设，任何信息都没有公布。但有一些中西部的检察机关检务公开取得突飞猛进，例如，安徽、江西、湖南、河北、天津、湖南长沙、内蒙古包头等省、市、自治区检察机关，其总体表现或部分板块、一些指标，取得较好成效。就总体而言，安徽省人民检察院一举夺冠，成为检务公开的最大"黑马"。就板块指标而言，邯郸市人民检察院门户网站设置了人员信息专栏，以 Excel 表格形式，完整公开了检察官信息，要素涵盖姓名、性别、出生年月、行政职务及任职时间、法律职务及时间、原籍等信息，将人员信息公开向前推进了一大步。

### （六）积极探索便民友好

检索功能日渐普及。在 31 家省级人民检察院中，27 家有经验证有效的检索功能；在 49 家较大的市人民检察院中，41 家有经验证有效的检索功能，分别占比 87.10% 和 83.67%。其中，最高人民检察院、江苏省人民检察院等检察机关所提供的检索功能，可选择搜索位置、设置时间等要素进行筛选，选择排序方式，并提供相关的"智能推荐"，与以往相比有了长足进步。更值得一提的是，评估结束后，项目组发现有更多检察机关的门户网站，新提供了检索功能。

集约化公开纵深发展。最高人民检察院开通"12309 检察服务中心"，是全国检察机关统一对外的检察为民综合服务网络平台，通过 12309 网站（网址为 www.12309.gov.cn）、12309 检察服务热线电话、12309 移动客户端手机 APP、12309 微信公众号四种渠道，集检察服务、检务公开、接受监督、提供咨询等功能于一体，向社会各界提供一站式服务。

检务公开注重便利民众使用。①法律文书的标题表述逐步规范。在起步时，以诸如"起诉书（自然人犯罪案件适用）（公开版）"作为标题的，较为常见，受众无法从标题中获取相关信息，不利于民众查阅使用。到 2018 年，法律文书标注被告人、案由等信息的，越来越多见。②文书模板公开便于使用。比如,陕西省人民检察院提供起诉书、抗诉书、刑事附带民事起诉书、民事行政案件申诉书等法律文书的模板,给群众自行撰写法律文书提供了指引。③公众关切信息置于醒目位置。比如,江苏检察网将"检务指南"置于网站首页的首个栏目,内容分为"检务须知"和"办案流程",便于查找使用。

信息无障碍建设成效显著。2018年度,许多检察院门户网站进行了全部或部分的信息无障碍改造。其中,江苏省徐州市、南京市的检察院门户网站,在醒目位置以文字、图标两种形式提供"听新闻""放大镜"功能,给视力障碍人士提供信息获取的便利。安徽省人民检察院同时设置了"网站无障碍"和无障碍客户端。前者可通过声音、语速、阅读以及配色、放大、缩小、大字幕、读屏等方式,为使用者提供便利;后者点击安装即可使用。

新闻发布会成为重要公开方式。在两三年前,检察机关通过举行新闻发布会宣传已算表现尚可。直到2017年度,通过图文方式,完整、全面公开新闻发布会内容的,也不过2家省级人民检察院和3家较大的市人民检察院[①]。2018年度评估发现,完整、全面公开新闻发布会的,分别有25家省级人民检察院和18家较大的市人民检察院,分别占比80.65%和36.73%,已有遍地开花之势。另外,江苏、安徽等地检察院在网上提前发布新闻发布会预告,对民众及时关注新闻发布会并提升发布会效果起到积极促进作用。

## 四 问题与展望

检务改革进行多年,势必进入深水区,遭遇理念、惯性、制度等方面的瓶颈障碍。检务公开发展至今,有些问题延续多年并无明显改善,其背后深层次原因乃至"基因"值得发掘。只有破解这些问题,检务公开才能稳步推进,在新时代有新突破、新作为。

---

① 参见《中国检务透明度指数报告(2017)》,载《中国法治发展报告 No.16(2018)》,社会科学文献出版社2018年版。

## （一）部分领域短板凸显，亟待补齐

无论是省级人民检察院还是市级人民检察院，其网站基本信息的人员信息板块和微信便民度板块均不尽如人意，尤其是检察院的基本信息公开，"非不能也，实不为也"。与法院系统普遍将法官、入额法官信息完整公开上网存在较大差别，检察官信息公开仍有待加强。一些检察院网站检索功能形同虚设。比如，云南省人民检察院网站的站内搜索，无论输入什么关键词，其检索结果完全相同。

在检察法律文书方面，量刑建议书、检察建议书、检察意见书等类型文书的公开严重停滞，公开相关法律文书的寥寥无几，尚未实现面上推开。刑事申诉公开审查的预先公告与结果公开仍基本处于未启动状态。

自我设限妨碍检务公开发展。早在1999年，北京市东城区检察院就向法院提交了量刑建议法律文书即量刑建议书，量刑建议制度2008年在北京全面推开，2010年随着《关于规范量刑程序若干问题的意见（试行）》的出台在全国试行，并逐步成为中国刑事诉讼司法制度的组成部分。因此，量刑建议书的公开，一则并无法律直接予以禁止；二则在起诉书、抗诉书、不起诉决定书、刑事申诉复查决定书公开日渐普及、常态化的背景下，探索量刑建议书公开，可谓顺理成章而水到渠成。但是，有的检察机关却以量刑建议书不属于案件文书公开范围为由直接拒之门外，致使下级检察机关丧失了探索可能。

对此，有必要解放思想，本着"以公开为常态、不公开为例外"的理念原则，本着负面清单的思路，进行新时期检务公开的顶层设计和制度落实。

## （二）友好性、便利性缺失，有待提升

当检务公开内容已有较大推进后，如何提升已公开内容的公开效果，增强体验友好性、信息获取便利性的问题则迅速摆上桌面。

网站内容摆放混乱随意问题凸显。检务公开内容多样，网站分门别类、板块名称与内容一致，是基本要求。网站内容摆放混乱，自检务透明度评估伊始即非常突出。直到2018年，检务信息摆放随意的现象依然突出。比如，检察机关的机构设置，有的被置于"检察院简介"栏目，有的

归集在"检务公开"栏目,还有的放在"基本信息"栏目。有的检察机关栏目名为"人员信息",但点击后却发现为机构设置、职责情况和联系方式等内容的机构信息。有的检察院就特定主题设置了栏目,但点击后发现内容为空,有关内容却出现在别的栏目中。其结果是,虽然内容已公开上网,但摆放混乱给受众带来了不必要的麻烦。

浮动窗口无法关闭妨碍浏览。比如,仍有5家省级人民检察院和2家较大的市人民检察院,门户网站首页有浮动窗口且无法关闭。应当说,浮动窗口具有醒目的优势,提醒网站浏览者关注特定信息,但浮动窗口无法关闭,则妨碍正常浏览获取其他检务信息。

文件格式不常见、不便使用。再如,有的检察院预决算信息公布文件的格式不常见,不是常见的.pdf或者是.doc格式,而是.ceb格式,对于想要查询相关内容的公众来说多了一步不必要的麻烦,也不便于使用。另外,一些检察机关的门户网站,即便是简单的法律问题咨询,也需要先注册、再登录后才能使用,无形中抬高了检务公开的门槛。

公开可读性较差。比如,安徽省宿松县、河北省阜城县等地检察院的重要案件信息,其内容非常简略,其重要性并未得到体现,其浏览量也相应较低,未起到预期的公开效果。

缺乏必要互动。一些被评估检察院的微信公众号,虽然形式上提供了"咨询"按钮,但评估组点击并发出咨询问题后,数天甚至十多天后仍然无回应。

各级检察院应当从公众需求出发,本着保障知情权、参与权、表达权和监督权的原则,不断将检务公开向纵深推进。尤其应注意:①提升站内搜索的智能程度,借鉴商业网站、数据库等领域检索技术行之有效的方法,提升搜索的精准度;②尽快完善网站排版布局,合理分门别类,方便公众快速获取所需信息;③增强检务公开的可读性和传播力,尊重并利用好传播规律,以人民群众喜闻乐见的方式予以公开,将检务公开与检察宣传有机统一;④借鉴政务公开、法院司法公开等经验,应用技术手段实现公开的检察信息可检索、可核查、可利用。

### (三)停滞与突击并存,应走向常态化

检务公开如逆水行舟不进则退。停滞不前与突击公开,成为一些评估

对象的共性问题。

动态更新有待加强。有的检察机关工作报告栏目长期未进行更新，典型为甘肃省人民检察院，"工作报告"栏目中最新年度工作报告为2014年。在《刑事诉讼法》于2018年10月修订后，不少检察机关未根据法律修改情况更新犯罪嫌疑人的权利和义务等检务指南信息。再如，按照最高人民检察院统一部署，自2018年8月1日起，全国检察机关停止行贿犯罪档案查询工作。但截至评估结束，仍有不少检察机关在网站首页醒目位置设置了"行贿犯罪档案查询"栏目，其行贿犯罪档案查询的内容也依然如故，容易导致误解。《监察法》出台、《刑事诉讼法》修改后，不少检察机关并未相应更新检务指南。直至评估结束，不少被评估的检察机关仍未将其网站上的《刑事诉讼法》或相关指南按照修订决定予以更新。这在检务公开相对较好的江苏、安徽等地，也同样存在。

突击集中公开现象凸显。例如，海南省人民检察院2012—2018年工作报告公布时间全部为2018年7月9日，贵州省人民检察院工作报告公布时间全部为2018年7月10日。

突击公开与公开停滞问题虽表现不同，但有类似的深层次原因，即检务公开缺乏必要强制性、可操作的法律依据、技术标准和奖惩机制，导致了检务公开"一阵风"。领导推一推就动一动，领导关注重心转移，则陷入低谷。上级或最高人民检察院出台文件，则一时间予以突击落实；劲头过后，则缺乏持续动力。对此，应当考虑中央层面立法，出台可操作的司法文件统一标准要求，并加强奖惩，增强检务公开的内生动力。

### （四）做法五花八门，有待制度建设规范统一

检务公开的发展，一度呈现"野蛮生长"状态。各地探索积极性得到充分发挥，但经过数年发展后也表现出不规范、不统一、不持续等问题。各地做法大有五花八门之势。典型如检察法律文书中当事人信息的去标识化处理。同样为起诉书公开，不同检察机关甚至同一检察机关内部，是否对姓名进行部分隐名处理，做法并不一致；户籍所在地、住所地、案情信息以及证据情况等，是否处理，处理程度如何，均做法迥异。再如，同为重要案件信息公开，广东省佛山市南海区、河北省邢台市等地检察机关在

案件信息公开网上发布的重要案件信息，进行了隐名处理；而北京市、贵州省遵义市、吉林省吉林市等地检察机关则将姓名原原本本予以公示；而江苏等地则未予统一，视情况或隐名或未隐名。

对此，有必要加强顶层设计，兼顾个人信息保护与检务公开，兼顾促进法治宣传与避免传播犯罪技巧，形成统一的公开和去标识规范。

### （五）当地特色需求体现不够，应突出各司其职

在全国统一集约平台，如案件信息公开网、12309检察服务中心日渐强大、功能完善的背景下，各级检察院门户网站仍大有可为。以检务指南为例，不少检察院门户网站的工作流程（如申诉须知）等内容设置都是直接从最高人民检察院网站或文件上截取或复制，不够具体，对普通民众的指引性不明确。例如，可以在工作流程图中将本省市具体负责该项工作的单位列出而非笼统地罗列相关单位。

门户网站内容还应及时更新，确保不会因网站信息过时而误导民众。完善网上咨询平台建设，减少咨询的不必要门槛与前置程序，及时准确地回复相关咨询；对于咨询内容具有一定普遍性且不涉密的，可考虑将答复结果予以公开，进而减少咨询工作量。

### （六）平台不稳定问题凸显，需强化运维保障

信息化是现代检务公开的基础。通过信息化，一方面，可以极大便利群众获得检务信息；另一方面，对于检察院工作人员而言，信息化也可极大减少检务公开带来的工作量。但评估显示，检务公开与信息化的结合仍有很长一段路要走。比如，青海省、宁波市、珠海市、成都市、西宁市等地人民检察院网站不够稳定，在评估期间能打开的次数很少，在复查期间也经常无法打开。评估还发现，一些检察院的微博、微信也存在打不开的问题，极大损害了官方平台的公信力和权威性。对此，一是应当充分发挥门户网站和集约平台的第一平台作用，丰富信息发布、回应关切、检务办理的功能；二是应注重检务公开的传播效果和服务效果，以公开促服务，以公开改进形象、提升公信力；三是应以公开为基础，强化互动交流。

# 中国检务透明度指数报告（2019）

2019年，中国社会科学院法学研究所法治指数创新工程项目组（以下简称项目组）连续第8年对检务透明度情况进行测评。本报告系对测评情况的总结分析。

本次测评自2019年11月1日开始，到2019年11月30日结束；复查日期截至2019年12月26日。为确保评估的可靠性，凡是项目组工作人员无法打开网站、链接的，均由其他测评人员通过变换电脑、浏览器、查询时间等方式再次查询。同时需说明的是，复查结束后，新上线的内容和新发现的做法，在报告中会有提及，但并不计算在测评结果分值之内。

## 一　评估对象、评估指标及评估方法

在评估对象和评估方法上，2019年检务透明度评估与上一年度保持基本一致，并首次将新疆生产建设兵团人民检察院纳入评估范围。评估对象为最高人民检察院、31家省（自治区、直辖市）人民检察院及新疆生产建设兵团人民检察院（以下统称为32省省级人民检察院）、49家较大的市人民检察院。在评估渠道上，项目组坚持以观测检察院门户网站为主要方式，并对检务新媒体进行测评验证。对于涉检微博、微信内容，主要观测其功能配置情况，并通过抽查特定事项，考察更新的及时性，以及微信是否具备咨询、业务办理等功能。

检务公开指标体系每年会根据改革形势和年度特点进行调整优化。基于以往检务透明度评估实践，2019年度评估指标与上一年度基本保持一致，对个别三级、四级指标进行增删（见表1）。

表 1　　　　　　　　中国检务透明度指标体系（2019）

| 1. 基本信息（20%） | 1.1 网站设置（20%） |
| --- | --- |
| | 1.2 微平台客户端（30%） |
| | 1.3 机构设置（20%） |
| | 1.4 人员信息（30%） |
| 2. 检务指南（30%） | 2.1 工作流程（8%） |
| | 2.2 权利义务须知（60%） |
| | 2.3 网上咨询平台（8%） |
| | 2.4 公益诉讼（16%） |
| | 2.5 新闻发布会（8%） |
| 3. 检察活动（30%） | 3.1 法律文书（70%） |
| | 3.2 申诉审查（20%） |
| | 3.3 重要案件信息（10%） |
| 4. 统计总结（20%） | 4.1 检察报告（40%） |
| | 4.2 财政信息（40%） |
| | 4.3 文书统计（20%） |

从优化营商环境角度考虑，网站除中文简体版外，倡导提供繁体中文、英文或其他语言版本，设置相应指标加以考察。在权重配置上，对于起诉书等法律文书、工作报告、预决算信息等已成为检务公开常态的，其权重有所下调，更加注重考察因法律修改带来的权利义务须知变动、文书公开统计与反向公开[①]等新的发展趋势。

---

[①] 关于反向公开，系吸收了法院文书公开的探索经验。在中国司法透明度指数评估的推动下，早在2015年，广州市中级人民法院、吉林省高级人民法院和海口市中级人民法院等探索公开不上网文书的数量、案号、案由、不公开理由等信息。2016年，最高人民法院修订《最高人民法院关于人民法院在互联网公布裁判文书的规定》，采纳中国司法透明度指数报告的建议，规定了裁判文书的反向公开，即不在互联网公布的裁判文书，应当公布案号、审理法院、裁判日期及不公开理由，但公布上述信息可能泄露国家秘密的除外。其做法对检务公开具有借鉴意义。2019年度的检务透明度评估，将文书公开统计、反向公开纳入。

## 二 总体情况

2019年,国家对检务公开的重视程度空前,检务公开已成为检察工作、检察改革乃至国家治理体系的重要组成部分,并取得显著成效。

《中共中央关于坚持和完善中国特色社会主义制度 推进国家治理体系和治理能力现代化若干重大问题的决定》提出,要"坚持权责透明,推动用权公开,完善党务、政务、司法和各领域办事公开制度,建立权力运行可查询、可追溯的反馈机制"。2019年修改后的《人民检察院组织法》在多处对检察院的司法公开提出要求,第7条明确,"人民检察院实行司法公开,法律另有规定的除外"。第52条提出,"人民检察院应当加强信息化建设,运用现代信息技术,促进司法公开,提高工作效率"。最高人民检察院《2018—2022年检察改革工作规划》较为系统地谋划检务公开工作,专门要求"深化检务公开,接受社会监督",包括"完善法律文书和案件信息公开范围,发布典型案例,公开检察建议"等。由此,检务公开有了更高站位、更明确的法律依据,理应为国家的司法治理、司法公信力提升和满足人民群众知情权做出更大贡献。

最高人民检察院《2018—2022年检察改革工作规划》提出,要整合检察互联网平台,构建融检察服务、检务公开、检察宣传、监督评议于一体的12309检察服务公共平台,为人民群众提供更加便捷的"一站式"服务。2019年9月17日,12309中国检察网(www.12309.gov.cn/)正式上线,在功能上更全面。12309中国检察网集案件信息公开、办事服务、监督意见、互动交流于一体,将之前的12309检察服务中心、人民检察院网上信访大厅、最高人民检察院举报网站、人民检察院案件信息公开网[①]等予以整合统一;并集成门户网站、手机APP、微信公众号、热线电话四种方式,适应不同群体获取信息和沟通联络的需求。12309中国检察网提供

---

① 2019年9月,人民检察院案件信息公开网发布"更新提示":"因业务升级需要,本网站将于9月11日22点关闭,所涉及的业务将迁移到'12309中国检察网',域名统一变更为https://www.12309.gov.cn,用户名等信息保持不变,欢迎大家浏览访问。"至此,自2014年10月1日上线运行的"人民检察院案件信息公开网"关闭,检察公开平台深度融合迈上新台阶。

办事指南，随着内容日渐完善，今后各地检察院的办事指南可进行合理分工，仅放置其地方专门性、特色性内容即可。

《2018—2022年检察改革工作规划》提出，"推动检察机关内设机构改革，健全和规范检察机关组织机构"。最高人民检察院和地方各级检察机关推动内设机构整合和扁平化管理。一些检察机关在机构改革完成后同步更新了其内设机构、检察指南方面的信息，人民群众可以及时了解改革进程和效果。吉林省人民检察院从改革后的机构设置出发，区分不同部门公开业务流程。

2019年度评估中，最高人民检察院、32家省级人民检察院和49家较大的市人民检察院均开通了门户网站，且均能打开，与2018年测评时的情形一致。但也应注意，徐州市人民检察院仍有两个网站，网站外观、内容均大相径庭，且未见改版说明；兰州市人民检察院门户网站首页无法打开，通过搜索引擎检索可显示，但仅部分页面可打开。在测评过程中，淄博市人民检察院门户网站一度无法打开；洛阳市人民检察院门户网站点击后出现多个新网页，不仅导致严重卡顿，且打开页面也并非链接所指内容。这表明，检务公开的信息化支撑虽然取得一定成效，但仍存在诸多问题需要给予关注。评估结果见表2。

表2　　　　2019年度中国检务透明度指数评估结果

| 排名 | 检察院 | 基本信息(20%) | 检务指南(30%) | 检察活动(30%) | 统计总结(20%) | 总分（满分：100分） |
|---|---|---|---|---|---|---|
| 1 | 江苏省 | 82 | 88 | 67 | 100 | 82.90 |
| 2 | 无锡市 | 70 | 73 | 58 | 90 | 71.30 |
| 3 | 南京市 | 67 | 64 | 49 | 100 | 67.30 |
| 4 | 最高人民检察院 | 80 | 42 | 64 | 90 | 65.80 |
| 5 | 广州市 | 74 | 67 | 42 | 90 | 65.50 |
| 6 | 安徽省 | 69 | 50 | 60 | 90 | 64.80 |
| 7 | 江西省 | 70 | 67 | 39 | 90 | 63.80 |
| 8 | 陕西省 | 84 | 67 | 31 | 80 | 62.20 |
| 9 | 石家庄市 | 64 | 55 | 49 | 90 | 62.00 |

续表

| 排名 | 检察院 | 基本信息（20%） | 检务指南（30%） | 检察活动（30%） | 统计总结（20%） | 总分（满分：100分） |
|---|---|---|---|---|---|---|
| 10 | 厦门市 | 71 | 73 | 27 | 85 | 61.20 |
| 11 | 淮南市 | 73 | 59 | 37 | 85 | 60.40 |
| 11 | 包头市 | 65 | 60 | 38 | 90 | 60.40 |
| 13 | 苏州市 | 55 | 45 | 54 | 97 | 60.10 |
| 14 | 吉林市 | 55 | 59 | 43 | 90 | 59.60 |
| 15 | 哈尔滨市 | 68 | 67 | 30 | 80 | 58.70 |
| 16 | 汕头市 | 53 | 56 | 49 | 80 | 58.10 |
| 17 | 内蒙古自治区 | 49 | 61 | 39 | 90 | 57.80 |
| 18 | 徐州市 | 52 | 55 | 39 | 95 | 57.60 |
| 19 | 南昌市 | 63 | 51 | 45 | 80 | 57.40 |
| 20 | 四川省 | 70 | 63 | 22 | 85 | 56.50 |
| 21 | 山东省 | 45 | 53 | 47 | 85 | 56.00 |
| 22 | 湖南省 | 41 | 58 | 37 | 90 | 54.70 |
| 23 | 重庆市 | 45 | 63 | 32 | 85 | 54.50 |
| 24 | 福建省 | 54 | 53 | 37 | 80 | 53.80 |
| 25 | 唐山市 | 65 | 54 | 26 | 82 | 53.40 |
| 26 | 吉林省 | 50 | 77 | 27 | 60 | 53.20 |
| 27 | 海南省 | 74 | 43 | 27 | 85 | 52.80 |
| 28 | 大连市 | 64 | 39 | 36 | 85 | 52.30 |
| 29 | 贵州省 | 59 | 52 | 25 | 85 | 51.90 |
| 30 | 河北省 | 75 | 55 | 14 | 80 | 51.70 |
| 31 | 新疆维吾尔自治区 | 60 | 53 | 25 | 80 | 51.40 |
| 32 | 成都市 | 77 | 49 | 27 | 63 | 50.80 |
| 33 | 深圳市 | 64 | 43 | 30 | 80 | 50.70 |
| 34 | 浙江省 | 66 | 42 | 25 | 85 | 50.30 |
| 34 | 贵阳市 | 65 | 47 | 34 | 65 | 50.30 |
| 36 | 西安市 | 60 | 49 | 24 | 80 | 49.90 |
| 37 | 广西壮族自治区 | 59 | 33 | 46 | 70 | 49.50 |

续表

| 排名 | 检察院 | 基本信息（20%） | 检务指南（30%） | 检察活动（30%） | 统计总结（20%） | 总分（满分：100分） |
|---|---|---|---|---|---|---|
| 38 | 合肥市 | 58 | 52 | 27 | 70 | 49.30 |
| 38 | 河南省 | 60 | 49 | 22 | 80 | 49.30 |
| 40 | 珠海市 | 44 | 47 | 31 | 85 | 49.20 |
| 41 | 宁波市 | 55 | 47 | 26 | 80 | 48.90 |
| 42 | 南宁市 | 64 | 24 | 42 | 80 | 48.60 |
| 43 | 广东省 | 54 | 39 | 29 | 85 | 48.20 |
| 43 | 辽宁省 | 56 | 41 | 29 | 80 | 48.20 |
| 45 | 福州市 | 34 | 50 | 34 | 80 | 48.00 |
| 45 | 长春市 | 48 | 51 | 27 | 75 | 48.00 |
| 47 | 长沙市 | 51 | 55 | 51 | 28 | 47.60 |
| 47 | 北京市 | 65 | 51 | 21 | 65 | 47.60 |
| 49 | 郑州市 | 72 | 43 | 16 | 75 | 47.10 |
| 50 | 湖北省 | 63 | 39 | 25 | 75 | 46.80 |
| 50 | 杭州市 | 54 | 37 | 23 | 90 | 46.80 |
| 52 | 洛阳市 | 65 | 49 | 14 | 72 | 46.30 |
| 53 | 天津市 | 49 | 43 | 17 | 85 | 44.80 |
| 53 | 宁夏回族自治区 | 54 | 23 | 37 | 80 | 44.80 |
| 55 | 鞍山市 | 39 | 38 | 40 | 65 | 44.20 |
| 56 | 抚顺市 | 50 | 29 | 31 | 80 | 44.00 |
| 56 | 青岛市 | 44 | 43 | 33 | 62 | 44.00 |
| 56 | 乌鲁木齐市 | 35 | 54 | 26 | 65 | 44.00 |
| 59 | 上海市 | 65 | 39 | 17 | 70 | 43.80 |
| 60 | 云南省 | 43 | 33 | 37 | 70 | 43.60 |
| 61 | 甘肃省 | 74 | 21 | 26 | 70 | 42.90 |
| 62 | 黑龙江省 | 46 | 42 | 25 | 65 | 42.30 |
| 63 | 太原市 | 29 | 33 | 26 | 90 | 41.50 |
| 64 | 大同市 | 39 | 47 | 11 | 80 | 41.20 |
| 65 | 呼和浩特市 | 56 | 29 | 24 | 70 | 41.10 |

续表

| 排名 | 检察院 | 基本信息（20%） | 检务指南（30%） | 检察活动（30%） | 统计总结（20%） | 总分（满分：100分） |
|---|---|---|---|---|---|---|
| 66 | 齐齐哈尔市 | 49 | 39 | 11 | 80 | 40.80 |
| 67 | 海口市 | 59 | 22 | 21 | 80 | 40.70 |
| 68 | 淄博市 | 49 | 61 | 27 | 20 | 40.20 |
| 69 | 山西省 | 34 | 25 | 34 | 77 | 39.90 |
| 70 | 银川市 | 55 | 35 | 27 | 50 | 39.60 |
| 71 | 武汉市 | 58 | 36 | 30 | 40 | 39.40 |
| 72 | 青海省 | 58 | 17 | 34 | 62 | 39.30 |
| 72 | 济南市 | 60 | 47 | 14 | 45 | 39.30 |
| 74 | 沈阳市 | 41 | 26 | 18 | 80 | 37.40 |
| 75 | 本溪市 | 55 | 34 | 10 | 55 | 35.20 |
| 76 | 昆明市 | 59 | 39 | 23 | 10 | 32.40 |
| 77 | 兰州市 | 45 | 42 | 22 | 10 | 30.20 |
| 78 | 邯郸市 | 70 | 17 | 18 | 25 | 29.50 |
| 79 | 西藏自治区 | 30 | 35 | 22 | 30 | 29.10 |
| 80 | 新疆生产建设兵团 | 24 | 46 | 6 | 0 | 20.40 |
| 81 | 拉萨市 | 34 | 22 | 5 | 0 | 14.90 |
| 82 | 西宁市 | 18 | 7 | 4 | 0 | 6.90 |

## 三　进展与成效

评估结果显示，2019年度中国检务公开全面推进，检务开放水平继续提升，重要案件信息公开、法律文书公开已逐步成为各级检察机关的常规公开动作。

### （一）人员机构信息公开有显著进展

有29家省级人民检察院和47家较大的市人民检察院提供了全部或部分院领导的姓名、职务、管理范围、教育背景、工作经历信息；完整提供的，也有7家省级人民检察院和16家较大的市人民检察院。提供内设机构负责人信息的，则有16家省级人民检察院和29家较大的市人民检察院。提供检察官姓名、身份的，则有14家省级人民检察院和23家较大的市人民检察院。与往年相比，人员信息公开水平略有提升。

评估发现，一些检察机关的表现可圈可点。比如，贵州省人民检察院的院领导信息公开，完整提供了姓名、出生年月、职务、教育背景、工作经历等方面信息。无锡市人民检察院公开的人员信息专栏，包括了人事任免情况、入额检察官的身份、级别和联系电话，以及各部门负责人及在编检察人员的姓名、各部门对外联系电话等。

### （二）法律文书公开有所提升

各类检察法律文书的公开，已成为最高人民检察院及各级检察机关的普遍共识和着力点。就全国层面而言，12309中国检察网的法律文书公开分类已包括起诉书、抗诉书、不起诉决定书、刑事申诉复查决定书和其他法律文书。

法律文书公开日渐成为常态。在被测评的49家较大的市人民检察院中，已有48家公开了起诉书[1]，33家公开了刑事申诉复查决定书，7家公开了抗诉书。起诉书、抗诉书、不起诉决定书、刑事申诉复查决定书等类型检察法律文书的公开，已从往年个别检察机关的创新探索走向了常态化。这与最高人民检察院的大力推动密切关联。但也应看到，虽然12309中国检察网设置了"其他法律文书"的兜底类型，有利于法律文书类型的多样化，但项目组也发现，多数评估对象在"其他法律文书"栏目并未公开多少内容，栏目空白反倒是常态。这也从一个侧面表明上级推动构成检务公开的重要动力来源，推动缺失或方向要求不明确则往往公开成效不佳。

江苏省人民检察院公开了下级检察机关的不支持监督申请决定书、量刑建议书、检察建议书、出庭意见书、不批准逮捕理由说明书、不起诉理由说明书等类型的法律文书[2]。广州市人民检察院通过门户网站向社会公

---

[1] 在此需指出的是，2018年度评估显示，河北省邯郸市人民检察院仅有1例起诉书公开；但2019年度评估显示，不仅该院无新的起诉书公开上网，且之前公开的也已不见踪影。

[2] 网址为http://www.jsjc.gov.cn/shzs/wssl/，最后访问日期：2020年1月13日。被置于江苏检察网"'守护者说'文书说理"栏目。

开不起诉决定公告、民事公益诉讼公告①，既起到了普法宣传效果，也有利于当事人信服、化解相关争议，对于检察相关法律文书的公开，更是宝贵的探索。有理由相信，今后各地检察机关法律文书公开的类型必将更加丰富、更加全面。

### （三）新闻发布会日渐常态化

新闻发布会的网上图文直播，完整、全面展现新闻发布会内容，全文公开典型案例、白皮书、报告等也日渐常见。2019年度的评估发现，新闻发布会内容全文上网的，分别有5家省级人民检察院和3家较大的市人民检察院，另有26家省级人民检察院和34家较大的市人民检察院有新闻发布会的新闻报道或内容摘要。2019年12月，最高人民检察院举行以"从严惩处涉未成年人犯罪，加强未成年人司法保护"为主题的新闻发布会，通报依法严惩涉未成年人犯罪工作情况及下一步工作打算，发布未成年人检察公益宣传片和典型案例。江苏省开通"江苏检察新闻发布平台"（www.jsjc.gov.cn/jsjcxwfbpt/），除发布省检察院自身的新闻发布会预报、图文直播、典型案例之外，还将江苏各级检察机关的新闻发布会予以集约公开。贵州省人民检察院召开扫黑除恶专项斗争新闻发布会，公开黑恶势力犯罪打击的各项数据②。相比有的政府机关面对依申请公开将扫黑除恶相关数据遮遮掩掩，甚至作为保密事项不予公开，检务公开走在了前列。总体上，各级检察机关对新闻发布会的重要性认识有所提升，应用越来越娴熟，已成为检务公开的重要机制。

### （四）典型案例事例鲜活公开

典型案例的发布，既直观展现了检察工作取得的成效，也起到示范效果，便于推广普及。最高人民检察院设置"指导性案例"专栏，分批次公

---

① 网址为https：//www.jcy.gz.gov.cn/jwgk/index.jhtml，最后访问日期：2020年1月13日。需要指出的是，其民事公益诉讼公告被置于"通知公告"栏目，其标题仅显示"××人民检察院公告"，仅看标题完全不知所云。建议在经验推广时，可在公益诉讼相关栏目中摆放，标题中尽可能展示当事人、案由等基本要素。

② 《贵州省检察院召开扫黑除恶专项斗争新闻发布会》，网址为https：//mp.weixin.qq.com/s/Nsn_GZFdMvY0A76LJtvjzA，最后访问日期：2020年1月13日。

开指导性案例。2019年1月17日，最高人民检察院发布首批涉民营企业司法保护典型案例，为各级检察机关保护民营企业合法权益、服务和保障非公有制经济健康发展提供了参考指引。

江苏检察网设置了"守护者说"频道，以"做人民美好生活的法律守护者"为己任，设置了"典型案例""以案释法""文书说理""检察官说""视听之窗""法治资讯"等栏目。无锡市人民检察院设置的"检务须知"专栏，采取漫画、流程图、指南、标准等多种形式。苏州市人民检察院的新闻发布会除公开相关工作情况通报之外，还将发布会上的典型案例向社会公开，其要素包括基本案情、检察履职情况、发布意义等[①]。海南省人民检察院的"以案释法"栏目还配有插画。上海市浦东新区检察院与上海金融法制研究会合作发布《金融检察典型案例集》。这些做法，架起检察工作与群众日常需要之间的桥梁，以较为生动、鲜活的案例及视频进行解读，使检务公开更加通俗易懂，这是检务公开发展的重要方向。

### （五）各类统计数据公开进展迅猛

财政预决算公开继续保持良好态势。在2019年度评估结束前，公开本院2019年度预算的，有30家省级人民检察院和40家较大的市人民检察院；公开本院2018年度决算的，有28家省级人民检察院和39家较大的市人民检察院。公开本院2019年度"三公"经费的，有30家省级人民检察院和40家较大的市人民检察院。海南等省市人民检察院设置"财政公开"栏目，将历年预算、决算信息予以集中、及时公开。杭州市人民检察院更进一步将绩效目标、社会评价意见整改目标完成情况、创新创优纳入公开范畴[②]。在绩效目标方面，公开了年度性的检察院职能目标公示、职能部门的季度性进度公示和年度完成情况公示；社会评价意见整改方面，公开了社会评价意见整改目标、重点整改中期自查、重点整改目标完成情况和整改目标完成情况；创新创优方面，则公开了历年创新创优的立项申报、完成情况、预申报表和申请验收表。

---

① 网址为https://www.jcy.gz.gov.cn/jwgk/index.jhtml，最后访问日期：2020年1月13日。
② 网址为http://www.hzjcy.gov.cn/website/directorypage.aspx?sel=2623，最后访问日期：2020年1月14日。

2019年10月,《最高人民检察院关于开展公益诉讼检察工作情况的报告》在最高人民检察院门户网站和全国人民代表大会门户网站全文公开。一些地方检察机关也进行类似探索。比如,广州市人民检察院将《关于公益诉讼工作情况的报告》公开上网。

广州市人民检察院将《广州未成年人检察工作白皮书(2015—2017)》公开上网[①]。2020年1月14日,最高人民检察院将《绿色发展·协作保障服务保障长江经济带发展检察白皮书(2019)》同时在门户网站和官方微信公开。在检察相关白皮书多有新闻鲜有全文公开的背景下,已迈出宝贵一步,必将发挥强烈的示范带动效应。有理由相信,今后各类检察白皮书的全文公开,必将越来越常态化。

### (六) 更加便民突出服务导向

栏目设置更加合理。2019年,不少检察院门户网站进行了改版,栏目设置方面进步明显。最高人民检察院和江苏、上海、北京、重庆等地检察院门户网站页面简洁、内容摆放一目了然。

网站检索功能有所加强。在32家省级人民检察院中,29家有经验证有效的检索功能;在49家较大的市人民检察院中,44家有经验证有效的检索功能。

集约公开较为多见。北京市人民检察院建有网上检察服务中心(www.bjjc.gov.cn:8070/wsjcfwzx/),集成了12309检察服务热线、在线视频接访、提供控告、申诉、国家赔偿申请、司法救助申请、公益诉讼举报、咨询建议、约见检察官、律师服务等多项服务,以及"检察地图"栏目,群众可实现实时导航和查看联系电话;在页面底端还提供了个案公告、法律文书公开、重要案件信息公开的链接,文书格式、参阅案例、司法解释、重要文件等内容,以及北京市各个检察机关的职能介绍、内设机构、院领导和检察官信息,起到集约整合公开的效果。吉林省人民检察院首页提供"全省检察室索引"和"信访接待索引",点击进入后展现各个检察室的地址、联系人,以及检察机关接待室的地址、邮编、联系方式等

---

[①] 《广州未成年人检察工作白皮书(2015—2017)》,网址为https://www.jcy.gz.gov.cn/jwgkgzbg/1390.jhtml,最后访问日期:2019年12月18日。

信息。福建省人民检察院在"检务公开"栏目下设"全省检察机关地址邮编联系电话"[1],不仅公开了省内各个检察机关的地址、邮编,提供值班室电话,还提供了控告申诉电话或服务大厅电话。这些做法均为人民群众联系检察机关提供了便利。

悬浮窗起到提醒效果,但如果无法关闭会影响浏览体验。有28家省级人民检察院和43家较大的市人民检察院网站无悬浮窗或悬浮窗可关闭。其中,湖北省人民检察院门户网站的悬浮窗不仅可以关闭,且悬浮窗提供了湖北省各级检察院的网站群、微博群、微信群、头条群,起到集约公开、便于查询使用的效果。

在融媒体发展趋势下,海南省人民检察院门户网站支持跨终端访问和页面自适应匹配,网页或特定选中内容可一键分享到微信、微博、QQ空间或其他媒体平台,重庆市人民检察院门户网站也提供了类似的分享功能。

文字放大、语音播报等无障碍辅助功能在检察院门户网站上越来越普遍。湖北省人民检察院门户网站提供了无障碍阅读模式,还提供平板阅读、手机阅读等模式;安徽省人民检察院同时提供了网站无障碍和无障碍客户端两种模式,后者可在用户移动端安装后提供更好的用户体验;河北省人民检察院提供无障碍阅读、放大、读屏等功能。

### (七)互动公开探索较为丰富

宁波市人民检察院首页设有"一站式检务大厅"栏目[2],内容为检察服务大厅的服务指南,各类查询、审查事项的办理。河北省人民检察院设置"检务公开网络服务大厅"专栏,将要展示的检务公开各个板块集约展示,便于公众获得正式、权威的检务信息。安徽省检察网的"在线法律咨询"栏目不仅可以提出意见建议、进行咨询,还集中公开了较为典型的问答,便于群众快速解惑,避免了不必要的重复咨询和重复回答。济南市人民检察院的网上咨询平台,可以选择特定检察官进行咨询,直接对接到相关工作人员。海南省人民检察院提供"检察长信箱""建言通道""投诉

---

[1] 网址为 http://www.fj.jcy.gov.cn/jwgk/qsjcjglxfs/201806/t20180620_2238714.shtml,最后访问日期:2020年1月12日。

[2] 网址为 http://www.ningbo.jcy.gov.cn/jcfwdt_335/,最后访问日期:2020年1月14日。

建议"和"网上调查"等多个联络渠道。

安徽省人民检察院开通了名为"公益诉讼随手拍"的公益诉讼举报平台，通过"随手拍"的形式，受理生态环境和资源保护、食品药品安全、国有土地使用权出让、国有财产保护等领域国家利益或者社会公众利益受侵害以及侵害英雄烈士的姓名、肖像、名誉、荣誉权，损害社会公共利益等方面违法行为的线索。贵州省人民检察院的"检察网答疑平台"（https：//wbjcy. jcy. org. cn/tyConsulationqs/user/index1. jsp？pid = 3），其问题和答复均公开上网，除法律咨询功能外，还起到个案的分流导引功能；贵州省人民检察院还设置"基层民意网络直通车"频道（https：//wbjcy. jcy. org. cn/tyGZOpinion/user/index. jsp），接受办理人民意见建议，并在一定期限内网上反馈处理结果。在这些努力下，检察机关逐步摆脱以往的神秘形象，在走向透明开放的道路上迈出一大步。

### （八）数据公开有所推进

2019 年，最高人民检察院在数据公开方面进行了有益探索。2019 年 10 月底，最高人民检察院第一次向社会公开了 2019 年前三季度全国检察机关主要办案数据。这是检察机关正式确立按季度向社会公开检察业务统计数据常态化机制形成的标志。江苏检察网设置"数据公开"专栏，各地市也相应设有办案数据公开类栏目内容。江苏检察网向社会公开 2019 年前 11 个月公益诉讼方面的数据，包括立案、向行政机关发出的诉前检察建议、民事公益诉讼公告、提起诉讼数量等[①]。南京市人民检察院的办案数据公开[②]，既有按照季度、半年发布的综合性主要办案数据，还有办理毒品犯罪、公益诉讼案件、知识产权犯罪、制售假冒伪劣商品犯罪等的专项数据和类案分析。

## 四 存在的问题

检务公开虽然取得很大成效，但其面临的形势不容过于乐观，新时代

---

[①] 参见《江苏前 11 个月发出公益诉讼诉前检察建议 2186 件》，网址为 http：//www. jsjc. gov. cn/yaowen/201912/t20191216_ 941773. shtml，最后访问日期：2019 年 12 月 16 日。

[②] 网址为 http：//nj. jsjc. gov. cn/jianwu/baxiang/，最后访问日期：2019 年 12 月 18 日。

背景下的中央要求不比以往，群众期待水涨船高，必须清醒地认识到检务公开仍存在的问题、短板，进而针对性地提升。

### （一）更新不及时问题凸显

更新不及时，可谓中国检务公开的老问题。2019年度评估发现，该问题依然相当严重，主要有如下表现。

第一，检务指南更新不及时。以"刑事不起诉须知"为例，2018年10月26日《全国人民代表大会常务委员会关于修改〈中华人民共和国刑事诉讼法〉的决定》提出的要求有诸多变化。但截至评估结束，在省级层面，广东、广西、海南3家检察院未及时更新；在较大的市层面，则有海口、乌鲁木齐2家检察院未及时更新。事实上，在犯罪嫌疑人诉讼权利义务告知等方面，此类未及时更新的现象也同样存在。

第二，部分信息公开较晚。预算本应在年初公开，在预决算公开日渐普及的背景下，一些地方直到2019年9月甚至更晚才将2019年度预算公开上网，公开效果大打折扣。

第三，法律法规并非最新版本且无标注。在《人民检察院组织法》《检察官法》已经修订的背景下，福建省、贵州省、上海市等地均存在公开的法律不是最新版本的现象。

第四，栏目内容缺乏必要更新。河南省人民检察院的"以案释法"栏目，不仅未按照时间排序，且最近更新日期为2017年5月6日，之后未有任何更新；其"意见建议箱"栏目，内容完全空白[①]。

第五，机构改革后机构信息公开如故。在机构改革背景下，项目组发现一些检察机关的内设机构信息未同步更新。比如，贵州省人民检察院在"检察新闻"栏目提及其机构改革情况，但在"首页机构设置省院机构"（http://www.gz.jcy.gov.cn/jgsz1/syjg/201807/t20180719_2299957.shtml）中公示的"贵州省人民检察院内设机构及职责"仍为机构改革之前的信息。有的机构设置公开，虽然有更新但旧版本并未标注失效，导致出现表述不一致的情形。

---

① 项目组于2019年12月26日复查，仍显示如此。

第六，应当标注无效或下线的功能未及时处置。比如，按照最高人民检察院统一部署，自 2018 年 8 月 1 日起，全国检察机关停止行贿犯罪档案查询工作。但 2019 年的测评显示，仍有多家检察机关在网站首页醒目位置设置了"行贿犯罪档案查询"栏目、指南须知或平台，但未标注无效，或者未将该查询功能下线。

### （二）发展依然相对不均衡

2019 年，评估的 82 家检察机关均开通了门户网站，但各地、各板块表现出严重的不均衡。一些检察机关还有很大提升空间。一些省市在多年评估中处于下游乃至垫底位置。比如，未提供基本检务指南须知的，没有咨询平台的，仍较多见；无 12309 中国检察网链接，无重大案件信息的也尚未根绝。即便在省级检察院层面，网站若干栏目内容空白也屡见不鲜。

### （三）友好性有待提升

标题缺乏基本要素或显示不完整。测评显示，有 6 家省级人民检察院和 13 家较大的市人民检察院的网页标题存在缺乏基本要素、显示不完整或其他问题。有的工作报告在标题上并未显示年份，有的法律文书公开仅显示"起诉书（自然人版）""刑事申诉复查决定书（公开版）"，除非点击进入，否则无法知晓其内容。有的新闻发布会仅以"2019 年第 × 次新闻发布会"的形式展现。

提供繁体字版本网站的，仅有 1 家省级人民检察院和 2 家较大的市人民检察院；而提供英文或其他语言版本的，仅有 2 家较大的市人民检察院。显然，繁体字版本、英文版本内容的缺失，不利于检察机关保障"一带一路"建设，也难以适应营商环境国际化要求。

一些检察机关公开内容的查询获取需要注册，项目组验证显示，多家检察机关的注册程序繁杂，且总显示验证码错误。为点对点公开计算，可保留必要注册手续，但应尽可能以便民为宜。有的网站的搜索栏虽然处于首页醒目位置，但必须在检索框中输入内容才能打开页面，但检索页面并不直接显示检索结果，而是需要在检索页面再次输入检索关键词，才能出现检索结果。这些做法给群众查询检务信息带来了诸多不便。

## （四）平台维护不够到位

评估显示，检察院门户网站不稳定的情况依然存在。死链情况远未根绝。各级、各地检察机关网站大量存在链接无法打开的现象，有些检察机关提供的微信、微博、公众号、头条号链接无法打开；有的检察机关门户网站首页提供微博、微信二维码，但扫描后显示无法访问或指向错误。虽然微博、微信早已实现了全覆盖，但有些地方的检务新媒体只有空壳，"僵尸账号"现象仍不同程度存在。一些地方依然不够重视，原地踏步乃至倒退情况值得关注。

# 五 展望

今后，随着中国特色社会主义进入新时代，人民检察事业进入新的历史时期，检务公开理应不懈怠、不松劲，争取有大的进步跃升。对此，建议从以下方面改进加强。

## （一）开展基层试点，推进检务公开标准化

检务公开标准化可分三步实施。一是探索检务公开清单化。以已有文件和地方探索为基础，建立检务公开事项清单。清单中的活动、文书、案件均在公开之列。二是在清单基础上编制标准。清单编制完成后，还应借鉴政务公开清单及标准化的经验，围绕公开什么、由谁公开、在哪儿公开、如何公开、何时公开等要素，编制要素完整、操作性强的检务公开标准。三是先试点再推广。在实施中，可先选取若干公开基础较好、积极性较高的检察机关，分别试点，上级检察机关应加强督促指导，时机成熟时进行验收总结，进而编制全国统一的检务公开清单。

## （二）需求本位导向，检务公开与检察服务有机统一

检务公开既要满足群众、企业的知情需求，还应满足办理检察相关事务的服务需求。在线下，实现"一站式"办理；在线上，走向"一键式"办理。为此，在门户网站和新媒体栏目设置上，应考虑将"检察服务"作

为必备栏目并提供相应功能。在形式上，除针对国内民众、企业进行调整优化之外，还应适度考虑国际化需求。形式上应考虑以多种语言进行检察公开，至少其关键、核心内容应配置外文版本。

### （三）提升信息共享对接层次，增强可利用度

虽然"12309中国检察网"集约公开了重要案件信息，在法律文书公开栏目中公开了起诉书、抗诉书、不起诉决定书、刑事申诉复查决定书等类型法律文书，各级人民检察院的办事指南或类似栏目提供了检察相关的办事指南、权利义务须知。中国裁判文书网公开了法院裁判文书。但相互之间依然各自为政，未能形成公开合力，互通水平有待提升。其突出表现如下：首先，检察机关的重要案件信息与法律文书公开缺乏必要关联，加之重要案件信息表述往往失之简略，导致重要案件信息公开效果大打折扣，关联的缺失导致人民群众无法持续性关注，也使得重要案件信息公开未发挥更大作用；其次，各类检察法律文书缺乏对接、关联；最后，检察法律文书与法院的裁判文书，在公益诉讼、检察建议等领域与政府行政决定、企业整改等缺乏必要关联。其结果是，虽然检察机关主动向社会公开大量文书、信息，但被采纳情况如何则不得而知，文书所反映的法律适用规则是否经得起检验、文书指向最终落地情况也无从知晓。

不可否认，检察案件信息、文书公开有大量保密、隐名等要求，但这并不意味着绝对不能建立信息关联。本着党的十九届四中全会关于"加强数据有序共享"的要求，基于《2018—2022年检察改革工作规划》"推动建立与人民法院财产刑执行案件信息、执行信息共享机制"的指引，检察机关应当继续加强与政府、法院等机关的信息共享，在向社会公开公示检务信息、文书时加强关联对接，进而提升其传播力与可利用度，增强服务能力和保障水平。

### （四）畅通表达监督渠道，突出互动解读回应

人民的满意度是评判检察改革成效的关键。检务公开的推进，要为人民群众知情、参与、表达、监督、救济提供平台渠道和制度机制。应当说，各级检察机关在热线电话、检察长信箱、检察开放日等互动交流方面

已有探索，检察形象大为改观。但也应看到，人民群众与检察机关沟通联络的实质畅通性仍有很大提升空间；一些地方检察机关的检察开放日，不过是"走马观花一日游"，其效果形式大于实质，一些地方检察机关的网上互动和检察长信箱、检察新媒体，其回复往往是"官样文章"，不能解决问题甚至问题发出后石沉大海。在新时代，应当把互动交流、服务公开作为检务公开的关键发力点，畅通表达渠道，增强回应的及时性和有效性。在检察开放日的实施上，在已有的"网络报名、随机抽选"探索基础上，适用主体应适度下沉，增强广泛性、代表性；在内容上，本着分众化思路，从简单浏览走向深度开放。

加强检察政策文件解读的制度化。应当说，检察系统在此方面已有一些努力并取得成效。比如 2018 年 11 月，最高人民检察院在已有服务和保障民营企业发展的司法文件通知基础上，做出《充分发挥检察职能　为民营企业发展提供司法保障——检察机关办理涉民营企业案件有关法律政策问题答》，既起到统一执法司法标准的作用，也有利于社会各界理解应用。今后，检察机关可借鉴行政机关政策解读的经验[1]，加强司法文件、典型案例的权威解读，并逐步走向常态化、制度化，做到同步组织、同步审签、同步部署和同步发布；在解读形式上，既要发挥检察长等主要负责人的带头解读作用，又要注重传播力和易懂性，更多采取群众喜闻乐见的图片、视频音频、卡通动漫等形式，图文并茂，多用数据、事例，增强检务公开的传播力和影响力，使得相对专业、生涩的司法信息更易理解，避免误解误读，大幅提升针对性、科学性、权威性，真正让群众看得到、能理解。

完善检察回应关切制度机制。近年来，各级检察机关对涉检舆情的关注和处置可谓有目共睹，在响应速度、回应水平方面均可圈可点。在此基础上，应建立起常态化、制度化的回应关切制度机制，从主要依靠领导重视、主要针对舆情问题的偶发性回应关切，走向制度化、常态化，建立关注涉检舆情、媒体关切、突发事件的回应关切制度。更进一步，还应建立起回应关切与常态检察工作的反馈、闭环机制。其关键在于，将回应关切

---

[1] 参见中共中央办公厅、国务院办公厅印发的《关于全面推进政务公开工作的意见》。

发现的法律适用、规则本身、司法惯例等方面问题予以化解，避免类似舆情反复发生。在此基础上，应将门户网站、集约公开平台和检务新媒体建成检民互动平台，问政于民、问需于民、问计于民，增进人民群众对检察工作的认同。

### （五）全面推进检察数据公开，逐步走向数据开放

在数据开放的大背景下，检察数据开放乃大势所趋。在已有大量公开活动、文书的基础上，检察机关可逐步探索检察信息资源的开放。实施检察机关数据资源清单管理，制定数据开放目录和数据采集标准，依托"12309中国检察网"稳步推进检察数据开放，鼓励社会力量开发利用检察数据资源。

# 第五编

## 法院执行指数

# 湖州法院执行规范化指数报告（2019）

2019年是人民法院第五个五年改革纲要的开局之年，也是人民法院执行工作五年纲要的实施元年，亦是人民法院从基本解决执行难向切实解决执行难目标过渡之年。党的十八届四中全会做出了"切实解决执行难""依法保障胜诉当事人及时实现权益"重大决策部署。"切实解决执行难"事关司法体制改革成败，更关系到全面依法治国的顺利推进。解决执行难并非一蹴而就，而是一项长期的系统工程。2016年3月，最高人民法院提出"两年到三年基本解决执行难"的奋斗目标，经过全国法院三年的不懈努力，截至2018年底，人民法院的执行工作发生历史性变化，实现了跨越式发展。为巩固基本解决执行难成果，向切实解决执行难迈进，湖州中院将标准化作为执行长效机制建设的抓手和关键，于2018年9月委托湖州市质量技术监督局制定发布了《执行工作流程管理规范》，作为全省首个地方标准，以标准化推进规范化。为推进该地方标准的实施，客观准确评估湖州两级法院新的执行工作机制及其成效，湖州中院委托中国社会科学院法学研究所、中国社会科学院国家法治指数研究中心项目组就该标准的落实情况开展了第三方评估。

## 一 执行规范化评估的背景

2019年，法院的执行工作进入新的历史阶段，从中央全面依法治国委员会到最高人民法院再到浙江省高级人民法院，先后出台系列文件，对执行工作提出了新要求。

## （一）中央法治一号文件强化执行源头治理

执行工作从来都不是法院一家的事情，中央和地方党委政府高度重视执行工作，初步形成了综合治理执行难工作大格局。为进一步健全完善综合治理执行难工作大格局，确保切实解决执行难目标实现，深化执行联动机制建设，2019年7月，中央全面依法治国委员会发布2019年一号文件《关于加强综合治理从源头切实解决执行难问题的意见》，强调"人民法院执行工作是依靠国家强制力确保法律全面正确实施的重要手段，是维护人民群众合法权益、实现社会公平正义的关键环节""切实解决长期存在的执行难问题，事关全面依法治国基本方略实施，事关社会公平正义实现，具有十分重要的意义"。为此，中央法治一号文件提出"强化执行难源头治理制度建设"，包括"加快社会信用体系建设""完善市场退出工作制度机制""完善司法救助制度""完善责任保险体系""完善相关法律制度"等。

## （二）五五改革纲要对执行工作提出新要求

2019年2月，《最高人民法院关于深化人民法院司法体制综合配套改革的意见——人民法院第五个五年改革纲要（2019—2023）》（以下简称《五五改革纲要》）出台，提出"全面推进执行信息化、规范化建设""加强执行规范化、标准化建设。建立完善以操作规程为核心的执行行为规范体系，完善各类程序节点、执行行为的规范化、标准化流程。完善协同执行、委托执行机制，规范指定执行、提级执行、异地交叉执行的提起和审批程序。严格规范无财产可供执行案件的结案、恢复和退出程序，全面推行终结本次执行案件集中、动态管理"。

《五五改革纲要》要求"进一步加大强制执行力度"，一是不断扩大网络查控范围，强化冻结、扣划功能，推动实现网络查控系统对各类财产的全覆盖；二是进一步完善被执行人财产报告制度，加大对拒绝报告、虚假报告或者无正当理由逾期报告财产被执行人的惩戒力度；三是健全委托审计、委托调查、悬赏举报等工作机制，加强对被执行人或者协助执行人重大资产处置和重要事项变更等事项的监督；四是密切与有关方面协作，全面推进信息共享，完善失信被执行人信用监督、警示和惩戒体系，推动形成多部门、多行业、多领域、多手段联合信用惩戒工作新常态；五是依法充分适用罚款、拘留、限制出境等强制执行措施，加大对抗拒执行、阻碍执行、暴力抗法行为的惩治力度；六是完善反规避执行工作机制，依法严厉打击拒不执行判决、裁定的犯罪行为。

### （三）执行工作五年纲要全面部署长效机制

为全面贯彻落实党的十九大和十九届二中、三中全会精神，巩固"基本解决执行难"成果，建立健全执行工作长效机制，进一步提升执行工作水平，奋力向"切实解决执行难"的目标迈进，2019年6月，最高人民法院制定《关于深化执行改革健全解决执行难长效机制的意见》（即《人民法院执行工作纲要（2019—2023）》），对执行工作做出全面部署，坚持"一性两化"，即依法突出执行工作的强制性，全力推进执行工作信息化，大力加强执行工作规范化。该意见同时重申"人民法院执行工作是以国家强制力实现当事人合法权益"，为此要"依法打击规避、抗拒、干预执行的行为，形成强大的威慑力和高压态势""坚持以现代信息科技为支撑，形成现代化的执行模式""深化执行体制机制改革，完善执行监督管理体系，规范执行行为，转变执行作风，提高执行公信力"。

### （四）浙江高院进一步强化执行工作强制性

为加强民事执行的强制性、规范性，依法惩戒逃避执行、抗拒执行行为，敦促被执行人主动履行生效法律文书确定的义务，2019年4月，浙江高院印发《关于进一步强化强制执行措施的若干意见（试行）》，要求自2019年5月1日起，金钱给付类民事执行案件在办理过程中对于不如实申报财产、违反消费令、拒不移交车辆、拒不腾退房屋等拒不配合执行的行为，依法采取罚款、拘留或追究刑事责任。浙江高院主动向逃避执行、规避执行行为发难，试图通过"史上最严强制执行措施"，维护人民群众合法权益，实现社会公平正义；保障司法裁判得到执行，维护司法权威；确保法律全面正确实施，维护法律尊严。

在新的历史时期，无论是党中央，还是最高人民法院，以及地方各级人民法院，都深刻意识到，要切实解决执行难，建立执行长效机制，必须借助于执行信息化建设，进一步规范执行流程和执行行为，提升执行的强制性，进而提升执行能力、实现法院执行工作的现代化，为实现国家治理体系和治理能力现代化奠定坚实的基础。

## 二 执行规范化评估的意义

执行工作可以从多个维度和面向进行评估，而规范化是评估法院执行工作的首要维度，这是由司法工作的性质、破解执行难的需要、维持执行队伍廉洁、建立执行长效机制决定的。规范执行是依法执行的应有之义，是考察法院在办理执行案件过程中是否遵循相应执行程序的硬性指标，更是赢得当事人信任、捍卫司法权威的重要体现。

### （一）规范化是司法执行工作的本质要求

审判和执行是人民法院的两大核心工作，虽然与审判相比，执行工作更强调效率，但是效率与规范并行不悖，效率要建立在规范的前提下，否则，牺牲过程的规范性以追求效率，最终会导致执行的非效率。执行案件的办理要遵循法定的执行程序，执行过程中的法律行为，要遵循相关的制度要求，如批准、签字、对当事人的告知、送达等。虽然，"处处留痕"作为形式主义备受诟病，然而法院案件的办理比任何公权力行为都更强调"案卷排除规则"，案件办理过程的规范化是司法行为的本质要求，对于案件回查、执行人员免责具有重要意义。

实务中，相当一部分人对执行规范化不以为然，认为只要案件标的执行到位，过程可以忽略。然而，不合程序要求的执行有时可以换来真金白银，但更多情况下可能会由于权力失控而导致当事人权益遭遇损害，导致对法治的破坏。宁可走过所有程序但因为被执行人确无偿付能力而无法满足债权人债权，也不可为了一部分案件的债权实现而违规操作。第三方评估希望借执行规范化切实推动法院应为必为，推动执行工作回归执行的基本规律。

## （二）规范化是应对执行难题的现实需要

执行难是各种社会问题和矛盾叠加、交织的集中体现，是内因外因共同作用的结果。从内部原因看，执行规范化水平不高、执行人员力量和能力不足、执行工作管理不够规范等问题不同程度存在，消极执行、选择性执行、乱执行现象以及违纪违法、徇私枉法现象时有发生。从外部原因看，社会诚信水平不高、财产登记和监管制度不健全，执行案件数量激增、执行法律法规滞后、对逃避执行的反制手段有限等因素制约了执行工作的发展。与审判工作相比，由于统一的执行立法缺失，加上人员素质不高，执行不规范的现象较为突出，解决执行难的任务之一就是要消除这种执行不规范的现象，做到应为必为。因此，规范化不仅是司法工作的本质要求，更是法院治理消极执行、选择性执行、乱执行的现实需要。

## （三）规范化有助于塑造廉洁的执行队伍

在执行实践中，由于执行不规范，当事人需要联系执行人员才能推动或推迟执行案件的办理，"吃拿卡要"现象不同程度存在，腐蚀了执行队伍的廉洁性。执行规范化就是要求执行人员在分到执行案件之后按照法定的程序在法定的期限内进行财产的查询、控制、处置、案款发放等，做到应为必为，合理规范法官行使自由裁量权的边界和尺度，既无须申请人反复联系执行员催进度，也不给被执行人留有逃避执行制裁的空间，避免执行人员的随意操作和人情案、关系案的发生。

## （四）规范化是建立执行长效机制的关键

为解决执行难，中国曾搞过多次专项行动，但未走出执行难反复回潮的怪圈，究其原因是未建立执行长效机制。专项行动虽然对于清理历史积案、集中整治某一类案件有所成效，但是这种运动式执法未对法院的执行工作产生革命性影响，也未留下太多有价值的制度机制。执行长效机制的建立，必须紧紧围绕执行的"一性三化"，即强制性和规范化、信息化、阳光化，其中规范化是第一位的，执行强制性的提升、信息化的应用和执行权力运行的公开透明，都必须以规范化为前提，没有规范化，其他都只能流于形式或昙花一现。执行规范化旨在通过制度将执行流程加以明确,并通过信息化将执行流程加以固化,为法院的执行工作确立行业标准。当然,执行规范化、标准化也要尊重执行案件的个性,执行案件受各种因素的影响,执行规范化并非要罔顾执行案件的特殊性而消灭执行人员合理的自由裁量空间。例如,对于查到的财产,按要求进行及时的线上或线下控制,但部分案件如果仅发现小额存款,是否需要控制由承办人决定,或出于执行技巧考虑,暂不对某些银行账户采取冻结措施,以免"打草惊蛇"等。

### (五) 规范化与执行质效长期呈正相关性

规范化评估着眼于执行过程,而执行质效是从结果对执行工作进行评估,两者应该具有正相关性。一般而言,执行过程规范到位,执行行为应为必为,执行力度必然会提升,长远来看,执行到位率等质效数据会向好。然而,执行质效还受经济形势的影响,在经济下行态势下,即使执行力度加大,执行效果也并不必然理想,因此对于执行评估而言,执行质效指标只能作为评价执行工作的参考,而不能作为考核指标,否则,单纯强调结果导向,必然导致执行行为变形,导致数据造假。

### (六) 通过规范化评估改善法院执行生态

执行规范化评估能够从内外两个方面改善执行生态。在法院内部,过去,法院领导普遍将执行部门边缘化,原因在于对执行规范化的认识不足,认为执行工作不需要专业知识,是没有多少技术含量的粗活,配备的执行干警不同程度存在"老弱病残"现象,常把不适应审判工作的各类人员派到执行局。随着执行规范的不断出台和执行案件的日益复杂化,执行规范化评估将促使法院领导对执行工作产生新认识,将规范化作为新时代法院执行工作的必然选择,逐步树立执行规范化理念,从而重视法院的执行工作,优化和保障法院的执行队伍。随着执行案件逐步纳入系统平台进行办理,执行干警的执行观念也发生了深刻变化,流程节点意识有所增强,认识到执行案件的办理面临由粗放式走向规范化的执行道路势在必行。在法院外部,随着执行过程的公开透明和对执行过程的监督参与,案件当事人和人民群众也对执行工作有一定的理性认识,对于法院穷尽执行措施、应为必为的案件，无论结果如何，能够给予一定程度的理解和接受。法院执行的规范化、标准化为社会客观评价法院的执行工作提供了衡量尺度。

## 三 设定科学的执行规范化评估指标体系

评估组以湖州中院和湖州市质量技术监督局联合发布的《执行工作流程管理规范》为蓝本，结合基本解决执行难规范执行指标，按照中央和地方最新的文件要求，立足于公众以及当事人对执行工作需求，确定执行规范化评估指标体系。

### (一) 设定原则

1. 依法设定原则

依法设定指标体系是法治评估的基本原则。湖州法院执行规范化评估指标体系严格依据法律法规、司法解释以及浙江高院、湖州中院相关司法文件进行设定。2016年至2018年，最高人民法院围绕执行工作中多发易发问题的关键环节，建章立制，先后出台了37个涉执行的重要司法解释、规范性文件，对变更追加执行主体、财产保全、网络司法拍卖、终结本次执行程序等事项进行了明确规定，厘清了执行人员的权力行使边界，构建了较为完善的执行工作规范体系，增强了执行工作的制度刚性，这些制度文件也是湖州法院执行规范化指标体系的重要依据。浙江高院《浙江法院执行实施案件办理指引规范》《关于进一步强化强制执行措施的若干意见（试行）》和湖州中院《关于办理拒不执行判决、裁定刑事案件的会议纪要》也为湖州法院执行规范化评估指标体系提供了重要参考。湖州中院和湖州市质量技术监督局联合发布的《执行工作流程管理规范》则是湖州法院执行规范化评估指标体系的直接依据。《执行工作流程管理规范》对分案、信息核对、网络财产查控、文书制作、传统调查、线下财产查控、移送评估、司法网拍、执行款发放等执行流程节点所要遵循的时限程序进行了明确规定，并集中规定了采取执行惩戒的情形和措施，对终结本次执行程序等不同的结案方式也提出严格要求。2019年，湖州中院将《执行工作流程管理规范》分解成《执行实施案件流程清单》,在两级法院贯彻执行。

2. 客观中立原则

作为第三方评估,指标体系的设定坚持法律人的立场,秉持客观、中立的原则,既不能简单根据当事人和社会公众的主观满意度判断法院执行工作的规范度,也不能迁就和迎合法院的执行工作方便。执行规范化评估指标体系在设定时,尽量将"好"与"坏"这样主观性、随意性极强的判断标准转化为客观且具备操作性的评估指标,着眼于法院工作人员在办理执行案件时是否"应为尽为",执行的工作流程是否规范、透明。指标体系一旦确定,评估人员对评估事项仅可做"有"和"无"的判断,而不能凭主观判断"好"与"坏",最大限度地减少评估人员的自由裁量空间。

3. 过程导向原则

指标体系的设定有过程导向和结果导向两种路径。与通常法院采用执行率、实际到位率等结果数据来考核执行绩效不同,执行规范化第三方评估指标体系的设定坚持过程导向原则,即侧重于对执行过程的评估,全面反映法院的执行工作,凸显法院在执行工作中义务和责任,通过规范执行行为、减少不作为、克服乱作为,以提升执行工作力度和强度,建立切实解决执行难的长效机制。指标体系在强调过程导向的同时,也甄别和选取少量科学合理的数据作为评价执行效果的参考。

4. 重点突出原则

法院执行是一项非常细致、烦琐的工作,涉及的流程节点众多,指标体系的设定要全面反映法院的执行工作,但不可能涵盖和穷尽每一个细节,要突出重点,抓住影响执行效果的要害和关键环节。为此,基本解决执行难评估指标体系的重点放在了法院查物找人、财产处分、案款发放等环节,并对执行工作中问题最为集中的终本(终结本次执行程序)案件设计了详细严格的指标。

5. 适度前瞻原则

执行规范化评估指标体系的设计既要立足于法院的执行工作实际,体现湖州法院在推进执行工作方面的进展状况,又要与时俱进,提前谋划,根据法理和司法规律,借鉴国内其他地方创新经验,设定一些引导性指标,明确未来执行工作方向,进一步推广湖州市人民法院执行工作的地方标准，为建立人民法院执行工作国家标准提供样本。

**（二）指标体系解读**

规范执行对执行过程中的关键节点设置了"规定动作"与"限时"要求，以规定时间内做好规定动作为标准，尽量避免拖延执行、消极执行和选择性执行等问题的发生。湖州法院执行规范化指标体系涵盖执行的主要流程，包括"保全实施""核对立案信息""文书发送""网络查控""传统调查""线下财产控制""财产处置""执行款发放""执行惩戒""执行结案"等10个一级指标。

财产保全是指为保障生效裁判的顺利执行、避免胜诉当事人权利遭受损失，而对当事人处分相关财产予以限制的一种诉讼保障制度。针对司法实践中担保门槛过高、保全财产线索难找等问题，最高人民法院出台了《最高人民法院关于人民法院办理财产保全案件若干问题的规定》。该文件第4条规定，一般情况下，人民法院"裁定采取保全措施的，应当在5日内开始执行"。湖州中院的《执行工作流程管理规范》对财产保全提出更严格的要求，即"财保案件应当自保全裁定出具之日起3日内启动执行"。评估组设置了"保全实施"指标考察诉讼保全裁定实施的及时性，仍然沿用了5日的要求，即保全民事裁定是否在做出之日起5日内启动实施。

为保证执行立案信息的准确性，湖州中院《执行工作流程管理规范》要求核对立案信息，即"书记员逐一核对当事人名称、公民身份证号码、统一社会信用代码，同时检查文书是否生效，执行依据是否明确，执行标的是否准确，是否遗漏或错列当事人等信息。若被执行人为法人及其他组织的，要求其具有法定代表人身份信息及联系方式；若当事人信息有误或不齐的，应在立案当日退回立案庭补正。"评估组在设置指标体系时简化了"核对立案信息"指标，即执行人员要核对立案信息，确保立案信息登记表所记载的执行当事人（名称、证件号码）、执行标的（金钱给付、行为、物、财产权益）等信息准确。

《执行工作流程管理规范》要求，"立案后10个工作日内，制作和发送《执行通知书》、财产报告令、廉政监督卡、冻结、扣划裁定书和限制消费令等文书，并将送达情况录入系统节点，同时将纸质文书附卷"。评估组区分当事人设置"文书发送"指标，考察文书发放的及时性，即执行机构收到案件后 10 日内是否向申请人发送《进一步强化强制执行措施的若干意见（试行）》，短信告知承办人联系方式；向被执行人发送执行通知书、财产申报令、限制消费令、传票、《进一步强化强制执行措施的若干意见（试行）》等。这里 10 日的要求，也与浙江高院《关于进一步强化强制执行措施的若干意见（试行）》的规定一致，并且根据浙江高院的要求，应向申请人和被执行人发送《进一步强化强制执行措施的若干意见（试行）》，彰显落实最严强制执行措施的决心。

及时发起网络查询和控制财产是执行的关键。《执行工作流程管理规范》对网络查控提出具体要求，即"立案后 5 个工作日内，发起网络财产查询，查询内容包括银行存款、金融理财、电子商务、公安、民政、工商、不动产等项目；网络财产查询信息反馈后 48 小时内由承办人发起冻结。对于实现网上扣划功能的应当扣划至本法院账户；对于有特殊情况无法网上冻结、扣划的案件，应当形成书面报告附卷"。课题组根据上述要求对"网络查控"进行细化，下设"网络查控及时性""实时发起网络冻结""在线及时调查被执行人" 3 个二级指标："网络查控及时性"要求执行机构收到案件后 5 日内发起网上查询；"实时发起网络冻结"是指网络查询结果反馈后 24 小时内对被执行人名下账户有 1000 元以上且申请执行标的 10% 以上的银行存款、支付宝账户、财付通账户、本地牌号车辆等可以采取网络冻结措施的财产予以冻结进行网络控制；"在线及时调查被执行人"是指执行机构在收到案件后 10 日内在线调查被执行人户籍、婚姻、持有的证照、出入境记录等信息。

对于线上无财产或线上财产不足以清偿的执行案件，有必要进行"传统调查"；对于终本案件，在终本结案之前必须进行"传统调查"。为此，评估组专门针对终本案件设计了"传统调查"指标。"传统调查"下设"及时约谈当事人""及时开展被执行人居所地或营业地（在湖州范围内）调查""线下财产调查""及时核实申请人提供的财产线索"和"终本约谈"等 5 个二级指标。"及时约谈当事人"要求立案后 1 个月内约谈当事人，异地的申请人可以电话约谈，了解财产线索，制作执行备忘录。"及时开展被执行人居所地或营业地（在湖州范围内）调查"要求立案后 1 个月内对被执行人居住地（住所地）或营业地进行调查。"线下财产调查"要求立案后1个月内对需线下查控的财产管理部门进行实地调查（在湖州范围内）。"及时核实申请人提供的财产线索"要求对申请人提供的财产线索10日内予以核实或3日内委托核实。"终本约谈"要求终本前约谈听取申请人意见（申请人申请终本的除外）。

无论是线上发现的财产还是线下调查的财产，在无法进行线上控制时，必须及时予以线下控制。"线下财产控制"下设"线下查封湖州范围内的不动产、车辆""线下查封湖州范围内机器设备等动产""异地委托控制"3个二级指标。"线下查封湖州范围内的不动产、车辆"要求查到不动产、车辆之后在7日内进行查封或在查封车辆3日内发出《责令交付通知书》。"线下查封湖州范围内机器设备等动产"要求查到动产之后在7日内进行控制。"异地委托控制"要求异地的财产在查到之后在3日内进行异地委托。

对于查到的动产或不动产要进行财产处置，"执行难"很多时候表现为"变现难"。据初步统计，在查控到的所有财产中，存款只占40%，其余大多要通过评估、拍卖等方式变现后才能向当事人支付。《执行工作流程管理规范》对移送评估、拍卖的期限做出了规定，即"对于机动车及其他动产，符合评估、拍卖条件后15日内移送评估。对于不动产，张贴腾房公告，公告期满后强制换锁，符合评估、拍卖条件后15日内移送评估"。"评拍办收到移送拍卖材料后的10日内挂网拍卖，拍卖动产的，应在拍卖15日前公告；拍卖不动产或者其他财产权的，应在拍卖30日前公告。"评估组综合《执行工作流程管理规范》的规定和实践情况，在"财产处置"指标下设"腾空除权""确定起拍价""制作拍卖裁定并送达""发布拍卖公告""拍卖款全额交付后10日内作出裁定并送达""拍卖财产移交买受人或者承受人"等6个二级指标。"腾空除权"要求不动产查封后30日内完成腾空除权，特殊情形不需要腾空或不能在规定期限内完成的，应履行审批程序。"确定起拍价"要求实际控制财产（不动产在腾空除权后）15日内移送评估或启动询价。"制作拍卖裁定并送达"要求起拍价确定后，在当事人异议期满或异议审查结束后3个工作日内制作拍卖裁定并送达。"发布拍卖公告"要求拍卖裁定送达之后3日至5日内发布拍卖公告。"拍卖款全额交付后10日内做出裁定并送达"要求拍卖款全额交付后10日内做出裁定并送达。"拍卖财产移交买受人或者承受人"要求拍卖确权裁定送达后15日内将拍卖财产移交买受人或承受人。

对于执行款，法院应在执行款到达法院账户30日内发放给申请人，如果30日未能发放的，应履行审批手续，刑民交叉、拟执行转破产等案款分配争议较大的案件除外。

为落实浙江高院关于强化强制执行措施的文件要求，《执行工作流程管理规范》对执行惩戒做出规定，对"拒绝或者不如实申报财产""拒不交付车辆等动产""拒不腾退房屋、土地""违反限消令""隐匿、转移财产以及其他有能力履行而拒不执行"等行为进行执行惩戒，并要求对"做出拘留决定而被执行人下落不明"的，要提请公安机关查控被执行人。评估组在上述规定的基础上做了细化要求，即对拒绝或者不如实申报财产的被执行人，要在报告财产令发出后1个月内或在查明申报不实之日起10日内采取纳入失信名单、限制出入境、拘留、罚款等强制措施；无正当理由拒不交付车辆等动产的，10日内予以罚款、拘留；拒不腾房的，在腾退期限届满之日起1个月内，予以拘留、罚款或追究刑事责任；违反限高令的，自查明之日起10日内采取拘留、罚款等强制措施；隐匿、转移财产以及其他有能力履行而拒不执行的，在查明被执行人隐匿、转移财产以及其他有能力履行而拒不执行10日内做出拘留决定或1个月内移送公安机关追究刑事责任；对做出拘留决定而被执行人下落不明的，10日内提请公安机关协助控制被执行人。

结案要通知当事人，评估组就执行结案通知书的发送情况设定了指标。鉴于送达难的实际情况，本指标体系中的文书送达会考察文书的发送情况，只要有记录显示法院发送文书即可。"终本文书发送"要求终本裁定于签发后3日内向申请人发送。执行完毕案件应在结案前向双方当事人发送执行结案通知书。

综上，湖州法院执行规范化第三方评估指标体系共设定10个一级指标，29个二级指标，涵盖财产保全、财产申报、财产调查、财产控制、财产评估、财产拍卖、执行款发放等首次执行案件的全流程，并凸显执行惩戒（见表1）。

表 1　　　　　　　　湖州法院执行规范化第三方评估指标体系

| 一级指标及权重 | 二级指标及权重 |
|---|---|
| 1. 保全实施（5%） | 1.1　保全民事裁定做出之日起 5 日内启动实施（5%） |
| 2. 核对立案信息（5%） | 2.1　确保立案信息登记表信息准确（5%） |
| 3. 文书发送（5%） | 3.1　文书发放的及时性（5%） |
| 4. 网络查控（10%） | 4.1　网络查控及时性（4%） |
|  | 4.2　实时发起网络冻结（4%） |
|  | 4.3　在线及时调查被执行人（2%） |
| 5. 传统调查（15%） | 5.1　及时约谈当事人（3%） |
|  | 5.2　及时开展被执行人居所地或营业地（在湖州范围内）调查（8%） |
|  | 5.3　线下财产调查（2%） |
|  | 5.4　及时核实申请人提供的财产线索 |
|  | 5.5　终本约谈（2%） |
| 6. 线下财产控制（10%） | 6.1　线下查封湖州范围内的不动产、车辆（10%） |
|  | 6.2　线下查封湖州范围内机器设备等动产 |
|  | 6.3　异地委托控制 |
| 7. 财产处置（30%） | 7.1　腾空除权（3%） |
|  | 7.2　确定起拍价（6%） |
|  | 7.3　制作拍卖裁定并送达（6%） |
|  | 7.4　发布拍卖公告（6%） |
|  | 7.5　拍卖款全额交付后 10 日内做出裁定并送达（3%） |
|  | 7.6　拍卖财产移交买受人或者承受人（6%） |
| 8. 执行款发放（10%） | 8.1　执行款发放及时性（10%） |
| 9. 执行惩戒（5%） | 9.1　拒绝或者不如实申报财产（5%） |
|  | 9.2　拒不交付车辆等动产 |
|  | 9.3　拒不腾退房屋、土地 |
|  | 9.4　违反限消令 |
|  | 9.5　隐匿、转移财产以及其他有能力履行而拒不执行 |
|  | 9.6　提请公安机关协助控制被执行人 |

续表

| 一级指标及权重 | 二级指标及权重 |
|---|---|
| 10. 结案（5%） | 10.1 终本文书发放（3%） |
| | 10.2 执行完毕文书发送（2%） |

注：由于实行案卷抽查的方式，部分二级指标并非常规执行行为，适用该指标的案件不易抽到，因此，此类指标未设权重。

### （三）评估对象与方法

湖州法院执行规范化第三方评估的评估对象为湖州中院及其下辖的吴兴、南浔、德清、长兴、安吉5个基层法院。评估方法以案卷评查为主，兼采取系统数据分析和文件资料梳理。本次评估共调取执行保全、执行完毕、终本、经过评估拍卖的案件四类案卷，结案日期为2019年1月1日至11月30日，每一类案卷调取20个，从20个里面随机选取10个进行评查。

## 四 成效：执行办案规范度明显提升

评估组通过案卷评查和系统数据分析发现，2019年，执行干警逐步认识到执行模式由粗放走向规范化的必然性，逐渐接受了执行规范化理念；能够及时全面发送文书，及时进行线上财产查控和财产处置，案款发放及时、手续完备；终本结案进一步严格。从得分来看，被评估的6家中基层法院平均得分为88.95分，南浔法院以91.50分排名第一（见表2）。

表2　　　　　　湖州法院执行规范化第三方评估指数　　　　　　单位：分

| 排名 | 评估对象 | 分数 |
|---|---|---|
| 1 | 南浔法院 | 91.50 |
| 2 | 长兴法院 | 90.65 |
| 3 | 湖州中院 | 90.15 |
| 3 | 德清法院 | 90.15 |
| 5 | 安吉法院 | 87.15 |
| 6 | 吴兴法院 | 84.10 |

## （一）保全及时源头缓解执行压力

财产保全是指为保障生效裁判的顺利执行、避免胜诉债权人权利遭受损失，而对当事人处分相关财产予以限制的一种诉讼保障制度。最高人民法院《关于人民法院办理财产保全案件若干问题的规定》要求有保全内容的民事裁定自做出之日起5日内启动实施。评估组在基本解决执行难的评估中发现，由于法院内部的流转环节较多，有保全内容的民事裁定难以做到5日内启动实施。为确保保全裁定在5日内启动实施，湖州法院加强了诉讼保全案件流程管理，保全案件的实施由执行局集中办理，加快了内部不同部门之间的流转。实践证明，采取诉讼保全的案件，到了执行环节，大大提高了执行效率，缓解执行压力。对湖州法院执行规范化评估结果显示，2019年，在6家评估对象抽查的60件执行保全案件中，只有1家法院的2个案件超期，合格率在97%，其他5家法院的保全案件的合格率为100%。

## （二）确保信息准确提升数据质量

立案信息输入不准确、不完整，将给案件的后续执行带来不少麻烦。实践中，一些法院信息不准确的也不在少数。湖州法院高度重视对执行立案信息准确性管理。案卷评查结果显示，2019年，6家法院的立案信息登记表记载的执行当事人信息、执行标的信息未发现错误，该项指标全部得满分。长兴法院的执行案卷有《立案庭执行案件信息点输入核对单》，输入人会当日核对，核对人当日或第二日核对。

## （三）线上查控及时保障执行效率

在"案多人少"的压力下，随着被执行人的财产在网络时代愈发分散和多样化，以人工查询为主的传统执行模式不堪重负、难以为继，网络执行查控体系的建立健全有助于减轻法官的工作强度，提高执行效率，实现执行工作模式的重大变革。

案卷评查结果显示，在被评估的6家中基层法院中，基本是在立案当日或第二日启动网络查询；实时发起网络冻结，即在网络查询结果反馈后

24 小时内对被执行人名下账户有 1000 元以上且申请执行标的 10% 以上的银行存款、支付宝账户、财付通账户、本地牌号车辆等可以采取网络冻结措施的财产予以冻结进行网络控制；在线及时调查被执行人户籍、婚姻、持有的证照、出入境记录等信息。为了确保及时启动网络查询，提高查询效率，湖州法院在执行指挥中心安排由专人在收案后第一时间发起网络查询。例如，南浔法院、德清法院会在立案当日或第二天，交给查控人进行集中查控，卷宗内有《财产集中查控交接表》。

### （四）强化执行措施提高执行效果

长期以来，执行的强制性不足、震慑力不够，严重制约了执行工作的顺利开展。2019 年 4 月，浙江高院出台《进一步强化强制执行措施的若干意见（试行）》，湖州两级法院认真落实加大了强制执行力度，效果显著。一是在发送文书时，给当事人发送浙江高院《进一步强化强制执行措施的若干意见（试行）》，让申请人知晓可以监督执行过程中是否采取了强制执行措施，也有助于震慑被执行人，晓以利害，早日履行义务。评估发现，长兴法院对于 4 月之后的案件，给当事人发送《进一步强化强制执行措施的若干意见（试行）》呈常态化。二是对于拒不履行的被执行人采取罚款、司法拘留等措施，乃至追究刑事责任。评估发现，在采取强制执行措施之后，不少案件得到顺利执行。例如，长兴法院在办理（2019）浙 0522 执 1368 号案件时，对拒收文书的被执行人以拒不履行为由予以罚款、司法拘留，被执行人在收押的第二天书写悔过，履行完毕。南浔法院在办理（2019）浙 0503 执 1428 号案件时，对被执行人采取罚款、拘留等处罚，被执行人在拘留期间履行执行义务。德清法院在办理（2019）浙 0521 执 2046 号、（2019）浙 0521 执 1200 号案件时，对被执行人做出司法拘留决定，被执行人在拘留期间均履行了执行义务。吴兴法院在办理（2018）浙 0502 执 2357 号案件时，对撕毁封条、拒不腾退的被执行人依法移送公安机关追究拒执罪。

2019 年，湖州法院建立"自诉为主、公诉为辅"常态化打击拒执罪工作机制。2019 年 7 月，湖州中院联合公安、检察、司法行政机关共同出台《关于建立健全办理拒不执行判决、裁定案件自诉与公诉衔接机制的会议纪要》（湖中法〔2019〕55号），2019年8月，浙江高院向全省全文转发学习。2019年度，湖州法院全年拒执犯罪立案188件（公诉32件、自诉156件），结案170件（公诉32件、自诉138件），均列浙江省第一。另外在143件涉嫌拒执的案件中，有103件案件的被执行人摄于追究刑事责任的压力，通过自动履行、主动和解的方式，避免了危害后果的发生，该部分未进入刑事诉讼程序。尤其难得的是，一部分被执行人在法院刑事立案前，尽管能够主动履行裁判文书确定的义务，但因其在执行程序中实施了拒绝执行、串通转移资产等行为，依然未能逃脱刑事制裁，彰显了湖州法院打击拒执、维护法律权威的决心和担当。

**（五）部分法院重视财产申报制度**

根据《民事诉讼法》的规定，被执行人有义务进行财产申报。为保障该项制度的落实，《民事诉讼法》还进一步规定了制裁措施，即人民法院可以根据情节轻重对拒绝报告或者虚假报告的被执行人予以罚款、拘留。被执行人对于自己的财产状况最为清楚，财产申报本应该成为提升执行效率最为有力的手段，然而长期以来财产申报制度形同虚设，原因在于人民法院很少对拒不申报和申报不实进行惩戒。为激活财产申报制度，2018年5月下发的《最高人民法院关于进一步规范近期执行工作相关问题的通知》，要求对逾期报告、拒绝报告、虚假报告的被执行人或相关人员，依法采取罚款、拘留等强制措施，构成犯罪的，依法追究刑事责任。2019年4月，浙江高院《进一步强化强制执行措施的若干意见（试行）》规定，被执行人拒不报告财产又不履行的，在《执行通知书》和《报告财产令》发出后1个月内采取纳入失信被执行人名单；限制出入境，或者责令交出出入境证照、宣布证照作废等；予以罚款、拘留。

案卷抽查结果显示，被评估的6家中基层法院全部依法向被执行人发出报告财产令；吴兴法院、南浔法院和德清法院对拒不申报财产的被执行人均采取了罚款、拘留措施，对拒不申报的强制措施实施率为100%，其中吴兴法院抽查的10个执行完毕的案件中，只有3个案件超期采取了强制执行措施，如期采取强制执行措施率为70%；南浔法院和德清法院期采取强制执行措施率为50%。

### （六）涉案财产处置变现规范高效

在执行被执行人财产时，直接通过银行账户扣划的案件占比很小，绝大多数案件需要经过拍卖、变卖等形式进行财产处置、变现。评估结果显示，湖州法院普遍重视财产处置的规范性和效率。首先，及时确定起拍价（保留价）。案卷评查显示，湖州中院及下辖法院抽查的 60 个执行案件中，有 59 个执行案件在实际控制财产（不动产在腾空除权后）之后 15 日内会移送评估或启动询价。其次，及时制作拍卖裁定并送达。案卷评查显示，湖州中院及下辖法院办理拍卖案件时，普遍做到了起拍价确定后在当事人异议期满或异议审查结束后 3 个工作日内制作拍卖裁定并送达。再次，及时发布拍卖公告。案卷评查显示，湖州中院及下辖法院会在拍卖裁定送达之后 3 日至 5 日内发布拍卖公告。最后，及时将拍卖财产移交买受人或者承受人。案卷评查显示，湖州中院及下辖法院会在拍卖确权裁定送达后 15 日内将拍卖财产移交买受人或承受人。需要说明的是，尽管评估组在设定指标体系时严格设定了上述期限，但是在评估时考虑到评估拍卖案件的复杂性，评估尺度有所放宽。

### （七）执行款管理规范、发放及时

过去，执行管理粗放是执行工作混乱的重要因素，而执行款发放不及时是执行中的最需要规范的问题。执行案款管理涉及当事人切身利益，与解决执行难息息相关，是最能影响当事人感受，关乎司法公信的重要环节。前些年，法院不设执行款专户，或者即使设立专户，执行案款也往往掺杂其他的暂存款、"过路款"。这种粗放、混乱的案款管理方式，造成部分执行案款长期滞留法院，甚至存在对发放执行款物设置障碍以及挪用、侵占、贪污执行款物等违法犯罪问题。为了加强案款管理，确保执行队伍廉洁，2016 年 3 月，最高人民法院和最高人民检察院联合下发了《关于开展执行案款集中清理工作的通知》，决定对全国法院 2015 年 12 月 31 日前已经收取但尚未发放的执行案款开展集中清理活动，推广"一案一账号"的精准管理制度，构建案款清理工作长效机制。

案卷评估结果显示，借助"一案一账号"，湖州法院执行实现了对执行案款的精细化管理，解决了执行工作中执行款项不明和发还不及时的问题，降低了执行法官的廉政风险。根据法律规定，执行案款应在1个月内发放，不能及时发放的，应当说明理由并经领导审批。案卷抽查结果显示，湖州中院及下辖法院做到执行案款到账1个月内发放给申请人。

### （八）协同执行整合湖州区域资源

对于基层法院而言，在现有的人、财、物的条件下，其执行能力经过信息化和机制创新已经基本接近极限，传统的执行管理体制已经不能适应新时期的工作状态，需要进一步挖掘执行潜能，建立一套区别于审判的、能够符合执行管理具有较强行政性特点的管理体制，在更大范围内（全市、乃至全省）实现资源统筹，以提高执行的效率，缓解案多人少的矛盾。为此，2019年5月，湖州中院出台《关于进一步加强全市法院执行协同管理的若干意见》，以资源统筹为切入点，实现了全市两级法院互联互通，真正形成了全市执行一盘棋的格局。湖州中院在横向和纵向两个方面实现全市执行资源管理的扁平化：纵向，实现上下级法院提级执行、指定执行、交叉执行；横向，实现兄弟法院之间工作协调、争议解决、参与分配、协助执行、委托执行等跨区域的执行事务。另外，湖州中院联合湖州市委宣传部、湖州市银监局建立浙江省首个地市级失信被执行人网络曝光平台——"法鉴·湖州法院执行在线"，嵌入"信用湖州"，实施失信惩戒，统筹推进全市社会诚信体系建设，得到最高人民法院周强院长的批示肯定。

## 五 问题：执行工作流程管理有待进一步规范

### （一）约谈当事人实施不到位

除非被执行人下落不明，执行人员办理执行案件，应该于立案后1个月内约谈当事人，对于异地的申请人，也可采取电话约谈的形式了解财产线索，制作执行备忘。评估组每个法院抽查了10个终本案件，评查结果显示，有的法院约谈当事人实施不到位。例如，抽查的吴兴法院10个终本案件中，只有2个案件显示在立案1个月内约谈了当事人，8个案件无任何记录，占80%。抽查的湖州中院10个终本案件中，只有2个案件显示在立案1个月内约谈了当事人，2个案件超期约谈，6个案件无任何记录，占60%。

### （二）终本案件线下调查不足

尽管线上财产查控给执行模式带来革命性变革，但是传统的实地调查仍有必要性，尤其是对于终本案件，线下调查更是必需。线下调查包括及时开展被执行人居所地或营业地（在湖州范围内）调查和线下财产调查，即立案后1个月内对被执行人居住地（住所地）或营业地进行调查，对需线下查控的财产进行实地调查（在湖州范围内）。为增强线下调查力量，湖州中院在全市推行了"驻庭分片执行对接综治全科网格"的工作机制，但效果尚未充分显现。案卷评估结果显示，除了德清法院比较重视传统调查之外，其他5个法院不同程度存在线下调查不足的问题。例如，抽查的长兴法院10个终本案件，30%的案件存在启动线下调查超期的问题；抽查的南浔法院10个终本案件，有60%的案件存在启动线下调查超期的问题；抽查的安吉法院10个终本案件，有80%的案件存在启动线下调查超期的问题，还有1个案件未进行线下调查；抽查的湖州中院10个终本案件，有40%的案件未进行线下调查，还有1个案件存在启动线下调查超期的问题；抽查的吴兴法院10个终本案件均未进行线下调查。

### （三）拒不申报制裁力度不够

评估发现，湖州中院、长兴法院、安吉法院对拒不申报财产的被执行人的制裁力度不够。在抽查10个执行完毕的案件中，被执行人均未申报财产，但是湖州中院、长兴法院都仅在两个执行案件中对被执行人做出司法拘留制裁，制裁率为20%。从抽查的执行完毕案件来看，安吉法院对拒不申报的被执行人的制裁率也为20%，并且还超过财产报告令发出的1个月的时间要求。对于执行完毕案件，也有观点认为，案件终归已经执行完毕，没有必要对拒不申报的被执行人采取制裁措施。对此，评估组认为，即使案件最终得到顺利执行，但是毕竟是未履行法院判决在先，占用和浪费司法资源，侵害了胜诉人的时间利益，因此，仍应该对拒不申报的被执行人进行制裁,这样既可以激活财产申报制度,也会对拟不履行法院判决的当事人有所震慑,长远来看,有助于从源头上减少案件进入执行阶段。评估也发现,抽查的德清法院10个有评估拍卖案件中,有4个案件的被执行人进行了财产申报,财产申报率为40%,这在一定程度上与德清法院强化对拒不申报财产的被执行人的制裁力度不无关系。

### (四) 执行流程标准有待统一

首先,文书发送标准不统一。执行案件在立案之后,法院会给双方当事人送达法律文书,一般情况下给申请人送达的有《受理通知书》《外网密码告知书》《申请人权利义务及执行风险告知书》《廉政监督卡》;给被执行人送达的有《传票》《执行通知书》《告知书》(网上查询的密码)《财产申报令》《廉政监督卡》《限制消费令》等。根据浙江高院的要求,2019年4月以后立案的案件,还应送达《进一步强化强制执行措施的若干意见(试行)》。评估发现,湖州中院及下辖法院在文书送达方面存在一定的差异。例如,南浔法院立案之后会给申请人发送《提供被执行人财产线索通知书》,长兴法院则没有。南浔法院还会给被执行人送达《缴纳执行款通知单》。南浔法院会在确定被执行人未按《执行通知书》的规定履行执行义务,才会送达《限制消费令》。吴兴法院将《阳光司法告知书》《廉政监督卡》《外网密码告知书》整合为《阳光司法告知书》。吴兴法院、湖州中院在送达《报告财产令》时均附《被执行人财产报告表》,其格式不尽相同。

其次,归档项目不一致。就终本案件而言,卷宗内会有《终本裁定书》《终本审批单》,有的法院会有《执行日志》《执行事项告知书》,但是不同法院填写的尺度差别很大,例如,长兴法院《终本审批单》中的"执行简况"栏目填写内容过于简单,只写"终结本次执行程序",未简述案件的执行情况;执行日志多为手工填写,字体不易辨认;《终本裁定书》对执行过程的描述仅限于网络查询,有的卷宗里有实地调查的图片,但是《终本裁定书》并未将实地调查记录在案。相比之下,湖州中院、德清法院、安吉法院的《终本裁定书》内容翔实,《执行日志》节点详细、清晰,《结案审批表》内的"执行情况"栏目,内容较为详细。南浔法院的终本案件，执行人员一般会前往被执行人居住地进行实地调查，如果被执行人下落不明，会张贴公告征集举报线索。南浔法院的终本卷宗里会归档实地调查的照片，并配有打印的文字说明，有执行员和书记员的签字、日期，比较规范。终本裁定书的内容更加翔实。执行日志为打印，比较清晰，有书记员签名。与长兴法院的《执行事项告知书》类似，德清法院是《执行情况告知书》，南浔法院是《财产查控结果通知书》。南浔法院多数卷宗还有《案件自查表》。吴兴法院的《执行日志》过于简单，失去回溯案件的意义。

### （五）少量卷宗信息存在错误

评估发现，少量卷宗存在信息错误，有的是日期前后不一致，有的是文书信息不完整或错误。例如，南浔法院（2019）浙0503执1368号卷宗，其封面上结案日期是10月31日，而里面结案的审批表记载的结案日期为10月30日；（2019）浙0503执1736号卷宗，其结案日期为10月29日，但是《执行日志》上打印的结案日期是9月29日，应该是打印错误。（2019）浙0503执1428号卷宗内部结案表中结案时间是9月20日，卷宗封面是9月23日。德清法院（2019）浙0521执594号评估拍卖案件，卷宗里附的德清法院的拍卖裁定，无落款、无签署日期，且落款处为评估公司的公章。

### （六）结案文书发送仍有短板

评估组选择两类结案方式评估结案文书发送情况。评估结果显示，有的法院对结案文书发送重视不够。例如，吴兴法院，抽查的10个终本案件中，有5个案件的终本裁定书发送超期，即超过了签发后3日向申请人发送，占50%；湖州中院有4个案件的终本裁定书发送超期，占40%。对于执行完毕案件，应在结案前向当事人发送结案通知书。评估结果显示，安吉法院，10个执行完毕的案件，有8个案件仅向一方当事人发送了结案通知书，占80%；有2个案件的卷宗未找到结案通知书的发送凭证，占20%。德清法院，10个执行完毕的案件，有2个案件仅向一方当事人发送了结案通知书，占20%；有5个案件的卷宗未找到结案通知书的发送凭证，占50%。

## 六 展望与建议：加强顶层设计，统一执行标准

湖州法院在规范执行的过程中，存在约谈当事人有待进一步加强、终本案件线下调查比较薄弱、拒不申报制裁力度仍显不够、执行流程标准有待统一等问题，这些问题在全国具有普遍性，因此加强顶层设计、统一执行标准势在必行。

### （一）树立并强化规范执行理念

经过基本解决执行难的攻坚战，在全国来看，虽然广大执行干警的执行规范意识有所提升，但是，仍有少数基层法院领导和执行干警解放思想不到位，存在惯性思维和路径依赖，办理执行案件唯结果论，认为执行案件只要能够执行到真金白银，过程是否规范可以不论，为了效率可以牺牲规范。还有些法院由于案件体量大，而现行的法院评价体系又过分强调结案率，因此，一些法院认为在案多人少压力下，可以降低对执行规范化的要求，为了按时结案执行过程不规范也是可以理解的，在没有足够的人员保障的情况下，执行规范细化有时还可能影响办案的实际效果。规范执行的确会耗费更多的人力物力和时间成本，但是规范执行所要求的应为必为，并非脱离案件实际情况的机械的事无巨细、面面俱到，在申请人提供执行线索而无法通过线上核查的情况下，执行案件无财产可供执行拟进行终结本次执行程序的情况下，才要求进行现场核查、走访，这种情况下的核查走访是必要的，并不会影响实际的执行效果。案多人少，可以通过办案团队化、信息化以及引入市场机制和社会力量等寻找出路，而不应该成为执行不规范的托词。

理念是行动的先导。从法院领导到普通执行人员，都应该树立和强化执行规范化的理念，规范化是法院工作的特点和要求，是破解执行难的客观需要，执行行为规范化也有助于维持执行队伍廉洁，建立执行长效。执行规范化意味着在办理执行案件的过程中要根据案件需要及时采取查询、控制、处置等行为，并依法对失信被执行人采取曝光、限制消费、拘留、

罚款等惩戒措施，可以有效避免消极执行、迟延执行和选择性执行，有助于取得良好的执行效果，也与执行效率并行不悖。

### （二）碎片化执行规范亟待整合

执行工作的不规范在一定程度上与强制执行立法的不完善有关。为规范执行，最高人民法院出台了一系列司法解释和规范性文件，这些制度文件为广大执行干警规范办理执行案件提供了制度依据，弥补了执行制度漏洞，地方法院也积极探索，颁布具有创新性的制度文件。但是由于统一的司法强制执行法缺位，现有的执行制度呈现碎片化，给执行人员学习领会相关文件精神、掌握统一的执行尺度造成困难，也造成部分执行规范的落实不理想，仍存在打折扣现象。为此，一些地方法院开始整合相关制度，出台行为指引，如《浙江法院执行实施案件办理指引规范》《上海市高级人民法院关于金钱债权执行实施案件流程管理的规定》《上海市高级人民法院执行人员行为基本规范》。为规范执行，宁波镇海法院借鉴企业管理中的"标准作业程序"（SOP）理论，树立标准理念，实施"说明书"制度，共编写完成"执行说明书"52个。然而，要终结碎片化、"打补丁"式地执行规范，还有待从中央立法治本，出台民事强制执行法。现阶段，制定强制执行法的条件已经基本具备，应加快推进民事强制执行法的立法工作，建立符合我国国情和实际的执行法律体系，为推动执行规范化建设奠定坚实的法律基础。

### （三）强化法院系统内部衔接机制

评估发现，一些法院之所以存在节点超期等问题，是因为法院内各部门之间配合衔接不畅，例如，保全裁定由审判庭做出，经立案庭立执保案号，再交由执行局具体实施保全，故从审判庭做出裁定到执保立案、再到具体负责保全实施的执行局流转，往往会出现超期。再如，部分法院的评估拍卖管理部门与执行部门存在衔接问题，一些体现委托评估、评估报告到达司鉴处、评估费缴纳、移交给承办人等节点的材料未及时整理反馈到执行卷宗中。为此，必须加强管理，畅通法院内部衔接机制，建立立、审、执协调的管理体制。

### （四）推广和完善询价议价机制

传统上，委托评估是确定财产处置参考价的主要形式，而评估收费高、评估不及时、评估价格过低或过高均会影响到财产及时合理变现。为了简化评估环节，提高财产处置效率，2018年6月，最高人民法院及时推广地方创新经验，通过《关于人民法院确定财产处置参考价若干问题的规定》（法释〔2018〕15号）明确在保留委托评估这一传统的确定财产处置参考价方式的基础上，新增了当事人议价、定向询价、网络询价三种确定财产处置参考价的方式。自此，财产评估方式迎来重大变革，将大数据引入评估定价环节，大大提升执行效率，降低评估成本，促使财产尽快变现，切实高效实现申请人合法权益。评估发现，湖州法院在财产处置时，仍以委托评估为主，询价机制应用不足。随着市场样本的不断丰富，未来，除了厂房、收藏品等不易确定价格的拍卖品之外，像商品房、车辆等市场价格比较透明的拍卖品，应该推广和不断完善议价询价机制。

### （五）加强对规避执行的深度调研

执行工作已经基本解决了被执行人现有财产的查找问题，但对于被执行人在执行阶段、甚至是诉讼阶段就提早恶意转移、隐匿财产的行为，在追查上缺乏有效手段、审核上缺乏专业能力、认定上欠缺法律依据。对于实践中大量存在的公司个人财产混同或是认缴资金未到期、利用关联公司转移财产等情况，现行执行法律法规中没有明确解决途径，执行法官缺乏法律依据、指导案例对规避执行行为予以认定和制裁，影响案件的执行到位。在明显存在利用公司面纱恶意规避执行的情况下，执法成本过高、解决途径复杂、时效严重滞后的问题不容忽视。应加强对规避执行行为的调研，出台相应惩治办法或指导案例，以解决实际困难，统一执法尺度。

### （六）尝试建立差异化执行模式

在案多人少的情况下，将有限的资源平均分配到所有案件类型上是不科学也是不现实的。为了缓解办案压力，可以根据案件性质，对案件实行差异化执行，在职权主义和当事人主义之间寻找平衡。第一类，职权主义为主，当事人主义为辅，主要涉及交通事故等侵权案件，涉及工资等民生保障类等案件，要求在现有基础上，应为尽为，甚至深挖彻查。第二类普通执行案件，主要针对一般商事纠纷，申请人在法院只有个别的借贷纠纷，强调职权、当事人主义二者并行。第三类以当事人主义为主，职权主义为辅，涉及资产包、金融债权、网络借贷等商事纠纷，强化申请人的举证责任。

**（七）建立科学的执行考核体系**

2017年11月，最高人民法院提出建立单独的执行质效考核体系，但是在目前执行结案率还在法院结案率的大盘子里的情况下，执行单独考核体系就无法真正建立。结案率的考核也会伤害执行规范化，不科学的考核指标会造成数据造假，也容易造成两年到三年基本解决执行难的成果流失，因此必须将执行考核与审判考核分开，建立科学的、符合执行规律的单独考核机制。建立科学的考核指标体系，必须着眼于执行过程的规范化和应为必为。执行工作可以从多个维度进行评估，而规范化是评估法院执行工作的首要维度，这是由司法工作的性质、破解执行难的需要、维持执行队伍廉洁性和建立执行长效机制的必要性决定的，并且从长远来看，执行规范化与执行质效呈正相关性。规范化评估着眼于执行过程，而执行质效是从结果对执行工作进行评估。一般而言，执行过程规范到位，执行行为应为必为，执行力度必然会提升，长远来看，执行到位率等质效数据会向好。然而，执行质效还受经济形势等外部环境的影响，在经济下行态势下，即使执行力度加大，执行效果也未必理想。因此科学的执行考核不能唯结果论，执行质效指标只能作为评价执行工作的参考和校验，而不能作为考核指标，否则，结果导向会扭曲和异化执行行为，带来数据注水造假。

**（八）依托信息化实现执行规范化**

与审判工作相比，执行工作具有节点多、所涉部门多、案件种类多、管理难度大等特点，要消除法院消极执行、选择性执行、乱执行现象，除了进行制度规范之外，还有必要借助信息化手段，将执行案件纳入流程管理系统，压缩执行人员的自由裁量空间，将执行权关入"数据铁笼"。《人民法院执行工作纲要（2019—2023）》提出"以信息化实现执行模式的现代化"，即"进一步推进现代信息科技在执行领域的广泛、深度应用，全面提升执行信息化、智能化水平，实现执行管理监督模式、执行保障模式、执行查控模式、执行财产变现模式现代化"。2019年，为巩固基本解决执行难成果，向切实解决执行难目标顺利过渡，最高人民法院以信息化助力执行工作智能化，各地法院也依托信息化探索建立执行长效机制。执行长效机制的建立其导向仍然是凸显执行工作的"一性两化"，即依法突出执行工作的强制性，全力推进执行工作信息化，大力加强执行工作规范化。"一性两化"贯穿执行全过程，包括财产申报、财产调查、财产控制、财产评估、财产拍卖、执行款发放、纳入失信名单、现场执行记录等，并拓展和延伸至前期的财产保全与后期的执行转破产程序。执行的每个环节都离不开信息化系统，唯有信息化，才能将制度规定的程序用流程节点加以固化，并生成标准的文书模板，实现执行规范化；唯有信息化，才能提升查人找物能力，提高执行效率，将节约的资源用于规范执行；唯有信息化，将失信被执行人名单嵌入联动单位的工作流程系统，才能实质性推动执行联动，凸显执行强制性；唯有信息化，才能促进执行案件全程透明，扩大失信曝光面，提升宣传效果；唯有信息化，才能更好保障和落实区域协同执行机制；唯有信息化，建立智慧融合的执行系统，实现无纸化执行，提升数据准确度。

# 第六编

## 自贸区法治指数

# 前海法治指数评估报告（2017）

法治是治国理政的基本方式，是国家治理体系的重要组成部分和治理能力现代化的关键支撑。为了加快推进法治建设向纵深发展，科学准确评价法治发展水平，《中共中央关于全面深化改革若干重大问题的决定》提出要"建立科学的法治建设指标体系和考核标准"。

前海深港现代服务业合作区位于深圳城市"双中心"之一的"前海中心"的核心区域，总占地面积约18.04平方千米。深圳前海承担着自由贸易试验、粤港澳合作、"一带一路"建设、创新驱动发展"四大国家战略使命"以及其他十多个重大国家战略定位，是真正的"特区中的特区"。2012年12月7日，习近平总书记在前海视察时指出，"前海可以在建设具有中国特色的社会主义法治示范区方面积极探索，先行先试"。打造社会主义法治示范区，既是前海勇当改革"尖兵中的尖兵"，为深圳市、广东省乃至全国发挥模范表率，为全国层面的全面深化改革与推进法治做出应有贡献的重要体现，也是前海自由贸易区、深港合作区、保税区、金融业对外开放试验示范窗口、人才管理改革示范区诸多战略使命和战略定位的本质要求和重要保障。

为了客观评估前海在法治建设中的进展和成效，营造稳定公平透明、可预期的营商环境，《前海中国特色社会主义法治建设示范区规划纲要》提出"建立前海法治环境指数"。为此，深圳前海管理局委托中国社会科学院法学研究所法治指数创新工程项目组研发前海法治指数评估指标体系，对前海法治建设情况进行了第三方评估。

## 一 评估概况

项目组在广泛调研论证基础上，拟定了"前海法治指数评估指标体系"，并多次在北京、深圳举行座谈会、论证会，邀请学者、实务专家等对指标体系提出修改意见和建议，对指标进行了多轮修订完善。以下是对指标体系的制定背景、评估目标、设定原则、具体指标、数据来源及相关问题的说明。

### （一）评估指标

法治制度架构安排的基本含义简单、清晰，即有良法，全社会的行为均有规则可依，所制定的规则须反映广大人民群众的利益和意志，体现民主性和科学性；法律法规等应得到贯彻实施，行政机关既要服务经济社会发展，又要做到依法全面履行职责，加强对经济社会的监督管理；且所有纠纷均应在法治框架下解决，实现公正司法、提升司法公信力；法的制定与实施应当公开透明，使人们的行为具有可预期性，减少社会矛盾和交易成本；无论是公权力机关还是广大人民群众都应知法、尊法、守法。

基于此，前海法治指数划分为五个一级指标：规则制定、法治政府、司法建设、法治社会及保障监督（见表1）。其中，规则制定是法治实施的前提和基础，是法治示范区的功能定位的体现，构成本指标体系的首要内容。法治政府既是法治建设的重要目标，也是法治推进的核心内容，是营造法治营商环境的关键，对于严格实施法律制度，切实保障人民群众合法权益，有效维护经济社会秩序，有着重要意义。公正是法治的生命线，司法建设对社会公正具有引领作用，是法治建设的重要内容。法治社会的重要意义在于，法律的权威源自人民的内心拥护和真诚信仰，必须通过增强全社会厉行法治的积极性和主动性，形成守法光荣、违法可耻的社会氛围。法治的实现既离不开有力的保障体系，也离不开严密的监督体系。有力的法治保障体系，是中国特色社会主义法治体系的重要组成部分，只有形成有力的法治保障体系，才能确保严格执法、公正司法，为宪法法律统一正确实施提供基础。严密的法治监督体系，是纠正以言代法、徇私枉法、恃权凌法以及规范权力运行、防范腐败的重要手段,只有加强监督,才能防止和纠正有法不依、执法不严之风,社会主义法治才会有权威性和生命力。

表1　　　　　　　　　前海法治指数评估指标体系

| 一级指标 | 二级指标 |
| --- | --- |
| 规则制定（25%） | 推进立法（50%） |
|  | 规范性文件制定（50%） |
| 法治政府（25%） | 重大决策（10%） |
|  | 政务服务（20%） |
|  | 执法监管（30%） |
|  | 回应社会（10%） |
|  | 公开透明（30%） |
| 司法建设（15%） | 审判执行（40%） |
|  | 检察权运行（30%） |
|  | 公安侦查（30%） |
| 法治社会（20%） | 信访法治（20%） |
|  | 多元纠纷化解（20%） |
|  | 司法鉴定（10%） |
|  | 公证（20%） |
|  | 法律查明（10%） |
|  | 普法宣传（20%） |
| 保障监督（15%） | 队伍建设（30%） |
|  | 廉政建设（40%） |
|  | 复议应诉（30%） |

## （二）评估方法

评估方法直接关系到评估结果是否科学有效,数据的获取方法直接关系到评估结果的客观性、真实性和科学性。项目组主要采取以下方法获取评估数据。

1. 内部数据

（1）评估对象工作凭证

各个评估对象提供的基础材料，以及依照项目组要求所提供的各类文件、报告、总结、纪要、执法记录、案卷等，是评估所依据的基本材料。

（2）官方统计数据

评估组从官方统计数据中筛选出部分具有法治意义的数据，作为评估法治发展状况的依据。此类数据主要来源于相关部门的公开信息及项目组从评估对象处提取的信息。项目组在使用相关官方统计数据前，还视情况进行了必要的复查和验证。

（3）评估对象自报数据

为确保评估内容全面性和完整性，一些评估所涉及的部门根据指标体系与项目组要求，自报了有关的信息材料。为确保自报数据的准确、真实，所涉及的部门须附有相应的证明材料，项目组也对有关部门提供的自报数据的真实性、准确性和可靠性进行了甄别。

2. 外部数据

在高度信息化的现代社会，门户网站是国家机关展示自身工作的重要窗口，也是公众获得政务、司法等官方信息、与国家机关沟通的重要渠道，以其可以提供 7×24 的不间断服务、效率高、成本低而受到公众的认可青睐。因此，评估还以相关部门门户网站作为获取数据的重要渠道，并考察数据获取的便捷性、网站的友好性等内容；与此同时，项目组还视情况从微博、微信、客户端等新型信息披露与公开互动平台获取了部分数据。

3. 第三方验证

项目组还采用一些互动方式，如实名或匿名抽查验证、申请公开等方式，向有关部门提出与实际工作相关的申请、咨询等，来验证相关部门的日常法治实践情况。

### （三）评估涉及的部门

由于前海不是一级行政区域，不具备完整的立法权限、社会管理权限，如涉及前海的地方立法需要提请深圳市人大及其常委会、深圳市政府；在社会管理方面，前海很多的社会管理职能由深圳市南山区负责。因此，评估前海法治的状况、成效和问题，不仅关乎前海自身的工作，而且涉及南山区乃至深圳市的有关部门和事务（见表2）。因此，本评估实则超出了前海蛇口自贸片区，是在评估深圳市、南山区及前海蛇口自贸片区涉及前海蛇口自贸片区的法治工作。不仅如此，评估还将前海放在全国自贸区中进行比较，分析其在全国自贸区法治建设中的优势及不足。

表2　　　　　　　　　　评估涉及的部门

| 评估内容 | 涉及部门 |
| --- | --- |
| 规则制定 | 深圳人大常委会 |
|  | 前海管理局等 |
| 法治政府 | 深圳市政府 |
|  | 南山区政府 |
|  | 前海管理局等 |
| 司法建设 | 前海合作区人民法院 |
|  | 前海蛇口自贸区人民检察院 |
|  | 南山区公安局等 |
| 法治社会 | 南山区信访局 |
|  | 深圳国际仲裁院 |
|  | 前海合作区人民法院 |
|  | 深圳司法局 |
|  | 中国港澳台和外国法律查明研究中心 |
|  | 前海管理局等 |
| 监督保障 | 前海廉政监督管理局 |
|  | 深圳市律师协会 |
|  | 深圳市司法局 |
|  | 前海管理局等 |

## 二　总体评估结果

基于设定的评估指标、按照各个渠道获取的评估数据，项目组核算了

2017年度前海法治指数评估结果（见表3、图1）。评估显示，前海作为中国首个国家级法治示范区，在各个领域和各个方面都开展了卓有成效的尝试和努力，很多方面走在了法治改革的前沿。在规则制定方面，前海善于推动改革与立法相衔接，保障改革于法有据；在法治政府建设方面，前海紧抓公开和信用体系建设，以切实高效优质的服务提供了优良的营商环境；在司法建设方面，前海一手抓改革，一手抓创新，多项举措值得其他自贸区借鉴；在法治社会方面，前海激发社会参与活力，充分挖掘法律服务资源，在多个领域开创先河；在保障监督方面，前海加强队伍建设、重视制度保障，为法治各方面建设保驾护航。

表3　　　　　　　　2017年度前海法治指数评估结果

| 评估一级指标 | 得分 |
| --- | --- |
| 规则制定（权重25%） | 90 |
| 法治政府（权重25%） | 73 |
| 司法建设（权重15%） | 53.15 |
| 法治社会（权重20%） | 84 |
| 监督保障（权重15%） | 86 |
| 总分（满分：100分） | 78.42 |

作为国家唯一批复的中国特色社会主义法治建设示范区，与国内其他功能开放区和自贸区相比，重视法治保障是前海的突出特点，也是前海的核心竞争优势和主要驱动力。评估发现，前海在规则体系、司法保障、法律服务方面在国内众多自贸区中处于领先地位。

第一，规则体系较为完善。截至2017年底，中国共有11个自贸区、37个片区。制定省级立法（包括地方性法规和地方政府规章）的自贸区有8个，其中制定省级地方性法规立法的自贸区有4个，约占整个自贸区的36.4%。从自贸片区来看，自贸片区拥有独立管理规范的共计9个，在所有自贸片区中占24.3%。广东自贸区的规则涵盖了省级地方性法规、省政府规章、自贸片区所在市地方立法，不可谓不全面。这样的规则覆盖面在整个中国自贸区中也是罕见。在自贸区规则建设方面，广东具有其他自

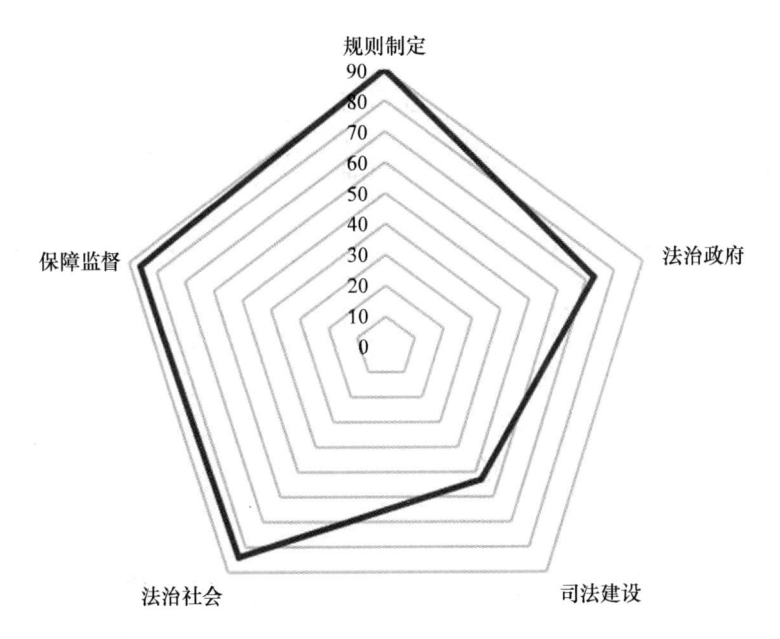

图1 前海法治指数评估各一级指标评估得分雷达图

贸区无法比拟的优势。首先，广东市级地方立法经验丰富。广东自贸区所在地都是计划单列市或者沿海开放城市，在《立法法》修改赋予设区的市地方立法权以前就享有立法权限，且均有较为丰富的立法经验，在推动自贸区管理立法方面轻车熟路。而对于上海、天津、重庆等地而言，区县一级没有立法权，自贸区若要立法只能纳入直辖市人大及其常委会、直辖市政府立法计划，这为自贸区条例和办法的出台增加了难度。对于湖北省、福建省、浙江省等而言，一些自贸区所在城市自《立法法》修改后才刚获得立法权，立法经验不足，无法即刻开展自贸区领域立法。前海作为广东自贸区重要的片区之一，在规则制定和建设上领先于其他自贸片区，近年来形成了"条例+办法+指引"的梯次型规则格局，《中国（广东）自由贸易试验区条例》《深圳经济特区前海深港现代服务业合作区条例》成为自贸区的"基本法"，指引着自贸区的发展规划，另外，广东省政府、深圳市政府出台的各种政府规章也成为落实条例的实施细则，而前海制定并发布的行业指引则成为企业、组织、公民在前海投资、创业的基本规范

（见表4）。可以说，前海自贸区在规则制定上布局合理、层次分明，基础性立法和多项规则指引以及政策配套措施较为完善。

表4　　　　　　　国内自贸区立法一览表（截至2017年底）

| 自贸区 | 地方性法规或地方政府规章（省） | 自贸区片区 | 地方性法规或地方政府规章（市） |
| --- | --- | --- | --- |
| 上海<br>（2013年9月） | 中国（上海）自由贸易试验区条例（2014年7月） | 外高桥保税区 | 上海市外高桥保税区条例（1997年1月）（失效） |
| | 中国（上海）自由贸易试验区管理办法（失效）（2013年10月） | 外高桥保税物流园区 | 无 |
| | | 洋山保税港区 | 洋山保税港区管理办法（2006年11月） |
| | | 上海浦东机场综合保税区 | 上海浦东机场综合保税区管理办法（2010年7月） |
| | | 金桥出口加工区 | 无 |
| | | 张江高科技园区 | 上海市促进张江高科技园区发展的若干规定（2007年修正） |
| | | 陆家嘴金融贸易区 | 无 |
| 广东<br>（2015年4月） | 中国（广东）自由贸易试验区管理试行办法（2015年4月） | 广州南沙新区 | 广州市南沙新区条例（2014年7月） |
| | 中国（广东）自由贸易试验区条例（2016年5月） | 深圳前海蛇口 | 深圳经济特区前海深港现代服务业合作区条例（2011年7月） |
| | | 珠海横琴 | 珠海经济特区促进中国（广东）自由贸易试验区珠海横琴新区片区建设办法（2015年12月） |
| 福建自贸区<br>（2015年4月） | 中国（福建）自由贸易试验区管理办法（2015年4月） | 福州片区 | 无 |
| | | 厦门片区 | 厦门经济特区促进中国（福建）自由贸易试验区厦门片区建设规定（2016年9月） |
| | | 平潭片区 | 无 |
| 天津自贸区<br>（2015年4月） | 中国（天津）自由贸易试验区条例（2015年12月） | 天津港片区 | 无 |
| | | 天津机场片区 | 无 |
| | | 滨海新区 | 无 |

续表

| 自贸区 | 地方性法规或地方政府规章（省） | 自贸区片区 | 地方性法规或地方政府规章（市） |
|---|---|---|---|
| 辽宁自贸区（2017年3月） | 无 | 大连片区 | 中国（辽宁）自由贸易试验区大连片区管理办法（2017年11月25日公布，2018年1月1日实施） |
| | | 沈阳片区 | 无 |
| | | 营口片区 | 无 |
| 浙江自贸区（2017年3月） | 中国（浙江）自由贸易试验区条例（2017年12月27日） | 舟山离岛片区 | 无 |
| | | 舟山岛北部片区 | |
| | | 舟山岛南部片区 | |
| 湖北自贸区（2017年3月） | 中国（湖北）自由贸易试验区建设管理办法（2017年4月18日） | 武汉片区 | 无 |
| | | 襄阳片区 | 无 |
| | | 宜昌片区 | 无 |
| 重庆自贸区（2017年3月） | 无 | 两江片区 | 无 |
| | | 西永片区 | 无 |
| | | 果园港片区 | 无 |
| 四川自贸区（2017年3月） | 无 | 成都天府新区片区 | 无 |
| | | 成都青白江铁路港片区 | 无 |
| | | 川南临港片区 | 无 |
| 陕西自贸区（2017年3月） | 中国（陕西）自由贸易试验区管理办法（2017年12月14日） | 中心片区 | 无 |
| | | 西安国际港务区片区 | |
| | | 杨凌示范区片区 | |
| 河南自贸区（2017年3月） | 中国（河南）自由贸易试验区管理试行办法（2017年3月） | 郑州片区 | 无 |
| | | 洛阳片区 | 无 |
| | | 开封片区 | 无 |

第二，司法保障比较充分。由于自贸区涉及的案件很多具有外资背景，而且在法律政策适用上有别于一般的区域，故在审判管理、审判监督、法律适用、仲裁调解等诸多方面与一般的案件有所区别，故打造专业团队、组建专门的法庭及检察室、成立专门的法院及检察院对满足自贸区的司法需求具

有重要意义。自贸区拥有一支职业化、专业化的审判团队，才能够更好地满足自贸区内各类企业的需求，自贸区成立专业的检察团队才能够让自贸区的投资者、创业者第一时间感受到身边的法律服务，为自贸区提供有力的法律保障，营造良好的营商环境。从法治保障的角度来看，成立的机构、组织越专业，则司法保障力度越大。相对于普通法院，组建专业的法庭及检察室甚至成立专门的法院、检察院更有助于提升保障自贸区健康有序发展的司法水平。截至2017年底，全国11个自贸区、37个片区大部分是以成立自贸区法庭、自贸区检察室为主，仅有前海蛇口自贸区、广州南沙自贸区、珠海横琴自贸区、成都天府新区（筹建中）组建了专业的自贸区法院，仅有前海蛇口自贸区、广州南沙自贸区成立了专门的自贸区检察院，除此之外，有些自贸区由于成立时间较短，尚未成立相关的法庭及检察室（见表5）。可以说，在司法保障方面，广东自贸区走在11个自贸区之前，前海蛇口自贸区名列37个自贸片区前列。

表5　自贸区组建专门司法机构情况（截至2017年底）

| 自贸区 | 片区 | 自贸区法院或法庭 | 自贸区检察院或检察工作室 |
| --- | --- | --- | --- |
| 上海<br>（2013年9月） | 外高桥保税区 | 成立自贸区法庭 | 上海市检察院派驻中国（上海）自由贸易试验区检察室 |
| | 外高桥保税物流园区 | | |
| | 洋山保税港区 | | |
| | 上海浦东机场综合保税区 | | |
| | 金桥出口加工区 | | |
| | 张江高科技园区 | | |
| | 陆家嘴金融贸易区 | | |
| 广东<br>（2015年4月） | 广州南沙新区 | 广东自由贸易区南沙片区人民法院 | 广东自由贸易南沙片区检察院 |
| | 深圳前海蛇口 | 深圳前海合作区人民法院 | 前海蛇口自贸区检察院 |
| | 珠海横琴 | 珠海横琴法院 | 珠海市横琴新区检察院设立广东自贸区横琴片区知识产权检察工作站 |

续表

| 自贸区 | 片区 | 自贸区法院或法庭 | 自贸区检察院或检察工作室 |
|---|---|---|---|
| 福建自贸区（2015年4月） | 福州片区 | 自由贸易区法庭 | 福州马尾检察室 |
| | 厦门片区 | 自由贸易区案件审判庭 | 厦门湖里检查室 |
| | 平潭片区 | 自由贸易区法庭 | 平潭三个片区检察室 |
| 天津自贸区（2015年4月） | 天津港片区 | 自贸区法庭 | 自贸区检察室 |
| | 天津机场片区 | | |
| | 滨海新区 | | |
| 辽宁自贸区（2017年3月） | 大连片区 | 大连市中级人民法院自贸试验区审判庭 | 自贸区检查室 |
| | 沈阳片区 | 派出法庭 | — |
| | 营口片区 | 成立涉自贸区案件专门合议庭 | — |
| 浙江自贸区（2017年3月） | 舟山离岛片区 | 宁波海事法院自贸区海事法庭 | 自贸区检察室 |
| | 舟山岛北部片区 | | |
| | 舟山岛南部片区 | | |
| 湖北自贸区（2017年3月） | 武汉片区 | — | — |
| | 襄阳片区 | 自贸区法庭 | — |
| | 宜昌片区 | — | — |
| 重庆自贸区（2017年3月） | 两江片区 | — | 自贸区检察室 |
| | 西永片区 | — | 自贸区检察室 |
| | 果园港片区 | — | 自贸区检察室 |
| 四川自贸区（2017年3月） | 成都天府新区片区 | 自贸区法院获批筹建 | 自贸区检察室 |
| | 成都青白江铁路港片区 | — | 自贸区检察室 |
| | 川南临港片区 | 成立自贸区法庭 | 自贸区检察室 |
| 陕西自贸区（2017年3月） | 中心片区 | 派出法庭 | 自贸区检察室 |
| | 西安国际港务区片区 | 派出法庭 | 自贸区检察室 |
| | 杨凌示范区片区 | 派出法庭 | 自贸区检察室 |

续表

| 自贸区 | 片区 | 自贸区法院或法庭 | 自贸区检察院或检察工作室 |
| --- | --- | --- | --- |
| 河南自贸区（2017年3月） | 郑州片区 | — | — |
|  | 洛阳片区 | 自贸区法庭 | — |
|  | 开封片区 | 自贸区法庭 | — |

第三，法律服务相对健全。自贸区中不断涌现大量新类型企业和新经营模式企业，对法律服务的需求达到了新的高度。对此，各个自贸区都非常重视法律服务的健康有序发展，注重将律师、公证、司法鉴定以及法律援助等法律服务资源进行整合，为自贸区企业提供一站式的综合法律服务。例如，湖北自贸区襄阳片区公共法律服务中心积极探索公共法律服务新模式，整合现有法律服务资源，积极探索建立法律服务机构和襄阳片区企业信息对接服务平台，为涉外法律服务做好人才和制度准备。前海也不例外，但相比于其他自贸区及自贸片区，前海自贸区有自己的优势和特点，与港澳台相毗邻，引进港澳法律服务是前海法律服务最大特色之一。例如，前海利用地缘优势，引进了中国第一家香港与内地合伙联营律师事务所，在前海投资的香港企业可以享受到香港本土律师提供的法律服务。

此外，自贸区发展过程中还涉及大量涉港澳台、涉外纠纷，需要专业机构和人才进行调停与裁断，因此各类国际商事调解中心和国际商事仲裁院应运而生。成立国际商事调解中心、国际商事仲裁院有利于公正快捷地解决国际经贸纠纷，维护公平有序的市场秩序，也有利于创建互利共赢的经贸秩序，为自贸区建设服务。在11个自贸区中，有的自贸区成立了独立的国际商事仲裁中心，有的则依托原有的仲裁委员会组建了仲裁院。有4个自贸区专门制定了符合自贸区特点的自贸区仲裁规则或者临时规则，分别是上海自贸区、广东自贸区、天津自贸区、辽宁自贸区（见表6）。包括前海在内的少数自贸片区成立了独立的国际仲裁院，制定了符合自身特色的仲裁规则。与其他自贸片区相比，前海对接港澳台的仲裁员前往前海更为便捷，为保障国际商事调解和国际商事仲裁的办理实践提供了人才基础。

表6　国内自贸区国际商事仲裁机制建设情况（截至2017年底）

| 自贸区 | 片区 | 国际商事调解中心 | 国际商事仲裁中心 | 规则建设 | 人才储备 |
|---|---|---|---|---|---|
| 上海<br>(2013年9月) | 外高桥保税区 | 上海经贸商事调解中心 | 上海国际仲裁院 | 上海国际经济贸易仲裁委员会上海国际仲裁中心中国（上海）自由贸易试验区仲裁规则 | 港澳台及外籍专家 |
| | 外高桥保税物流园区 | | | | |
| | 洋山保税港区 | | | | |
| | 上海浦东机场综合保税区 | | | | |
| | 金桥出口加工区 | | | | |
| | 张江高科技园区 | | | | |
| | 陆家嘴金融贸易区 | | | | |
| 广东<br>(2015年4月) | 广州南沙新区 | 南沙自贸区商事调解中心 | 中国南沙国际仲裁中心 | 南沙仲裁通则 | — |
| | 深圳前海蛇口 | 前海"一带一路"国际商事诉调对接中心 | 深圳国际仲裁院 | 深圳国际仲裁院仲裁规则 | 港澳台外籍专家 |
| | 珠海横琴 | 横琴新区国际商事调解中心 | 珠海国际仲裁院 | 横琴自由贸易试验区临时仲裁规则 | 港澳台及外籍专家 |
| 福建自贸区<br>(2015年4月) | 福州片区 | — | 福州国际商事仲裁院 | — | — |
| | 厦门片区 | 厦门国际商事调解中心 | 厦门国际商事仲裁院 | — | 台湾专家及外籍专家（无港澳） |
| | 平潭片区 | — | 海峡两岸仲裁中心 | — | 港澳台专家 |

续表

| 自贸区 | 片区 | 国际商事调解中心 | 国际商事仲裁中心 | 规则建设 | 人才储备 |
|---|---|---|---|---|---|
| 天津自贸区（2015年4月） | 天津港片区 | 天津自贸区国际商事调解中心 | 贸仲委/海仲委天津自贸区仲裁中心 | 天津仲裁委员会自由贸易仲裁暂行规则 | 港澳台及外籍专家 |
| | 天津机场片区 | | | | |
| | 滨海新区 | | | | |
| 辽宁自贸区（2017年3月） | 大连片区 | — | 大连仲裁委员会 | | 港澳台及外籍 |
| | 沈阳片区 | — | 中国国际经济贸易仲裁委员会正式在沈阳设立办事处 | 辽宁自贸区仲裁规则 | — |
| | 营口片区 | — | — | | — |
| 浙江自贸区（2017年3月） | 舟山离岛片区 | 中国国际贸易促进委员会（中国国际商会）浙江调解中心 | 杭州国际仲裁院 | — | — |
| | 舟山岛北部片区 | | — | | — |
| | 舟山岛南部片区 | | — | | — |
| 湖北自贸区（2017年3月） | 武汉片区 | — | 武汉国际仲裁中心 | — | 港澳台及外籍 |
| | 襄阳片区 | — | 襄阳仲裁委员会 | — | — |
| | 宜昌片区 | — | 国际仲裁分支机构 | — | — |
| 重庆自贸区（2017年3月） | 两江片区 | 中国国际贸易促进委员会（中国国际商会）重庆调解中心 | 重庆两江国际仲裁中心 | — | 港澳台及外籍 |
| | 西永片区 | — | — | — | — |
| | 果园港片区 | — | — | — | — |

续表

| 自贸区 | 片区 | 国际商事调解中心 | 国际商事仲裁中心 | 规则建设 | 人才储备 |
|---|---|---|---|---|---|
| 四川自贸区（2017年3月） | 成都天府新区片区 | "一带一路"国际商事调解中心 | 成都仲裁委员会国际商事仲裁（双流）联络处 | — | 港澳台及外籍 |
| | 成都青白江铁路港片区 | — | 成都仲裁（青白江）咨询联络处 | — | — |
| | 川南临港片区 | — | — | — | — |
| 陕西自贸区（2017年3月） | 中心片区 | 国际商事调解中心 | 西安仲裁委员会国际商事仲裁院 | — | 港台专家 |
| | 西安国际港务区片区 | — | — | — | — |
| | 杨凌示范区片区 | — | — | — | — |
| 河南自贸区（2017年3月） | 郑州片区 | — | 郑州仲裁委员会国际商事仲裁院 | — | 港台专家 |
| | 洛阳片区 | — | 洛阳国际商事仲裁院 | — | — |
| | 开封片区 | — | — | — | — |

## 三 各领域评估结果

### (一) 规则制定

法律是治国之利器,良法是善治之前提。规则制定不仅是法治的重要指标,而且还关系到改革的成败。前海在推动改革过程中要遵循"先立后破"的理念,始终树立秉持规则意识和制度意识,将规则制定放在第一位。强调规则制定,有利于健全前海法规体系,有助于推进前海法规与国际对接,有益于构建"大前海"发展格局,为促进前海与周边区域协同联动、大力拓展对外合作新通道、推动自贸片区成为对外开放门户枢纽夯实规则基础。

1. 评估发现的亮点

(1) 推动改革与立法衔接,保障改革于法有据

立法是国家有权机关制定、修改、解释、废止法律法规的活动。科学立法是法治建设的前提基础。党的十八大报告确定了"科学立法"在法治建设中的首要、基本定位。《中国(广东)自由贸易试验区总体方案》要求"强化自贸试验区制度性和程序性法规规章建设"。虽然前海没有立法权,但前海可以提请深圳市人大及其常委会、深圳市政府制定地方性法规、地方政府规章,并还可提请更高级别的立法机关制定法律法规。

作为自贸区和法治示范区,前海很多改革举措走在全国前列,走在法律法规之前,在推动改革过程中势必会与现行部分法律、行政法规、部门规章不一致的情况,前海将法规制定或修改意见提交深圳人大常委会,通过特区立法的形式予以变通,保障改革举措有法可依。例如,为了吸引香港澳门高端人才在前海工作,前海管理局向深圳人大常委会提交报告,建议深圳人大常委会根据《全国人大常委会关于授权深圳市人民代表大会及其常务委员会和深圳市人民政府分别制定法规和规章在深圳经济特区实施的决定》和《立法法》第90条第2款,通过特区的立法进行变通,取消港澳居民在前海自贸区工作就业证的规定。深圳人大常委会利用特区立法权,不仅保障了前海各项改革有法可依,而且还塑造了自贸区的法治思维和法治处理模式。评估发现,前海除了推动改革与立法相衔接外,还重视

发挥规范指引的作用。评估结果显示，前海管理局单独或者联合其他部门制定的规则或指引约占全部规则及立法总量的70%，而该项指标在其他自贸区不足30%。此外，前海所发布的规则和指引还更加注重基础性、产业性、配套性和连续性。

（2）规范性文件清理及时，失效文件有序公开

规范性文件是各级机关、团体、组织制发的各类文件中最主要的一类，因其内容具有约束和规范人们行为的性质，故名称为规范性文件。规范性文件具有如下特点。首先，影响力大。由于法律法规内容无法事无巨细地规定每一个细节，规范性文件就成为法律实施的有效补充。政府以及政府部门适用的规范性文件往往是行政和执法的重要依据，例如有些执法部门在法律法规的基础上颁布了行政执法手册或者执法规范。可以说，规范性文件对于公民、企业、组织的影响仅次于法律法规。其次，变动频繁。由于没有固定的程序对规范性文件的发文和使用做出限制，有关部门往往用一个文件就能废止另外一个文件、一个决议就能废止另外一个决议，所以规范性文件的变动性较为频繁。最后，不易掌握。对于部门内部或者行业内部而言，经过多年的工作，对部门或者行业有多少规定、有多少文件了若指掌，对于外部人士甚至内部人士而言却是一头雾水，无从而知。因为以上特征，规范性文件的规制是法治建设的难点，同时也成为法治评估的重点指标。

评估发现，前海通过规范性文件的公开、审查和清理解决了上述大部分难题。第一，规范性文件及时公开。前海管理局网站中公开了前海制定的几乎所有规范性文件，此外还对规范性文件的有效性进行了标注。这样不但解决了规范性文件不易为外人知晓的问题，而且还减轻了规范性文件频繁变动造成的负面影响。第二，加强规范性文件的合法性审查。前海所有的规范性文件自2017年7月1日起，均实现统一编号、统一发文、统一印发，同时所有规范性文件均需经过深圳市法制办的合法性审查。此外，深圳市法制办门户网站不仅公开了涉及前海规范性文件的内容，连同文号、有效期等基本要素一并予以公开。第三，规范性文件及时清理。评估发现，为了推动"放管服"的进一步落地，前海针对各项规范性文件进行了系统性清理，通过规范性文件的清理，前海对部分规范性文件进行了修

订或废止。例如，前海通过文件清理，修订了《前海深港现代服务业合作区境外高端人才和紧缺人才个人所得税财政补贴暂行办法》，废止了《前海深港现代服务业合作区境外高端人才和紧缺人才认定暂行办法实施细则（试行）》。

(3) 制定地方立法计划规划，公开立法计划推进情况

在深圳人大常委会网站中公开了立法规划以及年度立法计划，此外还公开了立法计划的推进情况。公开立法计划或立法规划的推进情况一方面可以检验立法计划和立法规划的科学性与合理性，不科学不合理的规划和计划必然无法完成；另一方面可以便于公众监督立法机关的工作质效，是立法机关的一场自我约束的革命。深圳人大常委会公开了2014年的立法计划执行情况，根据实施情况的综合报告显示，该年度已经完成了《前海深港现代服务业合作区涉港合同选择适用香港法律若干规定》和《前海深港现代服务业合作区金融信息安全保护条例》草案初稿。其他自贸区以及自贸区所在的省市均未发现公开年度立法计划的执行情况，可见深圳在该领域走在了其他地区的前列。

(4) 公开文件草案起草说明，反馈征求意见采纳情况

法规草案不仅要公开，而且应当以公众看得懂的方式公开。这就要求在公布草案的同时必须公开草案或者草案的解读内容，以及相关立法情况的说明。这样公众才有可能了解法规的重点内容，才能够有针对性地提出意见和建议。同时，法规的反馈意见也至关重要，即便有些法规草案公开了法规的起草说明和内容解读，但公众仍然抓不住解读的重点和难点，若能公开部分意见以及意见反馈情况，则公众从意见的争论和交锋中便能充分了解法规或文件争议焦点。此外，公开征求意见的反馈情况可以激发公众的积极性，让公众了解目前意见建议是否采纳，哪些采纳，哪些没有采纳。这一方面有助于提高立法机关及规则制定者科学决策的能力，另一方面也有助于通过有效沟通就有关立法或者规则形成最大公示效果。评估发现，前海在制定规范性文件过程中，不仅公开了规范性文件草案起草说明，而且还公开了部分征求意见的采纳情况。例如，前海管理局网站公开了《中国（广东）自由贸易试验区深圳前海蛇口片区制度创新载体管理暂行办法（征求意见稿）》的起草说明，其意见征集情况、采纳情况也一并

公开。

2. 评估发现的问题

（1）清理规范性文件未形成长效机制

前海管理局虽然针对规范性文件进行了清理，但目前的清理仍属于"运动式"清理，是否开展清理没有确定的启动条件、时间节点、固定程序，故针对规范性文件的清理工作并未形成长效机制。一旦发生上位法修改、重大事实变更、重大政策转变等情况，如未能及时规范文件清理工作，则可能出现违反上位法、违背中央重大决策以及精神、甚至损害相对人权益的现象。例如《香港特别行政区和澳门特别行政区会计专业人士担任深圳经济特区会计师事务所合伙人办法（试行）》出台后，规定《香港特别行政区会计人士申请成为前海深港现代服务业合作区会计师事务所合伙人暂行办法》同时失效，但前海并没有及时清理该文件，在前海管理局官方网站中仍然能够找到该文件，且仍标注为有效。

（2）立法计划相关信息未做到持续公开

公开立法计划及其推进情况，是立法公开乃至加强对立法的社会监督、提升立法计划执行质效的重要手段。但值得注意的是，深圳人大常委会并没有公开2015年、2016年的立法计划实施综合情况，更没有公开2017年的立法计划，立法计划及立法规划公开呈现后劲不足的趋势。

（3）立法评估开展不及时评估结果不公开

立法评估是检验立法质量的重要渠道，是确保民主科学立法的重要手段。近年来，深圳市非常重视立法评估的作用，《深圳市制定法规条例》明确规定："制定或者修改的法规实施满一年后，由专门委员会或者常务委员会工作委员会根据需要组织对该法规或者法规中有关规定进行立法后评估。""立法后评估针对主要制度的科学性、合理性及实施效果等方面进行。评估情况应当向常务委员会报告并向社会公开。"但在实践中，有关前海的法规却未及时开展评估。例如《深圳前海深港现代服务业合作区条例》实施六年之后才开展评估，远远超出了《深圳市制定法规条例》中规定实施满一年的规定。此外，深圳并没有公开评估报告，无论是深圳人大常委会官网，还是前海管理局官网，均未发现相关的立法评估报告。

### （二）法治政府

基本建成法治政府，既是全面建成小康社会的重要目标，也是全面推进依法治国的必然要求。中共中央、国务院 2015 年 12 月印发的《法治政府建设实施纲要（2015—2020 年）》要求，"到 2020 年基本建成职能科学、权责法定、执法严明、公开公正、廉洁高效、守法诚信的法治政府"，并提出了一系列的具体标准。根据中央部署和对前海建设法治示范区的要求，本板块从重大决策、政务服务、执法监管、公开透明、回应社会等方面对法治政府建设情况进行了评估。

1. 评估发现的亮点

（1）公开重大决策，接受社会监督

重大决策是指国家机关就经济社会发展有重大影响、涉及重大公共利益或者社会公众切身利益的重大事项，经由法定程序做出决策并予以实施的活动。《中共中央关于全面推进依法治国若干重大问题的决定》要求"健全依法决策机制"并提出一系列具体要求与部署安排。《法治政府建设实施纲要（2015—2020 年）》要求"推进行政决策科学化、民主化、法治化"，并以大段篇幅明确其任务目标和具体措施。在数十个地方、部门已出台专门规章、文件的基础上，国务院层面的《重大行政决策程序暂行条例》已纳入立法议程。

从全国范围看，各个自贸区大都非常重视重大决策的制定和实施，每个重大决策都会征求部门、公众意见，开展专家论证，进行集体讨论。但除了前海之外，很少有自贸区能够主动公开重大决策的具体内容。例如，上海、天津等自贸区门户网站中就没有公开重大决策的内容。前海在门户网站中不但直接公开了重大决策信息，还对重大决策进行实时跟踪，公开了调整信息，主动接受社会监督。

（2）构建信用体系，加强信用监管

信用监管是新时期政府监管的重要替代性措施，是利用失信惩戒机制，通过一处失信、处处受限，鼓励市场主体自觉主动守法。国务院办公厅出台的《关于运用大数据加强对市场主体服务和监管的若干意见》（国办发〔2015〕51 号）、《国务院关于"先照后证"改革后加强事中事后监管的意见》（国发〔2015〕62号）、《国务院关于实行市场准入负面清单制度的意见》（国发〔2015〕55号）、《国务院关于建立完善守信联合激励和失信联合惩戒制度加快推进社会诚信建设的指导意见》（国发〔2016〕33号）等一系列政策文件中均有涉及信用监管的要求。

深圳市和前海管理局十分重视建设诚信监管体系、加强诚信监管机制。深圳市市场和质量监管委与前海蛇口片区管委会于2016年就联合出台《加强和完善深圳前海蛇口自贸片区商事主体信用监管体系建设的若干措施》，提出要推行企业设立变更前向社会公开信用承诺、不实申请人黑名单库、深化企业信用产品开发和应用等举措。

前海依托深圳信用网建立了前海诚信平台，在深圳信用网中，可以查询到整个深圳市各类市场主体的行政许可、登记备案、警示信息、良好信息、涉诉信息、担保抵押等多方面信息。在前海诚信平台中，可以查询到前海企业的异常名录、企业年报、信用动态等信息。通过前海诚信平台，任何企业、组织和个人均能够查找到前海的企业异常信息；通过深圳信用平台，任何前海企业均能查找到深圳其他地区企业的异常信息。深圳信用网和前海诚信平台共同形成了诚信体系平台，市场主体的信用等级和信用记录在平台中一览无遗，极大降低了市场主体交易风险，提高了企业、公民、组织的守法意识和守法主动性。

（3）公开突出重点，内容完整全面

公开透明是现代法治对公权力运行的一般性但又是基础性的要求，既有利于保障公民的知情权、监督权、参与权等重要权利；也有利于倒逼政府机关依法行政，进而提升其公信力。阳光政府是现代法治政府的必然要求。全面推进政务公开，要坚持以公开为常态，不公开为例外。《中共中央关于全面推进依法治国若干重大问题的决定》提出，要"推进决策公开、执行公开、管理公开、服务公开、结果公开"。2016年，中共中央办公厅、国务院办公厅印发《关于全面推进政务公开工作的意见》，国务院办公厅印发《〈关于全面推进政务公开工作的意见〉实施细则》，部署全面推进各级行政机关政务公开工作。

由于前海并非一级行政区划，前海管理机构也不行使一级政府的行政管理权限，因此评估中重点考察前海自贸区门户网站中的财政信息、政府信息公开工作年度报告信息及栏目信息等内容的公开情况。评估发现，前海自贸区门户网站在公开方面突出重点，内容完整全面。首先，栏目设置清晰合理。前海自贸区门户网站设置了政府信息公开专栏、专栏下设指南栏目、政府信息公开年报栏目、依申请公开栏目和政府信息公开依据栏目，政府信息公开依据栏目中公开了中国、广州省信息公开条例及深圳市的信息公开规定。其栏目设置较为合理，基本符合国务院发布的《政府信息公开条例》规定，同时也发挥了政府信息公开"第一平台"作用。其次，财政信息内容公开全面。在财政信息方面，前海自贸区能够较好地将自身的"账本"公开在阳光下，包括各类预算表、决算表、"三公"经费等在内的财政信息均有详细且全面的公开。最后，年度报告公开内容完整。前海自贸区门户网站公开了2017年度政府信息公开工作年度报告，且年度报告对依申请公开的申请量、答复的总体情况、答复结果的分类数据以及因政府信息公开引起行政复议的总体情况、复议结果的分类数据、诉讼结果的分类数据做了说明。

（4）"互联网+政务服务"效果显著

简政放权、放管结合、优化服务，是党的十八大以来全面深化改革特别是供给侧结构性改革的重要内容，也是全面深化改革的"先手棋"和转变政府职能的"当头炮"，受到党中央和国务院的高度重视。习近平总书记在不同场合反复强调要"降低市场运行成本"。中央全面深化改革领导小组多次研究讨论，要求为群众提供更加优质高效的服务，在路径上要求把优化服务和加强管理结合起来，寓管理于服务之中。显然，在推进法治过程中全面建成服务型政府，进而提供优质公共服务，对于形成法治化营商环境具有关键作用，对于增强企业、人民群众的改革获得感也具有重要意义。《国务院关于加快推进"互联网+政务服务"工作的指导意见》（国发〔2016〕55号）更是明确要求"凡是能实现网上办理的事项，不得要求必须到现场办理"，提出"一口受理""一号申请、一窗受理、一网通办""一站式服务"等一系列具体而明确的要求。

评估发现，前海"互联网+政务服务"改革成效明显。前海为片区企业打造企业专属网页的在线办事及服务平台，提供一站式政务服务，实现"行政服务一网通办""办事指引清晰明了""事项资讯个性推送"。截至

2017年11月底,前海已为片区16.35万家注册企业开通了专属网页,开通率100%。同时,片区陆续出台了《前海国地税联合办税业务合作方案》《前海国地税办税服务厅统一规范管理暂行办法》,启动了"智税通"项目,进一步实现办税便利化。

2. 评估发现的问题

(1)信用体系建设有待加强

尽管拥有深圳信用网和前海信用平台,但信用体系建设仍然任重道远,从现有平台建设来看,深圳信用网和前海信用平台存在以下问题,可能会影响到信用体系建设的效果。第一,深圳信用网和前海诚信平台之间信息不对称。评估发现,前海诚信平台数据滞后,很多深圳信用网已经发布的前海企业的异常名录并未发布在前海诚信平台中。第二,公开了大量警示信息但缺少褒奖信息。深圳信用网设有诚信公示栏目,但该栏目的内容公开不全,很难达到褒奖的效果。例如,在深圳信用平台中公开了诚信信息,标题是"深圳11家企业上榜深圳食品名片",但是整个内容只找到广东望家欢农产品集团有限公司、深圳面点王饮食连锁有限公司这2家企业,余下9家应当予以褒奖的企业名称并没有公开,该名单褒奖诚信企业的成效不突出。在前海诚信平台中,没有设置企业诚信公示栏目,公众无法从中得知哪些企业在诚实守信方面表现突出,哪些企业值得信赖。

(2)工作效率需进一步提高

前海面积虽小,但经济体量较大,行政审批常常面对事多人少的局面,有时大量的工作涌来,工作人员往往力不从心,行政效率较之原来略有降低。前海拥有完善的行政审批预警系统,凡是没有按照规定时间、规定期限办理的案件均会在系统中予以警告。评估发现,个别审批环节存在超时超期的现象,影响到自贸区的工作效率,应当加以注意和警觉。

(3)执法过程留痕机制不健全

党的十八届四中全会决定提出:"推行行政执法公示制度、执法全过程记录制度、重大执法决定法制审核制度。"记录完整的执法过程,一方面可以规范执法,保障行政相对人的合法权益;另一方面也可以生成执法记录,对合法合规的执法人员进行保护。2016年原住房与城乡建设部要求推行城市管理执法全过程记录,"合理配备并使用执法记录仪等现场执法记录设备和视频音频资料传输、存储等设备。对现场执法活动中容易引发争议和纠纷的,应当实行全过程音像记录"。2017年,国办印发《关于推行执法全过程记录制度试点工作方案的通知》指出:"对现场检查、随机抽查、调查取证、证据保全、听证、行政强制、送达等容易引发争议的行政执法过程,要进行音像记录。"但在南山区城管局门户网站宣传新闻中,执法人员在开展校园周边流动摊贩专项整治、黑煤气整治等执法现场并未佩戴执法记录仪。不排除城管局在执法过程中已经通过摄像的方式进行记录,但统一摄像毕竟会有所遗漏,无法覆盖每一个执法细节,一旦出现死角便会成为争议的焦点。因此佩戴执法记录仪是避免争议的不二选择,在新闻宣传中并未佩戴执法记录仪说明该制度没有得到彻底的落实,执法必戴记录仪尚未成为每一个执法者的习惯。

(4)依申请公开渠道畅通性差

依申请公开是公民、企业法人或社会组织等获得政府信息的重要方式,而依申请公开申请渠道,尤其是信函申请渠道畅通是社会大众成功提交申请、开启依申请公开程序的重要前提。但评估发现,前海管理局提供的信函申请渠道不畅通。项目组按照其政府信息公开指南上提供的受理机构信息寄出政府信息公开申请信函,经邮件跟踪查询系统查询,因收件人逾期未领,该信函被退回。究其原因在于,前海管理局门户网站公开的政府信息公开指南中的受理机构信息不明确,申请信函成功投递。这也说明,前海在推进公开方面还有一些短板需要引起重视。

### (三)司法建设

司法的基本功能是借助公权力对各种法律争端做出权威性裁决。相应地,司法是保障人民自由权利与实现社会公平正义的重要制度保障。习近平总书记在十八届三中全会报告的说明中指出,"这些年来,群众对司法不公的意见比较集中,司法公信力不足很大程度上与司法体制和工作机制不合理有关"。《中共中央关于全面推进依法治国若干重大问题的决定》明确提出,司法公正对社会公正具有重要引领作用,司法不公对社会公正具有致命破坏作用。为此，中央全面深化改革领导小组第三次会议审议通过《关于司法体制改革试点若干问题的框架意见》。2014年7月9日，最高人民法院发布《人民法院第四个五年改革纲要（2014—2018）》（以下简称《四五改革纲要》）；最高人民检察院先后发布《关于深化检察改革的意见（2013—2017年工作规划）》《"十三五"时期检察工作发展规划纲要》《人民检察院案件信息公开工作规定（试行）》等重要文件；2015年以来，中央通过《"十三五"平安中国建设规划》《关于全面深化公安改革若干重大问题的框架意见》及相关改革方案。中央全面深化改革领导小组第十七次会议还审议通过了《关于完善矛盾纠纷多元化解机制的意见》。为此，本板块的司法建设采取较为广义的界定，包括法院、检察院、公安侦查等内容，设置了审判执行、检察权运行、公安侦查等指标。

1. 评估发现的亮点

（1）司法改革全面系统推进

司法改革是司法建设的重点和难点，是提高司法公信力、增强司法权威、保障司法公正的必由之路。司法改革关乎到司法建设的方方面面，既有与法官息息相关的员额制改革，还有保障司法公正的司法责任制改革。评估发现，前海合作区人民法院在落实司法改革方面具有如下亮点。

第一，强调制度建设和规范指引。前海合作区人民法院不仅积极落实司法改革，而且为了保障司法改革的效果和质量，不断加强相关的制度建设和规范指引。这其中就有涉及员额制改革的规范，如《前海法院首批法官入额推荐工作总体方案》；也有关于审判权运行的规范，如《深圳前海合作区人民法院关于审判权运行机制的若干规定》；亦有关于法官自由裁量权和评价机制的文件，如《深圳前海合作区人民法院法官评价办法》和《前海法院关于进一步规范法官自由裁量权行使的若干规定》。

第二，强调整体性和全面性。前海合作区人民法院紧抓司法责任制，统筹推进司法行政管理体制、审判权运行机制、司法人员管理体制、司法服务机制、涉外涉港澳台案件审判机制等8个方面50多项改革，在司法体制机制的系统性、整体性改革上取得了突破。其中在法律查明、域外法律适用、涉外涉港澳台案件送达以及港籍陪审员制度等方面领先于全国其他自贸区。

第三,强调司法改革的协调推进。司法改革过程中员额制与案多人少之间存在一定的张力,前海合作区人民法院为了解决上述难题,推行"简案快办、繁案精审",进一步完善速裁工作机制,细化简易程序、速裁程序的适用范围与标准,最大限度保证案件情形与司法资源投入相匹配。优化司法资源配置,设置3名速裁法官,占全部法官的18.75%,每位速裁法官配置3名法官助理和1名书记员,2017年速裁法官共办结案件6393件,占全院办结案件的69.19%。

(2)司法创新多项领先

为了承接国家"一带一路"倡议,积极回应深港两地商事主体的普遍需求,前海合作区人民法院在坚持社会主义法治方向的基础上,打造高效权威的香港法适用的"前海名片",对于涉及港澳台的商事案件,前海通过法律查明与适用,为企业"引进来"和"走出去"提供了强有力的司法保障。

第一,保障当事人自由选择域外法律。前海建立了全面充分的涉港因素认定指引,保障当事人自由选择适用香港法律。《涉外民事关系法律适用法》以及相关司法解释为前海合作区人民法院适用香港法律提供了法律依据,前海在此基础上进一步制定了《关于审理民商事案件正确认定涉港因素的裁判指引》,详细规范了主体涉港、标的物涉港、法律事实涉港等多种因素的认定方式,也为当事人准确选择适用香港法律提供了指引。

第二,保障法院正确适用域外法律。前海努力推进香港法律适用的专业化,形成专业化"法官+域外专家+港籍陪审员"的专业机制,保障涉港案件中正确认定和适用香港法律。评估发现,前海法院法官中,有4名具有香港大学普通法学习背景,法官队伍在外语水平、商事案件审判能力、专业理论功底等方面具有较高的职业素养。前海建立了以域内外法律专家、高校学者为主的专家库,为法律查明与适用提供强大的智力支撑。此外,前海法院建立了港籍陪审员和港籍调解员制度,聘任13名港籍陪审员和29名港籍调解员参与涉港案件的审判和调解,充分发挥港籍调解员和陪审员的专业知识和文化背景优势,提升涉港纠纷化解中的文化认同度和信赖感。

第三,提升涉外、涉港澳台案件审判质量。前海为了保障涉外、涉港澳台案件审判的质量，出台了《前海法院关于涉外涉港澳台案件审判机制改革实施意见及工作指引》以及《深圳前海合作区人民法院关于涉香港特别行政区案件中立第三方评估的规定》，前者明确了显示需求、改革理念、基本原则以及改革目标；后者则详细规定了评估程序、对评估报告的使用等内容。上述制度规范的落实保障了涉外、涉港澳台案件的质量，为其他地方法院处理涉外、涉港澳台案件提供了前海样本。

第四，探索创新司法文书送达机制。前海法院针对涉港案件送达时间长、成功率低等问题，结合涉外、涉港澳台案件审判机制改革，深入研究、认真探索有效送达的新方式，完成了《民商事送达机制改革研究报告》的调研课题，制定了前海法院《关于涉外、涉港澳台民商事案件司法文书送达的若干规定》，对域外送达规定进行了系统梳理，并在传统送达方式基础上，创新设立了涉港案件当事人转交送达方式。

第五，发布涉自贸区新类型案件裁判指引。2017年1月3日，深圳前海法院制定发布了《关于审理前海自贸区融资租赁合同纠纷案件的裁判指引（试行）》《关于审理前海自贸区保理合同纠纷案件的裁判指引（试行）》两大涉自贸区新类型案件裁判指引，旨在为融资租赁、保理合同两大类案件提供指引性思路，为自贸区创新开放型经济提供有力的司法保障。其中，《关于审理前海自贸区保理合同纠纷案件的裁判指引（试行）》是全国首个专门针对保理纠纷案件审理所制定的裁判指引。

（3）执行工作有效推进

评估发现，前海合作区人民法院深化审执分离改革，将执行程序中具有较强司法属性的决定权、监督权由前海法院主审法官行使，具有较强行政属性的实施权交由专门的实施团队执行员行使。这样既可以整合执行资源，又可以最大限度地发挥执行员的主观能动性，提高执行效能。此外，前海还通过推进繁简分流，提高执行工作效率；推进执行信息化建设，转变执行工作模式；推动执行辅助集约化建设，提高办案成效。

前海合作区人民法院在执行方面取得了一定的成效。第一，执行团队专业化水平明显增强。前海法院在基本解决执行难工作的推进中采取多手段、全方位协同作战，充分调动办案人员的自觉能动性，主动沟通社会各界力量，增强执行案件办理的到位率。前海自报数据显示，2017年，前海共受理各类执行案件2970件，同比多收2105件，上升243.35%，是2015年的28.56倍。第二，执行效率和执行质量同步提高。前海法院通过审执分离、繁简分流机制、信息化建设等手段推进执行案件工作效率的同时，也注重案件办理的质量。2017年，前海法院执行金额实际到位率是37.32%，相比2016年同比增长4.2个百分点，远高于全国执行金额到位率和广东执行金额到位率（全国执行金额实际到位率是14.43%，广东执行金额实际到位率是15.26%）。

2. 评估发现的问题

（1）阳光司法尚不理想

司法公开既是司法改革的重要内容，也是司法改革的重要抓手。尽管前海合作区人民法院司法改革落实情况较好，但是前海合作区人民法院司法公开工作却稍显落后。第一，裁判文书上网质效有待提高。裁判文书公开是司法公开的重点工作之一，根据最高人民法院的要求，前海合作区人民法院通过中国裁判文书网集中发布本院的裁判文书。但截至2017年底，前海合作区人民法院仅公开了2017年9月29日以前的裁判文书，10—12月3个月的裁判文书均没有在网站中公开和显示。此外，前海合作区人民法院未按照最高人民法院《关于通过互联网公开裁判文书的规定》的要求发布裁判文书不上网的数量、案号以及理由，究竟有多少裁判文书没有上网，或者应当有多少裁判文书上网，抑或法院是否存在选择性的上网等情况都不得而知。第二，庭审直播有待完善。评估发现，前海合作区人民法院网站中庭审直播中设置了"庭审预告"栏目，但该栏目长期为空，既没有预告庭审直播的影像，也没有预告庭审直播的文字。此外，庭审直播没有同时发布庭审文字直播。由于很多案件当事人使用当地方言，公众在浏览庭审直播时可能存在语言障碍，故应当在直播中配合以文字。但评估发现，庭审直播未能辅之以文字直播，影响了公众浏览的实际效果。第三，信息公开不全面。评估发现，前海合作区人民法院信息公开存在不全面的现象。如在案件统计方面，未能发布案件统计数据，有多少民事案件、有多少商事案件、有多少其他类型案件均无法从门户网站中获取。此外，领导干部办案情况、案外干预记录、立案登记制相关规定也未能在门户网站中找到。

## （2）阳光执行尚待加强

阳光执行是评价法院执行工作的重要指标，法院将执行的立案信息、结案信息、被申请执行人信息公开，能够保障公众对司法执行的监督权，提升执行工作的公信力，威慑被执行人，树立司法权威，同时还可以有效规范执行权力运行。但评估发现，前海的阳光执行工作还有待提高。第一，执行公开内容不够全面。前海合作区人民法院门户网站专门设置了执行公开的栏目，但执行栏目里却并无相关信息，而且，该栏目内容不稳定，时有时无。所公开的执行信息内容缺失较多，如公开了案号、申请执行人、被执行人，但是在承办法官、法官助理、联系方式一栏却显示为"Null"。缺少法官或者法官助理的联系方式，申请执行人就不能通过电话咨询执行进展情况。执行信息公开不到位可能会引起公众对法院执行能力的质疑。第二，执行公告长期不更新。前海合作区人民法院网站设置了"执行公告"栏目，但是在该栏目中最新的信息是2015年11月11日更新的内容，2016年、2017年的内容均没有显示。公众既无法通过执行公告了解法院执行工作开展情况，也无法起到对被执行人的威慑作用。

## （3）检务公开有待突破

检察权是我国司法权的有机组成部分，是保障公众对检察工作的知情权、参与权、表达权和监督权的重要基础，也是提升检察机关公信力、亲和力的重要前提。2015年《最高人民检察院关于全面推进检务公开工作的意见》提出，要进一步明确检务公开的内容、完善创新检务公开的方式方法、强化检务公开机制建设。为了贯彻依法保障独立行使检察权的改革要求，检察机关正在推进深化改革。2016年，前海蛇口自贸区检察院揭牌成立，由市检察院派出，履行县一级人民检察院职权。除履行县一级人民检察院基本职权外，还肩负着为辖区贯彻国家自贸区战略、深港合作战略、"一带一路"建设提供法律保障与服务的职责，以及探索跨行政区划管辖相关案件、探索职务犯罪侦查预防工作新机制、推进刑事诉讼制度改革、开展国际司法交流、完善以责任制为主体的检察权运行机制改革等改革创新任务。

评估发现，前海蛇口自贸区检察院拥有自己的微博和微信公众号，但由于检察院刚刚设立，业务刚刚开展，截至2017年底仍没有检索到检察院的门户网站，也无法对检务公开情况进行评估。前海蛇口自贸区检察院在检务公开方面仍需要继续努力，实现自身突破。

**（四）法治社会**

法治社会意指整个社会对依法治国的普遍认同和坚决的支持，养成自觉遵守法律法规，依法解决经济、社会领域纠纷的思维习惯，营造全社会的法治氛围。《中共中央关于全面推进依法治国若干重大问题的决定》提出"坚持法治国家、法治政府、法治社会一体建设"，增强全民法治观念，推进法治社会建设。为此，前海法治指数评估设置法治社会板块，下设信访法治、多元纠纷化解、司法鉴定、公证、法律查明、普法宣传等指标。

1. 评估发现的亮点

（1）有效运用法律查明机制

法律查明是查明境外法律法规内容及适用的重要机制，通过法律查明为企业"走出去"、为纠纷解决机构正确适用法律提供重要支撑，是推动前海营造国际化、市场化、法治化营商环境的基础性工作。《前海中国特色社会主义法治建设示范区规划纲要（2017—2020）》明确要求"健全港澳台和外国法律查明与适用机制，完善域外法律查明的专家意见制度"。其主要内容为港澳、境外法律查明，本项指标下设法律查明机制建设情况、法律查明机制实施情况等内容。评估发现，前海在法律查明机制建设和实际运用中效果显著。

第一，打造法律查明资源的互通平台，扩大查明研究基地的辐射功能。前海注重以法律查明机制建设带动社会资源的聚集，加强与高等院校、研究机构、社会第三方查明机构的深度合作，积极推动建设全国首个法律查明专家库、法律库和案例库，进一步奠定适用香港法的基础，提高法律查明与适用的准确性；以合作平台为载体，打造前海法律查明与适用的名片，形成良好的社会效应，推动前海成为国际商事案件的争端解决中心。截至2017年底，前海法律查明基地的域外法律查明工作已经遍及全国各地，接受委托的企业、个人、司法机关、立法机关涵盖了新疆、湖南、湖北、江苏、上海、广西、天津等地。

第二，提供出口贸易合规指南。前海法律查明为中国企业"走出去"

规避合规风险,对美国、欧盟、联合国有关进出口管制制度进行了全面查明和梳理。同时前海通过法律查明,发布了"一带一路"法治地图,将深入收集、研究沿线各国、各地区关于贸易投资、工程承包、劳务输出、知识产权、税收政策、外汇管制、海关关务等领域的法律制度和实践,通过移动互联网、"云技术"等现代信息传播手段,及时发布最新法律资讯和研究成果,为"走出去"的中国企业和投资人提供全面、专业、便捷的法律信息保障和法律智库咨询服务,帮助他们降低交易成本与投资风险。

第三,利用法律查明机制服务立法。通过法律查明可以迅速了解大陆地区以外相关规范,为大陆地区相关领域立法提供一手借鉴资料。例如,2017年中华全国律师协会委托前海进行域外律师法律制度调研及比较法研究,选取美国、英国、法国、德国、澳大利亚、日本、俄罗斯、香港特别行政区、台湾地区等具有代表性的国家和地区作为样本,为《律师法》修改提供域外立法经验。再如,2017年深圳市精神文明建设委员会办公室委托蓝海中心对德国社会文明行为和台湾地区社会文明行为立法情况分别进行调研并撰写课题报告,更好地了解了域外立法经验,为文明立法提供了参考和借鉴。

(2) 探索构建多元纠纷化解机制

随着经济社会的高速发展,社会利益格局不断变化,各种类型的社会矛盾纠纷处于高发时期,且呈现出矛盾类型多样化、矛盾问题复杂化、矛盾主体多元化等特点。构建多元纠纷化解机制,是促进社会和谐的有效途径,是服务民生的重要手段,是推进社会民生体制改革的应有之义。

第一,成立前海香港商会调解中心。前海为了打造国际化、专业化、社会化的多元纠纷解决平台,在深圳前海香港商会的主导下成立了专门负责民商事调解的机构,即深圳市前海相关商会商事调解中心。该中心自成立以来,依托前海香港商会整合的深港两地资源,积极引入具有调解经验的港籍、外国专家调解员建立特邀调解员名册。在当事人自愿的基础上,深圳市前海香港商会调解中心委托专业的调解员对各类民商事纠纷,特别是涉港澳民商事纠纷进行调解,并在调解成功后由法院审查确认调解协议的法律效力、制作调解书或联系仲裁机构制作裁决书,从而灵活、高效地解决各类民商事纠纷,切实保障当事人的合法权益。

第二，商事仲裁国际化。设在前海的深圳国际仲裁院坚持以当事人为中心、加大国际化力度、加大市场化力度，2012年，深圳市政府通过地方政府规章的形式，制定了《深圳国际仲裁院管理规定（试行）》，这是世界上第一个针对仲裁机构进行的专门立法。该立法确立了以理事会为核心的法人治理结构，赋予了深圳国际仲裁院较高的独立性，使之成为中国独立性最高的仲裁机构。

（3）公证业务实现多项创新

公证是公证机构根据自然人、法人或者其他组织的申请，依照法定程序对民事法律行为、有法律意义的事实和文书的真实性、合法性予以证明的活动。公证具有服务、证明、监督等作用和职能，能够保护公共财产，保护公民、法人及其他组织身份上、财产上的权利和合法利益。前海公证处是中国首家自贸区公证处，评估发现，其在建设过程中充分利用前海的有力政策，积极拓展创新业务，有力地保障了自贸区经济建设和社会发展。

第一，探索业务创新，率先开拓保理新型公证业务，全方位服务自贸区商业保理等新兴类金融业发展。前海公证处围绕自贸区业务需求，积极探索资本市场公证业务新领域，率先开拓了商业保理等新类型金融公证业务，为前海商业保理产业发展提供积极公证法律支持。截至2017年10月，前海公证处已办理保理合同强制执行公证业务280宗，涉及企业融资金额近40亿元。

第二，模式创新，重点服务自贸区融资租赁产业发展，配合前海管理局出台《前海深港现代服务业合作区融资租赁行业规范指南》，为融资租赁产业发展探索综合公证法律服务。前海公证处采取直接与前海管理局合作的模式，有针对性地共同探索自贸区公证服务新模式，并以前海明星产业为突破，重点服务前海融资租赁产业发展，探索推出综合化公证法律服务，打造融资租赁综合服务平台，全方位满足融资租赁产业公证需求，助力融资租赁企业发展。

第三，领域创新，突破单一公证证明模式，率先推出遗嘱保管服务。2016年10月12日，前海公证处签发了广东省首份《遗嘱保管证书》，正式推出遗嘱保管服务，满足市民和在前海创业、工作的境外人士对遗嘱私密性与公证规范性的特殊需求。

（4）知识产权鉴定亮点纷呈

深圳是科技成果和知识产权的"创造高地"，在专利申请上常年位列全国前茅，2015年深圳知识产权鉴定机构落户前海，有效地解决了深圳知识产权保护综合服务问题。评估过程中，项目组发现前海知识产权鉴定工作有如下亮点。

第一，创新司法鉴定服务新流程。位于前海的知识产权鉴定机构结合知识产权纠纷案件特点和司法审判实际，重构了鉴定服务流程，在被法院确定为委托开展相关案件鉴定的机构后，鉴定委托内容形成前，主动参与涉及鉴定事项的庭审环节，协助法官结合证据情况和待查明的事实，梳理争议焦点、明确委托事项范畴的环节。鉴定服务新流程的实施，弥补了在现有知识产权审理机制下，部分案件因缺少技术调查官参与法庭调查、无法快速查明技术争议问题的缺陷，使得深圳本土的知识产权案件审理中，尤其是专利类案件，可产生相当于美国专利侵权诉讼"马克曼听证"环节的效果，在鉴定委托下达前，通过鉴定机构在争议技术问题上的介入，厘清权利人的权利范围和含义，实现"法律"与"技术事实"问题的划分，最大程度降低知识产权类案件诉讼和司法成本。

第二，试点第三方电子数据保全公共服务平台。前海司法鉴定机构研发了"安证宝"电子数据保全系统，该系统不仅能够为个人和政企用户提供第三方电子数据保全，而且还能够为其提供司法鉴定服务。通过该系统能够有效地解决诉讼前和诉讼中的"取证难，举证难，出证难"等问题。

2. 评估发现的问题

（1）司法鉴定仍需加强社会监督

对于司法鉴定机构的监督以主管部门监督为主，社会监督为辅。在主管部门方面，各级监督主管部门通过认真做好投诉查处工作，加大对违法违规执业行为的查处力度，做到有诉必查、有诉必复、违规必究，依法维护投诉方的合法权益。在社会监督方面，则主要通过公开司法鉴定机构的投诉举报以及违法违规情形。根据深圳司法局提供的材料，司法局重视发挥社会监督力量，每周将司法鉴定机构（包括位于前海的知识产权司法鉴定机构）的执业信息，执业状态（是否涉及行政处罚）报送至深圳信用网，向社会公开。但在评估中发现，深圳信用网中能够查到大部分司法鉴定机构的信用信息,但位于前海的两家知识产权鉴定机构(广东安证计算机司法鉴定所和广东公标知识产权司法鉴定所)的执业信息并未出现在深圳信用网中。这两家知识产权鉴定机构固然未发生违法违规现象,也没有出现被信访投诉的情形,但不予公开具体执业信息、奖惩情况,不仅容易造成监管漏洞,而且令社会监督力量大打折扣。

(2) 网络平台针对信访的答复不及时

网络信访是信访工作的重要组成部分,是实体大厅的重要补充。深圳开辟了网上信访大厅用以满足社会公众信访需求,一些习惯使用网络的信访群体可以通过网上信访大厅及时表达自己的诉求或者意见。在评估中发现,网络信访存在回复速度较慢,处理及时性不足等问题,直接影响了网络信访的实际效果。项目组为了测验网上信访,在网上信访大厅中提交共享单车的有关问题,2个月后该问题仍然在处理中,没有收到任何实质性的回复。

(3) 普法责任分工不清晰

2017年,中共中央办公厅、国务院办公厅印发《关于实行国家机关"谁执法谁普法"普法责任制的意见》提出:"按照普法责任制的要求,制定本部门普法规划、年度普法计划和普法责任清单,明确普法任务和工作要求。"建立各部门责任清单,进一步明确了普法任务,有利于加大普法责任落实情况考核,推动形成全社会共同参与的"大普法"格局,推动法治宣传教育创新发展,确保法治宣传教育取得新成效。前海在推动普法过程中,选择重要时间节点进行大力宣传,例如针对宪法日开展相关的宪法宣传活动。在评估中发现,前海虽然制定了普法工作方案和计划,但是在方案和计划中并未详细列明各个部门的普法责任。缺少分工容易导致普法混乱,缺少职责容易导致普法流于形式,普法责任清单的缺失导致普法工作缺少重要的抓手和参考。

**(五) 保障监督**

保障机制既是法治工作开展的前提基础,也是推进法治建设顺利进行的后盾保证。法治最终落地,需要人力资源、监督机制等提供保障支撑,故项目组在本板块设置队伍建设、廉政建设、复议应诉三个指标共同对法治保障及监督进行评估。

1. 评估发现的亮点

(1) 构建五位一体监督体系

2013年,深圳在前海开展了"一体化"廉政监督试验,设立了新的廉政监督机构,实行全新的监督体制机制,推进廉政体制机制创新。前海廉政监督局按照"条条派驻、块块统筹"的原则,分别从纪检、监察、检察、公安和审计机关选派人员组成"五位一体"的监督力量,通过统一领导、各司其职、资源共享形成监督合力。前海廉政监督局拥有完整的监督链条,监督手段涵盖了党纪、政纪、法纪调查,监督范围覆盖政府、企业和各类社会组织,可以调查前海范围内一切贪腐行为。该项举措不仅在2013年属于创新,如今在监察体制改革的大背景下仍然有特殊的意义,为今后监察体制改革的进一步实践提供了可参考的样本。

(2) 积极开展廉政法治评估

2016年,前海发布了国内首份自贸区廉洁状况白皮书,根据白皮书显示,2016年度前海廉洁总得分82.2分,廉洁状况总体良好。廉政白皮书的发布,一方面让公众了解到了前海目前廉政建设的成效,使公众进一步注意到前海在廉政监督方面的努力,塑造了良好的营商环境。另一方面前海也发现了亟待解决的问题,针对白皮书中指出的问题,前海将其纳入工作重点,认真加以整改解决。

(3) 推动港澳律师合作发展

前海既是中国新时期发展的重大战略平台,也是深圳市场化、法治化、国际化改革的"聚合点"。法律服务业是前海深港合作区四大专业发展的重要支柱,更是社会主义法治示范区建设领域的重要内容。评估发现,自2014年开始,前海充分运用地缘优势,强力引进合伙联营律师事务所,促进港澳律师合作发展,提升前海自贸区涉外、涉港澳台法律服务水平。截至2017年底,包括华商林李黎(前海)联营律师事务所、国信信扬麦家荣(前海)联营律师事务所在内的7家合伙联营律师事务所获批在深圳前海设立。

2. 评估发现的问题

(1) 廉政公开有待完善

前海廉政监督局自成立伊始便实施"嵌入式"监督,成立效能监察、制度审查、风险防控和审计监督等多个专责小组,对前海管理局所有处室和多家局属公司的土地出让、工程建设、招商引资、资金运转、人员选聘等重点事项进行跟踪式监督检查。从官方公布的数据来看,监督效果显著。但从前海廉政监督局网站中却看不到具体的数据,无论是每年查处人数,还是移交司法人数,抑或是年度工作报告均无法从网站中获知。同样作为纪检监察,从中央到地方纪检委均设置了监督曝光平台,以供公众监督。前海廉政监督局却没有仿效纪委,既没有公开日常工作,也没有公开处理结果。

(2)廉政条例亟须出台

前海借鉴香港廉政监督模式成立了廉政监督局,集纪检、监察、检察、公安经侦、审计于一身,但上述监督始终存在先天不足的难题。一方面,廉政监督局与监察体制改革如何衔接应当从立法层面进行回应,尽管廉政监督局是一种创新,但改革创新需要及时纳入制度框架内,保障重大改革于法有据;另一方面,前海廉政监督管理局所创设的各项创新举措缺少法律层面的授权,刚性约束不足,导致工作质效受到影响。廉政监督局的存在和运转目前处于无法可依的状态,其许多亮点与创新亦没有转化为法律法规。早在 2016 年,前海就开始推动廉政条例出台,相关意见建议也体现在深圳 5 年立法规划中,但直至现在仍然没有看到廉政条例公开征求意见稿。

## 四 完善建议

习近平总书记在谈及自贸区建设时,多次强调自贸区要"发挥自身优势,大胆探索创新","赋予自由贸易试验区更大改革自主权"更是写进了党的十九大报告中。如何更好地发挥自贸区的优势,如何积累更多的改革经验成为每一个自贸区关注的重点。前海作为首个国家级法治示范区,应当在推动自贸区建设的同时,更加注重法治创新,争当法治建设的排头兵,为自贸区发展与法治建设提供有益的经验。然而,法治建设是一项漫长的系统工程,无法毕其功于一役,需要不断发现问题、总结经验、砥砺前行。未来前海以及深圳需从以下方面着手,不断完善体制机制,推动自贸区法治建设向纵深迈进。

### （一）提高立法质效，保障重大改革有法可依

前海很多改革举措落地速度较快，以至于立法脚步较慢、较缓，跟不上改革的步伐。今后在立法上，无论是中央层面的立法还是地方层面的立法，都应当提速增效，让立法追赶上改革的速度，让重大改革都于法有据。目前，很多本应当由立法确认的内容以制度性文件体现，这种文件治理的模式并非法治的常态，而是情急从权的一种应急。对于深圳人大常委会而言，应当重视前海的立法工作，从立法计划到立法规划，都要将前海纳入重点考虑对象；从改革成果转化到改革成果确认，都要及时通过立法加以引导。对于前海来讲，应当及时归纳各类成熟的改革成果，及时提交深圳人大常委会，将其转化为立法。

### （二）整合数据平台，深化信用体系实践应用

打造良好的营商环境，信用体系建设至关重要。尽管深圳信用网汇总了大量的企业和单位奖惩信息，但仍然存在信息内容不全、信息内容不准确、信息应用深度不足等诸多问题。建议进一步筛查网络信息，将部分遗漏的机构和单位纳入深圳信用网中，例如评估中发现前海部分知识产权鉴定机构信息并未出现在深圳信用网中，建议将其纳入。此外，建议将市场监管获取的企业信用信息与银行、国土、车管、证监等部门共享，充分发挥信息的价值，令失信者寸步难行。同时建议充分公开信用良好的企业、单位和个人，设置必要的绿色通道和奖励措施，助力社会诚信体系建设，打造良好优质的营商环境。

### （三）加快网站建设，提高司法公开实际效果

针对前海司法公开存在的问题，建议前海法院认真对待网站建设，打造高水准的公开平台，将文书信息、庭审直播信息、执行信息等相关内容补全补齐，提高公开质效。针对深圳前海蛇口自贸区检察院长期没有门户网站，依靠微博、微信传递工作信息的现象，项目组建议前海蛇口自贸区检察院加快网站建设，官方网站是展现一个单位基本情况、工作内容、重

大事项的最直接、最全面的平台。对于微博微信而言,固然有传播速度快、传播范围广的优势,但信息传递过程中碎片化严重,无法形成有效的系统信息。只有在网站中全面公开才能满足公众对于司法的知情权和监督权,同时一旦检察院将所有应当公开的信息全部放置在网站之中,网站本身就会成为一个数据库,成为一个动态的普法场所,有利于提高司法公开的实际效果。

### (四)创新廉政监督,配合中国监察体制改革

前海廉政监督局对于监督体系而言既是创新,也是有益的尝试。但在中国监察体制改革的大背景下,前海廉政监督应当担负起更多的使命,例如营造不敢腐的全方面监督体系、打造不能腐的多维度框架体系、创设不想腐的廉政保证金制度等。前海作为中国改革"尖兵中的尖兵",更应当走在前列先行先试,在宪法法律框架下创新廉政监督体制机制,为中国监察体制改革提供更好的素材和更鲜活的实证经验。同时,随着国家监察体制改革的深入推进,前海应当考虑如何与其承接,是全盘重构还是并行不悖、是上下衔接还是一一对应,这些都是未来前海廉政监督工作应当重点考虑的问题。

### (五)提高工作质效,切实增强人民的获得感

改革的出发点和落脚点是人民群众,信访答复、行政审批效率的高低关乎人民群众的获得感,若信访答复效率和行政审批质效得不到有效提升,则人民无法从改革中切实得到红利。建议前海进一步加强工作督查,检查在实践工作中未能及时回复申请,未能及时完成审批的部门和单位。同时严格落实超时预警,将工作超时作为部门和单位考核的重要内容,督促各部门和单位按时完成任务,提高工作质效,切实增强人民群众的获得感。

### (六)强化普法考核,全面落实普法责任清单

党的十九大指出:"加大全民普法力度,建设社会主义法治文化,树立宪法法律至上、法律面前人人平等的法治理念。"针对前海在普法方面

面临的问题，项目组建议通过强化普法考核、落实责任清单的方式提高普法质效。在普法考核方面，建议各部门将普法工作作为绩效考核的一部分，将普法成果写入部门和个人的工作报告之中。对普法不力的单位和个人进行通报批评，对普法先进的单位和个人进行奖励和表彰。在普法责任清单方面，在公开普法责任清单的基础上，对清单的落实情况进行评估，检验普法责任清单的落实效果。

# 前海法治指数评估报告（2018）

法治是治国理政的基本方式，是国家治理体系的重要组成部分和治理能力现代化的关键支撑。为了加快推进法治建设向纵深发展，科学准确评价法治发展水平，《中共中央关于全面深化改革若干重大问题的决定》提出要"建立科学的法治建设指标体系和考核标准"。

前海深港现代服务业合作区位于深圳城市"双中心"之一的"前海中心"的核心区域。深圳前海承担着自由贸易试验、粤港澳合作、"一带一路"倡议、创新驱动发展"四大国家战略使命"以及其他十多个重大国家战略定位，是真正的"特区中的特区"。2012年12月7日，习近平总书记在前海视察时指出，"前海可以在建设具有中国特色的社会主义法治示范区方面积极探索，先行先试"。打造社会主义法治示范区，既是前海勇当改革"尖兵中的尖兵"，为深圳市、广东省乃至全国发挥模范表率，为全国层面的全面深化改革与推进法治做出应有贡献的重要体现，也是前海自由贸易区、深港合作区、保税区、金融业对外开放试验示范窗口、人才管理改革示范区诸多战略使命和战略定位的本质要求和重要保障。

为了客观评估前海在法治建设中的进展和成效，营造稳定公平透明、可预期的营商环境，《前海中国特色社会主义法治建设示范区规划纲要》提出"建立前海法治环境指数"。

为此，深圳前海管理局委托中国社会科学院国家法治指数研究中心、法学研究所法治指数创新工程项目组研发了前海法治指数评估指标体系，2018年又对指标进行了优化，对前海法治建设情况进行第三方评估。

# 一 评估概况

本次指标在 2017 版指标体系的基础上，项目组依照党中央、国务院对于法治发展的最新要求，遵循中央对前海改革发展的最新部署，参考新出台或新修改的法律法规，吸收国内外自贸区评估的有益经验，动态调整了 2018 年评估指标体系。

在指标数量上，2017 年评估指标体系拥有 5 个一级指标，19 个二级指标，60 个三级指标，2018 年评估指标体系数量有所增加，共有 5 个一级指标，22 个二级指标，77 个三级指标。

在指标内容上，指标体系保留了评价法治建设水平的基本内容，例如在一级指标上仍然以规则制定、依法行政、司法建设、社会法治、保障监督为主，二级指标依旧对重大决策、执法监管、普法宣传进行考察，三级指标仍然保留立法规划、立法计划、政务公开、信访法治等。增加了部分对自贸区法治发展至关重要的指标，诸如党的领导是自贸区法治发展的前提，基础研究决定自贸区法治发展的未来，社会治安为自贸区发展提供环境保障，相关内容被纳入指标体系之列；删减了部分在自贸区已经普遍推行的指标，例如复议应诉部分内容已经在自贸区广泛推行。

在指标难度上，2018 年指标体系评估标准更为严格，例如对于权责清单的评估除了全面及时之外，还要考察内容是否完整规范，评估内容更加全面。例如，同样考察某项制度的指标体系不仅要求有制度文件，而且还要考察实际运行情况。评估渠道更为多元，除了审查自贸区自报材料、外部观察数据之外，本次评估大量运用实地验证与横向比较，多渠道全方位呈现评估结果。

指标数量、指标内容以及指标难度上变化的背后是评估标准的提高和评估对象法治水平的提升。同时，考虑到一些内容要求虽为法治建设所必需，但并非前海主管部门职责，在指标内容和权重上予以酌情删减。

### （一）评估指标

法治制度架构安排的基本含义是十分简单、清晰的，即有良法，全社会的行为均有规则可依，所制定的规则须反映广大人民群众的利益和意志，体现民主性和科学性；法律等规则应得到贯彻实施，行政机关既要服务经济社会发展，又要做到依法全面履行职责，加强对经济社会的监督管理；且所有纠纷均应在法治框架下解决，实现公正司法、提升司法公信力；法的制定与实施应当公开透明，使人们的行为具有可预期性，减少社会矛盾和交易成本；无论是公权力机关还是广大人民群众都应知法、尊法、守法。

基于此，前海法治指数划分为五个一级指标：规则制定、法治政府、司法建设、法治社会及保障监督（见表1）。其中，规则制定是法治实施

表1　　　　　　　　　　前海法治指数评估指标体系

| 一级指标 | 二级指标 | 三级指标 |
| --- | --- | --- |
| 规则制定 | 推进立法 | 立法规划 |
|  |  | 立法计划 |
|  |  | 立法参与 |
|  |  | 文本公开 |
|  |  | 立法评估 |
|  | 规范性文件 | 三统一 |
|  |  | 公开 |
|  |  | 监督规范 |
|  |  | 清理机制 |
|  |  | 民主性 |
|  | 重大决策 | 规范性 |
|  |  | 科学性 |
|  |  | 民主性 |

续表

| 一级指标 | 二级指标 | 三级指标 |
| --- | --- | --- |
| 法治政府 | 简政放权 | 权力下放 |
| | | 事项精简 |
| | | 权力承接 |
| | | 购买服务 |
| | 优化服务 | 网上办事 |
| | | 流程优化 |
| | | 政民互动 |
| | 执法监管 | 规范化 |
| | | 双随机一公开 |
| | | 有效性 |
| | 清单制 | 权力清单 |
| | | 责任清单 |
| | | 负面清单 |
| | 公开透明 | 主动公开 |
| | | 依申请公开 |
| | 改革创新 | 金融 |
| | | 税收 |
| | | 海关 |
| | | 物流 |
| | 容错举报 | 容错机制 |
| | | 投诉举报 |
| 司法建设 | 审判执行 | 司法改革推行 |
| | | 执行能力提升 |
| | | 阳光法院 |
| | | 智慧法院 |
| | 检察权运行 | 检察改革推进 |
| | | 检察监督 |
| | | "互联网+检察" |
| | | 阳光检务 |
| | 矛盾化解 | 调解 |
| | | 仲裁 |
| | | 合作机制 |

续表

| 一级指标 | 二级指标 | 三级指标 |
| --- | --- | --- |
| 法治社会 | 社会治安 | 工作年报 |
| | | 交通统计 |
| | | 治安统计 |
| | | 警情通报 |
| | 社会信用 | 信用记录 |
| | | 守法诚信褒奖 |
| | | 违法失信惩戒 |
| | 信访法治 | 渠道畅通性 |
| | | 处置规范度 |
| | | 信访秩序 |
| | 普法宣传 | 制度建设 |
| | | 普法实践 |
| | | 实施效果 |
| | 法律服务 | 法律查明 |
| | | 法律服务国际化 |
| | | 司法鉴定 |
| | | 公证 |
| 保障监督 | 党的领导 | 党委组织 |
| | | 党务公开 |
| | | 基层党建 |
| | 队伍建设 | 法律顾问制度 |
| | | 国际化法律服务队伍 |
| | | 律师队伍建设 |
| | 廉政建设 | 廉政体制 |
| | | 信息化建设 |
| | | 规范履职保护 |
| | | 廉情预警评估 |
| | | 总结报告 |
| | 基础研究 | 理论储备 |
| | | 课题研究 |
| | | 经费支持 |
| | | 应用推广 |

的前提基础，是法治示范区的功能定位的体现，也是构成本指标体系的首要内容。法治政府既是法治建设的重要目标，也是法治推进的核心内容，是营造法治营商环境的关键，对于严格实施法律制度，切实保障人民群众合法权益，有效维护经济社会秩序，有着重要意义。公正是法治的生命线，司法建设对社会公正具有引领作用，是法治前海建设的重要内容。法治社会的重要意义在于，法律的权威源自人民的内心拥护和真诚信仰，必须通过增强全社会遵行法治的积极性和主动性，形成守法光荣、违法可耻的社会氛围。法治的实现既离不开有力的保障体系，也离不开严密的监督体系。有力的法治保障体系，是中国特色社会主义法治体系的重要组成部分，只有形成有力的法治保障体系，才能确保严格执法、公正司法，为宪法法律统一正确实施提供基础。严密的法治监督体系，是纠正以言代法、徇私枉法、恃权凌法以及规范权力运行、防范腐败的重要手段，只有加强监督，才能防止和纠正有法不依、执法不严之风，社会主义法治才会有权威性和生命力。

### （二）评估方法

评估方法直接关系到评估结果是否科学有效，数据的获取方法直接关系到评估结果的客观性、真实性和科学性。项目组主要采取以下方法获取评估数据。

1. 内部数据

（1）评估对象工作凭证

各个评估对象提供的基础材料，以及依照项目组要求所提供的各类文件、报告、总结、纪要、执法记录、案卷等，是评估所依据的基本材料。特别是根据前海法治指数所确定内容的各部门材料清单，诸如会议纪要、执法记录、案卷等，是评估数据的重要来源。

（2）官方统计数据

评估组从官方统计数据中筛选出部分具有法治意义的数据，作为评估法治发展状况的依据。此类数据主要来源于相关部门的公开信息及项目组从评估对象处提取的信息。项目组在使用相关官方统计数据前，还视情况进行了必要的复查和验证。

(3) 评估对象自报数据

为确保评估内容全面性和完整性，一些评估所涉及的部门根据指标体系与项目组要求，自报了有关的信息材料。为确保自报数据的准确、真实，所涉及的部门须附有相应的证明材料，项目组也对有关部门提供的自报数据的真实性、准确性和可靠性进行了甄别。

2. 项目组经外部采集的数据

在高度信息化的现代社会，门户网站是国家机关展示自身工作的重要窗口，也是公众获得政务、司法等官方信息、与国家机关沟通的重要渠道，以其可以提供 7×24 的不间断服务、效率高、成本低而受到公众的认可青睐。因此，评估还以相关部门门户网站作为获取数据的重要渠道，并考察数据获取的便捷性、网站的友好性等内容；与此同时，项目组还视情况从微博、微信、客户端等新型信息披露与公开互动平台获取了部分数据。

3. 项目组实际验证

项目组还采用诸如实名或匿名抽查验证、申请公开等互动方式，向有关部门提出与实际工作相关的申请、咨询等，来验证相关部门的日常法治实践情况。

### （三）评估涉及的部门

由于前海不是一级行政区域，不具备完整的立法权限、社会管理权限，如涉及前海的地方立法需要提请深圳市人大及其常委会、深圳市政府；在社会管理方面，前海很多的社会管理职能由深圳市南山区负责。因此，评估前海法治发展，不仅仅要涉及前海自身的工作，还需要涉及南山区乃至深圳市的有关部门（见表2）。

表2　　　　　　　　　　评估涉及的部门

| 评估内容 | 涉及部门 |
| --- | --- |
| 规则制定 | 深圳人大常委会 |
|  | 前海管理局等 |

续表

| 评估内容 | 涉及部门 |
| --- | --- |
| 法治政府 | 深圳市政府 |
| | 南山区政府 |
| | 前海管理局等 |
| 司法建设 | 前海合作区人民法院 |
| | 前海蛇口自贸区人民检察院 |
| | 深圳国际仲裁院 |
| 法治社会 | 南山区信访局 |
| | 深圳司法局 |
| | 中国港澳台和外国法律查明研究中心 |
| | 前海管理局等 |
| 保障监督 | 前海廉政监督局 |
| | 深圳市律师协会 |
| | 深圳市司法局 |
| | 前海管理局等 |

## 二 总体评估结果

基于评估指标、按照各个渠道获取的评估数据，项目组核算了2018年度前海法治指数评估结果（见表3、图1）。评估显示，2018年前海法治评估总体得分为80.48分，相比去年的78.42分有所进步。前海作为中国首个国家级法治示范区，在各个领域和各个方面都开展了卓有成效的尝试和努力，很多方面走在了法治改革的前沿。在规则制定方面，前海善于推动改革与立法相衔接，保障改革于法有据；在法治政府建设方面，前海以"放管服"为抓手，以切实高效优质的服务提供了优良的营商环境；在司法建设方面，前海一手抓改革、一手抓创新，多项举措值得其他自贸区借鉴；在法治社会方面，前海激发社会参与活力，充分挖掘法律服务资源，在多个领域开创先河；在保障监督方面，前海加强队伍建设、重视制度保障，为法治建设保驾护航。

表3　　　　　　　　2018年度前海法治指数评估结果

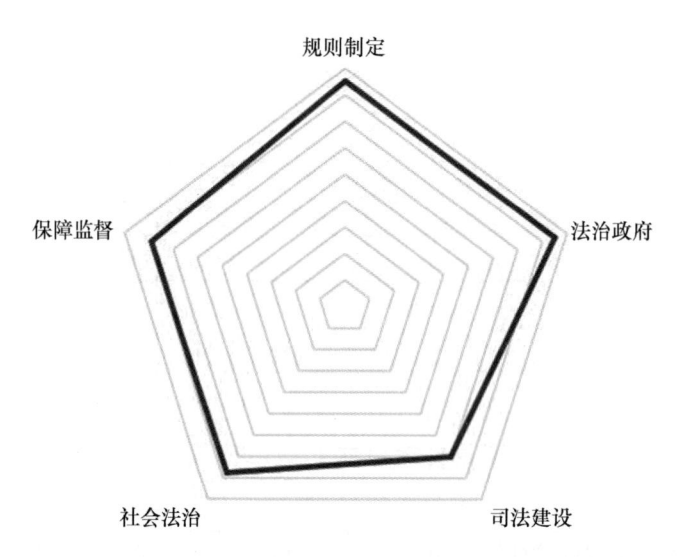

| 评估一级指标 | 得分 |
| --- | --- |
| 规则制定（权重25%） | 85.2 |
| 法治政府（权重25%） | 85.15 |
| 司法建设（权重15%） | 70 |
| 法治社会（权重20%） | 77.56 |
| 保障监督（权重15%） | 79.2 |
| 总分（满分100分） | 80.48 |

图1　前海法治指数评估各一级指标评估得分雷达图

作为国家唯一批复的中国特色社会主义法治建设示范区，重视法治保障是前海有别于国内其他功能开发区和自贸区的突出特点，也是前海的核心竞争优势和主要驱动力。评估发现，前海在规则制定、政务公开、纠纷解决方面在国内众多自贸区中处于领先地位。

第一，文件制定规范化。国务院办公厅《关于加强行政规范性文件制定和监督管理工作的通知》（国办发〔2018〕37号）对规范性文件做出了要求，项目组选择可以从网站获取数据的若干指标，对自贸区及其片区规范性文件制定进行了评估，发现前海自贸片区在规则制定的规范程度较高（见表4），无论是规范性文件的制定、还是规范性文件的实施抑或是规范性文件的清理，前海都能够依照科学立法、民主立法、依法立法的精神原则，做到应公开尽公开，积极征求相关部门、专家学者以及社会公众的意见，提高规范性文件的质量，保障前海各项改革依规而行。[①] 首先，普遍公开征求意见。评估发现前海自贸区在规范性文件征求意见方面较为规范。其他自贸区要么缺少征求意见，例如河南自贸区及其片区；要么是选择性征求意见，例如《中国（上海）自由贸易试验区关于进一步促进融资租赁产业发展的若干措施》就没有公开征求意见。其次，征求意见及时做出反馈。前海对于规范性文件不仅有征求意见，而且公开了意见反馈情况。其他自贸区均未能在网站中公开征求意见反馈情况，未能建立起沟通协商反馈机制。最后，规范性文件定期清理。评估发现，前海已建立定期清理规范性文件的制度，并将生效、失效、继续有效的规范性文件予以公开。从规范性文件的制定、实施以及清理来看，前海自贸区规则制定的规范度领先于其他自贸片区。

表4　　　　　　　　　　规则制定规范度评估表

| 自贸区 | 自贸区片区 | 规范性文件制定（30%） | 规范性文件实施（50%） | 规范性文件清理（20%） | 总分（满分：100分） |
| --- | --- | --- | --- | --- | --- |
| 上海自贸区 |  | 80 | 92 | 70 | 84 |
| 广东自贸区 | 广州南沙新区 | 80 | 94 | 100 | 91 |
|  | 深圳前海蛇口 | 100 | 94 | 100 | 97 |
|  | 珠海横琴 | 80 | 85 | 100 | 86.5 |
| 福建自贸区 | 福州片区 | 65 | 85 | 60 | 74 |
|  | 厦门片区 | 70 | 94 | 60 | 80 |
|  | 平潭片区 | 65 | 85 | 60 | 74 |
| 天津自贸区 |  | 60 | 71 | 60 | 65.5 |

---

[①] 评估过程中部分自贸区下辖的自贸片区规则体系共性大于个性，故部分自贸区不再列明下辖自贸片区。

续表

| 自贸区 | 自贸区片区 | 规范性文件制定（30%） | 规范性文件实施（50%） | 规范性文件清理（20%） | 总分（满分：100分） |
|---|---|---|---|---|---|
| 辽宁自贸区 | 大连片区 | 60 | 63 | 60 | 61.5 |
| | 沈阳片区 | 60 | 70 | 60 | 65 |
| | 营口片区 | 60 | 72 | 60 | 66 |
| 浙江自贸区 | | 65 | 86 | 60 | 74.5 |
| 湖北自贸区 | 武汉片区 | 80 | 79 | 60 | 75.5 |
| | 襄阳片区 | 60 | 64 | 60 | 62 |
| | 宜昌片区 | 60 | 76 | 60 | 68 |
| 重庆自贸区 | 两江片区 | 70 | 79 | 60 | 72.5 |
| 四川自贸区 | 成都天府新区片区及成都青白江片区 | 70 | 70 | 60 | 68 |
| | 川南临港片区 | 65 | 76 | 60 | 69.5 |
| 陕西自贸区 | | 60 | 64 | 60 | 62 |
| 河南自贸区 | 郑州片区 | 65 | 69 | 60 | 66 |
| | 洛阳片区 | 60 | 60 | 60 | 60 |
| | 开封片区 | 60 | 60 | 60 | 60 |
| 海南自贸区 | | 80 | 100 | 60 | 86 |

第二，政务服务透明化。政务服务透明化是权力运行监督和制约体系的重要内容，是预防腐败的重要环节，是保障群众知情权、参与权、表达权、监督权的重要保障，也是打造阳光政府和法治政府的重要举措。评估发现，前海自贸区在政务服务公开方面处于自贸片区第一梯队，与南沙自贸区、横琴自贸区并列第二。前海自贸区政务服务公开有如下亮点。首先，内容同源确保一致。其"政务服务"与"广东政务服务网"的深圳市前海蛇口自贸片区栏目内容同源，避免了其他地方多平台公开、多平台提供政务服务的内容不一致、更新不同步等问题。其次，栏目友好便于使用。不同于其他一些地方的按照业务类型或部门简单罗列，前海政务服务进行了深度整合，按照"个人服务""法人服务""政民互动""便民查询"等展开；接下来，还提供了按热度分类、按主题分类、按部门分类等

的展示方式；此外还提供常用服务，以及在自贸区频率较高的"企业入区""外商投资"等链接，在栏目首页上可直接点击进入，获取所需办事材料、填报须知、样本、服务承诺等信息，并可直接咨询乃至在线办理。而其他自贸区则无法全部做到在线办理，例如武汉自贸片区部分服务事项未能提供在线办理链接。最后，要素齐备标准化。每个政务服务事项的办事指南，均按照基本信息、范围与条件、办理流程、申请材料、资讯监督、窗口办理、收费、中介服务、设定依据、法律救济予以展开，这些具体板块之下的内容，也是高度标准化的，且办事指南提供链接可一键下载至本地，或分享至微信，在醒目位置设置"立即办理"的链接，为企业民众办事提供最大便利。

表5　　　　　　　　　　政务服务公开评估结果

| 自贸区 | 自贸片区 | 政务服务公开评估结果 | 说明 |
| --- | --- | --- | --- |
| 上海自贸区 |  | 95 | 上海各片区共享政务服务网站 |
| 广东自贸区 | 广州南沙新区 | 90 | 广东省政务公开网共享政务服务数据 |
|  | 深圳前海蛇口 | 90 |  |
|  | 珠海横琴 | 90 |  |
| 福建自贸区 | 福州片区 | — | 评估期间多次无法打开网页 |
|  | 厦门片区 | 85 |  |
|  | 平潭片区 | 85 |  |
| 天津自贸区 | 天津港东疆片区 | 80 | 共享政务服务网站 |
|  | 天津机场片区 |  |  |
|  | 滨海新区 |  |  |
| 辽宁自贸区 | 大连片区 | 66 |  |
|  | 沈阳片区 | — | 评估期间多次无法正常打开网站 |
|  | 营口片区 | 60 |  |
| 浙江自贸区 | 舟山离岛片区 | 88 | 共享政务服务网站 |
|  | 舟山岛北部片区 |  |  |
|  | 舟山岛南部片区 |  |  |

续表

| 自贸区 | 自贸片区 | 政务服务公开评估结果 | 说明 |
|---|---|---|---|
| 湖北自贸区 | 武汉片区 | 86 | |
| | 襄阳片区 | 82 | |
| | 宜昌片区 | 80 | |
| 重庆自贸区 | 两江片区 | 85 | 共享政务服务网站 |
| | 西永片区 | | |
| | 果园港片区 | | |
| 四川自贸区 | 成都天府新区片区 | 80 | 共享政务服务网站 |
| | 成都青白江铁路港片区 | | |
| | 川南临港片区 | | |
| 陕西自贸区 | 中心片区 | 76 | 共享政务服务网站 |
| | 西安国际港务区片区 | | |
| | 杨凌示范区片区 | | |
| 河南自贸区 | 郑州片区 | 64 | |
| | 洛阳片区 | 69 | |
| | 开封片区 | 64 | |
| 海南自贸区 | | 80 | |

第三，纠纷解决国际化。自贸区发展过程中必然会与香港、澳门、台湾、外国企业和个人产生纠纷，这就需要国际商事调解中心及国际商事仲裁机构从中化解矛盾纠纷。纠纷解决国际化不仅需要拥有国际商事仲裁和调解的专业机构，拥有国际化的专业人才，还需要国际化的规则指引。评估中发现，前海自贸区在纠纷解决国际化方面处于自贸区前列。截至2018年底，12个自贸区中，有的自贸区成立了独立的国际商事仲裁中心，有的则依托原有的仲裁委员会组建了仲裁院。有5个自贸区专门制定了符合自贸区特点的自贸区仲裁规则或者临时规则，分别是上海自贸区、广东自贸区、天津自贸区、辽宁自贸区、重庆自贸区（见表6）。在被评估的所有自贸片区中，包括前海在内的9个自贸片区拥有完备的港澳台及外籍专家

表6　国内自贸区矛盾化解国际化情况（截至2018年12月31日）

| 自贸区 | 片区 | 国际商事调解中心 | 国际商事仲裁中心 | 规则建设 | 人才储备 | 规则指引 |
|---|---|---|---|---|---|---|
| 上海自贸区 | | 上海经贸商事调解中心 | 上海国际仲裁院 | 上海国际经济贸易仲裁委员会中国（上海）自由贸易试验区仲裁规则 | 港澳台及外籍专家 | 有英文规则 |
| 广东自贸区 | 广州南沙新区 | 南沙自贸区商事调解中心 | 中国南沙国际仲裁中心 | 南沙仲裁通则 | 港澳专家以及外籍专家 | 有英文和葡萄牙语 |
| | 深圳前海蛇口 | 前海"一带一路"国际商事诉调对接中心 | 深圳国际仲裁院 | 深圳国际仲裁院规则 | 港澳台及外籍专家 | 有英文规则 |
| | 珠海横琴 | 横琴新区国际民商事调解中心 | 珠海国际仲裁院 | 横琴自由贸易试验区临时仲裁规则 | 港澳台及外籍专家 | 没有外文规则 |
| 福建自贸区 | 福州片区 | — | 福州国际商事仲裁院 | — | — | 没有外文规则 |
| | 厦门片区 | 厦门国际商事调解中心 | 厦门国际商事仲裁院 | — | 台湾专家及外籍专家（无港澳） | 没有外文规则 |
| | 平潭片区 | — | 海峡两岸仲裁中心 | — | 港澳台专家 | 没有外文繁体字版本 |
| 天津自贸区 | 天津港片区 | 天津自贸区国际商事调解中心 | 贸仲委海仲委天津自贸区仲裁中心 | 天津仲裁委员会自由贸易仲裁暂行规则 | 港澳台及外籍专家 | 有外文规则 |
| | 天津机场片区 | | | | | |
| | 滨海新区 | | | | | |

续表

| 自贸区 | 片区 | 国际商事调解中心 | 国际商事仲裁中心 | 规则建设 | 人才储备 | 规则指引 |
|---|---|---|---|---|---|---|
| 辽宁自贸区 | 大连片区 | — | 大连仲裁委员会 | 辽宁自由贸易试验区仲裁规则 | 港澳台及外籍专家 | 没有外文规则指引 |
| | 沈阳片区 | — | 沈阳仲裁委员会 | | — | 没有外文规则指引 |
| | 营口片区 | — | — | | — | |
| 浙江自贸区 | 舟山离岛片区 | 中国国际贸易促进委员会（中国国际商会）浙江调解中心 | 杭州国际仲裁院 | — | — | 没有外文规则指引 |
| | 舟山岛北部片区 | | | | | |
| | 舟山岛南部片区 | | | | | |
| 湖北自贸区 | 武汉片区 | — | 武汉国际仲裁中心 | — | 港澳台及外籍 | 有外文指引 |
| | 襄阳片区 | — | 襄阳仲裁委员会 | — | — | 没有外文指引 |
| | 宜昌片区 | — | 国际仲裁分支机构 | — | — | 没有外文指引 |
| 重庆自贸区 | 两江片区 | 中国国际贸易促进委员会（中国国际商会）重庆调解中心 | 重庆两江国际仲裁中心 | 《中国（重庆）自由贸易试验区仲裁指引》 | 港澳台及外籍 | 没有外文指引 |
| | 西永片区 | — | — | — | — | — |
| | 果园港片区 | "一带一路"国际商事调解中心 | — | — | — | — |
| 四川自贸区 | 成都天府新区片区 | — | 成都仲裁委员会国际商事仲裁咨询联络处（双流） | — | 港澳台及外籍 | 没有外文指引 |
| | 成都青白江铁路港片区 | — | 成都仲裁委员会国际商事仲裁咨询联络处（青白江） | — | — | 没有外文指引 |
| | 川南临港片区 | — | — | — | — | — |

续表

| 自贸区 | 片区 | 国际商事调解中心 | 国际商事仲裁中心 | 规则建设 | 人才储备 | 规则指引 |
|---|---|---|---|---|---|---|
| 陕西自贸区 | 中心片区 | 国际商事调解中心 | 西安仲裁委员会国际商事仲裁院 | — | 港台专家 | 没有外文规则指引 |
| | 西安国际港务区片区 | | | | | |
| | 杨凌示范区片区 | | | | | |
| 河南自贸区 | 郑州片区 | — | 郑州仲裁委员会国际商事仲裁院 | — | 港台专家 | 没有外文规则指引 |
| | 洛阳片区 | — | 洛阳国际商事仲裁院 | — | — | 没有外文规则指引 |
| | 开封片区 | — | — | — | — | — |
| 海南自贸区 | | — | 海南国际仲裁院 | — | 港澳台及外籍专家 | 有繁体规则指引 |

配置，其他自贸片区要么无港澳台籍专家、要么缺少外籍专家。在被评估的所有国际商事仲裁中心中，仅有 5 家仲裁机构拥有外文的规则指引，分别是上海国际仲裁院、中国南沙国际仲裁中心、深圳国际仲裁院、海仲委天津自贸区仲裁中心、武汉国际仲裁中心。在纠纷解决国际化方面，与其他自贸区相比，前海无论是在调解仲裁机构设置方面，还是人才储备方面，抑或是外文规则指引方面均处于各自贸区前列。

## 三　各板块评估结果

### （一）规则制定

法律是治国之利器，良法是善治之前提。规则制定不仅是法治的重要指标，而且还关系到改革的成败。习近平总书记多次强调"凡属重大改革都要于法有据"，前海在推动改革过程中要遵循"先立后破"的理念，始终树立秉持规则意识和制度意识，将规则制定放在第一位。强调规则制定，有利于健全前海法规体系，有助于推进前海法规与国际对接，有益于构建"大前海"发展格局，为促进前海与周边区域协同联动、大力拓展对外合作新通道、推动自贸片区成为对外开放门户枢纽夯实规则基础。

1. 评估发现的亮点

（1）立法保障改革于法有据

立法是国家有权机关制定、修改、解释、废止法律法规的活动。科学立法是法治建设的前提基础。党的十八大报告确定了"科学立法"在法治建设中的首要、基本定位。习近平总书记强调"科学立法的核心在于尊重和体现客观规律"。《中国（广东）自由贸易试验区总体方案》要求"强化自贸试验区制度性和程序性法规规章建设"。包括前海在内的所有自贸片区都没有独立的立法权，需要提请有立法权的人大及其常委会、政府制定地方性法规、地方政府规章。评估发现，前海在以下几个方面保障改革于法有据。首先，自贸区立法纳入立法计划与立法规划。立法规划和立法计划是科学立法的重要体现，是提高立法质效的重要抓手，若自贸区相关立法没有出现在地方立法规划与立法计划中，则在近期内很难出台高质量的地方性法规，自贸区部分改革措施也很难找到合法性依据。评估中发现，在现有自贸片区中，仅深圳和重庆两市在立法规划中明确列明并公开了自贸区立法的相关内容；在现有自贸片区中，仅上海和深圳人大常委会的立法计划有自贸区的内容，其余自贸片区所在地人大及其常委会均没有自贸区立法的相关内容。[1] 其次，前海自贸区争取政策支持，调整或停止国家和深圳有关法律法规在前海蛇口自贸片区的适用，解决前海在司法改革、投资贸易便利化、金融创新、深港合作、开发建设等各领域改革的瓶颈问题。例如，《台湾香港澳门居民在内地就业管理规定》要求港澳台居民在大陆工作需办理《台港澳人员就业证》，前海自贸区争取各方政策支持，于2018年3月"取消港澳居民在前海自贸区工作就业证的规定"，在全国范围内率先落地港澳居民在区内工作免办《台港澳人员就业证》。最后，加强重点领域立法。坚持问题导向，加强全局法律制度的统筹协调和指导，加强规范性文件和法律法规的衔接和配套，进一步形成完备的法律制度规范体系。立足贸易新模式、新业态的发展需求，开展创新驱动、创新金融、知识产权保护等方面的立法研究，研究制定信用、跨境电商、股权投资方面的规则、指引。

（2）规范性文件定期清理

规范性文件是各级机关、团体、组织制发的各类文件中较为重要的一类，因其内容具有约束和规范人们行为的性质，故名称为规范性文件。规范性文件具有如下特点。首先，影响力大。由于法律法规内容无法事无巨细地规定每一个细节，规范性文件就成为法律实施的有效补充。政府以及政府部门适用的规范性文件往往是行政和执法的重要依据，例如有些执法部门在法律法规的基础上颁布了行政执法手册或者执法规范。可以说，规范性文件对于公民、企业、组织的影响仅次于法律法规。其次，变动频繁。由于没有固定的程序对规范性文件的发文和使用做出限制，有关部门往往用一个文件就能废止另外一个文件、一个决议就能废止另外一个决议，所以规范性文件的变动性较为频繁。最后，不易掌握。对于部门内部或者行业内部而言，多年累积之下，对部门或者行业有多少规定、有多少

---

[1] 深圳2018年立法计划中将两部前海蛇口自贸区条例列为后备项目，一项为制定《深圳经济特区前海蛇口自由贸易试验片区条例》，一项为修改《深圳经济特区前海深港现代服务业合作区条例》。

文件都未必能够了若指掌，外部人士更是一头雾水，无从知晓。因为以上特征，规范性文件的规制是法治建设的难点，同时也成为法治评估的重点指标。

首先，建立定期清理制度。2017年评估发现，深圳以及前海未能建立定期清理制度。2018年深圳市修订了《深圳市行政机关规范性文件管理规定》，并增加了"建立规范性文件清理制度。规范性文件清理采取即时清理、定期清理和集中清理相结合的方式"的规定。规范性文件定期清理有利于梳理现有的规范性文件，有助于保障规则体系和谐统一，有益于公民、企业和组织了解规则变动最新情况并主动遵守规则。

其次，清理已经失效的规范性文件。对规范性文件进行清理发现有应当废止的文件，应当对其予以废止并及时将废止的规范性文件公开。前海不仅公开废止规范性文件，而且还会公开关于废止规范性文件的政策解读。例如，2018年8月，前海管理局公开废止《深圳市前海深港现代服务业合作区外商投资企业管理办法》的同时，公开了关于废止该文件的政策解读，从基本情况、必要性等角度全面解读废止的缘由。

另外，公开继续生效的规范性文件。评估发现，对于部分仍然有实施价值的规范性文件，前海管理局会重新编号并公开规范性文件。例如，《深圳市前海深港现代服务业合作区土地使用权招标拍卖挂牌出让若干规定（试行）》（深前海〔2016〕80号）有效期已届满。为保障和规范前海土地招拍挂出让工作的正常开展，现决定继续实施，文号更改为"深前海规〔2018〕7号"，自2018年11月15日起至2019年11月14日止，有效期一年。

（3）全方位公开重大决策

重大决策是指决策关系到社会公众切身利益、具有重大社会意义的决策。公开重大决策是决策科学化和民主化的必然要求。《中共中央关于全面推进依法治国若干重大问题的决定》要求"健全依法决策机制"并提出一系列具体要求与部署安排。《法治政府建设实施纲要（2015—2020年）》要求"推进行政决策科学化、民主化、法治化"，并以大段篇幅明确其任务目标和具体措施。在数十个地方、部门已出台专门规章、文件的基础上，国务院层面的《重大行政决策程序暂行条例》已纳入立法议程。评估结果显示,在现有自贸片区中,仅有前海、南沙、横琴三个片区全面公开了重大决策,余下的自贸区(包括上海、天津、湖北等)要么没有公开重大决策目录,要么没有公开重大决策目录更新情况,要么没有公开重大决策参与情况。

2. 评估发现的问题

(1) 规则体系应进一步完善

从总体上看,前海现行规则体系内容丰富、涉及面广,涵盖了自贸区内发展的各个领域,且有不少创新性质的政策法规内容,对自贸片区的发展起到了重要的立法保障和推动作用。但在肯定成绩的同时,也需要清醒地认识到随着粤港澳大湾区建设的推进,前海的战略定位发生了变化,不仅是深港合作区、自由贸易区、保税港区,更应当积极融入粤港澳大湾区建设当中。在现行规则体系中,前海合作区和自贸区的文件占了较大比例,而关于城市新中心乃至粤港澳大湾区的文件较少,存在改进空间。

(2) 规范性文件公开不及时

规范性文件不仅应当全面公开,而且应当及时公开。国务院办公厅《关于加强行政规范性文件制定和监督管理工作的通知》(国办发〔2018〕37号)要求:"行政规范性文件经审议通过或批准后,由制定机关统一登记、统一编号、统一印发,并及时通过政府公报、政府网站、政务新媒体、报刊、广播、电视、公示栏等公开向社会发布。"评估发现,前海自贸区部分规范性文件公开不及时,例如,《中国(广东)自由贸易试验区深圳前海蛇口片区反垄断工作指引》2017年12月22日下发通知,2017年12月30日生效,前海管理局网站2018年2月22日方才将该指引公开。

(3) 立规技术需进一步提高

规范性文件的制定应当符合一定的规程,文本表述应当遵循一定的规范。对于法律的立法技术,全国人大常委会制定了《立法技术规范(试行)》;对于地方性法规的表述规范,广东省人大常委会制定了《广东省人民代表大会常务委员会立法技术与工作程序规范(试行)》,深圳市人大常委会制定了《深圳市人民代表大会常务委员会立法技术规范》。尽管对于规范性文件的制定缺少技术层面的制度依据,但可以比照法律及地方性法规的相关技术。例如,《广东省人民代表大会常务委员会立法技术与工作程序规范（试行）》中规定"规定地方性法规施行的具体年、月、日应当写明本条例自×年×月×日起施行"，若规范性文件附则中未能写明具体哪一日施行，就会对规范性文件实施日期造成一定的影响。评估发现，2018年10月26日前海管理局网站中公开了《深圳前海深港现代服务业合作区产业投资引导基金管理办法》，该办法附则中规定"本办法自发布之日起10日后实施"。若仅看公开之日可能认定该办法实施之日应当为11月4日，但通过查询深圳政府在线发现该办法公布之日为2018年7月6日。规范性文件表述不当，对规范的适用和施行造成了一定的影响。

**（二）法治政府**

中共中央、国务院2015年12月印发的《法治政府建设实施纲要（2015—2020年）》要求，"到2020年基本建成职能科学、权责法定、执法严明、公开公正、廉洁高效、守法诚信的法治政府"，并提出了一系列的具体标准。根据中央部署和对前海建设法治示范区的要求，本板块从简政放权、优化服务、执法监管、清单制、公开透明等方面对法治政府建设情况进行了评估。

1. 评估发现的亮点

（1）深入实施优化服务

优化服务是"放管服"的重要组成部分，是全面深化改革特别是供给侧结构性改革的重要内容，也是全面深化改革的"先手棋"和转变政府职能的"当头炮"，受到党中央和国务院的高度重视。中央全面深化改革领导小组多次研究讨论，要求为群众提供更加优质高效的服务，在路径上要求把优化服务和加强管理结合起来，寓管理于服务之中。显然，在推进法治过程中全面建成服务型政府，进而提供优质公共服务，对于形成法治化营商环境具有关键作用，对于增强企业、人民群众的改革获得感也具有重要意义。《国务院关于加快推进"互联网+政务服务"工作的指导意见》（国发〔2016〕55号）更是明确要求"凡是能实现网上办理的事项，不得要求必须到现场办理"，提出"一口受理""一号申请、一窗受理、一网通办""一站式服务"等一系列具体而明确的要求。评估发现，前海自贸区在推动优化服务过程中有如下亮点值得关注。

首先，政务服务体制优化。前海e站通服务中心已实现"一口受理、一门审批、一网服务、一颗印章"的工作机制，将省、市分散在31个部门的134项管理事项，以及入驻单位的27个管理事项归口进行办理，为公民、法人和其他组织提供了规范高效便捷的一站式政务服务。

其次，"最多跑一次"贯彻落实较好。"最多跑一次"改革是推进国家治理体系和治理能力现代化的有效途径，是推动政务服务标准化、法治化的有效抓手。评估发现，2018年前海自贸区在推动"最多跑一次"落地过程中效果显著。

最后，积极推动效能督查。效能督查是行政管理的重要组成部分，是提高行政效率和质量的重要途径。前海将审批和公共服务事项纳入效能督查，一旦发现异常统计数据，即发出预警。通过效能督查，一方面将各个部门业务办理情况直观地展现在系统中，方便内部管理；另一方面公众社会通过网络了解到自贸区行政效能，有利于强化外部监督。

（2）强化执法规范建设

政府权力必须依法、依规范行使，这是建成法治政府的关键。党的十八届四中全会提出"创新执法体制，完善执法程序"，并明确要"建立执法全过程记录制度、严格执行重大执法决定法制审核制度、推行行政执法公示制度"。《国务院办公厅关于印发〈推行行政执法公示制度执法全过程记录制度重大执法决定法制审核制度试点工作方案〉的通知》（国办发〔2017〕14号），对于执法创新试点已有部署安排。评估发现，前海综合行政执法局在推动执法规范化建设有如下亮点。首先，完善执法制度建设。通过完善内部制度建设，规范执法模式，确保集中的执法权在阳光下开展，在制度的笼子里运行。制定《法制审核方案》《案件审理规定》《联系会议制度》等文件，强化执法相关制度建设。其次，编制执法手册。前海综合行政执法局梳理执法依据，汇编了与综合行政执法有关的14个管理领域法律法规和规章共计360余部，并编制了《综合行政执法常用手册》，提高了制度可操作性。最后，执法流程再造。综合行政执法涉及多个职能部门，不同职能部门之间存在不同的执法依据、不同的法律文书、不同执法平台，为了提高执行执法质效，前海综合执法局推动执法流程再造，统一执法系统及法律文书，提高执法效能。

### (3) 权责清单较为成熟

推行政府部门权力和责任清单制度是党的十八届三中、四中全会部署的重要改革任务，是国家治理体系和治理能力现代化建设的关键举措，对于深化行政体制改革，建设法治政府、创新政府、廉洁政府和服务型政府具有重要意义。通过编制清单并实现动态调整，以全面准确描述政府机关的职权及其依据、行使主体、运行流程、法律责任等，既有利于强化行政权力监督和制约，防止出现权力真空和监管缺失，也有利于加快形成边界清晰、分工合理、权责一致、运转高效、依法保障的政府职能体系。《法治政府建设实施纲要（2015—2020年）》要求"大力推行权力清单、责任清单、负面清单制度并实行动态管理"。评估发现，仅有前海自贸片区、南沙自贸片区、横琴自贸片区、浙江自贸片区等部分自贸区（片区）公开了完整的权责清单，其他自贸区在权责清单公开方面或多或少存在这样或那样的缺陷或问题。有的是权责清单未能及时更新，如截至2019年4月，上海自贸区权责清单仍然停留在2015年；有的权责清单公开的是新闻报道，未能公开权责清单本身，如武汉自贸片区公开了权责清单的报道，没有公开权责清单本身。有的在自贸区网站中虽然公开了权责清单，但长期无法显示。例如，天津自贸区门户网站权责清单无法打开，导致影响了清单公开效果。此外，前海管理局的权责清单，与政务服务事项无缝对接。每个事项基本信息包括行使主体、编码、依据、责任事项、问责依据及监督方式等要素。接下来，在同一页面提供"在线申办""申请材料"选项，其在所需材料清单中，不仅标注需原件或复印件、纸质材料或电子版，提供样本和空表，逐项注明填报须知，消除了其他地方常见的"其他材料""相关材料"等兜底条款，既为民众少跑腿一次性提交全部材料提供便利，也为网上办理打下良好基础。

### (4) 多项创新值得关注

深圳是改革开放的前沿阵地，前海自贸区是改革前沿中的前沿、"尖兵中的尖兵"。作为中央进一步深化改革的试验田，前海自贸区应当在相关的领域大胆先行先试，为中央全面深化改革积累经验。在评估中发现，前海在金融和税收创新方面有如下亮点值得关注。

首先，试点银行不良资产跨境转让。前海推动跨境创新业务不断深入，在全国率先唯一试点银行不良资产跨境转让，后又成功实现前海金融资产交易所依托"跨境通"交易平台又相继完成全国首单商业保理资产、租赁资产对外转让业务。其次，打造税收信用体系。前海蛇口自贸片区管委会与前海税务局在纳税监管及服务上进行创新探索，打造税收信用体系，通过企业信用交叉比对，为企业提供更为精准的税收服务和监管。双方基于企业运营情况分别形成了前海企业信用画像和纳税信用评级，并在此基础上建立评价结果互认及应用机制：对优质企业提供免排队绿色通道、银企融资撮合、发票审批申请"秒批"及"按需供应发票"等税务服务；对于信用较差企业安排加强材料核查、定期复查、加强双随机抽查比例，利用事中事后监管措施加强税务的精准监管。再次，发布《前海蛇口自贸片区信用税收白皮书》。前海凭借"深港合作区+自贸试验区+保税港区"三区叠加的区位优势以及特有的"双15%"税收优惠政策吸引了众多企业和项目落户，2018年实现税收收入445.94亿元，同比增长30.3%。在税收收入增长的同时，涉税业务量大幅增长，税收管理风险相伴而生，创新管理模式亟待推出。为此，前海蛇口自贸片区管委会与前海税务局在纳税监管及服务上进行了创新探索，联合发布了《前海蛇口自贸片区信用税收白皮书》。最后，首创"保税+实体新零售"模式。深圳前海蛇口自贸片区管委会、前海管理局、深圳市经信委共同推动下，以"保税+"助力实体新零售，实现线上与线下、互联网经济与实体零售的融合发展。至此，"保税+实体新零售"货物先销后税、集检分出，使贸易化得到极大提升；贸易的能量得到了释放，原有电子商务、实体连锁零售"泾渭分明"的销售模式得到了改良，通过跨境电商商务线上销售、实体体验、保税直营、现场店提的商业场景得以实现。

（5）政务公开完整全面

公开透明是现代法治对公权力运行的一般性但又是基础性的要求，既有利于保障公民的知情权、监督权、参与权，也有利于倒逼政府机关依法行政，进而提升其公信力。阳光政府是现代法治政府的必然要求。全面推进政务公开，要坚持以公开为常态，不公开为例外。《中共中央关于全面推进依法治国若干重大问题的决定》提出，要"推进决策公开、执行公开、管理公开、服务公开、结果公开"。2016年，中共中央办公厅、国务院办公厅印发《关于全面推进政务公开工作的意见》，国务院办公厅印发《〈关于全面推进政务公开工作的意见〉实施细则》，部署全面推进各级行政机关政务公开工作。

由于前海并非一级行政区划，前海管理机构也不行使一级政府的行政管理权限，因此评估中重点考察前海自贸区门户网站中的财政信息、年报信息以栏目信息等内容的公开情况。评估发现，前海自贸区门户网站在公开方面突出重点，内容完整全面。首先，栏目设置清晰合理。前海自贸区门户网站设置了政府信息公开专栏、专栏下设指南栏目、政府信息公开年报栏目、依申请公开栏目和政府信息公开依据栏目，政府信息公开依据栏目中公开了《政府信息公开条例》《广东省政务公开条例》及深圳市的信息公开规定。其栏目设置较为合理，也发挥了政府信息公开"第一平台"作用。其次，财政信息内容公开全面。在财政信息方面，前海自贸区能够较好将自身的"账本"公开在阳光下，包括各类预算表、决算表、"三公"经费等在内的财政信息均有详细且全面的公开。最后，年度报告公开内容完整。前海自贸区门户网站公开了2018年度政府信息公开工作年度报告，且年度报告对依申请公开的申请量、答复的总体情况、答复结果的分类数据以及因政府信息公开引起行政复议的总体情况、复议结果的分类数据、诉讼结果的分类数据做了说明。

2. 评估发现的问题

第一，执法信息公开有待完善。前海综合行政执法局现与深圳市南山区城市管理局合署办公，前海综合行政执法局目前没有专门平台展示其执法规范、执法流程、执法结果等相关内容，更无法查明其权责清单等内容，相关信息只能通过南山区城市管理局网站及南山区政府网站中查询。评估中发现，无论是南山区城市管理局网站，还是南山区政府网站都存在如下问题。首先，双随机一公开有待进一步加强。从南山区城市管理局网站中没有公开2018年双随机一公开执法检查情况，南山区政府网站中公开了8条11—12月的相关执法检查信息，11月之前的相关信息未能找到。其次，规范性文件公开不全面。评估发现，综合行政执法局的部分规范性文件（不涉密）未能在门户网站中公开，社会公众无法查询并了解到执法部门完整的执法依据和执法尺度。再次，未能集中公开处罚结果。对于城市管理局及其执法队的各类处罚结果只能零星地在门户网站中查找到部分信息，未能集中公开以方便公众查询。最后，处罚结果虽与社会信用体系相衔接，但在评估中发现处罚信息更新至 2018 年 6 月，许可信息更新至 2016 年 1 月，信息沟通对接严重滞后。

第二，公开目录表述不够严谨。前海的信息公开指南中明确表示，前海管理局在职责范围内，负责主动或依申请公开下列各类政府信息：机构设置、统计数据、政策法规、人事信息、采购信息、土地供应。根据《政府信息公开条例》第 20 条、第 21 条规定，上述内容全部属于主动公开的范围，其表述不够严谨。

第三，依申请公开答复不规范。依申请公开是公民、企业法人或社会组织等获得政府信息的重要方式。2017 年评估中因前海管理局提供的信函申请渠道不畅通，项目组按照其政府信息公开指南上提供的受理机构信息寄出政府信息公开申请信函，经邮件跟踪查询系统查询，因收件人逾期未领，该信函被退回。2018 年评估中，前海管理局上述问题得到改善，依申请渠道通畅，但依申请答复并不规范，存在一定被复议被诉讼风险。首先，给申请人答复使用的邮箱是 163 邮箱，并没有使用官方正式邮箱。其次，答复书中并没有列明救济渠道，无法通过答复书确认如何救济。最后，答复告知申请内容非本机关掌握，但是答复中未说明理由。

前海除了及时公开自贸区权责清单之外，还同时公开了举报方式，公众在比对权责清单的同时知晓了监督举报的路径。但评估发现，前海自贸区权责清单中的问责依据一般是《行政机关公务员处分条例》和《行政许可法》，但上述内容并不全面，遗漏了其他法律法规。公务员违纪违法应承担纪律责任的，可根据《公务员法》《行政机关公务员处分条例》给予公务员处分，也可根据《监察法》《公职人员政务处分暂行规定》等依法给予政务处分。相比于《行政机关公务员处分条例》，《监察法》和《公职人员政务处分暂行规定》的覆盖面更广，其处分对象可以使所有行使公权力的公职人员，作为问责依据显然应当一并公开。

### （三）司法建设

司法的基本功能是借助公权力对各种法律争端做出权威性裁决。相应地，司法是保障人民自由权利与实现社会公平正义的重要制度保障。习近平总书记在十八届三中全会报告的说明中指出，"这些年来，群众对司法不公的意见比较集中，司法公信力不足很大程度上与司法体制和工作机制不合理有关"。《中共中央关于全面推进依法治国若干重大问题的决定》明确提出，司法公正对社会公正具有重要引领作用，司法不公对社会公正具有致命破坏作用。为此，中央全面深化改革领导小组第三次会议审议通过《关于司法体制改革试点若干问题的框架意见》。2014年7月9日，最高人民法院发布《人民法院第四个五年改革纲要（2014—2018）》（以下简称《四五改革纲要》）；最高人民检察院先后发布《关于深化检察改革的意见（2013—2017年工作规划）》《"十三五"时期检察工作发展规划纲要》《人民检察院案件信息公开工作规定（试行）》《2018—2022年检察改革工作规划》等重要文件；中央全面深化改革领导小组第十七次会议还审议通过了《关于完善矛盾纠纷多元化解机制的意见》。为此，本板块的司法建设采取较为广义的界定，包括法院、检察院、矛盾化解等内容，设置了审判执行、检察权运行、矛盾化解等指标。

1. 评估发现的亮点

（1）强化司法引领与规范功能

深圳前海合作区人民法院（以下简称"前海法院"）发布《涉自贸区与合作区案件审判指引》和审理自贸区保理合同、融资租赁合同、国际货物运输合同、外商投资企业纠纷等案件的裁判指引，提升司法裁判的可预期性，鼓励新兴业态创新发展。共发布三批次22个涉自贸区商事主体典型案例，发布涉外涉港澳台商事审判十大典型案例，规范引导大湾区建设中的商事行为。制定《关于防范与惩戒非诚信诉讼行为的若干规定》《关于正确裁判律师费用推进诚信理性诉讼的若干规定》，加大对拖延诉讼、恶意诉讼、虚假诉讼等非诚信诉讼行为的打击力度，运用律师费、诉讼费杠杆对非诚信行为进行惩戒，目前已成功审结由非诚信当事人承担30万元律师费的案件以及对虚假陈述当事人处以10万元顶格罚款的案件，有力地推动了大湾区诚信体系建设。

（2）四涉案件审理规模化

所谓四涉案件是指涉外、涉港、涉澳、涉台案件。2018年，前海合作区法院共受理涉外、涉港澳台商事案件1775件，占民商事案件总数的27.19%，其中涉港1226件，占四涉案件的69.07%；涉外340件，占四涉案件的19.15%，涉澳21件，占四涉案件的1.18%，涉台188件，占四涉案件的10.59%。审结各类涉外、涉港澳台商事案件1581件，同比上升0.51%；四涉案件平均审理时间为9.6个月，较集中管辖前审判效率提升50%以上。自2015年2月至2018年4月，前海合作区人民法院共受理涉外、涉港澳台商事案件4274件，审结3005件，受理涉港案件3100件，数量为全国第一。

（3）商事诉调对接国际化

商事诉调对接是回应"一带一路"沿线国家和地区商事主体司法关切的有力举措，是完善中国特色多元纠纷解决机制的重要内容，是推动国际商事纠纷化解公正、高效、多元的必然要求。2018年1月，前海法院率先成立前海"一带一路"国际商事诉调对接中心，2018年，"一带一路"国际商事诉调对接中心共接收案件3824件，同比上升73.5%；成功调解1583件，同比上升51.2%，调解成功率达41.4%。该中心整合粤港澳大湾区30余家司法、仲裁和调解机构，聘任外籍和港澳台籍专家调解员78名，律师调解员172名。实行"内地调解员+域外调解员"或"调解法官+域外调解员"的联合调解模式。2018年，港籍调解员成功调解案件166件，外籍调解员成功调解案件4件。制定专业化调解规范，完善国际商事调解规则，建立"1+13"系统化规范化的诉调对接工作机制，设立调解前置约束、中立第三方评估、无争议事实记载等机制，实现调解的规范化、专业化运作。同时，该中心与深圳国际仲裁院、深圳市律师协会等多家调解机构建立合作关系，支持培育社会调解组织。

（4）法院审判执行智能化

最高人民法院高度重视先进科学技术对法院现代化的重要驱动作用，智慧法院建设对法院管理、司法制度、审判运行模式、纠纷解决机制等方面带来巨大挑战与机遇。一方面，前海合作区人民法院深化司法辅助事务集约化管理，打造"海燕司法事务辅助平台"，自2018年1月运行以来，该平台成功完成集中送达8748次，协助保全案件520件，参与调查取证案件67件，实现文书送达智能化，通过该平台成功进行电话记录送达

1092次等,有效提升审判执行工作效率。另一方面,前海合作区人民法院将纠纷解决与智慧法院建设相结合,建立了"一带一路"公共法律服务平台,为国内外公众与当事人提供免费的线上法律信息服务。已经完成了俄罗斯、哈萨克斯坦、印度、中国香港特别行政区等43个国家和地区的宏观信息梳理,翻译并收录的法律、判例、法规近600部,共计约600万字。这些信息可以通过线上平台进行检索,为用户提供"一带一路"的基础法律信息和重点法律服务。

(5) 审判调解团队专业化

党的十八届四中全会通过的《中共中央关于全面推进依法治国若干重大问题的决定》提出,要不断深化司法体制改革,落实全面深化改革任务要求,推进平安中国、法治中国建设,深化司法体制改革,促进国家治理体系和治理能力现代化,是当前和今后一个时期人民法院工作面临的新形势。这其中重要的一点就是实现庭审专业化,打造专业化的审判团队,组建一支业务知识过硬、实践经验丰富的队伍,才能更高效、更便捷地及时化解专门的纠纷。前海法院按照"1+2+N+1"模式组建25个新型审判团队,细化"一带一路"案件审判团队、自贸区案件审判团队、知识产权案件审判团队、金融类案件审判团队等专业化分类,进一步完善"精英化法官+域外法专家+港籍陪审员"的专业化审判机制。组建专家智库,充分发挥专家的智囊咨询作用,提升审判的专业化水平。选任32名港籍陪审员参与涉港商事案件审理,截至2018年12月共参与案件审理264件,实现审判人员专业化,提升涉港当事人对法院裁判的理解和信任。

(6) 中美仲裁合作频繁化

作为一种通行的纠纷解决方式,仲裁在解决国际经贸争议、消除投资和贸易障碍、推进国际法治建设中的重要性日益凸显。评估发现,深圳国际仲裁院紧扣时代需求,在中美贸易摩擦的背景下,为了适应中美两国企业的需求,深圳国际仲裁院与美国最大的商事争议解决机构JAMS在深圳共办"中美贸易与高科技企业商事争议解决高峰对话会",共同发布中美联合仲裁员名册,该名册有18名仲裁员,6名来自中国内地,6名来自美国,6名来自其他国家和地区。创建中美联合仲裁员名册,是通过平等合作，共同建设公平、专业、高效、能促进两国企业互信的国际商事纠纷解决机制，共同营造公平、稳定、透明、可预期的营商环境。

2. 评估发现的问题

（1）阳光司法尚不理想

司法公开既是司法改革的重要内容，也是司法改革的重要抓手。尽管前海合作区人民法院司法改革落实情况较好，但是前海合作区人民法院司法公开工作仍有提高空间。首先，门户网站不稳定。在对前海合作区法院进行评估过程中，发现门户网站不稳定，时而存在无法正常打开的现象。其次，庭审直播有待完善。评估发现，前海合作区人民法院网站中庭审直播中设置了庭审预告栏目，但该栏目长期为空，既没有预告庭审直播的影像，也没有预告庭审直播的文字。

（2）阳光执行尚待加强

阳光执行是评价法院执行工作的重要指标，法院将执行的立案信息、结案信息、被申请执行人信息公开，能够保障公众对司法执行的监督权，提升执行工作的公信力，威慑被执行人，树立司法权威，同时还可以有效规范执行权力运行。但评估发现，前海的阳光执行工作还有待提高。其一，执行公告内容长期不更新。前海合作区法院开辟了执行公告栏目，但是在该栏目中最新的信息是2015年11月11日更新的内容，2016年、2017年以及2018年的内容均没有显示。公众既无法通过执行公告了解法院执行工作开展情况，也无法起到对被执行人的威慑作用。其二，评估拍卖公告缺失。前海合作区法院开辟了评估拍卖公告栏，在该栏目中有2016年之前的零星信息，有2019年的评估拍卖公告信息，但2017—2018年的信息却处于缺失状态。

（3）检务公开仍然停滞

检察权是我国司法权的有机组成部分，是保障公众对检察工作的知情权、参与权、表达权和监督权的重要基础，也是提升检察机关公信力、亲和力的重要前提。2015年《最高人民检察院关于全面推进检务公开工作的意见》提出，要进一步明确检务公开的内容、完善创新检务公开的方式方法、强化检务公开机制建设。为了贯彻依法保障独立行使检察权的改革要求，检察机关正在推进深化改革。2016年，前海蛇口自贸区检察院揭牌成立,由市检察院派出,履行县一级人民检察院职权。除履行县一级人民检察院基本职权外,还肩负着为辖区贯彻国家自贸区战略、深港合作战略、"一带一路"战略提供法律保障与服务的职责,以及探索跨行政区划管辖相关案件、探索职务犯罪侦查预防工作新机制、推进刑事诉讼制度改革、开展国际司法交流、完善以责任制为主体的检察权运行机制改革等改革创新任务。

由于检察院于2016年设立,历经三年后,截至2018年底仍未检索到其门户网站,也无法对检务公开情况进行评估。前海蛇口自贸区检察院在检务公开方面仍需要继续努力,实现自身突破。

### (四)法治社会

法治社会意指整个社会对依法治国的普遍认同和坚决的支持,养成自觉遵守法律法规,依法解决经济、社会领域纠纷的思维习惯,营造全社会的法治氛围。《中共中央关于全面推进依法治国若干重大问题的决定》提出"坚持法治国家、法治政府、法治社会一体建设",增强全民法治观念,推进法治社会建设。为此,前海法治指数评估设置法治社会板块,下设社会治安、社会信用、信访法治、普法宣传、法律服务等指标。

1. 评估发现的亮点

(1) 治安数据定期发布

良好的社会治安环境是地区治理能力的重要体现,也是打造优质营商环境的重要前提和保障,只有人民群众发自内心感到安全、舒适,才能毫无后顾之忧地投入到生产生活当中,经济社会才能有所发展。评估发现,前海自贸区所在地治安环境优良,治安治理亮点纷呈。首先,发布深圳公共安全指数。评估发现,深圳公安局自2016年4月开始,每周通过《深圳特区报》、深圳新闻网、市公安局门户网站、公安微信、微博,向社会发布一次深圳公共安全指数,保障市民群众知情权、监督权,引导社会各界广泛参与"平安深圳"建设。其次,主动公开警务数据。深圳市公安局定期公开管辖范围内制毒化学品管理、全市社会治安、电信诈骗等相关数据,为社会管理提供了基本参考,为社会稳定注入了强心剂。最后,主动公开交通管理数据。深圳市公安局除了社会治安数据之外,还会定期公开车辆保有和交通管理数据，通过上述数据一方面可以间接预测经济发展情况，另一方面也为城市管理提供数据支撑。

（2）信用监管不断完善

信用监管是新时期政府监管的重要替代性措施，是利用失信惩戒机制，通过一处失信、处处受限，鼓励市场主体自觉主动守法。国务院出台的《关于运用大数据加强对市场主体服务和监管的若干意见》（国办发〔2015〕51号）、《国务院关于"先照后证"改革后加强事中事后监管的意见》（国发〔2015〕62号）、《国务院关于实行市场准入负面清单制度的意见》（国发〔2015〕55号）、《国务院关于建立完善守信联合激励和失信联合惩戒制度加快推进社会诚信建设的指导意见》（国发〔2016〕33号）、《国务院关于印发社会信用体系建设规划纲要（2014—2020年）的通知》（（国发〔2014〕21号）等一系列政策文件中均有涉及信用监管的要求。

评估发现，前海在推动信用监管方面具有以下亮点。一是强化顶层设计。2016年出台《社会信用体系建设实施方案》，2018年印发实施《前海信用服务综合改革若干措施》，形成前海信用体系建设的系统性改革框架。二是搭建前海跨部门协同监管平台。搭建前海公共信用平台，归集全市70多个政府部门、市场机构的信用信息，涉及自贸片区17万余家企业超过1500万条信用数据，于2017年12月正式上线，为各政府监管部门和企业、市民提供查询服务。截至2018年12月，该平台已累计向深圳市13个政府部门开通监管账号90余个，累计查询次数超过10000次。先后协助开展针对交易场所、涉众案件、融资租赁、商业保理、互联网金融等多次信用风险排查，涉及风险企业超过1000家。三是构建"前海企业信用画像"，探索信用分类监管新模式。充分汇集企业在经营过程中产生的政府行为信息，从行政处罚、不良行为及贡献三个方面进行深度刻画，对片区内17万余家企业按照信用风险等级划分了A、B、C、D四个等级，帮助监管部门有效识别企业信用评价结果、精准投放执法力量、提高监管效率。率先与前海税务局合作，联合发布《前海蛇口自贸片区信用税收白皮书》，推出前海信用税收十大创新举措。四是将失信被执行人列为前海审批前置条件，有利于推动社会信用体系建设，有助于推动切实解决执行难，有益于加强信用惩戒力度。其次，完善信用监管平台。2018年评估中发现，无论是深圳信用网还是前海公共信用网的平台建设都较去年有了较大提升，除了显示双公示、红黑榜之外，还设置了新闻动态、政策法规、信用服务等板块，加大了对信用监管方面的宣传和应用。最后，红黑榜上内容更加明晰。2018年深圳信用网以及前海公共信用网红黑榜内容更加明晰，红榜公布了诸如"企业社会责任评价或者星级以上企业名单""市长质量奖获奖组织名单"等信息；黑榜公开了"检验检疫严重失信企业名单""拖欠农民工工资企业名单"等信息。

（3）法律服务成效显著

公共法律服务对于全面提升社会治理各个领域的法治化水平、满足人民群众日益增长的法律需求，具有十分重要的意义。评估发现，前海目前已经构建起集仲裁、调解、律师、公证、司法鉴定、知识产权保护、法律查明为一体的全链条法律服务保障体系，正在朝着国际法律服务中心大踏步前进。首先，成立中国（深圳）知识产权保护中心。2018年中国（深圳）知识产权保护中心落户前海，该中心通过运行快速维权机制，克服发明专新能源和互联网企业解决知识产权保护过程中存在的侵权发现难、取证难、维权难及授权/确权慢等问题，为企业提供知识产权监测预警、快速维权、纠纷调解、专业指导等公共服务。其次，成立"一带一路"法律服务联合会。前海充分吸收来自海外、境外的法律服务力量参与到国家"一带一路"建设。2018年新增加入区律师事务所6家，其中粤港联营律师事务所1家，内资所4家，外国律师事务所1家。新入驻司法鉴定中心1家。目前，前海已有注册律师事务所32家。最后，"一带一路"法治地图顺利完成第二年建设任务，初步实现上线使用。

（4）公证诚信数据发布

公证是我国预防性司法制度，是预防社会矛盾纠纷的"第一道防线"，具有预防纠纷、减少诉讼的职能作用。公证机构承担国家法定证明职责，依法出具的公证书具有法定证明效力。当前，社会诚信体系尚未健全，社会失信行为较为普遍，特别是在深圳这座移民城市，限于所需证明材料取得较为不便，这种现象尤为突出，如提供虚假证明材料骗购保障房、经济适用房；使用虚假身份证明骗购电信、通信设备和号码从事诈骗活动；利用虚假证明违背计划生育政策、骗取境外移民定居、从事外贸诈骗活动；通过虚假信息从事集资诈骗、私设钱庄等扰乱金融秩序；通过虚假陈述做伪证干扰司法审判活动等。其中，最典型、最突出的是通过提供虚假证明材料、隐瞒事实、冒名顶替等方式骗取公证书、伪造公证书、利用虚假公证书从事骗取银行贷款、转移他人财产等违法犯罪行为。失信行为严重侵犯了公民、法人和其他组织的合法权益，严重破坏了社会公信力，严重干扰了市场经济秩序和交易安全，导致记名财产如不动产、股权等登记错误，诱发不良金融资产，侵害了产权登记公示力和公信力，给金融债权安全带来严重隐患，导致诸多经济纠纷，影响了社会和谐稳定。特别是一些不法分子通过骗取文书或产权登记的手段蓄意诈骗妇女、老人等社会弱势群体，产生了恶劣的社会影响；一些不法分子通过弄虚作假骗取公文书在境外从事违法犯罪活动，产生了极为恶劣的国际影响。2018年1月4日，前海公证处运用大数据思维，对公证服务活动中发现的失信行为进行类型化分析，撰写公证诚信数据分析报告，通过对公证处2017年度查实的55宗骗取公证书行为分析，揭示金融、不动产、股权、涉外等领域容易发生的失信风险，为相关行业和组织把控风险提供积极协助。

2. 评估发现的问题

（1）信用信息有待完善

首先，公开信息不完整。深圳信用网中公开了红黑榜名单，但是从公开情况来看，信息完整度有待提高。例如公开显示企业社会责任评价或星级以上企业名单共89条，但实际上网站因页面限制仅显示30条信息。这就使得余下企业得不到应有的信用奖励。同样，在黑榜中显示海关失信企业名单有690条记录，证监会市场禁入有462条记录，因网站页面限制仅能公开30条信息，激励和惩戒效果均大打折扣。其次，信息更新有待提高。在前海公共信用网中设置了双公示栏目，该栏目中公开了部分企业行政许可和行政处罚信息。评估中发现，上述两类信息更新不及时。截至2019年4月，仍然只有2018年6月之前的行政许可和行政处罚信息。最后，数据更新有待加强。在深圳信用网中显示了合作单位更新数据的时间，从该统计中可以明显发现部分单位长期没有更新数据，例如深圳市信用协会最后更新信息时间为2012年3月12日。

（2）企业年报发布不及时

根据《企业信息公示暂行条例》第 8 条之规定，企业应当于每年 1 月 1 日至 6 月 30 日，通过企业信用信息公示系统向工商行政管理部门报送上一年度报告，并向社会公示。评估中发现部分位于前海的企业未能在法定期限内公开发布年报。例如，深圳前海持枢股权投资基金管理有限公司 2017 年公司年报发布日期为 2018 年 8 月。同时按照该条例第 17 条之规定，企业未按照本条例规定的期限公示年度报告的应当纳入经营异常名录，在深圳市信用网的异常名录中部分发布不及时的企业名单并不在其中。

（3）鉴定机构仍查询不到

对于司法鉴定机构的监督主要以主管部门监督为主，社会监督为辅。在主管部门方面，各级监督主管部门通过认真做好投诉查处工作，加大对违法违规执业行为的查处力度，做到有诉必查、有诉必复、违规必究，依法维护投诉方的合法权益。在社会监督方面，则主要通过公开司法鉴定机构的投诉举报以及违法违规情形。根据深圳司法局提供的材料，司法局重视发挥社会监督力量，每周将司法鉴定机构（包括位于前海的知识产权司法鉴定机构）的执业信息、执业状态（是否涉及行政处罚）报送至深圳信用网，向社会公开。2017 年评估中指出司法鉴定机构未能在深圳信用网中查询到，2018 年评估中仍然无法查到位于前海的 2 家知识产权鉴定机构（广东安证计算机司法鉴定所和广东公标知识产权司法鉴定所）的执业信息、投诉信息、奖惩信息等。

**（五）保障监督**

保障机制既是法治工作开展的前提基础，也是推进法治建设顺利进行的后盾保证。法治最终落地，需要党的领导、人力资源、监督机制等提供保障，更需要基础理论研究做支撑。故项目组在本板块设置党的领导、队伍建设、廉政建设、基础研究等指标共同对法治保障及监督进行评估。

1. 评估发现的亮点

（1）开启"互联网+党建"

自贸区的发展建设离不开法治保障，法治落地生根离不开党的领导。党领导是中国特色社会主义最本质的特征，也是中国特色社会主义制度的最大优势。坚持和加强党的领导，密切关系到改革开放的方向性问题，同时也关系到法治发展的根本性问题，是改革创新、法治发展取得成功的关键和根本。深入推进前海改革创新、法治发展，必须紧紧抓住坚持和加强党的全面领导这一关键和根本，把坚持和加强党的全面领导贯穿于前海全面深化改革开放和法治建设的全过程。评估发现，前海自贸区主动适应互联网时代对党的建设提出的新要求，积极运用互联网、大数据、AI等新技术，推进"互联网+党建""智慧党建"，为前海党建工作插上了互联网翅膀。其一，上线"前海先锋"微信公众号。上线以来，"前海先锋"发布前海党建动态原创作品122篇，前海党员能随时随地参与党员教育。其二，"人民云党建"线上学习平台正式启动。"人民云党建"提供了《逐条逐句学党章（上、下篇）》《习近平眼中的合格党员》《马克思诞辰200周年》《习近平新时代中国特色社会主义思想三十讲》等精品课程，助推党员干部学习教育常态化。

（2）法律顾问履职检查

积极推行法律顾问制度，有利于推进法治政府建设，有益于提升决策水平，有助于增强领导干部及工作人员的法治观念。《中共中央关于全面推进依法治国若干重大问题的决定》要求："积极推行政府法律顾问制度，建立政府法制机构人员为主体、吸收专家和律师参加的法律顾问队伍，保证法律顾问在制定重大行政决策、推进依法行政中发挥积极作用"。中共中央办公厅、国务院办公厅印发《关于推行法律顾问制度和公职律师公司律师制度的意见》进一步将其细化。评估发现，前海自贸区不仅重视法律顾问在重大决策、依法行政方面发挥作用，而且还积极推动法律顾问履职检查。例如，2018年4月，前海管理局对法律顾问履职情况进行了抽查，对人员、业务情况、成果交付及相关服务质量等情况进行了履职抽查。并在网上公开发布了法律顾问履职抽查报告，接受社会监督。

（3）多渠道严防工程腐败

工程项目从审批、规划、招投标到施工、质量监理、验收评估等，环节至少10多个，涉及相关部门众多，极容易滋生腐败。前海自贸区通过多种渠道严防工程腐败。首先，开发建筑信息化管理系统。通过该系统监控者可以调取任何一个工地的施工图像，随时了解施工方、监理方的工作进度，以及建筑材料的数据和进出情况。该系统让工程建设过程透明化，杜绝了无故变更设计和偷工减料等行为。工程数据的积累与留存也为工程审计提供依据，成为前海廉局发现廉政问题、寻找问题症结和防控廉政风险源头的工具。其次，建立政府投资工程廉情预警评估系统，制定工程廉情预警评估指标体系，监督项目实施情况。系统上线以来，累计监督项目133个，预警74次。针对预警事项，前海分别采取函询、约谈等措施推动整改，对工程建设关键环节加强监管。前海还健全廉政约谈、履约评价、项目后评估等制度，强化工程稽查、工程验收和结算审计；实行重大工程集中建设制；对工程建设实行第三方评估。最后，出台《工程建设领域廉洁从业指引》，促进行业规范；推动业主单位与施工单位签署廉政合同，承诺廉洁从业、互相监督，前海廉局则将外部监督嵌入工程建设全过程。

2. 评估发现的问题

（1）律师事务所入驻信息公开不完整

前海独特的地理位置以及各项改革举措为其打造国际化法律服务中心奠定了基础，不仅建立了各种法律服务培训中心，还吸引了大量涉外、涉港澳台律所入驻。涉外以及涉港澳台律所入驻必然涉及所需条件、步骤以及材料，前海通过门户网站对上述内容予以公开并提供了网络链接。但评估发现部分链接无法打开，导致信息内容公开不完整。

（2）制度创新还有提升空间

作为中央进一步深化改革的试验田，前海蛇口自贸片区应当在相关领域大胆先行先试，为中央全面深化改革积累经验。截至2018年底，前海共推出441项制度创新成果，全国复制推广43项，全省复制推广69项，全市复制推广79项，尽管前海蛇口自贸片区改革创新取得了不小的成绩但在制度创新是自贸区核心使命的背景下，前海制度创新数量和质量仍有提高空间。程序优化、时限压缩的微创新多，实质性突破的创新少。

（3）廉政公开有待加强

前海廉政监督局自成立伊始便实施"嵌入式"监督，成立效能监察、制度审查、风险防控和审计监督等多个专责小组，对前海管理局所有处室和多家局属公司的土地出让、工程建设、招商引资、资金运转、人员选聘等重点事项进行跟踪式监督检查。从官方公布的数据来看，监督效果显著。但从前海廉政监督局网站中却看不到具体的数据，无论是每年查处人数，还是移交司法人数，抑或是年度工作报告均无法从网站中获知。同样作为纪检监察，从中央到地方均设置了监督曝光平台，以供公众监督。前海廉政监督局却没有仿效纪委，既没有公开日常工作，也没有公开处理结果。

## 四　前海法治发展展望

习近平总书记在谈及自贸区建设时，多次强调自贸区要"发挥自身优势，大胆探索创新"，"赋予自由贸易试验区更大改革自主权"更是写进了党的十九大报告中。2019年中共中央、国务院发布《关于支持深圳建设中国特色社会主义先行示范区的意见》，支持深圳建设中国特色社会主义先行示范区。如何更好地发挥自贸区的优势，如何积累更多的改革经验成为每一个自贸区关注的重点。前海作为首个国家级法治示范区，应当在推动自贸区建设的同时，更加注重法治创新，争当法治建设的排头兵，为自贸区发展与法治建设提供有益的经验。然而，法治建设是一项漫长的系统工程，无法毕其功于一役，需要不断发现问题、总结经验、砥砺前行。未来前海以及深圳需从以下方面着手，不断完善体制机制，推动自贸区法治建设向纵深迈进。

### （一）争取政策支持，推动法治发展

前海法治发展"前有标兵，后有追兵"，国家打造上海自贸试验区、海南自贸试验区"双主峰"的战略决策对前海继续发挥引领示范作用冲击较大。上海颁布的"扩大开放100条"中的多项措施将在自贸区实施，海南全域建设自贸试验区并获批建设自由贸易港，在政策方面将在一段时期内拥有优势。此外，随着国务院总规中有关前海的先行先试政策陆续落地，前海明显缺乏新一批先行先试的政策作为制度创新的支撑和保障。前海未来法治要继续发展，要继续作为"领头羊"，改革"尖兵中的尖兵"，就必须争取中央政策支持。故建议前海认真研究《粤港澳大湾区发展规划纲要》《关于支持自由贸易试验区深化改革创新的若干措施》（国发字

〔2018〕38号）等中央文件，抢抓粤港澳大湾区重大机遇，用好各项政策东风，为今后法治发展与制度创新奠定基础。

### （二）运用特区立法，保障改革创新

前海很多改革举措落地速度较快，以至于立法脚步较慢、较缓，跟不上改革的步伐。今后在立法上，无论是中央层面的立法还是地方层面的立法，都应当提速增效，让立法追赶上改革的速度，让重大改革都于法有据。目前，很多本应当由立法确认的内容以规范性文件体现，这种文件治理的模式并非法治的常态，而是情急从权的一种应急。对于深圳人大常委会而言，应当重视前海的立法工作，从立法计划到立法规划，都要将前海纳入重点考虑对象；从改革成果转化到改革成果确认，都要及时通过立法加以引导。对于前海来讲，应当及时归纳各类成熟的改革成果，及时提交深圳人大常委会，要求转化为立法。

### （三）提高行政效能，优化营商环境

前海积极建设线上平台以及"e站通"，诞生了多项全国领先的制度创新，压缩办事流程提高办事效率，未来可进一步扩编提速，力争达到全流程另收费，提升服务水平。同时值得关注的是，与上海自贸区以及广东其他自贸片区相比，前海自贸区能够实现网上办事的事项相对较少，这就意味着仍然有很大一部分行政审批和公共服务事项需要当面办理。例如，施工许可证部分领域未能全面实现网上办理，全流程较为复杂。建议今后进一步拓展网上办理事项，扩大网上办事覆盖面，同时重视线上与线下相结合，部门数据之间信息互联互通，让"数据多跑路，群众少跑腿"，提高行政效能，优化营商环境。

### （四）加快平台建设，提高公开质效

针对前海司法公开存在的问题，建议前海检察院认真对待网站建设，打造高水平的公开平台，将门户网站作为展现检察院基本情况、工作内容、重大事项的最直接、最全面的平台。目前，前海检察院主要通过微博、微信对外公开信息。微博、微信固然有传播速度快、传播范围广的优

势，但信息传递过程中碎片化严重，无法形成有效的系统信息。只有在网站中全面公开才能满足公众对于司法的知情权和监督权，同时一旦检察院将所有应当公开的信息全部放置在网站之中，网站本身就会成为一个数据库，成为一个动态的普法场所，有利于提高司法公开的实际效果。建议前海法院进一步全面加强司法公开工作，打造一流的司法公开平台，进一步提高法院公开质效。

**（五）整合数据平台，构建信用体系**

总体上，深圳以及前海自贸区信用体系建设已经取得较大进步，但距离构建起人人守信的诚信社会仍然有一段距离。为此，建议进一步整合各个部门及其平台的数据，打破数据壁垒，消除数据杂质，提高数据质量。同时建议加强信用数据的应用，用足奖励和惩戒措施，为守信企业和组织开辟绿色通道；给失信企业和组织设置准入障碍，使其处处受限，从而助力社会诚信体系构建。

# 前海法治指数评估报告（2019）

法治是治国理政的基本方式，是国家治理体系的重要组成部分和治理能力现代化的关键支撑。为了加快推进法治建设向纵深发展，科学准确评价法治发展水平，《中共中央关于全面深化改革若干重大问题的决定》提出要"建立科学的法治建设指标体系和考核标准"。

前海深港现代服务业合作区（以下简称前海）位于深圳城市"双中心"之一的"前海中心"的核心区域，承担着自由贸易试验、粤港澳合作、"一带一路"倡议、创新驱动发展"四大国家战略使命"以及其他十多个重大国家战略定位，是真正的"特区中的特区"。

《中共中央　国务院关于支持深圳建设中国特色社会主义先行示范区的意见》明确提出"全面提升法治建设水平，用法治规范政府和市场边界，营造稳定公平透明、可预期的国际一流法治化营商环境"。作为改革开放"尖兵中的尖兵"，前海自贸片区在法治建设方面大胆积极探索、先行先试，为深圳市、广东省法治建设发挥了模范和表率作用，为其他自贸区贡献了诸多值得借鉴的经验，为全国范围的法治改革提供了可参考的方案。

为了客观评估前海自贸片区在法治建设中的进展和成效，营造稳定公平透明、可预期的营商环境，《前海中国特色社会主义法治建设示范区规划纲要》提出"建立前海法治环境指数"。为此，深圳前海管理局委托中国社会科学院国家法治指数研究中心、法学研究所法治指数创新工程项目组研发了前海法治指数评估指标体系，自2018年以来，持续开展前海法治指数第三方评估，本次为第三年度评估。

## 一　评估概况

项目组依照党中央、国务院对于法治发展的最新要求，遵循中央对前海自贸片区改革发展的最新部署,参考新出台或新修改的法律法规,吸收国内外自贸区评估的有益经验,动态调整了评估指标体系。

在指标数量上,2018年评估指标体系包括5个一级指标,22个二级指标,77个三级指标,2019年评估指标体系数量有所增加,共有5个一级指标,22个二级指标,80个三级指标。

在指标内容上,指标体系保留了评价法治建设水平的基本内容,例如一级指标仍然以规则制定、法治政府、司法建设、社会法治、保障监督为主,二级指标仍然保留简政放权、审判执行、信访法治等;在规则制定板块增加了规范性文件的科学性、合法性等指标;在保障监督板块增加了对廉政规范体系的考察。

在指标难度上,2019年指标体系评估标准更为严格,例如在权责清单考察方面,增加了对清单规范依据实效性、准确性的考察。同时,本次评估过程中不仅将前海自贸片区置于自贸(片)区横向比较,而且还将前海合作区人民法院与全国96家人民法院共同比较。指标内容、数量以及难度变化,一方面是由于中央对自贸区发展提出了最新要求,另一方面则是由于评估对象法治水平的提升。部分评估内容虽然是法治建设所必需,但并非前海部门职责,故在权重上酌情变化。

指标数量、指标内容以及指标难度上变化的背后是评估标准的提高和评估对象法治水平的提升。同时,考虑到一些内容要求虽为法治建设所必需,但并非前海主管部门职责,因此在指标内容和权重上予以酌情删减。

### (一) 评估指标

自贸区法治评估既要考虑法治制度架构的一般含义,如良法善治、依法履职、司法公正、守法尊法等,同时还要考虑自贸区的特殊性,如自贸区法院并不管辖行政、刑事案件,自贸区管委会并非传统行政部门,等等。故在指标设计中既考虑了法治的一般框架,又考虑到前海自贸区的特殊性。

基于此,前海法治指数划分为五个一级指标:规则制定、法治政府、司法建设、法治社会及保障监督(见表1)。

表1　　　　　　　　　　　前海法治指数评估指标体系

| 一级指标 | 二级指标 | 三级指标 |
| --- | --- | --- |
| 规则制定（25%） | 推进立法（40%） | 立法规划（20%） |
| | | 立法计划（20%） |
| | | 立法参与（30%） |
| | | 文本公开（20%） |
| | | 立法评估（10%） |
| | 规范性文件（40%） | 三统一（20%） |
| | | 科学性（10%） |
| | | 民主性（10%） |
| | | 合法性（10%） |
| | | 监督规范（20%） |
| | | 清理机制（10%） |
| | | 透明度（20%） |
| | 重大决策（20%） | 规范性（20%） |
| | | 科学性（40%） |
| | | 民主性（40%） |
| 法治政府（25%） | 简政放权（10%） | 权力下放（25%） |
| | | 事项精简（25%） |
| | | 权力承接（25%） |
| | | 购买服务（25%） |
| | 优化服务（20%） | 网上办事（40%） |
| | | 流程优化（40%） |
| | | 政民互动（20%） |
| | 执法监管（20%） | 规范化（40%） |
| | | 双随机一公开（40%） |
| | | 有效性（20%） |
| | 清单制（15%） | 权力清单（40%） |
| | | 责任清单（40%） |
| | | 负面清单（20%） |
| | 公开透明（15%） | 主动公开（80%） |
| | | 依申请公开（20%） |

续表

| 一级指标 | 二级指标 | 三级指标 |
| --- | --- | --- |
| 法治政府（25%） | 改革创新（10%） | 金融（25%） |
| | | 税收（25%） |
| | | 海关（25%） |
| | | 物流（25%） |
| | 容错举报（10%） | 容错机制（50%） |
| | | 投诉举报（50%） |
| 司法建设（15%） | 审判执行（40%） | 司法改革推行（20%） |
| | | 执行能力提升（30%） |
| | | 阳光法院（30%） |
| | | 智慧法院（20%） |
| | 检察权运行（30%） | 检察改革推进（20%） |
| | | 检察监督（30%） |
| | | 互联网+检察（20%） |
| | | 阳光检务（30%） |
| | 矛盾化解（30%） | 调解（40%） |
| | | 仲裁（40%） |
| | | 合作机制（20%） |
| 法治社会（20%） | 社会治安（10%） | 工作年报（25%） |
| | | 交通统计（25%） |
| | | 治安统计（25%） |
| | | 警情通报（25%） |
| | 社会信用（30%） | 信用记录（40%） |
| | | 守法诚信褒奖（30%） |
| | | 违法失信惩戒（30%） |
| | 信访法治（10%） | 渠道畅通性（40%） |
| | | 处置规范度（50%） |
| | | 信访秩序（10%） |
| | 普法宣传（20%） | 制度建设（30%） |
| | | 普法实践（30%） |
| | | 实施效果（40%） |
| | 法律服务（30%） | 法律查明（10%） |
| | | 法律服务国际化（30%） |
| | | 司法鉴定（30%） |
| | | 公证（30%） |

续表

| 一级指标 | 二级指标 | 三级指标 |
| --- | --- | --- |
| 保障监督（15%） | 党的领导（20%） | 党委组织（20%） |
| | | 党务公开（40%） |
| | | 基层党建（40%） |
| | 队伍建设（30%） | 法律顾问制度（40%） |
| | | 国际化法律服务队伍（40%） |
| | | 律师队伍建设（20%） |
| | 廉政建设（30%） | 廉政体制机制（10%） |
| | | 廉政规范体系（10%） |
| | | 信息化建设（20%） |
| | | 规范履职保护（20%） |
| | | 廉情预警评估（20%） |
| | | 总结报告（20%） |
| | 基础研究（20%） | 理论储备（10%） |
| | | 课题研究（30%） |
| | | 经费支持（20%） |
| | | 应用推广（40%） |

**（二）评估方法**

评估方法直接关系到评估结果是否科学有效，数据的获取方法直接关系到评估结果的客观性、真实性和科学性。项目组主要采取以下方法获取评估数据。

1. 内部数据

（1）评估对象自报材料

各个评估对象提供的基础材料，以及依照项目组要求所提供的各类文件、报告、总结、纪要、执法记录、案卷等，是评估所依据的基本材料。

（2）官方统计数据

评估组从官方统计数据中筛选出部分具有法治意义的数据，作为评估法治发展状况的依据。此类数据既有相关部门的公开信息，还包括项目组从评估对象处提取的信息。

（3）评估对象自报数据

为确保评估内容全面性和完整性，一些评估所涉及的部门根据指标体系与项目组要求，自报了有关的信息材料。为确保自报数据的准确、真实，所涉及的部门须附有相应的证明材料，项目组也对有关部门提供的自报数据的真实性、准确性和可靠性进行了甄别。

2. 项目组经外部采集的数据

评估以相关部门门户网站作为获取数据的重要渠道，并考察数据获取的便捷性、网站的友好性等内容；与此同时，项目组还视情况从微博、微信、客户端等新型信息披露与公开互动平台获取了部分数据。

3. 项目组实际验证

项目组还采用一些互动方式，如实名或匿名抽查验证、申请公开等方式，向有关部门提出与实际工作相关的申请、咨询等，来验证相关部门的日常法治实践情况。

### （三）评估涉及的部门

由于前海自贸片区不是一级行政区域，不具备完整的立法权限、社会管理权限，如涉及前海自贸片区的地方立法需要提请深圳市人大及其常委会、深圳市政府；在社会管理方面，前海自贸片区很多的社会管理职能由深圳市南山区负责。因此，评估前海法治发展，不仅仅要涉及前海自贸片区自身的工作，还需要涉及南山区乃至深圳市的有关部门（见表2）。

表2　　　　　　　　　　评估涉及的部门

| 评估内容 | 涉及部门 |
| --- | --- |
| 规则制定 | 深圳人大常委会 |
|  | 市司法局 |
|  | 前海管理局等 |
| 法治政府 | 深圳市政府 |
|  | 南山区政府 |
|  | 前海管理局 |
| 司法建设 | 前海合作区人民法院 |
|  | 前海蛇口自贸区人民检察院 |
|  | 深圳国际仲裁院 |
|  | 中国港澳台和外国法律查明中心 |

续表

| 评估内容 | 涉及部门 |
| --- | --- |
| 法治社会 | 市政府相关部门 |
|  | 南山区政府 |
|  | 南山区信访局 |
|  | 深圳司法局 |
|  | 中国港澳台和外国法律查明研究中心 |
|  | 前海管理局等 |
| 保障监督 | 前海廉政监督局 |
|  | 深圳市律师协会 |
|  | 深圳市司法局 |
|  | 前海管理局等 |

## 二 总体评估结果

基于评估指标、按照各个渠道获取的评估数据，项目组核算了2019年度前海法治指数评估结果（见表3、图1）。评估显示，2019年前海法治评估总体得分为82.43分，相比去年的80.48分有所进步。前海作为中国首个国家级法治示范区，在各个领域和各个方面都开展了卓有成效的尝试和努力，很多方面走在了法治改革的前沿。在规制制定方面，前海自贸片区不断完善规则体系，推动科学立规、民主立规与依法立规相结合；在法治政府建设方面，前海自贸片区通过简政放权、信息化建设等诸多手段，不断提高行政效能，以高效优质的服务优化营商环境；在司法建设方面，前海合作区人民法院、前海蛇口自贸区检察院以及深圳国际仲裁院为自贸区发展提供坚实的法治保障；在法治社会方面，前海管理局创新普法形式，充分利用法律服务资源，推动诚信体系建设，推动社会和谐有序；在保障监督方面，前海自贸片区不断完善相关体制机制，加强队伍建设，为法治建设保驾护航。

表3　　　　　　　　2019年度前海法治指数评估结果

| 评估一级指标 | 得分 |
| --- | --- |
| 规则制定（权重25%） | 83.2 |
| 法治政府（权重25%） | 84.4 |
| 司法建设（权重15%） | 77.8 |
| 法治社会（权重20%） | 80.56 |
| 保障监督（权重15%） | 85 |
| 总分（满分：100分） | 82.43 |

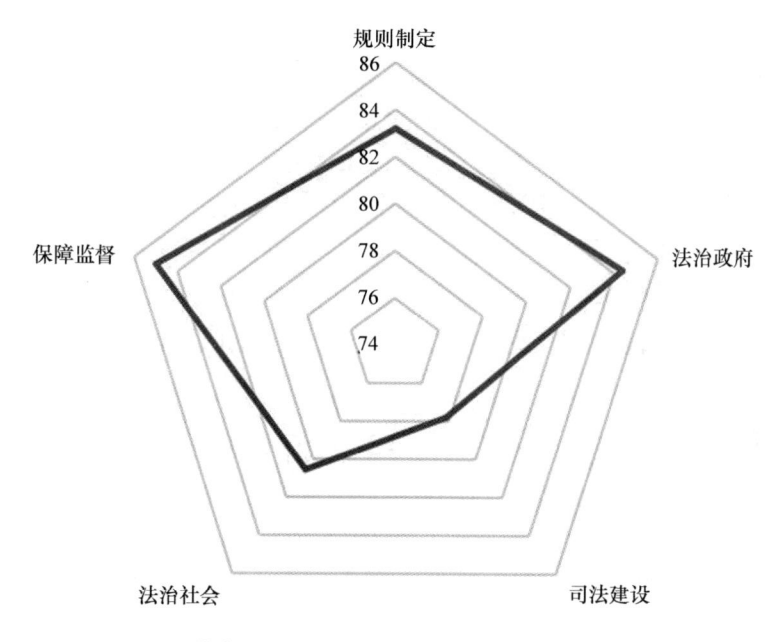

图1　前海法治指数评估各一级指标评估得分雷达图

作为国家唯一批复的中国特色社会主义法治建设示范区，重视法治保障是前海自贸片区有别于国内其他功能开发区和自贸区的突出特点，也是前海的核心竞争优势和主要驱动力。评估发现，前海自贸片区在规则体系、司法建设、纠纷解决国际化等方面在国内众多自贸区中处于领先地位。

第一，规则体系规范性建设依然领先。项目组选择了完整性、全面性、及时性、公开性等若干要素针对规则制定、规则实施以及规则完善过程中的规范程度进行了评估。评估发现，前海自贸片区在规则体系规范度较高，在所有自贸（片）区中处于第一梯队（见表4）。

表4　　规则制定规范度评估表（截至2020年4月10日）

| 自贸区 | 自贸区片区 | 规范性文件制定（30%） | 规范性文件实施（50%） | 规范性文件完善（20%） | 总分（满分：100分） |
|---|---|---|---|---|---|
| 上海自贸区 |  | 90 | 92 | 90 | 91 |
| 广东自贸区 | 广州南沙新区 | 96 | 88 | 94 | 91.6 |
|  | 深圳前海蛇口 | 96 | 90 | 96 | 93 |
|  | 珠海横琴 | 94 | 86 | 92 | 89.6 |
| 福建自贸区 | 福州片区 | 60 | 68 | 60 | 64 |
|  | 厦门片区 | 64 | 70 | 62 | 66.6 |
|  | 平潭片区 | 60 | 62 | 60 | 61 |
| 天津自贸区 |  | 70 | 66 | 66 | 67.2 |
| 辽宁自贸区 | 大连片区 | 68 | 68 | 72 | 68.8 |
|  | 沈阳片区 | 78 | 80 | 60 | 75.4 |
|  | 营口片区 | 58 | 58 | 56 | 57.6 |
| 浙江自贸区 |  | 84 | 86 | 76 | 83.4 |
| 湖北自贸区 | 武汉片区 | 80 | 74 | 76 | 76.2 |
|  | 襄阳片区 | 68 | 58 | 72 | 63.8 |
|  | 宜昌片区 | 60 | 58 | 62 | 59.4 |
| 重庆自贸区 | 两江片区 | 80 | 66 | 78 | 72.6 |
| 四川自贸区 | 成都天府新区片区及成都青白江片区 | 88 | 84 | 82 | 84.8 |
|  | 川南临港片区 | 68 | 52 | 76 | 61.6 |
| 陕西自贸区 |  | 56 | 68 | 60 | 62.8 |
| 河南自贸区 | 郑州片区 | 60 | 60 | 64 | 60.8 |
|  | 洛阳片区 | 58 | 52 | 60 | 55.4 |
|  | 开封片区 | 58 | 46 | 62 | 52.8 |

续表

| 自贸区 | 自贸区片区 | 规范性文件制定（30%） | 规范性文件实施（50%） | 规范性文件完善（20%） | 总分（满分：100分） |
|---|---|---|---|---|---|
| 海南自贸港 |  | 72 | 78 | 80 | 76.6 |
| 河北自贸区 | 正定片区 | 38 | 58 | 48 | 50 |
|  | 雄安片区 | 40 | 60 | 50 | 52 |
|  | 曹妃甸片区 | 36 | 56 | 46 | 48 |
|  | 大兴机场片区 | 34 | 54 | 40 | 45.2 |
| 黑龙江自贸区 | 哈尔滨片区 | 30 | 40 | 42 | 37.4 |
|  | 黑河片区 | 28 | 38 | 40 | 35.4 |
|  | 绥芬河片区 | 26 | 36 | 40 | 33.8 |
| 广西自贸区 | 南宁片区 | 38 | 52 | 46 | 46.6 |
|  | 钦州港片区 | 34 | 50 | 44 | 44 |
|  | 崇左片区 | 36 | 48 | 48 | 44.4 |
| 云南自贸区 | 昆明片区 | 38 | 42 | 40 | 40.4 |
|  | 红河片区 | 30 | 36 | 40 | 35 |
|  | 德宏片区 | 28 | 40 | 42 | 36.8 |
| 江苏自贸区 | 南京片区 | 56 | 64 | 58 | 60.4 |
|  | 苏州片区 | 58 | 66 | 56 | 61.6 |
|  | 连云港片区 | 52 | 62 | 54 | 57.4 |
| 山东自贸区 | 济南片区 | 48 | 60 | 58 | 56 |
|  | 青岛片区 | 50 | 62 | 56 | 57.2 |
|  | 烟台片区 | 48 | 58 | 54 | 54.2 |

首先，规则体系较为完整。上海自贸区、广东自贸区等成立时间较早，纷纷制定了自贸区发展规划的总纲，例如，上海制定了《中国（上海）自由贸易试验区条例》，广东制定了《中国（广东）自由贸易试验区条例》。此外，自贸片区所在市也纷纷制定地方立法，通过法规的形式确定自由贸易试验片区拥有的权限、责任以及相关举措。只有方案没有条例、办法等规范性文件的支撑，自贸区无法有序推进。评估发现，前海自贸片区规则体系较为完整，从条例、办法到规范性文件，构成了较为全面

的规范体系。而其他自贸区有的缺少统领自贸区发展的地方立法，例如，江苏、山东、广西自贸区自2019年8月批复之后直至2020年4月仍然没有地方法规指导自贸区建设，更缺少地方政府规章以及其他规范性文件。有的则缺少指导具体改革措施的规范性文件。

其次，规范性文件公开较为及时。评估发现，前海自贸片区自发布规范性文件至公开规范性文件间隔时间较短，而其他自贸区或自贸片区或多或少存在延迟现象。例如，横琴新区管委会澳门事务局2019年5月31日印发《关于鼓励澳门企业在横琴跨境办公的暂行办法实施细则》，直至2019年7月2日方才公开文件内容。

最后，规范性文件公开较为全面。前海管理局将规范性文件均按照文件内容、性质、类型进行分类公开，一方面方便公众查询，另一方面则避免遗漏文件，导致关键信息长期没有公开。评估发现，前海管理局基本做到了应公开尽公开，而部分自贸区或自贸片区存在关键文件遗漏的现象。例如，上海自贸区门户网站中至今没有公开《中国（上海）自由贸易试验区临港新片区管理办法》。[①]

第二，自贸区法院建设位列第一梯队。评估发现，深圳前海合作区人民法院为打造国际化、法治化、便利化自由贸易示范区提供了坚实的法治保障，法院建设稳步推进，位列自贸区法院第一梯队。首先，在涉外审判方面，深圳前海合作区人民法院涉港商事案件数量位居全国第一。2019年，深圳前海合作区人民法院新收涉外、涉港澳台商事案件（以下简称四涉案件）2183件，占民商事案件总数的30.79%。其中，受理涉港案件1548件，占四涉案件的70.91%，涉港商事案件数量位居全国法院第一。其次，在透明度方面，深圳前海合作区人民法院表现良好。项目组就全国94家法院进行了司法透明度评估，深圳前海合作区人民法院在94家法院中排名第30,[②] 处于近百家法院的中上游水平；在自贸区法院中排名第二，

---

[①] 该文件于2019年8月20日在上海市政府门户网站中公开，但作为自由贸易试验区重要的文件内容，自贸区网站应当一并予以公开。

[②] 2019年评估共抽取了全国94家法院作为评估对象，具体包括：（1）最高人民法院；（2）各省、自治区、直辖市高级人民法院以及新疆维吾尔自治区高级人民法院生产建设兵团分院（共32家法院）；（3）较大的市的中级人民法院（共49家法院）；（4）北京、上海、广州3家知识产权法院；（5）北京、杭州、广州3家互联网法院；（6）广东自由贸易区南沙片区人民法院、深圳前海合作区人民法院、珠海横琴新区人民法院、四川天府新区成都片区人民法院、重庆自由贸易试验区人民法院（共5家法院）；（7）上海金融法院。

位列第一梯队（见表5）。在国际化方面，深圳前海合作区人民法院门户网站设置了中文简体、中文繁体、英文三个版本，港澳台以及境外企业、组织、公民可以通过不同版本浏览深圳前海合作区人民法院发布的规范性文件、经典案例、诉讼须知等关键信息。

表5　自贸区法院2019年透明度评估及排名①

| 在全部评估对象中的排名 | 法院 | 审务公开（20%） | 审判公开（30%） | 执行信息公开（20%） | 数据公开（15%） | 司法改革（15%） | 总分（满分：100分） |
| --- | --- | --- | --- | --- | --- | --- | --- |
| 12 | 广东自由贸易区南沙片区人民法院 | 83.40 | 70.00 | 68.00 | 86.25 | 35.00 | 69.47 |
| 30 | 深圳前海合作区人民法院 | 43.26 | 58.10 | 51.00 | 71.00 | 50.00 | 54.43 |
| 42 | 珠海横琴新区法院 | 62.00 | 51.90 | 35.00 | 59.00 | 25.00 | 47.57 |
| 81 | 重庆两江新区（自贸区）人民法院 | 38.50 | 40.40 | 45.00 | 10.00 | 25.00 | 34.07 |
| 91 | 成都天府新区（自贸区）法院 | 58.40 | 34.90 | 10.00 | 10.00 | 10.00 | 27.15 |

第三，仲裁员结构国际化程度处于前列。仲裁员是国际仲裁的关键所在，拥有一支中外结合的仲裁团队对于打造国际仲裁中心至关重要。为此，全国各地自由贸易试验区所在地仲裁机构一方面汇聚内地顶级法律人才，另一方面则吸收来自香港、澳门、台湾以及境外外籍专家。评估发现，前海自贸片区在纠纷化解方面储备了大量国际化人才，尤其是在国际仲裁方面，目前《深圳国际仲裁院仲裁员名册》中共有933名仲裁员，覆盖77个国家和地区，境外仲裁员有385名，占比超过41%，仲裁员结构国际化程度为中国最高（见表6）。

---

① 2019年评估首次加入了新疆维吾尔自治区高级人民法院生产建设兵团分院以及12家专门性法院。完整评估排名请参见《法治蓝皮书·中国法治发展报告2020》

表6　国内自贸区所在地仲裁人才储备情况① （截至2020年4月10日）

| 自贸区 | 片区 | 国际商事调解中心 | 国际商事仲裁中心 | 人才储备 | |
|---|---|---|---|---|---|
| 上海（2013年9月） | | 上海经贸商事调解中心 | 上海国际经济贸易仲裁委员会 | 港澳台及外籍专家 | 《仲裁员名册》共有仲裁员965名，分别来自74个国家和地区，其中中国内地仲裁员604名，占62.59%；外籍及港澳台地区仲裁员361名，占37.41% |
| 广东（2015年4月） | 广州南沙新区 | 南沙自贸区商事调解中心 | 中国南沙国际仲裁中心 | — | 新网站没有标注港澳台及外籍信息 |
| | 深圳前海蛇口 | 前海"一带一路"国际商事诉讼对接中心 | 深圳国际仲裁院 | 港澳台及外籍专家 | 《深圳国际仲裁院仲裁员名册》共有933名仲裁员，覆盖77个国家和地区，境外仲裁员有385名，占比超过41.26% |
| | 珠海横琴 | 横琴新区国际民商事调解中心 | 珠海国际仲裁院 | 港澳台及外籍专家 | 《仲裁员名册》共有仲裁员507名（包括增补人员），其中中国内地仲裁员436名，约占86.0%；港澳台地区仲裁员67名，约占13.21%；外籍仲裁员4名，约占0.79% |
| 福建自贸区（2015年4月） | 福州片区 | — | 福州国际商事仲裁院 | — | 483个仲裁员，未显示国籍，未显示是否为境外仲裁员 |
| | 厦门片区 | 厦门国际商事调解中心 | 厦门国际商事仲裁院 | 台湾专家及外籍专家 | 《仲裁员名册》共有753名仲裁员，其中港澳仲裁员12名，约占1.59%；其中港澳仲裁员13名，约占1.73% |
| | 平潭片区 | — | 海峡两岸仲裁中心 | 港澳台专家 | 《仲裁员名册》共有196位两岸四地的顶尖仲裁员，其中台湾地区仲裁员25名，约占12.76%，澳门籍仲裁员4名，约占2.04%，20名香港籍仲裁员，约占10.20% |

① 评估期间发现部分网站始终打不开，出现了无法评估的现象，表格中部分"—"代表无法正常评估，特此说明。

续表

| 自贸区 | 片区 | 国际商事调解中心 | 国际商事仲裁中心 | 人才储备 | |
|---|---|---|---|---|---|
| 天津自贸区（2015年4月） | 天津港片区 | 天津自贸区国际商事调解中心 | 贸仲委/海仲委天津自贸区仲裁中心 | 港澳台及外籍专家 | 《仲裁员名册》共有360名仲裁员，其中外籍仲裁员为9名，约占2.5%；港澳台仲裁员为11名，约占3.06% |
| | 天津机场片区 | | | | |
| | 滨海新区 | | | | |
| 辽宁自贸区（2017年3月） | 大连片区 | — | 大连仲裁委员会 | 港澳台及外籍专家 | 大连仲裁委员会《仲裁员名册》现聘有仲裁员284人，来自日本、中国香港等国家或地区的仲裁员15名，约占5.28% |
| | 沈阳片区 | — | 沈阳仲裁委员会 | — | — |
| | 营口片区 | — | 营口仲裁委员会 | — | — |
| 浙江自贸区（2017年3月） | 舟山离岛片区 | 中国国际贸易促进委员会（中国国际商会）浙江调解中心 | 杭州国际仲裁院 | 外籍专家 | 《仲裁员名册》共有553名仲裁员，其中15个为外籍仲裁员，约占2.71% |
| | 舟山岛北部片区 | | | | |
| | 舟山岛南部片区 | | | | |
| 湖北自贸区（2017年3月） | 武汉片区 | — | 武汉仲裁委员会/武汉国际仲裁中心 | 港澳台及外籍专家 | 《仲裁员名册》共有96名仲裁员，其中8名港台仲裁员，4名外籍仲裁员，约占8.33%；约占4.17% |
| | 襄阳片区 | — | 襄阳仲裁委员会 | 无 | 《仲裁员名册》共有272名仲裁员，无港澳台、无外籍仲裁员 |
| | 宜昌片区 | — | 国际仲裁分支机构 | 无 | 《仲裁员名册》共有290名仲裁员，无港澳台、无外籍仲裁员 |
| 重庆自贸区（2017年3月） | 两江片区 | 中国（重庆）自由贸易试验区仲裁中心 | 重庆两江国际仲裁中心 | 港澳台及外籍专家 | 《仲裁员名册》共有62名仲裁员，其中8名外籍仲裁员，约占12.9%；3名港澳仲裁员，约占4.84% |
| | 西永片区 | | | | |
| | 果园港片区 | | | | |

续表

| 自贸区 | 片区 | 国际商事调解中心 | 国际商事仲裁中心 | 人才储备 | |
|---|---|---|---|---|---|
| 四川自贸区（2017年3月） | 成都天府新区片区 | 四川自贸试验区仲裁中心 | 成都仲裁委员会 | — | — |
| | 成都青白江铁路港片区 | — | — | — | — |
| | 川南临港片区 | — | 泸州仲裁委员会 | — | 《仲裁员名册》共有307名仲裁员，无港澳台仲裁员，无外籍仲裁员 |
| 陕西自贸区（2017年3月） | 中心片区 | | | | |
| | 西安国际港务区片区 | 国际商事调解中心 | 西安仲裁委员会国际商事仲裁院 | 港台专家、外籍专家 | 《仲裁员名册》共有99名仲裁员，5名港澳台仲裁员，约占5.05%；7名外籍仲裁员，约占7.07% |
| | 杨凌示范区片区 | | | | |
| 河南自贸区（2017年3月） | 郑州片区 | — | 郑州仲裁委员会国际商事仲裁院 | 港澳台及外籍专家 | 《仲裁员名册》共有仲裁员278名，其中中国内地仲裁员269名，约占96.76%；港澳台地区仲裁员2名，约占0.72%；外籍仲裁员7名，约占2.52% |
| | 洛阳片区 | — | 洛阳国际商事仲裁院/洛阳仲裁委 | — | 《仲裁员名册》共有仲裁员227名，其中港澳台地区仲裁员1名，约占0.44%；外籍仲裁员4名，约占1.76% |
| | 开封片区 | — | — | — | — |
| 海南自贸港（2018年10月） | | | 海南国际仲裁院 | 港澳台及外籍专家 | 《仲裁员名册》共有664名仲裁员34名，港澳台及外籍专家占比约33.28%，其中外籍仲裁员187， |

续表

| 自贸区 | 片区 | 国际商事调解中心 | 国际商事仲裁中心 | 人才储备 | |
|---|---|---|---|---|---|
| 河北自贸区（2019年8月） | 正定片区 | — | 石家庄仲裁委 | 港澳台及外籍专家 | 《仲裁员名册》共有709名仲裁员，其中港澳台仲裁员8名，外籍专家为24名，港澳台专家占比约4.51% |
| | 雄安片区 | — | — | — | — |
| | 曹妃甸片区 | — | 唐山仲裁委 | 无 | 《仲裁院名册》共有202名，无港澳台及外籍仲裁员 |
| | 大兴机场片区 | — | 廊坊仲裁委 | — | — |
| 黑龙江自贸区（2019年8月） | 哈尔滨片区 | — | 哈尔滨仲裁委员会 | 港澳台及外籍专家 | 哈尔滨仲裁委员会《仲裁员名册》共有仲裁员590名，其中中国内地仲裁员543名，约占92.03%；港澳台地区仲裁员7名，约占1.19%；外籍仲裁员40名，约占6.78% |
| | 黑河片区 | — | — | — | — |
| | 绥芬河片区 | — | — | — | — |
| 广西自贸区（2019年8月） | 南宁片区 | — | 南宁仲裁委员会 | — | 《仲裁员名册》共有仲裁员512名，其中中国内地仲裁员486名，约占94.92%；港澳台仲裁员9名，约占1.76%；外籍仲裁员17名，约占3.32% |
| | 钦州港片区 | — | 钦州国际仲裁院 | — | 《仲裁员名册》共有961名仲裁员，无港澳台仲裁员，无外籍仲裁员 |
| | 崇左片区 | — | — | — | — |
| 云南自贸区（2019年8月） | 昆明片区 | 昆明国家级经济技术开发区国际商事仲裁服务中心 | 昆明仲裁委员会 | — | — |
| | 红河片区 | — | — | — | — |
| | 德宏片区 | — | 德宏仲裁委员会 | — | — |

续表

| 自贸区 | 片区 | 国际商事调解中心 | 国际商事仲裁中心 | 人才储备 | |
|---|---|---|---|---|---|
| 江苏自贸区（2019年8月） | 南京片区 | — | 南京仲裁委员会 | 香港及外籍专家 | 《仲裁员名册》共有500名仲裁员，1名香港仲裁员，1名外籍仲裁员 |
| | 苏州片区 | — | 苏州仲裁委员会 | 港澳台专家 | 《仲裁员名册》共有327名仲裁员，8名港澳台仲裁员，约占比2.45% |
| | 连云港片区 | — | 连云港仲裁委员会 | 无 | 《仲裁员名册》共有205名仲裁员，无港澳台仲裁员，无外籍仲裁员 |
| 山东自贸区（2019年8月） | 济南片区 | 济南国际法律服务中心 | 济南仲裁委员会 | 无 | 《仲裁员名册》共有仲裁员543名，无港澳台地区仲裁员，无外籍仲裁员 |
| | 青岛片区 | — | 青岛仲裁委员会/青岛国际贸易仲裁院 | 港澳台及外籍专家 | 《仲裁员名册》共有仲裁员739名，其中中国内地仲裁员628名，约占84.98%。港澳台地区仲裁员39名，约占5.28%；外籍仲裁员72名，约占9.74% |
| | 烟台片区 | — | 烟台仲裁委员会/国际商会仲裁院 | 无 | 《仲裁员名册》共有389名仲裁员，无港澳台地区仲裁员，无外籍仲裁员 |

## 三 各板块评估结果

### （一）规则制定

法治意味着良法善治，良法是善治的前提，科学立法、民主立法、依法立法是法治建设的基础。前海自贸片区在推动改革过程中，应当树立规则意识，坚持"凡属重大改革于法有据"，秉持规则意识和制度意识，将规则放在第一位。这样既有利于建立健全前海自贸片区的规则体系，也有益于总结前海自贸片区改革经验和成果，更有助于全国其他地区复制推广相关经验。

1. 评估发现的亮点

（1）制定立法规划，推动科学立法

立法（规）规划，是立法（规）机关对经过预测与研究的立法项目进行通盘的考虑，这就要求在立法调研的基础上，根据实践需求的轻重缓急，未来发展规划的重点方向，现有的内外条件等多方面因素，对未来一段时间内的立法（规）工作做出合理的统筹安排。立法（规）规划的制定和提出有助于提高立法（规）的科学性，有利于完善规则体系，有益于增强社会公众对未来的预期。研究并制定立法（规）规划，是推动立法（规）有计划、有步骤、有目的进行的重要途径，是使立法工作有序化、科学化、系统化的重要抓手，对于提高立法（规）质量具有重要意义。评估发现，前海自贸片区将未来五年需要制定的各类法规、规范性文件进行科学论证，形成立法（规）规划，保障立法（规）工作有条不紊。2019年5月，《前海蛇口自贸片区立法五年规划（2019—2024）》公开向社会征求意见，前海自贸片区通过立法（规）规构建起符合自贸区发展特色的规范体系，推动各项改革创新工作于法有据。

（2）回应征求意见，推动民主立规

无论是立法（规）征求意见，还是重大决策之前，前海管理局都会通过门户网站、两微一端、新闻媒体等多元渠道广泛征求意见，充分吸收民意，将合理的意见充分吸收到文件的制定和修改工作当中。前海管理局不仅广泛征求公众意见，而且将意见的采纳情况进行公开，一方面反映了前海管理局认真对待每一条意见建议，并挑选了若干有建设性的意见进行了回复；另一方面公众的意见不会石沉大海，有助于激发公众参与到规则制定的热情，推动民主立法（规），进而提高立法（规）质量，增强公众的参与度和满意度。评估发现，前海管理局已经走向常态化，对于所有公开征求意见的规范性文件，都会将反馈情况一一列明，接受公众监督。

（3）关联政策文件，同步推送解读

政策文件对于地方经济社会发展的影响不言而喻，但有时由于文件内容冗长、专业名词复杂难懂等原因，导致媒体和公众把握不住重点，有的甚至抓住文件中的只言片语，加上自己的理解进行解读，导致误解、歪曲。这不仅影响了政策的执行力，而且还可能使群众产生对抗情绪，因此发布政策文件应当尽量做好政策解读工作。对此，中央多次下发文件要求重视政策解读工作，例如，《国务院办公厅印发〈关于全面推进政务公开工作的意见〉实施细则的通知》（国办发〔2016〕80号）要求，坚持政策性文件与解读方案、解读材料同步组织、同步审签、同步部署。以部门名义印发的政策性文件，报批时应当将解读方案、解读材料一并报部门负责人审签。文件公布时，相关解读材料应与文件同步在政府网站和媒体发布。国务院办公厅《2019年政务公开工作要点》要求，按照"谁起草谁解读"原则，切实做到政策性文件与解读方案、解读材料同步组织、同步审签、同步部署。评估发现，前海管理局不仅开辟专栏公开与自贸区相关的所有政策文件，而且还做到了以下两点：其一，每个政策均进行解读；其二，政策解读与政策文件进行了关联，方便公众查询。可以说，前海管理局所做的政策解读是从群众的视角出发，既方便了查询，又便于理解。而其他自贸区或自贸片区所做的政策解读，要么选择性解读，对于部分文件解读，其他文件则忽略；要么解读与文件本身没有关联，无法同时找到文件和解读，浪费大量的查阅时间。

2. 评估发现的问题

（1）文件归类不合理

前海自贸片区已经构建起"一条例两办法"为核心的规范体系，相关的规范性文件数量多，内容丰富，对大量文件进行合理的归纳分类有助于公众查找文件内容、有利于文件的整理分析、有益于保障规范体系和谐统一。评估发现，前海管理局部分规范性文件摆放不够合理，一些本应该属于前海自贸片区的规范性文件却放置在了深圳市法规及规章栏目中，例如，《前海深港现代服务业合作区地下停车场智慧共享工作指引（试行）》（深前海规〔2018〕6号）作为前海自贸片区的规范性文件，却放置在了深圳市法规及规章的栏目中；再如，《深圳市前海管理局关于废止〈深圳市前海深港现代服务业合作区外商投资企业管理办法〉的通知》，没有出现在前海规范性文件中，却在深圳市法规及规章中。少数中央的文件放置在了广东省法规及规章栏目中，例如，《国务院关于印发中国（广东）自由贸易试验区总体方案的通知》（国发〔2015〕18号）被放置在广东省法规及规章栏目。少数深圳市政府文件放置在前海规范性文件栏目之中，例如，《深圳市人民政府办公厅关于印发深圳前海深港现代服务业合作区行政审批和行政服务管理暂行办法的通知》（深府办〔2013〕8号）以及《深圳市人民政府关于印发深圳前海深港现代服务业和作区境外高端人才和紧缺人才个人所得税财政补贴暂行办法的通知》（深府〔2012〕143号）。

（2）规范性文件重复

评估发现，前海管理局在公开规范性文件过程中，出现了部分文件重复公开的现象。例如，《深圳前海深港现代服务业合作区支持金融业发展专项资金实施细则（试行）》既出现在规范性文件中，又出现在政策中。又如，《深圳市前海深港现代服务业合作区管理局关于印发〈前海深港现代服务业合作区地下停车场智慧共享工作指引（试行）〉的通知》公开了两遍。规范性文件重复公开一方面说明主管部门未能做到公开前审查内容，没有及时发现该文件已经公开；另一方面则说明主管部门事后不经常浏览门户网站，没有站在群众的视角观察公开效果，导致规范性文件出现重复。

（3）规范性文件缺失

前海自贸片区规范性文件数量多、内容庞杂，除了"一条例两办法"之外，广东省的部分法规规章，深圳市条例、规章以及规范性文件，共同构成了法治前海的规范体系，其全面完整的公开有助于提高自贸片区法治建设、有利于增强公众的规则意识、有益于完善改进规范体系。评估发现，部分与前海自贸片区有关的规范性文件未能公开。例如，作为前海自贸片区推动的进出境游艇监管创新的成果，《深圳海关中国（广东）自由贸易试验区深圳前海蛇口片区进出境游艇监管办法（试行）》并没有在门户网站中公开。

(4) 顶层设计需加强

目前前海自贸片区明显缺乏一批先行先试的政策作为制度创新的支撑和保障，对标对表国际、国内部分自贸（片）区，还存在一些差距，为国家做试验、开展先行先试的突破点还不够，改革创新难度不断加大，自贸改革的协调推动力度还有待提高，与举全市之力建设前海自贸片区还有差距。自贸区建设的顶层设计有待完善，目前前海蛇口自贸片区的主要建设指导思想是广东自贸区的深改方案，尽管《中共中央国务院关于支持深圳建设中国特色社会主义先行示范区的意见》《粤港澳大湾区发展规划纲要》以及《关于支持自由贸易试验区深化改革创新的若干措施》（国发字〔2018〕38号）等中央文件有部分自贸区可用的支撑，但相比上海临港、海南等，前海自贸片区缺少一套更深层次、更宽领域、更大力度的建设指导方案。随着国务院总规中有关前海的先行先试政策陆续落地，前海自贸片区缺乏新一批先行先试的政策作为制度创新的支撑和保障。前海自贸片区未来法治要继续领先发展，要继续作为"领头羊"，改革"尖兵中的尖兵"，就必须争取中央政策支持。尤其是前海自贸片区应当抢抓粤港澳大湾区重大机遇，用好各项政策东风，争取中央全面依法治国委员会审议通过《关于支持前海中国特色社会主义法治建设示范区先行先试若干举措的意见》，为今后法治发展与制度创新奠定基础。

## (二) 法治政府

基本建成法治政府，既是党的十八大和十八届三中、四中、五中全会确立的全面建成小康社会的重要目标，也是全面依法治国的必然要求。中共中央、国务院2015年12月印发的《法治政府建设实施纲要（2015—2020年）》要求，"到2020年基本建成职能科学、权责法定、执法严明、公开公正、廉洁高效、守法诚信的法治政府"，并提出了一系列的具体标准。根据中央部署和对前海建设法治示范区的要求，本板块从简政放权、优化服务、执法监管、清单制、公开透明等方面对法治政府建设情况进行了评估。

1. 评估发现的亮点

(1) 进一步落实简政放权

前海管理局在推行简政放权方面，采取了标准化、便捷化、菜单式审批服务模式，统筹梳理并发布了管委会123项审批服务事项。清理取消行政审批事项25项，占管委会全部自有行政审批事项的17%，集中在企服处的行政许可事项已从67项压缩至56项，占全部压缩量的44%，实现"审批事项进清单、清单之外无审批"。

(2) 推广"证照分离"改革

围绕企业"准入不准营"的问题，大力开展"照后减证"，与市直机关合作，对省市各部门在前海自贸区内实施的，与企业经营活动密切相关、审批频次较高的138项行业准营许可事项开展清理，最大限度减少审批，进行以"取消审批、审批改为备案、实行告知承诺、优化审批服务"为主要内容的改革，这极大促进了企业创业活力的释放，营商环境国际化、便利化取得新进展。2019年，自贸片区"证照分离"的改革经验全面在全市复制推广。

(3) 推进最多跑一次改革

前海管理局利用信息技术为政务服务赋能，推进政务服务"马上办、网上办、就近办、一次办"，在压时限、减材料、少跑动上持续发力，许可事项审批时限压缩总体达到71%，即办率达31.7%，零跑动事项达86%。使用电子证照，减少办事材料99份。对接"i深圳"，实现79项法人事项支持移动申办。持续为改革创新提供"发力点"，102项事项实现"零跑动"。

(4) 强化政府采购监管

2019年前海管理局全年办理各类采购项目近500件，发包金额总计1.9亿元，有力保障各部门具体工作顺利开展。加大监督检查力度，组织评标及采购专题会136次，开展履约评价抽检28次，配合纪律监督部门开展案件调查3起。加大政府服务力度，做好提前介入，全面提升采购合规水平。评估发现，前海管理局能够较好地公开采购项目，对于部分数额较大、较为重要的采购项目，基本采取全流程公开的方式，从招投标、中标到后期项目验收全面公开。

(5) 为企业开展一窗通服务

前海"e站通"服务中心设立企业开办服务专区,将企业设立登记、公章刻制、银行开户预约、申领发票、企业社会保险单位参保登记等涉企事项全部归集到"一窗通"平台,着力实现市场监管、公安、税务、社保、银行等部门线上线下互联互通。"一窗通"可让各部门业务在物理空间上集中,由"e站通"配备服务专员,负责企业开办材料综合受理、流转等业务,实现办理营业执照、申领发票、刻制公章、社保登记、银行开户在专区并联办理,1个工作日全部完成,实现企业开办全流程、全事项、全面落地。

(6) 维护互联网金融安全

前海自贸片区创新央地合作模式建设开发的前海鹰眼系统,正在发挥强大作用。2019年前海互联网金融风险专项整治过程中,共发现了496家监管部门前期未掌握的P2P平台,累计预警高风险企业657家,对3651家平台定位了服务器地址,协助市金融局、深圳证监局、深圳银保监局、市公安局等相关部门出具100多份风险企业深度核查报告。帮助政府发现互联网金融风险平台实际经营地址、隐藏关联关系、违法违规广告和网络风险舆情等平时难以掌握的信息,助力相关部门及时采取合理应对措施,顺利推进清退工作。

(7) 推动数字政府建设

政府数字化转型是大数据时代政府提升社会治理效能必须面对的一场深刻革命,为了推动数字政府建设,前海自贸片区逐步推动跨部门、跨行业、跨层级、八大维度数据协同,逐步打造可感知、能记忆、有体验的"智慧大脑"。目前,该平台已经实现19个部门470余万条数据的有序汇聚,确定3000余项指标类数据,提供23个空间服务,未来将全面为前海自贸片区提供数据服务,为精细化城市治理提供有力支撑。

2. 评估发现的问题

(1) 法律法规依据待更新

近年来中国法律修改较为频繁,地方在设置权责清单依据时,仍然是过去旧法律条款,而事实上,由于法律修改后很多条款内容发生了变化。

例如，《中外合资、港澳台合资、港澳独资人力资源服务机构设立审批》法律依据之一为《就业促进法》，评估发现，网站填写的法律依据为2008年版《就业促进法》，根据2008年版本的《促进就业法》第40条规定："经许可的执业中介机构，应当向工商行政部门办理登记"，而2015修改后的《就业促进法》第40条规定："立职业中介机构应当在工商行政管理部门办理登记后，向劳动行政部门申请行政许可。"在法律条文表述和具体要求上，两者发生了变化。再如，在政府信息公开方面，前海管理局政府信息公开指南明确，"公民、法人或其他组织也可以向上级行政机关、监察机关或者政府信息公开工作主管部门举报"。2019年修订后的《政府信息公开条例》第51条在举报受理机关方面，取消了"监察机关"的表述。而其信息公开指南中的内容仍然是《政府信息公开条例》修改之前的表述。

（2）事中事后监管披露有遗漏

评估发现，前海管理局关于事中事后监管职责披露存在遗漏。根据《劳动保障监察条例》第11条规定，"劳动保障行政部门对下列事项实施劳动保障监察：职业介绍机构、职业技能培训机构和职业技能考核鉴定机构遵守国家有关职业介绍、职业技能培训和职业技能考核鉴定的规定的情况"。因此非学历职业技能培训机构的后续监管执法属于劳动监察的范围。鉴于该领域已纳入前海蛇口自贸片区综合执法局14个执法领域（商务、知识产权、环境保护、水务、劳动监察、文化含新闻出版广播影视、版权、建设工程文明施工、城市管理、国土资源、工商、质监、安全生产、食品药品安全、交通运输等）管理领域之中，该事项的事中事后监管由前海蛇口自贸片区综合执法局具体承接。但前海自贸片区的权责清单，并无对应前海蛇口自贸片区综合执法局的行政处罚、行政检查、行政强制等任何内容。

（3）行政权力类型归类有瑕疵

广东政务服务网中深圳市前海蛇口自贸片区行政许可双公示目录中，将部分备案等事项列入在内。例如，对用水单位用水情况的备案出现在行政许可目录中，而备案本身不属于许可。加之根据《行政许可法》，地方政府规章仅可创设为期一年的临时性许可。显然，其做法存在不妥。

（4）网上办事显示存在拖延

大力推行"互联网+政务服务"，实现部门间数据共享，让居民和企业少跑腿、好办事、不添堵。加快简政放权、放管结合、优化服务，方便群众和企业办事，这是面对国内外新形势下确保我国经济建设和社会持续发展的新举措。前海管理局注重线上线下相结合，能够实现所有事项线上办理。但评估发现，在政务服务网上办理方面，存在办理延迟或旧有系统信息尚未处理，导致部分事项过期仍然没有得到有效办理。例如，部分2018年10月申办的社会投资项目备案管理的项目，仍然显示"待处理"。若上述申请已经处理，只是由于系统升级，原有内容没有有效处理，则应当尽快归档或撤销，避免公众对工作产生误解。

### （三）司法建设

司法是保障人民自由权利与实现社会公平正义的重要制度保障。党的十八届四中全会明确提出，司法公正对社会公正具有重要引领作用。为此，中央全面深化改革领导小组第三次会议审议通过《关于司法体制改革试点若干问题的框架意见》。2019年2月27日，最高人民法院发布《人民法院第五个五年改革纲要（2019—2023）》（以下简称《五五改革纲要》）；最高人民检察院先后发布《"十三五"时期检察工作发展规划纲要》《人民检察院案件信息公开工作规定（试行）》《2018—2022年检察改革工作规划》等重要文件；中央全面深化改革领导小组第十七次会议还审议通过了《关于完善矛盾纠纷多元化解机制的意见》。为此，本板块的司法建设采取较为广义的界定，包括法院、检察院、矛盾化解等内容，设置了审判执行、检察权运行、矛盾化解等指标。

1. 评估发现的亮点

（1）区块链+金融类审判

新技术的应用能够节省大量的人力成本，前海合作区人民法院作为最高人民法院明确要求建设的司法改革示范法院，不断开拓进取，积极拥抱信息科技，努力建设现代化法院。评估发现，前海合作区人民法院积极探索区块链技术在审判执行中应用范围与模式，在司法取证、存证、示证、电子卷宗、电子档案，以及办案过程中重要的操作记录、文件、裁判文书、数据防篡改和干警档案防篡改等方面加强了区块链技术的应用。尤其是在互联网金融类审判案件中，区块链帮助前海合作区实现庭审、调解视频自动留痕、证据线上展示、笔录电子确认等功能，并且根据案件事实要素，辅以令状式、表格式裁判文书的形式，智能形成裁判文书草稿，全方位打造金融案件从立案到判决全流程"链上"办理新模式。前海合作区人民法院通过区块链技术，推动了金融交易的事实条款和诉讼程序条款优化，实现了网上金融交易和纠纷要素化办理，规范了相关金融及衍生交易等活动，提升了自贸区金融业核心竞争力，为前海自贸片区乃至深圳金融业领跑发展，提供精准的司法保障和有力的科技支持。

（2）推动诚信体系建设

《粤港澳大湾区发展规划纲要》指出："加快珠三角九市社会信用体系建设，借鉴港澳信用建设经验成果，探索依法对区域内企业联动实施信用激励和失信惩戒措施。"法院是企业、个人信用信息的重要来源，前海合作区人民法院通过制裁失信行为，分类、整理、共享个人或企业的涉法信息，推进粤港澳大湾区诚信体系建设。一方面，前海合作区人民法院通过罚款、拘留、律师费转付、诉讼费合理分担等方式，依法制裁虚假陈述、故意拖延诉讼等非诚信诉讼行为。另一方面，前海合作区人民法院及时将个人或企业失信信息共享给政府部门，使个人和企业信用信息成为监管或审批的参考因素。此外，前海合作区人民法院还建立了企业家信用恢复机制，通过明确信用恢复机制的申请条件、审查程序等，规范企业家信用恢复程序的启动，及时准确恢复企业家的信用，有效保障胜诉一方企业正常经营和生存权益。

（3）完善国际仲裁管理规定

国际仲裁规则的完善有利于完善仲裁制度、有助于构建适应国际仲裁的规则体系，有益于提高仲裁公信力。党的十八届四中全会要求："完善仲裁制度，提高仲裁公信力。"《粤港澳大湾区发展规划纲要》提出："建设国际仲裁中心，支持粤港澳仲裁及调解机构交流合作，为粤港澳经济贸易提供仲裁及调解服务。"《关于完善仲裁制度提高仲裁公信力的若干意见》（中办发〔2018〕76号）要求："完善适应国际仲裁的仲裁规则。"2019年，深圳国际仲裁院修改了《深圳国际仲裁院管理规定》，这既是深圳国际仲裁院落实中央对于仲裁改革的要求，也是深圳经济特区进一步建设国际仲裁高地、打造国际一流营商环境的重要举措。评估发现，规定修改有利于提高特区服务国家全面开放和发展战略的能力。一方面，深圳国际仲裁院中来自港澳台以及其他国家的仲裁院不少于1/3，既联动了港澳台，又打造了辐射全球的国际商事中心；另一方面，深圳国际仲裁院已牵头创建了粤港澳仲裁调解联盟，参与创建了中非联合仲裁中心，在北美创建了中国第一个海外庭审中心，仲裁和调解当事人来源国已达到119个。《管理规定》的修订是中国特区国际仲裁事业发展和国际化营商环境建设的里程碑式事件，必将进一步推动中国国际仲裁在特区的创新发展，为建设国际仲裁高地，联动港澳打造国际仲裁中心起到重要作用。

（4）服务自贸区法治建设

前海蛇口自贸区检察院积极参与自贸区法治建设。首先，积极提供法律意见促进自贸区法治化。前海蛇口自贸区检察院在《深圳经济特区前海蛇口自贸片区条例》和《深圳经济特区前海深港现代服务业合作区条例》制定以及法律监督、容错纠错等相关制度建设等方面积极建言献策，促进自贸区综合监管规范化及法治化。其次，深化"政府+法院+检察院+律所"的法治共同体建设。前海蛇口自贸区检察院在普法宣传、决策咨询、信息沟通等方面提升共建、共治、共享的法治社会建设水平，积极主动参与社会主义法治示范区建设。深化检察服务举措，在辖区组织开展知识产权保护、预防金融犯罪等方面的法治宣传教育，共组织举办知识产权投融资保护、企业商业秘密司法保护、金融职务犯罪的监管与预防等主题的讲座7场次。再次，前海蛇口自贸区检察院推动《深圳市人民检察院 深圳市市场监督管理局关于建立知识产权协同保护机制的合作备忘录》的签订，加强与中国（深圳）知识产权保护中心的沟通合作。深化做实驻前海深港青年梦工场检察联络室工作，提供"一个窗口对外、一站式办结"的个性化支持，通过微信、微博及电话等方式，提供24小时法律服务。举办以"检察护航民企发展"为主题的检察开放日活动，邀请香港、台湾的创业团队和高新技术初创公司的企业代表参加，更好地为民营经济发展提供优质检察产品和法治保障，服务粤港澳大湾区建设。最后，继续推进广东自贸区检察机关的协作，丰富广州南沙、珠海横琴建立合作机制的内涵，联合组织开展自贸区检察业务素能培训，通过走访交流、举办业务论坛、通报信息简报等形式,开阔视野,搭建常态化工作交流平台。

2. 评估发现的问题

(1) 检务公开依旧停滞不前

《前海落实〈粤港澳大湾区发展规划纲要〉法治建设行动方案(2019—2022年)》要求:"进一步完善和规范检察官司法办案权力清单,完善案件管理、监督机制和检察官业绩评价机制;完善法律文书和案件信息公开范围,发布典型案例,公开检察建议。"无论是权力清单的公开,还是发布典型案例,抑或是公开案件信息以及检察建议,均要求建设好公开平台,完善公开渠道,拓宽公开范围。项目组评估发现,2019年,前海蛇口自贸区检察院的公开渠道仍然主要集中在微信公众号,未能建成门户网站。诚然,微信公众号能够实时分享检察院工作的最新动态以及最近活动,其传播力远超门户网站。但需要指出,微信公众号中的信息零散无序、碎片化严重,不方便公众事后查阅,更不方便信息的整理和归集。前海蛇口自贸区检察院除了履行县一级人民检察院的基本职责外,还肩负着国家自贸区战略、深港合作战略、"一带一路"倡议等职责和使命,应当比一般县一级检察院做得更多、更好。在检务公开方面,不仅要创新公开方式,还应凸显门户网站作为信息公开第一平台的定位和作用,做好门户网站的公开工作,方便公众获取检察指南,查阅检察法律文书,了解案件信息、典型案例及制度规范。

(2) 阳光司法仍有提高空间

司法公开既是司法改革的重要内容,也是司法改革的重要抓手。尽管前海合作区人民法院司法改革落实情况较好,但是在司法公开方面仍有提高空间。首先,规范性文件公开缺失。前海合作区人民法院应当公开与法院相关或者法院制定的所有规范性文件,方便公众查询。评估发现,《深圳前海合作区人民法院关于为中国(广东)自由贸易试验区前海蛇口片区与前海深港现代服务业合作区建设提供司法保障的意见(试行)》没有在前海合作区人民法院门户网站公开;另外,部分与前海合作区人民法院直接相关的司法文件,也没有公开。例如,《最高人民法院关于调整深圳前海合作区人民法院管辖涉外、涉港澳台商事案件标准的批复》虽然由最高人民法院做出,但与前海合作区人民法院息息相关,前海合作区人民法院理应公开。其次，庭审直播无法播放。前海合作区人民法院网站中的庭审直播录像无法正常播放，严重影响庭审直播公开效果，公众不得不到广东法院庭审直播网中观看前海合作区人民法院的庭审录像。最后，送达公开长期未更新。评估发现，尽管门户网站中设置了送达公开的栏目，但最新一个公开的信息是2019年4月28日，此后直至评估结束都没有更新相关内容。

(3) 执行信息公开有待加强

2018年评估中，前海合作区人民法院执行信息部分不及时，并对此提出了意见。2019年评估发现，前海合作区人民法院将所有执行信息与深圳中院关联，自身不更新与执行相关的信息。这样一来前海合作区人民法院的信息公开情况受制于深圳中院以及其他基层法院，很容易造成整体信息更新滞后。评估发现，深圳中院公开的基层法院失信惩戒人数信息只涉及2019年1月到9月之间的信息，9月之后的信息基本没有。其中的原因可能是由于其他法院信息整理速度较慢，中院需要等待所有基层法院的信息方能整理后公开。此外，失信曝光台作为惩戒失信被执行人的重要平台，不仅对失信被执行人有惩戒作用，而且还能够起到法治宣传教育功能，教导公民遵纪守法，严格履行法定义务。评估发现，失信曝光台并不稳定，出现无法打开的现象，丧失了曝光效果，令部分失信被执行人员无法受到应有的惩戒。

(4) 过度归集导致信息淹没

虽然说信息归集有利于减少不同平台之间信息的差别，但是信息过度归集容易造成信息湮灭，反而加剧了信息查询成本。评估发现，前海合作区人民法院将裁判文书集中公开在中国裁判文书网，而该网站访问量巨大，常常因为流量限制导致访问体验感较差，公众想要查询前海合作区人民法院近期公开的裁判文书，需要和全国其他有需要的群众挤占带宽，其结果往往出现无法查询文书，体验感极差。久而久之，前海合作区人民法院所上传的裁判文书不但没有起到公开的效果，反而淹没在信息的汪洋大海中。

(四) 法治社会

法治社会指整个社会对依法治国的普遍认同和坚决的支持，养成自觉遵守法律法规，依法解决经济、社会领域纠纷的思维习惯，营造全社会的法治氛围。《中共中央关于全面推进依法治国若干重大问题的决定》提出"坚持法治国家、法治政府、法治社会一体建设"，增强全民法治观念，推进法治社会建设。为此，前海法治指数评估设置法治社会板块，下设社会治安、社会信用、信访法治、普法宣传、法律服务等指标。

1. 评估发现的亮点

（1）公证工作服务社会治理

前海公证处积极发挥公证证明、监督、服务、沟通职能作用，坚持服务下沉，脚踏实地，探索"一村居一公证"服务模式，针对村居公证实际需求新开发并在8月上线"前海公证云会议平台"微信小程序，利用平台系统延展功能，积极服务社会基层治理工作，以村股份合作公司为抓手，签署顾问协议，全面顾问村集体、股东村民个人和家庭公证事务，协助清理股权并做好备案登记，为村居股份公司合作开发、换届选举、股权内部流转以及股东、村民的婚姻家庭继承等事务提供综合公证法律服务。

（2）公证跨境法律服务

前海公证处在全国首创跨境公证法律服务，丰富了涉外公证法律服务内容，创新涉外公证业务领域，扩大涉外公证法律服务对象，改变传统涉外公证单一证明模式，更好服务中国企业"走出去"参与国家"一带一路"建设。前海公证处通过与境外律师事务所合作，以公证文书的形式对境外律师事务所需要的信息和资料进行调取与保全，快速解决境外律师跨境取证难问题，大大提高律师所出具法律文书的效率，为中国企业"走出去"提供切实便利。公证法律事务的开展，丰富了公证机构业务领域，改变了传统公证单一证明模式，实现了两条腿走路。

（3）创设前海法治讲堂

普法形式多种多样，有的地方散发法治宣传材料，有的修建法治主题公园，有的发布普法短视频。前海管理局为了深入贯彻落实中央、广东省、深圳市有关普法工作的需求，创设"前海法治讲堂"，通过"前海法治讲堂"总结提炼前海法治的核心命题，讲好、讲实、讲深前海法治故事，打造成为粤港澳法律事务交流合作的新载体和法治传播交流新阵地。全年举办讲堂6期，吸引港澳三地业界专家主讲，近5万人次线上线下参与，逐渐成为传播法治声音的重要载体。相比于其他法治宣传模式，前海法治讲堂具有以下特点。一方面，以"法律＋前沿热点"为主题，汇聚国内外顶级法律、经济、金融、科技等方面的专家学者及精英人士，打造国内一流的、具有国际影响的交流平台和可持续的论坛品牌。通过论坛深入探讨交流贸易、金融、知识产权、国际商事争议解决等领域的改革创新，为服务"一带一路"倡议和"粤港澳大湾区"战略规划，营造法治化、国际化营商环境和落实全市普法工作提供智力支持。另一方面，建立"前海法治讲堂"师资库，选择深港及国内、国际各专业领域优质专家资源，建立（首批）"前海法治讲堂"师资库，制定师资入选、使用和更新办法。

2. 评估发现的问题

《前海落实〈粤港澳大湾区发展规划纲要〉法治建设行动方案（2019—2022 年）》要求：完善前海公共信用信息平台，建立信息归集与公开制度、综合行政执法信息与社会信用共享机制、跨部门联合信用奖惩机制，构建以信用为中心的事中事后监管机制。制定企业信用分类标准，推进个人信用数据库建设，打造覆盖全区域的征信系统，争取设立国家首个信用经济试验示范区。为了实现这一目标，前海自贸片区不仅需要建立与信用有关的制度、体制、机制，还需要做好信用信息的公开工作。评估发现，前海自贸片区的信用信息归集和公开仍有提高空间。

（1）经营异常名录信息不够完整

根据《企业信息公示暂行条例》第 8 条之规定，企业应当于每年 1 月 1 日至 6 月 30 日，通过企业信用信息公示系统向工商行政管理部门报送上一年度的年度报告，并向社会公示。该条例第 17 条规定，企业未按照本条例规定的期限公示年度报告的应当纳入经营异常名录。评估发现，部分前海自贸片区的企业未按照规定公开企业年度报告，但没有被列入经营异常名录之中。例如，深圳前海新金虹汽车销售服务有限公司 2019 年没有公开 2018 年的企业年报，却不在经营异常名录中；再如，深圳前海伽蓝资本管理有限公司于 2019 年 7 月 8 日公开了企业年报，也不在异常名录中。

（2）多平台建设导致信息不完整

目前查询与前海自贸片区企业、组织、个人有关的信用信息需要三个平台：深圳信用网、前海信用网以及前海深港合作区微信公众号。三个平台之间的信息并不是完全一致，这无形中增加了信息获取成本。首先，微信公众号中的红黑榜信息和网站中红黑榜信息不一致。网站中信息较为单一，并没有微信公众号中双 A 企业信息、纳税信用等级 A 级信息等关键信息。两者信息不一致导致部分习惯用网页检索的用户无法获取信用信息，同时降低了前海公共信用网的可用性。其次，微信公众号中的黑榜只有失信被执行人信息、未结执行案件、异常名录，但是没有行政部门的处罚信息，内容不完整，有需要的公众只能结合前海信用网、深圳信用网和前海深港合作区微信公众号三个平台，才能得到相对全面的信息。最后，深圳信用网中部分信息公开不完整。由于包括企业欠税、企业社保欠缴、产品质量抽查不合格等信息在前海信用网和深港合作区微信公众号中无法找到，故查询相关信息不得不使用深圳信用网，而在深圳信用网中部分信息公开的完整度有待提高。例如，欠税记录显示有 14 万条信息，但打开链接之后显示内容较多，仅展示 30 条信息。这样余下的信息相当于没有公开，无法真正发挥红黑榜和警示榜的作用。

（3）前海信用信息平台体验不佳

首先，信用信息倒序公开。前海信用网中交通运输处罚信息、市场监管处罚信息、商事主体经营异常名录信息等相关信息的公开方式均为倒序，即首页公开的是 2015 年、2016 年、2017 年的信息，尾页是 2020 年最新处罚信息，倒序公开与大多数官方网站惯例不同，也平添公众查询的难度。其次，部分信用信息归集有待提高。前海信用网应当归集与前海相关的所有失信信息，评估发现，海关涉案单位违规和走私案件处罚信息仅仅归集到 2015 年，之后相关内容未能出现在前海信用网中。最后，部分处罚未公开处罚文号。深圳市卫生行政处罚、市场监管行政处罚信息未能公开相关文号，导致后续查询极为不便。

**（五）保障监督**

保障机制既是法治工作开展的前提基础，也是推进法治建设顺利进行的后盾保证。法治最终落地，需要党的领导、人力资源、监督机制等提供保障，更需要基础理论研究做支撑。故项目组在本板块设置党的领导、队伍建设、廉政建设、基础研究等指标共同对法治保障及监督进行评估。

1. 发现的亮点

(1) 打造涉外法律团队

2019年，前海合作区人民法院新收涉外、涉港澳台商事案件（以下简称四涉案件）2183件，占民商事案件总数的30.79%。其中，受理涉港案件1548件，占四涉案件的70.91%，涉港商事案件数量位居全国法院第一。评估发现，前海合作区人民法院加强了涉外、涉港、涉澳、涉台案件的法律团队建设。首先，拓宽港澳法律专业人士参与纠纷化解渠道，包括完善港澳籍陪审员制度，推动其选任范围、选任标准、履职要求等标准化、规范化。其次，推动香港律师以涉港商事案件代理人身份参与民事诉讼和仲裁业务试点，并探索进一步放宽取得内地律师资格的港澳居民从事诉讼范围。再次，拓展专业调解团队。前海合作区人民法院与专业调解团队合作，共同处理一些具有专业性的涉外案件，目前与前海合作区人民法院合作的调解组织有47家，其中9家为境外调解组织，极大地提高了调解成功率。最后，加强与港澳地区法律界、学术界的联系，增补前海法治研究基地域外学术委员，探索港澳地区专业人士作为特聘检察官或检察官助理。

(2) 加大应用推广力度

前海自贸片区作为改革创新的"排头兵"，很多举措被深圳市、广东省及其他省市甚至全国推广，同时前海自贸片区也广泛吸收和借鉴其他自贸片区的改革创新经验，将其吸收消化后切实落地。评估发现，前海自贸片区改革创新成果推广力度较大。首先，国务院第五批18项经验中有6项由前海提前试点实施或上报、广东省第五批20项经验中有7项改革事项由前海提供、广东省第三批51个制度创新案例中有26个由前海提供，前海15项标志性成果被国务院自贸试验区工作部际联席会议简报刊载。其次，首次向特定区域复制推广前海经验的突破。例如，山西省、赣江新区、哈尔滨分别复制了137项、36项和16项前海经验。再次，法定机构运作模式逐步推广落地。评估发现，不少地方来到前海自贸片区考察学习后，纷纷组建了法定机构性质的功能区管理机构，有的将原来的公务员机构改为法定机构，实行企业化导向的人事管理制度。天津滨海新区所属的

5个功能区全部由行政机构改为法定机构,海南省组建了国际经济发展局等4个法定机构,在深圳以外,旗帜鲜明提出实行"法定机构"运作模式的单位多达22个。最后,加快推动复制推广经验在前海自贸片区切实落地。全国复制推广202项改革试点经验和"最佳实践案例"中,前海自贸片区已经完成179项,推进中第5项,第18项无需求,完成比例达到97%。

(3) 发布创客法务指引

对于创业者而言,除了要解决资金、市场、财务、宣传等问题外,还需要了解可能涉及的法律以及政策问题。创业过程无比艰辛,需要投入大量体力、脑力、财力,但创业发展不能仅仅依靠创业者的想象力,若不了解法律、业务不合规、宣传不合法,反而会浪费创业者的时间和精力。为了解决创业者的困扰,深圳创客法律服务中心落户前海,为创客企业提供法律服务,保护企业的创新成果、促进创新成果的转化,让创业创新变得更快、更有效率。为了服务更多的创客,2019年3月,《深圳创客法务指引》正式在前海发布。该指引系国内首部专为创客量身定做的法务指引,指引贯穿了创业的全过程,针对最实用、最常见、最关心的问题进行逐一分析解读,对深圳市有关创新创业的各项政策法规进行了系统梳理,对创客解决实际遇到的法律问题提供有针对性的建议和典型案例参考。

(4) 深入开展政策研究

加强实践问题、政策以及理论研究,对于经济社会健康可持续发展至关重要,很多地区或国家后发优势的发挥即立基于广泛而深刻的研究之上。前海自贸片区重视对理论、政策以及实践的探索和学习,对国内外自贸区的重大政策开展了深入的研究。在借鉴省内自贸片区上,前海管理局编写了《关于横琴国际休闲旅游岛建设方案的分析研究报告》,提出借鉴珠海在对澳合作和旅游业的先进经验,将前海自贸片区打造成宜居、宜业、宜游的城市新中心。在借鉴上海自贸区过程中,前海管理局组织项目组编写了《〈中国(上海)自由贸易试验区临港新片区总体方案〉分析报告》《前海蛇口自贸片区与上海自贸试验区3.0版制度创新比对分析》两份报告,提出对标临港的一批针对性建议。在考察对外合作过程中,编写了《关于推进前海与青岛上合示范区协同合作的建议报告》,提出深化与上合成员国家合作，发展成为"丝绸之路经济带"上的核心枢纽的意见。前海管理局推出了《关于中美贸易摩擦对前海蛇口自贸片区的影响及应对建议报告》等研究报告，供领导决策参考。深入开展政策、理论研究，有助于前海自贸片区时刻了解国内外最新动向，制定并完善适合前海自贸片区发展的规划和制度体系，从而帮助前海自贸片区能够保持不断创新。

2. 发现的问题

（1）廉洁制度体系仍需完善

前海建立起"五位一体"廉政监督体系，并制定了《深圳市前海深港现代服务业合作区廉政监督局工作规则》《深圳市前海深港现代服务业合作区廉政监督局人员管理暂行办法》《前海政府投资工程廉情预警评估办法（试行）》等规范性文件，以支撑前海廉政监督局日常工作。评估发现，前海廉政监督局的廉洁制度体系仍然有完善的空间。首先，一些经验做法应当提炼为制度文件。前海管理局制定出台《前海廉洁建设五年行动方案》，推动试点廉洁年金制度，探索与粤港澳大湾区廉政机制协同，强化与香港廉政公署合作，向前海港企开展"防贪顾问服务"，设置"廉洁工作站"，上述种种创新与实践急需总结归纳，形成制度文件。其次，部分规范是否进一步有效值得关注，《深圳市前海深港现代服务业合作区管理局防止利益冲突规定（试行）》是 2017 年制定，试用期两年，截至 2019 年 8 月 8 日该规定试用期结束，该规定是否继续有效，是否需要重新制定，是否需要提请深圳市人大常委会制定地方法规，都亟待提上议事日程。最后，规范更新完善应当提上日程。监察法修改之后，《前海管理局廉政举报奖励办法》制定的依据是《行政监察法》，而《行政监察法》自《监察法》实施之后就已经失效了，廉政举报奖励办法本身也应当依照《监察法》的精神和原则进行完善与修改。

（2）廉政规范文件未公开

《监察法》第 54 条规定："监察机关应当依法公开监察工作信息，接受民主监督、社会监督、舆论监督。"监察机关发布的规范性文件是监察机关工作的基础，除涉密文件之外，应当依法予以公开。评估发现前海廉政监督方面规则公开不到位，多数文件没有公开被公众熟知。例如，2019 年 6 月，深圳前海廉政监督局与前海蛇口自贸区检察院签署《关于建立公益诉讼工作协作机制的意见（试行）》，通过监督执纪与公益诉讼的线索移交，进一步加强前海党风廉政建设和反腐败工作。而对于该文件只有宣传材料和新闻，却没有发现文件本身。

（3）法律服务资源相对不足

截至 2019 年底，前海自贸片区已经构建起集仲裁、调解、律师、公证、司法鉴定、知识产权保护、法律查明为一体的全链条法律服务保障体系，汇聚了 33 家律师事务所及分所，全国 11 家粤港澳联营律所有 7 家均落户前海自贸片区。无论从法律服务的种类来看，还是从前海自贸片区所占的面积来看，上述法律资源都应当较为充足。但考虑到目前前海自贸片区拥有 17 万家注册企业，未来将会有更多的外资企业、本地创业企业、新兴产业进入前海自贸片区，面对如此庞大的企业数量，上述资源则相对不足。美国每万人中就有 41 名律师，充足的法律资源为美国贸易发展提供了重要保障；而中国每万人拥有的律师数量仅 3 名，面对未来可能出现的指数级增长的企业，前海自贸片区现有的法律资源，尤其是能够从事涉外业务的律所以及律师队伍仍较为短缺；在相当长的时间内，涉外律所和律师的缺口情况将会在一定期间内难以得到有效克服。

## 四　前海法治发展展望

目前前海自贸片区正处于高速发展的风口之中，党中央、国务院下发了《粤港澳大湾区发展规划纲要》《中共中央、国务院关于支持深圳建设中国特色社会主义先行示范区的意见》等文件，前海自贸片区抓住改革东风，迅速出台《前海落实〈粤港澳大湾区发展规划纲要〉法治建设行动方案（2019—2022 年）》，今后前海自贸片区应当抓住政策机遇，切实将法治建设行动方案落实到位，进一步优化营商环境。

（一）进一步完善前海规范体系

相比于其他自贸区，前海自贸片区以"一条例两办法"为核心建立起了较为完善的规则体系，作为国家唯一批复的中国特色社会主义法治建设示范区，重视法治保障是前海自贸片区有别于国内其他功能开发区和自贸区的突出特点，也是前海的核心竞争优势和主要驱动力。只要改革创新之路不停，规则就需要不断完善。为此，前海编制了《前海蛇口自贸片区五年立法规划》，通过立法规划，前海将五年内需要出台的规范一一囊括，这包括了出台《深圳经济特区前海蛇口自贸片区条例》，修订《深圳经济特区前海深港现代服务业合作区条例》和《深圳市前海深港现代服务业合作区管理局暂行办法》。前海自贸片区还需要在现代服务业、知识产权保护、贸易便利化、投资自由化、社会信用、电子商务、融资租赁、商业保理等诸多领域制定规范性文件，部分内容可能还需要提请深圳人大及其常委会制定地方性法规，有的甚至需要深圳人大及其常委会利用经济特区立法权。此外，作为与香港毗邻的自贸片区，前海自贸片区在加强两岸三地四法域沟通交流过程中，应当重点加强与香港规则相衔接，推动前海自贸片区在产业引导、教育、医疗卫生、社会组织等方面先行先试，打造与香港规则衔接试验区。

### （二）进一步提升政务服务水平

营商环境与政府行政效能息息相关，政府办事越便利，效率越高，跑动次数越少，时限越短，营商环境则越好。前海自贸片区通过线上线下并行，容缺收件，好、差评，企业开办"一网通"等改革措施，不断优化工作流程，提高工作效能，企业、组织、个人办事最多跑一次，有的甚至一次都不用跑。营商环境的改善不仅惠及中国投资者，而且也为外商投资者和外商投资企业提供了便利。但对于外商投资者而言，中国的法律制度一时难以掌握，境内的规范性文件纷繁复杂，处理问题的思维方式较为陌生，这一切都成为外商投资的障碍。为了进一步扩大外商投资便利度，进一步提高行政效能，未来前海自贸片区应当建立健全外商投资服务体系，编制好多语言的外商投资手册和投资指引，让外商看得到、听得懂，为外国投资者和外商投资企业提供服务和便利。同时可以为外国投资者和外商投资企业提供法律法规、政策措施、投资项目信息等方面的咨询和服务。

### （三）打造信用经济试验示范区

信用是市场经济的基石，社会信用体系是市场经济体制中重要的制度。前海自贸片区以信用信息充分归集整理为基础,强化信用在政府监管、商事交易、信用消费等领域的应用,着力营造信用市场,形成了一批国内领先的创新成果。作为改革先锋的前海,信用体系的建设不应当止步于此。未来前海自贸片区应当致力于打造覆盖全区域的征信系统,将前海建设成为国家首个信用经济试验示范区。为此,一方面,前海应当建设互联互通的审批监管信息平台,实现审批部门和监管部门之间信息共享与互联互通,真正让企业、组织、个人的信用成为影响审批监管结果的重要因素。除了政府内部信息的互联互通,政府部门与法院、银行、企业、组织之间在有限范围内实现信息共享。例如,可以探索个人芝麻信用、企业查等信息在有限范围内作为审批以及监管的参考。另一方面,对于企业、组织、个人的信用评价不能仅仅局限于好坏二分法,而应当探索出台信用评级制度和信用分类标准,真正让企业、组织、个人的信用评分能够成为个人的通行证和名片。

### (四) 进一步深化监察体制改革

《前海落实〈粤港澳大湾区发展规划纲要〉法治建设行动方案 (2019—2022年)》对于实现廉政风险防控全覆盖提出了更高的要求,既要建立一体化的监督体系,又要实现对公共资源交易、重大资金使用、重大工程项目等部门和行业的监督。未来前海廉政监督局一方面要继续改革创新,大胆先行先试,在宪法法律框架下不断完善监察实践,进一步提高廉政监察的实效;另一方面则要及时将试点、改革、创新的成果总结成制度规范,并依照《监察法》以及中央关于反腐的最新要求不断完善和修改现有的制度体系,同时将部分已经成熟的实践经验体现在新制定的规范性文件中,为中央进一步深化监察体制改革提供经验和模板。

### (五) 进一步加强涉外司法保障

前海自贸片区正在朝着打造国际商事争议解决中心、国际法律服务中心的方向努力,随着前海不断完善涉港澳商事案件管辖制度,健全域外法律查明和适用机制,可以预见未来前海将有可能成为中国涉外法律服务的标杆之一,成为继上海自贸区之外涉外法律服务需求量最大的自由贸易

（片）区。这要求，一方面前海在未来继续加强四涉（涉外、涉港、涉澳、涉台）案件审理，加强前海合作区人民法院与港澳司法系统的沟通，尤其是建立三地司法信息共享交流机制，实现司法案例、法律法规等信息的互联互通，同时推动与香港、澳门之间区际司法合作平台，统筹协调行政、执法、司法等方面的问题，强化跨境仲裁交流与合作，完善"一带一路"律师合作平台，推动涉外法律业务发展。另一方面则应当加强涉外法务人才的培养和引进，包括精通涉外、港、澳、台案件的法官和律师，熟悉涉外商事诉调对接的调解员，熟悉国际仲裁规则的仲裁员等。

# 后记　探索法学研究新路径，
　　　　告诉你一个真实的中国

从2009年起，法学研究所就开始研发政府透明度、司法透明度指数，并于2010年初开始连续发布透明度指数报告，在实务界、学界和社会上都产生了较大的影响。2012年春，法学所连续迎来了美国奥巴马政府的高官们，他们分别隶属于奥巴马政府贸易代表办公室、美国商务部和美国大使馆。来拜访的还有欧盟使团和欧洲一些国家。美国政府代表团对透明度如此关心，我们以为是中美贸易谈判使然——美国需要了解中国的政府开放程度。后来回头一看，是当时美国政府的政策方向所致。2009年1月21日，美国迎来历史上第一位黑人总统。新总统甫一亮相就提出大国新政：阳光是最好的防腐剂。就任当天，奥巴马签署的第一份总统备忘录是《透明和开放的政府》（Transparency and Open Government），具体阐述了奥巴马的执政理念，强调建立一个开放透明、公民参与、多方合作的政府。签署的第二份总统备忘录是《信息自由法》。文中提到："当我们有所怀疑的时候，公开是第一选择。我们不能因为公开可能会导致我们的官员陷于难堪的境地，或者会暴露我们的错误和失败，或者因为莫名的担心和害怕，而把信息打上'保密'的标签。"这位黑人总统的施政要点是上述官员频频来访的主要原因。

信息时代降临，民众获取信息的手段和途径也趋于多元化，这对公权力机构的行为方式提出了巨大的挑战，凸显出政府公权力信息公开的重要性和地位。不管愿意与否，公权力机构的一举一动都处在被"监视"之下，"莫伸手，伸手必被捉"成为现实，任何隐瞒真实行为和现状的做法都具有丧失公信力的巨大风险。实践中，公权力制作、掌握和获取了大量信息，这些信息可能是静态的，如某个规范性文件，或权利运行中的决策、过程、结果性信息，还有的是因某种目的搜集的公民个人信息，公民有权利获取不危及国家、社会安全、商业秘密和个人隐私，与自身经济社会发展有关的信息，公权力机构有义务公布这些信息。

信息公开有很迫切的现实需求。公民、企业都处在一个巨大的网络之中，获取信息是生活和工作不可或缺的基本条件，没有任何人能生活于信息系统之外。传统社会信息对个人的发展虽然也很重要，但信息的存量和传播手段的落后性使信息的重要性大打折扣。今天，信息和数据成为社会最重要的生产生活要素，获取信息和保护信息便凸显为人的基本权利之一。公权力机构向公民公开信息，一方面可满足其生活和工作需要，另一方面也是自证权力运行合法合规的手段，让权力在阳光下运行得到落实，而不至成为一句空话。

今日之中国和十年前之中国的信息透明程度有了天差地别。公权力机构信息公开推进迅速，不断向纵深发展，在各个领域都取得了实质性的进展。以公开为常态，以不公开为例外成为信息公开的基本原则。以政务公开为例，各级政府正在积极推行"五公开"，即决策公开、过程公开、执行公开、结果公开、服务公开。政府信息公开也促进了其他领域的公开，立法透明度、司法透明度、检务透明度、警务透明度水平均有提升，形成了各领域你追我赶的大好局面。

2020年，新冠肺炎疫情肆虐，全球遭遇前所未有的公共健康危机，这对信息公开提出了更高的要求。各国相互指责对方隐瞒疫情，然而这并不能改变疫情疯狂蔓延的现实。在尚未看到疫情结束希望的今天，中国以强有力的制度优势和控制手段有效地抑制了疫情的发展，成为世界上最安全的国度。中国应对疫情的主要手段是疫情信息的精准搜集、密切追踪、全面公开。中国政府在疫情信息的公开方面达到了前所未有的高度。这也引起了一些质疑，特别需要明确的是个人信息保护与公共利益保护权衡的界限。毫无疑问，在危及公共安全的情况下，个人让渡权利是不得已的选择，因为在权利冲突时需要优先保护更高层次的利益。这里有两个必须引起重视的限度，一是公权力机构在搜集、使用公民信息时应当做到最小范围限度。二是公权力信息公开则必须采取相反的角度，即最大限度原则。知情权是人的基本权利之一，知情权的基本价值观就是最大限度公开。

这同时也引申出一个问题，中国努力与其他国家沟通，由于沟通的方式和方法缺陷，很难将自己的理念和成果传播出去，让世界理解真实的中国。结果是说得越多，越没有说服力。中国与一些国家的对话，不限于疫情，你说你的，我打我的，完全不在一个频道。其中有西方故意抹黑的成分，也有我方沟通时缺乏有力的证据和周延的逻辑的因素。各行各业都应该对此进行反思，其他领域暂且不说，法学研究最应该反思，在过去几十年中，中国法治建设取得坚实进步，为何在法治领域却屡屡被人诟病。

除了政府信息公开，司法公开也是争议不断。司法实务界有的人认为，做好审判就行了，公开有什么用？理论界则认为司法本应奉行保守主义，新科技则对保守主义带来了较大的冲击，借助于信息技术的司法公开使原以被动立身为命的司法行为被推上了风口浪尖，破坏了保守主义的原则。有人对民事裁判文书的公开颇有质疑，认为违反了民事司法中的平等意愿、意思自由原则；还有人对庭审直播的公开提出质疑，认为与几十年前的公审几乎如出一辙。对公众而言，普遍欢迎法院司法公开的建设，认为目前的推进还不够，但对诉讼当事人而言，当然是不公开为好。

新时代的法学研究改变思维方式极其重要。就法治建设而言，无论有什么样的争议，有比没有好，百家争鸣比万马齐喑好。实践先行，理论研究总是在其后蹒跚追赶，自以为是学者们的通病，于是总是会义无反顾地掉入陷阱。随着信息化大数据时代的降临，法学研究渐渐拥抱多元化，数据治国理念润物细无声地走进法学领域，默默地改变着法学研究的领域和方法。用数据说话的新研究模式将改变传统法学中字斟句酌的理性优先选择和形而上学的抽象思辨，从而使法学研究具有了更多的"实证"色彩，也使许多法学工作者感觉到了自我，进而成为了一个"有用的人"。实用主义在中国历来是一个贬义词，在理论体系中向来不登大雅之堂，但实用主义确实有深厚的理论渊源，是西方思想文化发展的产物，苏格拉底、亚里士多德、洛克、贝克莱、休谟都是实用主义的践行者，康德更是将其引进哲学，在思想和人的行为之间建立了某种联系。实用主义也是哲学中的一个重要流派，最重要的代表人物是美国的三位大名鼎鼎的哲学家皮尔士、詹姆士和杜威。詹姆士的《实用主义》一书至今不衰，其中观点经胡适引入中国后具有相当大的影响。理论与实践是不可分的，否则便是伪科学，不论其体系有多么完善、价值有多么普世、逻辑是否无懈、语言是否精湛。中国思想史对思想与行为之间的论述则更早，认识论中的一个重要命题"格物致知"源于《礼记·大学》，讲的就是探索事物原理，获取真实知识。而中国哲学史上最负盛名的思想家提出"知行合一"也是对其的最佳注解。

法学研究应当更具开放性和兼容性。法学是一个应用学科，封闭的法学是没有前途的，走向社会深入实践是取得进展的必由之路，只有与实践深度融合才可能抑制法学研究的滞后性。法学研究应该摆脱和抛弃文化中心论，迎接多元社会兴起。不仅要摆脱和抛弃西方法学文化中心，还要摆脱和抛弃法学故步自封的中心主义，使法学研究成果深入人心，人人易懂，人人能用，而不是知识分子书斋里的小摆件、期刊里的故纸页。法学应当拥抱新技术，接受新思维，摆脱"世上已千年，洞中才数日"的困境。新技术催生新学科和新领域，只有直面时代的要求，走出庙堂，法学才更有生命力，而不是要求时代和实践反向符合法理的旧窠臼。

中华民族正走在复兴的大路上，法治指数研究对此将大有作为。让数据说话、让事实说话，将打破西方世界的封堵，告诉世界人民一个真实的中国。文化是不战而胜的软实力，获取法治话语权则是获取文化软实力的有效途径，在国际如此，在国内亦如此。

本书是中国社会科学院法学研究所法治国情调研室多年的研究成果合集，这个研究团队由核心人物和研究人员组成。

其中，《中国立法透明度指数报告（2017）》《中国立法透明度指数报告（2018）》由国家行政学院法学教研部副研究员周婧执笔；《中国立法透明度指数报告（2019）》由中国社会科学院法学研究所助理研究员刘雁鹏执笔。

《中国政府透明度指数报告（2016）》《中国政府透明度指数报告（2017）》《中国政府透明度指数报告（2018）》《中国政府透明度指数报告（2019）》主要由中国社会科学院法学研究所研究员、法治国情调研室主任吕艳滨等执笔。

《中国司法透明度指数报告（2016）》由中国社会科学院法学研究所副研究员王小梅执笔；《中国司法透明度指数报告（2017）》由中国社会科学

院法学研究所助理研究员胡昌明、法学研究所研究员田禾等执笔；《中国司法透明度指数报告（2018）》由中国社会科学院法学研究所助理研究员胡昌明执笔；《中国司法透明度指数报告（2019）》由中国社会科学院法学研究所助理研究员王祎茗、中国社会科学院法学研究所研究员田禾执笔。

《中国检务透明度指数报告（2016）》《中国检务透明度指数报告（2017）》《中国检务透明度指数报告（2018）》《中国检务透明度指数报告（2019）》主要由中国社会科学院法学研究所副研究员栗燕杰、中国社会科学院法学研究所研究员田禾执笔。

《湖州法院执行规范化指数报告（2019）》由中国社会科学院法学研究所副研究员王小梅、中国社会科学院法学研究所研究员田禾等执笔。

《前海法治指数评估报告（2017）》《前海法治指数评估报告（2018）》《前海法治指数评估报告（2019）》由中国社会科学院法学研究所助理研究员刘雁鹏、副研究员栗燕杰、研究员吕艳滨等执笔。

此外，自2009年以来，参与过此项目的学者和学生达数百人之众，他们中的不少人已经成为中国法治建设的中坚力量，我们已经记不清他们当中不少人的容貌和性格，但他们在沙滩北街十五号来去匆匆的身影、坚守法治的决心、让我们印象深刻。每一个评估报告发布时引起的社会反响以及实际推动法治某个领域的进步都使参与者倍感自豪，不少的同学离开学校多年，还充满感情地说，在小院的三年是他们进步最快、受益最多的三年。老师要求他们要广泛读书、要勤奋写作、要不惧大众演讲、要有良好的组织协调能力，使他们走上工作岗位多年后仍然游刃有余。中国社会科学院大学法律硕士研究室马铭泽、王巧、艾卓成、李卫、李亦辰、刘玉娇、刘烨宁、刘静怡、许奎、汪玉池、张国宁、胡景涛、袁晴、袁紫涵、常丽、彭馨宇（按姓氏笔画排序）等同学参与了稿件的校对，在此一并致谢。由于支持和帮助过我们的人数众多，本书不再一一表示感谢，在此谨共同祝愿所有关心过我们的领导、支持过我们的同事、帮助过我们的各界人士、参与过我们项目的同学工作顺利、身体健康。

田　禾

2021年6月20日于北京